担保法
前沿问题与判解研究

（第五卷）

——最高人民法院新担保制度司法解释条文释评（第二版）

高圣平·著

条文主旨·规则变迁·理解与适用

人民法院出版社

图书在版编目（CIP）数据

担保法前沿问题与判解研究．第五卷，最高人民法院新担保制度司法解释条文释评 / 高圣平著．-- 2版．北京 ： 人民法院出版社，2024．12．-- ISBN 978-7-5109-4367-6

Ⅰ．D923.24

中国国家版本馆CIP数据核字第2024Y4B860号

担保法前沿问题与判解研究（第五卷）

——最高人民法院新担保制度司法解释条文释评（第二版）

高圣平　著

责任编辑　马海莹
出版发行　人民法院出版社
地　　址　北京市东城区东交民巷27号（100745）
电　　话　（010）67550560（责任编辑）　67550558（发行部查询）
　　　　　　65223677（读者服务部）
客服QQ　2092078039
网　　址　http://www.courtbook.com.cn
E - mail　courtpress@sohu.com
印　　刷　保定市中画美凯印刷有限公司
经　　销　新华书店

开　　本　787毫米×1092毫米　1/16
字　　数　669千字
印　　张　34.25
版　　次　2024年12月第1版　2024年12月第1次印刷
书　　号　ISBN 978-7-5109-4367-6
定　　价　118.00元

缩略语表

	简　称	全　称
一、法律法规		
1	《民法典》	《中华人民共和国民法典》（2020 年 5 月 28 日第十三届全国人民代表大会第三次会议通过）
2	《民法通则》	《中华人民共和国民法通则》（2009 年 8 月 27 日第十一届全国人民代表大会常务委员会第十次会议修正）
3	《民法总则》	《中华人民共和国民法总则》（2017 年 3 月 15 日第十二届全国人民代表大会第五次会议通过）
4	《担保法》	《中华人民共和国担保法》（1995 年 6 月 30 日第八届全国人民代表大会常务委员会第十四次会议通过）
5	《合同法》	《中华人民共和国合同法》（1999 年 3 月 15 日第九届全国人民代表大会第二次会议通过）
6	《物权法》	《中华人民共和国物权法》（2007 年 3 月 16 日第十届全国人民代表大会第五次会议通过）
7	《票据法》	《中华人民共和国票据法》（2004 年 8 月 28 日第十届全国人民代表大会常务委员会第十一次会议修正）
8	《城市房地产管理法》	《中华人民共和国城市房地产管理法》（2019 年 8 月 26 日第十三届全国人民代表大会常务委员会第十二次会议第三次修正）
9	《土地管理法》	《中华人民共和国土地管理法》（2019 年 8 月 26 日第十三届全国人民代表大会常务委员会第十二次会议第三次修正）

	简　称	全　称
10	《民事诉讼法》	《中华人民共和国民事诉讼法》（2023年6月27日第十四届全国人民代表大会常务委员会第五次会议第五次修正）
11	《公司法》	《中华人民共和国公司法》（2023年12月29日第十四届全国人民代表大会常务委员会第七次会议第二次修订）
12	《婚姻法》	《中华人民共和国婚姻法》（2001年4月28日第九届全国人民代表大会常务委员会第二十一次会议修正）
13	《企业破产法》	《中华人民共和国企业破产法》（2006年8月27日第十届全国人民代表大会常务委员会第二十三次会议通过）
14	《居民委员会组织法》	《中华人民共和国城市居民委员会组织法》（2018年12月29日第十三届全国人民代表大会常务委员会第七次会议修正）
15	《村民委员会组织法》	《中华人民共和国村民委员会组织法》（2018年12月29日第十三届全国人民代表大会常务委员会第七次会议修正）
16	《农民专业合作社法》	《中华人民共和国农民专业合作社法》（2017年12月27日第十二届全国人民代表大会常务委员会第三十一次会议修订）
17	《民办教育促进法》	《中华人民共和国民办教育促进法》（2018年12月29日第十三届全国人民代表大会常务委员会第七次会议第三次修正）
18	《企业国有资产法》	《中华人民共和国企业国有资产法》（2008年10月28日第十一届全国人民代表大会常务委员会第五次会议通过）
19	《拍卖法》	《中华人民共和国拍卖法》（2015年4月24日第十二届全国人民代表大会常务委员会第十四次会议第二次修正）
20	《建筑法》	《中华人民共和国建筑法》（2019年4月23日第十三届全国人民代表大会常务委员会第十次会议第二次修正）

	简　称	全　称
21	《农村集体经济组织法》	《中华人民共和国农村集体经济组织法》（2024年6月28日第十四届全国人民代表大会常务委员会第十次会议通过）
二、司法解释及相关文件		
1	《民法典担保制度解释》	《最高人民法院关于适用〈中华人民共和国民法典〉有关担保制度的解释》（法释〔2020〕28号）
2	《民法典时间效力规定》	《最高人民法院关于适用〈中华人民共和国民法典〉时间效力的若干规定》（法释〔2020〕15号）
3	《民法典物权编解释（一）》	《最高人民法院关于适用〈中华人民共和国民法典〉物权编的解释（一）》（法释〔2020〕24号）
4	《民法典建设工程解释（一）》	《最高人民法院关于审理建设工程施工合同纠纷案件适用法律问题的解释（一）》（法释〔2020〕25号）
5	《民法典婚姻家庭编解释（一）》	《最高人民法院关于适用〈中华人民共和国民法典〉婚姻家庭编的解释（一）》（法释〔2020〕22号）
6	《民法典继承编解释（一）》	《最高人民法院关于适用〈中华人民共和国民法典〉继承编的解释（一）》（法释〔2020〕23号）
7	《独立保函规定》	《最高人民法院关于审理独立保函纠纷案件若干问题的规定》（法释〔2016〕24号，法释〔2020〕18号修正）
8	《担保法解释》	《最高人民法院关于适用〈中华人民共和国担保法〉若干问题的解释》（法释〔2000〕44号，法释〔2020〕16号废止）
9	《保证规定》	《最高人民法院印发〈关于审理经济合同纠纷案件有关保证的若干问题的规定〉的通知》（法发〔1994〕8号，法释〔2020〕16号废止）
10	《民间借贷规定》	《最高人民法院关于审理民间借贷案件适用法律若干问题的规定》（法释〔2015〕18号，法释〔2020〕6号第一次修正，法释〔2020〕17号第二次修正）
11	《民事诉讼法解释》	《最高人民法院关于适用〈中华人民共和国民事诉讼法〉的解释》（法释〔2015〕5号，法释〔2022〕11号修正）

	简　称	全　称
12	《执行异议和复议规定》	《最高人民法院关于人民法院办理执行异议和复议案件干问题的规定》（法释〔2015〕10号，法释〔2020〕21号修正）
13	《物权法解释（一）》	《最高人民法院关于适用〈中华人民共和国物权法〉若干问题的解释（一）》（法释〔2009〕5号，法释〔2020〕16号废止）
14	《合同法解释（二）》	《最高人民法院关于适用〈中华人民共和国合同法〉若干问题的解释（二）》（法释〔2009〕5号，法释〔2020〕16号废止）
15	《买卖合同解释》	《最高人民法院关于审理买卖合同纠纷案件适用法律问题的解释》（法释〔2012〕8号，法释〔2020〕17号修正）
16	《房屋租赁合同解释》	《最高人民法院关于审理城镇房屋租赁合同纠纷案件具体应用法律若干问题的解释》（法释〔2009〕11号，法释〔2020〕17号修正）
17	《融资租赁解释》	《最高人民法院关于审理融资租赁合同纠纷案件适用法律问题的解释》（法释〔2014〕3号，法释〔2020〕17号修正）
18	《工程款优先受偿批复》	《最高人民法院关于建设工程价款优先受偿权问题的批复》（法释〔2002〕16号，法释〔2020〕16号废止）
19	《建设工程解释（一）》	《最高人民法院关于审理建设工程施工合同纠纷案件适用法律问题的解释》（法释〔2004〕14号，法释〔2020〕16号废止）
20	《建设工程解释（二）》	《最高人民法院关于审理建设工程施工合同纠纷案件适用法律问题的解释（二）》（法释〔2018〕20号，法释〔2020〕16号废止）
21	《公司法解释（四）》	《最高人民法院关于适用〈中华人民共和国公司法〉若干问题的规定（四）》（法释〔2020〕18号修正）
22	《合同编通则解释》	《最高人民法院关于适用〈中华人民共和国民法典〉合同通则若干问题的解释》（法释〔2023〕13号）

	简　称	全　称
23	《企业破产法规定（三）》	《最高人民法院关于适用〈中华人民共和国企业破产法〉若干问题的规定（三）》（法释〔2019〕3号，法释〔2020〕18号修正）
24	《民商事审判会议纪要》	《最高人民法院关于印发〈全国法院民商事审判工作会议纪要〉的通知》（法〔2019〕254号）
25	《债券会议纪要》	《全国法院审理债券纠纷案件座谈会纪要》（法〔2020〕185号）
26	《公司担保解释稿》	《最高人民法院关于审理公司为他人提供担保纠纷案件适用法律问题的解释（稿）》（最高人民法院办公厅秘书一处2018年8月9日印发）
27	《民法典担保制度解释（征求意见稿）》	《最高人民法院关于适用〈中华人民共和国民法典〉担保部分的解释》（2020年11月9日，最高人民法院民二庭）
28	《新民间借贷适用范围批复》	《最高人民法院关于新民间借贷司法解释适用范围问题的批复》（法释〔2020〕27号）
三、其他规范性文件		
1	《上市公司资金往来、对外担保监管指引》	《上市公司监管指引第8号——上市公司资金往来、对外担保的监管要求》（中国证券监督管理委员会公告〔2022〕26号）
2	《上交所股票上市规则》	《上海证券交易所股票上市规则》（2022年修订）
3	《深交所股票上市规则》	《深圳证券交易所股票上市规则》（2022年修订）
4	《北交所股票上市规则》	《北京证券交易所股票上市规则（试行）》（北证公告〔2021〕13号）
5	《债券发行办法》	《公司债券发行试点办法》（中国证券监督管理委员会令第49号）

目　录

一、关于一般规定

二、关于保证合同

三、关于担保物权

四、关于非典型担保

五、附　则

一、关于一般规定

第一条　因抵押、质押、留置、保证等担保发生的纠纷，适用本解释。所有权保留买卖、融资租赁、保理等涉及担保功能发生的纠纷，适用本解释的有关规定。

【条文主旨】

本条是关于本司法解释的适用范围的规定，系对《民法典》担保制度的体系构成所作的解释。

【规则变迁】

在《民法典》的体系安排上，担保法没有独立成编。《民法典》担保制度由典型担保制度和非典型担保制度构成。其中，1995 年《担保法》和 2007 年《物权法》中的典型担保制度，依其不同的性质，分别定位于《民法典》的不同分编之中。保证合同作为一种有名合同，置于《民法典》合同编的典型合同分编之中；《担保法》所规定的定金置于合同编通则分编中的违约责任章之中；《担保法》和《物权法》中的抵押、质押和留置等三种物上担保形式，维系着物权编担保物权分编的体系结构。同时，经由《民法典》第 388 条第 1 款“担保合同包括抵押合同、质押合同和其他具有担保功能的合同”的规定，将非典型担保纳入其中。这里，“其他具有担保功能的合同”不仅涵盖了《民法典》上已经典型化为其他交易形态的非典型担保制度，如合同编典型合同分编“买卖合同”章规定的所有权保留、“融资租赁合同”章、“保理合同”章，而且为《民法典》之外的金融担保创新留下了足够的制度空间。

《民法典担保制度解释（征求意见稿）》曾指出：“因抵押、质押、留置、保证等担保方式发生的纠纷，适用本解释。因所有权保留、融资租赁、保理等其他具有担保功能的合同发生的纠纷，适用本解释，但是根据其性质不能适用的除外。”“债务人或者第三人提供的反担保，适用本解释”。（第 1 条）相比较而言，本条关于“所有权保留买卖、融资租赁、保理等涉及担保功能发生的纠纷，适用本解释的有关规定”与《民法典担保制度解释（征求意见稿)》“因所有权保留、融资租赁、保理等其他具有担保功能的合同发生的纠纷，适用本解释，但是根据其性质不能适用的除外”在文义上并无多大区别，但在表述上更为精准。本条删去了《民法典担保制度解释（征求意见稿)》的第2款，但在解释上，反担保虽与本担保相对而称，但也属担保的一种形式，即使删除“债务人或者第三人提供的反担保，适用本解释”，也并不表明因反担保而引起的纠纷，就不适用本解释。

【理解与适用】

一、本解释适用于《民法典》上的典型担保方式

《民法典》上的典型担保方式，分别规定于物权编“担保物权分编”的第十七章“抵押权”、第十八章“质权”、第十九章“留置权”，以及合同编“典型合同分编”的第十三章“保证合同”。这些典型担保形式适用本解释的有关规定，除了本解释“关于一般规定”一体适用于所有典型担保形式之外，本解释第二部分“关于保证合同”适用于保证合同纠纷，本解释第三部分“关于担保物权”适用于物上担保合同纠纷和担保物权纠纷。①

值得注意的是，本条就《民法典》上的典型担保方式并未提及“定金”。在我国担保法制演进中，定金一直被作为典型担保方式加以规定。虽然《民法典》在担保体系重构之时，将“定金”调整至“违约责任”章，但并不改变其担保属性。《民法典》第586条第1句即将其规定为“债权的担保”，定金无疑是一种债权的担保方式。鉴于其和违约责任的联系更密切，且定金的主要问题集中在各种定金形态能否以及如何适用定金罚则这一问题，相对比较简单，故《民法典担保制度解释》最终未对其作出规定。② 由于定金合同大多系由主合同当事人自己提供，而担保制度一般规则关注的重点则是第三人提供担保的情形，因此担保制度一般规则确实很难适用于定金，但所谓难以适用，并非不能适用，而是因为大量

① 《民事案件案由规定》基于物权变动原因和结果相区分的原则，将涉及物上担保的民事纠纷区分为担保合同纠纷和担保物权纠纷。《民法典担保制度解释》第三部分“关于担保物权”也明显区分了这两者，有些条文仅适用于物上担保合同纠纷，例如第37条、第46条等；有些条文仅适用于担保物权纠纷，如第38条、第54条等。

② 参见最高人民法院民事审判第二庭编：《最高人民法院民法典担保制度司法解释理解与适用》，人民法院出版社2021年版，第87页。

规定并无定金制度适用的空间。① 例如，定金合同作为从合同，同样应适用本解释第 2 条、第 17 条等规定。

二、本解释适用于《民法典》上的非典型担保方式

《民法典》第 388 条第 1 款中规定："担保合同包括抵押合同、质押合同和其他具有担保功能的合同"。这里扩大了担保合同的范围，明确了融资租赁、保理、所有权保留等非典型担保合同的担保功能②，为相关规则的统合提供解释前提。为体现这一担保功能的立法思想，《民法典担保制度解释》第 1 条后句规定："所有权保留买卖、融资租赁、保理等涉及担保功能发生的纠纷，适用本解释的有关规定。"这里，"本解释的有关规定" 主要包括：一是有关登记对抗的规则；二是有关担保物权的顺位规则；三是有关担保物权的实现规则；四是关于购买价金担保权的超优先顺位规则等有关规定。③ 在解释上，"所有权保留买卖、融资租赁、保理等涉及担保功能发生的纠纷"，除了适用 "本解释的有关规定"，自然要适用《民法典》物权编担保物权分编的相关规定。

（一）功能主义与形式主义之争

动产担保交易的形式主义（Formalism）进路，以当事人之间的融资交易安排为基础，在形式上区分融资租赁交易、所有权保留买卖交易与动产抵押贷款交易等，债权人就标的物享有的权利也就有了所有权和担保物权的区分。传统财产法上的通说认为，财产权首先被区分为债权（仅发生相对效力的民事权利）和物权（具有绝对效力的民事权利），物权又进一步被区分为自物权、完全物权（所有权）和他物权、定限物权。担保物权即属他物权之一种，在物权法定原则之下，与所有权之间具有不同的内容和效力。然而，这种形式上的区分，直接导致相关交易规则基于不同的交易形式而设计，彼此之间存在较大的冲突，造成了不同融资交易形式之间实质上的不平等。例如，动产抵押贷款交易以登记或者明认作为公示方法，债权人在其权利可得实现之时，仅可就标的物主张优先受偿权；而占有标的物本身无法公示融资租赁交易、所有权保留买卖交易中的所有权，但债权人在其权利可得实现之时，可就标的物主张所有权，且无须清算。如此等等，市场交易中的隐蔽性权利大量存在，影响到了交易效率和交易安全。

---

① 参见吴光荣：《担保法精讲：体系解说与实务解答》，中国民主法制出版社 2023 年版，第44 ~ 45 页。

② 参见王晨：《关于〈中华人民共和国民法典（草案）〉的说明——2020 年 5 月 22 日在第十三届全国人民代表大会第三次会议上》，载《中华人民共和国全国人民代表大会常务委员会公报》2020 年特刊。

③ 参见最高人民法院民事审判第二庭编：《最高人民法院民法典担保制度司法解释理解与适用》，人民法院出版社 2021 年版，第 43 页。

基于此，自20世纪50年代，美国对于惯行于融资实践的各种动产担保交易形式进行了统合，改采功能主义（Functionalism）进路，所有在功能上旨在以动产作为履行债务担保的交易，均为动产担保交易，纳入《美国统一商法典》第九编所确立的统一法律框架之下予以调整，适用统一的设立、公示（对抗第三人效力）、优先顺位和违约救济（权利实现）规则，以公平对待所有的债权人。动产担保交易的首要目的在于降低信贷风险，并以此促进融资，以下四大目标为功能主义进路提供了正当性：一是实现动产担保交易法律框架内的简单化和高效率；二是给予债权人在界定担保财产范围时充分的权利和弹性；三是通过统一各国动产担保交易法制，促进跨境贸易的发展；四是协调各国法律内部的规则体系，以实现透明度和公平性。① 在此之下，融资租赁交易、所有权保留买卖交易即构成动产担保交易，债权人保有的所有权本身的担保功能，在其交易结构中就体现得相当明显。这一具有革命性的方法在动产担保法制改革中取得了极大的成功，不仅先后为加拿大普通法法域、新西兰、澳大利亚等的国内法所继受，而且影响到《移动设备国际利益公约》《动产担保交易立法指南》《动产担保交易示范法》和《欧洲示范民法典草案》等国际文件的发展。② 这一现象表明，采行功能主义进路，强调对所有类型的动产担保交易采取全面、统一和协调的办法，并不是出于意识形态方面的考虑或者对某一国家法律制度的偏爱，而是基于商事实践的客观需要。③

在动产担保法制改革过程中，部分国家在尊重既有法制传统的前提下考虑如何植入功能主义的合理元素。只要一个国家对物权和债权保持严格的区分，就不能直接引入功能主义，从而为公示、优先顺位和权利实现目的淡化这些区分。功能主义理念必须采取不同的方式予以体现，以便在尊重符合信用提供者主张所有权逻辑的各种规定的前提下，实现功能等同的目标。④ 功能主义进路的采行，并不意味着融资租赁交易、所有权保留买卖交易等均须定性为动产担保交易，仅在

---

① See Frederique Dahan, *A Single Framework Governing Secured Transactions? Comparative Reflections*, in Frederique Dahan ed., *Research Handbook on Secured Financing in Commercial Transactions*, Edward Elgar Publishing, 2015, pp. 67～77.

② 参见谢鸿飞：《动产担保物权的规则变革与法律适用》，载《国家检察官学院学报》2020年第4期；高圣平：《动产担保交易的功能主义与形式主义——中国〈民法典〉的处理模式及其影响》，载《国外社会科学》2020年第4期。

③ See Spyridon V. Bazinas, *The Influence of the UNCITRAL Legislative Guide on Secured Transactions*, in Frederique Dahan ed., *Research Handbook on Secured Financing in Commercial Transactions*, Edward Elgar Publishing, 2015, p. 34.

④ See Roderick A Macdonald, Article 9 Norm Entrepreneurship, 43 *Canadian Business Law Journal* 240, 261～262 (2006).

设立、公示、优先顺位和权利实现等有限的范围内才受动产担保交易规则的约束。① 无论如何定性，这些规则的一体适用不会因基于概念形式主义的分割而受到影响。债权人采取融资租赁交易、所有权保留买卖交易等手段来达到物上担保的目的之时，即应适用通常的担保物权规则。此即所谓功能性的形式主义（Functional Formalism），在不抹杀各种动产担保交易形式区别的前提之下，达到动产担保交易功能主义的目标。② 加拿大魁北克省即采取了这一进路。功能性的形式主义维系着典型担保交易和非典型担保交易（Quasi－Security Interests）形式上的区分，非典型担保交易中出卖人、出租人等债权人就标的物享有的仍然是所有权，但为避免隐蔽性权利的消极影响，该所有权尚须登记才能对抗第三人。在这里，登记逻辑的贯彻胜过了交易的重新定性。为使登记制度发挥效用，功能性形式主义进路下尚须规定与功能主义进路相同的效果。如此，尽管功能性形式主义进路保留了形式主义的立法观，但其实施效果却导向了实际上的功能主义再定性。③ 正如有学者指出的，动产担保法制的改革不在于使用功能主义的统一概念、术语、交易规则去规整各种不同类型的动产担保交易，而是在尊重不同的概念、术语、交易规则的前提之下去统一交易的结果。④

（二）我国《民法典》的政策选择

《民法典》物权编所确立的物权体系，是以所有权为起点推及用益物权和担保物权，维系着自物权与他物权、完全物权与定限物权的传统区分。担保物权系在“债务人或者第三人”的财产上设立（第394条、第425条），属于他物权；其权利内容为“就该财产优先受偿”（第386条、第394条、第425条），属于定限物权。融资租赁交易、所有权保留买卖交易中债权人就标的物享有的是所有权，虽然其在经济上起着担保租金债权、价金债权清偿的功能，但也无法植入既有的担保物权体系之中。由此可见，我国《民法典》维系着融资担保交易中当事人之间形式上的安排，未在担保物权规则体系中采行一体化的担保物权观念，在立法模式上并未采行功能主义进路。与此同时，虽然债权人在融资租赁交易、所

---

① See Spyridon V. Bazinas, *The Influence of the UNCITRAL Legislative Guide on Secured Transactions*, in Frederique Dahan ed., *Research Handbook on Secured Financing in Commercial Transactions*, Edward Elgar Publishing, 2015, p. 36.

② See Roderick A Macdonald, Article 9 Norm Entrepreneurship, 43 *Canadian Business Law Journal* 240, 254～255, 288 (2006).

③ See Michael G. Bridge, Roderick A. Machonald, Ralph L. Simmonds & Catherine Walsh, Formalism, Functionalism, and Understanding the Law of Secured Transactions, 44 *McGill Law Journal* 567, 658－659 (1999); Duncan Sheehan, Registration, Re－Characterisation of Quasi－Security and the Nemo Dat Rules, 7 *Journal of Business Law* 584, 585 (2018).

④ See Hideki Kanda, Methodology for Harmonization and Modernization of Legal Rules on Secured Transactions: Legal, Functional, or Otherwise? 22 *Uniform Law Review* 885, 885～890 (2017).

有权保留买卖交易中对于标的物享有所有权，但债权人的这一“所有权”仅具形式意义，实质上并不具有所有权的权能，其真实目的并非借助所有权的恢复力重新取回标的物，而是担保租金债权、价金债权的实现。亦即，与标的物所有权有关的风险与收益实质上均转移至承租人、买受人等债务人，出租人、买受人等债权人的所有权仅具担保的意义。[①] 相较于债权人，债务人更像是标的物的实际所有权人。因此，许多学者将债权人的所有权称为“观念上的所有权”[②]“名义上的所有权”[③]“形式上的所有权”[④]“担保性所有权”[⑤]“功能化的所有权”[⑥]或者“特殊的担保权”等。[⑦]

有鉴于此，《民法典》第388条第1款通过“其他具有担保功能的合同”的表述将融资租赁交易、所有权保留买卖交易等纳入担保制度，从而扩展了担保制度的外延。[⑧] 由此，债权人就标的物的所有权即为债务人清偿租金债权、价金债权的担保。拒绝接受功能化解释方案的学者认为，当事人的意思表示并非在标的物上设立担保物权，而是债权人保有所有权，将该所有权视为担保物权，将债务人视为标的物的所有权人，违背了私法自治原则。[⑨] 但这一理由与事实并不相符。我国司法实践中并不反对对当事人表示出来的意思进行重新定性，所谓“名不副实”的交易即属此类。司法实践中的通说认为，当事人之间交易的实质相比其所采取的交易形式更为重要，法院应以交易的法律实质而不是交易形式来确定法律

---

① 参见黄薇主编：《中华人民共和国民法典合同编释义》（下），法律出版社2020年版，第597～598页。

② 参见王利明：《合同法研究》（第三卷）（第二版），中国人民大学出版社2015年版，第350页。

③ 参见程卫东：《论国际融资租赁物的所有权》，载《中国国际私法与比较法年刊》（第3卷），法律出版社2000年版，第362页。

④ 参见纪海龙：《民法典动产与权利担保制度的体系展开》，载《法学家》2021年第1期。

⑤ 参见张家勇：《论融资租赁的担保交易化及其限度》，载《社会科学辑刊》2022年第2期。

⑥ 参见高圣平：《动产担保交易的功能主义与形式主义——中国〈民法典〉的处理模式及其影响》，载《国外社会科学》2020年第4期。

⑦ 参见刘保玉、张烜东：《论动产融资租赁物的所有权登记及其对抗效力》，载《中州学刊》2020年第6期。

⑧ 参见高圣平：《动产担保交易的功能主义与形式主义——中国〈民法典〉的处理模式及其影响》，载《国外社会科学》2020年第4期；王利明：《担保制度的现代化：对〈民法典〉第388条第1款的评析》，载《法学家》2021年第1期；吴光荣：《〈民法典〉对担保制度的新发展及其实践影响——兼论〈民法典担保制度司法解释〉的适用范围》，载《法治研究》2021年第4期。

⑨ See Richard Calnan, *What Makes a Good Law of Security?* in Frederique Dahan ed., *Research Handbook on Secured Financing in Commercial Transactions*, Edward Elgar Publishing, 2015, p. 471；邹海林：《价款债权抵押权的制度价值与解释》，载《北方法学》2021年第4期。

效果。[①]

《民法典》同样在相关规则中体现着功能主义的元素，其中主要是将动产抵押权的公示对抗规则贯彻于融资租赁交易、所有权保留买卖交易。[②] 在融资租赁交易中，出租人就标的物享有所有权，但承租人持续占有、使用标的物的事实对外无法起到公示该标的物属于出租人所有的作用。出租人就标的物所有权的取得依循物权变动的一般规则，在《民法典》实施前后，均采行“买卖合同 + 交付生效”（普通动产）或者“买卖合同 + 交付生效 + 登记对抗”（机动车、船舶、航空器等特殊动产）。标的物所有权的转移产生于出租人与出卖人之间的基础交易合同——买卖合同，而非出租人与承租人之间的融资租赁合同。《民法典》第 745 条改变了形式主义进路下的所有权公示方法，直接规定融资租赁交易中出租人的所有权未经登记不得对抗善意第三人，很明显与《民法典》第 403 条所确立的动产抵押权的登记对抗规则相一致，是融资租赁交易担保功能化的技术工具，体现着功能性形式主义的基本思想。[③] 其益处在于，公示标的物上的所有权，其他债权人可据以判断标的物上的权利负担，降低尽职调查成本，使查询者的风险规避成本达到最低。[④]

综上所述，我国《民法典》采取了功能性形式主义进路。在物债两分体系之下，民事法律关系依其不同性质，分别定位于《民法典》的不同分编。依物权变动的原因和结果相区分原则（第 215 条），物权变动的原因（民事法律行为）主要是合同，属于合同编的调整范围，而是否发生物权变动的结果以及物权的效力与保护，则受物权编的规制。以所有权作为担保工具的非典型动产担保交易并未被定位于担保物权分编，按照各自的交易形式规定于《民法典》的合同编。其中，所有权保留交易以买卖标的物为其表现形式，规定于合同编买卖合同章；融

---

① 参见最高人民法院民事审判第二庭编：《〈全国法院民商事审判工作会议纪要〉理解与适用》，人民法院出版社 2019 年版，第 5 页；谷昔伟：《穿透式审判思维在民商事案件中的运用与界限》，载《山东法官培训学院学报（山东审判）》2022 年第 4 期；胡正民：《穿透式审判思维的适用规则与界限——基于要件事实理论勾勒三阶七步穿透法》，载《山东法官培训学院学报（山东审判）》2022 年第 4 期；王梓臣：《民商事案件中穿透式审判思维的运用及限制》，载《山东法官培训学院学报（山东审判）》2022 年第 4 期。

② 参见李运杨：《〈民法典〉动产担保制度对功能主义的分散式继受》，载《华东政法大学学报》2022 年第 4 期。

③ 参见谢鸿飞：《民法典担保规则的再体系化——以〈民法典各分编（草案）二审稿〉为分析对象》，载《社会科学研究》2019 年第 6 期；最高人民法院民法典贯彻实施工作领导小组主编：《中华人民共和国民法典合同编理解与适用（三）》，人民法院出版社 2020 年版，第 1658 页；张家勇：《论融资租赁的担保交易化及其限度》，载《社会科学辑刊》2022 年第 2 期。不同意见参见邹海林：《价款债权抵押权的制度价值与解释》，载《北方法学》2021 年第 4 期。

④ See Duncan Sheehan, Registration, Re – Characterisation of Quasi – Security and the Nemo Dat Rules, 7 *Journal of Business Law* 584, 591 (2018).

资租赁交易是以“融物”为表象的融资交易类型，规定于合同编融资租赁合同章；保理交易以应收账款的转让为其表现形式，规定于合同编保理合同章。如此，《民法典》合同编融资租赁合同章、买卖合同章仅应涉及当事人之间的债权债务关系问题，且其中规则多具任意法属性，得由当事人依约定而排除适用；而《民法典》物权编则为出租人、出卖人就标的物的所有权提供保护。融资租赁交易、所有权保留买卖交易的功能化转向，并不涉及其中当事人之间的债权债务关系，仅仅只表明对出租人、出卖人的物权保护，由所有权转向担保物权①，其立法意旨在于规制“手段超过目的”，借由功能化转向，将涉及债权人所有权的相关规则与动产抵押权的相关规则相统合。但是，我国《民法典》就此所做的努力明显不够，仅明确了功能性所有权的登记对抗规则，对于出租人、出卖人权利的优先顺位规则和实现规则，均缺乏明确规定，增加了功能性形式主义之下的解释困难。②

（三）《民法典担保制度解释》的解释选择

本解释基于此，专设第四部分“关于非典型担保”，在相关条文中体现了《民法典》的这一功能性形式主义思想。

第一，在设立和公示效力上，主要采取登记对抗主义。《民法典》第 403 条、第 641 条、第 745 条分别规定，动产抵押权、出卖人对标的物保留的所有权、出租人对租赁物享有的所有权，未经登记，不得对抗善意第三人；第 768 条虽并未明确规定保理人就受让的应收账款的权利的性质，但通过与第 414 条的体系解释，可以得出未经登记不得对抗善意第三人的结论。就未经登记，动产抵押权、所有权保留买卖交易中的所有权、融资租赁交易中的所有权的对抗“第三人”范围，本解释采取了统一的司法态度。其中，第 54 条规定：“动产抵押合同订立后未办理抵押登记，动产抵押权的效力按照下列情形分别处理：（一）抵押人转让抵押财产，受让人占有抵押财产后，抵押权人向受让人请求行使抵押权的，人民法院不予支持，但是抵押权人能够举证证明受让人知道或者应当知道已经订立抵押合同的除外；（二）抵押人将抵押财产出租给他人并移转占有，抵押权人行使抵押权的，租赁关系不受影响，但是抵押权人能够举证证明承租人知道或者应当知道已经订立抵押合同的除外；（三）抵押人的其他债权人向人民法院申请保全或者执行抵押财产，人民法院已经作出财产保全裁定或者采取执行措施，抵押权人主张对抵押财产优先受偿的，人民法院不予支持；（四）抵押人破产，抵押权人主张对抵押财产优先受偿的，人民法院不予支持。”第 67 条规定：“在所有权保留

① See World Bank, *Secured Transactions, Collateral Registries and Movable Asset - Based Financing: Knowledge Guide*, World Bank, 2019, p. 16.

② 参见王乐兵：《动产担保优先顺位的立法构造与适用解释》，载《法学家》2022 年第 2 期。

买卖、融资租赁等合同中，出卖人、出租人的所有权未经登记不得对抗的‘善意第三人’的范围及其效力，参照本解释第五十四条的规定处理。”

第二，在优先顺位规则上，均采取“先登记（公示）者优先”的基本规则”。《民法典》第414条规定，动产之上竞存的抵押权之间，依其登记先后定其顺位；已登记的优先于未登记的；未登记抵押权之间顺位相同，按债权比例受偿。依据该条第2款的规定：“其他可以登记的担保物权”，准用第1款所述优先顺位规则。《民法典》已经赋予出卖人对标的物的所有权、出租人对租赁物的所有权以登记能力，但并未将其重构为“担保物权”，但从登记本身的效力（对抗善意第三人）以及功用（确立竞存权利之间的优先顺位）来看，这些权利在功能上起担保作用，自与“担保物权”处于大致相同的地位。这些权利之间及其与其他担保物权之间发生竞存之时，自可准用第414条第1款。如此，交易的形式对于确定担保物权人之间以及担保物权人与第三人之间竞存权利的优先顺位就没有了关联①，动产担保交易的优先顺位规则也就基本统一。此外，《民法典》第404条关于正常经营活动中的买受人的规定，是基于正常经营活动交易秩序和交易安全的政策考量，《民法典》第416条关于购买价金担保权超优先顺位规则的规定，是基于购买价金融资的特殊政策考量，也一体适用于动产抵押交易、所有权保留买卖交易和融资租赁交易。本解释第56条、第57条的规定均体现了这一点。

第三，在权利实行机制上，《民法典》明确非典型担保交易的担保功能，这些非典型担保交易中权利的实现自可准用《民法典》关于担保物权的实行规则，权利人可直接申请人民法院拍卖、变卖标的物，并以变价款优先受偿。本解释第64条规定：“在所有权保留买卖中，出卖人依法有权取回标的物，但是与买受人协商不成，当事人请求参照民事诉讼法‘实现担保物权案件’的有关规定，拍卖、变卖标的物的，人民法院应予准许。出卖人请求取回标的物，符合民法典第六百四十二条规定的，人民法院应予支持；买受人以抗辩或者反诉的方式主张拍卖、变卖标的物，并在扣除买受人未支付的价款以及必要费用后返还剩余款项的，人民法院应当一并处理。”第65条规定：“在融资租赁合同中，承租人未按照约定支付租金，经催告后在合理期限内仍不支付，出租人请求承租人支付全部剩余租金，并以拍卖、变卖租赁物所得的价款受偿的，人民法院应予支持；当事人请求参照民事诉讼法‘实现担保物权案件’的有关规定，以拍卖、变卖租赁物所得价款支付租金的，人民法院应予准许。出租人请求解除融资租赁合同并收回租赁物，承租人以抗辩或者反诉的方式主张返还租赁物价值超过欠付租金以及其他费用的，人民法院应当一并处理。当事人对租赁物的价值有争议的，应当按照

---

① See N. Orkun Akseli, *International Secured Transactions Law: Facilitation of Credit and International Conventions and Instruments*, Routledge, Taylor & Francis Group, 2011, p. 26.

下列规则确定租赁物的价值：（一）融资租赁合同有约定的，按照其约定；（二）融资租赁合同未约定或者约定不明的，根据约定的租赁物折旧以及合同到期后租赁物的残值来确定；（三）根据前两项规定的方法仍然难以确定，或者当事人认为根据前两项规定的方法确定的价值严重偏离租赁物实际价值的，根据当事人的申请委托有资质的机构评估。”这些规定都贯彻了功能主义之下担保物权实现时的清算法理和程序构造。

值得注意的是，本解释仅适用于“所有权保留买卖、融资租赁、保理等涉及担保功能发生的纠纷”。在功能性形式主义的立法模式之下，《民法典》物权编担保物权分编维持了《物权法》中“抵押权—质权—留置权”的权利类型结构，所有权担保中的所有权保留、融租租赁、保理依其交易形式置于合同编中，此即形式主义立法的特色。不过，虽然《民法典》中具有担保功能的交易在形式上是分散的，但立法者通过具体规则的修改，为担保交易在设立、公示、优先顺位和实现规则上的统一提供了解释前提，这实际上就是功能主义方法的贯彻。如此，各种担保交易的特殊性得到了《民法典》的尊重，《民法典》所欲统合的仅仅只是担保交易设立、公示、优先顺位和实现规则。正是在这一思想的指导之下，《民法典担保制度解释》仅涉及“所有权保留买卖、融资租赁、保理等涉及担保功能发生的纠纷”，也就是仅有这些非典型担保的设立、公示、优先顺位和实现，才适用本解释。至于所有权保留买卖、融资租赁、保理等的其他纠纷，适用当事人之间的明确约定，当事人未予明确约定的，适用《民法典》合同编、总则编的相关规定判定当事人之间的权利义务。

三、本解释适用于《民法典》未予明文规定的非典型担保方式

《民法典》第388条中所称“其他具有担保功能的合同”，并不仅限于融资租赁合同、所有权保留合同、保理合同，实践中广泛存在的让与担保合同及此后金融创新实践中可能出现的新的担保交易品种，亦应包括在内。《民法典》中虽并未直接规定让与担保，但完善了流抵、流质有关规定，明确当事人事先作出流抵、流质约定的，仍享有担保权益，但只能依法就抵押财产或者质押财产优先受偿。这一流抵、流质契约的缓和规定，对于承认让与担保提供了解释基础，也为归属清算和处分清算的展开预留了空间。本解释第68条规定：“债务人或者第三人与债权人约定将财产形式上转移至债权人名下，债务人不履行到期债务，债权人有权对财产折价或者以拍卖、变卖该财产所得价款偿还债务的，人民法院应当认定该约定有效。当事人已经完成财产权利变动的公示，债务人不履行到期债务，债权人请求参照民法典关于担保物权的有关规定就该财产优先受偿的，人民法院应予支持。债务人或者第三人与债权人约定将财产形式上转移至债权人名下，债务人不履行到期债务，财产归债权人所有的，人民法院应当认定该约定无

效，但是不影响当事人有关提供担保的意思表示的效力。当事人已经完成财产权利变动的公示，债务人不履行到期债务，债权人请求对该财产享有所有权的，人民法院不予支持；债权人请求参照民法典关于担保物权的规定对财产折价或者以拍卖、变卖该财产所得的价款优先受偿的，人民法院应予支持；债务人履行债务后请求返还财产，或者请求对财产折价或者以拍卖、变卖所得的价款清偿债务的，人民法院应予支持。债务人与债权人约定将财产转移至债权人名下，在一定期间后再由债务人或者其指定的第三人以交易本金加上溢价款回购，债务人到期不履行回购义务，财产归债权人所有的，人民法院应当参照第二款规定处理。回购对象自始不存在的，人民法院应当依照民法典第一百四十六条第二款的规定，按照其实际构成的法律关系处理。”第 69 条规定：“股东以将其股权转移至债权人名下的方式为债务履行提供担保，公司或者公司的债权人以股东未履行或者未全面履行出资义务、抽逃出资等为由，请求作为名义股东的债权人与股东承担连带责任的，人民法院不予支持。”

《民法典担保制度解释》将保证金质权亦作为非典型担保方式予以明确，主要考虑是保证金账户的浮动性和公示方法的特殊性（控制）已经与《民法典》所规定的动产质权相去甚远，属于《民法典》未予明确的担保交易方式。本解释第 70 条规定：“债务人或者第三人为担保债务的履行，设立专门的保证金账户并由债权人实际控制，或者将其资金存入债权人设立的保证金账户，债权人主张就账户内的款项优先受偿的，人民法院应予支持。当事人以保证金账户内的款项浮动为由，主张实际控制该账户的债权人对账户内的款项不享有优先受偿权的，人民法院不予支持。在银行账户下设立的保证金分户，参照前款规定处理。当事人约定的保证金并非为担保债务的履行设立，或者不符合前两款规定的情形，债权人主张就保证金优先受偿的，人民法院不予支持，但是不影响当事人依照法律的规定或者按照当事人的约定主张权利。”

值得注意的是，虽然《民法典》第 388 条“其他具有担保功能的合同”为此后金融创新实践中可能出现的新的担保交易方式的承认提供了解释空间，但《民法典担保制度解释》并未为是否承认其物权效力提供裁判规范。《民法典担保制度解释》仅仅只是对交易实践中已经构成习惯法的非典型担保方式——让与担保、保证金质权等提供裁判依据，对于其他创新品种，是否承认其物权效力，本解释未置明文，但承认了担保合同的效力。本解释第 63 条规定：“债权人与担保人订立担保合同，约定以法律、行政法规尚未规定可以担保的财产权利设立担保，当事人主张合同无效的，人民法院不予支持。当事人未在法定的登记机构依法进行登记，主张该担保具有物权效力的，人民法院不予支持。”对于新类型担保交易，在承认其合同效力的前提下，是否进一步承认其物权效力，取决于其是否采行了法定的公示方法，以及是否构成《民法典》第 10 条所称的“习惯”。

第二条　当事人在担保合同中约定担保合同的效力独立于主合同，或者约定担保人对主合同无效的法律后果承担担保责任，该有关担保独立性的约定无效。主合同有效的，有关担保独立性的约定无效不影响担保合同的效力；主合同无效的，人民法院应当认定担保合同无效，但是法律另有规定的除外。

因金融机构开立的独立保函发生的纠纷，适用《最高人民法院关于审理独立保函纠纷案件若干问题的规定》。

【条文主旨】

本条是关于担保合同效力的从属性的规定，系对《民法典》第388条第1款和第682条第1款作出的解释。

【规则变迁】

《担保法》[①] 第5条第1款规定："担保合同是主合同的从合同，主合同无效，担保合同无效。担保合同另有约定的，按照约定。"《物权法》[②] 第172条第1款中规定："担保合同是主债权债务合同的从合同。主债权债务合同无效，担保合同无效，但法律另有规定的除外。"这里与《担保法》[③] 第5条第1款不同，将适用情形进行了限缩，只允许法律另有规定的情况下，担保合同在主合同无效的情形下有效，但并未在《物权法》[④] 中就法律另有规定的情形加以明确。此后，《独立保函规定》明确银行或非银行金融机构作为开立人所出具的独立保函的法律效力，并在第23条对当事人之间约定在国内贸易中适用独立保函的效力进一步加以肯定。

《民商事审判会议纪要》第54条指出："从属性是担保的基本属性，但由银行或者非银行金融机构开立的独立保函除外。独立保函纠纷案件依据《最高人民法院关于审理独立保函纠纷案件若干问题的规定》处理。需要进一步明确的是：凡是由银行或者非银行金融机构开立的符合该司法解释第1条、第3条规定情形的保函，无论是用于国际商事交易还是用于国内商事交易，均不影响保函的效力。银行或者非银行金融机构之外的当事人开立的独立保函，以及当事人有关排除担保从属性的约定，应当认定无效。但是，根据'无效法律行为的转换'原理，在否定其独立担保效力的同时，应当将其认定为从属性担保。此时，如果主

① 已废止。
② 现为《民法典》第388条。
③ 已废止。
④ 现为《民法典》物权编。

合同有效，则担保合同有效，担保人与主债务人承担连带保证责任。主合同无效，则该所谓的独立担保也随之无效，担保人无过错的，不承担责任；担保人有过错的，其承担民事责任的部分，不应超过债务人不能清偿部分的三分之一。”这里，进一步与国际商事惯例相一致，承认在国内商事交易中金融机构出具的独立保函的效力，否定其他情形之下的独立担保约定的效力，依从属担保判断当事人的权利和义务，并就独立性约定无效情形之下的责任分担进行规定。

《民法典》第 388 条第 1 款规定：“设立担保物权，应当依照本法和其他法律的规定订立担保合同。担保合同包括抵押合同、质押合同和其他具有担保功能的合同。担保合同是主债权债务合同的从合同。主债权债务合同无效的，担保合同无效，但是法律另有规定的除外。”该款依旧沿用了《物权法》[①] 第 172 条第 1 款的但书规定，就担保合同的独立性仅限于法律另有规定的情形。同样，《民法典》第 682 条第 1 款规定：“保证合同是主债权债务合同的从合同。主债权债务合同无效的，保证合同无效，但是法律另有规定的除外。”该款也采取了同样的从属性规范以限制保证合同。

本条综合前述规范，第 1 款规定非金融机构当事人约定担保合同的效力独立于主合同的，按照担保的从属性判断合同的效力；第 2 款则是明确金融机构所开立的独立保函的相关纠纷适用《独立保函规定》。

《民法典担保制度解释（征求意见稿）》曾指出：“当事人约定主债权债务合同不成立、无效、被撤销或者确定不发生效力，担保人仍然应当承担担保责任的，该约定无效。因银行或者非银行金融机构开立的独立保函发生的纠纷，适用《最高人民法院关于审理独立保函纠纷案件若干问题的规定》。银行或者非银行金融机构之外的其他主体开立的独立保函被认定无效后，债权人根据担保人与主债务人承担连带责任的意思表示，请求担保人按照连带责任保证承担责任的，人民法院应予支持。”（第 2 条）相比较而言，本条增加了“当事人在担保合同中……约定担保人对主合同无效的法律后果承担担保责任，该有关担保独立性的约定无效”的规定，并删去了“当事人约定主债权债务合同不成立……被撤销或者确定不发生效力，担保人仍然应当承担担保责任的，该约定无效”的规定。但在解释上，“当事人约定主债权债务合同不成立、无效、被撤销或者确定不发生效力，担保人仍然应当承担担保责任”，均属“担保合同的效力独立于主合同”的情形。本条并将《民法典担保制度解释（征求意见稿）》第 2 款“银行或者非银行金融机构之外的其他主体开立的独立保函被认定无效后，债权人根据担保人与主债务人承担连带责任的意思表示，请求担保人按照连带责任保证承担责任的，人民法院应予支持”删去，但本条第 1 款“主合同有效的，有关担保独立性的约定无效不

① 已废止。

影响担保合同的效力；主合同无效的，人民法院应当认定担保合同无效，但是法律另有规定的除外”的文义足以涵盖此种情形。

【理解与适用】

一、排除担保从属性约定的效力

本条第 1 款规定：“当事人在担保合同中约定担保合同的效力独立于主合同，或者约定担保人对主合同无效的法律后果承担担保责任，该有关担保独立性的约定无效。主合同有效的，有关担保独立性的约定无效不影响担保合同的效力；主合同无效的，人民法院应当认定担保合同无效，但是法律另有规定的除外。”本款涉及两种不同的情形：其一，担保合同的效力独立于主合同的约定；其二，担保人预先对主合同无效的法律后果承担担保责任的约定。

与一般合同相比，担保合同具有从属性特征，担保合同可因主合同无效而无效。《民法典》第 388 条第 1 款后句规定：“担保合同是主债权债务合同的从合同。主债权债务合同无效的，担保合同无效，但是法律另有规定的除外。”第 682 条第 1 款规定：“保证合同是主债权债务合同的从合同。主债权债务合同无效，保证合同无效，但是法律另有规定的除外。”明确排除了当事人之间就担保合同效力从属性的例外约定，在一定程度上限缩了当事人意思自治的空间，置重于担保制度的保全功能。在解释上，这两款也类推适用于主债权债务合同被撤销的情形，即主债权债务合同被撤销，担保合同也归于无效。[①] 本款中因此规定：“当事人在担保合同中约定担保合同的效力独立于主合同，或者约定担保人对主合同无效的法律后果承担担保责任，该有关担保独立性的约定无效。”

不管担保合同表现为单独订立的书面合同，还是表现为主合同中的担保条款，也不管导致主合同无效的原因是债权人的过错还是主债务人的过错，只要主合同被确认为无效，当事人预期的法律后果将不发生，担保合同也随之无效，担保合同所确定的担保权利和义务也将不受法律保护。这一解释论与最高人民法院的司法态度也保持一致。例如，“独立担保的实质是否定担保合同从属性，不再适用担保法律中为担保人提供的各种保护措施，诸如未经担保人同意而变更担保合同场合下担保人的免责，担保人因主债权债务合同无效、被撤销、诉讼时效或强制执行期限完成而产生的抗辩权，以及一般保证人独有的先诉抗辩权等，因此

① 参见王利明：《合同法研究（第四卷）》（第二版），中国人民大学出版社 2017 年版，第 375 页；崔建远：《物权：规范与学说——以中国物权法的解释论为中心》，清华大学出版社 2011 年版，第 737 页。

独立担保是一种担保责任非常严厉的担保”[①]。又如，“考虑到独立担保责任的异常严厉性，以及适用该制度可能产生欺诈和滥用权利的弊端，尤其是为了避免严重影响或动摇我国担保法律制度体系的基础，独立担保只能在国际商事交易中使用，不能在国内市场交易中运用”[②]。

这一政策选择也基于我国目前特定的社会经济背景，在金融风险防控的情形下需要限制担保一定的独立性。相比于银行或者非银行金融机构，一般当事人在金融交易中难有金融机构的专业知识，不能对于自身交易风险作以良好的控制，如果将独立担保的约定由金融机构等适用主体推广至一般交易相对人，将会导致在交易过程中，担保人的责任被恶意扩张，难以维护我国目前担保法律制度体系中公平原则的适用。同样，在注重担保财产流通性的今天，如果扩张独立担保约定的适用范围，将阻滞担保物在现实交易中的流通性，阻碍当事人的融资渠道。所以，在本次司法解释的制定中，最高人民法院认为，无论当事人约定排除担保从属性，抑或是约定担保人对于主合同无效或者被撤销的后果承担担保责任，从实质上而言，都是对于担保合同独立性的约定，应当严格遵从担保合同效力的从属性，在主合同无效的情形下，担保合同也无效。在审判实践中，法院也已采纳了上述观点。[③]

值得注意的是，在本条第 1 款的规定之中使用了“担保合同”一词，并未区分物的担保合同与保证合同。在《担保法》《物权法》[④] 有关条文适用的时间效力问题上，最高人民法院曾主张，《物权法》的规定仅是对于独立物的担保加以限制，并未对独立保证产生效力[⑤]，即并不认为《担保法》第 5 条第 1 款相对于《物权法》第 172 条第 1 款在保证情形下适用“新法优于旧法这一原则”。针对该问题，《民法典》作了相应修改与统合，其第 388 条第 1 款和第 682 条第 1 款分别规定：“主债权债务合同无效，担保合同无效，但是法律另有规定的除外”“主债权债务合同无效，保证合同无效，但是法律另有规定的除外”。由此可见，保证合同与物的担保合同在从属性的适用上，《民法典》解决了《物权法》第 172 条第 1 款与《担保法》第 5 条第 1 款在规定上的分歧。基于此，对于本条第 1 款“担保合同”概念的理解，不应局限于《民法典》第 388 条第 1 款所规定的担保合同，还应当包括第 682 条第 1 款所规定的保证合同，将“担保合同”作以广义理解。

---

① 最高人民法院民事审判第二庭编：《民商事审判指导》2007 年第 1 辑（总第 11 辑），人民法院出版社 2007 年版，第 57 页。

② 最高人民法院（2007）民二终字第 117 号民事判决书。同旨参见浙江省高级人民法院（2008）浙民二终字第 70 号民事判决书；最高人民法院（2018）最高法民申 6281 号民事裁定书。

③ 参见最高人民法院（2014）民申字第 1061 号民事裁定书。

④ 已废止。

⑤ 参见最高人民法院（2018）最高法民申 6281 号民事裁定书。

二、预先对主合同无效的后果承担担保责任的约定的效力

对这一问题的回答，涉及适用担保的主债权范围，亦即哪些主债权的实现可以通过设立担保的方式予以保障。《民法典》第387条第1款规定："债权人在借贷、买卖等民事活动中，为保障实现其债权，需要担保的，可以依照本法和其他法律的规定设立担保物权。"这一规则自可类推适用于保证。在体系解释上，该款"借贷、买卖等民事活动"的范围，尚须结合后段"为保障实现其债权"进行理解。这里，妥适的解释结论是，担保适用于民事活动中所发生的所有债权，借贷、买卖仅为其中的典型。① 所有的担保手段均旨在担保债务的履行，亦即只要是其履行需要担保的主债务均可以设定担保，至于该债务的发生原因如何，则非所问。因此，不仅因合同而产生的债权可以成为担保债权范围，而且因侵权行为、无因管理、不当得利或者其他法律规定而发生的债权，也可以作为担保债权。不过，对于因侵权行为、无因管理、不当得利产生的债权不能通过先行设定担保的方式来加以保障，仅在因上述行为已经产生债权后，才可以担保方式来保障实现。②

基于此，在主合同被认定无效之后债务人所应承担的赔偿责任，可以作为担保债权，由债务人提供物上担保，或由第三人提供保证或者物上担保。本条第1款中规定："当事人在担保合同中约定……担保人对主合同无效的法律后果承担担保责任，该有关担保独立性的约定无效。"这里明显否定了在主合同被认定无效之前当事人之间就赔偿责任所约定的担保合同的效力。"当事人不能在担保合同中预先约定担保人对主合同无效的后果承担担保责任，指的是同一个担保，既担保有效的主合同债务，又担保主合同无效时债务人所应承担的法律后果。"③ 本款并不禁止当事人就主合同无效的后果约定担保责任，而是说当事人不能直接在担保合同中对此"预先"进行约定。如果当事人在担保合同中预先就主合同无效的后果及其履行约定了担保责任，则可能带来一定的道德风险，因为债务人通过事先的约定将自己的过错行为引起的损失交由担保人承担，就不会在意自己在缔约过程中是否有过错。由此可见，此类约定突破了担保在效力上的从属性，不应

① 参见王利明：《物权法研究（第四版）》（下卷），中国人民大学出版社2016年版，第328～329页。

② 参见邱聪智：《新订债法各论》（下），姚志明校订，中国人民大学出版社2006年版，第346页；曹士兵：《中国担保制度与担保方法（第四版）》，中国法制出版社2017年版，第22页。

③ 最高人民法院民事审判第二庭编：《最高人民法院民法典担保制度司法解释理解与适用》，人民法院出版社2021年版，第92页。

予以认可。[①]

本书作者认为，这一规定的适用应予限缩。如当事人在担保合同中约定对主债权债务合同——债务重组协议提供担保，同时为防止债务重组协议被认定无效或者被撤销所产生的不利后果，另行以单独的担保合同约定，担保人为债务重组协议被认定无效或者被撤销之后债务人所应承担的赔偿责任提供担保，并延迟该担保合同的生效时间。如约定“本担保合同自债务重组协议被认定无效或者被撤销之后生效”。在解释上，此种情形因不属于本条第 1 款前述规定的文义所能涵盖，在债务重组协议被认定无效或者被撤销之后，该担保合同始生效力，并属前述“在主合同被认定无效或者被撤销之后债务人所应承担的赔偿责任，可以作为担保债权”的情形。由此可见，此类约定并不违反担保合同效力上的从属性，其效力应予承认。

三、担保合同效力从属性的例外

本条第 1 款中规定：“主合同无效的，人民法院应当认定担保合同无效，但是法律另有规定的除外”。本款中所谓“法律另有规定的除外”，系指《民法典》关于最高额抵（质）押合同、最高额保证合同相对独立性的规定。[②] 在最高额担保法律关系中，最高额担保与连续发生的具体债权之间并无一一对应关系，其中某一主合同被认定无效，并不影响担保合同的效力。在最高额担保确定之时，可将该主合同被认定无效之后债务人所应承担的损害赔偿责任一并计入，由最高额担保所担保。但在解释上，如最高额担保所担保的综合授信协议被认定无效的，担保合同应随之无效，不适用这一例外规则。

在解释上，亦有观点认为“法律另有规定的除外”中的“法律”应采广义，包含法律、行政法规、司法解释等在内。如此，《独立保函规定》即可包含在内。[③] 但即便如此，也仅仅只解决了效力从属性上的例外问题，而独立保函中还涉及保证人（开立人）放弃主债务人的抗辩等要素。因此，独立保函在《民法典》上尚无“立足之地”，将其界定为一种实定法之外的非典型担保形式，应为

---

① 参见吴光荣：《担保法精讲：体系解说与实务解答》，中国民主法制出版社 2023 年版，第 71 ~ 72 页。

② 值得注意的是，《民法典》对担保合同效力上从属性的例外并未作出明确规定。《民法典》第 421 条规定：“最高额抵押担保的债权确定前，部分债权转让的，最高额抵押权不得转让，但是当事人另有约定的除外。”这一规则明显不同于一般抵押权。因为《民法典》第 407 条规定：“抵押权不得与债权分离而单独转让或者作为其他债权的担保。债权转让的，担保该债权的抵押权一并转让，但是法律另有规定或者当事人另有约定的除外。”由此可见，最高额抵押权与连续发生的具体债权之间并无一一对应关系。最高额担保合同在效力从属性上的例外是经由《民法典》第 421 条的解释而得出的。

③ 参见黄薇主编：《中华人民共和国民法典合同编解读》（上），中国法制出版社 2020 年版，第 694 页。

妥适的解释选择。①

四、排除从属性的约定无效的法律后果

本条第1款后句前段规定：“主合同有效的，有关担保独立性的约定无效不影响担保合同的效力。”由此可见，排除从属性的约定无效不影响担保合同其他部分的效力，依《民法典》第156条的规定，“民事法律行为部分无效，不影响其他部分效力的，其他部分仍然有效。”由此可见，担保合同中关于被担保债权的种类和数额、主债务人履行债务的期限、担保范围等的约定仍然有效。就担保合同与主债权债务合同之间的关系，在否定排除从属性的约定的效力的同时，应当将其认定为从属性担保，依《民法典》所规定的从属性规则判定当事人之间的权利和义务。

排除从属性的约定无效之时，呈现出不同的责任分担机制。本条第1款后句“主合同有效的，有关担保独立性的约定无效不影响担保合同的效力”“主合同无效的，人民法院应当认定担保合同无效，但是法律另有规定的除外”分别列明了两种情形。实践中还存在主合同有效但担保合同因自身原因被认定无效的情形。

（一）主合同有效且担保合同有效的情形之下的责任分担

主合同有效且担保合同有效的情形下，按照从属性担保处理当事人之间的纠纷。《民商事审判会议纪要》第54条指出：“此时，如果主合同有效，则担保合同有效，担保人与主债务人承担连带保证责任。”这一司法态度值得商榷之处在于以下三个方面。

其一，并非主合同有效，担保合同就一定都有效。否定排除担保从属性的约定的效力，仅仅只表明担保合同不因其中排除从属性约定的无效而无效，并不排除担保合同因其他原因而无效的情形。例如，约定了排除从属性的担保合同，自可因违反强制性规定或者公序良俗原则而无效。因此，该条中“如果主合同有效，则担保合同有效”有失偏颇。

其二，“担保人与主债务人承担连带保证责任”的表述，指向在从属性保证之下保证方式的推定。在担保合同中已就保证方式作出明确约定的情形下，排除从属性约定的无效并不影响保证方式约定的效力，此时自无推定规则的适用。在通过意思表示解释规则，能够确定当事人承担的是一般保证或者连带责任保证的，也无推定规则的适用。仅在担保合同中没有约定保证方式或约定不明确的情形下，才推定“担保人与主债务人承担连带保证责任”。此处的“连带保证责任”，应为“连带责任保证责任”。我国实定法上将保证方式规定为“一般保证”

---

① 参见最高人民法院民法典贯彻实施工作领导小组主编：《中华人民共和国民法典合同编理解与适用》（二），人民法院出版社2020年版，第1287～1288页。

和“连带责任保证”。“连带保证责任”与“按份保证责任”相并而称，是就共同保证中保证人之间关系的分类。《民法典》已就保证方式的推定规则作了不同于《担保法》的制度安排，其第 686 条第 2 款规定：“当事人在保证合同中对保证方式没有约定或者约定不明确的，按照一般保证承担保证责任。”在《民法典》实施之后，担保人与主债务人之间存在承担连带责任的意思表示的，担保人按照连带责任保证承担责任，担保人与主债务人之间不存在承担连带责任的意思表示的，应推定保证人承担的是“一般保证”。

其三，该条尚未涉及物上担保合同中排除从属性约定被认定无效后的处理规则。此时，物上担保合同并不因排除从属性约定的无效而无效，如无令其无效的事由，物上担保合同自始有效。在解释上，此时担保物权如已设定，债权人自可依法行使其担保物权，担保人并无顺序利益。此与保证的情形存在重大差异。

实践中，在认定排除从属性的约定无效的情形之下，在以下三种情形下可以认定保证人承担保证责任的方式是连带责任保证。一是担保人有承担连带责任的意思表示。首先，最为明确的就是当事人在担保合同中预先约定了对于主债务承担连带责任；其次，当事人通过其他方式对于连带责任的承担进行认同。二是担保合同约定担保人无条件承担担保责任。三是独立保函由非金融机构开立的情形下，债权人可以请求担保人承担连带保证责任。非金融机构开立的独立保函中必然含有“无条件承担保证责任等类似内容”，依据《民法典担保制度解释》第 25 条第 2 款的规定，“当事人在保证合同中约定了保证人在债务人不履行债务或者未偿还债务时即承担保证责任、无条件承担保证责任等类似内容，不具有债务人应当先承担责任的意思表示的，人民法院应当将其认定为连带责任保证”。因此，虽然排除从属性的约定被认定无效，但在主合同有效且担保合同有效的情形下，担保人仍应承担连带保证责任。

（二）主合同有效且担保合同无效的情形之下的责任分担

在主债权债务合同有效且担保合同无效的情形之下，适用《民法典》第 388 条第 2 款和第 682 条第 2 款，就债权人因担保合同被认定无效所受损失，在有过错的当事人之间进行分配。此处的“担保合同无效”，指的是约定了排除从属性的担保合同因自身原因被认定无效的情形，而不是担保合同仅因排除从属性的约定无效而无效。就此，《民法典》第 388 条第 2 款规定：“担保合同被确认无效后，债务人、担保人、债权人有过错的，应当根据其过错各自承担相应的民事责任。”第 682 条第 2 款规定：“保证合同被确认无效后，债务人、保证人、债权人有过错的，应当根据其过错各自承担相应的民事责任。”这里的“相应的民事责任”，在性质上属于与其过错相对应的缔约过失责任。就此，《民法典担保制度解释》第 17 条第 1 款规定：“主合同有效而第三人提供的担保合同无效，人民法院应当区分不同情形确定担保人的赔偿责任：（一）债权人与担保人均有过错的，担保人承担的赔偿责任不应超过债务人不能清偿部分的二分之一；（二）担保人有过错而债权人无过错的，担保人对债务人不能清偿的部分承担赔偿责任；（三）债权人有过错而担保人无过错的，担保人不承担赔偿责任。”

（三）主合同无效导致担保合同无效的情形之下的责任分担

在主债权债务合同无效导致担保合同也随之无效的情形下，适用《民法典》第388条第2款和第682条第2款，视担保人是否存在过错，判定担保人是否承担相应的缔约过失责任。就此，《民法典担保制度解释》第17条第2款规定："主合同无效导致第三人提供的担保合同无效，担保人无过错的，不承担赔偿责任；担保人有过错的，其承担的赔偿责任不应超过债务人不能清偿部分的三分之一。”这一规定与《民商事审判会议纪要》的司法态度是一致的。《民商事审判会议纪要》第54条中指出："主合同无效，则该所谓的独立担保也随之无效，担保人无过错的，不承担责任；担保人有过错的，其承担民事责任的部分，不应超过债务人不能清偿部分的三分之一。”这里，“担保人的过错”，不是担保人对于主合同无效的过错，而主要体现为担保人明知主合同无效仍为之提供担保或担保人对无效主合同的成立起过中介、促使的作用。① 在解释上可以认为，担保合同的存在促使了主合同的成立，债权人的信赖利益应予保护，担保人承担的仍是缔约过失责任。②

五、独立保函的法律适用

本条第2款针对金融机构所开立的独立保函的适用规则加以明确，即适用《独立保函规定》。

（一）独立保函的性质与效力

保证债务系因保证合同所生的个别、独立的债务。保证债务虽从属于主债务，但并不构成主债务的一部分，仍具有独立性。但保证债务只是在附从于主债务的前提下有独立性，因而是相对的③，仅仅只是对保证债务从属性的限制。保证债务的相对独立性被认为是其区别于并存的债务承担的重要标志。④ 保证合同是典型的单务合同，其中，保证人仅负担债务，但并不享有对应的债权。为平衡债权人、主债务人和保证人之间的利益，保证人不仅享有基于保证合同本身的抗

① 参见李国光等：《最高人民法院〈关于适用《中华人民共和国担保法》若干问题的解释〉理解与适用》，吉林人民出版社2000年版，第72~73页。

② 参见王利明：《物权法研究（第四版）》（下卷），中国人民大学出版社2016年版，第379页。

③ 参见孙鹏、肖厚国：《担保法律制度研究》，法律出版社1998年版，第60页；刘保玉、吕文江主编：《债权担保制度研究》，中国民主法制出版社2000年版，第86页。

④ 参见郭明瑞：《担保法》，法律出版社2010年版，第28页。

辩权，还可以主张主债务人基于主合同所享有的抗辩权。债权人实现保证债权，就不得不卷入保证法律关系和基础交易关系的复杂诉讼，保证人对于债权人的履行请求，可以主张基础交易关系和保证交易关系中的抗辩权，以求减轻或免除保证责任。这一制度安排对于利益失衡的保证人来说，保护可谓周延。

但从债权人的视角，保证债务的从属性以及保证人因此而享有的广泛的抗辩权，无疑增加了实现担保权益的困难。在商事交易中，为了既保障交易的效率，又力求安全地实现债权，破除从属性成了某些交易的实践需求。① 债权人将其基于保证交易与基于基础交易的法律地位相分离，并阻断了基础交易对保证交易的影响，使得保证人与主债务人的地位相互独立，债权人既可向主债务人主张主债权（此时，主债务人仅得主张其基于主合同的抗辩权），又可向保证人主张保证债权（此时保证人仅得主张其基于保证合同的抗辩权，不得主张主债务人基于主合同的抗辩权，有些情况下，保证人还不得主张基于保证合同的抗辩权）。债权由此而得到了切实、迅速的保障，保证人也无须了解基础交易关系并可直接主张主债务人的抗辩权，保证人只需在承担保证责任之后对主债务人行使追偿权即可，“先付款，再争执”②，在一定程度上促使了交易的发展。于是，就产生了独立保证（或曰独立担保）这种特殊的交易类型，并经由交易的发展逐渐定型化，形成了交易惯例。“诸如独立保函这种已经形成普遍的、适当的时间段和该交易领域自愿承认的商业工具，已满足了商业习惯的构成要件”。③

在国际公约和国际惯例的发展演进过程中，国际商会《合同担保统一规则》（URCG325）将合同保证（银行保函）的法律性质定性为从属保证。虽然允许当事人约定排除该规则的适用，以达到选择独立保证的目的④，但过分强调保证交易各方当事人之间的利益平衡，甚至将保证责任的承担与基础交易关系相联系（要求提交主债务人违约证明前提条件）。因该规则忽略了商事交易中债权人期待借助合同保证快速、切实地实现债权的诉求，最终该规则被实践淘汰。⑤ 有鉴于此，国际商会《见索即付保函统一规则》（URDG458）第 2 条第 2 款规定：“保函从性质上是独立于其可能基于之合同或投标条件的交易，即使保函中包含对合同或投标条件的援引，担保人与这类合同或投标条件亦无任何关系，也不受其约束。”这里明确了见索即付保函的独立性。这一惯例在《见索即付保函统一规则》

① 参见朱凡：《人的担保基本制度研究》，中国检察出版社 2006 年版，第 228 页。

② 许忠信：《国际贸易法上银行担保状的法律概念》，载《黄宗乐教授六秩祝贺论文集——财产法学篇（二）》，学林文化出版公司 2002 年版，第 247 页。

③ ［德］C. W. 卡纳里斯：《德国商法》，杨继译，法律出版社 2006 年版，第 548 页。

④ 参见陈立虎：《独立担保国际惯例的新规则：URDG758》，载《法治研究》2014 年第 1 期。

⑤ 参见李燕：《独立保函单据化的逻辑解释与我国立法之选择》，载《政法论坛：中国政法大学学报》2013 年第 4 期。

（URDG758）得到了进一步地强化。而联合国国际贸易法委员会制定的《联合国独立担保和备用信用证公约》则试图统一调整独立保函和备用信用证，统合大陆法系和英美法系的独立担保制度。①

《民法典》如何规定经由国际贸易实践发展起来的独立保函制度，不无争议。在立法过程中，学者间有观点认为，《民法典》中应予承认包括独立保函在内的独立担保制度。② 根据《独立保函规定》的规定，独立保函是指银行或非银行金融机构作为开立人，以书面形式向受益人出具的，同意在受益人请求付款并提交符合保函要求的单据时，向其支付特定款项或在保函最高金额内付款的承诺。“独立保函的性质是付款承诺，开立人的义务在于依条件付款，而非在债务人不履行债务时代负履行责任。开立人付款义务的独立性和单据性特点，使得独立保函在效力、履行、付款金额、有效期、转让等方面均排除了对基础交易的从属性，具有依文本自足自治的特点。”③ 独立保函独立于基础交易关系，是对传统从属性担保的重大突破和创新。只要债权人达到独立保函约定的条件，除现有证据证明债权人的请求明显存在权利滥用或欺诈之外，开立人即应承担责任，从而使得债权人快速地实现债权，提高了交易的效率，同时，开立人也无须像从属保证人那样负有审慎审查基础交易关系中违约情事的义务，只需就债权人提供的文件进行形式审查。开立人向债权人承担责任之后，自可向债务人追偿或向反担保人主张担保权利。这一特殊的担保模式满足了特定交易的需要，在金融实践和国际贸易中得到了越来越广泛的应用，已然成为相关领域的交易惯例。民事立法和司法实践不能忽视商事实践的发展，更不能以违反从属担保的法理为由轻易否定这一金融创新。

《民商事审判会议纪要》第 54 条前段指出：“从属性是担保的基本属性，但由银行或者非银行金融机构开立的独立保函除外。独立保函纠纷案件依据《最高人民法院关于审理独立保函纠纷案件若干问题的规定》处理。需要进一步明确的是：凡是由银行或者非银行金融机构开立的符合该司法解释第 1 条、第 3 条规定情形的保函，无论是用于国际商事交易还是用于国内商事交易，均不影响保函的效力。银行或者非银行金融机构之外的当事人开立的独立保函，以及当事人有关

① 有关国际公约的详细介绍参见笪恺：《国际贸易中银行担保法律问题研究》，法律出版社 2000 年版，第 235 页以下；郭德香：《国际银行独立担保法律问题研究》，法律出版社 2013 年版，第 82 页以下。

② 参见高圣平：《民法典担保物权法编纂：问题与展望》，载《清华法学》2018 年第 2 期；刘斌：《论民法典分则中人的担保之体系重构》，载《当代法学》2018 年第 5 期；徐同远：《民法典合同编草案中保证制度的完善》，载《北京航空航天大学学报（社会科学版）》2019 年第 2 期。

③ 张勇健、沈红雨：《〈关于审理独立保函纠纷案件若干问题的规定〉的理解和适用》，载《人民司法·应用》2017 年第 1 期。

排除担保从属性的约定，应当认定无效。”由此可见，《民商事审判会议纪要》承认金融机构出具的独立保函的效力，以与《独立保函规定》第23条相一致。在性质上，独立保函不属于《民法典》上所规定的典型担保形式——保证。独立保函虽然客观上具有担保债权实现的功能，但与《担保法》规定的保证有本质区别，与信用证性质相同。① 因独立保函的提示付款单据简单、付款责任严格，司法实践中一直对国内交易中独立保函的效力问题缺乏定论。近年来为国内交易开具独立保函已经成为我国金融机构的一项重要业务，基于平等保护原则，《独立保函规定》第23条规定，当事人约定在国内交易中适用独立保函的，人民法院不能以独立保函不具有涉外因素为由，否定保函独立性约定的效力。②

独立保函在性质上不属于《民法典》上所规定的典型担保形式——保证。“当事人主张独立保函适用民法典关于一般保证或连带保证规定的，人民法院不予支持。”③ 独立保函实为一种实定法之外的非典型担保形式。④ 因独立保函引发的纠纷自应适用《独立保函规定》的规定，而非《民法典》关于担保的规定或者《民法典担保制度解释》的规定。《民法典》和《民法典担保制度解释》调整的仅为从属性担保。⑤

（二）独立保函的认定

当事人的意思表示是否认定为独立保函，就显得尤为重要。根据《独立保函规定》的规定，几个核心要素如下：

第一，开立人仅限于“银行或非银行金融机构”。金融机构包括政策性银行、商业银行、农村合作银行、城市信用社、农村信用社、村镇银行、贷款公司、农村资金互助社、金融资产管理公司、信托公司、企业集团财务公司、金融租赁公司、汽车金融公司、货币经纪公司等⑥。在外观表象上，金融机构持有“金融许可证”，但凡不持有“金融许可证”的机构，如担保公司、融资租赁公司等，所开立的独立保函，均应认定为无效。但是，《最高人民法院关于新民间借贷司法解释适用范围的批复》（法释〔2020〕27号）第1条规定：“……由地方金融监管部门监管的小额贷款公司、融资担保公司、区域性股权市场、典当行、融资租

① 参见张勇健、沈红雨：《〈关于审理独立保函纠纷案件若干问题的规定〉的理解和适用》，载《人民司法·应用》2017年第1期。

② 参见2016年11月22日最高人民法院民事审判第四庭张勇健庭长在最高人民法院举办的独立保函司法解释新闻发布会上的情况介绍。

③ 《独立保函规定》第3条第3款。

④ 参见司伟、肖峰：《担保法实务札记——担保纠纷裁判思路精解》，中国法制出版社2019年版，第25页。

⑤ 参见吴光荣：《担保法精讲：体系解说与实务解答》，中国民主法制出版社2023年版，第70页。

⑥ 参见《金融许可证管理办法》第3条第2款，已失效。

赁公司、商业保理公司、地方资产管理公司等七类地方金融组织，属于经金融监管部门批准设立的金融机构，其因从事相关金融业务引发的纠纷，不适用新民间借贷司法解释。”这里，又将融资担保公司、典当行、融资租赁公司、商业保理公司、地方资产管理公司等界定为金融机构，其是否具有开立独立保函的资格，不无疑问。《新民间借贷适用范围批复》主要解决的是这七类地方金融组织在从事金融业务时，其利息计算不受《民间借贷规定》确定的“一年期 LPR 利率上限的 4 倍”这一限制，并不表明其具有开立独立保函的资格。①

第二，文件中存在开立人见索即付的承诺，如保函中载明适用国际商会《见索即付保函统一规则》等独立保函交易示范规则；根据保函文本内容，开立人的付款义务独立于基础交易关系及保函申请法律关系，其仅承担相符交单的付款责任。至于独立保函记载了对应的基础交易，不影响对独立保函的定性。

实践中，法院一般依照《独立保函规定》的规定，根据保函的文本是否符合独立保函的形式要件来判断是否属于独立保函。就保函在性质上的争议，有观点认为，如保函载明开立人承担付款责任以申请人违约为条件、担保方式为连带责任担保等，则表明该保函为保证，而非独立保函。但也有相反观点认为，尽管存在申请人违约等表述，但仅此不影响保函的定性。此外，保函中同时存在见索即付以及担保责任的条款，亦存在保函的定性之争。笔者认为，即便存在着连带责任担保以及申请人违约的表述，只要对于开立人的付款责任而言未增加实质性的条件，即不影响保函的定性。因此，只要证明保函文本具备《独立保函规定》第3条所规定的要件，即应将案涉保函定性为独立保函。

（三）独立保函的适用范围

独立保函的产生有其特定的交易背景，如债权人需要高效、快速的付款保障、保证人不愿介入基础交易之中。在国内经济活动中，这种交易背景和经济现实同样存在，因此，不能以商事交易是否具有涉外因素为由，简单地判断是否承认独立保函的效力。

基于保证法的债法性质，私法自治或意思自由当属解释相关论题的基本思路。② 保证法作为平衡当事人之间利益的补充性规定，在当事人之间作出例外安排的情况下，实际上是对这种平衡机制的否定。③ 独立保函的出现从侧面也说明了当事人对这种法律预设的利益平衡机制的不满，债权人希望得到更为确实和更

① 参见最高人民法院民事审判第二庭编：《最高人民法院民法典担保制度司法解释理解与适用》，人民法院出版社 2021 年版，第 98 页。

② See Ulrich Drobnig, Present and Future of Real and Personal Security, 5 *European Review of Private Law*, 625 (2003).

③ 参见沈达明：《法国、德国担保法》，中国法制出版社 2000 年版，第 9 页。

有保障的保证。[1]

“合同作为交易的法律形式，它总是随着交易的不断发展而产生新的类型。”[2] 独立保函无疑是其中适例。独立保函交易的发展，已经脱逸出了传统法上已经类型化了的从属保证范畴，相关交易规则的形成更加显示出其独特的契约内容，已无法为从属保证所能涵盖。“当抽象——一般概念及其逻辑体系不足以掌握某生活现象或意义脉络的多样表现形态时，大家首先会想到的补助思考形式是‘类型’。”[3] 保证方式的类型化是为适例。保证债务本具从属性和补充性，前者涉及保证人承担责任的内容，后者关注保证人承担责任的顺序，但交易实践的发展广泛认可了补充性可以明示放弃，债权人无须先就主债务人的财产强制执行，即可径向保证人主张权利，如此，补充性不再是“保证合同”这一概念的必要要素[4]，一般保证和连带责任保证的类型化区分就解决了这一问题。同此，在从属保证之外，将独立保证这一经由实践发展的交易，类型化为新的典型合同，也就成了我们的选择。“为了寻求规则的统一性，这些特殊的、新的交易类型需要由法律予以调整。”[5] 至于承认独立保证之后可能带来的当事人间的权利失衡问题，自可由新的强行法规范予以控制。独立保证交易一旦典型化为新一类有名合同，就有了对其统一进行特别规制的正当性。由此可见，将独立保函有名化，承认独立保证的有效性，也就不会“严重影响或动摇我国担保法律制度体系之基础”。[6]

《独立保函规定》采纳了这一观点，将独立保函作为不同于从属保证的一种典型的交易形态加以规定。该司法解释第 1 条第 1 款规定：“本规定所称的独立保函，是银行或非银行金融机构作为开立人，以书面形式向受益人出具的，同意在受益人请求付款并提交符合保函要求的单据时，向其支付特定款项或在保函最高金额内付款的承诺。”这里，强调开立人的付款义务具有独立性和单据性，且开立人并不享有基础交易债务人的抗辩权，这些规定都使之与从属保证相区分。就国内交易中独立保函的效力，《独立保函规定》第 23 条规定：“当事人约定在国内交易中适用独立保函，一方当事人以独立保函不具有涉外因素为由，主张保函独立性的约定无效的，人民法院不予支持。”其理由主要体现为：其一，因顺应我国经济发展、完善信用保障制度的现实需要，反映金融机构国内独立保函业务

---

[1] 参见刘斌：《论我国独立担保制度的理论基础和规则构建》，载《研究生法学》2010 年第 6 期。

[2] 王利明：《典型合同立法的发展趋势》，载《法制与社会发展》2014 年第 2 期。

[3] ［德］卡尔·拉伦茨：《法学方法论》，陈爱娥译，商务印书馆 2003 年版，第 337 页。

[4] See Ulrich Drobnig, Present and Future of Real and Personal Security, 5 *European Review of Private Law*, 629 (2003).

[5] 王利明：《典型合同立法的发展趋势》，载《法制与社会发展》2014 年第 2 期。

[6] 参见高圣平：《论独立保证的典型化与类型化》，载《武汉大学学报（哲学社会科学版）》2016 年第 1 期。

的制度需求。其二，遵循当事人意思自治和市场主体平等保护原则，以独立保函不具有涉外因素为由主张保函无效，缺乏法律依据；在国际和国内交易的界限模糊的背景之下，同一基础交易同时涉及国内独立保函和涉外独立保函的情况大量存在，如分别采行不同的效力模式，将直接导致当事人权利义务失衡。为防止独立保函权利人可能存在的欺诈及滥用付款请求权风险，《独立保函规定》一方面将开立人的范围限于对独立保函风险有成熟认知的金融机构，另一方面通过抗辩权制度和止付程序遏制欺诈风险，为独立保函在国内的运行提供了较为完善的法律框架。①

《民法典担保制度解释》于第2条第2款规定："因金融机构开立的独立保函发生的纠纷，适用《最高人民法院关于审理独立保函纠纷案件若干问题的规定》。"这一规定即解决了此处解释上的困扰，将金融机构所开立的独立保函以及相关司法解释的规定一并纳入，即将独立保函在担保中的独特地位进一步明确，解决审判实践中的适用问题，完善独立保函的法律地位。

第三条　当事人对担保责任的承担约定专门的违约责任，或者约定的担保责任范围超出债务人应当承担的责任范围，担保人主张仅在债务人应当承担的责任范围内承担责任的，人民法院应予支持。

担保人承担的责任超出债务人应当承担的责任范围，担保人向债务人追偿，债务人主张仅在其应当承担的责任范围内承担责任的，人民法院应予支持；担保人请求债权人返还超出部分的，人民法院依法予以支持。

【条文主旨】

本条是关于担保责任范围从属性的规定，系对《民法典》第389条、第691条，结合第388条第1款、第682条第1款所作的解释。

【规则变迁】

《担保法》第21条、第46条、第67条、第83条就担保责任范围进行明确，除留置担保以外，担保责任的范围包括主债权及其利息、违约金、损害赔偿金和实现债权的费用。担保合同另有约定的，按照其约定。《担保法解释》② 第43条

① 参见张勇健、沈红雨：《〈关于审理独立保函纠纷案件若干问题的规定〉的理解和适用》，载《人民司法·应用》2017年第1期。

② 已失效。

规定："保证人自行履行保证责任时，其实际清偿额大于主债权范围的，保证人只能在主债权范围内对债务人行使追偿权。"《物权法》第173条[①]就担保物权的担保范围作以统一规定，其中指出："担保物权的担保范围包括主债权及其利息、违约金、损害赔偿金、保管担保财产和实现担保物权的费用。当事人另有约定的，按照约定。"

《民商事审判会议纪要》第55条指出："担保人承担的担保责任范围不应当大于主债务，是担保从属性的必然要求。当事人约定的担保责任的范围大于主债务的，如针对担保责任约定专门的违约责任、担保责任的数额高于主债务、担保责任约定的利息高于主债务利息、担保责任的履行期先于主债务履行期届满，等等，均应当认定大于主债务部分的约定无效，从而使担保责任缩减至主债务的范围。"这里采取了担保责任大于主债务部分的约定无效的司法态度。

《民法典》第389条规定："担保物权的担保范围包括主债权及其利息、违约金、损害赔偿金、保管担保财产和实现担保物权的费用。当事人另有约定的，按照其约定。"第691条规定："保证的范围包括主债权及其利息、违约金、损害赔偿金和实现债权的费用。当事人另有约定的，按照其约定。"这些条文基本维系了《担保法》《物权法》的规定。

本条综合上述规范，结合《民法典》第388条第1款、第682条第1款，对于担保责任范围的从属性进行规定。本条改变了《民商事审判会议纪要》第55条担保责任大于主债务部分的约定无效的司法态度，将债权人就担保责任范围超出债务人应当承担的责任范围的部分的诉讼请求是否获得支持，系于担保人是否提出抗辩，并在第2款就担保责任范围具有从属性的语境之下，规定担保人对债务人的求偿范围亦从属于主债务。

【理解与适用】

一、担保责任范围从属性的一般规则

担保合同是主合同的从合同，由此而决定担保人承担担保责任的范围和强度不得大于或重于主债务。[②] 担保责任的范围和强度，是指在主债务人不履行债务或者发生当事人约定的实现担保权的其他情形之时，担保人向债权人承担担保责任的限度。[③] 担保制度并非使权利人全面地支配标的物的交换价值或掌控担保人

① 现为《民法典》物权编中的第389条。

② 参见王利明：《合同法研究（第四卷）（第二版）》，中国人民大学出版社2017年版，第244页；邱聪智：《新订债法各论》（下），姚志明校订，中国人民大学出版社2006年版，第363页。

③ 参见高圣平：《担保法论》，法律出版社2009年版，第164页。

之资力，而仅在其所担保的主债权范围内借由标的物的交换价值或担保人之资力获偿。就担保范围和强度上的从属性，在解释论上应予明确的有以下几点：

（一）约定的担保责任范围小于主债权

关于债权人和担保人是否可以在担保合同中约定小于主债权的担保范围，《民法典》第389条规定："担保物权的担保范围包括主债权及其利息、违约金、损害赔偿金、保管担保财产和实现担保物权的费用。当事人另有约定的，按照其约定。"第691条规定："保证的范围包括主债权及其利息、违约金、损害赔偿金和实现债权的费用。当事人另有约定的，按照其约定。"这就意味着《民法典》关于担保范围的规定属于任意性规定，区分了约定担保范围和法定担保范围，且以约定担保范围优先。当事人可就担保范围作出约定，明确排除或者确认相关债权是否属于担保责任的范围；如当事人就此未作约定，则适用法定的担保范围。

以保证为例。保证债务系别异于主债务的另一种债务，具有相对独立性，其内容未必与主债务完全相同，但仍不得超过主债务。因此，保证人和债权人约定的保证债务可以小于或者弱于主债务。例如，债权人与保证人有以下减轻约定的，其约定应属有效，并依该约定减轻保证人的保证责任：（1）约定仅担保原本债务而不保证利息等从债务；（2）约定仅保证原本债务的一部而不保证其全部；（3）约定仅保证债务不履行的损害赔偿而不担保主债务的履行本身；（4）约定仅就债务人的故意或者重大过失所致不履行提供保证，而不及于主债务不履行的全面。①

值得注意的是，本条所称"债务人应当承担的责任范围"，并不仅限于主债务（原本债务），还包括因主债务而发生的利息、违约金、损害赔偿金，也包括实现债权的费用（保证）以及保管抵押财产和实现担保物权的费用（担保物权）。② 这些费用均因主债务而发生，且担保人在承担之后可得向债务人追偿，这足以表明这些费用仍然是主债务人应当承担的费用。之所以出现解释上的分歧，主要是因为《民法典》上用语不一致所引起。《民法典》担保规则体系中所使用的"主债权"具有两种不同含义：一种是在从属性之下使用，系指与保证债权或担保物权相对而称的被担保的债权，例如，《民法典》第388条、第682条中所称"主债权"，在内容上包括了主债权（原本债权）及其利息、违约金、损害赔偿金、实现债权的费用（保证）以及保管抵押财产和实现担保物权的费用（担保物权）；另一种是在债权债务关系内部使用，系指与利息、违约金、损害赔偿金等从债权相对而称的原本债权，例如，《民法典》第389条、第684条中所称"主

① 参见邱聪智：《新订债法各论》（下），姚志明校订，中国人民大学出版社2006年版，第363～364页。

② 参见吴光荣：《担保法精讲：体系解说与实务解答》，中国民主法制出版社2023年版，第76页。

债权”。在这个意义上，借款合同法律关系中的贷款人请求借款人返还借款本金的债权即为“主债权”，因该“主债权”而派生的利息、违约金、损害赔偿金等其他请求权为从债权。[①]

（二）约定的担保责任范围大于主债权

债权人和担保人是否可以在担保合同中约定大于主债权的担保范围，就此，《民法典》未作明文规定。多数学者认为，担保的范围和强度从属于主债务，债权人与担保人虽可约定担保的范围，但其约定的担保范围与强度不得大于或强于主债务，否则应减缩至主债务的限度内。[②] 但亦有观点认为，在约定担保范围超过法定担保范围时，应按法定担保范围强制执行。对于约定担保范围超过法定担保范围的部分，不影响担保合同的效力，超出部分依然成立，但不具有强制执行力，如担保人自愿加以履行，则视为赠与；担保人在自愿履行后反悔的，人民法院也不予支持。

以保证为例。在体系解释上，《民法典》第691条关于保证范围的但书规定“保证合同另有约定的，按照约定”，应结合《民法典》第682条第1款“保证合同是主债权债务合同的从合同”的从属性规定进行限缩解释：债权人与保证人之间就担保范围的意思形成自由应受限制，亦即，当事人在保证合同中就保证范围的例外约定，应仅限于保证责任的范围或数额小于主债务，或保证责任之强度低于主债务的情形。例如，保证债务的利率不得高于主债务的利率；主债务不必支付利息的，不得约定保证债务支付利息；主债务附有条件的，不得约定保证债务为无条件；保证债务的履行期限不得先于主债务的履行期限；债务人仅就重大过失负责的，不得约定保证人就抽象过失或具体过失负责等。[③]

就约定的担保责任范围大于主债权的法律后果，《民商事审判会议纪要》第55条确立的司法政策是，“大于主债务部分的约定无效，从而使担保责任缩减至主债务的范围”。本条改变了这一司法态度，其中第1款规定：“当事人对担保责任的承担约定专门的违约责任，或者约定的担保责任范围超出债务人应当承担的责任范围，担保人主张仅在债务人应当承担的责任范围内承担责任的，人民法院应予支持。”结合第2款前句“担保人承担的责任超出债务人应当承担的责任范围”，可以得出以下结论：针对债权人就约定的担保责任提出的请求，即使约定的担保责任范围超出债务人应当承担的责任范围，只要担保人未就“仅在债务人

---

① 参见尹田：《物权法（第二版）》，北京大学出版社2017年版，第494页。

② 参见王利明：《合同法研究（第四卷）（第二版）》，中国人民大学出版社2017年版，第244页；邹海林、常敏：《债权担保的理论与实务》，社会科学文献出版社2005年版，第63页；全国人大常委会法制工作委员会民法室（孙礼海主编）：《中华人民共和国担保法释义》，法律出版社1995年版，第29页。

③ 参见程啸：《保证合同研究》，法律出版社2006年版，第223页。

应当承担的责任范围”提出抗辩，人民法院则应支持债权人的请求。否则，就不会出现“担保人承担的责任超出债务人应当承担的责任范围”的情形。如担保人不提出主张，人民法院不得依职权认定超出部分无效。①

（三）约定的担保责任范围大于或强于主债权的例外情形

在债务人破产时，债权人通过破产程序未能实现的债权，保证人仍然承担清偿责任（《企业破产法》第124条）；债权人对保证人享有的权利不受重整计划或和解协议的影响（《企业破产法》第92条第3款、第101条）。《企业破产法规定（三）》第5条第2款前半部分规定：“债权人向债务人、保证人均申报全部债权的，从一方破产程序中获得清偿后，其对另一方的债权额不作调整，但债权人的受偿额不得超出其债权总额。”这些都说明在债务人企业破产、重整、和解程序中，保证债务的范围或数额例外地可以大于主债务。

二、担保合同中约定专门的违约责任的效力

目前的交易和司法实践中，在债权人与担保人签订担保合同时，在担保责任之外，又约定了专门的违约责任条款，如在保证合同中约定，“保证人为债务人的债务提供连带保证，保证人不承担保证责任或违反合同约定的其他义务的，保证人应按主合同项下主债务本金（或按照逾期代偿额、未清偿数额）的15%（或特定的数额）向债权人支付违约金”。担保合同为担保人的担保责任设置了违约责任，间接达到的效果是担保人承担的责任范围（仅指债务数额）超出了主债务的范围。由此导致的问题是，上述担保合同中专门的违约责任条款是否有效，以及是否有违担保合同从属性特征。

对于担保合同中专门的违约责任条款的效力，此前的实践中存在三种裁判观点。第一种观点认为，此条款有效。理由在于担保责任的范围属于债权人与担保人意思自治的范畴，只要不违反法律的禁止性规定，则合法有效。第二种观点认为，此条款无效。理由在于基于从属性原则，担保责任的范围及强度不能超过主债务的范围及强度；担保责任超过主债务的部分，使债权人获得从主债务人处不能获得的利益，担保人对该部分承担后无法对主债务人追偿，将对担保人产生不公平的结果。第三种观点认为，该条款有效，但是可以适用违约金酌减规则。

笔者认为，一方面，对于债权人而言，担保合同中专门的违约责任条款使得担保债权的担保得以加强，其债权清偿的可能性提高，“违约金和定金对于督促

① 参见最高人民法院民事审判第二庭编：《最高人民法院民法典担保制度司法解释理解与适用》，人民法院出版社2021年版，第103页。

履行、确保债权实现具有独特作用，不能轻易予以否定”①；对于担保人而言，该违约责任对担保人形成压迫，因为该项违约责任的支付并没有担保人追偿权的保障，使其在符合清偿条件时立即清偿主合同债务，以免违约责任条款的生效致其不利；另一方面，对于债务人而言，由于担保人违约责任的承诺与增信，提高了债务人融资的能力，融资交易达成概率更高。此市场需求与订约情势是担保合同中担保人违约责任条款产生的内在机理。但是，笔者认为，该条款对担保人不发生效力，理由如下：

第一，就担保责任而言，虽然《民法典》规定了“履行债务或者承担责任”两种形式，但在解释上，如主债务属于金钱债务，保证人的保证责任仅为代主债务人履行债务。在此前提之下，只要保证人没有代为履行主债务，主债务不履行的违约责任就一直在计算和累积中，且属于保证范围。如承认保证合同中单独约定的违约责任条款的效力，保证人就将承担主债务和保证债务不履行的双重违约责任。

第二，基于保护担保人的法政策，担保人的责任不宜过重。《民法典》上就担保人权利保护体系的设计在一定程度上体现了这一政策考量。担保的从属性在这一法政策下就应作严格解释。在担保人不及时应债权人的请求代为履行主债务的情形下，主债权债务合同的违约责任条款已经起着惩戒担保人的作用。

第三，担保人代为履行债务后，自得向主债务人追偿。如承认担保合同中单独的违约责任条款的效力，且不能就此向主债务人追偿，明显加重了保证人的责任。实定法上否定担保人追偿权的情形并不多见，主要体现在担保人本可主张主债务人的抗辩权却不主张。以主债务诉讼时效经过抗辩权为例，担保人怠于主张该抗辩权就丧失对主债务人的追偿权，否则主债务人本来享有的时效利益旋即丧失殆尽。至于超过主债务范围和强度的担保债务违约金，基于债的相对性，主债务人不负清偿责任，自可就担保人的求偿请求进行抗辩。

在债权人与担保人之间已将主债权的利息、违约金、损害赔偿金等纳入担保范围的情形之下，其中违约金的约定已经起着督促担保人履行担保责任的作用。如当事人再就担保责任约定专门的违约责任，则可能导致债权人获得的赔偿高于其实际损失。此种情况既与违约损害赔偿以填补实际损失为原则的立法政策相矛盾，也可能带来债权人滥用优势地位损害担保人利益的现实问题。②

应当注意的是，依据本条的规定，担保合同中如对担保责任的承担约定专门的违约责任，此类条款并非绝对无效。如债权人基于担保合同的约定向担保人主

---

① 韩强：《违约金担保功能的异化与回归——以对违约金类型的考察为中心》，载《法学研究》2015 年第 3 期。

② 参见吴光荣：《担保法精讲：体系解说与实务解答》，中国民主法制出版社 2023 年版，第 75 ~ 76 页。

张单独的违约责任，担保人自可主张仅在债务人应当承担的责任范围内承担责任的抗辩，如担保人怠于主张该抗辩，人民法院应当支持债权人的诉讼请求。此时，担保人承担的责任就超出债务人应当承担的责任范围。如担保人就此向债务人追偿，债务人自可主张仅在其应当承担的责任范围内承担责任的抗辩，如债务人怠于主张该抗辩，人民法院应当支持担保人的追偿请求；如债务人主张了该抗辩，人民法院应当支持债务人的主张。此际，担保人实际承担的责任已经超过了债务人应当承担的责任范围，自可就此依法请求债权人返还。

三、担保责任的范围大于主债务的其他情形

除上述担保责任约定违约条款以外，实践中，担保责任范围大于主债务的，还有诸如以下情形：

第一，担保合同约定的利息高于主债务利息时，应当以主债务的责任范围为限。随着破产实务在实践中的大面积展开，因《企业破产法》第46条第2款有关于破产债权停止计息的相关规定，实践中对于担保合同约定的利息是否突破了担保责任范围的从属性，产生了较大的分歧。一种观点认为，担保责任范围中的利息亦应同时停止计算；另一种观点认为，担保责任范围中的利息不应同时停止计算，因其并未违反担保责任范围从属性的要求。对此，《民法典担保制度解释》第22条规定："人民法院受理债务人破产案件后，债权人请求担保人承担担保责任，担保人主张担保债务自人民法院受理破产申请之日起停止计息的，人民法院对担保人的主张应予支持。"

第二，担保责任的数额高于主债务时，应当以主债务的数额为限。

第三，担保责任的履行期先于主债务履行期届满。此种情形较多出现在保证期间情形当中。一般而言，保证期间自主债务履行期届满时起计算。主债务履行期届满而主债务人不履行债务，始有保证人承担保证责任的可能。如当事人约定的保证期间早于主债务履行期，亦即主债务履行期尚未届至，保证期间即已经过，此时，主债务人尚无义务履行债务，作为从属的保证债务自无发生的可能；如当事人约定的保证期间等于主债务履行期，当主债务人履行期届至，主债务人履行债务的义务才发生，但保证期间已届满，保证人无履行保证债务的可能。在这两种情况下，保证期间的约定没有意义，但保证人的保证意思却很明确，保证期间约定的无效性不影响整个保证合同的效力，虽保证期间的约定无效，但保证人仍应承担保证责任。也就是说，依"无约定，依法定"的保证期间适用规则，可视为此时当事人未约定保证期间，直接适用法定保证期间，即自主债务履行期届满之日起6个月。

四、担保人向债务人追偿范围的从属性

《民法典》第392条后句规定："提供担保的第三人承担担保责任后，有权向

债务人追偿。"第700条规定："保证人承担保证责任后，除当事人另有约定外，有权在其承担保证责任的范围内向债务人追偿，享有债权人对债务人的权利，但是不得损害债权人的利益。"以上两款即规定了担保人的追偿权。担保人在承担担保责任而对债权人进行清偿后，享有向主债务人求偿的权利。就追偿范围而言，《民法典》第700条明确是"承担保证责任的范围"。如保证人代主债务人履行债务或者承担保证责任的范围超过主债务的范围，超过部分不得向债务人追偿。依据《民法典担保制度解释》第20条的规定，"人民法院在审理第三人提供的物的担保纠纷案件时，可以适用民法典第六百九十五条第一款、第六百九十六条第一款、第六百九十七条第二款、第六百九十九条、第七百条、第七百零一条、第七百零二条等关于保证合同的规定。"《民法典》第700条的这一规定自可类推适用于物上保证的情形。

保证人承担保证责任而使主债务部分或者全部消灭，主债务人在此范围内得以对债权人免责。保证人实际承担的保证责任的范围应与主债务人的免责范围相一致，如大于主债务的范围，则主债务人可以主张仅在主债务的范围内承担责任的抗辩。[①] 实践中，委托担保合同和担保合同中通常会对担保范围作出较为全面的约定，包括本金、利息、逾期利息、罚息、复息、违约金、损害赔偿金和实现担保债权的费用（包括但不限于诉讼费、仲裁费等）和所有其他应付费用等。在保证人向债权人所为给付中，首先包括原本债权及其利息，此部分当然属于保证人追偿权的效力范围，对此裁判实践中并无争议。但就逾期利息等，保证人向主债务人追偿时，主债务人往往否认保证人向其追偿逾期利息的请求，理由在于，在主债务人未能如期清偿主债务之时，保证人即应主动履行保证债务以使主债务消灭。然而，主债务人未如期清偿主债务所产生的逾期利息亦属主债务之内容，主债务人本就应对包括逾期利息在内的全部债务负清偿义务。

虽然《民法典》并未就担保人追偿范围的从属性进行明确规定，但是第700条中规定：保证人承担保证责任后，除当事人另有约定外，有权在其承担保证责任的范围内向债务人追偿。这里明确保证人的追偿范围为"承担保证责任的范围"，即以代偿金额为限。保证人承担担保责任，属于代负履行责任或代为承担债务不履行的赔偿责任。因此，保证人的代偿金额自不得超过主债务。[②] 保证人承担保证责任之后，自得向主债务人追偿，"从主债务人的角度看，是自己责任原则的一种迂回体现，同时决定了担保人追偿的范围应限于主债务人自己清偿时

---

① See Wayne Courtney, John Phillips & James O' Donovan, *The Modern Contract of Guarantee*, Third Edition, Sweet & Maxwell, 2016, p. 704.

② 参见崔建远：《论保证规则的变化》，载《中州学刊》2021年第1期。在解释上，此处的"主债权""主债务"是指主合同项下的全部债权债务，而不仅是债权债务本金。参见王利明：《合同法研究（第四卷）（第二版）》，中国人民大学出版社2017年版，第290页。

的负担总额。”[①] 如此体现了保证债务的从属性对保证人追偿权效力范围的影响。

债权人向保证人的请求数额超过主债务人应予承担的数额的，保证人自应主张本属于主债务人的抗辩权，以对抗债权人的请求。保证人怠于主张该抗辩权，导致其所承担的责任超过主债务的，自不得就超过部分向主债务人追偿。[②] 如允许保证人对主债务人的追偿范围大于主债务人应当承担的责任范围，首先，意味着保证人的责任范围可以大于主债务的范围，这将降低保证人提供担保的意愿，增加达成担保交易的难度，无助于“觅保难”问题的解决。其次，保证人因自身的原因加重了担保责任，强令主债务人一并承担，并不符合公平原则，主债务人的期待利益将难以获得保护，反而增加了主债务人的将来融资成本，对主债务人的其他债权人而言亦不公平。[③] 最后，主债务人不履行到期债务的情形，通常表明其已不再具有相应的偿还能力，此时突破主债务人应当承担的责任范围，亦仅具有形式意义，并不能增加主债务人履行义务的积极性。

本条第 2 款规定：“担保人承担的责任超出债务人应当承担的责任范围，担保人向债务人追偿，债务人主张仅在其应当承担的责任范围内承担责任的，人民法院应予支持；担保人请求债权人返还超出部分的，人民法院依法予以支持。”由此可见，如担保范围和强度超过主债务，担保人就超过部分承担了担保责任，并就此向主债务人追偿，主债务人自可主张仅在其应当承担的责任范围内承担责任的抗辩。如主债务人怠于主张该抗辩，人民法院应当支持担保人的请求；如主债务人主张了该抗辩，人民法院应当支持主债务人的主张。就后一种情形，担保人所承担的超出主债务人应当承担的责任范围的责任，将无从向主债务人追偿，“担保人请求债权人返还超出部分的，人民法院依法予以支持”。这里的“依法”，系指依据《民法典》关于不当得利的有关规定。担保人的诉讼请求能否获得支持，还应取决于不当得利返还请求权的要件是否得以满足，例如是否超过诉讼时效期间。[④]

第四条　有下列情形之一，当事人将担保物权登记在他人名下，债务人不履行到期债务或者发生当事人约定的实现担保物权的情形，债权人或者其受托人主张就该财产优先受偿的，人民法院依法予以支持：

（一）为债券持有人提供的担保物权登记在债券受托管理人名下；

（二）为委托贷款人提供的担保物权登记在受托人名下；

---

① 崔建远：《论保证规则的变化》，载《中州学刊》2021 年第 1 期。

② 参见高圣平：《民法典担保从属性规则的适用及限度》，载《法学》2020 年第 7 期。

③ 实践中有裁判认为，担保人在法院主持调解下履行担保责任的，不宜以此限制保证人追偿权行使的范围。如此见解是否妥当，值得进一步探讨。

④ 参见吴光荣：《担保法精讲：体系解说与实务解答》，中国民主法制出版社 2023 年版，第 77 页。

（三）担保人知道债权人与他人之间存在委托关系的其他情形。

【条文主旨】

本条是关于担保物权受托持有的规定，系结合《民法典》总则编和合同编的相关规则对第 394 条第 2 款、第 425 条第 2 款、第 447 条第 2 款所作的解释。

【规则变迁】

《物权法》第 16 条规定不动产登记簿是物权归属和内容的根据；第 24 条规定了动产物权的登记对抗效力；第 188 条、第 189 条规定了动产抵押登记的对抗效力；第 224 条、第 226 条、第 227 条、第 228 条规定权利质权登记的效力。原《合同法》第 402 条、第 403 条第 1 款规定了隐名委托中委托人的介入权。

《民法典》沿用《物权法》原《合同法》的相关规定，第 216 条规定了不动产登记簿的权利正确性推定效力；第 403 条规定动产抵押的登记对抗效力；第 441 条、第 443 条、第 444 条、第 445 条规定权利质权登记的效力；第 925 条、第 926 条第 1 款规定了隐名委托中相对人知道委托关系，合同直接约束的相关主体。

但是，上述规则均未解决登记的担保物权人与债权人不一致的问题。《民法典》第 386 条规定："担保物权人在债务人不履行到期债务或者发生当事人约定的实现担保物权的情形，依法享有就担保财产优先受偿的权利，但是法律另有规定的除外。"基于担保物权的从属性，这里的"担保物权人"即为主债权债务关系中的债权人。

对此，《民法典》第 394 条规定："为担保债务的履行，债务人或者第三人不转移财产的占有，将该财产抵押给债权人的，债务人不履行到期债务或者发生当事人约定的实现抵押权的情形，债权人有权就该财产优先受偿。前款规定的债务人或者第三人为抵押人，债权人为抵押权人，提供担保的财产为抵押财产。"第 425 条规定："为担保债务的履行，债务人或者第三人将其动产出质给债权人占有的，债务人不履行到期债务或者发生当事人约定的实现质权的情形，债权人有权就该动产优先受偿。前款规定的债务人或者第三人为出质人，债权人为质权人，交付的动产为质押财产。"第 447 条规定："债务人不履行到期债务，债权人可以留置已经合法占有的债务人的动产，并有权就该动产优先受偿。前款规定的债权人为留置权人，占有的动产为留置财产。"这些规定均强调担保物权人与债权人的同一性。

本条综合前述规范，就物上担保人知道登记权利人与实际权利人之间的委托关系的情况下，债权人能够主张权利的情形作了规定。

【理解与适用】

在担保物权的从属性之下，担保物权仅为担保主债权的清偿而设立，由此决定主债权债务关系中的债权人与担保物权关系中的担保物权人具有同一性。《民法典》第394条第2款规定：“前款规定的债务人或者第三人为抵押人，债权人为抵押权人，提供担保的财产为抵押财产。”第425条第2款规定：“前款规定的债务人或者第三人为出质人，债权人为质权人，交付的动产为质押财产。”第447条第2款规定：“前款规定的债权人为留置权人，占有的动产为留置财产。”实务中，基于各种原因所导致的登记担保物权人与实际担保物权人不一致的情形不在少数。

一、债券发行关系中担保物权的受托持有

债券发行法律关系中，债券认购合同的效力直接约束债券持有人和债券发行人，债券持有人依法可以自己名义直接向借款人主张权利，对此应无疑问。但是在债券发行过程中，通常由受托管理人与担保人签订担保合同，并在担保财产上以受托管理人的名义进行登记。此时，债券持有人是否有权以自己的名义直接行使担保物权存在疑问。

《最高人民法院关于〈国土资源部办公厅关于征求为公司债券持有人办理国有土地使用权抵押登记意见函〉的答复》（〔2010〕民二他字第16号）指出，基于公司债券持有人具有分散性、群体性、不易保护自身权利的特点，《公司债券发行试点办法》[①]（以下简称《债券发行办法》）规定了公司债券受托管理人制度，以保护全体公司债券持有人的权益。基于此，《债券发行办法》第25条对公司债券受托管理人的法定职责进行了规定，同时允许当事人约定权利义务范围。抵押权人为全体公司债券持有人。抵押权的设定有利于保护全体公司债券持有人的利益。在公司债券持有人因其不确定性、群体性而无法申请办理抵押权登记的情形下，认定公司债券受托管理人可以代为办理抵押权登记手续，符合设立公司债券受托管理人制度的目的，也不违反《债券发行办法》第25条的规定。在法律没有禁止性规定以及当事人之间没有禁止代为办理抵押登记约定的情形下，应认定公司债券受托管理人可代理全体公司债券持有人申请办理土地抵押登记。但是，该答复并未明确公司债券持有人作为债权人能否就该登记在受托管理人名下的担保物权主张权利。

《全国法院审理债券纠纷案件座谈会纪要》（以下简称《债券会议纪要》）第

① 已失效。

18 条指出："登记在受托管理人名下的担保物权行使。根据《最高人民法院关于〈国土资源部办公厅关于征求为公司债券持有人办理国有土地使用权抵押登记意见函〉的答复》精神，为债券设定的担保物权可登记在受托管理人名下，受托管理人根据民事诉讼法第一百九十六条、第一百九十七条的规定[①]或者通过普通程序主张担保物权的，人民法院应当予以支持，但应在裁判文书主文中明确由此所得权益归属于全体债券持有人。受托管理人仅代表部分债券持有人提起诉讼的，人民法院还应当根据其所代表的债券持有人份额占当期发行债券的比例明确其相应的份额。"这里也未明确登记在受托管理人名下的担保物权是否可由债券持有人主张。

实践中，有观点认为债券持有人与登记权利人之间为委托关系，该登记担保物权应当归属于委托人。既然债券持有人是实际的担保物权人，那么债券持有人有权就该登记在管理人名下的担保物权主张优先受偿的权利。《民法典担保制度解释》于本条第 1 项明确，为债券持有人提供的担保物权登记在债券受托管理人名下，债务人不履行到期债务或者发生当事人约定的实现担保物权的情形，债权人或者其受托人均可主张就该财产优先受偿。

二、委托贷款关系中担保物权的受托持有

依据《商业银行委托贷款管理办法》第 3 条的规定，委托贷款是指委托人提供资金，由商业银行（受托人）根据委托人确定的借款人、用途、金额、币种、期限、利率等代为发放、协助监督使用、协助收回的贷款，不包括现金管理项下委托贷款和住房公积金项下委托贷款。在委托贷款关系下的借款合同的履行，如设定担保物权，担保物权登记时，基于主合同（借款合同）和担保合同中债权人的一致性，担保合同多由担保人与受托银行签订，登记簿上记载的担保物权人也就是受托银行。此时，委托人是否有权以自己的名义直接行使担保物权，不无疑问。在"某粮食集团米业有限公司、海南屯昌某某酒店投资有限公司金融借款合同纠纷案"中，最高人民法院认为，第一，……从上述合同的签订情况看，[抵押人] 对于《委托贷款合同》的存在及 [委托人] 与 [受托银行] 之间的代理关系应当明知，其是在对 [委托人] 为案涉贷款实际权利人有清楚认知的基础上签订的两份《抵押担保合同》。第二，对 [抵押人] 名下国有土地使用权办理抵押登记时，虽然登记的抵押权人为 [受托银行]，但因该抵押法律关系是为案涉贷款设定，在委托贷款法律关系中，[受托银行] 的代理行为产生的后果应当归属于 [委托人]。在本案诉讼中，[受托银行] 也明确表示 [委托人] 享有案涉国有土地使用权的抵押权，故 [委托人] 可以自己的名义直接向 [抵押人] 主张

① 此处引用的是原条文，现条文为第 207 条、第 208 条。条文内容未变。

以［受托银行］名义设立的抵押权。不仅在抵押担保中，法院认可委托登记的效力，在权利质押中，法院持有同样的观点。

三、担保人知道债权人与他人之间存在委托关系的其他情形

（一）因登记机构的原因导致登记权利人与实际权利人不一致时的处理

实务中，由于登记制度不健全等原因导致实际债权人不能作为担保物权人办理权利登记的，由适格的第三方主体作为名义登记权人办理登记有一定的可行性。这种情形大多出现在国有建设用地使用权抵押的情形中。依据原国土资源部的规范性文件，国有建设用地使用权的抵押权人仅能是金融机构和小额贷款公司，不准许将建设用地使用权抵押登记在自然人和其他法人名下，由此出现了由他人代持抵押权的情形。如在“刘某田与甘某海、刘某等股权转让纠纷案”中，因法定登记部门的原因，三位债权人无法办理抵押权登记。为了担保债权人应收的股权转让价款的主债权，目标公司同意以自有工业用地向债权人提供抵押担保，但因法定登记部门的原因，三位债权人无法办理抵押权登记，于是委托一家典当公司代为持有抵押不动产的抵押权，各方均明确三位债权人才是实际的抵押权人。

（二）因交易模式导致登记权利人与实际权利人不一致时的处理

该种情形下最典型的即为网络借贷。基于网贷平台操作流程和风险控制的需要，网贷平台确定合格的借款人后，在发标寻找投资人（出借人）之前，需要先行办理担保物权登记，但此时出借人（债权人）尚不确定，担保物权登记在网贷平台公司或其员工的名下。如此即出现登记担保物权人与实际担保物权人不一致的情况。此外，实践中也存在投资者数量过多，登记机构不便或拒绝办理抵押登记，由网贷平台公司或其员工作为债权人的受托人办理抵押登记的情形。就此，一种观点否定实际抵押权人的抵押权；另一种观点肯定实际抵押权人的抵押权。

交易实践中，绝非仅上述几种不一致的情形。如银团贷款、组合贷款中，将担保物权登记在受托行名下；信托贷款中，将担保物权登记在信托公司名下。[①] 随着交易实践的发展，必然会存在更多、更为复杂的商事交易模型。因此，《民法典担保制度解释》于本条第3项作了兜底性的规定，指出“担保人知道债权人与他人之间存在委托关系的其他情形”，债权人或者其受托人主张就该财产优先受偿的，人民法院依法予以支持。

---

① 参见最高人民法院民事审判第二庭编：《最高人民法院民法典担保制度司法解释理解与适用》，人民法院出版社2021年版，第110页。

四、担保物权受托持有情形下的权利归属与行使

（一）一般情形下的权利归属与行使

《民法典担保制度解释》本条规定的目的在于明确担保人知晓实际债权人与登记权利人之间存在委托关系时，实际债权人可就该登记担保物权向担保人主张权利。目前的解释困境在于传统意义上的担保物权从属于主债权，并与主债权不可分割，因此，担保物权人和债权人必须是同一人，《民法典》不认同所有权抵押和抵押权脱离债权而单独转让，因此，抵押权人和债权人在任何情况下都是同一人。不过，有学者对于这一问题提出了疑问，认为在一般情况下，抵押权人与债权人是同一的，但是在特定情况下两者也可发生分离。例如，在最高额抵押的设定、抵押权的处分、转抵押等情况下，抵押权人与债权人就不一定保持同一性。① 此外，为使抵押权成为可流通的财产，承认抵押权人与债权人不同一，亦有必要。有学者认为，抵押权人是否必须为债权人这一问题并没有太大的实际意义。因为，无论是因为抵押权设定与债权债务发生之间的时间差，还是最高额抵押权的情形，最终的结果都是抵押权人与债权人合二为一。②

笔者认为，无论是在债券发行法律关系中的债券持有人与受托管理人，委托贷款中委托人和受托银行，网络借贷中债权人与借贷平台，又或者因为其他特殊原因导致登记担保物权人与实际权利人不一致的情形中，担保物权人与实际权利人并未出现实质分离。在《民法典担保制度解释》本条所规定的交易模式中，实际权利人与登记权利人之间存在委托关系，而该委托关系无论是明示抑或是基于交易习惯，担保人均对此知悉。《民法典》第 925 条规定："受托人以自己的名义，在委托人的授权范围内与第三人订立的合同，第三人在订立合同时知道受托人与委托人之间的代理关系的，该合同直接约束委托人和第三人；但是，有确切证据证明该合同只约束受托人和第三人的除外。"受托人与担保人所签订的担保合同自然也应当约束实际权利人与担保人。

值得注意的是，根据《民法典》第 216 条的规定，不动产登记簿是物权归属和内容的根据，那么当事人之间的合意是否能够对抗在不动产登记簿上登记的担保物权。在本条所描述的情形下，不动产登记簿所登记的权利内容并非是对真实的担保权利的反映。不动产登记簿的公示内容仅是免除了登记一方在争议中的举证责任，而受有不利益的一方可以举证对此进行反驳。《民法典物权编解释（一）》第 2 条规定："当事人有证据证明不动产登记簿的记载与真实权利状态不符、其为该不动产物权的真实权利人，请求确认其享有物权的，应予支持。"尽

① 参见许明月：《抵押权制度研究》，法律出版社 1998 年版，第 129～130 页。

② 参见程啸：《中国抵押权制度的理论与实践》，法律出版社 2002 年版，第 94 页。

管我国登记机构目前就不动产物权登记的审查实行实地查验，但仅是就当事人所提供的相关信息进行考查，而如本条所描述当事人之间另存合意的，登记机关无从查清，也不适宜要求不动产登记簿成为事实判断的终局标准。在采以登记对抗主义下，动产担保物权的登记系采声明登记制，登记簿的记载对查询者而言仅起提示作用，并不表明担保物权的真实存在。登记机构对于登记的内容仅进行形式审查，并不能对于担保物权的真实信息进行严格考查，至此，动产融资统一登记系统无法真实反映登记权利的真实信息，真实的债权法律关系发生在实际权利人与债务人之间，担保物权即为该债权债务关系而设立。

第五条　机关法人提供担保的，人民法院应当认定担保合同无效，但是经国务院批准为使用外国政府或者国际经济组织贷款进行转贷的除外。

居民委员会、村民委员会提供担保的，人民法院应当认定担保合同无效，但是依法代行村集体经济组织职能的村民委员会，依照村民委员会组织法规定的讨论决定程序对外提供担保的除外。

【条文主旨】

本条是关于特别法人的担保资格的规定，系对《民法典》第383条第1款所作的解释。

【规则变迁】

《担保法》① 第8条规定：“国家机关不得为保证人，但经国务院批准为使用外国政府或者国际经济组织贷款进行转贷的除外。”这里对于国家机关的担保资格进行了限制。

《民法典》第683条第1款规定：“机关法人不得为保证人，但是经国务院批准为使用外国政府或者国际经济组织贷款进行转贷的除外。”这里根据《民法典》总则编的规定，修改了相关主体的表述，将“国家机关”改称“机关法人”。在解释上，机关法人也不得为抵押人、出质人等物上担保人。《民法典担保制度解释》于第5条第1款明确，机关法人提供担保的，人民法院应当认定担保合同无效，但是经国务院批准为使用外国政府或者国际经济组织贷款进行转贷的除外。

《民法典》第96条规定：“本节规定的机关法人、农村集体经济组织法人、城镇农村的合作经济组织法人、基层群众性自治组织法人，为特别法人。”《民法

① 已失效。

典》第683条第1款仅仅规定机关法人不得为保证人，对于其他特别法人是否可以担任担保人并不明确。在解释上，农村集体经济组织法人、城镇农村的合作经济组织法人虽然属于特别法人，但仍属经济组织，其作为担保人并无争议，与公司等营利法人担任担保人不同的仅仅只是内部担保决策机制上的差异。基层群众性自治组织法人是居民（村民）自我管理、自我教育、自我服务的组织，负责办理本社区的公共事务和公益事业，同时担负一定的社会服务和联结人民政府与群众管理工作。①《民法典担保制度解释》于本条第2款明确了，基层群众性自治组织法人同于机关法人，也不得为担保人。但在例外的情形之下，村民委员会可以作为担保人。

【理解与适用】

一、机关法人的担保资格问题

《民法典担保制度解释》于本条第1款规定："机关法人提供担保的，人民法院应当认定担保合同无效，但是经国务院批准为使用外国政府或者国际经济组织贷款进行转贷的除外。"这是对《民法典》第383条第1款的解释，明确此时的担保合同无效。

机关法人是指依照法律和行政命令组建的，履行公共管理职能的各级国家机关，包括各级权力机关、行政机关、审判机关、检察机关、军事机关。在解释上，参公管理的社会团体法人、事业单位法人，包括各级党的机关、妇联、共青团等，也按照规定履行公共管理职能，在此范围内准用机关法人的相关规则。机关法人的主要职责是依法履行管理社会的公共职能，进行日常的公务活动，而且，机关法人的财产和经费由国家财政和地方财政划拨，用以维持国家机关的公务活动和日常的开支，保障国家机关正常履行其职责。因此，机关法人不能直接参与经济活动②，不得为他人的债务提供担保。否则，如允许机关法人充当担保人，当债务人不履行债务或发生当事人约定的情形时，机关法人就将以机关法人的财产和经费承担担保责任。这不仅与其活动宗旨不符，也会影响其职能的正常发

---

① 参见谭启平：《特别法人》，载张鸣起主编：《民法总则专题讲义》，法律出版社2019年版，第276页。

② 虽然机关法人也进行一些民事活动，如购置办公用品、兴建办公场所等，但仍以必要和可能为前提。参见黄薇主编：《中华人民共和国民法典解读·合同编》（上），中国法制出版社2020年版，第697页。

挥。[①] 因此，机关法人没有担保人的资格，不得为自身债务或者他人债务提供担保。机关法人违反规定提供担保的，担保合同无效。机关法人所签订的担保合同无效，因此给债权人造成损失的，应当根据《民法典》第682条第2款以及本司法解释第17条的规定处理。

值得注意的是，机关法人所签订的担保合同无效，但机关法人承担的赔偿责任并不一定是债务人不能清偿部分的二分之一，而应根据机关法人的过错情形予以具体认定。对于机关法人提供担保的行为，本书倾向于认为，因《民法典》第683为效力性强制性规定，双方均应知晓，结合具体案例中双方的具体情形，保证人和债权人均有过错，过错不应当完全归于一方当事人。[②]

《民法典担保制度解释》于本条第1款但书规定，机关法人可以为经国务院批准为使用外国政府或者国际经济组织贷款进行的转贷提供担保。根据财政部发布的《国际金融组织和外国政府贷款赠款管理办法》的规定，项目实施单位依法直接向国际金融组织和外国政府举借，并经国务院批准的贷款，可以由财政部代表中央政府为其提供担保；政府负有担保责任的贷款，财政部门应当向上一级财政部门提供担保。由此可见，依法定程序经国务院批准后，机关法人可以为此类贷款的转贷活动提供担保，相应的担保合同也即有效。

二、居民委员会、村民委员会提供担保的效力

《民法典》第96条规定："本节规定的机关法人、农村集体经济组织法人、城镇农村的合作经济组织法人、基层群众性自治组织法人，为特别法人。"《民法典》第683条第1款仅涉及机关法人，对于农村集体经济组织法人、城镇农村的合作经济组织法人、基层群众性自治组织法人是否可以担任保证人，存在疑问。

（一）居民委员会的担保资格问题

就居民委员会的担保资格而言，实践中存在分歧。有观点认为，居民委员会并非是以公益为目的的事业单位或社会团体，其担保资格不应当受法律禁止。持相反观点的法院认为，居民委员会是基层群众性自治组织，不属于经济实体单位，不应当具有担保资格；或者认为居民委员会因其是具有公益性的自治组织，而不应当作为担保人。

笔者认为，《居民委员会组织法》第2条第1款规定："居民委员会是居民自我管理、自我教育、自我服务的基层群众性自治组织。"其任务是，宣传宪法、

① 参见黄薇主编：《中华人民共和国民法典解读·合同编》（上），中国法制出版社2020年版，第697页。

② 参见高圣平、谢鸿飞、程啸：《最高人民法院民法典担保制度司法解释理解与适用》，中国法制出版社2021年版，第47页（谢鸿飞执笔）。

法律、法规和国家的政策，维护居民的合法权益，教育居民履行依法应尽的义务，爱护公共财产，开展多种形式的社会主义精神文明建设活动；办理本居住地区居民的公共事务和公益事业；调解民间纠纷；协助维护社会治安；协助人民政府或者它的派出机关做好与居民利益有关的公共卫生、优抚救济、青少年教育等工作；向人民政府或者它的派出机关反映居民的意见、要求和提出建议。

《居民委员会组织法》第 16 条规定："居民委员会办理本居住地区公益事业所需的费用，经居民会议讨论决定，可以根据自愿原则向居民筹集，也可以向本居住地区的受益单位筹集，但是必须经受益单位同意；收支账目应当及时公布，接受居民监督。"第 17 条规定："居民委员会的工作经费和来源，居民委员会成员的生活补贴费的范围、标准和来源，由不设区的市、市辖区的人民政府或者上级人民政府规定并拨付；经居民会议同意，可以从居民委员会的经济收入中给予适当补助。居民委员会的办公用房，由当地人民政府统筹解决。"由此可见，居民委员会虽然管理相应的财产和费用，但是系为本居住地区公益事业服务，不得以此从事经济活动，不得进行营利活动。如允许其从事担保活动，社区居民的社会利益难以获得保护。

（二）村民委员会的担保资格问题

与居民委员会的性质相同，村民委员会也是基层群众性自治组织法人。但是相比于居委会的担保情形，村民委员会在实践中的情形较为复杂。就村民委员会的担保资格问题，村民委员会是具有公益性质的自治组织，原则上并不允许其从事担保活动。但是亦有不同的观点，认为村民委员会并不在法律禁止作为保证人的范围内。

笔者认为，村民委员会是村民自我管理、自我教育、自我服务的基层群众性自治组织，实行民主选举、民主决策、民主管理、民主监督。根据《村民委员会组织法》第 2 条第 2 款的规定："村民委员会办理本村的公共事务和公益事业，调解民间纠纷，协助维护社会治安，向人民政府反映村民的意见、要求和提出建议。"因此，村民委员会不能作为担保人，其违反规定提供的担保无效。

值得注意的是，村民委员会在特定情况下也提供担保。根据《民法典》第 101 条第 2 款的规定，"未设立村集体经济组织的，村民委员会可以依法代行村集体经济组织的职能。"此时，依法代行村集体经济组织职能的村民委员会以村集体经济组织名义可以作为担保人。裁判实践中即认可了上述行为。①

但是，村民委员会代行村集体经济组织职能时并非完全不受限制。《民法典担保制度解释》于本条第 2 款规定："居民委员会、村民委员会提供担保的，人民法院应当认定担保合同无效，但是依法代行村集体经济组织职能的村民委员

① 广东省东莞市第一人民法院（2013）东一法民二初字第 726 号民事判决书。

会，依照村民委员会组织法规定的讨论决定程序对外提供担保的除外。”这里将决定程序指向了《村民委员会组织法》。

村民委员会代行村集体经济组织职能，和他人签订担保合同，在性质上属于《村民委员会组织法》第24条第1款第8项规定的“以借贷、租赁或者其他方式处分村集体财产”，依该条规定，既可由村民会议讨论决定，也可由村民会议授权村民代表会议讨论决定。

由村民会议讨论决定担保事项的，按照《村民委员会组织法》规定，村民会议由本村18周岁以上的村民组成。村民会议由村民委员会召集。有1/10以上的村民或者1/3以上的村民代表提议，应当召集村民会议。召集村民会议，应当提前10天通知村民。召开村民会议，应当有本村18周岁以上村民的过半数，或者本村2/3以上的户的代表参加，村民会议所作决定应当经到会人员的过半数通过。召开村民会议，根据需要可以邀请驻本村的企业、事业单位和群众组织派代表列席。代行村集体经济组织职能的村民委员会对外提供担保未经村民会议讨论决定的，担保合同对村民委员会不发生效力。

由村民代表会议讨论决定担保事项的，按照《村民委员会组织法》规定，人数较多或者居住分散的村，可以设立村民代表会议，讨论决定村民会议授权的事项。村民代表会议由村民委员会成员和村民代表组成，村民代表应当占村民代表会议组成人员的4/5以上，妇女村民代表应当占村民代表会议组成人员的1/3以上。村民代表由村民按每5户至15户推选一人，或者由各村民小组推选若干人。村民代表的任期与村民委员会的任期相同。村民代表可以连选连任。村民代表会议由村民委员会召集。村民代表会议每季度召开一次。有1/5以上的村民代表提议，应当召集村民代表会议。村民代表会议有2/3以上的组成人员参加方可召开，所作决定应当经到会人员的过半数同意。实践中，代行村集体经济组织职能的村民委员会对外担保，虽然经过村民代表会议讨论决定，但是未经过村民会议授权，担保合同对村民委员会不发生效力。

需要注意的是，村民委员会是代表村集体经济组织对外进行担保，而并非是以村民委员会的财产承担担保责任。村民委员会代表集体经济组织对外进行担保时需要村集体经济组织的授权，否则其设定担保权属于越权行为，相对人不属于善意第三人（法律对村委会的权力限制，对任何第三人均可排除其善意），担保合同对村集体无法律效力。①

三、农村集体经济组织的担保能力

就四类特别法人的担保能力，《民法典》仅就其中机关法人作了禁止性规定

① 参见曹士兵主编：《担保纠纷案件裁判规则（一）：保证人主体资格与担保效力》，法律出版社2019年版，第100页。

（第683条第1款）。理论上，关于农村集体经济组织是否具有担保能力存在肯定说、否定说、限制说之争。其中，肯定说认为农村集体经济组织的权利能力范围应合理扩张为具有担保能力；[①] 否定说认为农村集体经济组织不具有担保能力并明确禁止其提供债务担保；[②] 限制说则主张应采纳“限制其对外担保能力的立场，限制应从担保方式与债务人身份两个维度展开”[③]。从集体经济组织的定位来看，特别法人是因与一般意义上的法人相比具有特殊性而不宜纳入营利法人或者非营利法人类别的法人，[④] 且各类特别法人各有特别之处，尚不能统一的基于类比解释而否定包括农村集体经济组织在内的其他特别法人的担保能力。

《民法典担保制度解释》第5条第2款明确了以下两点：第一，原则上否定基层群众性自治组织法人这类特别法人的担保能力。基层群众性自治组织法人在性质和职能上与机关法人具有相似性，自可类推适用《民法典》第683条第1款的规定。与机关法人一样，基层群众性自治组织法人原则上不具有担保能力，不得为自身债务或者他人债务提供担保；居民委员会、村民委员会所签订的担保合同，原则上因主体不适格而无效。[⑤] 第二，例外地承认村民委员会在特定情形之下的担保能力。在未设立村集体经济组织的情形之下，村民委员会代行村集体经济组织的职能。此时，村民委员会具有担保能力，只不过要受到《村民委员会组织法》规定的讨论决定程序的控制。这里实际上肯定了农村集体经济组织的担保能力，否则代行集体经济组织职能的村民委员会也没有担保能力。在解释上，这一规则同样可以参照适用于村民小组。

《农村集体经济组织法》第35条第2款规定：“农村集体经济组织理事会成员、监事会成员或者监事、主要经营管理人员不得有下列行为……（三）以集体财产为本人或者他人债务提供担保……”；就该行为的法律后果，该法第58条规定：“农村集体经济组织理事会成员、监事会成员或者监事、主要经营管理人员有本法第三十五条第二款规定行为的，由乡镇人民政府、街道办事处或者县级人民政府农业农村主管部门责令限期改正；情节严重的，依法给予处分或者行政处罚；造成集体财产损失的，依法承担赔偿责任；构成犯罪的，依法追究刑事责任。前款规定的人员违反本法规定，以集体财产为本人或者他人债务提供担保

---

① 参见谢鸿飞：《农村集体经济组织权利能力的限制与扩张——兼论〈农村集体经济组织法（草案）〉的完善》，载《中国社会科学院大学学报》2023年第8期。

② 《浙江省农村集体资产管理条例》第16条。

③ 周彬彬：《农村集体经济组织对外担保限制论》，载《中国不动产法研究》2023年第2期。

④ 参见最高人民法院民法典贯彻实施工作领导小组编：《中华人民共和国民法典总则编理解与适用（上）》，人民法院出版社2020年版，第487页。

⑤ 参见最高人民法院民事审判第二庭编：《最高人民法院民法典担保制度司法解释理解与适用》，人民法院出版社2021年版，第118页。

的，该担保无效。”

第一，《农村集体经济组织法》并未明确农村集体经济组织是否具有担保能力。在解释上，农村集体经济组织为他人债务提供担保，是否属于《农村集体经济组织法》第 5 条第 5 项所定“组织开展集体财产经营、管理”行为，尚存争议。一种观点认为，农村集体经济组织为他人债务提供担保，在交易对价方面与经营行为存在重大差异，系农村集体经济组织所从事的不属于其营业范围内的非经营行为，① 或者属于特殊经营活动或异常经营行为；② 另一种观点认为，为他人债务提供担保，虽然无法直接获取经济利益，但是属于一种社会资本的投资，具有互惠性，能够与其他市场主体形成较紧密的关系网络，在本经济组织融资、销售等产生困难时，获取其他关系市场主体的互惠性支持。因此，为他人债务提供担保属于普通经营业务。③

笔者认为，农村集体经济组织在《民法典》中被定位于特别法人，其特别之处在于：除了发展集体经济的功能之外，农村集体经济组织还承担着服务集体成员的特殊社会功能；依据乡（镇）、村、组三个层级而相应设立，且多从人民公社时期转化而来；其所管理的财产主要是或者起初是本集体成员集体所有的财产；其成员的加入和退出和身份密切相关。④ 但是，承认农村集体经济组织的特殊性，并不否定其经营性或者营利性，其成员尚须通过该组织的经营活动取得分红等收入。⑤ 基于此，不宜否定农村集体经济组织的担保能力。

第二，农村集体经济组织以集体财产为自身债务提供担保，符合农村集体经济组织的利益，适用一般的经营决策程序即可。农村集体经济组织为他人债务提供担保属于无偿行为，且具有高度的风险性，一旦决策失误，将造成农村集体经济组织的财产损失，直接影响到广大成员的利益。实践中，农村集体经济组织法定代表人或者其他经营管理人员擅自以集体财产为其本人或者亲属的债务提供担保的情形不在少数。

《农村集体经济组织法》第 26 条所规定的农村集体经济组织成员大会的职权范围中，尚未明确规定担保事项，最相类似的是第 1 款第 11 项规定的“决定投资等重大事项”。在解释上，农村集体经济组织为他人债务提供担保与对外投资的风险相当，亦属“重大事项”的范畴。从或然性的角度，农村集体经济组织为他

---

① 参见程淑娟：《商行为制度研究——类型化方法及展开》，法律出版社 2019 年版，第 267 页。

② 参见叶林、周伦军等：《未经决议的公司担保：合同效力与解释路径》，载《人民司法》2016 年第 31 期。

③ 参见施天涛：《〈公司法〉第 16 条的规范目的：如何解读、如何适用?》，载《现代法学》2019 年第 3 期。

④ 参见管洪彦：《农村集体经济组织法人的特别性论纲》，载《法学家》2023 年第 5 期。

⑤ 参见黄薇：《中华人民共和国民法典总则编释义》，法律出版社 2020 年版，第 255 页。

人债务提供担保的风险甚至高于对外投资。“举轻以明重”，既然农村集体经济组织对外投资应由成员大会审议决定，农村集体经济组织为他人债务提供担保更应由成员大会审议决定。就决定程序而言，《农村集体经济组织法》第 27 条规定，农村集体经济组织成员大会，应当有 2/3 以上具有完全民事行为能力的成员参加。成员无法在现场参加会议的，可以通过即时通讯工具在线参加会议，或者书面委托本农村集体经济组织同一户内具有完全民事行为能力的其他家庭成员代为参加会议。成员大会实行一人一票的表决方式。成员大会作出决定，应当经本农村集体经济组织成员大会全体成员 2/3 以上同意。

依据《农村集体经济组织法》第 28 条的规定，农村集体经济组织成员较多的，可以按照农村集体经济组织章程规定设立成员代表大会。成员代表大会亦可就农村集体经济组织担保事项作出决定。成员代表大会实行一人一票的表决方式。成员代表大会作出决定，应当经全体成员代表 2/3 以上同意。

第三，农村集体经济组织未经担保决策机构的决议而为他人债务提供担保，即构成违规担保。农村集体经济组织违规担保在实践中体现为三种形态：法定代表人越权担保、职务代理人越权担保和委托代理人（狭义）无权担保，其规范基础分别对应于《民法典》第 504 条、第 170 条和第 171 条。通说认为，这三条均不涉及法律行为的效力判断，相对人的善意或者恶意所影响的仅为法律行为的效果是否归属于法人、非法人组织或者被代理人。但就相对人恶意之时，法律行为的效果不归属于法人、非法人组织或者被代理人之时的责任分担问题，学说上尚存争议。

《民法典合同编通则解释》第 20 条第 1 款规定：“法律、行政法规为限制法人的法定代表人或者非法人组织的负责人的代表权，规定合同所涉事项应当由法人、非法人组织的权力机构或者决策机构决议，或者应当由法人、非法人组织的执行机构决定，法定代表人、负责人未取得授权而以法人、非法人组织的名义订立合同，未尽到合理审查义务的相对人主张该合同对法人、非法人组织发生效力并由其承担违约责任的，人民法院不予支持，但是法人、非法人组织有过错的，可以参照民法典第一百五十七条的规定判决其承担相应的赔偿责任。相对人已尽到合理审查义务，构成表见代表的，人民法院应当依据民法典第五百零四条的规定处理。”该款以《民法典》第 504 条为解释基础，在法律、行政法规就法定代表人的代表权做出法定限制的情形之下，将合同是否对法人发生效力系于相对人是否善尽合理审查义务，相对人未尽到合理审查义务的，合同对法人不发生效力，而不是无效。[①]

《农村集体经济组织法》第58条第2款规定："前款规定的人员违反本法规定，以集体财产为本人或者他人债务提供担保的，该担保无效。"这里已经明确了违规担保的法律后果——担保合同无效，《民法典合同编通则解释》第20条第1款自无适用余地。担保合同无效之后的法律后果，自应适用《民法典担保制度解释》第17条的规定予以处理。债权人与担保人均有过错的，担保人承担的赔偿责任不应超过债务人不能清偿部分的二分之一；担保人有过错而债权人无过错的，担保人对债务人不能清偿的部分承担赔偿责任；债权人有过错而担保人无过错的，担保人不承担赔偿责任。前述情形之下，很难证明农村集体经济组织没有过错。这也意味着农村集体经济组织应承担与其过错相适应的赔偿责任。

第六条　以公益为目的的非营利性学校、幼儿园、医疗机构、养老机构等提供担保的，人民法院应当认定担保合同无效，但是有下列情形之一的除外：

（一）在购入或者以融资租赁方式承租教育设施、医疗卫生设施、养老服务设施和其他公益设施时，出卖人、出租人为担保价款或者租金实现而在该公益设施上保留所有权；

（二）以教育设施、医疗卫生设施、养老服务设施和其他公益设施以外的不动产、动产或者财产权利设立担保物权。

登记为营利法人的学校、幼儿园、医疗机构、养老机构等提供担保，当事人以其不具有担保资格为由主张担保合同无效的，人民法院不予支持。

【条文主旨】

本条是关于学校、幼儿园、医疗机构、养老机构等的担保资格的规定，系对《民法典》第383条第2款、第399条第3项的解释。

【规则变迁】

《担保法》[②] 第9条规定："学校、幼儿园、医院等以公益为目的的事业单位、社会团体不得为保证人。"第37条规定："下列财产不得抵押：……（三）学校、幼儿园、医院等以公益为目的的事业单位、社会团体的教育设施、医疗卫生设施

① 参见王利明、朱虎：《〈民法典〉合同编通则司法解释的亮点与创新》，载《法学家》2024年第1期；刘贵祥、吴光荣：《〈民法典〉合同编法律适用中的思维方法——以〈合同编通则解释〉为中心》，载《法学家》2024年第1期。

② 已失效。

和其他社会公益设施……”。《担保法解释》[①] 第 16 条规定：“从事经营活动的事业单位、社会团体为保证人的，如无其他导致保证合同无效的情况，其所签订的保证合同应当认定为有效。”第 53 条规定：“学校、幼儿园、医院等以公益为目的的事业单位、社会团体，以其教育设施、医疗卫生设施和其他社会公益设施以外的财产为自身债务设定抵押的，人民法院可以认定抵押有效。”

《民法典》对于非营利法人作了类型化的区分，其第 87 条规定：“为公益目的或者其他非营利目的成立，不向出资人、设立人或者会员分配所取得利润的法人，为非营利法人。非营利法人包括事业单位、社会团体、基金会、社会服务机构等。”如此，非营利法人就有了“公益目的”和“其他非营利目的”的区分，在解释上，非营利非法人组织也存在“公益目的”和“其他非营利目的”的区分。

基于此，《民法典》第 683 条第 2 款规定：“以公益为目的的非营利法人、非法人组织不得为保证人。”第 399 条规定：“下列财产不得抵押：……（三）学校、幼儿园、医疗机构等为公益目的成立的非营利法人的教育设施、医疗卫生设施和其他公益设施……”。这里对非营利法人、非营利非法人组织担保能力的限制，局限在“为公益目的成立”。

《民法典担保制度解释》于本条两款中分别涉及学校、幼儿园、医疗机构、养老机构等两种不同的法律地位。其中，第 1 款涉及具有非营利法人、非营利非法人组织地位的学校、幼儿园、医疗机构、养老机构等的担保能力问题，将对非营利法人、非营利非法人组织担保能力的限制也局限在“公益目的”，同时对新增公益设施允许以融资租赁和所有权保留买卖的方式获取融资；第 2 款涉及具有营利法人、营利非法人组织地位的学校、幼儿园、医疗机构、养老机构等的担保能力问题，对于登记为营利法人的学校、幼儿园、医疗机构、养老机构等的担保能力给予明确承认。

【理解与适用】

一、公益法人担保资格的否定

公益法人为社会公共利益而设立，充当担保人与其设立宗旨不相符。公益法人的财产主要体现为教育设施、医疗卫生设施和其他公益设施，如允许其担任担保人，有可能促使公益法人变卖公益设施来承担担保责任，势必影响教育、医疗等公益事业的开展。实践中大量存在着民办学校、民办医院，该类主体所从事的

① 已失效。

事业关系着社会的发展，但与公立学校、公立医院相比，民办学校、民办医院又具有一定程度的营利性，理论界和实务界一直就民办学校、民办医院的担保人资格存在争议。

《民办教育促进法》第19条中规定，民办学校可以出资人是否可以“取得办学收益”及办学结余是否“全部用于办学”为标准，分为非营利性民办学校与营利性民办学校。依据《民办学校分类登记实施细则》第7条、第9条以及《国家工商行政管理总局、教育部关于营利性民办学校名称登记管理有关工作的通知》（工商企注字〔2017〕156号）第1条的规定，非营利性民办学校可根据条件登记为民办非企业单位与事业单位，营利性民办学校则应登记为公司法人。目前绝大部分民办学校被登记为民办非企业单位，在实际管理中又在人事制度、社会保险、税收等具体运营事项上与公办学校有别。实践就民办学校担保人资格的态度主要有两种：一种是依据《民办教育促进法》第3条“民办教育事业属于公益性事业”及第5条“民办学校与公办学校具有同等的法律地位”之规定，直接认定民办学校属于公益性的事业单位，依法不具有担保人资格。另一种则是以民办学校是否以公益为目的作为判断其担保人资格的核心，并以民办学校的营利性与否作为判断其公益目的的基础。其中，有观点认为，民办非企业单位的民办学校具有一定的营利性，并非是以公益为目的，性质有别于事业单位与社会团体，具备对外提供担保的资格。也有观点则认为应当结合登记情况与实际运营情况来判断其是否以公益为目的：若涉案民办学校登记为非营利性，则其公益目的可被初步认定，而若该民办学校的实际运用情况符合“举办者不得取得办学收益，学校的办学结余全部用于办学”的条件，则其公益属性可被最终认可，其所签订的担保合同无效。

民营医疗机构纠纷与民办学校纠纷在裁判实践中所面临的困境相同，即在主体所从事的为公益性事业的前提下，如何判断由社会资本所设立的民办机构是否也具有公益性。司法实践的裁判路径是在遵循医疗机构分类管理的基础上，以非营利性作为民办医疗机构公益性的核心，认为其不具有担保人资格。裁判实践往往从形式与实质两项要件予以把握：一是形式要件，即涉案民办医疗机构应登记为非营利法人；二是实质要件，即涉案民办医疗机构的运营不以营利为目的，收入用于弥补医疗服务成本，收支结余也只用于自身发展。同样，在养老机构担保问题上，就其是否有担保人资格的限制，实践中亦存在争议。

笔者认为，“事业”的公益性不等于“主体”的公益性，虽然《民办教育促进法》第3条规定了“民办教育事业属于公益性事业”，但该条是从整个“事业”的角度对民办教育所作的功能定位，该事业范围内的每个主体并不必然具有公益性。[1] 同时，《民法典》第683条第2款的“以公益为目的的非营利法人”是指主体的公益性。因此，即使民办学校所致力的事业是公益性事业，其是否具有担保人资格仍须结合该民办学校的具体情况进行分析。[2] 换言之，若该民办学校本身为在民政部门或者事业单位登记机关登记的公益性机构，则其不具有担保人资格，所签订的担保合同无效；民办学校本身为在市场监管部门登记的营利法人，则其具有担保人资格，对外可以提供担保。

二、公益法人担保资格的例外承认

虽然《民法典》第683条就公益法人与机关法人的担保资格作了同一处理，但公益法人在设立目的、资金来源与使用等方面不同于机关法人，其事业发展尚须借助于商业融资。因此，不能完全断绝其融资渠道。在学校、幼儿园、医院、养老机构等公益法人的日常运营过程中，通常需要价值不菲的设备、设施作为支撑，例如学校教学过程中的投影仪，幼儿园的游乐设备，医院检查过程中所需要的CT设备及各种化验机器以及养老机构中的检查设备等。在财政资金无法满足这些公益设施购置需求的情形之下，为新增公益设施提供融资支持，融资提供者以该新增公益设施设立担保物权，公益法人可据此提高提供公益服务的能力。即使公益法人届期不能履行债务，融资提供者以该新增公益设施的变价款优先受偿，也仅仅只是使公益法人恢复到原有的公益服务水平，对其实现公益目的并不发生实质上的影响，自无不许之理。《民法典担保制度解释》第6条第1款第1项明确指出，在购入或者以融资租赁方式承租教育设施、医疗卫生设施、养老服务设施和其他公益设施时，出卖人、出租人为担保价款或者租金实现而在该公益设施上保留所有权。也就是说，公益法人为新增公益设施，可以以融资租赁合同或者所有权保留买卖合同的形式从事担保交易。不无遗憾的是，本项仍然禁止公益法人为新增公益设施从事抵押贷款交易，商业银行或者其他放贷人仍然不得基于公益设施叙做抵押贷款业务。

与此同时，《民法典担保制度解释》第6条第1款第2项明确规定，公益法人可以公益设施以外的不动产、动产设立担保物权。就公益设施的区分，实践中存在不同的观点。有观点认为，登记在学校名下的建筑物或建设用地使用权担保的，担保合同违反《物权法》第184条第3项（《民法典》第399条第3项与该项大致相同）的规定，应为无效。不同的观点则认为，应当以相关设施的用途来区分是否属于公益设施。即使建筑物及建设用地使用权虽登记在非学校的法人名

① 参见杨翱宇：《民办学校的商事主体地位判定》，载《河北法学》2018年第7期，第162页。

② 参见司伟、肖峰：《担保法实务札记——担保纠纷裁判思路精解》，中国法制出版社2019年版，第138页。

下，但不动产登记簿和不动产权利证书上登记的用途为学校，且上述资产实际上已为学校办学使用，应当认定为学校的教学设施，担保合同亦应被认定无效。如该设施虽然登记在公益法人名下，但是该公益法人并未就相关设施用作公益用途，则应当肯定其担保合同的效力。笔者认为，一般应当以相关设施的用途加以区分，如某一设施是公益法人从事公益活动所必需，则可认定属于公益设施。[①]值得注意的是，《民法典担保制度解释》并未区分是否为公益法人自身债务还是为他人的债务进行担保，拓宽了公益法人就公益设施以外的财产的融资能力和融资渠道。

除此之外，依据《民法典担保制度解释》第 6 条第 1 款第 2 项的规定，公益法人可以以公益设施以外的财产权利设定担保物权。实践中常见的非营利法人“财产权利”主要表现为知识产权、收费权。其中的争议主要集中于各类收费权。

就公寓收费权而言，在解释上，公寓收费权属于《应收账款质押登记办法》[②]第 2 条第 2 款第 1 项“销售、出租产生的债权，包括销售货物，供应水、电、气、暖，知识产权的许可使用，出租动产或不动产等”之一种，因此，公寓收费权质押属于《民法典》规定的应收账款质押的一种亚类型。

就学费、杂费、择校费、借读费等教学收费权是否可以设定质押，实践中观点并不一致。否定的观点认为，现行法律、行政法规并未规定公办中学的教学收费权可以质押，以之设定质押有违物权法定原则，且公益性社会组织的财产不得对外进行担保，否则有悖立法目的。肯定的观点认为，只要满足质押设立的条件，即可以教学收费权作为质押财产。但是在认可质押效力的同时，应优先保障学校的正常教育活动经费。对此，在解释上可以认为，教学收费权属于《应收账款质押登记办法》第 2 条第 2 款第 2 项“提供医疗、教育、旅游等服务或劳务产生的债权”之一种，可以设立应收账款质权。

就医院收费权而言，相较于抵押财产，法院在裁判实践中更多地认可医院就收费权设立的应收账款质权。对于医院的收费权质押，法院大多认为只要满足法律所规定的应收账款质权设立要件即可。在解释上，医院收费权属于《应收账款质押登记办法》第 2 条第 2 款第 2 项“提供医疗、教育、旅游等服务或劳务产生的债权”之一种，可以设立应收账款质权。

三、登记为营利法人的学校、幼儿园、医疗机构、养老机构等的担保资格

《民法典担保制度解释》于第 6 条第 2 款规定：“登记为营利法人的学校、幼

---

① 参见最高人民法院民事审判第二庭编：《最高人民法院民法典担保制度司法解释理解与适用》，人民法院出版社 2021 年版，第 129 页。

② 已失效。

儿园、医疗机构、养老机构等提供担保，当事人以其不具有担保资格为由主张担保合同无效的，人民法院不予支持。”这一规定是对既有裁判经验的总结。《担保法解释》第16条规定：“从事经营活动的事业单位、社会团体为保证人的，如无其他导致保证合同无效的情况，其所签定的保证合同应当认定为有效。”该规定与《民法典》第683条第2款的规定并不矛盾。[①] 非公益的非营利法人、非法人组织即属《担保法解释》第16条所述情形。随着我国经济体制改革的不断深入，出现了一些企业化管理、自负盈亏的事业单位，以及其他类型的非公益的事业单位和社会团体。这些领有《企业法人营业执照》《营业执照》或国家政策允许从事经营活动的事业单位，其经营性决定了它具有从事保证活动的民事权利能力和行为能力，可以充当担保人。[②]

总之，以公益为目的的非营利学校、幼儿园、医疗机构、养老机构等法人，不论是公办的还是民办的，原则上不具有担保人资格；民办的营利性学校、幼儿园、医疗机构、养老机构等法人，则具有担保人资格，既可以提供保证，也可以提供物的担保。[③] 实践中，可以依登记的表象加以判断非营利法人是否具有担保能力。但凡在市场监管部门登记的，可以确定为“营利法人”，具有担保能力；在民政部门或者事业单位登记机关登记的非营利法人，可以认定为“以公益目的设立的非营利法人”，不具有担保能力。判断法人是否具有担保资格，关键看其有无责任财产：公益法人非以营利为目的，其财产主要来自捐助或拨款，故不具有担保资格；营利法人以营利为目的，取得的利润既然能分给股东，当然也可以作为责任财产，故具有担保资格。[④]

四、非公益非营利法人的担保资格

对于《民法典》第87条第2款依据组织形态列举的事业单位、社会团体、基金会、社会服务机构等非营利法人类型而言，还可以根据其成立目的进一步区分为为公益目的成立的非营利法人（公益法人）与为其他非营利目的成立的非营利法人（非公益非营利法人）。非公益非营利法人的成立目的在于“互益性”和“自益性”。[⑤] 但无论何者，非公益非营利法人均与营利法人之“营利性”相区

---

① 参见最高人民法院民法典贯彻实施工作领导小组主编：《中华人民共和国民法典合同编理解与适用（二）》，人民法院出版社2020年版，第1302页。

② 参见黄薇主编：《中华人民共和国民法典合同编解读》，中国法制出版社2020年版，第698页。

③ 参见最高人民法院民事审判第二庭编：《最高人民法院民法典担保制度司法解释理解与适用》，人民法院出版社2021年版，第127～128页。

④ 参见最高人民法院民事审判第二庭编：《最高人民法院民法典担保制度司法解释理解与适用》，人民法院出版社2021年版，第130页。

⑤ 参见张新宝、汪榆森：《论“为其他非营利目的”成立的法人》，载《法学评论》2018年第4期。

别。但是，这不表明禁止非公益非营利法人从事经营活动，并从中赚取利润。换言之，非营利目的并不妨碍非公益非营利法人具体从事营利性的经营行为。《民法典》上仅否定公益法人的担保人资格，基于“法不禁止即自由”的基本法理，非公益非营利法人具有从事担保活动的民事权利能力和行为能力，可以充当担保人。上文已重点述及事业单位的担保人资格，以下仅就社会团体法人、基金会等捐助法人展开。

就社会团体法人而言，虽然《民法典》第683条第2款否认公益社会团体的担保人资格，但是并未言明非公益性社会团体的担保人资格问题。考虑到实践中，有的社会团体法人或是向社会提供有偿服务赚取了利润，或是在企业化管理之下自负盈亏，否认这些社会团体法人的担保人资格不甚妥当。甚至有的社会团体法人的设立目的就是为其会员提供担保，不认可其担保人资格无异于否认其本身，如地方的小微企业互助中心等。因此，《担保法解释》第16条考虑到这些客观情况，确认从事经营活动的社会团体为保证人的，若无其他导致保证合同无效事由，保证合同应为有效。该条因符合《民法典》有关精神，未来的司法裁判中应当沿袭其审判思路。[①] 然而，非公益性社会团体法人的担保人资格并非无限制的，仍应结合其章程判断。依据《民法典》第91条第1款的规定，社会团体法人应当依法制定法人章程。社会团体法人的章程规范内部成员行为，是明确法人活动准则的重要依据，在内容上包括法人资产的管理和使用规则。[②] 由此，社会团体法人充当担保人的范围自然应当遵循章程的规定。实践中多数裁判亦认为，非营利性法人中的社会团体法人可以在章程允许范围内充当担保人。

就基金会等捐助法人而言，捐助法人不依赖国家、政府投入资金，其行为应当由捐助者负责监督和限制。[③] 在解释上，捐助法人无需受制于《民法典》第683条第2款的担保人资格范围，原则上具有担保人资格。实践中亦有裁判从此见解。值得强调的是，自《民法典》与《民法典担保制度解释》的政策选择观之，法律对公益法人的担保人资格总体上呈否认态度，而依据《民法典》第92条规定，捐助法人多以公益目的设立，由是即可能存在抵牾之处。如此，对于捐助法人而言，似乎仍然存在区分“为公益目的”和“为其他非营利目的”的必要。依据《民法典》第93条第1款与第94条第2款的规定，捐助法人亦有法人章程；捐助法人的决策机构、执行机构或者法定代表人作出决定的程序违反法律、行政法规、法人章程，或者决定内容违反法人章程的，捐助人等利害关系人

---

① 参见最高人民法院民事审判第二庭编：《最高人民法院民法典担保制度司法解释理解与适用》，人民法院出版社2021年版，第668页。

② 参见黄薇主编：《中华人民共和国民法典总则编释义》，法律出版社2020年版，第233～234页。

③ 参见曹士兵主编：《担保纠纷案件裁判规则（一）：保证人主体资格与担保效力》，法律出版社2019年版，第85页。

或者主管机关可以请求人民法院撤销该决定。但是，捐助法人依据该决定与善意相对人形成的民事法律关系不受影响。在解释上，担保行为自属其列，而关于“善意相对人”的判断不可径行适用前述公司担保的解释论方案。捐助法人原则上不从事商业性质的民事活动，构成社会一般常识，因此相对人不构成善意第三人。①

第七条　公司的法定代表人违反公司法关于公司对外担保决议程序的规定，超越权限代表公司与相对人订立担保合同，人民法院应当依照民法典第六十一条和第五百零四条等规定处理：

（一）相对人善意的，担保合同对公司发生效力；相对人请求公司承担担保责任的，人民法院应予支持。

（二）相对人非善意的，担保合同对公司不发生效力；相对人请求公司承担赔偿责任的，参照适用本解释第十七条的有关规定。

法定代表人超越权限提供担保造成公司损失，公司请求法定代表人承担赔偿责任的，人民法院应予支持。

第一款所称善意，是指相对人在订立担保合同时不知道且不应当知道法定代表人超越权限。相对人有证据证明已对公司决议进行了合理审查，人民法院应当认定其构成善意，但是公司有证据证明相对人知道或者应当知道决议系伪造、变造的除外。

【条文主旨】

本条是关于公司法定代表人越权担保效力的规定，解释《公司法》第15条和《民法典》第504条。

【规则变迁】

《公司法》第15条就公司对外担保设置了程序性的限制，但并未规定违反后的法律效果。就法定代表人越权担保的效力，解释上一直存在分歧。

《民商事审判会议纪要》第17条指出：“为防止法定代表人随意代表公司为他人提供担保给公司造成损失，损害中小股东利益，《公司法》第16条②对法定

① 参见曹士兵主编：《担保纠纷案件裁判规则（一）：保证人主体资格与担保效力》，法律出版社2019年版，第85～86页。《民法典担保制度解释》生效后的裁判可见四川省成都市中级人民法院（2021）川01民终9195号民事判决书。

② 现为《公司法》第15条，下同。

代表人的代表权进行了限制。根据该条规定，担保行为不是法定代表人所能单独决定的事项，而必须以公司股东会、董事会等公司机关的决议作为授权的基础和来源。法定代表人未经授权擅自为他人提供担保的，构成越权代表，人民法院应当根据原《合同法》[①] 第50条关于法定代表人越权代表的规定，区分订立合同时债权人是否善意分别认定合同效力：债权人善意的，合同有效；反之，合同无效。”《民法典担保制度解释》于本条结合学理及实践的发展，规定除相对人善意外，法定代表人越权担保对公司不发生效力，改变了“合同无效”的解释论。

关于相对人的善意，则有赖于其是否尽形式审查义务来判断。《民商事审判会议纪要》第18条规定：“前条所称的善意，是指债权人不知道或者不应当知道法定代表人超越权限订立担保合同。《公司法》第16条对关联担保和非关联担保的决议机关作出了区别规定，相应地，在善意的判断标准上也应当有所区别。一种情形是，为公司股东或者实际控制人提供关联担保，《公司法》第16条明确规定必须由股东会决议，未经股东会决议，构成越权代表。在此情况下，债权人主张担保合同有效，应当提供证据证明其在订立合同时对股东会决议进行了审查，决议的表决程序符合《公司法》第16条的规定，即在排除被担保股东表决权的情况下，该项表决由出席会议的其他股东所持表决权的过半数通过，签字人员也符合公司章程的规定。另一种情形是，公司为公司股东或者实际控制人以外的人提供非关联担保，根据《公司法》第16条的规定，此时由公司章程规定是由董事会决议还是股东会决议。无论章程是否对决议机关作出规定，也无论章程规定决议机关为董事会还是股东会，根据《民法总则》第61条第3款关于‘法人章程或者法人权力机构对法定代表人代表权的限制，不得对抗善意相对人’的规定，只要债权人能够证明其在订立担保合同时对董事会决议或者股东会决议进行了审查，同意决议的人数及签字人员符合公司章程的规定，就应当认定其构成善意，但公司能够证明债权人明知公司章程对决议机关有明确规定的除外。债权人对公司机关决议内容的审查一般限于形式审查，只要求尽到必要的注意义务即可，标准不宜太过严苛。公司以机关决议系法定代表人伪造或者变造、决议程序违法、签章（名）不实、担保金额超过法定限额等事由抗辩债权人非善意的，人民法院一般不予支持。但是，公司有证据证明债权人明知决议系伪造或者变造的除外。”《民法典担保制度解释》于本条将相对人的审查标准修改为“合理审查”，但并未就相对人的审查内容和范围作出明确规定，《民商事审判会议纪要》第18条仍然具有参考价值。

对于法定代表人越权担保对公司不发生效力后的法律后果，现行法并无规定，《民商事审判会议纪要》对此进行了解释论上的尝试。其第20条规定：“依

---

① 已失效。

据前述 3 条规定，担保合同有效，债权人请求公司承担担保责任的，人民法院依法予以支持；担保合同无效，债权人请求公司承担担保责任的，人民法院不予支持，但可以按照担保法及有关司法解释关于担保无效的规定处理。公司举证证明债权人明知法定代表人超越权限或者机关决议系伪造或者变造，债权人请求公司承担合同无效后的民事责任的，人民法院不予支持。”第 21 条规定：“法定代表人的越权担保行为给公司造成损失，公司请求法定代表人承担赔偿责任的，人民法院依法予以支持。公司没有提起诉讼，股东依据《公司法》第 151 条[①]的规定请求法定代表人承担赔偿责任的，人民法院依法予以支持。”很明显，本条吸收了《民商事审判会议纪要》第 20 条与第 21 条的内容。本条虽然将相对人非为善意时的法律效果修改为“担保合同对公司不发生效力”，但就公司所应承担的责任而言，与《民商事审判会议纪要》并无差异。

【理解与适用】

鉴于实践中规制公司“滥保”行为的迫切需要，我国《公司法》于 2005 年修订时对公司为他人债务提供担保作出了明确限制，其中第 16 条规定：“公司向其他企业投资或者为他人提供担保，按照公司章程的规定，由董事会或者股东会、股东大会决议；公司章程对投资或者担保的总额及单项投资或者担保的数额有限额规定的，不得超过规定的限额。公司为公司股东或者实际控制人提供担保的，必须经股东会或者股东大会决议。前款规定的股东或者受前款规定的实际控制人支配的股东，不得参加前款规定事项的表决。该项表决由出席会议的其他股东所持表决权的过半数通过。”[②] 2023 年《公司法》第 15 条继承了这一规定，仅作了文字上的修改。但该条并未涉及违反之后的法律效果，属不完全法条，无法独立适用，现行法上哪些条文可与之配合构成完全法条存在疑问。

“公司法本身承担着维护公司和股东利益的职能，如果过分强调对公司相对人利益的保护，难免导致法律功能及法律解释的错位。”[③] 正如魏德士所言，“任何完整的法律规范都是以实现特定的价值观为目的，并评价特定的法益和行为方式。在规范事实构成与法律效果的联系中总是存在着立法者的价值判断。”[④] 如此，在以《公司法》第 15 条作为裁判基础时，应当先就该条的规范意旨进行探

---

① 现为《公司法》第 189 条。

② 值得注意的是，本条并不适用于以担保为业的融资性担保公司，也不适用于公司为自己债务提供担保（在解释上仅限于物上担保）的情形。为使本书行文简洁，以下以“公司担保”指称“公司为他人债务提供担保”，且不涵盖融资性担保公司为他人债务提供担保的情形。

③ 叶林：《公司法研究》，中国人民大学出版社 2008 年版，第 150 页。

④ ［德］伯恩·魏德士：《法理学》，丁小春、吴越译，法律出版社 2013 年版，第 55 页。

析。公司是以营利为目的的社团法人，但公司为他人债务提供担保时，无法从担保权人处取得相应对价，在债务人未履行债务时，还要以公司财产为债务人承担代偿责任，由此而决定，公司为他人债务提供担保本身并不具有经营性质或营利性质，在一定程度上背离了公司的设立本旨和存在目的。① 但在我国商业银行主要采行担保贷款的背景下，《公司法》并无意从权利能力或行为能力的角度否定公司的担保能力，转而基于担保可能危及公司资产安全的事实对公司担保作出特别限制。《公司法》第15条的立法目的就在于，通过严格控制公司担保意思的形成，维护公司及其股东的利益。在公司担保纠纷中，公司及其股东、相对人、其他债权人等多方主体的利益交织在一起，在以现行法为基础对法定代表人越权担保效力问题进行解释时，如何均衡考虑各方利益，以免产生利益失衡的负面后果，是我们面临的一大难题。

一、《公司法》第15条与公司担保意思

《公司法》第15条的立法逻辑是在形式上规制公司的担保行为，虑及实质上的结果正义。关于公司为他人债务提供担保，《公司法》第15条的核心是经由对公司担保意思形成的程序控制以限制法定代表人的代表权限和代理人的代理权限，就关联担保表现为法律直接对公司担保决议程序的限制，就非关联担保则由法律授权公司章程对公司担保决议程序进行限制。② 对于《公司法》第15条而言，审视问题的视角不同，该条在规范体系上的定位也就不同。

（一）公司担保决议：公司担保意思的形成

从公司治理的内部视角观察，《公司法》第15条是关于公司担保意思形成程序的规范。③ 公司无法如同自然人那样自然地形成自己的意思，决议就成了公司以会议形成其意思的一种必要机制。④ 公司的股东会即为其意思形成机构（权力机构），而董事会仅为其意思表达机构（执行机构）。⑤ 准此，公司担保意思的形

① 参见高圣平：《公司担保相关法律问题研究》，载《中国法学》2013年第2期。

② 参见刘贵祥：《公司担保与合同效力》，载《法律适用》2012年第7期。

③ 参见钱玉林：《公司法第16条的规范意义》，载《法学研究》2011年第6期。

④ 参见朱广新：《论营利法人决议撤销时善意相对人保护的条件与方法》，载《法律适用》2021年第8期。

⑤ 参见王利明：《民法总则研究（第三版）》，中国人民大学出版社2018年版，第315～316页；朱庆育：《民法总论（第二版）》，北京大学出版社2016年版，第424～425页；李志刚：《公司股东会撤销决议之诉的当事人：规范、法理与实践》，载《法学家》2018年第4期。不过，亦有观点认为，就有关业务执行而言，董事会同属意思形成机构。参见何建：《公司意思表示论》，法律出版社2019年版，第144页；朱广新：《论营利法人决议撤销时善意相对人保护的条件与方法》，载《法律适用》2021年第8期。但在将公司担保事项排除于正常经营事项之外的前见之下，董事会自不属于意思形成机构。

成机构本是股东会，但股东会可以通过公司章程将公司担保意思的形成委予董事会。这正是《公司法》第15条第2款将关联担保的决议机构规定为股东会、第1款将非关联担保的决议机构委由公司章程在股东会和董事会之间作出选择的法理基础。公司通过其股东会或者董事会作出决议相当于自然人意思表示过程中的意思形成阶段，通过公司担保决议，公司形成了自己的担保意思。① 但“自然人的思维是无形的，而公司的思维是有形的”②，与自然人意思形成过程的“神秘性”相比，公司的意思形成通常以决议方式进行，而决议又须以书面方式加以记载，其“可视性”大大增强，这就使公司的内心意思更易于为相对人所了解。③ 股东会是根据股东的全体意思决定公司意思的公司内部机构，股东会的职权限于公司的意思决定。

公司内部形成的意思尚须表示于外部，并为相对人所知悉。公司担保决议本身并非当然产生对外表示的效果，④ 这正是代表与代理制度所负载的功能价值。⑤ 在我国，董事会虽是对外表达公司内部意思的机构，但就意思表达机构如何对外代表法人，我国法上的制度安排颇为特殊。一是依据《民法典》第61条第2款的规定，法定代表人是代表公司对外表达公司意思的机关⑥，法定代表人即为公司的表意人，在法律和公司章程规定的范围内享有概括代表权，其以法人名义从事的民事活动，其法律后果由法人承受。⑦ 二是依据《民法典》第170条第1款的规定，职务代理人就其职权范围内的事项取得了公司的概括授权，自可充任公司的表意人，其以公司的名义实施的民事法律行为，对公司发生效力。⑧ 三是依据《民法典》第161条第1款、第162条的规定，代理人亦可充任公司的表意人，其在代理权限内，以公司的名义实施的法律行为，对公司发生效力。如此一来，

① 参见柯勇敏：《公司决议对外效力的原理及其强度谱系》，载梁慧星主编：《民商法论丛》2019年第2期（总第69卷），社会科学文献出版社2019年版，第57页。

② 蒋大兴：《公司组织意思表示之特殊构造——不完全代表/代理与公司内部决议之外部效力》，载《比较法研究》2020年第3期。

③ 参见蒋大兴：《公司组织意思表示之特殊构造——不完全代表/代理与公司内部决议之外部效力》，载《比较法研究》2020年第3期。

④ 参见刘斌：《公司治理视域下公司表意机制之检讨》，载《中国政法大学学报》2021年第2期；栗鹏飞：《股东会决议瑕疵法律问题探析》，载《中国政法大学学报》2019年第1期。

⑤ 参见柯勇敏：《公司决议对外效力的原理及其强度谱系》，载梁慧星主编：《民商法论丛》2019年第2期（总第69卷），社会科学文献出版社2019年版，第57页。

⑥ 参见何建：《公司意思表示论》，法律出版社2019年版，第169页。

⑦ 参见最高人民法院民法典贯彻实施工作领导小组主编：《中华人民共和国民法典总则编理解与适用》（上），人民法院出版社2020年版，第320页。

⑧ 参见徐深澄：《〈民法总则〉职务代理规则的体系化阐释——以契合团体自治兼顾交易安全为轴心》，载《法学家》2019年第2期；辛海平：《论公司公章的法律功能与公司合同主体地位认定之联动》，载《法制与社会发展》2022年第2期。

公司与第三人发生民事法律关系，须借助于法定代表人的代表行为或者代理人的代理行为。因此，公司决议只有在影响到代表权或者代理权之时，才能同时影响公司与他人之间法律行为的效力，才可能存在对外效力。①

值得注意的是，仅在担保合同或者担保承诺书中记载公司董事会或者股东会已就本项担保作出了决议，并不足以表明公司已经形成担保意思，尚须结合公司担保决议予以判断。相反的观点认为，公司虽未提交董事会或者股东会同意为他人债务提供担保的相关决议，但相对人基于公司作出的“该担保已经过本公司股东会会议决议通过”等表述，已经对公司担保事项进行了审查，而相对人对公司担保决议内容的审查只要求其尽到必要的注意义务即可，标准不宜太过严苛。基于合同信赖利益的保护原则，应当认定担保合同对公司发生效力。笔者对此不敢苟同。担保合同或者担保承诺书中关于案涉担保已经董事会或者股东会决议的记载，仅为公司表意人表达出来的意思，但公司内部是否形成了担保意思，尚不得而知。基于公司担保决议形成公司内部担保意思的功能，上述记载并不足以使相对人产生对公司担保意思已经形成的信赖。

（二）公司担保决议：法定代表人代表权限的来源

在法定代表人作为表意人之时，公司法定代表人的身份通常构成其享有概括代表权的外观，尽管存在法定代表人表达的意思与公司意思不一致的情形，相对人基于法定代表人的身份外观即足以信赖法定代表人所表达的意思即为公司的意思，相对人仅依公司印章、法定代表人签名和/或盖章即可主张相关合同对公司发生效力。但就公司为他人债务提供担保而言，如欠缺公司担保决议，法定代表人所表示的意思就不一定是公司的真实意思。“担保行为不是法定代表人所能单独决定的事项，而必须以公司股东会、董事会等公司机关的决议作为授权的基础和来源。”② 对外签订担保合同的权限就不在法定代表人的概括代表权范围内。正是基于此，《民商事审判会议纪要》与《民法典担保制度解释》才认为，从公司对外交往的视角看，《公司法》第15条就是对法定代表人代表权限的法定限制。③“适格的公司担保决议” + “法定代表人的身份”才是相对人对法定代表人所表达的意思即为公司意思的信赖基础。欠缺公司担保决议，仅有法定代表人的代表权外观并不能使相对人对公司担保意思产生信赖，法定代表人代表公司签订担保合同即构成越权代表。依据《民法典》第504条的规定，相对人不能仅依公司印

---

① 参见柯勇敏：《公司决议对外效力的原理及其强度谱系》，载梁慧星主编：《民商法论丛》2019年第2期（总第69卷），社会科学文献出版社2019年版，第58页。

② 《民商事审判会议纪要》第17条。

③ 参见最高人民法院民事审判第二庭编：《〈全国法院民商事审判工作会议纪要〉理解与适用》，人民法院出版社2019年版，第181页；最高人民法院民事审判第二庭编：《最高人民法院民法典担保制度司法解释理解与适用》，人民法院出版社2021年版，第133页。

章、法定代表人签名和/或盖章而主张担保合同对公司发生效力，还需审查公司担保决议等文件以确定公司的担保意思。

（三）公司担保决议瑕疵对于担保合同效力的影响

公司担保决议，是股东或者董事在既定的规则下行使表决权，集合个体意思而形成的公司团体意思①，属于公司内部意思形成的法律行为。② 《民法典》第134条第2款规定："法人、非法人组织依照法律或者章程规定的议事方式和表决程序作出决议的，该决议行为成立。"结合《公司法》关于股东会、董事会的议事方式和表决程序的规定可见，公司之意思，虽同样系由复数的个别意思复合而成，但仅须达到人数或者资本"多数决"要求即可，明显低于双方或者多方法律行为对合意的要求。③ "公司决议本质是'公意'，而非'合意'。决议只有在符合法律与章程规定的程序与权限时，方被评价为公司意思。"④

在我国实定法上，公司担保决议的瑕疵体现为不成立、无效、可撤销。其一，依据《公司法解释（四）》第5条的规定，未召开股东会会议或者董事会会议、会议未对担保决议事项进行表决、出席会议的人数或者股东所持表决权未达到《公司法》或者公司章程规定的最低要求、表决结果未达到《公司法》或者公司章程规定的通过比例，均将导致公司担保决议的不成立。上述议事方式和表决程序上的瑕疵，将无法形成公司的意思，也难以认定公司担保决议成立。公司担保决议没有成立，自然不发生法律效力。⑤ 其二，依据《公司法》第25条的规定，公司担保决议的内容违反法律、行政法规的，无效。《公司法》第15条第1款、第2款均系为防免控股股东、法定代表人或者个别董事滥用权利，而对公司担保决议行为主体的限制。决议行为的主体作为法律行为构成要件中的当事人要素，当属决议内容之一。因此，在解释上，该两款的规定系对决议行为"内容"的控制，违之，将导致公司担保决议无效。⑥ 其三，依据《民法典》第85条前句、《公司法》第26条的规定，股东会、董事会的会议召集程序、表决方式违反

---

① 参见向志勇：《公司担保案件中的利益冲突及其平衡方法——以〈公司法〉第16条为中心的分析》，载陈金钊、谢晖主编：《法律方法》（第21卷），山东人民出版社2017年版，第341页。

② 参见彭钰栋：《从决议的法律行为属性论公司对外担保》，载《西部法学评论》2019年第5期；房绍坤、张泽嵩：《营利法人决议外部效力规则的体系化阐释——以〈民法典〉第85条为中心》，载《法治研究》2022年第2期。

③ 参见蒋大兴：《公司组织意思表示之特殊构造——不完全代表/代理与公司内部决议之外部效力》，载《比较法研究》2020年第3期。

④ 参见周淳：《组织法视阈中的公司决议及其法律适用》，载《中国法学》2019年第6期。

⑤ 参见王雷：《〈民法总则〉中决议行为法律制度的力量与弱点》，载《当代法学》2018年第5期。

⑥ 参见楼秋然：《公司对外担保的理论与实践——规范定性、善意认定与缺省决策机关》，载《汕头大学学报（人文社会科学版）》2017年第6期；彭钰栋：《从决议的法律行为属性论公司对外担保》，载《西部法学评论》2019年第5期。

法律、行政法规或者公司章程，或者公司担保决议的内容违反公司章程的，股东可以请求人民法院撤销该公司担保决议。

公司担保决议不成立、被认定无效或者被撤销，公司内部的担保意思即未形成，法定代表人或者代理人所表示的公司担保意思即与公司的真实意思不一致。针对此种情形，有观点认为，关于违反《公司法》第 15 条的担保合同的效力，应先判断公司担保决议的效力，如公司担保决议被认定无效或被撤销后，再根据相对人的善恶意来判断担保合同的效力。[①] 出于保护善意相对人和维护交易安全的考虑，《民法典》第 85 条后句规定，营利法人依据该被撤销的决议与善意相对人形成的民事法律关系不受影响。学说和裁判进一步扩张了本条的文义，将决议无效的情形亦包括在内。[②]《公司法解释（四）》第 6 条更是明确指出："股东会或者股东大会、董事会决议被人民法院判决确认无效或者被撤销的，公司依据该决议与善意相对人形成的民事法律关系不受影响。"这里的"不受影响"，就公司担保而言，系指公司表意人根据公司担保决议与善意相对人签订的担保合同（形成的民事法律关系）的法律后果归属于公司，公司不能以公司担保决议的无效或者被撤销对抗善意相对人。至于担保合同本身的效力状态，适用《民法典》关于法律行为效力的一般规定进行判断，与公司担保决议是否被认定为无效或者被撤销无关。[③] 适用上述两条的关键在于相对人善恶意的认定。[④] 此处的"善意"，是指相对人在与公司订立担保合同时不知道也不应当知道公司担保决议存在无效和可撤销的事由。[⑤] 但这两条均未涉及公司担保决议未成立的情形。

基于《民法典》第 504 条的规定，《民法典担保制度解释》于本条强调，在与公司订立担保合同时，相对人应通过对公司担保决议的合理审查来判断法定代

---

① 参见施天涛：《〈公司法〉第 16 条的规范目的：如何解读、如何适用?》，载《现代法学》2019 年第 3 期。

② 参见李建伟：《公司决议的外部效力研究——〈民法典〉第 85 条法教义学分析》，载《法学评论》2020 年第 4 期；王运鹏：《公司决议的溢出效力分析——兼评〈民法典〉第八十五条》，载《河南财经政法大学学报》2021 年第 3 期。案例参见《最高人民法院公报》2011 年第 3 期。有学者不赞成这一扩张。参见房绍坤、张泽嵩：《营利法人决议外部效力规则的体系化阐释——以〈民法典〉第 85 条为中心》，载《法治研究》2022 年第 2 期。不过，就决议无效的情形，相对人自非善意，无论采行哪种学说，均不影响解释结论。

③ 参见朱广新：《论营利法人决议撤销时善意相对人保护的条件与方法》，载《法律适用》2021 年第 8 期。

④ 参见王志诚：《公司法人未经合法决议所为法律行为的效力——我国台湾地区司法实务的实践经验及启发》，载《北方法学》2017 年第 4 期；朱广新：《论营利法人决议撤销时善意相对人保护的条件与方法》，载《法律适用》2021 年第 8 期。

⑤ 参见黄薇主编：《中华人民共和国民法典总则编释义》，法律出版社 2020 年版，第 216 页；最高人民法院民法典贯彻实施工作领导小组主编：《中华人民共和国民法典总则编理解与适用》（上），人民法院出版社 2020 年版，第 433 页。

表人所表达的公司担保意思是否为公司的真实意思，并进而确定法定代表人是否有代表公司签订担保合同的权限。这里的“合理审查”既非宽松的“形式审查”，也非严苛的“实质审查”，而是“审慎的形式审查”。由此而决定，相对人并非仅就公司担保决议进行形式上的审查，而应结合公司章程和其他文件审查公司担保决议是否由有权机构作出、公司担保决议的签字人员和表决权比例是否符合法律和公司章程的规定、担保数额是否超过公司章程的限制。[①] 至于会议召集程序、表决方式等则不在审查范围。相对人是否知道或者应当知道法定代表人超越权限决定了其主观上的善恶意。所谓善意，是指相对人在订立担保合同时经合理审查不知道或者不应当知道法定代表人超越权限。此种善恶意又决定了担保合同对公司是否发生效力。相对人如未善尽合理审查义务，其对虚假担保外观不具有信赖基础，不能构成善意第三人，进而担保合同对公司不发生效力。

由此可见，《民法典》第 85 条后句和《公司法解释（四）》第 6 条所称善意，与《民法典担保制度解释》第 7 条所称善意的内容并不一致。两者之间有重合，也有不同。例如，公司担保决议不是由适格决议机构作出，将导致公司担保决议的无效。相对人基于该公司担保决议与公司签订担保合同，既属应当知道法定代表人超越权限，也属应当知道公司担保决议无效，依据《民法典担保制度解释》第 7 条的规定，担保合同对公司不发生效力；依据《民法典》第 85 条后句和《公司法解释（四）》第 6 条的规定，如公司担保决议被认定无效，则对担保合同的效力产生影响。再如，未达到《公司法》或者公司章程规定的通过比例的公司担保决议，相对人据此与公司签订担保合同，属于应当知道法定代表人超越权限，担保合同对公司不发生效力，但是否同时构成非为《民法典》第 85 条后句和《公司法解释（四）》第 6 条所称善意，尚值研究。会议的表决结果未达到《公司法》或者公司章程规定的通过比例，属于公司担保决议不成立的情形，并不属于公司担保决议无效或者可撤销事由。此时，《民法典》第 85 条后句和《公司法解释（四）》第 6 条应予类推适用。[②] 例如，在形式上，会议的表决结果已经达到《公司法》或者公司章程规定的通过比例，但其中之一董事或者股东的签名系伪造，如缺少这一董事或者股东的同意，会议的表决结果将达不到《公司法》或者公司章程规定的通过比例。此际，公司担保决议将不成立，但该伪造的签名与备案样本之间真假难辨，非经司法鉴定即无法判断，相对人已尽合理审查义务仍无法探知其系伪造，应认可相对人主观上系善意，即使事后公司担保决议被认定不成立，对担保合同的效力亦不发生影响。

---

① 参见高圣平：《再论公司法定代表人越权担保的法律效力》，载《现代法学》2021 年第 6 期。

② 参见房绍坤、张泽嵩：《营利法人决议外部效力规则的体系化阐释——以〈民法典〉第 85 条为中心》，载《法治研究》2022 年第 2 期。

综上所述，只要相对人善尽合理审查义务并未发现公司担保决议存在效力上的瑕疵，即足以认定相对人在主观上的善意，这一善意既是不知道也不应当知道法定代表人超越权限，也是不知道也不应当知道公司担保决议存在不成立、无效和可撤销的事由。如此，担保合同对公司发生效力，如进一步也不存在令其无效的事由，担保合同有效。即使此后公司担保决议被认定不成立、无效或者被撤销，亦对担保合同的效力不发生影响。

二、代表权法定限制说之下的解释结论

（一）《公司法》第 15 条：代表权限的约定限制抑或法定限制

就法定代表人的代表权限，存在约定限制与法定限制的区分。所谓代表权的约定限制，是指法人章程、董事会决议、股东会决议对代表权所作特别限制。[①]章程对代表权的限制，主要表现为经营范围的限制；除此之外，章程还可以规定，一些特别重要的交易事项须由董事会、股东会决议。[②]所谓法定限制，为构建分权制衡、权责明确的法人治理机构，团体法人一般将法人事务的决定和执行的权力在组织内部进行划分，并对法定代表人的权限进行限制。代表权的约定限制与法定限制的区分实益在于是否具有外部效力。随着“越权原则”和“推定通知理论”的废弃，公司章程不具有对世效力，第三人也不负有审查义务。[③]从交易安全考虑，公司不能否认法定代表人超越约定限制权限的行为，除非公司能证明交易相对人明知或应当知道代表人缺乏代表权。[④]《民法典》第 61 条第 3 款即为此例。在法定权限限制下，任何人不得以不知道法律规定为由免除注意义务。[⑤]申言之，法律一经公布并生效，就理所当然地对任何人产生效力，任何人不得以其自身不知法律而提出免责抗辩。[⑥]

按照法定限制强制性的程度，我国《公司法》对代表权的法定限制分为三个层次，即完全排除法定代表人的代表权、通过其他公司机关决议限制法定代表人的代表权、授权章程规定限制法定代表人的代表权。

具体而言，《公司法》第 14 条第 2 款、第 162 条第 5 款和第 163 条就属于第一类法定限制。按照上述规定，法定代表人不得代表公司对个人合伙企业、普通合伙企业投资，公司也不得接受本公司的股份作为质权的标的。法定代表人对外以公司名义订立相关合同的，合同自始无效，相对人也不得相信法定代表人具有

① 参见周伦军：《公司对外提供担保的合同效力判断规则》，载《法律适用》2014 年第 8 期。

② 参见朱广新：《法定代表人的越权代表行为》，载《中外法学》2012 年第 3 期。

③ 参见崔建远、刘玲伶：《论公司对外担保的法律效力》，载《西南政法大学学报》2008 年第 4 期。

④ 参见施天涛：《公司法论（第三版）》，法律出版社 2014 年版，第 373 页。

⑤ 参见周伦军：《公司对外提供担保的合同效力判断规则》，载《法律适用》2014 年第 8 期。

⑥ 参见周伦军：《公司对外提供担保的合同效力判断规则》，载《法律适用》2014 年第 8 期。

上述代表权限、不得主张自己为善意。

第二类法定限制的典型是《公司法》第 15 条第 2 款、第 59 条第 1 款第 6 项、第 135 条、第 151 条、第 202 条。这些规定的共同特色在于，《公司法》并不完全排斥上述交易，而是要求公司法定代表人在从事上述规定的民事行为时，必须获得其他公司内部机构的同意。仅在其他公司内部机构同意的情况下，公司法定代表人具有实施特定交易的代表权。也就是说，公司法定代表人以公司名义为公司股东或者实际控制人提供担保的、发行公司债券的、发行公司新股，必须经股东会决议。同样的，上市公司法定代表人发行可转换为股票的公司债券的或在一年内购买、出售重大资产或者担保金额超过公司资产总额 30% 的，应由股东大会作出决议。如果股东会没有就上述事项作出决议，相对人不得主张自己善意地信赖法定代表人具有相应的代表权限。

第三类法定限制的典型是《公司法》第 15 条第 1 款、第 182 条。针对特定类型的交易行为，《公司法》既不完全排除公司代表人的代表权，也不强制性地要求公司代表人取得股东会的同意，而是给予公司一定的自主决定权限，允许公司通过章程就上述代表权的行使设置程序性前提。比如，公司为公司股东或者实际控制人之外的其他人提供担保的，应当经董事会或股东会决议，但是，具体由董事会还是股东会决议，由公司章程规定。章程没有具体规定的，应当由股东会决议。在取得章程规定的相关机关的同意之前，法定代表人没有相应的代表权限，相对人不得信赖法定代表人具有相应的代表权限。严格来说，第二类和第三类法定限制并无本质上的区别，只是第三类法定限制在一定范围内允许公司自主选择代表权限制的具体方式。

有观点认为，《公司法》第 15 条仅具有内部效力，即其立法目的在于规范公司内部的意思决定程序，故调整对象为公司内部的法律关系，而非公司与第三人之间的外部法律关系。[①] 在（2015）民一终字第 72 号判决中，最高人民法院认为应严格区分公司的对内关系与对外关系，而《公司法》第 15 条为公司对内的程序性规定，不应约束公司之外的第三人。这一观点混淆了代表权的法定限制与约定限制的区别。

《公司法》第 15 条是《公司法》2005 年修订的产物。直接参与立法的专家指出，对外投资和为他人提供担保，是公司的重大经营行为和民事活动，有较大的风险；如果决策不当，将会给公司、公司的股东和债权人造成损失。《公司法》第 15 条的目的在于"引导公司对这类重大行为做出科学的决策、保证公司行为的恰当性、避免风险"。[②] 结合《公司法》修订前后的公司治理环境，《公司法》

① 参见钱玉林：《公司法第十六条的规范意义》，载《法学研究》2011 年第 6 期。

② 安建主编：《中华人民共和国公司法释义》，法律出版社 2005 年版，第 37 页。

第15条绝不仅仅是从内部管理、控制程序方面规范公司担保行为，而是强调公司利益的保护。如果将《公司法》第15条理解为效力不对外的“公司内部管理、控制程序方面之规范”，在“越权原则”和“推定通知理论”被废弃的背景下，公司法定代表人的越权担保行为仍然对公司具有拘束力，公司权益仍然无法得到保障，监管部门规范公司担保行为、保护公司合法权益的初衷就会落空。[①] 换言之，就公司一般交易行为而言，相对人得基于法定代表人的身份当然相信法定代表人具有相应权限，但就公司担保和投资这两类具有高度损害公司利益的重大交易行为而言，《公司法》设置了特别规定，相对人自然不能相信法定代表人当然地享有代表权限，因为法定代表人只有在公司机关依据章程就担保作出决议的前提下才具有相应的权限（特别授权）。《公司法》第15条针对公司担保这类特殊的交易行为，剥夺了法定代表人就公司担保的概括权限，将担保行为作为章程的内容，授权章程对公司担保行为进行类型化的规制，要求公司担保必须符合章程规定。从这个意义上来看，《公司法》第15条针对不同的债务人就担保设置了不同限制。公司为公司股东或者实际控制人提供担保的，在没有经过股东会决议且获得授权之前，法定代表人就上述担保交易没有代表权；公司为其他主体提供担保的，法定代表人在实施上述交易前必须取得董事会或股东会的决议，但是，该担保行为具体由董事会还是股东会决议，取决于章程的具体规定。

在《公司法》第15条就公司担保设置了代表权法定限制的背景下，公司担保的代表权限制已经不再是单纯的约定限制，相对人不能“盲目”相信法定代表人具有订立担保合同的代表权。正如（2017）最高法民再209号判决中所言：“在公司为他人提供担保这一可能影响股东利益的场合，立法规定了公司机关决议前置程序以限制法定代表人的代表权限。在公司内部，为他人提供担保的事项并非法定代表人所能单独决定，其决定权限交由公司章程自治：或由公司股东决定，或是委诸商业判断原则由董事会集体讨论决定；在为公司股东或实际控制人提供担保的场合，则必须交由公司其他股东决定。”

（二）《民法典》第61条第3款与《民法典》第504条之间的适用关系

现行法上，直接涉及法定代表人代表权限制的对外效力的有两条，即《民法典》第61条第3款与《民法典》第504条。就两者之间的关系，一般认为，两者之间的实质内容相同、立法精神一致，《民法典》第61条第3款是《民法典》第504条的逻辑前提；《民法典》第504条是《民法典》第61条第3款的逻辑结果。[②] 但应看到，《民法典》第61条第3款仅涉及代表权的约定限制，而《民法

① 参见周伦军：《公司担保的法律解释论》，载《商法规范的解释与适用》，社会科学文献出版社2013年版，第309～313页。

② 参见黄薇主编：《中华人民共和国民法典合同编解读》，中国法制出版社2020年版，第150页。

典》第504条同时涵盖代表权的约定限制和法定限制。除此之外，《民法典》第61条第3款仅涉及相对人对于“代表权未受限制”的信赖保护，未涉及相对人对于“代表行为未超越限制”的信赖保护。① 由此可见，《民法典》第61条第3款与《民法典》第504条之间不能互相取代。

《民法典》第61条第2款规定：“法定代表人以法人名义从事的民事活动，其法律后果由法人承受。”但法定代表人的“代表权限必须受到限制”②，在第61条体系内部，法定代表人的代表权限应根据法律或法人章程进行判断，法定代表人只有在法律或法人章程规定的权限范围内才有代表权。③ 至于《民法典》第61条第3款，其立法理由在于：“规定法人章程或者法人权力机构对法定代表人代表权的限制，不得对抗善意相对人，旨在保护交易中无过错一方的权利，维护交易安全。”④ 但此项规定亦只是关于法定代表人代表权约定限制的规定，其正当性在于，代表权约定限制具有内部性，不易为公司以外的相对人所知，为了维护交易安全、促进交易便捷，减少相对人在每次交易时查询代表权限制的成本，法律允许相对人信赖公司表现于外的代表权权限配置，并基于这一代表权配置状况与法定代表人订立合同。就公司法定代表人违反代表权的法定限制，未经董事会、股东会决议擅自对外订立担保合同的，法人是否应当承担担保责任，该条并没有回答。在《民法典》第504条中，法定代表人超越的权限并未仅限于公司章程、决议等约定限制权限，如《公司法》第15条的强制性规定所生的法定限制亦包含在内。⑤

在《公司法》第15条已对法定代表人的代表权作出法定限制的情形之下，结合《民法典》第504条的规定，根据法律一经公布即推定所有人明知及不知法律不免责的法理，相对人在接受公司提供担保时，应对公司担保决议负有必要的审查义务，否则不构成善意相对人，该担保行为对公司无效或者不生效力。⑥ 这一观点有力地反驳了长期占据主流地位的“规范性质识别说”。

《民法典》第504条在原《合同法》第50条的基础上增加规定“订立的合同对法人或者非法人组织发生效力”，体现了对原《合同法》第50条解释论的发展，明确了其本身的规范属性——仅为效果归属规则。所谓“该代表行为有效”

① 参见杨代雄：《公司为他人担保的效力》，载《吉林大学社会科学学报》2018年第1期。

② 杨立新：《中国民法总则研究》（上卷），中国人民大学出版社2017年版，第404页。

③ 参见张新宝：《〈中华人民共和国民法总则〉释义》，中国人民大学出版社2017年版，第117页。

④ 参见黄薇主编：《中华人民共和国民法典总则编解读》，中国法制出版社2020年版，第183页。

⑤ 参见黄薇主编：《中华人民共和国民法典合同编解读》，中国法制出版社2020年版，第150页。

⑥ 参见贺小荣主编：《最高人民法院民事审判第二庭法官会议纪要：追寻裁判背后的法理》，人民法院出版社2018年版，第192页。反对相对人负有审查义务的观点可参见刘冰、王中明：《质疑担保权人审查义务说》，载《当代法学》2022年第2期。

指的是行为的法律效果由法人承受，而不是代表人所为的法律行为有效[①]，如此，其与“订立的合同对法人或者非法人组织发生效力”之间所传达的法律意义并无差异，实为赘语。[②] 不过，本条并不及于合同的效力判断，合同效力尚须结合《民法典》关于民事法律行为、合同效力的判断规则予以认定。《民商事审判会议纪要》第17条简单地将“代表行为有效”解释为担保合同有效，值得商榷。基于此，《民法典担保制度解释》第7条将之修改为“担保合同对公司发生效力”，值得赞同。

审判实践中，在判断法定代表人的行为是否归属于法人时，通常无需查证法定代表人的代表权限，一般仅审查法定代表人的身份是否属实、是否以法人的名义、公章是否真实等形式要件即可。[③]《公司法》上对法定代表人代表权所施加的法定限制，客观上要求改变审判实践中的“法定代表人签字就是法人的行为”“公章管理不严是法人内部的事情，不影响法人在外部关系中行为的效力”等形式主义的思维，且须将审查法定代表人的代表权限置于法人分权治理结构的法律框架之下。[④]

在《民法典》第504条之下，相对人是否知道或者应当知道法定代表人超越代表权限，就成了行为效果是否归属于法人的关键。如代表权限制来源于公司章程、决议等约定时，相对人通常无法知晓该限制，基于维护交易安全、降低交易成本的考虑，不应要求其负担调查法定代表人代表权限的义务。[⑤] 但如代表权限制来源于法律的直接规定时，基于法律的公开性，推定相对人知悉法律所规定的内容，自不能豁免其审查法定代表人代表权限的义务。[⑥] 在实践中，法定限制与约定限制的区分实益即表现为证明责任的不同：在约定限制，相对人的善意可依法予以推定；在法定限制，相对人的善意尚须自己举证证明。[⑦]

---

① 参见王利明主编：《中国民法典释评·合同编·通则》，中国人民大学出版社2020年版，第188页；高圣平、范佳慧《公司法定代表人越权担保效力判断的解释基础——基于最高人民法院裁判分歧的分析和展开》，载《比较法研究》2019年第1期。

② 《民法典合同编（草案）》（二次审议稿）第296条规定：“法人的法定代表人或者非法组织的负责人超越权限订立的合同，除相对知道或者应当其负责人超越权限外，该合同对法人或者非组织发生效力。”这里的表述更为准确。

③ 参见迟颖：《法定代表人越权行为的效力与责任承担——〈民法典〉第61条第2、3款解释论》，载《清华法学》2021年第4期。

④ 参见最高人民法院民法典贯彻实施工作领导小组主编：《中华人民共和国民法典总则编理解与适用》（上），人民法院出版社2020年版，第322页。

⑤ 参见王利明主编：《中国民法典释评·合同编·通则》，中国人民大学出版社2020年版，第189页。

⑥ 参见周伦军：《公司对外提供担保的合同效力判断规则》，载《法律适用》2014年第8期。

⑦ 参见周伦军：《公司对外提供担保的合同效力判断规则》，载《法律适用》2014年第8期；谢鸿飞、朱广新主编：《民法典评注·合同编通则（1）》，中国法制出版社2020年版，第336页。

基于此，《民法典担保制度解释》第 7 条以代表权限制理论作为相关裁判规则的解释基础。《公司法》第 15 条系对法定代表人代表权的法定限制，未经公司决议，法定代表人代表公司签订担保合同即构成越权代表。相对人不知道且不应当知道法定代表人越权代表的，主观上即为善意，担保合同对公司发生效力；反之，主观上非为善意，担保合同对公司不发生效力。[①] 这一规则是直接使用反对解释方法的结果。有学者对此表示赞同，认为"结合《公司法》第 15 条保护公司股东和债权人之立法目的，同时虑及商事交易对法律关系稳定性和可预测性的要求，法定代表人越权担保合同在相对人非为善意时应为无效，而非效力待定"[②]。但《民法典》第 504 条的法律要件与法律效果并未互相构成充要条件，不能直接依反对解释方法得出结论。基于代理与代表的功能相似性，自可类推适用无权代理规则。此时，担保合同的效果归属属于待定，在公司未予追认的情形下，担保合同对公司不发生效力。基于公司担保决议的形成机制，公司有权决议机构依法作出的同意为他人提供担保的决议可以构成对于法定代表人越权代表的追认。[③]

虽然《民法典担保制度解释》并未虑及公司事后予以追认的情形，但也不能据此得出法定代表人越权担保不得由公司事后予以追认的结论。解释上，如公司有权决议机构依法作出同意担保的决议，即可补正法定代表人的代表权；再如通过公司决议授权法定代表人重新订立担保合同，此与公司追认的效力并无不同。[④]

三、相对人的审查义务

关于法定代表人越权担保的效果归属，《民法典担保制度解释》第 7 条以相对人的审查义务为判断核心：在与公司订立担保合同时，相对人应通过对公司担保决议的合理审查来判断法定代表人的代表权限，而相对人是否知道或者应当知道代表人超越权限决定了其主观上的善恶意，此种善恶意又决定了担保合同对公司是否发生效力。这里不无疑问的是，如何界定合理审查？回答这一问题需要解决：其一，相对人审查的对象；其二，相对人审查的内容；其三，相对人审查的标准。

① 参见最高人民法院民事审判第二庭编：《最高人民法院民法典担保制度司法解释理解与适用》，人民法院出版社 2021 年版，第 134～135 页。

② 迟颖：《法定代表人越权行为的效力与责任承担》，载《清华法学》2021 年第 4 期。

③ 参见周伦军：《公司对外提供担保的合同效力判断规则》，载《法律适用》2014 年第 8 期；贺小荣主编：《最高人民法院民事审判第二庭法官会议纪要：追寻裁判背后的法理》，人民法院出版社 2018 年版，第 201～202 页。

④ 参见迟颖：《法定代表人越权行为的效力与责任承担》，载《清华法学》2021 年第 4 期。

（一）相对人审查的对象

基于《公司法》第15条规定的担保权限，法定代表人欲取得代表公司与相对人签订担保合同的代表权，须有适格的公司决议，否则，其并不具有相应的代表权限。如此，公司决议也当然成为相对人审查的对象。问题在于，相对人审查的对象是否仅限于公司决议。

有观点认为，相对人审查的对象仅限于公司决议。其主要理由是，相对人审查的目的在于判断法定代表人是否获得授权，审查义务的具体对象也就是代表着公司授权的公司决议文件而不是决议行为，强求相对人审查除公司决议文件之外的其他公司内部文件即超出了合理审查范围。相对人的审查义务有必要覆盖法律明文规定的内容：一是关联股东回避表决；二是决议表决应当超过出席会议股东表决权过半数通过。这两项内容通过公司决议文件本身所载明的信息即可体现，而无须相对人进一步审查公司章程。①《民商事审判会议纪要》第18条和《民法典担保制度解释》第7条第3款均将相对人审查的对象限定于公司决议。表面上看，这似乎意味着，《民法典担保制度解释》与《民商事审判会议纪要》均认为相对人无须审查公司章程。

《民商事审判会议纪要》第18条区分规定了关联担保和非关联担保。就关联担保而言，相对人须对股东会决议进行审查，审查内容包括“在排除被担保股东表决权的情况下，该项表决由出席会议的其他股东所持表决权的过半数通过，签字人员也符合公司章程的规定”。这里，“股东所持表决权”和“签字人员”必然涉及公司章程。就非关联担保而言，相对人须对股东会决议或者董事会决议进行审查，审查内容包括“同意决议的人数及签字人员符合公司章程的规定”，同样涉及公司章程。如此看来，虽然《民商事审判会议纪要》将相对人审查的对象界定为公司决议，但公司章程实际上亦属审查范围。② 司法实践中亦有观点认为，相对人在接受公司提供担保时除了审查公司决议之外，还应审查公司章程及相关文件。如公司章程中规定，公司为他人债务提供担保须经公司的全资控股股东决定。有此种规定时，相对人仅审查公司所提供的董事会决议，并不足以构成善意。如公司未设董事会，由执行董事担任法定代表人，且公司章程规定对外提供担保应由股东会作出决议。此时仅持股10%的法定代表人签章并不足以证明相对

---

① 参见吴越、宋雨：《公司担保合同中相对人审查义务的边界》，载《甘肃社会科学》2020年第4期。值得注意的是，该文进一步主张，在非关联担保的情形中，相对人的审查义务止于法定代表人身份的核实，无须审查公司决议。

② 参见蒋大兴：《超越商事交易裁判中的“普通民法逻辑”》，载《国家检察官学院学报》2021年第2期；朱颖琦、李瑶菲：《新司法政策下公司对外担保行为的效力认定》，载蔡建春、卢文道主编：《证券法苑》2020年第1期（第29卷），法律出版社2020年版，第149～150页；黎健强：《再论公司对外担保中债权人的审查义务——以〈九民会议纪要〉为中心》，载《文化学刊》2020年第5期。

人的善意，相对人尚须依据公司章程的规定审查公司提交的股东会决议。

笔者认为，相对人审查的对象除了公司决议之外，还包括公司章程及相关文件。相对人审查公司决议，旨在判断法定代表人是否有签订案涉担保合同的代表权限。《公司法》第15条规定法定代表人代表公司签订担保合同的权利来自适格公司决议的授权。因此，相对人应审查公司提交的公司决议是否适格。此种适格，既包括决议机构的适格，也包括决议形成的适格。其中，前者既可能出于法律的直接规定（关联担保），也可能来自公司章程的规定（非关联担保）；而决议形成，如有权参与表决的主体、表决权的基本要求等，则主要取决于公司章程的规定。如此，虽然《民商事审判会议纪要》第18条和《民法典担保制度解释》第7条第3款将相对人审查的对象限定于公司决议，但判断决议是否适格，尚须结合公司章程和相关文件，否则，就降低了债权人对公司章程的审查义务，即不按公司章程规定接受担保的债权人仍可构成善意相对人，公司内部治理的有效运作也将因此受到极大影响。①

为补正《民法典担保制度解释》第7条第3款在文义上的缺失，解释上可以认为，《民法典担保制度解释》第7条第3款"相对人有证据证明已对公司决议进行了合理审查"，已经包含了结合公司章程和相关文件对公司决议进行审查之义。② 因此，相对人在接受公司提供担保时，应要求公司提交除公司担保决议之外的公司章程和相关文件。

（二）相对人审查的内容之一：审查公司决议是否由适格的公司机构作出

相对人审查内容的确定，是判断相对人是否善尽合理审查义务的关键。《公司担保解释稿》第6条第2款和《民商事审判会议纪要》第18条均就此作了界定。③ 但令人遗憾的是，《民法典担保制度解释》第7条在重构《民商事审判会议纪要》第18条的解释基础的情形下，仅以"合理审查"一笔带过。这一"合理审查"传达着对于"知道或者应当知道"的把握，与后者一样不具有可操作性，由此，增加了实务操作中的困难。

公司担保决议是法定代表人代表权限与代理人代理权限的来源，相对人接受

---

① 参见蒋大兴：《超越商事交易裁判中的"普通民法逻辑"》，载《国家检察官学院学报》2021年第2期。

② 参见最高人民法院民事审判第二庭编：《最高人民法院民法典担保制度司法解释理解与适用》，人民法院出版社2021年版，第136页。

③ 《公司担保解释稿》第6条第2款将相对人审查的内容界定为："同意担保的决议是否由公司有权决议机构作出""决议是否经法定或章程规定的多数通过"以及"参与决议表决人员是否为公司章程载明的股东或者董事"。《民商事审判会议纪要》第18条指出，在关联担保的情形，相对人审查的内容包括"在排除被担保股东表决权的情况下，该项表决由出席会议的其他股东所持表决权的过半数通过""签字人员也符合公司章程的规定"；在非关联担保的情形，相对人审查的内容包括"同意决议的人数及签字人员符合公司章程的规定"。

公司提供的担保时，其审查对象也就集中在了公司担保决议。在“合理审查”的标准下，相对人尚须对公司提交的公司担保决议是否适格进行审查。在《民法典》和《公司法》中，适格的公司担保决议是适格的决议机构按照法律和章程规定的议事方式和表决程序所作出的决议，具体包括：决议机构适格；决议形式适格（组织召开会议、规定人数以上的成员参加会议、会议成员就某一事项作出表决、表决权比例达到规定的要求）；[①] 决议内容不违反强行法。本书仅关注公司担保决议机构，至于决议形成、内容是否适格，并非其中所有要素均为相对人的合理审查范围。

对于非关联担保的决议机构，《公司法》第 15 条的表述是“按照公司章程的规定，由董事会或者股东会决议”，以此给予公司更多的自治空间，但也由此形成了法律漏洞：其一，在公司章程没有规定时，公司是否有担保能力，如有，应由董事会还是股东会决议，抑或无须决议；其二，公司章程是否可以规定由董事会和股东会之外的其他机构决议或者个人决定；其三，在公司章程规定由董事会决议时，直接由股东会决议是否有效；其四，在公司章程规定由股东会决议时，直接由董事会决议是否有效。对于关联担保的决议机构，《公司法》第 15 条第 2 款明确限制为股东会，但何为关联担保，是否仅限于为公司股东和实际控制人提供担保的情形，实际控制人如何认定，不无解释上的疑问。

1. 公司章程未予规定时非关联担保决议机构的确定

《公司法》第 15 条第 1 款及相关条文的文义并不表明公司章程必须就公司担保决议机构作出规定。其一，《公司法》第 46 条第 1 款、第 95 条关于公司章程的“应当记载事项”中，并无公司担保的相关内容。在解释上，公司担保决议机构等应属“股东会会议认为需要规定的其他事项”；其二，《公司法》第 59 条、第 67 条、第 111 条第 120 条第 2 款关于股东会和董事会的法定职权中亦无公司担保事项。在解释上，决定公司为他人债务提供担保应属“公司章程规定的其他职权”。值得注意的是，《上市公司资金往来、对外担保的监管要求》第 8 条规定：“上市公司的《公司章程》应当明确股东大会、董事会审批对外担保的权限及违反审批权限、审议程序的责任追究制度。”由此可见，在目前强监管的态势之下，禁止公司章程保持“沉默”，上市公司章程中必然要规定公司担保决议机构。[②] 但就非上市公司所提供的非关联担保而言，在公司章程未就公司担保决议机构作出规定的情形下，将产生何种法律后果，学说和实务中一直存在争议。

第一种观点认为，就非关联担保，如公司章程未作规定，公司即不具有担保

---

① 参见王雷：《〈民法总则〉中决议行为法律制度的力量与弱点》，载《当代法学》2018 年第 5 期。

② 参见曾大鹏：《公司关联担保三大类型的效力解释》，载《法律科学（西北政法大学学报）》2020 年第 6 期。

权利能力，其法律效果相当于公司章程明确禁止公司为他人债务提供担保。[①] 第二种观点认为，公司章程未就非关联担保作出规定时，相对人无须审查公司担保决议。即使没有公司担保决议，相对人也有理由相信法定代表人有权代表公司签订担保合同，公司没有对案涉担保召开股东会或者董事会会议讨论决定属于其自身过错，不能以其自身过错要求相对人承担风险。第三种观点认为，就非关联担保，《公司法》第 15 条规定了相对人的最低注意义务，只要相对人在接受公司提供的担保时审查了担保人的公司担保决议即可，至于该决议是由董事会抑或股东会作出，则非所问。[②] 基于法政策或价值考量，此际由董事会作出决议更符合交易效率的要求。[③] 第四种观点认为，既然公司章程未作规定，即可认为股东并未通过公司章程授权董事会对公司担保问题作出决议，董事会自无公司担保决策权，而由股东会作为公司担保决议机构。[④] 笔者坚持第四种观点。

第一，公司章程未规定公司担保决议机构，并不表明否定公司的担保能力。依据《公司法》第 15 条规定，未经公司担保决议机构的同意，公司法定代表人或者代理人不得代表或者代理公司与相对人签订担保合同。此系对法定代表人、代理人权限的法定限制。这些规定赋予公司担保决议机构决定公司是否可以为他人提供担保，其本身即已表明，《公司法》承认了公司的担保能力[⑤]，只不过，基于公司担保行为的特殊性，对公司担保意思的形成设定了一定的程序限制。"与其说是对权利能力的限制，毋宁说是对权力行使的控制"[⑥]。不宜以法定代表人代

---

① 参见蔡晖：《新公司法对公司担保的规范》，载《人民法院报》2006 年 4 月 5 日。

② 参见最高人民法院公司法司法解释小组：《〈最高人民法院关于适用《中华人民共和国公司法》若干问题的规定（三）〉研讨会综述》，载最高人民法院民事审判第二庭编：《民商事审判指导》2008 年第 4 辑，人民法院出版社 2009 年版，第 14 页；贺小荣主编：《最高人民法院民事审判第二庭法官会议纪要：追寻裁判背后的法理》，人民法院出版社 2018 年版，第 202～203 页；最高人民法院民事审判第二庭编：《〈全国法院民商事审判工作会议纪要〉理解与适用》，人民法院出版社 2019 年版，第 186 页；最高人民法院民事审判第二庭编：《最高人民法院民法典担保制度司法解释理解与适用》，人民法院出版社 2021 年版，第 136 页。

③ 参见杨代雄：《公司为他人担保的效力》，载《吉林大学社会科学学报》2018 年第 1 期。

④ 参见最高人民法院公司法司法解释小组：《〈最高人民法院关于适用《中华人民共和国公司法》若干问题的规定（三）〉研讨会综述》，载最高人民法院民事审判第二庭编：《民商事审判指导》2008 年第 4 辑，人民法院出版社 2009 年版，第 14 页；罗培新：《公司担保法律规则的价值冲突与司法考量》，载《中外法学》2012 年第 6 期；高圣平：《公司担保相关法律问题研究》，载《中国法学》2013 年第 2 期。

⑤ 参见施天涛：《〈公司法〉第 16 条的规范目的：如何解读、如何适用?》，载《现代法学》2019 年第 3 期；李激汉、刘平：《公司为他人提供担保纠纷案件法律适用路径检讨——兼评最高人民法院〈公司担保司法解释（讨论稿）〉》，载蒋锋、卢文道主编：《证券法苑》第 26 卷，法律出版社 2019 年版，第 85 页。

⑥ 参见施天涛：《〈公司法〉第 16 条的规范目的：如何解读、如何适用?》，载《现代法学》2019 年第 3 期。

表权限和代理人代理权限的法定限制，直接推导出公司不具备担保能力的结论。相反，只有在公司具有担保能力的前提之下，法定代表人、代理人方可具备相应的代表或者代理权限，在未经公司担保决议机构决议的情形，则出现公司有担保能力但法定代表人、代理人欠缺相应代表或者代理权限的情况。[①]

第二，“无论章程是否对决议机关作出规定，均不能免除公司对外担保时必经的决议程序”[②]。《公司法》第15条将公司担保决议机构规定为董事会或者股东会，以股东会的资本民主和董事会的人头民主来体现公司治理的集体决定功能，意在根本上遏制公司决议的专断，扭转肆意担保的混乱局面。[③]《公司法》第15条第1款规定公司章程仅得在董事会与股东会之间作出选择。基于此，这一“章程限制”也是一种“法定限制”。[④] 公司章程未规定公司担保决议机构，并不意味着无须公司担保决议即可形成公司担保意思。

第三，公司章程未规定公司担保决议机构的，公司担保决议机构的确定关涉公司内部的分权制衡机制。股东会是公司担保意思的形成机构，已如前述，在公司章程未将该本属股东会的事项委予董事会的情形之下，仅能认为公司担保意思的形成机构仍为股东会。进一步的疑问在于，在股东会与董事会的分权制衡机制之下，解释上是否可以认为《公司法》上关于公司机构职权的规定已经将公司担保事项概括性地授予董事会？《公司法》第15条的规制逻辑在于，担保行为是无偿行为，公司无法从担保行为中盈利，为他人债务提供担保也就非属常规的经营行为，其决策权原则上由股东会行使，如公司章程规定由董事会决定公司担保事项，本质上亦属股东会对董事会的特别授权。[⑤] 如公司章程未就公司担保事项作出明确的权限划分，即表明股东会并未授权董事会就此作出决策，此际应按照股权主权思想，将该事项解释为股东会的职权范围。以股东会作为公司担保决议机

---

① 参见李激汉、刘平：《公司为他人提供担保纠纷案件法律适用路径检讨——兼评最高人民法院〈公司担保司法解释（讨论稿）〉》，载黄红元总编、蒋锋、卢文道主编：《证券法苑》第26卷，法律出版社2019年版，第87～88页。

② 最高人民法院（2021）最高法民申7305号民事裁定书。同旨参见北京市高级人民法院（2021）京民终508号民事判决书；江苏省无锡市中级人民法院（2021）苏02民终5286号民事判决书等。

③ 参见华德波：《论〈公司法〉第16条的理解与适用——以公司担保债权人的审查义务为中心》，载《法律适用》2011年第3期；贺小荣主编：《最高人民法院民事审判第二庭法官会议纪要：追寻裁判背后的法理》，人民法院出版社2018年版，第195页。

④ 参见蒋大兴：《超越商事交易裁判中的“普通民法逻辑”》，载《国家检察官学院学报》2021年第2期。

⑤ 参见曹士兵：《公司法修订前后关于公司担保规定的解读》，载《人民司法·应用》2008年第1期；马更新：《公司担保中决议形成程序与合同效力认定间牵连关系探析》，载《法学杂志》2020年第6期。

构，更有利于对公司利益或者担保合同的利害关系人——全体股东利益的保护。①

2. 公司章程规定由其他机构决议或者个人决定的效力

《公司法》第 15 条第 1 款前段规定："公司……为他人提供担保，按照公司章程的规定，由董事会或者股东会决议"。由此可见，这里虽然允许公司章程就公司担保决议机构作出选择，从表面上看，似乎对公司内部的授权是任意性的，但按照该规定，公司章程只能在两者之间"二选一"，而不得选择由其他机构或者个人决议或者决定，这实质是强制性的。②

实践中有观点认为，公司章程将大额担保授权由董事会决议，无需股东会决议，"举重以明轻"，更小金额的担保也就更没有理由需要程序烦琐的股东会决议。按反推解释，公司章程既然只规定大额担保需要董事会决议，没有规定的更小金额的担保需要董事会决议，即是概括授权法定代表人代表公司签署。这就意味着，公司章程可以规定公司担保事项由法定代表人决定。正如前述，章程自由受到一定程度的限制。《公司法》第 15 条第 1 款是对公司担保决议这一法律行为内容的控制，公司章程在董事会与股东会之外另行指定其他机构决议或者个人决定公司担保事项，超出了法律赋予公司章程的权限，即应依据《公司法》第 25 条的规定认定相应公司担保决议为无效。③ 值得注意的是，如公司章程明确约定公司不设股东会，公司为他人债务提供担保须经股东以特别决定审议通过，不属于"公司章程规定由其他机构决议或者个人决定"的情形，相对人自应审查股东的特别决定。

3. 公司章程规定非关联担保的决议机构为股东会，但改由董事会作出决议的效力

如公司章程规定非关联担保由股东会决议，说明公司担保的决定权为公司所有者保留，并未授权予董事会行使。即使董事会作出了同意担保的决议，亦未形成公司担保意思，法定代表人也未获得有效授权。《公司担保解释稿》第 3 条第 2 款曾指出，"公司章程规定公司为他人提供担保由股东会或股东大会作出决议的，相对人仅举证证明担保经董事会决议同意并主张担保合同对公司发生效力的，人民法院不予支持。"但《民商事审判会议纪要》第 18 条第 1 款改变了这一观点，

① 参见李激汉、刘平：《公司为他人提供担保纠纷案件法律适用路径检讨——兼评最高人民法院〈公司担保司法解释（讨论稿）〉》，载蒋锋、卢文道主编：《证券法苑》第 26 卷，法律出版社 2019 年版，第 87～88 页。

② 参见贺小荣主编：《最高人民法院民事审判第二庭法官会议纪要：追寻裁判背后的法理》，人民法院出版社 2018 年版，第 198 页；吴飞飞：《公司章程司法裁判问题研究》，商务印书馆 2020 年版，第 269 页。

③ 参见楼秋然：《公司对外担保的理论与实践——规范定性、善意认定与缺省决策机关》，载《汕头大学学报（人文社会科学版）》2017 年第 6 期；彭钰栋：《从决议的法律行为属性论公司对外担保》，载《西部法学评论》2019 年第 5 期。

其中指出，“无论章程规定决议机关为董事会还是股东会，根据《民法总则》第61条第3款关于‘法人章程或者法人权力机构对法定代表人代表权的限制，不得对抗善意相对人’的规定，只要债权人能够证明其在订立担保合同时对董事会决议或者股东会决议进行了审查，同意决议的人数及签字人员符合公司章程的规定，就应当认定其构成善意，但公司能够证明债权人明知公司章程对决议机关有明确规定的除外”。

笔者对此不敢苟同。《民法总则》第61条第3款（现《民法典》第61条第3款）仅适用于法定代表人代表权约定限制的情形，而《公司法》第15条系对法定代表人代表权的法定限制，前者并无适用余地。在通说认为相对人在接受公司提供担保时应将公司章程纳入合理审查范围的前见之下①，公司章程中关于公司担保决议机构的规定自应属于相对人知道或者应当知道的内容。如公司章程规定的非关联担保的决议机构为股东会，相对人接受董事会决议通过的公司担保，主观上即非善意。正是基于此，《民法典担保制度解释》第7条虽然仍然在《民法典》第504条之外同时将第61条作为公司法定代表人越权担保的效果归属的解释基础，但起草者仍然认为，《民商事审判会议纪要》第18条原来所持的司法态度应予转变，在公司章程明确规定为股东会的情况下，相对人仅接受董事会决议的，不能认定其为善意相对人。②

不过，在我国公司治理普遍不规范的情形下，董事会和股东会之间并非泾渭分明。在公司应提交股东会决议，但仅提交董事会决议的情形下，如股东会和董事会的组成人员高度重合，在董事会决议上签章的董事就是公司的股东，此时，计算其中有表决权的股东所持表决权，如已达到法律和公司章程规定的比例，亦可认定决议适格。③

4. 公司章程规定非关联担保的决议机构为董事会，但改由股东会作出决议的效力

公司担保本属于股东会的决策事项，即使是公司章程规定由董事会进行决议，如股东会又对特定的担保事项作出决议，有两种解释路径：一种是认定公司

① 参见朱颖琦、李瑶菲：《新司法政策下公司对外担保行为的效力认定》，载蔡建春、卢文道主编：《证券法苑》2020年第1期（第29卷），法律出版社2020年版，第149～150页；蒋大兴：《超越商事交易裁判中的“普通民法逻辑”》，载《国家检察官学院学报》2021年第2期；高圣平：《再论公司法定代表人越权担保的法律效力》，载《现代法学》2021年第6期。

② 参见最高人民法院民事审判第二庭编：《最高人民法院民法典担保制度司法解释理解与适用》，人民法院出版社2021年版，第136页。案例参见北京市高级人民法院（2021）京民终223号民事判决书。

③ 参见高圣平：《公司担保相关法律问题研究》，载《中国法学》2013年第2期。案例参见河南省郑州市中级人民法院（2019）豫01民终21055号民事判决书。

同意或者追认担保。[①] 股东会本属公司的最高权力机关，在董事会未作出决议的情形下，法定代表人的担保代表权限经由有效的股东会决议得以授予或者追认。公司章程规定由董事会决议的，根据“举轻以明重”的解释规则，股东会决议当然也是适格决议。[②] 另一种是股东会修改了公司章程，并在此事项上收回了对董事会的概括授权。不过，《公司法》第 66 条、第 116 条规定，股东会作出修改公司章程的决议，必须经出席会议的股东所持表决权的 2/3 以上通过。在股东会自行对公司担保作出决议时，同意提供担保的股东所持表决权须达到修改公司章程的法定要求，以此尊重公司法的组织法特征。[③]

5. 关联担保的决议机构

依据《公司法》第 15 条第 2 款的规定，关联担保的决议机构为股东会。法定代表人未经股东会决议，仅经董事会决议的，其对外签署的担保合同均构成越权代表。在法律规定如此明确的情况下，未审查股东会决议就签订担保合同的相对人非为善意，不存在适用表见代表的可能。[④] 这一规定不得由公司章程或者内部决议而违反。

《公司法》第 15 条第 2 款将关联担保界定为“为公司股东及实际控制人提供担保”的情形。公司为其股东及实际控制人提供担保时，公司对其股东及实际控制人自是知悉，从内部控制的视角看，此时公司应召开股东会会议，就公司担保事项进行表决，并排除为其担保的股东、受为其担保的实际控制人支配的股东的表决权。就接受公司提供担保的相对人而言，在审查公司担保决议机构是否适格之时，对于被担保人（主债务人）是否属于公司股东或者实际控制人，在判断难易程度上各有差异。就为股东提供的关联担保，可以通过备案公司章程的记载（有限责任公司）或者公司提供的股东名册（股份有限公司）加以确认；[⑤] 就为实际控制人提供的关联担保，《公司法》第 265 条第 3 项关于“实际控制人，是指通过投资关系、协议或者其他安排，能够实际支配公司行为的人”之规定中，仅有“投资关系”在通常情形下可以经由相对人的尽职调查得以发现，至于其他关系的实际控制人，除非公司主动披露，相对人尚无从查知。如此，从相对人审

---

① 参见贺小荣主编：《最高人民法院民事审判第二庭法官会议纪要：追寻裁判背后的法理》，人民法院出版社 2018 年版，第 193 页。

② 参见最高人民法院民事审判第二庭编：《最高人民法院民法典担保制度司法解释理解与适用》，人民法院出版社 2021 年版，第 136 页。案例参见河北省高级人民法院（2021）冀民终 48 号民事判决书。

③ 参见石冠彬：《论公司越权担保的认定标准及法律效果》，载《法商研究》2020 年第 2 期。

④ 参见最高人民法院民事审判第二庭编：《〈全国法院民商事审判工作会议纪要〉理解与适用》，人民法院出版社 2019 年版，第 186 页；最高人民法院民事审判第二庭编：《最高人民法院民法典担保制度司法解释理解与适用》，人民法院出版社 2021 年版，第 135 页。

⑤ 参见高圣平：《再论公司法定代表人越权担保的法律效力》，载《现代法学》2021 年第 6 期。

查义务的视角，尚须结合合理审查标准，具体判断相对人是否知道或者应当知道案涉担保属于关联担保，并进而结合公司章程具体确定公司担保决议机构，不宜苛求相对人就公司与被担保人之间的控制关系作超出一般注意义务的要求。在解释上，如相对人因不知被担保人为实际控制人而仅按照公司章程的规定审查了董事会决议，应推定其为善意，由公司承担相对人不构成善意的举证责任。①

《公司法》第15条第2款仅将关联担保界定为“为公司股东及实际控制人提供担保”的情形，是否可以参照具体情形对之适当扩张解释？实践中的扩张主要体现为两种情形。其一，提供担保的公司与为其提供担保的公司受同一实际控制人控制的情形。《公司法》第15条第2款的立法目的在于规制公司股东、实际控制人利用对公司的控制权不当转移公司利益，损害公司、其他股东、公司债权人等的利益。基于此，关联担保在解释上还应包括“公司与主债务人系关联公司、股东或实际控制人与主债务人有利害关系，从而公司提供担保构成向股东或者实际控制人输送利益的情形”②，否则就无法避免实际控制人通过公司担保损害中小股东的利益。③ 如此，提供担保的甲公司与主债务人乙公司因受同一实际控制人控制而属于关联公司，甲公司为乙公司的借款向商业银行提供担保，使得乙公司能够顺利从商业银行获得融资，作为乙公司的实际控制人因乙公司获得借款而获益，虽然乙公司既非甲公司股东，亦非甲公司实际控制人，但该担保仍应属《公司法》第15条第2款规定的关联担保的情形。其二，提供担保的公司与为其提供担保的公司的法定代表人相同的情形。此属《公司法》第265条第4项“关联关系”的情形之一。此际，案涉各方工商登记信息包括法定代表人、股权结构、股东身份等均为向社会公开内容，相对人应当明知案涉各家公司可能为关联公司，亦应明知法定代表人身兼两家公司法定代表人之客观事实，解释上可以认为是关联担保。但也有观点认为，两家公司均系独立法人，彼此之间经营范围不同、股权结构不同，在没有证据证明两家公司之间存在利益输送，为其提供担保的公司能够实际支配提供担保的公司的情况下，不能仅依法定代表人相同就推断为关联担保。

笔者认为，对于《公司法》第15条第2款的文义进行目的性扩张解释有其必要性，但在《民法典担保制度解释》第7条将相对人对于公司担保决议的审查标准确立为“合理审查”的情形之下，这一目的性扩张解释应予限制。除非相对

---

① 参见钱玉林：《公司为他人提供担保的裁判规则与理由》，载蒋锋、卢文道主编：《证券法苑》2019年第3期（第28卷），法律出版社2020年版，第189页。

② 段晓娟：《公司内部人接受未经决议程序公司担保效力探析》，载《法律适用》2019年第16期。

③ 参见最高人民法院民事审判第二庭编：《最高人民法院民法典担保制度司法解释理解与适用》，人民法院出版社2021年版，第144页。

人明知甲公司与乙公司同受同一实际控制人的控制[①]，对这一控制关系的“明知”应以相对人经查询国家企业信用信息公示系统、“天眼查”等所可得获知为限。

（三）相对人审查的内容之二：其他内容

1. 审查股东会决议的签字人员和表决权比例是否适格

在案涉担保应由股东会作出决议的情形下，相对人应比对公司章程，按照一般理性人的标准，对公司决议中的股东签章与公司章程上的股东签章或者股东名册进行形式上的核对，同时计算同意担保的股东所持表决权是否达到法定和章程规定的比例要求。

对于有限责任公司而言，相对人接受公司提供担保时可以将公司章程作为股东会决议的对比样本。对于股份有限公司而言，由于股东名册上一般并无股东签章，在合理审查标准之下，相对人只须审查决议中签章的股东是否对应于股东名册的记载。[②]《民商事审判会议纪要》第18条第1款指出，就关联担保而言，应审查“在排除被担保股东表决权的情况下，该项表决由出席会议的其他股东所持表决权的过半数通过，签字人员也符合公司章程的规定”，该规定排除了公司章程对于表决权比例的例外安排；就非关联担保而言，应审查“同意决议的人数及签字人员符合公司章程的规定”，这里，同意决议的人数符合公司章程的规定，并不足以形成有效的股东会决议。因为，股东会决议采行资本多数决，而非人数多数决，即使同意决议的股东人数达到了多数，并不表明其所持表决权达到了多数。这一规定即值商榷。

对于股东会决议，应当审查决议中同意担保的股东所持表决权（股权、股份）之和是否达到法律和公司章程规定的股东会决议的最低表决权要求。如《公司法》第116条第2款、第3款和第135条均对此作了规定。值得注意的是，公司章程对股东会决议的表决权比例另有规定，且该表决比例高于《公司法》第15条的规定，应当以公司章程的记载为准。由于公司担保并不在《公司法》第116条所规定的特殊事项之中，如公司章程没有例外安排，在解释上可按一般事项处理，即表决权的过半数通过。[③] 至于表决权比例的计算，有限责任公司股东会决

① 在“某管理咨询（深圳）有限公司与某信息技术有限公司、某数字娱乐文化传媒股份有限公司、赖某锋等担保合同纠纷上诉案”中，二审法院即认为，“被上诉人某管理咨询公司是《商业保理合同》的签约当事人，《商业保理合同》明确载明，丙方（天某公司及赖某锋）为债务人某信息技术有限公司的实际控制人。因此，某管理咨询公司对债务人及担保人之间的股权或控制关系应属明知，也应当意识到天某公司提供本案担保可能系受其实际控制人赖某锋的控制，更应对天某公司的内部有效决议做审慎审查”。参见上海金融法院（2020）沪74民终289号民事判决书。

② 根据《市场主体登记管理条例》第8条第2款的规定，“有限责任公司股东、股份有限公司发起人、非公司企业法人出资人的姓名或者名称”属于市场主体的登记事项。

③ 参见马更新：《公司担保中决议形成程序与合同效力认定间牵连关系探析》，载《法学杂志》2020年第6期。

议以全体股东所持表决权数为基数、股份有限公司股东会决议以出席会议的股东所持表决权数为基数，同时应考虑有限责任公司章程中股东不按照持股比例行使表决权的规定、股份有限公司的类别股、未尽出资义务的股东的表决权限制等。①

值得注意的是，即使应予排除表决的股东在股东会决议签章，亦不宜仅此否定股东会决议的效力。在计算表决权时，如若应予排除表决的股东参与了表决，只须在计算最终表决权比例时将该股东的表决权剔除即可。②

2. 审查董事会决议的签字人员和表决权比例是否适格

在案涉担保应由董事会作出决议的情形下，相对人应审查决议中签章的董事是否对应于公司登记（备案）申请书中的记载，同时计算同意担保的董事是否达到法定和章程规定的最低要求。③《民商事审判会议纪要》第 18 条第 2 款指出，应审查“同意决议的人数及签字人员符合公司章程的规定”。由于相对人并无获得董事签章样本的渠道，也无鉴别签章真假的专业水平，因此无需核实董事签章的真实性。

对于董事会决议，应当审查决议中同意担保的董事人数是否达到法律和公司章程规定的股东会决议的最低要求。就董事的表决权，我国《公司法》采行“一人一票”制（第 73 条第 3 款、第 124 条第 2 款）的人数多数决。就董事会决议的形成，我国《公司法》第 73 条和第 124 条确立了出席董事会会议的董事人数（过半数）和同意决议的董事人数（全体董事的过半数）等两方面的条件。

4. 是否审查担保数额超过公司章程的限制

《民商事审判会议纪要》第 18 条第 2 款指出，公司章程中对于担保金额的限制属于章程对于法定代表人代表权的约定限制，不能对抗善意第三人，公司以担保金额超过法定限额等事由抗辩债权人非善意的，一般不予支持。基于前述公司章程在审查公司决议中的地位和作用，公司章程属于相对人在审查公司担保决议时必须审查的公司内部文件，其中关于限制担保金额的规定，自然对相对人发生效力。因此，相对人应审查公司章程对单项担保的数额是否有限制，以及公司担保决议中的担保数额是否超过了该限制。超出该限制的部分对公司不发生效力。至于担保数额是否超过章程对担保总额的限额规定，由于相对人难以知悉公司此前的担保次数、担保限额等信息，不宜要求相对人核实这一事项。④

---

① 参见钱玉林：《公司为他人提供担保的裁判规则与理由》，载《证券法苑》2020 年第 1 期（第 28 卷），法律出版社 2020 年版，第 187 页。

② 参见高圣平：《公司担保中相对人的审查义务——基于最高人民法院裁判分歧的分析和展开》，载《政法论坛》2017 年第 5 期。

③ 根据《市场主体登记管理条例》第 9 条第 4 项的规定，“公司董事、监事、高级管理人员”属于公司应向登记机关备案的事项。

④ 参见李建伟：《公司非关联性商事担保的规范适用分析》，载《当代法学》2013 年第 3 期。

（四）相对人审查的标准

正如前述，相对人审查的对象主要集中于公司决议，而有效的公司决议，主要是指公司决议不存在决议不成立、无效或者可撤销的情形，且达到法律和章程规定的最低表决权比例。① 但公司决议的效力应由人民法院确认，同时公司决议的部分瑕疵尚须经由司法鉴定方能识别，要求相对人在担保合同订立之初即对公司决议的有效性进行审查，不仅超出了相对人的固有审查能力，而且不适当地增加了公司担保的交易成本，损及交易效率。② 因此，在法院尚未作出公司决议无效、撤销或者不成立的认定之前，应推定公司决议为有效。③

基于此，《公司担保解释稿》第 6 条第 1 款将相对人对公司章程、公司决议等与担保相关文件的审查限于形式审查。④ “公司担保相对人根据公司提供的或者从正常公开途径查询到的现有资料能够证明公司担保的决议机关、决议程序和担保单笔限额符合《公司法》第 15 条、第 135 条的规定，即可认为相对人尽到了合理的审查义务。”⑤《民商事审判会议纪要》第 18 条第 2 款也将相对人对公司决议内容的审查限于形式审查，只要求相对人尽到必要的注意义务即可。“毕竟相对人并非公司的内部人，难以了解公司决议的具体情况。”⑥ 自此，关于相对人审查的标准，实践中总体上趋向于形式审查。

所谓形式审查，是指仅审查公司决议的形式要件，对其真实性、合法性、有效性则不作审查。⑦ 但司法态度上同时认为，相对人应审查文件记载的内容在形式上是否符合《公司法》第 15 条、第 135 条等的规定⑧，“基本要求包括：一是审查股东或者董事的身份是否属实；二是在关联担保情况下，应当回避表决的股

① 参见石冠彬：《论公司越权担保的认定标准及法律效果》，载《法商研究》2020 年第 2 期。

② 参见华德波：《论〈公司法〉第 16 条的理解与适用——以公司担保债权人的审查义务为中心》，载《法律适用》2011 年第 3 期；高圣平：《公司担保中相对人的审查义务——基于最高人民法院裁判分歧的分析和展开》，载《政法论坛》2017 年第 5 期。

③ 参见马更新：《公司担保中决议形成程序与合同效力认定间牵连关系探析》，载《法学杂志》2020 年第 6 期。

④ 《公司担保解释稿》第 6 条第 1 款指出，“公司依据本解释第一条规定主张担保合同对其不发生效力，相对人能够证明其在订立担保合同时对公司章程、公司决议等与担保相关的文件进行了形式审查，文件记载的内容在形式上符合公司法第十六条、第一百二十一条等法律规定的，人民法院应当认定该担保合同对公司发生效力。”

⑤ 参见贺小荣主编：《最高人民法院民事审判第二庭法官会议纪要：追寻裁判背后的法理》，人民法院出版社 2018 年版，第 200 页。这里的《公司法》条文，均为原《公司法》的条文。

⑥ 最高人民法院民事审判第二庭编：《〈全国法院民商事审判工作会议纪要〉理解与适用》，人民法院出版社 2019 年版，第 186 页。

⑦ 参见梁上上：《公司担保合同的相对人审查义务》，载《法学》2013 年第 3 期。

⑧ 参见贺小荣主编：《最高人民法院民事审判第二庭法官会议纪要：追寻裁判背后的法理》，人民法院出版社 2018 年版，第 200 页。

东是否参与了表决。”① 无公司决议的，只要不存在豁免决议审查的情形，即足以认定相对人非为善意；有公司决议但非适格决议的，仍然存在相对人善意的可能；有公司决议但系伪造或者变造的，除非公司有证据证明相对人明知决议系伪造或者变造，否则不宜仅据此而认定相对人非善意。②

广受诟病的是，如相对人仅须要求公司提供公司决议，并就其形式要件进行审查，实际上降低了相对人的注意义务，无法达到《公司法》第15条遏制违规担保的规范目的。“形式审查义务有时与无需审查无异”③。学者间就此提出了改造方案。如相对人不仅应对公司决议进行文义性审查，还应进行简单的逻辑审查，包括：审查核实股东或者董事的身份（仅须表面上的核对，无须鉴别签章的真实性）；计算同意担保的股东或者董事所持表决权是否达到法定或者章程规定的要求；审查担保金额是否超过限额④，以确定表面上是否符合法律或者公司章程对公司担保的内部决策要求。⑤

相对人审查的标准亦应基于《民法典》第504条“知道或者应当知道”加以确定。⑥《民法典担保制度解释》第7条第3款中规定：“相对人有证据证明已对公司决议进行了合理审查，人民法院应当认定其构成善意，但是公司有证据证明相对人知道或者应当知道决议系伪造、变造的除外。”该款将《民商事审判会议纪要》中的“形式审查”修改为“合理审查”。这就表明，并非相对人在签订担保合同之时要求公司提交公司担保决议、公司章程及相关文件，就构成善意。实际上，结合前述相对人审查的内容可知，就部分内容的审查，已经脱逸出了“形式审查”的范畴。由此可见，“合理审查”既非宽松的“形式审查”，也非严苛的“实质审查”，而是“审慎的形式审查”。注意义务过于宽松会纵容债权人疏忽懈怠，不利于维护交易安全与防范金融风险；过于严苛则会推高融资成本，降低授信效率，不利于金融服务于实体经济发展。⑦《民法典担保制度解释》以“合理审

① 最高人民法院民事审判第二庭编：《〈全国法院民商事审判工作会议纪要〉理解与适用》，人民法院出版社2019年版，第187页。

② 参见最高人民法院民事审判第二庭编：《〈全国法院民商事审判工作会议纪要〉理解与适用》，人民法院出版社2019年版，第186～187页。

③ 钱玉林：《寻找公司担保的裁判规范》，载《法学》2013年第3期。

④ 参见高圣平：《公司担保中相对人的审查义务——基于最高人民法院裁判分歧的分析和展开》，载《政法论坛》2017年第5期；李建伟：《公司非关联性商事担保的规范适用分析》，载《当代法学》2013年第3期。

⑤ 参见朱颖琦、李瑶菲：《新司法政策下公司对外担保行为的效力认定》，载《证券法苑》2020年第1期（第29卷），法律出版社2020年版，第148页。

⑥ 参见李游：《公司担保中交易相对人合理的审查义务——基于458份裁判文书的分析》，载《政治与法律》2018年第5期。

⑦ 参见刘俊海：《公司法定代表人越权签署的担保合同效力规则的反思与重构》，载《中国法学》2020年第5期。

查”代替“形式审查”，将审查义务履行程度与一般注意义务标准等同起来①，值得赞同。

值得注意的是，相对人为自然人时，是否可降低其审查义务？实践中就此存在争议。多数观点认为，作为债权人的自然人应知晓《公司法》第15条的规定，如其在接受公司提供担保时未对公司担保决议尽审查义务，即非善意。对于自然人关于法定代表人在担保合同上签字即表明其已尽到注意义务、并不存在过错的主张，法院不应支持。相对人不得以其非法律专业人士为由主张其未审查公司决议即为善意。亦有观点认为，法定代表人在担保合同上签字并加盖公司公章，足以构成自然人作为相对人时的善意。此时，可以认为自然人已经尽到合理的审查义务，担保合同有效。“作为一般的非具有相关法律知识的公民并不明确知晓法律的相关规定，不能以此对其做过于苛刻的要求”。笔者认为，《民法典》和《公司法》的相关规定并不在自然人和法人之间存在适用范围上的区分，根据“法律一经公布即推定所有人明知及不知法律不免责的法理”②，自然人也不得因其身份而主张“不知法律规定即构成善意”。

四、公司担保中相对人未尽审查义务的法律效果

既然相对人非善意时担保合同对公司不发生效力，公司自不应承担担保责任。但就公司此际是否应当承担其他民事责任，理论和实践中存在重大分歧。否定说认为，无论担保合同是否有效，公司均不是相应法律责任的归属主体，自然无须再承担赔偿责任。③此时，类推适用《民法典》第171条，由法定代表人（行为人）和相对人根据过错程度承担赔偿责任。④肯定说则认为，法定代表人是公司的法定机关，其代表权限来源于法律的明确规定。法定代表人对外从事的行为，即便是越权行为，也是公司对外从事的行为，本质上属于其履职行为。即使担保合同对公司不发生效力，也仅表明相对人是恶意的，并不能进一步推导出公司自身无过错。公司对在选任、监督法定代表人方面的过错以及公章管理等方面的过错，应承担缔约过失责任。此时，基于越权代表和无权代理的区别，不宜类

---

① 参见甘培忠、马丽艳：《公司对外担保制度的规范逻辑解析——从〈公司法〉第16条属性认识展开》，载《法律适用》2021年第3期。

② 贺小荣主编：《最高人民法院民事审判第二庭法官会议纪要：追寻裁判背后的法理》，人民法院出版社2018年版，第192页。

③ 参见高圣平、范佳慧：《公司法定代表人越权担保效力判断的解释基础——基于最高人民法院裁判分歧的分析和展开》，载《比较法研究》2019年第1期；蒋大兴：《超越商事交易裁判中的“普通民法逻辑”》，载《国家检察官学院学报》2021年第2期；甘培忠、马丽艳：《公司对外担保制度的规范逻辑解析——从〈公司法〉第16条属性认识展开》，载《法律适用》2021年第3期。

④ 参见贺小荣主编：《最高人民法院民事审判第二庭法官会议纪要：追寻裁判背后的法理》，人民法院出版社2018年版，第201～202页。

推适用《民法典》第171条，而直接以《民法典》第62条为规范依据。[①] 肯定说为实践的主流观点。

《民法典担保制度解释》区分上市公司和非上市公司采取了不同的观点。就上市公司而言采纳了否定说的观点，上市公司既不承担担保责任，也不承担赔偿责任（第9条第2款），认为如令上市公司承担赔偿责任，既损害证券市场上广大中小投资者的权利，也不可能根治上市公司违规违法担保的行为。[②] 就非上市公司而言则采纳了肯定说的观点，参照适用《民法典担保制度解释》第17条第1款第1项的规定，公司基于其过错应承担不超过债务人不能清偿部分1/2的赔偿责任（第7条）。相对人明知决议是伪造或者变造仍然接受担保的，可以认为公司并无过错，据此无须承担缔约过失责任。[③]

笔者坚持否定说的观点，主要理由如下：

第一，肯定说认为，"法定代表人是公司的机关，法定代表人的意思就是公司的意思，法定代表人和公司合二为一"[④]，故而公司不能不承担任何赔偿责任。代表人在没有公司股东会决议授权的情况下，越权代表公司与相对人签订担保合同，亦存在明显过错，其行为系代表公司的职务行为，行为后果应由公司承担。法定代表人的权力外观与公司行为密不可分，公司对法定代表人的行为应严格管理，通过内部治理机制予以规范。如只将法定代表人个人作为责任承担主体，作为担保合同的缔约主体却不承担责任并不合理。[⑤]

尽管在民法理论上，法人本质存在"拟制说"与"实在说"的区别，但法定代表人仍然是具有独立人格的自然人，法人本身也具有自己独立的人格[⑥]，不宜简单地将法定代表人的过错归咎于法人。关于法定代表人与法人的关系，所解释的都是何以将法定代表人的行为归属于法人。因此，代表规范在性质上属于效果归属规范，而非行为规范，《民法典》第504条较之原《合同法》第50条的修改

① 参见最高人民法院民事审判第二庭编：《最高人民法院民法典担保制度司法解释理解与适用》，人民法院出版社2021年版，第136～138页；林文学、杨永清、麻锦亮、吴光荣：《〈关于适用民法典有关担保制度的解释〉的理解与适用》，载《人民司法》2021年第4期。

② 参见最高人民法院民事审判第二庭编：《最高人民法院民法典担保制度司法解释理解与适用》，人民法院出版社2021年版，第156～157页。

③ 参见最高人民法院民事审判第二庭编：《最高人民法院民法典担保制度司法解释理解与适用》，人民法院出版社2021年版，第138页。

④ 最高人民法院民事审判第二庭编：《〈全国法院民商事审判工作会议纪要〉理解与适用》，人民法院出版社2019年版，第192页。

⑤ 参见鲍丹露：《公司对外担保合同的效力认定和效果归属——上海某担保公司追偿权纠纷案、朱某民间借贷案件为视角》，载《上海商学院学报》2020年第2期。

⑥ 参见李洪建：《论公司法定代表人的制度功能与定位修正》，载《中国矿业大学学报（社会科学版）》2019年第4期。

进一步明确了此问题。[①] 相对人非为善意的情形下，担保合同对公司不发生效力，担保合同的法律效果不归属于公司。也就是说，公司欠缺与相对人订立担保合同的意思表示，不是案涉担保合同的当事人[②]，无论担保合同的效力如何，其法律效果均不由公司承受。此时，类推适用担保合同无效时公司的缔约过失责任规则将失去正当性。“公司并无实际缔约行为，何谈缔约过失？”[③]

有观点认为，“法人应为其法定代表人或工作人员的过错负责，尤其是对外造成他人损害时”“从一般侵权法上考虑，担保不生效，但是法定代表人或董事们的行为（不是决议行为，而是对外担保的交易活动行为）导致了债权人的损失。此项纯属经济损失，根据过错归属法人的规则，应由公司赔偿。法定代表人或董事的过错相当于法人的过错。”[④] 从规范基础的角度，此观点涉及《民法典》第 62 条第 1 款和第 1191 条第 1 款的适用。在《公司法》第 15 条对法定代表人的代表权施加法定限制的情形之下，法定代表人越权与相对人签订担保合同，并非其执行职务的行为，此时恶意相对人并无可保护的信赖利益，也就无所谓信赖利益损失。关于是否构成用人单位侵权，尚存疑问。如认定用人单位构成《民法典》第 1191 条上的侵权，也就不是纯粹经济损失保护，而是直接的法益侵害保护。此时令公司承担侵权责任，理据不足。从规范目的来看，恶意债权人还可以从公司获得其损失的 1/2 的赔偿，已经超出了《公司法》第 15 条保护公司的意旨。[⑤]

第二，肯定说之下，实践对于公司过错的认定可以归纳为三类，一是公司对公章的使用和管理不规范；二是公司未能有效约束法定代表人，导致其未能按照《公司法》、公司章程的规定处理对外担保事宜；三是公司未能及时发现和制止法定代表人以公司名义签订担保合同。但从我国现有的公司治理体制来看，将前述过错归咎于公司过于严苛。[⑥] 毕竟，公章是公司意思表示的外在推定形式，而法定代表人是公司的意思表达主体，其有代表公司和管理使用公章的权利。同时，公司治理的核心是分权与制衡，法定代表人的代表权也需受到此种制约。但一方面，我国公司法上实行法定的独任代表制，法定代表人对外垄断公司的意思表达

---

① 参见黄薇主编：《中华人民共和国民法典合同编解读（精装珍藏版）》，中国法制出版社 2020 年版，第 140 页。

② 参见刘俊海：《公司法定代表人越权签署的担保合同效力规则的反思与重构》，载《中国法学》2020 年第 5 期。

③ 甘培忠、马丽艳：《公司对外担保制度的规范逻辑解析——从〈公司法〉第 16 条属性认识展开》，载《法律适用》2021 年第 3 期。

④ 李志刚等：《公司对外担保无效之赔偿责任》，载《人民司法·应用》2020 年第 19 期。

⑤ 参见李志刚等：《公司对外担保无效之赔偿责任》，载《人民司法·应用》2020 年第 19 期。

⑥ 参见殷秋实：《公司担保无效责任的复位——基于责任性质、主体与效果的区分视角》，载《法学》2022 年第 2 期。

权力；另一方面，现有制度并未对法定代表人越权行为提供足够的内部控制。仅就法定代表人超越代表权限而言，公司无法监督和控制法定代表人的行为，选任、监督过失与法定代表人越权之因果链条太长。[①] 为此，很难直接表明公司在选任或者监督法定代表人、公章管理上存在过错，也很难要求公司百分之百地确保法定代表人的行为无任何瑕疵。否则，“公司过错认定恐有扩大化之虞。”[②] 由公司承担赔偿责任的管理过错推定，在公司向相对人承担赔偿责任的限度内，实际效果接近于（但不等同于）公司承担了担保责任[③]，造成公司在越权担保情形被司法“二次伤害”，不利于实现《公司法》第 15 条保护公司利益免受法定代表人滥权损害的规范目的。[④]

在法经济学上，法定代表人越权代表的责任分配实际上是在公司与相对人之间的风险分配，原则上应由避险成本最低的一方承担，从而实现社会福利的最大化。[⑤] 就法定代表人的越权担保行为，相对人的调查或者注意成本显然低于公司的监督成本，相对人比公司更有风险防范能力，毕竟相对人只要尽到合理审查义务，即可查明法定代表人是否具有代表权限，并继而选择是否签订担保合同。《民法典担保制度解释》第 7 条第 1 款规定，此时公司仍承担部分赔偿责任，实际上是将法定代表人越权担保的风险共同分配给公司与相对人，以此寻求相对人与公司间的利益平衡。但这一观点将大幅增加公司的监督成本，且与现代公司治理结构也不相符。[⑥] 在法定代表人确定无法获得公司授权而与恶意相对人签订担保合同，通过“先斩后奏”的方式至少实现部分担保目的的情况下，还极有可能滋生道德风险。

第三，肯定说反对类推适用无权代理规则的主要理由在于，法定代表人越权担保亦属其执行职务的行为，即便越权行为不对公司发生效力，但由法定代表人个人承担责任也缺乏依据。而委托代理情况下，代理人的权限来自被代理人的授权，未经被代理人授权的，其行为与被代理人无关，自然不对被代理人发生效力，而应由代理人自身承担责任。[⑦] “由于被代表人是没有生命的法律拟制体，其

① 参见李志刚等：《公司对外担保无效之赔偿责任》，载《人民司法·应用》2020 年第 19 期。

② 黄辉：《现代公司法比较研究——国际经验及对中国的启示（第二版）》，清华大学出版社 2020 年版，第 145 页。

③ 参见杨代雄：《越权代表中的法人责任》，载《比较法研究》2020 年第 4 期。

④ 参见贺小荣主编：《最高人民法院民事审判第二庭法官会议纪要：追寻裁判背后的法理》，人民法院出版社 2018 年版，第 201 ~ 202 页。

⑤ 参见黄辉：《现代公司法比较研究——国际经验及对中国的启示（第二版）》，清华大学出版社 2020 年版，第 145 页。

⑥ 参见李志刚等：《公司对外担保无效之赔偿责任》，载《人民司法·应用》2020 年第 19 期。

⑦ 参见最高人民法院民事审判第二庭编：《最高人民法院民法典担保制度司法解释理解与适用》，人民法院出版社 2021 年版，第 137 ~ 138 页。

意思形成机制与自然人存在很大差别，因此，直接允许法定代表人越权时可‘准用’表见代理似不甚合理。”①

就法定代表人与法人的关系而言，“代表说”与“代理说”的区别主要在于使法定代表人的行为归于法人的理论射程远近不同，而就法定代表人和代理人的关系，两者在实践后果和价值判断上并无显著不同，更多是理论解释上的区别。②依“代表说”有关“代表人行为即法人行为”之观点，《民法典》第504条应表达为“法人的法定代表人或者非法人组织的负责人超越权限订立的合同，该代表行为有效，订立的合同对法人或者非法人组织发生效力”而非“除相对人知道或者应当知道其超越权限外，除相对人知道或者应当知道其超越权限的以外，该代表行为有效，订立的合同对法人或者非法人组织发生效力”，这一矛盾恰恰揭示了“代表说”与“代理说”理论的同质性。③

从代表制度的渊源来看，“代表说”与“代理说”的分野在于法定代表人对于法人全部事业活动的概括性代理权。④ 在《公司法》第15条规定法定限制的情形之下，前述观点尚待商榷。其中，对于未经公司有权机构作出同意担保决议的情形，所谓法定代表人越权代表实为无权代表。此时，法定代表人的地位与无权代理人的地位几近相当，未经特别授权，法定代表人与代理人均无代表或者代理公司与相对人签订担保合同的权限。相对人不能以行为人的法定代表人身份而主张担保合同的效果当然归属于公司。基于此，法定代表人越权担保与代理人无权代理之间就具有了相似性，类推适用《民法典》第171条无权代理规则也就具有了正当性。对于法定代表人越权担保的情形，未经公司追认，如以缔约过失责任为相对人提供救济，则承担赔偿责任的应为法定代表人，而非公司。

反对类推适用无权代理规则，还将导致同时存在越权代表和无权代理的不同处理结果。例如，在没有公司担保决议的情形之下，法定代表人授权委托代理人与相对人签订担保合同。此际，同时构成越权代表和无权代理。就无权代理而言，在《民法典》第171条之下，如未经公司追认，担保合同对公司不发生效力，由相对人和代理人依其过错承担责任，公司并无所谓缔约过失责任之可言。⑤

---

① 李激汉、刘平：《公司为他人提供担保纠纷案件法律适用路径检讨——兼评最高人民法院〈公司担保司法解释（讨论稿）〉》，载蒋锋、卢文道主编：《证券法苑》2019年第1期（第26卷），法律出版社2019年版，第64页。

② 参见陈自强：《代理权与经理权之间——民商合一与民商分立》，北京大学出版社2008年版，第13、108页。

③ 参见李洪建：《论公司法定代表人的制度功能与定位修正》，载《中国矿业大学学报（社会科学版）》2019年第4期。

④ 参见迟颖：《法定代表人越权行为的效力与责任承担〈民法典〉第61条第2、3款解释论》，载《清华法学》2021年第4期。

⑤ 参见浙江省杭州市中级人民法院（2018）浙01民初4553号民事判决书。

就越权代表而言，同样是担保合同对公司不发生效力，依据《民法典担保制度解释》第 7 条第 1 款，公司尚须承担与其过错相应的赔偿责任（缔约过失责任性质）。如此，即造成对类似情形的不同评价，实不足采。

第八条　有下列情形之一，公司以其未依照公司法关于公司对外担保的规定作出决议为由主张不承担担保责任的，人民法院不予支持：

（一）金融机构开立保函或者担保公司提供担保；

（二）公司为其全资子公司开展经营活动提供担保；

（三）担保合同系由单独或者共同持有公司三分之二以上对担保事项有表决权的股东签字同意。

上市公司对外提供担保，不适用前款第二项、第三项的规定。

【条文主旨】

本条是关于豁免公司担保决议情形的规定，解释《公司法》第 15 条和《民法典》第 504 条。

【规则变迁】

本条的前身是《民商事审判会议纪要》第 19 条。该条指出："存在下列情形的，即便债权人知道或者应当知道没有公司机关决议，也应当认定担保合同符合公司的真实意思表示，合同有效：（1）公司是以为他人提供担保为主营业务的担保公司，或者是开展保函业务的银行或者非银行金融机构；（2）公司为其直接或者间接控制的公司开展经营活动向债权人提供担保；（3）公司与主债务人之间存在相互担保等商业合作关系；（4）担保合同系由单独或者共同持有公司三分之二以上有表决权的股东签字同意。"

相较于《民商事审判会议纪要》第 19 条，本条在无须机关决议的情形中删去了"公司与主债务人之间存在相互担保等商业合作关系"的内容；将"公司为其直接或者间接控制的公司开展经营活动向债权人提供担保"修改为"公司为其全资子公司开展经营活动提供担保"；并增加了第 2 款，"上市公司对外提供担保，不适用前款第二项、第三项的规定。"

【理解与适用】

依据《公司法》第 15 条的规定，法定代表人没有以公司名义为他人债务提供担保的代表权限，此属法定代表人代表权的法定限制，在解释上自不同于公司章程或者公司权力机构对法定代表人代表权的限制。在《公司法》第 15 条之下，公司为他人债务提供担保的行为不是法定代表人所能单独决定的事项，而必须以公司股东会或者董事会等公司机关的决议作为其代表权的基础和来源。然而，在公司审判实务中由于立法规定不明确、司法裁判规则不统一，我国公司在为他人提供担保方面，没有经公司决议而径行对外担保的情况普遍存在。最高人民法院认为，在没有公司决议的情况下，根据目前公司治理不规范的现实情况，对法定代表人或实际负责人提供的担保，如果案件事实表明该担保是为了公司的利益，就可以认定公司具有对外提供担保的真实意思表示。① 先是《民商事审判会议纪要》以司法政策的形式规定了公司担保中无须机关决议的例外情形，《民法典担保制度解释》则对前者的规定予以吸收修改，于本条进行了具体规定。

一、公司为他人债务提供担保属于其正常经营范围

公司是以营利为目的的社团法人，营利性决定了公司的设立本旨和存在目的即在于追求超出资本的利润，并将利润分配于股东。② 但公司为他人债务提供担保，无法自债权人（相对人）获得对价，如公司最终承担了担保责任，则公司实际上是为他人清偿了债务。因此，公司为他人债务提供担保与公司营利性本旨有违，属于公司非常规的、特殊的经营行为，此即《公司法》第 15 条的经济基础。③ 在公司为他人债务提供担保构成其正常经营范围的情况下，如金融机构开立保函即为其正常的授信业务，担保公司提供担保亦属其主营业务，公司基于自身经营需要为他人债务提供担保，系基于维护公司利益作出的行为，间接上亦有利于维护公司股东利益，如此，公司及股东利益与担保行为具有一致性，法定代表人已获概括授权，④ 其代表权限即不受《公司法》第 15 条的限制。

就此，《民商事审判会议纪要》第 19 条第 1 项的表述是“公司是以为他人提供担保为主营业务的担保公司，或者是开展保函业务的银行或者非银行金融机构”；《民法典担保制度解释》第 8 条第 1 款第 1 项的表述是“金融机构开立保函或者担保公司提供担保”。两者之间在实质内容上并无差异。⑤ 此时，相对人无须

---

① 参见最高人民法院民事审判第二庭编：《〈全国法院民商事审判工作会议纪要〉理解与适用》，人民法院出版社 2019 年版，第 188～189 页。

② 参见刘俊海：《现代公司法（第二版）》，法律出版社 2011 年版，第 16 页。

③ 参见曹士兵：《我国新公司法关于公司担保能力的规定评述——重温最高人民法院“中福实业公司担保案”》，载《法律适用》2006 年第 6 期。

④ 参见申惠文主编：《民法典担保制度司法解释适用指南：专题解读·适用难点·风险防范·类案指引》，法律出版社 2021 年版，第 54 页。

⑤ 参见最高人民法院民事审判第二庭编：《最高人民法院民法典担保制度司法解释理解与适用》，人民法院出版社 2021 年版，第 141 页。

审查公司担保决议。

在公司为他人债务提供担保属于其正常经营范围的情形下，公司法定代表人的身份已经具备可供相对人信赖的权利外观，而无须履行《公司法》第 15 条规定的决议程序；相对人对于与之缔约的法定代表人或者代理人权限的审查，也就不包括公司担保决议。即使相对人知道或者应当知道没有公司担保决议，无论是基于保护公司股东利益或是维护债权人的信赖利益考量，均应认定相关担保合同符合公司的真实意思表示，对公司发生效力。应予注意的是，虽然相对人在接受金融机构开立的保函或者担保公司提供的担保时，无须审查公司担保决议，但并不表明相对人并无审查公司法定代表人代表权限或代理人代理权限的义务。《民法典》第 504 条关于"相对人知道或者应当知道其超载权限外"的规定，表明相对人仍应审查法定代表人的身份证明、代理人的授权证书，以探知法定代表人或者代理人的权限。在解释上，虽然金融机构开立保函或者担保公司提供担保等经营决策应依公司章程的规定而展开，但即使公司章程或内部决议对于法定代表人的代表权限设置了限制，依据《民法典》第 61 条第 3 款的规定，该限制不得对抗善意相对人。

尚存疑问的是，"公司为他人债务提供担保属于其正常经营范围"是否仅限于《民法典担保制度解释》第 8 条第 1 款第 1 项所规定的"金融机构开立保函或者担保公司提供担保"等两种情形？信贷实践中，为担保个人住房借款合同的履行，商业银行大多在预售商品房上设立抵押权，但无论是不动产抵押权预告登记，还是不动产抵押权设立登记，均须满足一定的条件，商业银行的抵押权（预告登记）是否得以有效成立即存在风险。房地产开发商的阶段性保证方式据此在房地产金融实践中得以确立和展开，其本意就是由开发商为购房者在特定阶段内（个人住房借款合同签署之日起至不动产抵押权预告登记之日或者不动产抵押权有效设立之日止）向商业银行履行还款义务提供保证。开发商就这一阶段性保证是否需要作成和提交公司担保决议，不无疑问。实践中多数观点认为，开发商为了及时售出房屋，为购房者的个人住房借款合同提供阶段性保证，系为自身利益的正常经营行为，不会因此损害公司及股东利益，应认定为公司真实意思表示，商业银行无须审查公司担保决议，即使不存在公司担保决议，亦应认为阶段性保证合同对开发商发生效力。实践中所揭示的同类情形还包括汽车经销商为向其购买车辆的买受人提供阶段性担保，此系汽车经销商为了自身经营作出的正常商事安排，其提供的担保应被认定为符合公司真实意思。

二、担保事项符合公司利益

担保交易是促进市场资金流通的必要工具，即使规范公司担保行为，《公司法》第 15 条的立法目的也是保护公司利益，而非限制公司担保能力。如公司担保事项符合公司利益，但公司却得因未经公司担保决议而无须承担担保责任，有失公允。因此，《公司法》第15条的适用应当予以目的性限缩——对于符合公司利益的担保合同，即使是未经公司担保决议而签订，亦应推定法定代表人或者代理人所表达的意思为公司的真实意思，《公司法》第15条即可豁免适用。在实践中，存在如下被认定为符合公司利益的担保类型：

（一）公司为其全资子公司开展经营活动提供担保

全资子公司开展经营活动的后果归属于母公司，属于在财务上应予并表反映的范畴。[①] 因此，公司为其全资子公司开展经营活动提供担保相当于公司为自身债务提供担保[②]，符合公司利益，无须公司担保决议。这一规则在实践中得以部分扩张适用。如甲公司持有乙公司部分股权，并通过全资子公司丙持有乙公司剩余股权，乙公司即实质上系甲公司完全控股的全资子公司，甲公司为乙公司开展经营活动提供担保，即使不存在公司担保决议，亦应认定案涉担保合同符合甲公司的真实意思。再如乙公司是甲公司的全资子公司，丙公司是乙公司的全资子公司，丙公司则为甲公司全资控股的孙公司，甲公司为丙公司开展经营活动提供担保，亦应作相同理解。

《民商事审判会议纪要》第19条第2项曾经指出，“公司为其直接或者间接控制的公司开展经营活动向债权人提供担保”，豁免相对人对公司担保决议的审查。一般而言，公司为其直接或者间接控制的公司开展经营活动提供担保，可以直接或者间接地导致公司股权价值的上升。[③] 不过，“控制”这一概念过于宽泛，且公司为非全资子公司或者孙公司提供担保，所带来的利益可能只是间接利益，而非直接利益，这种间接利益是否能成为公司担保免于决议的基础尚值研究。更何况，某项担保给公司带来的是直接利益抑或间接利益本身难以区分。对于是否能给公司带来直接利益难以确定的担保，仍然应当履行《公司法》第15条规定的程序要件。据此，《民法典担保制度解释》第8条第1款将“公司为其直接或者间接控制的公司开展经营活动向债权人提供担保”限缩为“公司为其全资子公司开展经营活动提供担保”，这一修改有利于防止大股东通过公司担保进行利益输送，维护公司中小股东的利益。[④]

值得注意的是，在《民法典担保制度解释》作出明确规定之前，就公司为其直接或者间接控制的公司开展经营活动向债权人提供担保的情形，即便债权人知道或者应当知道没有公司担保决议，亦应认定担保合同系公司的真实意思表示。

---

① 《企业会计准则第33号——合并财务报表》（2014年修订）第21条。

② 参见王毓莹：《公司担保规则的演进与发展》，载《法律适用》2021年第3期。

③ See Martin J. Conlon，The Corporate Guaranty Revisited：Upstream，Downstream，and beyond——A Statutory Approach，32 Rutgers Law Review 327（1979）.

④ 参见王毓莹：《公司担保规则的演进与发展》，载《法律适用》2021年第3期。

（二）公司与主债务人之间存在相互担保等商业合作关系

《民商事审判会议纪要》第 19 条第 3 项中曾经指出，“公司与主债务人之间存在相互担保等商业合作关系”的，应当认定担保合同属于公司的真实意思表示。这一规定的初衷是，商业实践中，公司之间互相提供担保是公司融资的重要保障。[①] 基于公司与主债务人之间过往的一系列担保合作，债权人有理由相信，在公司与主债务人之间存在着相互提供担保的“默示契约”，这一“默示契约”本身即蕴含着作为公司最高权力机构的股东会的意思，无须再针对每项担保另行作出决议。[②] 但是，实践中大量存在着利用“相互担保等商业合作关系”规避公司担保的程序控制的情形。例如，甲公司为乙公司在丙银行的贷款提供担保，未提交公司担保决议；对于甲公司在丁银行的贷款，乙公司原本没有提供担保，但为达到“相互担保”的要求，乙公司为甲公司的贷款追加担保。如此，即可达到两个公司担保均无须提交公司担保决议的目的，“两个违法行为反而导致合法效果”。[③] 同时，“相互担保等商业合作关系”系包括相互担保在内的多种商业合作关系，并非……“相互担保的商业合作关系”。如公司与主债务人之间存在工程施工合同关系、主债务人不能依约支付货款可能导致建筑材料断供而耽误工期，公司（建设单位）为了其自身利益为主债务人的买卖合同提供担保，系公司真实的意思表示。“等商业合作关系”的范围过于宽泛，通常情形下，公司不会为与自己毫无关系的人提供担保，其与主债务人或多或少会存在商业合作关系。如此，《民商事审判会议纪要》第 19 条第 3 项的宽泛适用极易造成“一家企业出事全体参保企业跟着遭殃”的不良社会后果，从而使得《公司法》第 15 条的规范目的落空。[④]

《民商事审判会议纪要》发布之后，实践中对于“公司与主债务人之间存在相互担保等商业合作关系”的认定和把握渐呈严格趋势，主要体现在两个方面：其一，对于“相互担保等商业合作关系”应理解为“同一”提供担保的公司与“同一”主债务人之间存在着长期、多次的“相互”担保行为；其二，“相互担保”的事实应形成于提供涉案担保之前，不能以事后主债务人为公司提供过担保

---

① 参见石冠彬：《论公司越权担保的认定标准及法律效果》，载《法商研究》2020 年第 2 期。

② 参见最高人民法院民事审判第二庭编：《最高人民法院民法典担保制度司法解释理解与适用》，人民法院出版社 2021 年版，第 143 页。

③ 最高人民法院民事审判第二庭编：《最高人民法院民法典担保制度司法解释理解与适用》，人民法院出版社 2021 年版，第 143 页。

④ 参见最高人民法院民事审判第二庭编：《最高人民法院民法典担保制度司法解释理解与适用》，人民法院出版社 2021 年版，第 143 页；林文学、杨永清、麻锦亮、吴光荣：《〈关于适用民法典有关担保制度的解释〉的理解与适用》，载《人民司法》2021 年第 4 期；王毓莹：《公司担保规则的演进与发展》，载《法律适用》2021 年第 3 期；甘培忠、马丽艳：《公司对外担保制度的规范逻辑解析——从〈公司法〉第 16 条属性认识展开》，载《法律适用》2021 年第 3 期。

的事实，反推担保属于公司的真实意思表示，而应以担保合同签订之时进行判断。不过，互保关系中的“长期”“多次”本就需要解释，认定公司间存在“相互担保等商业合作关系”存在操作上的困难。基于此，《民法典担保制度解释》第8条删去了《民商事审判会议纪要》第19条第3项的这一规定，体现着从严限制例外情形适用、规范公司治理活动的基本思想。①

基于《民法典担保制度解释》的时间效力，② 对于2021年1月1日之前生效的担保合同，仍然可以参照《民商事审判会议纪要》第19条第3项所确立的司法态度进行说理，但应从严把握。如对该规定中的“等商业合作关系”扩大理解为包含互相担保在内的一切商业合作关系，会导致例外情形的外延被无限扩大，偏离《公司法》第15条的立法初衷，结合《民法典担保制度解释》已将上述例外情形予以剔除的事实，对“等商业合作关系”不宜作扩大解释。

（三）被担保的借款直接用于公司的经营活动

例如在“某某旅游公司、徐某英民间借贷纠纷上诉案”中，某某旅游公司为法定代表人的借款提供担保，法定代表人在担保合同上签字并加盖某某旅游公司印章。虽然案涉担保合同未经公司机关决议，但当事人约定借款人所借款项将专项用于投资某某旅游公司国有建设用地使用权出让合同的项目。最高人民法院认为，某某旅游公司作为用款人对本案借款提供担保符合其利益，相对人有理由相信法定代表人的越权行为系某某旅游公司的真实意思表示，担保合同对公司发生效力。

三、推定担保合同经过公司决议机构决议

《公司法》第15条以公司担保决议所体现的公司担保意思作为法定代表人代表权限的基础，相对人在接受公司提供担保时，负有甄别法定代表人实施的担保行为是否符合公司真实意思的注意义务。③ 虽然公司担保决议是证明担保行为符合公司真实意思最直接的书面证据，但公司担保本属于股东会的决议事项，如同意担保的股东所持表决权已占绝大多数，公司决议此时已经徒具形式，应推定该担保行为符合公司意思。考虑到现阶段我国公司治理水平整体较低、没有公司担保决议而径行对外担保较为普遍的实际情况，为了更好地协调公司内部和外部关系，平等保护公司股东特别是中小股东与债权人的合法权益，《民商事审判会议纪要》第19条第3项、《民法典担保制度解释》第8条第1款第3项均将“担保

---

① 参见最高人民法院民事审判第二庭编：《最高人民法院民法典担保制度司法解释理解与适用》，人民法院出版社2021年版，第143页。

② 《民法典担保制度解释》第71条规定：“本解释自2021年1月1日起施行。”

③ 参见最高人民法院民事审判第二庭编：《〈全国法院民商事审判工作会议纪要〉理解与适用》，人民法院出版社2019年版，第197页。

合同系由单独或者共同持有公司三分之二以上对担保事项有表决权的股东签字同意”作为豁免审查事由之一加以规定。与此不同的是，在股东会已作决议的情形，如公司章程没有特别安排，有表决权的股东所持表决权过半数即可通过公司担保决议。

（一）规则的正当性

在公司担保事项应由股东会决议的情形，依据《公司法》第66条的规定，公司对重大事项作出的决议，必须经代表2/3以上表决权的股东通过。如担保合同经持有公司2/3以上有表决权的股东签字同意的，应可认定该担保行为符合公司的真实意思，担保合同对公司发生效力。

在公司担保事项应由董事会决议的情形，在解释上，由股东会作出决议亦无不可，因为股东之间是借助公司章程把本属自己的权利授权董事会概括行使，在股东具体行使权利时，自可取消该授权而改由自己行使。《公司法》第66条第3款规定：“股东会作出修改公司章程、增加或者减少注册资本的决议，以及公司合并、分立、解散或者变更公司形式的决议，应当经代表三分之二以上表决权的股东通过。”因此，即使公司章程中规定决议机关是董事会，但实际决议是由持有公司2/3以上有表决权的股东单独或共同同意的，亦可认为已经事实上形成了有效的股东会决议，以替代董事会决议，推定为公司的意思。

学说上有观点认为，如在没有公司担保决议时采取前述表决权判断标准，有违《公司法》的组织法特性。公司具备独立的人格，其独立意思通过股东会或者董事会决议而形成，即使股东行使职权也必须通过股东会的组织形式予以实现，除非全体股东均对表决事项表示同意，否则不能因为同意该事项的股东所占表决权已经符合法律和公司章程的规定就免除召开股东会这一程序要求。①《公司法》第15条的规范属性决定了其确立的程序控制规则不应被随意打破，不宜以股东签字同意替代股东会的决策机制，而置程序正义于不顾。② 司法实践中也有观点认为，即使同意的股东所持表决权达到了公司章程规定的比例，但不召开股东会会议，剥夺了其他股东的知情权以及请求确认股东会决议无效的救济途径，背离了《公司法》第15条的立法目的。

笔者认为，在担保合同系由单独或共同持有公司2/3以上有表决权的股东签字同意时，豁免相对人对公司担保决议的审查义务，系在事后将该担保合同推定为符合公司真实意思，这种事后裁判中的推定技术与关于公司意思形成的事前规

---

① 参见石冠彬：《论公司越权担保的认定标准及法律效果》，载《法商研究》2020年第2期；高圣平、谢鸿飞、程啸：《最高人民法院民法典担保制度司法解释理解与适用》，中国法制出版社2021年版，第78页（谢鸿飞执笔）。

② 参见甘培忠、马丽艳：《公司对外担保制度的规范逻辑解析——从〈公司法〉第16条属性认识展开》，载《法律适用》2021年第3期。

范并不矛盾。更为重要的是，该推定是否公允，即推定的结果是否符合公司事实上进行决议的结果。相较于上市公司，非上市公司的股权较为集中，一般是少数股东持有多数股权，且股权的持有具有较高的稳定性，如同意担保的股东所持有效表决权比例超过2/3，体现的是其对公司的绝对控制权以及资本多数与风险担当的一致性，即使在担保合同签订前召开股东会会议进行表决，其结果也必然是通过公司担保决议，因而再苛求相对人审查公司担保决议已无必要。[①] 这一规定可以视为与《公司法》第59条第2款以书面形式一致同意直接作出决定而无须召开股东会会议的立法意趣相通。[②]

（二）规则的构成

《民法典担保制度解释》第8条第1款第3项的适用应把握三大构成：

第一，“对担保事项有表决权的股东”。同意担保的股东首先应对担保事项有表决权。就非关联担保而言，所有股东对之均有表决权；就关联担保而言，仅有非利害关系股东才有表决权，被担保的股东或者受被担保的实际控制人支配的股东，不得对担保事项进行表决。[③] 司法实践中不少的裁判认为，公司为其持股超过2/3的股东提供担保时，该股东签字同意即视为担保行为符合公司的真实意思，无须再行提交股东会决议。依据《公司法》第15条第3款的规定，该股东对于案涉担保事项并无表决权，《民法典担保制度解释》第8条第1款第3项中的“股东”，应为对担保事项有表决权的股东。亦即，排除利害关系股东，剩余同意担保的股东所持表决权已经超过2/3，才能豁免公司担保决议。

第二，“单独或者共同持有公司三分之二以上”“表决权”。这里的“持有”既包括直接持有，也包括间接持有。例如，在全资子公司为他人债务提供担保时，母公司的占股比例超过2/3的控股股东同意，亦符合本要件。公司全体股东和公司均在担保承诺书上签字盖章，共同为他人债务提供担保，即足以表明全体股东均同意公司担保事项。公司部分股东和公司均在担保承诺书上签字盖章并承诺担任担保人的，只要部分股东所持有效表决权之和超过2/3，亦符合本要件。同意担保的股东持股比例仅为50%，并未超过2/3，不构成多数股东对担保行为的实质认可。

第三，“签字同意”。在解释上，有表决权的股东书面同意公司为他人债务提

---

① 参见马作彪、朱月娥、单银银：《持公司三分之二以上表决权的股东签字同意担保的效力》，载《人民法院报》2020年4月9日第7版。

② 参见李激汉、刘平：《公司为他人提供担保纠纷案件法律适用路径检讨——兼评最高人民法院〈公司担保司法解释（讨论稿）〉》，载蒋锋、卢文道主编：《证券法苑》2019年1期（第26卷），法律出版社2019年版，第98页。

③ 参见最高人民法院民事审判第二庭编：《最高人民法院民法典担保制度司法解释理解与适用》，人民法院出版社2021年版，第144页。

供担保的，均应认定为符合本项的“签字同意”要件，至于“同意”的载体，则在所不问。其一，在担保合同上签字同意。如在非关联担保的情形，法定代表人作为公司单独持有2/3以上表决权的股东，其在案涉担保合同上签字，即可认为其作为股东亦同意公司为他人债务提供担保，虽然未经公司股东会或者董事会决议，亦应认定案涉担保符合公司的真实意思。单独持有2/3以上表决权的股东兼法定代表人授权他人在案涉担保合同上签字，亦无不可。其二，在担保函或者承诺书等单方文件中签字同意。如在关联担保的情形，公司虽未向相对人提供股东会决议，但在其向相对人提供的担保承诺书上明确有其他股东的签名、盖章，且该担保承诺书对担保内容的记载清晰明确，应认定与股东会决议具有同样的效力。其三，虽未签字但以其他方式表示同意。实践中并未严格把握本项的“签字同意”要件，如有表决权的所有股东均在场并同意案涉担保，或者有表决权的股东均自认其知晓并同意案涉担保，亦应推定案涉担保合同已经公司决议机构决议。不过，“同意”一般系指作出明确的意思表示，其与属于客观事实范畴的“知晓”，在法律效力上存在较大差别。仅仅只是知晓，并未明确表示同意，不符合本要件。

四、上市公司的特别规则

《民商事审判会议纪要》公布之后，实践中，就上市公司能否适用该第19条规定的观点并不统一。[①] 就上市公司为他人债务提供担保，《民商事审判会议纪要》与《民法典担保制度解释》第9条均将相对人的审查对象确定为“上市公司公开披露的关于担保事项已经董事会或者股东大会决议通过的信息”，而非非上市公司情形下的“公司担保决议”。因此，前述公司担保决议的审查豁免情形，对于上市公司而言，解释论上自应有所不同。《民法典担保制度解释》第8条第2款明确规定，上市公司对外提供担保不适用该条第1款第2项、第3项规定，亦即前述第2、3种豁免情形。

就第1种豁免情形而言，《上交所股票上市规则》第6.1.1条、《深交所股票上市规则》第6.1.1条均将上市公司应予公开披露的担保事项限定于“上市公司日常经营活动之外”。[②] 这也就意味着上市公司对外提供担保属于其正常经营范围时，既豁免公开披露，也豁免公司担保决议，相对人无须审查公开披露的信息以及公司担保决议。

---

① 参见最高人民法院民事审判第二庭编：《最高人民法院民法典担保制度司法解释理解与适用》，人民法院出版社2021年版，第143页。具体观点分歧，参见高圣平：《上市公司对外担保特殊规则释论——以法释〔2020〕28号第9条为中心》，载《法学》2022年第5期。

② 虽然《北交所股票上市规则》第7.1.1条没有明确指出此点，但依体系解释，亦可得出相同的结论。

就第2种豁免情形而言，《上交所股票上市规则》第6.1.1条第4项、《深交所股票上市规则》第6.1.1条第5项均将应予披露的交易表述为“提供担保（含对控股子公司担保等）”，这里的“控股子公司”在文义上自然包括上市公司全资子公司。如此，上市公司为其全资子公司提供担保，不能豁免内部决策程序和信息披露义务，相对人仍须审查上市公司公开披露的关于担保事项已经董事会或者股东会决议通过的信息。[①]

就第3种豁免情形而言，既然上市公司为他人提供担保时，相对人的审查对象已经不是公司担保决议而是公开披露文件，推定公司担保决议的有效存在也并不豁免公开披露义务，相对人仍应根据上市公司公开披露的关于担保事项已经董事会或者股东会决议通过的信息与上市公司签订担保合同。同时，上市公司股权较为分散，股权的持有状况变化较为频繁，实践中也可能出现反对担保事项的股东在决议之前收购其他股东的股权，从而获得足以使担保决议不予通过的优势表决权的情形，此时如采用前述事后推定的裁判技术很可能有违公司的真实意思。

第九条　相对人根据上市公司公开披露的关于担保事项已经董事会或者股东大会决议通过的信息，与上市公司订立担保合同，相对人主张担保合同对上市公司发生效力，并由上市公司承担担保责任的，人民法院应予支持。

相对人未根据上市公司公开披露的关于担保事项已经董事会或者股东大会决议通过的信息，与上市公司订立担保合同，上市公司主张担保合同对其不发生效力，且不承担担保责任或者赔偿责任的，人民法院应予支持。

相对人与上市公司已公开披露的控股子公司订立的担保合同，或者相对人与股票在国务院批准的其他全国性证券交易场所交易的公司订立的担保合同，适用前两款规定。

【条文主旨】

本条是关于上市公司担保的特别规则的规定，系结合《证券法》第80条对《公司法》第15条和《民法典》第504条的解释。

【规则变迁】

本条的前身是《民商事审判会议纪要》第22条。该条指出：“债权人根据上

① 参见高圣平：《上市公司对外担保特殊规则释论——以法释〔2020〕28号第9条为中心》，载《法学》2022年第5期。

市公司公开披露的关于担保事项已经董事会或者股东大会决议通过的信息订立的担保合同，人民法院应当认定有效。”

相较于《民商事审判会议纪要》第22条，本条第2款明确了相对人未根据上市公司公开披露的关于担保事项已经董事会或者股东会决议通过的信息，与上市公司订立担保合同的，担保合同对上市公司不发生效力，上市公司既无须承担担保责任，也无须承担赔偿责任；第3款增加了关于上市公司控股子公司提供担保的规定。

【理解与适用】

近年来，上市公司对外担保的规模急剧上升，俨然成为威胁公司持续经营能力的重大隐患。上市公司对外担保极易异化为控股股东、实际控制人“掏空”上市公司的工具，严重冲击资本市场秩序，极大地损害中小投资者利益。① 上市公司违规担保问题是资本市场的“顽疾”和“毒瘤”，多年来屡禁不止，严重影响我国证券市场的健康发展。② 为深入贯彻国务院金融稳定发展委员会“建制度、不干预、零容忍”的工作要求，结合监管实践需要，中国证券监督管理委员会（以下简称中国证监会）组织开展了上市公司监管法规体系整合工作，推进完善基础性制度，形成体例科学、层次分明、规范合理且协调一致的上市公司监管法规体系，提升市场规则的友好度，方便市场主体查找使用。监管部门将有关规范性文件内容梳理归并，整合形成了《上市公司资金往来、对外担保监管指引》。③

结合理论与实践的发展，最高人民法院发布的《民商事审判会议纪要》首开其端，明确了相对人应根据上市公司公开披露的关于担保事项已经董事会或者股东会决议通过的信息订立担保合同的基本立场，在一定程度上强化了相对人审查义务的范围。④《民法典担保制度解释》吸收了《民商事审判会议纪要》有关上市公司对外担保的既有政策选择，并结合《民法典》作了相应完善，合理引导社

① 参见方重：《关于上市公司为第三方融资提供担保的分析和思考》，载《当代经济管理》2019年第2期，第88页；覃舜宜：《深市公司违规占用资金及对外担保情况分析》，载《证券市场导报》2019年第11期，第69页。

② 参见最高人民法院民事审判第二庭编：《〈全国法院民商事审判工作会议纪要〉理解与适用》，人民法院出版社2019年版，第196页。

③ 中国证券监督管理委员会公告〔2022〕26号，2022年1月28日中国证券监督管理委员会、公安部、国务院国有资产监督管理委员会、中国银行保险监督管理委员会联合发布，并于同日实施。

④ 参见最高人民法院民事审判第二庭编：《〈全国法院民商事审判工作会议纪要〉理解与适用》，人民法院出版社2019年版，第197页。

会预期。[①]

一、上市公司对外担保的规制逻辑

在《公司法》第15条已就公司法定代表人代表公司对外担保作出法定限制的情形下，公司对外担保就不是法定代表人所能单独决定的事项，而必须以公司股东会、董事会等公司机关的决议作为授权的基础和来源。[②] 相对人在与公司订立担保合同时应当审查法定代表人的代表权限。法定代表人未经授权擅自对外提供担保的，即构成越权代表。依据《民法典》第504条的规定，相对人不知道且不应当知道法定代表人超越权限的，担保合同对公司发生效力；相对人知道或者应当知道法定代表人超越权限的，担保合同对公司不发生效力。[③] 这一解释论明显以"代表权法定限制说"[④] 为基础，一体适用于上市公司和非上市公司。

（一）"代表权法定限制说"之下的上市公司对外担保规则

法定代表人的担保权限来源于股东会、董事会等公司担保决策机构决议（以下简称公司担保决议）的授权。在《民法典》第504条之下，相对人须合理审查公司作出担保决议的主体是否适格，以判断法定代表人是否超越代表权限。从司法实践通说来看，所谓公司担保决议的适格，既包括公司担保决策机构的适格，也包括参与表决的人员和表决权比例的适格。[⑤] 除了公司章程中的特别安排之外，上市公司的特别之处也在于这两方面。此外，《证券法》及相关监管规则还规定了上市公司对外担保时的信息披露义务，这是上市公司对外担保的特殊程序控制。

1. 公司担保决策机构

就公司担保决策机构而言，《公司法》第15条规定，关联担保（公司为其股东或者实际控制人提供担保）的公司担保决策机构，只能是股东会；非关联担保的公司担保决策机构，取决于公司章程的规定，可以是董事会，也可以是股东

---

① 参见林文学、杨永清、麻锦亮、吴光荣：《〈关于适用民法典有关担保制度的解释〉的理解和适用》，载《人民司法》2021年第4期。

② 参见《民商事审判会议纪要》第17条。

③ 参见《民法典担保制度解释》第7条。

④ 就该学说的介绍，参见周伦军：《公司对外提供担保的合同效力判断规则》，载《法律适用》2014年第8期，第2~3页；贺小荣主编：《最高人民法院民事审判第二庭法官会议纪要：追寻裁判背后的法理》，人民法院出版社2018年版，第190~193页；高圣平、范佳慧：《公司法定代表人越权担保效力判断的解释基础——基于最高人民法院裁判分歧的分析和展开》，载《比较法研究》2019年第1期。

⑤ 参见《民商事审判会议纪要》第18条。

会，公司章程未作规定的，是股东会。① 就上市公司的特殊情形，《公司法》第135条规定：“上市公司在一年内购买、出售重大资产或者向他人提供担保的金额超过公司资产总额百分之三十的，应当由股东会作出决议，并经出席会议的股东所持表决权的三分之二以上通过。”在解释上，《公司法》第15条除了第135条的特别规定之外，仍然适用于上市公司。如此，在《公司法》之下，公司担保决策机构在三种情形之下是股东会：一是关联担保；二是1年内担保金额超过公司资产总额30%；三是公司章程明确规定由股东会作出决议。② 其中，前两种情形是强制性的，不容排除适用。

不过，《上市公司资金往来、对外担保的监管要求》《上海证券交易所股票上市规则》《深圳证券交易所股票上市规则》《北京证券交易所股票上市规则（试行）》等监管规则在不同程度上扩充了须经股东会审议的担保事项。

其一，监管规则将关联担保的范围作了扩充，由“公司为公司股东或者实际控制人提供担保”，扩张为“对股东、实际控制人及其关联方（人）提供的担保”，增加了上市公司为股东和实际控制人的关联人提供担保的情形。《上市公司信息披露管理办法》第62条第4项规定了非常宽泛的关联人范围③，这在一定程度上增加了关联担保认定上的困难。

---

① 对此尚存争议。有观点认为，公司章程未作规定时，董事会、股东会均可。最高人民法院民事审判第二庭编：《〈全国法院民商事审判工作会议纪要〉理解与适用》，人民法院出版社2019年版，第186页；最高人民法院民事审判第二庭编：《最高人民法院民法典担保制度司法解释理解与适用》，人民法院出版社2021年版，第136页。

② 《上市公司资金往来、对外担保的监管要求》第8条规定：“上市公司的《公司章程》应当明确股东大会、董事会审批对外担保的权限及违反审批权限、审议程序的责任追究制度。”由此可见，上市公司章程不存在不规定公司担保决策机构的情形。

③ 该条第2款、第3款、第4款规定：“关联人包括关联法人（或者其他组织）和关联自然人。”“具有以下情形之一的法人（或者其他组织），为上市公司的关联法人（或者其他组织）：（1）直接或者间接地控制上市公司的法人（或者其他组织）；（2）由前项所述法人（或者其他组织）直接或者间接控制的除上市公司及其控股子公司以外的法人（或者其他组织）；（3）关联自然人直接或者间接控制的，或者担任董事、高级管理人员的，除上市公司及其控股子公司以外的法人（或者其他组织）；（4）持有上市公司百分之五以上股份的法人（或者其他组织）及其一致行动人；（5）在过去十二个月内或者根据相关协议安排在未来十二月内，存在上述情形之一的；（6）中国证监会、证券交易所或者上市公司根据实质重于形式的原则认定的其他与上市公司有特殊关系，可能或者已经造成上市公司对其利益倾斜的法人（或者其他组织）。”“具有以下情形之一的自然人，为上市公司的关联自然人：（1）直接或者间接持有上市公司百分之五以上股份的自然人；（2）上市公司董事、监事及高级管理人员；（3）直接或者间接地控制上市公司的法人的董事、监事及高级管理人员；（4）上述第1、2项所述人士的关系密切的家庭成员，包括配偶、父母、年满十八周岁的子女及其配偶、兄弟姐妹及其配偶，配偶的父母、兄弟姐妹，子女配偶的父母；（5）在过去十二个月内或者根据相关协议安排在未来十二个月内，存在上述情形之一的；（6）中国证监会、证券交易所或者上市公司根据实质重于形式的原则认定的其他与上市公司有特殊关系，可能或者已经造成上市公司对其利益倾斜的自然人。”

其二，监管规则将“上市公司在一年内……向他人提供担保的金额超过公司资产总额百分之三十”，解释为“按照担保金额连续12个月内累计计算原则，超过上市公司最近一期经审计总资产30%”或者“最近十二个月内担保金额累计计算超过公司最近一期经审计总资产的30%”，明确了“一年内”的具体内涵以及“公司资产总额”的计算方法。

其三，监管规则新增了可能危及上市公司资产安全的担保情形，如：(1) 上市公司及其控股子公司的对外担保总额，超过最近一期经审计净资产50%以后提供的任何担保；(2) 为资产负债率超过70%的担保对象提供的担保；(3) 单笔担保额超过最近一期经审计净资产10%的担保；[①] (4) 上市公司及其控股子公司对外提供的担保总额，超过上市公司最近一期经审计总资产30%以后提供的任何担保；(5) 中国证监会、交易所或者公司章程规定的其他担保。[②]

2. 表决权数

就公司担保决议要求的表决权数而言，对于股东会决议，《公司法》第116条第2款规定：“股东会作出决议，应当经出席会议的股东所持表决权过半数通过。”第15条第3款规定：“前款规定的股东或者受前款规定的实际控制人支配的股东，不得参加前款规定事项的表决。该项表决由出席会议的其他股东所持表决权的过半数通过。”第135条规定：“上市公司在一年内……向他人提供担保的金额超过公司资产总额百分之三十的，应当由股东会作出决议，并经出席会议的股东所持表决权的三分之二以上通过。”由于公司担保并不在《公司法》第116条所规定的特殊事项之中，如公司章程没有例外安排，在解释上可按一般事项处理，即表决权的过半数通过；[③] 对于董事会决议，就股份有限公司董事会决议的形成，《公司法》第124条第1款规定：“董事会会议应当有过半数的董事出席方可举行。董事会作出决议，应当经全体董事的过半数通过。”就有限责任公司董事会决议的形成，则未有此类规定，而是留由公司章程规定。基于董事会决议的法律属性——决议行为，有限责任公司董事会决议亦应实行人数多数决。《上市公司资金往来、对外担保的监管要求》《上交所股票上市规则》《深交所股票上市规则》《北交所股票上市规则》等监管规则中作出了不同于《公司法》规定的

---

① 第 (1) 至 (3) 项为《上市公司资金往来、对外担保监管指引》第9条第1款所明定，但该款同时言明，须经股东会审批的对外担保不限于上述情形。《上交所股票上市规则》第6.1.10条第2款、《深交所股票上市规则》第6.1.10条第2款、《北交所股票上市规则》第7.1.11条第2款均列举了这三项。

② 《上交所股票上市规则》第6.1.10条第2款、《深交所股票上市规则》第6.1.10条第2款规定了第 (4)、(5) 项；《北交所股票上市规则》第7.1.11条第2款规定了第 (5) 项。

③ 参见马更新：《公司担保中决议形成程序与合同效力认定间牵连关系探析》，载《法学杂志》2020年第6期。

安排。

其一，监管规则提高了董事会决议的表决权比例要求。《上市公司资金往来、对外担保的监管要求》第 10 条规定："应由董事会审批的对外担保，必须经出席董事会的三分之二以上董事审议同意并做出决议。"这里存在一个解释上的疑问。《公司法》第 124 条第 1 款规定的董事会决议的最低表决权数是"全体董事的过半数"，那么，《上市公司资金往来、对外担保的监管要求》第 10 条规定的"出席董事会的三分之二以上董事"与《公司法》第 124 条第 1 款之间是什么关系？举例而言，某上市公司有 11 名董事，其中 6 人出席了董事会，其中 5 人同意担保并作出了董事会决议，如适用《上市公司资金往来、对外担保的监管要求》第 10 条，则已经达到了表决权数，但如适用《公司法》第 124 条第 1 款，则尚未达到表决权数。好在《上交所股票上市规则》《深交所股票上市规则》解决了这一问题。如前者第 6.1.10 条第 1 款规定："上市公司发生'提供担保'交易事项，除应当经全体董事的过半数审议通过外，还应当经出席董事会会议的三分之二以上董事审议通过，并及时披露。"

其二，监管规则明确了股东会决议的前置程序。原《公司法》第 104 条规定："本法和公司章程规定公司转让、受让重大资产或者对外提供担保等事项必须经股东大会作出决议的，董事会应当及时召集股东大会会议，由股东大会就上述事项进行表决。"这里，并未要求须经股东会审议的担保事项应事先由董事会审议，只规定了董事会召集股东会会议的义务。但《上市公司资金往来、对外担保监管指引》第 9 条第 1 款中规定："应由股东大会审批的对外担保，必须经董事会审议通过后，方可提交股东大会审批。"《上交所股票上市规则》第 6.1.10 条、《深交所股票上市规则》第 6.1.10 条、《北交所股票上市规则》第 7.1.11 条进一步明确了董事会审议这一前置程序，首先应经全体董事的过半数、出席董事会会议的 2/3 以上董事审议通过，董事会审议通过后提交股东会审议。

上市公司对外担保构成关联交易的①，同样适用上述规则，但就表决权数的安排有所不同。上市公司董事会审议关联担保事项时，关联董事应当回避表决，也不得代理其他董事行使表决权。该董事会会议由过半数的非关联董事出席即可

① 《上交所股票上市规则》第 6.3.2 条规定："上市公司的关联交易，是指上市公司、控股子公司及控制的其他主体与上市公司关联人之间发生的转移资源或者义务的事项"；《深交所股票上市规则》第 6.3.2 条规定："上市公司的关联交易，是指上市公司或者其控股子公司与上市公司关联人之间发生的转移资源或者义务的事项"。两大股票上市规则所列举的关联交易中均包括"提供担保（含对控股子公司担保等）"。《北交所股票上市规则》第 7.2.1 条规定："上市公司的关联交易，是指上市公司或者其控股子公司等其他主体与上市公司关联方发生本规则第 7.1.1 条规定的交易和日常经营范围内发生的可能引致资源或者义务转移的事项。"第 7.1.1 条规定的交易中即包括"提供担保（即上市公司为他人提供的担保，含对控股子公司的担保）"。

举行，董事会会议所作决议须经非关联董事过半数通过。出席董事会会议的非关联董事人数不足3人的，公司应当将交易提交股东会审议。关联董事包括下列董事或者具有下列情形之一的董事：为交易对方；拥有交易对方直接或者间接控制权的；在交易对方任职，或者在能直接或间接控制该交易对方的法人或其他组织、该交易对方直接或者间接控制的法人或其他组织任职；为交易对方或者其直接或者间接控制人的关系密切的家庭成员；为交易对方或者其直接或者间接控制人的董事、监事或高级管理人员关系密切的家庭成员；中国证监会、交易所或者上市公司基于实质重于形式原则认定的其独立商业判断可能受到影响的董事。①

上市公司股东会审议关联担保事项时，关联股东应当回避表决，也不得代理其他股东行使表决权。关联股东包括下列股东或者具有下列情形之一的股东：为交易对方；拥有交易对方直接或者间接控制权的；被交易对方直接或者间接控制；与交易对方受同一法人或者其他组织或者自然人直接或者间接控制；在交易对方任职，或者在能直接或间接控制该交易对方的法人或其他组织、该交易对方直接或者间接控制的法人或其他组织任职；为交易对方或者其直接或者间接控制人的关系密切的家庭成员；因与交易对方或者其关联人存在尚未履行完毕的股权转让协议或者其他协议而使其表决权受到限制和影响的股东；中国证监会或者本所认定的可能造成上市公司利益对其倾斜的股东。②

上市公司为关联人提供担保的，除应当经全体非关联董事的过半数审议通过外，还应当经出席董事会会议的非关联董事的2/3以上董事审议同意、作出决议，并提交股东会审议。公司因交易或者关联交易导致被担保方成为公司的关联人，在实施该交易或者关联交易的同时，应当就存续的关联担保履行相应审议程序和信息披露义务。董事会或者股东会未审议通过上述关联担保事项的，交易各方应当采取提前终止担保等有效措施。③

3. 信息披露义务

依据《证券法》第80条的规定，公司提供重大担保，可能对公司的资产、负债、权益和经营成果产生重要影响的，在投资者尚未得知时，公司应当立即将有关该重大事件的情况向国务院证券监督管理机构和证券交易场所报送临时报告，并予公告，说明事件的起因、目前的状态和可能产生的法律后果。由此可见，作为临时报告的一种，上市公司对外担保公告仅在可能对公司的资产、负

---

① 参见《上交所股票上市规则》第6.3.8条、《深交所股票上市规则》第6.3.8条。《北交所股票上市规则》没有类似规定。

② 参见《上交所股票上市规则》第6.3.9条、《深交所股票上市规则》第6.3.9条。《北交所股票上市规则》没有类似规定。

③ 参见《上交所股票上市规则》第6.3.11条、《深交所股票上市规则》第6.3.13条。《北交所股票上市规则》没有类似规定。

债、权益和经营成果产生重要影响[①]，且投资者尚未得知两大事由同时出现之时才得以触发。[②] 但是，《上交所股票上市规则》《深交所股票上市规则》第6.1.1条均规定，上市公司的所有“提供担保（含对控股子公司担保等）”均应当公开披露。[③]《北交所股票上市规则》第7.1.1条也规定，上市公司“提供担保（即上市公司为他人提供的担保，含对控股子公司的担保）”，属于应予披露的交易。因此，在实务操作层面，上市公司对外提供的所有担保都应当公告，而非只限于重大担保等情形，这主要是因为上市公司对外担保事项涉及广大投资者的利益，均须公开披露。[④]

相关监管规则具体规定了披露的程序和内容。《上市公司资金往来、对外担保的监管要求》第12条规定：“上市公司董事会或者股东大会审议批准的对外担保，必须在证券交易所的网站和符合中国证监会规定条件的媒体及时披露，披露的内容包括董事会或者股东大会决议、截至信息披露日上市公司及其控股子公司对外担保总额、上市公司对控股子公司提供担保的总额。”《上交所股票上市规则》第6.1.10条第1款规定：“上市公司发生‘提供担保’交易事项，除应当……并及时披露。”[⑤] 对于达到披露标准的担保，如果被担保人于债务到期后15个交易日内未履行还款义务，或者被担保人出现破产、清算或者其他严重影响其还款能力的情形，上市公司应当及时披露。[⑥]

基于上市公司的上述信息披露机制，相对人对上市公司法定代表人的代表权限存在两种审查途径：一是直接审查董事会或者股东会的决议；二是审查上市公司公开披露的关于担保事项已经适格公司担保决议通过的信息。在《民商事审判会议纪要》发布之前，前述两种审查途径的效力均为司法裁判所认可。[⑦] 如此看来，在“代表权法定限制说”之下，相对人接受上市公司提供担保时，其对法定代表人代表权限的审查与非上市公司并无显著差异，不同之处仅在于对适格公司担保决议的判断。

---

① 《证券法》第80条第1款与第2款之间在适用关系上还存在解释空间。其中第2款所规定的上市公司提供重大担保，可能对公司的资产、负债、权益和经营成果产生重要影响的，即构成第1款“发生可能对”“股票交易价格产生较大影响的重大事件”。

② 参见王瑞贺主编：《中华人民共和国证券法释义》，法律出版社2020年版，第149页。

③ 在解释上，依据《上交所股票上市规则》第6.1.1条、《深交所股票上市规则》第6.1.1条的规定，如提供担保属于上市公司日常经营活动，则无须披露。

④ 参见最高人民法院民事审判第二庭编：《〈全国法院民商事审判工作会议纪要〉理解与适用》，人民法院出版社2019年版，第196页。

⑤ 参见《深交所股票上市规则》第6.1.10条第1款、《北交所股票上市规则》第7.1.11条第1款的规定与此大致相同。

⑥ 参见《上交所股票上市规则》第6.1.11条、《深交所股票上市规则》第6.1.11条。

⑦ 参见最高人民法院（2007）民二终字第184号民事判决书；最高人民法院（2012）民提字第156号民事判决书；最高人民法院（2019）最高法民终1524号民事判决书等。

（二）《民商事审判会议纪要》和《民法典担保制度解释》司法态度的转变

《民商事审判会议纪要》第22条规定："债权人根据上市公司公开披露的关于担保事项已经董事会或者股东大会决议通过的信息订立的担保合同，人民法院应当认定有效。"由此可知，如果在担保合同订立前，上市公司公开披露了担保事项已经董事会或者股东会决议的信息，相对人即足以证明其善意。在上市公司虽对担保事项进行了适格决议，但在未公开披露该担保信息的情形下，相对人仅审查公司担保决议，并不足以证明相对人的善意。[①] 因为"上市公司只要进行合规担保，都会进行公告"，上市公司未及时公告的事实本身即应引起相对人的合理怀疑。[②]

相较于《民商事审判会议纪要》第22条，《民法典担保制度解释》第9条则更加明确规定了上市公司违规担保的效果归属，以此明确相对人的善意判断标准，即合理审查上市公司公开披露的关于担保事项已经董事会或者股东会决议通过的信息，而非公司担保决议。"与上市公司订立担保合同的相对人是否善意的判断标准是相对人是否根据公开披露的担保信息订立担保合同。相对人根据公开披露的担保信息订立的担保合同，对公司发生效力。相对人没有根据公开披露的担保信息订立的担保合同，对公司不发生效力"。在《民法典担保制度解释》第9条之下，即使上市公司已就担保事项作出了适格的决议，且相对人履行了实质审查义务，但如果上市公司未进行信息披露，担保合同对上市公司也不发生效力。[③]

（三）担保合同对上市公司不生效力时的法律后果

《民商事审判会议纪要》第22条虽然规定了相对人应根据上市公司公开披露的关于担保事项已经董事会或者股东会决议通过的信息订立担保合同，但对相对人未根据上述信息所订立的担保合同的法律效果未作规定。多数观点认为，依据《民商事审判会议纪要》第20条的规定，法定代表人越权担保的民事责任并不区分非上市公司与上市公司，相对人未根据上述信息订立担保合同，即表明相对人在主观上非为善意，担保合同应认定为无效，上市公司均须承受担保合同无效的法律后果。上市公司对法定代表人越权担保行为的内部控制不规范，对担保合同的无效存在过错，应承担主债权人不能清偿部分1/2的赔偿责任。也有少数观点

① 参见最高人民法院民事审判第二庭编：《〈全国法院民商事审判工作会议纪要〉理解与适用》，人民法院出版社2019年版，第199页。相关案例参见浙江省绍兴市上虞区人民法院（2018）浙0604民初9365号民事判决书；北京市朝阳区人民法院（2018）京0105民初96998号民事判决书等。

② 参见最高人民法院民事审判第二庭编：《〈全国法院民商事审判工作会议纪要〉理解与适用》，人民法院出版社2019年版，第197页。

③ 参见林文学、杨永清、麻锦亮、吴光荣：《〈关于适用民法典有关担保制度的解释〉的理解和适用》，载《人民司法》2021年第4期。

认为，债权人系专业金融机构（信托公司、证券公司、小贷公司、融资租赁公司），熟知上市公司相关法律法规及行业监管部门规定，其在接受上市公司提供的担保时，有义务、有能力对上市公司董事会或者股东会决议、信息披露公告进行审查，确保所接受的担保合法合规，否则便属于“明知”越权。此时，上市公司对其法定代表人越权担保不承担任何责任。但是，《民法典》第504条明确了其本身仅为效果归属规则，而非效力判断规则。法定代表人超越代表权限订立的担保合同，在相对人善意时对公司发生效力，在相对人非为善意时对公司不发生效力。此时并不涉及担保合同的效力判断。在解释上，在相对人善意时，无论担保合同是否有效，其法律效果均由公司承受；在相对人非为善意时，无论担保合同是否有效，其法律效果均不由公司承受。

就法定代表人越权担保对公司不发生效力的法律后果，《民法典担保制度解释》对于非上市公司基本维持了《民商事审判会议纪要》的既有裁判思路，公司须参照担保合同无效后的规则承担赔偿责任。① 但对于上市公司，《民法典担保制度解释》第9条则规定，在相对人未尽审查义务时，担保合同对上市公司不发生效力，上市公司既不承担担保责任，也不承担赔偿责任。其价值上的正当性在于，非上市公司并不涉及公众投资者的利益，担保合同不生效力的后果只是在公司与相对人之间分担，而上市公司担保涉及众多公众投资者利益的保护、证券市场秩序的维护等，与公共利益密切相关。对于上市公司的违规担保行为，相对人较之普通投资者更能控制风险。相对人可以视上市公司是否披露担保信息而决定是否签订担保合同，但如欠缺相应担保事项的信息披露，投资者无法及时调整其投资行为。此际，如令上市公司与非上市公司一样，依其过错承担赔偿责任，必将损及公众投资者的利益。在解释上，由于上市公司对外担保均须披露，在欠缺相应的信息披露时，如果法定代表人以上市公司名义签订担保合同，相对人对法定代表人的代表权限缺乏合理信赖，上市公司对法定代表人的行为不承担赔偿责任。

二、上市公司对外担保时相对人的审查内容

依据《民法典担保制度解释》第9条的规定，相对人应当“根据上市公司公开披露的关于担保事项已经董事会或者股东大会决议通过的信息，与上市公司订立担保合同”。从相对人审查义务的角度来看，该规定具有如下含义。第一，相对人在接受上市公司提供担保时，直接审查的对象应是上市公司公开披露的对外担保公告，而非董事会或者股东会决议。第二，上市公司对外担保公告中应载明

① 这一解释结论值得商榷。参见高圣平：《再论公司法定代表人越权担保的法律效力》，载《现代法学》2021年第6期，第30～33页。

相关担保事项已经董事会或者股东会决议通过的信息。如果上市公司虽然发布了对外担保公告，但公告中没有上述信息，担保合同对上市公司仍然不发生效力。①如果该担保事项事实上已经上市公司董事会或者股东会决议通过，但上市公司对外担保公告中没有上述信息，担保合同对上市公司也不发生效力。上市公司对外担保的情形各异，相对人的具体审查内容也存在差异。

（一）上市公司单项对外担保时相对人的审查内容

相对人应首先审查上市公司担保公告，以确定拟签担保合同的事项是否已经董事会或者股东会决议通过。《上市公司资金往来、对外担保的监管要求》第12条规定："……披露的内容包括董事会或者股东大会决议、截至信息披露日上市公司及其控股子公司对外担保总额、上市公司对控股子公司提供担保的总额。"

至于上市公司担保公告的内容，可参考《上海证券交易所上市公司自律监管指南第1号——公告格式》第六号"上市公司为他人提供担保公告"（2015修订）（以下简称《上交所上市公司担保公告格式》）、《上海证券交易所科创板上市公司自律监管指南第3号——日常信息披露》（上证函〔2022〕4号）第三号"科创板上市公司为他人提供担保公告"、《深圳证券交易所上市公司自律监管指南第2号——公告格式》（深证上〔2022〕27号）附件28"深圳证券交易所上市公司交易类第5号——上市公司对外担保公告格式（以下简称《深交所上市公司担保公告格式》）、《深圳证券交易所创业板上市公司自律监管指南第2号——公告格式》（深证上〔2022〕29号）第7号"上市公司提供担保公告格式"或者《北京证券交易所上市公司持续监管临时公告格式模板》（2022年3月4日）第21号"上市公司提供担保公告格式模板"（以下简称《北交所上市公司担保公告格式》）的格式要求。

即使《民法典担保制度解释》第9条将相对人的审查对象界定为上市公司对外担保公告，相对人审查的目的仍然是判断法定代表人是否具有代表公司签订担保合同的权限。因此，相对人的审查应当围绕公告中是否载明经适格的公司担保决议通过而展开。这就意味着上市公司对外担保公告不能仅仅是表明公司同意该担保事项，还应当记载董事会或者股东会对该担保事项的决议结果。如此，上市公司对外担保公告中的"担保情况概述"就成为相对人审查的基本内容。《上交所上市公司担保公告格式》《深交所上市公司担保公告格式》和《北交所上市公司担保公告格式》中的"担保情况概述"既介绍了担保合同的当事人、担保金额及签署日期、签署地点等基本情况，也介绍了上市公司本担保事项履行的内部决

① 参见最高人民法院民事审判第二庭编：《最高人民法院民法典担保制度司法解释理解与适用》，人民法院出版社2021年版，第154页。

策程序及尚需履行的程序。[1] 如，董事会审议担保议案的表决情况、关联董事回避表决的情况，并结合交易所股票上市规则的相关规定、公司章程和本次担保情况说明是否需经过股东会批准，并列明具体理由和计算过程。

至于上市公司担保公告中的其他内容，如“被担保人基本情况”“董事会意见”“累计对外担保数量及逾期担保的数量”则仅在判断公司担保决策机构是否适格时才有意义。对于《公司法》、相关监管规则以及公司章程中规定的应由股东会决议的担保事项，上市公司对外担保公告中应记载该担保事项已经股东会审议通过的信息。至于其他担保事项，上市公司对外担保公告中仅须记载该担保事项已经董事会审议通过的信息。

值得注意的问题是，在上市公司对外担保公告中已记载该担保事项已经董事会或者股东会通过的情况下，相对人是否还应当审查上市公司章程。对此，存在两种截然不同的观点：一种观点认为还应审查上市公司章程。[2] 从意思表示生效的法律逻辑上看，上市公司对外担保公告只是其意思表示的传达方式，仅依公告不能当然得出其意思表示真实的结论；另一种观点认为无须进一步审查上市公司章程。相对人对上市公司对外担保公告的信赖利益应当受到保护，如果相对人在上市公司对外担保公告之外还须审查公司章程，将使《民法典担保制度解释》第9条第1款沦为具文。参考《民法典》物权编中的“公示公信”原理，相对人有理由相信，只要是经过上市公司对外担保公告的已经董事会或者股东会决议通过的担保事项，就应当是符合监管规则和公司章程的。《民法典担保制度解释》的起草者倾向于后一种观点，并主张如果担保事项事实上未经决议通过，但上市公司对外担保公告中虚假陈述其已经董事会或者股东会决议通过，担保合同对上市公司亦发生效力。[3]

上市公司章程应对担保事项的决议机关和表决比例作特殊规定。[4] 例如，某上市公司章程规定：“本公司为他人债务提供担保，金额不超过3000万的，由董事会作出决议；金额超过3000万的，由董事会审议通过后提交股东大会作出决

---

① 值得注意的是，依《民法典担保制度解释》第9条的规制逻辑，上市公司系先与相对人达成签订担保合同的意向，再经公司担保决策机构的决议，再就拟议中的担保事项发布公告，此后才与相对人订立担保合同。如此，《上交所上市公司担保公告格式》《深交所上市公司担保公告格式》《北交所上市公司担保公告格式》的公告内容即应修改，其中“担保情况概述”部分所介绍的应为拟议中担保合同的基本情况。

② 参见祝振伟、张帆：《浅析上市公司越权担保中“善”“恶”区分》，载《上海法学研究》集刊2020年第18卷，第54～55页。

③ 参见最高人民法院民事审判第二庭编：《最高人民法院民法典担保制度司法解释理解与适用》，人民法院出版社2021年版，第154页、第158页。

④ 《上市公司章程指引（2023年修订）》第42条第2款规定：“公司应当在章程中规定股东大会、董事会审批对外担保的权限和违反审批权限、审议程序的责任追究制度。”

议。”又如，某上市公司章程规定：“对于董事会权限范围内的担保事项，除应当经全体董事的过半数通过外，还应当经出席董事会会议的三分之二以上董事同意；对于股东大会权限范围内的担保事项，应当经出席会议的股东所持表决权的三分之二以上通过。”虽然上市公司对外担保公告并不总是记载董事会或者股东会决议的表决情况，而仅是记载该担保已经董事会或者股东会决议通过的结果，且上市公司如此记载并不违反交易所的信息披露规则，但是根据相关监管规章和上市公司规范运作指引的要求，不仅律师应就相关会议的召集、召开、表决程序、表决结果是否合法有效出具法律意见①，而且独立董事应对上市公司须披露的对外担保事项发表独立意见，对该事项的合法合规性作出说明。② 因此，相对人对上市公司对外担保公告的决议结果具有合理信赖，再要求相对人审查公司担保决议是否符合公司章程的规定，已脱逸出合理审查的范畴，不利于交易效率的提升。

（二）上市公司担保额度预计（年度担保预计）③ 内担保时相对人的审查内容

上市公司为特定的对象提供担保，如每年发生数量众多、需要经常订立担保合同而难以就每份合同提交董事会或者股东会审议的，上市公司可以对未来 12 个月内拟提供担保的具体对象及其对应新增担保额度进行合理预计，并提交相应决议机关审议。一般而言，担保额度预计担保的对象是上市公司的控股子公司、合营或者联营企业。④ 出于减少公司治理成本、提高交易效率的考量，上市公司的股东会可以授权公司董事会或董事长、经理等高级管理人员决定并实施担保额度范围内的担保事项。最高人民法院认为，上市公司公开披露关于担保的事项应包括债权人、被担保对象、担保金额等担保合同主要内容。⑤ 但是，上市公司担保

---

① 如《上市公司股东大会规则（2022 年修订）》第 5 条规定：“公司召开股东大会，应当聘请律师对以下问题出具法律意见并公告：（一）会议的召集、召开程序是否符合法律、行政法规、本规则和公司章程的规定；（二）出席会议人员的资格、召集人资格是否合法有效；（三）会议的表决程序、表决结果是否合法有效；（四）应公司要求对其他有关问题出具的法律意见。”

② 参见《上海证券交易所上市公司自律监管指引第 1 号——规范运作》以下简称《上交所上市公司规范运作指引》）第 3. 5. 14 条、第 3. 5. 15 条；《深圳证券交易所上市公司自律监管指引第 1 号——主板上市公司规范运作》（以下简称《深交所上市公司规范运作指引》）第 3. 5. 19 条、第 3. 5. 20 条。

③ 在《深交所上市公司担保公告格式》中称为“担保额度预计”；在《上交所上市公司担保公告格式》中称为“年度担保预计”。《北交所上市公司担保公告格式》中无此项内容。

④ 参见《上交所上市公司规范运作指引》第 6. 2. 5 条、第 6. 2. 6 条；《深交所上市公司规范运作指引》第 6. 2. 6 条、第 6. 2. 7 条。

⑤ 参见最高人民法院民事审判第二庭编：《〈全国法院民商事审判工作会议纪要〉理解与适用》，人民法院出版社 2019 年版，第 198 页。

额度预计公告的内容仅包括“担保方”“被担保方”“担保方持股比例”“被担保方最近一期资产负债率”“截至目前担保余额”“本次新增担保额度”“担保额度占上市公司最近一期净资产比例”“是否关联担保”等事项，尚无“债权人”这一事项。故债权人接受上市公司为某一担保对象（“被担保方”）提供担保之时，仅仅根据上市公司担保额度预计公告的信息无法准确探知法定代表人是否具有担保权限，由此增加了《民法典担保制度解释》第9条解释适用上的困难。

在《民法典担保制度解释》第9条下，相对人在接受担保额度预计内的担保时应作如下审查：

第一，相对人应根据担保额度预计的持续信息披露公告，判断单笔担保是否归属于担保额度预计的范围。在实践中，不少上市公司在担保额度预计公告后，并不逐笔披露后续的相关担保。有观点认为，如果相对人审查了担保额度预计公告，即可认定相对人已尽到审查义务。也有观点认为，《民法典担保制度解释》第9条的目的是促进上市公司及时披露担保事项，以便投资者判断公司股票价格的走势，而在上市公司担保额度预计公告后，投资者已经可以了解公司财务状况及股票价值，后续实际发生担保额度范围内的担保时，其对上市公司的影响并未超出投资者的预期，此时不应认定担保合同对公司不发生效力。还有观点认为，相对人仅审查担保额度预计公告并不足以认定其已尽到审查义务，尚须进一步审查上市公司的持续信息披露公告才能认定其善意。

《上市公司自律监管指引》中均强调在预计公告之后担保事项实际发生时，上市公司应当及时披露。[①]《上交所上市公司担保公告格式》注意事项中直接指出，上市公司担保预计公告披露后，在担保额度内发生具体担保事项时，须持续披露实际发生的担保数额等。《深交所上市公司担保公告格式》中指出：“已审议额度内的担保实际发生时，除按本公告格式披露相关内容外，还应当在相关公告中明确披露对被担保方相关担保额度的审议情况，包括审议过程、审议时间、审议的担保额度以及本次担保前后对被担保方的担保余额（已提供且尚在担保期限内的担保余额，下同）、可用担保额度等。”“担保调剂事项发生时，应当在相关公告中分别披露调出方及调入方名称、担保额度以及本次调剂前后对各方的担保余额、可用担保额度等”。如此，上市公司在担保额度预计公告后，在发生具体担保事项时负有持续信息披露义务。

笔者认为，从前述上市公司担保额度预计公告的内容看，上市公司所披露的担保额度是对未来担保事项的预计，一般仅包括被担保人、担保限额，而不指向具体的债权人、债权金额等，如果上市公司不持续披露实际发生的担保数额，债

① 参见《上交所上市公司规范运作指引》第6.2.5条第2款、第6.2.6条第2款；《深交所上市公司规范运作指引》第6.2.6条第2款、第6.2.7条第2款。

权人将无从审查其所接受的担保是否仍在所披露的担保额度内，可能发生上市公司超出限额为被担保人违规提供担保的情况。① 此时，投资者由此所形成的股票价格预期已偏离事实，担保额度预计的信息披露也就失去作用。换言之，如果相对人不需审查担保额度预计范围内担保的持续信息披露公告，亦可认定该担保对上市公司发生效力，则法定代表人可以借助于担保额度预计与相对人签订合同，规避对上市公司违规担保的监管。因此，对于担保额度预计范围内的担保，相对人除审查担保额度预计的公告外，还应审查上市公司所持续披露的担保公告（相对人所接受的担保事项的公告当然也包括在内），据此判断其所接受的担保是否在担保额度范围内。若相对人已尽前述审查义务，担保合同对上市公司发生效力。

第二，相对人应进一步审查法定代表人是否有签订案涉担保合同的授权。上市公司的担保额度预计的作用是避免公司在每次提供担保时均须提交董事会或者股东会决议，但这并不意味着法定代表人对于担保额度预计范围内的担保事项都享有当然的代表权。例如，甲公司经临时股东会决议，同意为股东乙公司在10亿元的范围内提供担保，具体的担保事项则交由董事会决议，甲公司对外披露了该担保额度预计。若法定代表人未经董事会决议即为乙公司提供担保，即使该担保是在前述担保额度预计的时间与限额范围内，法定代表人也并不享有签订案涉担保合同的代表权，相对人自非善意。当然，若担保额度预计的公告有授权法定代表人决定担保事项的内容时，法定代表人则直接具有对外签订担保合同的代表权限。

第三，若上市公司为两家以上公司提供了担保额度，还可能发生担保额度调剂的情形。② 例如，甲公司经股东会决议，为合营的公司丙与公司丁分别提供了5000万元与2亿元的担保额度，并授权法定代表人决定担保额度的调剂事项。就此，甲公司对外披露了该担保额度预计。现丙公司的5000万元担保额度已用尽，但因业务发展，需要甲公司再额外提供3000万元的担保，而丁公司尚剩余1亿元的担保额度，则甲公司可以从丁公司剩余的1亿元的额度范围内调剂3000万元的担保额度给丙公司，且无须另外进行股东会决议。在发生担保额度调剂的事项时，上市公司亦应及时持续披露，相对人签订调剂所对应的担保合同时，所审查的内容与担保额度预计下的审查内容相同，同时应再另行审查担保额度调剂的公告。

---

① 参见雷继平、余学文、李晓燕：《上市公司对外担保疑难问题10问10答》，https：//www.pkulaw.com/lawfirmarticles/efea55d04214d86b0300c08b052092dfbdfb.html，2022年1月26日访问。

② 参见《上交所上市公司规范运作指引》第6.2.7条；《深交所上市公司规范运作指引》第6.2.8条。相关案例参见最高人民法院（2020）最高法民终894号民事判决书。

三、《民法典担保制度解释》第 9 条的适用范围

《民法典担保制度解释》以相对人审查上市公司对外担保公告替代公司担保决议，也增加了法律适用上的困难。例如，相对人接受境内注册、仅在境外上市的公司提供的担保，或者接受境内注册、同时在境内境外上市的公司提供的担保，以及接受上市公司控股子公司提供的担保，是否以及如何适用《民法典担保制度解释》第 9 条①，《民法典担保制度解释》第 9 条是否具有溯及既往的效力，不无疑义。

（一）《民法典担保制度解释》第 9 条是否适用于境外上市公司

《公司法》第 134 条规定："本法所称上市公司，是指其股票在证券交易所上市交易的股份有限公司。"《证券法》第 2 条第 1 款规定："在中华人民共和国境内，股票、公司债券、存托凭证和国务院依法认定的其他证券的发行和交易，适用本法；本法未规定的，适用《中华人民共和国公司法》和其他法律、行政法规的规定。"因此，《民法典担保制度解释》第 9 条中的上市公司仅指境内上市公司，包括股票在上海证券交易所、深圳证券交易所、北京证券交易所或者国务院批准的其他全国性证券交易场所交易的公司。同时，《民法典担保制度解释》第 9 条的规则之所以有别于该解释第 7 条，是因为该条承载了提高上市公司质量、促进资本市场发展的特殊政策考量，而该公共政策所适用的范围也仅指向境内交易。如果提供担保的主体是境外上市公司，并不涉及境内投资者的利益，也与境内资本市场的发展无涉，此时，《民法典担保制度解释》第 9 条自无适用余地。境内注册、仅在境外上市的公司并不适用我国有关上市公司的监管规定，域外法是否应就案涉担保事项负有信息披露义务尚不确定，如果强制性地要求相对人根据境外上市公司公开披露的关于担保事项已经董事会或者股东会决议通过的信息订立担保合同，不仅损及担保交易的效率，而且可能引发域外法在我国的适用等争议问题。此时，应限缩《民法典担保制度解释》第 9 条的适用范围，将其中的上市公司解释为在我国境内上市的公司。

《民法典担保制度解释》第 7 条与第 9 条之间是一般规则与特殊规则的关系，如依据涉外民事法律关系的冲突法规范，境外上市公司担保行为的效力适用中国法，虽然第 9 条并不适用于境外上市公司，但第 7 条仍有适用的可能。境外上市公司可分为三类：一是境外注册、境外上市的公司；二是境内注册、境外上市的公司；三是境内注册、境内境外同时上市的公司。就第一种类型的境外上市公司而言，其担保行为不适用《公司法》第 15 条，也不适用《民法典担保制度解释》

① 参见最高人民法院民事审判第二庭编：《最高人民法院民法典担保制度司法解释理解与适用》，人民法院出版社 2021 年版，第 150～151 页。

中的规定。就第二种类型的境外上市公司而言，由于在境内注册，其属于《公司法》的管辖对象，其对外担保行为的效力应可适用《公司法》第15条以及《民法典担保制度解释》第7条。同时，《民法典担保制度解释》第9条基于公共政策，将相对人的审查对象限定于上市公司对外担保公告，但无论是公司担保决议，还是上市公司对外担保公告，都是审查法定代表人是否具有代表权限的路径，当上市公司的担保行为不损害境内公众投资者利益时，对这两种路径均应予认可。因此，即使依据境外证券交易所的交易规则，该上市公司对担保事项负有信息披露的义务，也应适用《民法典担保制度解释》第7条的规定，不能仅以相对人未根据上市公司的担保公告签订担保合同为由就否认担保合同的效力。同理，若提供担保的公司是境外上市公司的控股子公司，而该公司是在境内注册设立，案涉担保行为的效力虽不适用《民法典担保制度解释》第9条但可适用其第7条。就第三种类型的境外上市公司而言，由于其在境内注册，也在境内上市，自应适用《公司法》第15条和《民法典担保制度解释》第9条。至于该上市公司是否依据境外证券交易所的交易规则就担保事项在境外进行信息披露，则非所问。①

（二）《民法典担保制度解释》第9条是否适用于上市公司控股子公司

上市公司控股子公司是指“上市公司持有其50%以上的股份，或者能够决定其董事会半数以上成员的当选，或者通过协议或其他安排能够实际控制的公司”②；或者是指“上市公司能够控制或者实际控制的公司或者其他主体”。此处所谓“控制”，是指投资方拥有对被投资方的权力，通过参与被投资方的相关活动而享有可变回报，并且有能力运用对被投资方的权力影响其回报金额。③《民法典担保制度解释》第9条是否适用于上市公司控股子公司又可分解为以下三个问题：其一，上市公司为其控股子公司提供担保是否适用《民法典担保制度解释》第9条；其二，上市公司控股子公司对外提供担保是否适用《民法典担保制度解释》第9条；其三，上市公司全资子公司对外提供担保是适用《民法典担保制度解释》第9条还是第10条。

1. 上市公司为其控股子公司提供担保的法律适用

实证数据表明，上市公司对外担保的主要形式是为子公司提供担保。④ 上市

---

① 《证券法》第78条第3款规定：“证券同时在境内境外公开发行、交易的，其信息披露义务人在境外披露的信息，应当在境内同时披露。”

② 《上交所股票上市规则》第15.1条。《北交所股票上市规则》第12.1条的界定与此大致相同。

③ 参见《深交所股票上市规则》第15.1条。

④ 参见方重：《关于上市公司为第三方融资提供担保的分析和思考》，载《当代经济管理》2019年第2期，第84页；刘立安、刘海明：《上市公司为子公司担保之谜——缓解融资约束还是控股股东利益侵占?》，载《证券市场导报》2017年第7期。

公司母子公司之间提供的担保、子公司与子公司之间提供的担保均为合并财报的事项。上市公司合并报表范围内的担保事项，相当于上市公司为自身债务而提供的担保，对上市公司的影响已基本体现在其财务报表的资产、负债等项目中。[①] 通说认为，上市公司为自身债务提供担保并不适用《民法典担保制度解释》第 9 条的规定，[②] 由此引发了上市公司为其控股子公司提供担保是否适用《民法典担保制度解释》第 9 条的争议。

结合我国公司治理水平整体较低和未经决议即径行对外担保的情况比较普遍的客观事实，《民商事审判会议纪要》第 19 条规定了虽未经决议但符合公司利益、足以认定公司具有对外提供担保的真实意思表示的例外情形。[③] 其中指出，"公司为其直接或者间接控制的公司开展经营活动向债权人提供担保"，即便债权人知道或者应当知道没有公司担保决议，也应当认定担保合同符合公司的真实意思表示，合同有效（担保合同对公司发生效力）。这一规定是否适用于上市公司对外担保的情形虽未得以明确，但实践对此争议较大。[④] 有观点认为，上市公司为其直接或者间接控制的公司开展经营活动提供担保的，可以豁免相对人对公司担保决议的审查。"符合这一情形的，公司担保无须经过股东会决议，即便债权人知道或者应当知道没有公司股东会决议，也应当认定担保合同符合公司的真实意思表示，合法有效"[⑤]。

《民法典担保制度解释》第 8 条第 1 款第 2 项规定，公司为其全资子公司开展经营活动提供担保的，无须提供公司担保决议，相对人也无须审查公司担保决议。同时该条第 2 款明确指出，上市公司为其全资子公司提供担保不适用上述规定。这一司法政策主要是基于以下事实，即随着监管部门对上市公司担保行为的监管越来越严格，上市公司的对外担保越来越隐蔽化。自 2009 年起，以上市公司子公司作为担保对象的对外担保行为开始明显增加。[⑥] 举重以明轻，既然上市公司为其全资子公司提供担保时不能豁免公司担保决议，上市公司为其他类型的控股子公司提供担保时也不能豁免公司担保决议。上市公司为其控股子公司提供担

① 参见方重：《关于上市公司为第三方融资提供担保的分析和思考》，载《当代经济管理》2019 年第 2 期。

② 参见最高人民法院民事审判第二庭编：《最高人民法院民法典担保制度司法解释理解与适用》，人民法院出版社 2021 年版，第 156 页。

③ 参见最高人民法院民事审判第二庭编：《〈全国法院民商事审判工作会议纪要〉理解与适用》，人民法院出版社 2019 年版，第 188 ~ 189 页。

④ 参见最高人民法院民事审判第二庭编：《最高人民法院民法典担保制度司法解释理解与适用》，人民法院出版社 2021 年版，第 142 页。

⑤ 最高人民法院（2019）最高法民终 1529 号民事判决书。

⑥ 参见刘海明、李明明：《上市公司子公司对外担保的理论逻辑与实证检验》，载《财经论丛（浙江财经学院学报）》2021 年第 2 期。

保属于集团关联担保的一种形式，而现有研究发现，集团关联担保是大股东掏空上市公司的重要手段①，为其控股子公司提供担保更多体现了控股股东的利益。②基于此，上市公司为其控股子公司提供担保，不能豁免内部决策程序和信息披露义务，相对人仍须审查上市公司公开披露的关于担保事项已经董事会或者股东会决议通过的信息。

值得注意的是，2022年修正的《上交所股票上市规则》第6.1.22条规定："上市公司与其合并报表范围内的控股子公司、控制的其他主体发生的或者上述控股子公司、控制的其他主体之间发生的交易，可以免于按照本章规定披露和履行相应程序，中国证监会或者本所另有规定的除外。"《深交所股票上市规则》第6.1.21条与此大致相同。两个上市规则第六章"应当披露的交易"中均包括"提供担保"，这是否意味着上市公司与其合并报表范围内的控股子公司、控制的其他主体发生的或者上述控股子公司、控制的其他主体之间发生的委托担保关系无须披露？《上交所股票上市规则》第6.1.1条第4项、《深交所股票上市规则》第6.1.1条第5项均将应予披露的交易表述为"提供担保（含对控股子公司担保等）"。基于与其各自第6.1.1条之间的体系解释需要，《上交所股票上市规则》第6.1.22条和《深交所股票上市规则》第6.1.21条所称豁免披露的"交易"，应限缩解释为排除"提供担保"。这一解释结论得到了相关自律规则的支持。《上交所上市公司规范运作指引》和《深交所上市公司规范运作指引》第6.2.1条均将上市公司为其控股子公司提供担保作为对外提供担保的情形之一加以规制。

2. 上市公司控股子公司对外提供担保的法律适用

在实践中，上市公司的大股东或实际控制人利用关联担保进行利益输送，不仅指向上市公司，还可指向上市公司的控股子公司。例如，上市公司的大股东利用其控制地位，未经上市公司股东会决议及信息披露程序，以上市公司控股子公司名义为上市公司或其控股股东债务提供担保。③上市公司与其控股子公司的财务报表须合并编制，控股子公司的财务情况同样会影响上市公司的股票价值。因

① 参见王琨、陈晓：《控股股东所有权结构与关联方担保》，载《中国会计评论》2007年第1期，第43页。

② 参见饶育蕾、张媛、彭叠峰：《股权比例，过度担保与隐蔽掏空——来自我国上市公司对子公司担保的证据》，载《南开管理评论》2008年第1期。

③ 参见李若馨：《贤成矿业再添2亿担保债务》，载《中国证券报》2013年1月16日，第A09版；刘海明、李明明：《上市公司子公司对外担保的理论逻辑与实证检验》，载《财经论丛（浙江财经学院学报）》2021年第2期。

此，上市公司控股子公司的担保行为同样涉及公众投资者利益的保护问题。① 为规范上市公司的担保行为，《上市公司资金往来、对外担保的监管要求》第 15 条规定："上市公司控股子公司对于向上市公司合并报表范围之外的主体提供担保的，应视同上市公司提供担保，上市公司应按照本章规定执行。"《上市公司信息披露管理办法》第 26 条第 1 款也规定："上市公司控股子公司发生本办法第二十二条规定的重大事件，可能对上市公司证券及其衍生品种交易价格产生较大影响的，上市公司应当履行信息披露义务。"

基于提高上市公司质量、促进资本市场发展的公共政策考量，《民法典担保制度解释》第 9 条将其适用对象扩张至上市公司的控股子公司。该条第 3 款规定："相对人与上市公司已公开披露的控股子公司订立的担保合同……适用前两款规定。"鉴于监管规则已明确上市公司控股子公司对外担保须进行信息披露，《民法典担保制度解释》第 9 条第 3 款中的"适用前两款规定"，是指相对人在接受上市公司控股子公司提供的担保时，必须审查上市公司公开披露的关于担保事项已经董事会或者股东会决议通过的信息，否则该担保对上市公司控股子公司不发生效力，上市公司控股子公司不承担担保责任或者赔偿责任。为避免交易的不确定性，此处的上市公司控股子公司仅限于上市公司已公开披露的范围内，相对人可以通过检索上市公司的公告确认担保人是否属于上市公司公开披露的控股子公司。②

不过，依据《上市公司资金往来、对外担保监管指引》中的"按照本章规定执行"，虽然可以明确上市公司控股子公司提供担保时，应当按照对上市公司的监管规则，在子公司内部由董事会或者股东会决议，但对是否还需要上市公司的董事会或者股东会决议却语焉不详。有观点认为，上市公司的控股子公司担保除需公司董事会或者股东会决议外，还需经上市公司董事会或者股东会决议。中国证监会上市部下发的《关于执行证监发［2005］120 号文有关问题的说明》（上市部函〔2006〕25 号）指出，"上市公司控股子公司的对外担保，应按 120 号文、《上市规则》和《公司章程》的规定，经过上市公司控股子公司的董事会或股东大会（股东会）审议，并经上市公司董事会或股东大会审议。上市公司控股子公司在召开股东大会（股东会）之前，应提请上市公司董事会或股东大会审议该担保议案并派员参加股东大会（股东会）。"但是，也有观点认为，上市公司控股子

① 参见刘海明、李明明：《上市公司子公司对外担保的理论逻辑与实证检验》，载《财经论丛（浙江财经学院学报）》2021 年第 2 期；张会丽、陆正飞：《控股水平、负债主体与资本结构适度性》，载《南开管理评论》2013 年第 5 期；曹春方、周大伟、吴澄澄等：《市场分割与异地子公司分布》，载《管理世界》2015 年第 9 期。

② 参见最高人民法院民事审判第二庭编：《最高人民法院民法典担保制度司法解释理解与适用》，人民法院出版社 2021 年版，第 155 页。

公司提供担保时仅需其董事会或者股东会作出决议后，通知上市公司进行信息披露，对于再由上市公司进行董事会或者股东会决议并未有强制性的要求。

与此同时，依据《上交所股票上市规则》第 2. 2. 10 条、《深交所股票上市规则》第 2. 2. 9 条的规定，上市公司控股子公司对外担保，视同上市公司发生的对外担保，适用上述上市规则中上市公司对外担保的规定。不过，《上交所股票上市规则》与《深交所股票上市规则》第六章不仅规定了上市公司对外担保的信息披露义务，还于第 6. 1. 10 条规定了特殊的决议程序，在“视同上市公司发生的对外担保”之下，对控股子公司的对外担保是否还需要上市公司作出决议也难以得出明确的结论。《上交所上市公司规范运作指引》第 6. 2. 10 条指出：“上市公司控股子公司为上市公司合并报表范围内的法人或者其他组织提供担保的，上市公司应当在控股子公司履行审议程序后及时披露，按照本所《股票上市规则》应当提交上市公司股东大会审议的担保事项除外。上市公司控股子公司为前款规定主体以外的其他主体提供担保的，视同上市公司提供担保，应当遵守本节相关规定。”[①] 据此，上市公司控股子公司的担保对象不同，相应的决策程序上存在差异。上市公司控股子公司为上市公司合并报表范围内的法人或者其他组织提供担保的，一般均须控股子公司的内部决策机构作出决议，但属于《上交所股票上市规则》与《深交所股票上市规则》第 6. 1. 10 条规定的须由股东会作出决议的情形，在控股子公司内部决策机构作出决议后，尚须上市公司股东会作出决议。上市公司控股子公司为上述主体以外的其他主体提供担保的，视同上市公司提供担保，除了控股子公司内部决策机构作出决议之外，还须上市公司内部决策机构作出决议。

在判断相对人善恶意时，要求相对人审查上市公司对外担保公告所载明的决议是否适格并不违背其预期。在上市公司控股子公司对外担保时，依据前述监管规则，可以明确的是上市公司负有信息披露义务，但是否需要上市公司董事会或者股东会的决议本身就应当区分被担保对象作出不同的判断。在解释上，虽然相对人欲签订担保合同的对象是上市公司控股子公司，而非上市公司，相对人在接受上市公司控股子公司提供的担保之时，须依据上市公司发布的信息披露公告审查控股子公司法定代表人的担保代表权限。但是，控股子公司法定代表人的担保代表权限却不仅仅受制于控股子公司的担保决议，在相当多的情形之下，还受制于上市公司的担保决议。如上市公司控股子公司为上市公司的其他控制子公司提供的单笔担保额超过上市公司最近一期经审计净资产 10%，仅有该控股子公司的同意担保决议并不能使该控股子公司的法定代表人取得担保代表权限，尚须由上市公司股东会作出同意担保的决议，该控股子公司的法定代表人才能与相对人签

---

① 《深交所上市公司规范运作指引》第 6. 2. 11 条与此大致相同。

订担保合同。值得注意的是，上市公司股东大会或董事会作出担保决议且公开披露的行为，不能直接代替上市公司的控股子公司的决议行为。因此，上市公司对外担保公告既要介绍上市公司控股子公司董事会或者股东会对案涉担保的审议情况，在应由上市公司董事会或者股东会作出决议的情形之下，尚须介绍上市公司股东会或者董事会对案涉担保的审议情况。

3. 上市公司全资子公司对外提供担保的法律适用

上市公司全资子公司在性质上属于一人有限责任公司，《民法典担保制度解释》就一人有限责任公司对外担保问题作出了特别规定。《公司法》第 15 条的规范目的是防止大股东滥用股东权损害小股东与公司的利益。在一人有限责任公司中，全部所有者权益均归属于唯一股东，不存在防止大股东损害小股东利益的问题，在损害公司利益时可通过“刺穿公司面纱”等规则予以救济。因此，一人有限责任公司在解释上不适用《公司法》第 15 条，一人有限责任公司为其股东提供担保就是公司为自己的债务提供担保，自然无须公司担保决议。[①]《民法典担保制度解释》第 10 条据此规定：“一人有限责任公司为其股东提供担保，公司以违反公司法关于公司对外担保决议程序的规定为由主张不承担担保责任的，人民法院不予支持。”如果将这一规则适用于上市公司全资子公司为其股东提供担保，将得出上市公司全资子公司无须提交公司担保决议、上市公司也无须公开披露对外担保公告的结论。但这一解释结论与上市公司控股子公司对外担保规则存在体系冲突。

基于前述上市公司控股子公司的界定，上市公司全资子公司当属上市公司控股子公司的文义涵摄范围，其对外担保问题自应与上市公司控股子公司对外提供担保作同一解释。就上市公司全资子公司为其实际控制人及其关联人提供担保而言，由于上市公司全资子公司并无由复数股东所构成的股东会，无法形成股东会决议，前述上市公司控股子公司对外提供担保时的股东会决议即无适用余地。但《上交所股票上市规则》与《深交所股票上市规则》第 6. 1. 10 条均规定：“对股东、实际控制人及其关联人提供的担保”，上市公司应当在董事会审议通过后提交股东会审议。这一规则同样适用于上市公司控股子公司。由此可见，在上市公司全资子公司对其实际控制人及其关联人提供担保时，先由全资子公司履行审议程序，再由上市公司董事会审议通过后提交股东会审议，并由上市公司及时披露。相对人根据公开披露的信息与上市公司全资子公司签订担保合同。如此一来，《民法典担保制度解释》第 10 条的适用范围应作限缩，不适用于上市公司全资子公司对外提供担保的情形。

---

① 参见最高人民法院民事审判第二庭编：《最高人民法院民法典担保制度司法解释理解与适用》，人民法院出版社 2021 年版，第 163 页。

在上市公司作为一人有限责任公司唯一股东的情形下，仅仅只有上市公司在同意担保的决议上加盖公章，且/或上市公司法定代表人在该决议上签章，并不能得出上市公司全资子公司法定代表人已经具有担保代表权限的结论。上市公司作为股东，作出同意其全资子公司对外提供担保的意思表示，尚须上市公司董事会或者股东会事先作出决议，绝非上市公司法定代表人个人能够直接代表公司作出。上市公司全资子公司对外提供担保，同样存在上市公司层面中小股东利益保护问题，同样存在应在公司决议时排除关联股东、实际控制人支配的需要。因此，为保护中小股东合法权益，排除关联股东、实际控制人的支配，对于上市公司全资子公司为其实际控制人及其关联人提供担保，应当提级至存在其他不受实际控制人支配的股东的公司层面，召开股东会进行表决，且受实际控制人控制的关联股东均需回避表决。如果上市公司全资子公司为其实际控制人及其关联人提供担保，作为一人有限责任公司唯一股东的上市公司不需要作出决议，可以直接由上市公司法定代表人同意全资子公司对外提供担保，则上市公司全资子公司将会成为上市公司用以规避监管、提供违规担保的“黑箱”。上市公司都可以设立全资子公司，并将违规关联担保交易以“下沉担保主体”的方式，有效规避上市公司对外担保的程序控制规则，实际控制人所控制的关联股东无须就关联担保回避表决，而利益受到对外担保直接损害的中小股东无从知情和参与表决。

（三）《民法典担保制度解释》第9条是否具有溯及既往的效力

基于提高上市公司质量、促进资本市场发展的公共政策，在相对人利益与公众投资者的利益相冲突时，最高人民法院倾向于保护后者的利益，《民法典担保制度解释》第9条第2款旋即以审查上市公司信息披露文件作为判断相对人善恶意的核心，且上市公司无须承担担保合同对其不生效力时的赔偿责任。不过，《民法典担保制度解释》第9条第2款的规定与最高人民法院既往的司法立场存在差别，这一规则是否具有溯及既往的效力，裁判实践中尚存分歧。

对此，一种观点认为，相对人根据上市公司公开披露的担保信息订立担保合同，此并非《民法典担保制度解释》第9条创制的新规则，《民商事审判会议纪要》第22条亦予明确。如此，主张《民法典担保制度解释》第9条第2款具有溯及力并不违背当事人交易时的合理预期。另一种观点认为，“本条规定的内容，实际是指相对人在与上市公司或上市公司已公开披露的控股子公司签订担保合同时，不仅有审查担保人是否经过公司机关决议的义务，而且还应审查其是否已向公众公开披露该决议通过的信息。该条规定创设了债权人新的审查义务，亦增加了上市公司及公开披露的控股子公司对担保事项应当及时公开披露的义务。因此如果溯及适用本条规定，将额外增加当事人不可预见的法律责任，不利于平等保护合同各方主体的合法权益”。《民法典担保制度解释》第9条第2款“如果适用于该解释实施之前的担保行为，则可能背离当事人交易时的合理预期，不利于债权人利益的保护”。由于《公司法》第15条并无关于上市公司提供担保的特别规定，因此《民法典担保制度解释》关于上市公司对外提供担保的规定属带有规则创制性质的法律解释，不应赋予其溯及既往的效力。

针对上述争议，笔者认为，虽然相对人根据上市公司公开披露的担保信息订立担保合同的这一规则在《民法典担保制度解释》实施前后并未发生改变，但就相对人未根据前述信息所订立的担保合同的效果归属和效力判断在《民法典担保制度解释》实施之后发生了重大变化，由此前的担保合同无效及上市公司承担无效之后的赔偿责任，转变为担保合同不生效力及上市公司无须承担赔偿责任。《民法典担保制度解释》第9条第2款从形式上看是新增规定，但其实质是变更了原有的规定。① 为避免政策导向变化与当事人行为预期之间的冲突，依据《民法典时间效力规定》第3条的规定，《民法典担保制度解释》第9条第2款的规则不具有溯及力。如此，《民法典》施行之前债权人与上市公司订立的担保合同被认定无效的，上市公司应当视情况承担赔偿责任；《民法典》施行之后债权人与上市公司订立的担保合同被认定对上市公司不发生效力的，上市公司不承担任何民事责任。②

四、上市公司“共同借款”行为的性质认定

新近实践中出现了部分上市公司采取“共同借款”的形式为他人增信的情形。常见的交易模式是，在借款人与出借人的借款合同中，上市公司以“共同借款人”或者“联合借款人”的名义签章，但上市公司不实际接收款项，也不实际使用所借资金；借款人届期未依约还款的，上市公司因其共同借款人的身份而负有清偿义务。在这一交易模式之下，就出借人而言，上市公司对借款负有共同清偿义务，出借人可以直接请求上市公司偿还借款，以此保障出借资金的安全，在商业银行作为出借人之时，上市公司与借款人共同借款还可以避开担保资产价值的评估核定以及内部的担保审批程序；就上市公司而言，“共同借款”并无需董事会或者股东会作出决议（即使上市公司章程中存在相反的安排，也不得对抗善意的债权人），也规避了上市公司对外担保的监管要求；就借款人而言，上市公司的“共同借款”客观上起到了增信的作用，提高了融资效率。正是出于以上考虑，这一交易模式为实务所青睐，其在债权保障效果方面甚至优于上市公司提供连带责任保证的情形。上市公司提供连带责任保证之时，就债权人履行保证债务的请求，尚有权主张保证期间经过、债务人对债权人的抵销权或者撤销权等抗辩

① 参见麻锦亮：《论民法典〈担保制度司法解释〉的时间效力》，载《法律适用》2021年第6期。

② 参见林文学、杨永清、麻锦亮、吴光荣：《〈关于适用民法典有关担保制度的解释〉的理解和适用》，载《人民司法》2021年第4期。

(权)，而上市公司自身成为共同债务人则无此类权利。

相比于对外提供担保，上市公司参与“共同借款”所负担的义务更重：出借人直接对上市公司享有债权，上市公司作为债务人不享有担保人基于担保从属性的保障。如此便产生了评价冲突：上市公司参与“共同借款”的法律风险远高于对外提供担保，现行法严格规范上市公司对外担保行为，但对于“共同借款”行为的态度更为宽容。对比债务加入与共同借款，债务人与第三人或者其他共同借款人共同承担还款责任是二者的核心一致之处，债务加入准用担保规则自应为“共同借款”情形所摄。否则，上市公司对外担保监管规则的立法目的恐将落空，将严重扰乱证券市场秩序。因此，法院在裁判实务中应当谨慎认定上市公司参与“共同借款”的行为性质，尤其是警惕以“共同借款”之名提供实质担保的不当行为。

第一，采用“穿透式审判思维”，在整体审查交易事实的基础上判定相关交易的实质是否在于让上市公司承担担保责任。《民商事审判会议纪要》强调：“通过穿透式审判思维，查明当事人的真实意思”。《合同编通则解释》第 15 条规定：“人民法院认定当事人之间的权利义务关系，不应当拘泥于合同使用的名称，而应当根据合同约定的内容。当事人主张的权利义务关系与根据合同内容认定的权利义务关系不一致的，人民法院应当结合缔约背景、交易目的、交易结构、履行行为以及当事人是否存在虚构交易标的等事实认定当事人之间的实际民事法律关系。”面对实践中交易当事人设计的“合同迷宫”，法院必须对整体交易目的（合同目的）进行考察以审视文义解释结论，深入到交易目的、扩展到整体目标。①

既有的裁判案例显示，法院对于此类案型法律性质的认定还未深入到整体交易结构的层次，往往只停留于合同内容与履行行为两个维度。上市公司与他人共同借款，既可能存在真实共同借款需求，也可能借此掩盖实质担保目的。事实上，在上市公司参与“共同借款”的情形中，仅凭上市公司的缔约身份、借款的实际接收，确实不足以区分上市公司是否有对外提供担保的真实意思。为此，法院仍需要进一步拓展审查的范围，例如上市公司与出借人之间此前是否有商业往来、上市公司是否实际使用借款资金、上市公司与其他共同借款人之间是否有共同借款的事实基础、上市公司财务记录中是否存在对出借人的负债和共同借款人的财务往来记录等。

第二，担保责任具有“无偿性”和“单务性”的特点，而共同借款人在负有借款偿还义务的同时享有请求出借人给付借款并使用的权利。如果上市公司共同借款的意思表示确为真实，上市公司应有行使权利与实际使用借款资金的表现。

① 参见最高人民法院民事审判第二庭、研究室编：《最高人民法院民法典合同编通则司法解释理解与适用》，人民法院出版社 2023 年版，第 183～184 页。

反之，上市公司仅作为还款义务人而非用款权利人，在借款合同履行期间也没有收到、使用任何借款资金，却要承担连带清偿责任，足见其参与“共同借款”仅仅只是为了绕开监管规则的要求为他人债务增信，属于法律规避行为。在现行法上，法律规避行为应视当事人所欲规避的法律效果是否属于法律强制性规定禁止的范围进行处理。上市公司参与“共同借款”主要是规避对外担保的程序要求，后者正是为确保与证券投资相关的信息借由畅通的渠道进入市场，投资者可据以作出独立的、理性的商业判断，保障资本市场中公众投资者的利益。如果可以认定上市公司系以“共同借款”的形式提供实质担保，那么上市公司对外担保的程序要求也应予以适用，包括适格决议、信息披露等。上市公司未就“共同借款”事项履行上述程序的，参照《民法典担保制度解释》第9条第2款确定的法律效果处理。

第三，在具体法律适用方面，上市公司与他人“共同借款”的，适用债务加入的法律规定。上市公司作为“共同借款人”，与其他共同借款人对出借人承担连带清偿责任，“共同借款人”均为连带债务人。而第三人加入到既有债务后的债务形态亦为连带债务关系，第三人与原债务人在债务加入的范围内承担连带债务。“共同借款人”与加入债务的第三人都具有连带债务人的身份，只不过前者作为连带债务人的身份始于借款合同订立之时，而后者自加入债务时起才作为连带债务人，二者都需要共同承担清偿责任。也就是说，第三人在加入债务后就与“共同借款人”没有实质区别，因此“共同借款人”权利义务的界定可以适用债务加入的规则。但在与担保制度衔接时需要注意，上市公司以“共同借款”的形式加入他人债务的，不可类推适用保证期间规则，但可以类推抗辩的从属性规则，如上市公司作为加入人可以援引债务人对债权人享有的抗辩，除《民法典》第520条规定的连带债务中产生绝对效力的事项外，债务人放弃债务加入时存在的抗辩的，债务加入人依然可以向债权人主张该抗辩。

第十条　一人有限责任公司为其股东提供担保，公司以违反公司法关于公司对外担保决议程序的规定为由主张不承担担保责任的，人民法院不予支持。公司因承担担保责任导致无法清偿其他债务，提供担保时的股东不能证明公司财产独立于自己的财产，其他债权人请求该股东承担连带责任的，人民法院应予支持。

【条文主旨】

本条是一人有限责任公司为股东提供担保的效力的规定，系结合《公司法》第23条第1款对《公司法》第15条的解释，弥补了因《公司法》第15条无法直接适用于一人有限责任公司时形成的规则空白。

【规则变迁】

本条系新增规则。

【理解与适用】

为保护公司利益与中小股东利益，防止控股股东利用关联担保掏空公司，《公司法》第15条规定公司提供关联担保须经股东会决议，且有利害关系的股东应当在表决程序中予以回避。不过，就对关联担保的决议前置规制，《公司法》第15条是以股东会的存在为前提，对于内部只有一名股东、不设股东会的一人有限责任公司而言，《公司法》第15条的适用却会带来不同的解释结论。具体而言，在一人有限责任公司为股东债务提供担保时，应当经股东决定，如果适用《公司法》第15条的规定，被担保的股东需要回避，但如此又导致无法形成股东决定，从而可得出一人有限责任公司不具备为股东担保的结论。然而，亦有观点认为，《公司法》第15条是以公司的所有权与经营权分离为前提，公司对外担保的决策权属于公司所有者，而一人有限责任公司的所有权与经营权未分离，公司经营权也由公司所有者行使，《公司法》第15条也就没有对一人有限责任公司适用的必要。① 在理论上，就一人有限责任公司为股东担保的效力也曾引发较大争议。②

一、一人有限责任公司为股东担保的能力

在司法实践中，法院就一人有限责任公司为股东担保的能力表示肯定，主要理由如下：

第一，《公司法》第15条的立法本旨是保护公司利益和小股东利益，但一人有限责任公司不存在大股东与小股东之别，也不存在利害关系股东与无利害关系股东之分，唯一的股东同意提供担保不仅体现了股东意志，也体现了公司意志，在没有其他利害关系股东存在的情形下，也就谈不上损害其他股东的利益，因此一人有限责任公司的股东可以自行作出由一人有限责任公司为自己债务提供担保的决定。况且一人有限责任公司因仅有一个股东，自然无法成立股东会并形成股东会决议，只要公司章程不禁止，股东个人同意后公司对外担保的能力就具备了。

---

① 参见曹士兵：《我国新公司法关于公司担保能力的规定评述——重温最高人民法院“中福实业公司担保案”》，载《法律适用》2006年第6期。

② 参见李志刚、李建伟、王建文等：《一人有限责任公司能否为股东提供担保：法理基础与制度设计》，载《人民司法·应用》2019年第1期。

第二，《公司法》第15条并不禁止关联担保，而是通过公司内部治理中的特别决议机制来实现对关联担保的风险控制，既然一人有限责任公司不存在大股东利用关联交易损害公司利益或者小股东利益的情形，《公司法》第15条也就不适用于一人有限责任公司为股东提供担保的问题。

第三，一人有限责任公司为股东担保并未损害社会公共利益，既然《公司法》并未禁止一人有限责任公司为股东担保，为尊重市场主体的融资需求，应当肯定一人有限责任公司为股东担保的能力。

笔者认为，一人有限责任公司与其股东在利益上具有趋同性，当股东因经营活动的展开需要寻求担保时，由一人有限责任公司为股东担保具有价值上的正当性。同时，《公司法》第15条的立法目的不在于限制公司担保能力，而是通过控制公司对外担保的决议程序来规制公司滥保现象，其调整对象是股东多元化的公司，一人有限责任公司并不包括在内。因此，在一人有限责任公司为股东担保时，《公司法》第15条并不适用，又因为现行法对于一人有限责任公司的关联担保并无限制性规定，基于对市场主体融资需求的尊重，一人有限责任公司具有为股东担保的能力。在公司作出为股东担保的决定后，如无其他合同无效的事由，该关联担保有效。《民法典担保制度解释》第10条前句即规定："一人有限责任公司为其股东提供担保，公司以违反公司法关于公司对外担保决议程序的规定为由主张不承担担保责任的，人民法院不予支持。"

二、一人有限责任公司为股东担保的形式要求

一人有限责任公司内部不设股东会，股东作出股东决定时，依据《公司法》第60条的规定，"应当采用书面形式，并由股东签名或者盖章后置备于公司"。但在具体案件中，一人有限责任公司为股东担保并不总是具备书面形式的股东决定，而往往是由股东在担保合同上签章。此时，该担保效力是否受到影响存在疑问。实践中有观点认为，股东个人同意，法律上倡导的是采取书面形式备置于公司，但实践中一人有限责任公司的操作并不如此规范和明确，股东个人同意的意思表示往往是在担保合同中加以体现，也就是说担保合同上加盖了公司的公章就意味着股东作出了同意担保的意思表示。若以担保合同未经股东决议为由否定其效力，有违诚实信用原则。

笔者认为，对外提供担保的决策权归属于公司所有者，一人有限责任公司的股东在担保合同上签章，就表明该担保已由公司股东决定，公司已对外作出为股东担保的意思表示。《公司法》第60条的规范意旨在于，通过股东决定的书面记载制度，与一人有限责任公司交易的相对人可以了解公司状况。但若一人有限责任公司的股东决定未予以书面记载，其所导致的后果是公司可能在法人人格否认

之诉中败诉的后果，但并不影响对外行为的效力。①

三、实质上的一人有限责任公司为公司股东提供担保

实践中，不仅存在着形式上的一人有限责任公司，也存在着实质上的一人有限责任公司。实质上的一人有限责任公司亦应适用《民法典担保制度解释》第10条的规定，豁免公司担保决议。与此同时，为保护公司债权人的利益，明确当公司因承担担保责任而无法清偿公司债务时，公司债权人可请求公司股东承担连带责任。至于实质上一人有限责任公司的判断标准，实践中的观点认为，如公司股东的持股比例过于悬殊，不仅存在对公司处于绝对控股地位的股东，且股东之间存在近亲属关系，除控股股东外，被担保的债权人有证据证明其他股东从未参与过公司的经营和管理，则可以推定公司构成实质上的一人有限责任公司，再将举证责任分配给一人有限责任公司，由该公司承担举证证明其不是实质上一人有限责任公司的责任。②

实践中存在以下情形：其一，夫和妻为股东的公司为夫或妻的债务提供担保。公司的出资来源于夫妻共同财产，全部股权属于夫妻婚后取得的共同财产。如此，该公司全部股权实质来源于同一财产权，并为一个所有权共同享有和支配，股东之间具有利益的一致性和实质的单一性，系实质上的一人有限责任公司，其为夫或妻的债务提供担保，实质上系为自己的债务提供担保，自应豁免公司担保决议。但亦有裁判认为，虽然公司的全部股权来源于夫妻共有财产，但夫妻财产的共有并不代表意思表示的一致，公司为其股东提供担保时，不能豁免股东会决议，即在排除被担保一方表决权的情况下，由非被担保一方在股东会决议中签名；在并无证据证实非被担保一方对公司担保系知情或者同意的情形之下，不宜认定公司内部已经形成担保意思。其二，提供担保的公司和被担保的公司（主债务人）均属于夫妻关系存续期间由夫或妻一方直接或者间接控制的公司，具有夫妻共同经营的特殊利益关系。对相对人而言，两公司具有夫妻共同经营、共同受益的外观表象。相对人有理由信赖提供担保的公司的法定代表人实际经营管理两公司时有权决定互相之间的担保问题，不能苛求相对人掌握夫妻内部对不同公司有不同的分配或安排。尤其在案涉担保行为并不涉及夫妻之外其他中小股东权益的情况下，相对人对夫妻共同经营公司之间内部决策的信赖利益更应予以保护。该法定代表人代表公司为实际控制并经营管理的另一公司提供担保的行为，属于无须公司担保决议的例外情形。即便债权人知道或者应当知道没有公司

---

① 在诉讼中，是否否认公司法人人格应根据公司与股东是否存在财产混同、业务混同、公司人格形骸化等因素综合考虑，未置备书面的股东决定则是其中的支持事实之一。

② 参见最高人民法院民事审判第二庭编：《最高人民法院民法典担保制度司法解释理解与适用》，人民法院出版社2021年版，第164～165页。

担保决议，也应当认定担保合同符合公司的真实意思，担保合同对公司发生效力。笔者认为，前述两种情形尚须以夫妻共同债务规则为基础，结合夫妻是否共同经营、共同受益予以判断，不宜一概而论。

四、一人有限责任公司为其股东提供担保时法人人格否认规则的适用

准许一人设立有限责任公司的出发点在于节约创业成本，繁荣市场经济，但该种便利性亦会带来天然的风险性。因为一人有限责任公司的控制权高度集中，股东权利在公司内部失去了外在因素的制约，使《公司法》许多调整股东与股东之间关系的行为准则形同虚设，一人有限责任公司不可避免地存在着以下两个隐患：第一，容易导致公司人格和股东人格的混同。传统公司法中以复数股东之间相互监督来保证股东财产和公司财产的真正分离，而一人有限责任公司中只有一个股东的事实为股东控制公司提供了便利，很容易造成公司法人格的滥用。第二，容易出现股东移转资产、逃避债务的情况。因为一人有限责任公司的公司财产虽然一经出资便脱离了股东但实际仍为其所操纵。[①] 如上所述，一人有限责任公司具有为股东担保的能力，且一人有限责任公司的股东可以决定由公司财产为自身债务提供担保，但若一人有限责任公司为股东提供担保并最终承担担保责任，实际是以公司财产清偿股东债务，从而造成了公司财产与股东财产的混同，公司债权人的利益很可能因此受到损害。

为保护公司债权人利益，规制一人有限责任公司的独立人格被股东滥用，《公司法》第 23 条第 3 款就规定了一人有限责任公司法人人格否认的举证责任倒置制度，“只有一个股东的公司，股东不能证明公司财产独立于股东自己的财产的，应当对公司债务承担连带责任”。不过，《公司法》第 23 条第 3 款是对一人有限责任公司的特殊规则，在判断是否要否认一人有限责任公司的法人人格时，还应当结合《公司法》第 23 条第 1 款的规定。《公司法》第 23 条第 1 款规定：“公司股东滥用公司法人独立地位和股东有限责任，逃避债务，严重损害公司债权人利益的，应当对公司债务承担连带责任。”在解释上，《公司法》第 23 条第 1 款位于总则位置，对于有限责任公司、股份有限公司、一人有限责任公司的法人人格否认，均具有统领作用。当一人有限责任公司的独立人格被股东滥用时，欲揭开一人有限责任公司的面纱，也要满足第 23 条第 1 款的条件。

一人有限责任公司为其股东的债务提供担保，则意味着股东和公司的财产构成混同，此时即应作为否定公司人格的重要证据，股东自无法再举证证明公司财产独立于股东个人的财产。本条第 2 句“公司因承担担保责任导致无法清偿其他

① 参见刘迎霜：《我国一人有限责任公司的立法设计》，载《政治与法律》2004 年第 3 期。

债务，提供担保时的股东不能证明公司财产独立于自己的财产”表达的是一个因果关系，即因“公司因承担担保责任导致无法清偿其他债务”导致“提供担保时的股东不能证明公司财产独立于自己的财产”，进而公司的其他债权人可主张股东承担连带责任，而不是表达其他债权人请求股东承担连带责任，必须同时满足“公司因承担担保责任导致无法清偿其他债务”和“提供担保时的股东不能证明公司财产独立于自己的财产”两个条件。此外，这里将承担连带责任的股东限制在“提供担保时”的股东。①

第十一条　公司的分支机构未经公司股东会或者董事会决议以自己的名义对外提供担保，相对人请求公司或者其分支机构承担担保责任的，人民法院不予支持，但是相对人不知道且不应当知道分支机构对外提供担保未经公司决议程序的除外。

金融机构的分支机构在其营业执照记载的经营范围内开立保函，或者经有权从事担保业务的上级机构授权开立保函，金融机构或者其分支机构以违反公司法关于公司对外担保决议程序的规定为由主张不承担担保责任的，人民法院不予支持。金融机构的分支机构未经金融机构授权提供保函之外的担保，金融机构或者其分支机构主张不承担担保责任的，人民法院应予支持，但是相对人不知道且不应当知道分支机构对外提供担保未经金融机构授权的除外。

担保公司的分支机构未经担保公司授权对外提供担保，担保公司或者其分支机构主张不承担担保责任的，人民法院应予支持，但是相对人不知道且不应当知道分支机构对外提供担保未经担保公司授权的除外。

公司的分支机构对外提供担保，相对人非善意，请求公司承担赔偿责任的，参照本解释第十七条的有关规定处理。

【条文主旨】

本条是关于公司分支机构提供担保的特殊规则的规定，解释《民法典》第 74 条与《公司法》第 15 条。

【规则变迁】

《最高人民法院关于审理经济合同纠纷案件有关保证的若干问题的规定》（以

① 参见最高人民法院民事审判第二庭编：《最高人民法院民法典担保制度司法解释理解与适用》，人民法院出版社 2021 年版，第 163 ~ 164 页。

下简称《保证规定》)[①] 第17条规定:“法人的分支机构未经法人同意，为他人提供保证的，保证合同无效，保证人不承担保证责任，但应当根据其过错大小，承担相应的赔偿责任。法人的分支机构管理的财产不足以承担赔偿责任的，由法人承担。金融部门的分支机构提供保证的，如无其他导致保证合同无效的因素，保证人应当承担保证责任。”

《担保法》《担保法解释》未再区分一般的法人分支机构和金融部门的分支机构，而是对法人的分支机构提供保证的情形进行了统一规定。《担保法》[②] 第10条规定:“企业法人的分支机构、职能部门不得为保证人。企业法人的分支机构有法人书面授权的，可以在授权范围内提供保证。”第29条规定:“企业法人的分支机构未经法人书面授权或者超出授权范围与债权人订立保证合同的，该合同无效或者超出授权范围的部分无效，债权人和企业法人有过错的，应当根据其过错各自承担相应的民事责任；债权人无过错的，由企业法人承担民事责任。”《担保法解释》[③] 第17条规定:“企业法人的分支机构未经法人书面授权提供保证的，保证合同无效。因此给债权人造成损失的，应当根据担保法第五条第二款的规定处理。企业法人的分支机构经法人书面授权提供保证的，如果法人的书面授权范围不明，法人的分支机构应当对保证合同约定的全部债务承担保证责任。企业法人的分支机构经营管理的财产不足以承担保证责任的，由企业法人承担民事责任。企业法人的分支机构提供的保证无效后应当承担赔偿责任的，由分支机构经营管理的财产承担。企业法人有过错的，按照担保法第二十九条的规定处理。”

《民法典担保制度解释》于本条区分金融机构的分支机构、担保公司的分支机构和一般公司的分支机构分别作了规定。

【理解与适用】

法人的分支机构，是指法人为了在空间上拓宽其业务活动范围，出资在一定区域设置的以完成法人部分职能的机构。法人的分支机构通常被称为代表处、分理处、分公司等。[④]《公司法》第13条第2款规定:“公司可以设立分公司。分公司不具有法人资格，其民事责任由公司承担。”《民法典》第102条对非法人组织的列举中没有法人的分支机构。由此可见，《民法典》并未将法人分支机构明确为非法人组织。《民法典》第74条规定:“法人可以依法设立分支机构。法律、行政法规规定分支机构应当登记的，依照其规定。分支机构以自己的名义从事民

① 已失效。
② 已失效。
③ 已失效。
④ 参见王利明主编:《中国民法典释评·总则编》，中国人民大学出版社2020年版，第177页。

事活动，产生的民事责任由法人承担；也可以先以该分支机构管理的财产承担，不足以承担的，由法人承担。”据此，公司的分支机构具有相对独立的民事主体地位，虽然公司的分支机构不具有民事权利能力，但在核准登记范围内，公司的分支机构以自己的名义从事民事活动，产生的民事责任由公司承担。①

一、公司分支机构对外担保的效力

依据《民法典》第74条的规定，公司的分支机构不具有民事权利能力②，也就不具有担保能力。由于法人的分支机构没有独立的财产，也不能独立地承担民事责任，《担保法》第10条中规定法人的分支机构不得为保证人，但为满足市场中分支机构独立开展营业活动的需求，《担保法》第10条中例外性地规定了“企业法人的分支机构有法人书面授权的，可以在授权范围内提供保证”。就分支机构未经法人书面授权或者超出授权范围所订立的保证合同的效力，《担保法》第29条中规定：“该合同无效或者超出授权范围的部分无效”，《担保法解释》第17条第1款中也明确：“企业法人的分支机构未经法人书面授权提供保证的，保证合同无效”。保证与担保物权都是以自己的责任财产增强债务履行的预期，二者并无本质上的区别。在《担保法》及《担保法解释》的路径下，如果公司的分支机构未经法人授权就以自己名义对外担保，该担保合同无效。

在法人不具备担保人资格的情形下，法人分支机构自无担保人资格。在法人具备担保人资格的情形下，法人分支机构签订担保合同必须获得法人的授权。在这一授权通常由法人的法定代表人实施的通常情形下，法律上对于法定代表人权限的限制也就影响着法人分支机构所提供担保的效果归属和效力判断。③ 公司分支机构为他人债务提供担保应经公司内部决策机构的决议。公司分支机构的权限，不能大于公司的权限，在公司权限受到限制的情形下，公司分支机构的权限至少应当受到同等限制。公司分支机构对外代表公司提供担保不仅要获得公司的个别授权，而且该授权本身也须经董事会或者股东会决议。④《民法典担保制度解释》第11条第1款据此规定：“公司的分支机构未经公司股东会或者董事会决议以自己的名义对外提供担保，相对人请求公司或者其分支机构承担担保责任的，

---

① 参见王利明主编：《中华人民共和国民法总则详解》（上册），中国法制出版社2017年版，第311页。

② 参见王利明主编：《中华人民共和国民法总则详解》（上册），中国法制出版社2017年版，第311页。

③ 参见最高人民法院民事审判第二庭编：《最高人民法院民法典担保制度司法解释理解与适用》，人民法院出版社2021年版，第169页。

④ 参见最高人民法院民事审判第二庭编：《最高人民法院民法典担保制度司法解释理解与适用》，人民法院出版社2021年版，第171页。

人民法院不予支持，但是相对人不知道且不应当知道分支机构对外提供担保未经公司决议程序的除外。”据此，公司的分支机构未经公司决议程序以自己的名义对外提供担保，如果公司不予追认，相对人请求公司或者其分支机构承担担保责任的，人民法院不予支持。同时，若相对人有理由相信签订担保合同的分支机构负责人有代理权，例如分支机构负责人出具了书面的公司决议以及授权证明，且相对人进行了合理审查，相对人即构成《民法典担保制度解释》第 7 条中的善意，公司或其分支机构应当承担担保责任。

二、金融机构的分支机构对外担保的效力

《保证规定》区分了一般的法人分支机构为他人担保与金融机构的分支机构为他人担保的效力，其第 17 条第 2 款规定一般的法人分支机构为他人提供的担保无效，而金融机构的分支机构提供保证的，如无其他导致保证合同无效的因素，保证人应当承担保证责任。《担保法》与《担保法解释》未再区分一般的法人分支机构和金融部门的分支机构，《担保法》第 29 条规定：“企业法人的分支机构未经法人书面授权或者超出授权范围与债权人订立保证合同的，该合同无效或者超出授权范围的部分无效”，《担保法解释》第 17 条第 1 款规定：“企业法人的分支机构未经法人书面授权提供保证的，保证合同无效”。在既往的实践中，关于金融机构的分支机构在没有授权的前提下提供的担保是否有效，取决于对《担保法》第 29 条、《担保法解释》第 17 条第 1 款及《保证规定》第 17 条第 2 款之间关系的不同认识。

一种观点认为，金融机构的分支机构有别于企业法人的分支机构，而《担保法》第 29 条、《担保法解释》第 17 条第 1 款所调整的对象是企业法人，金融机构的分支机构对外提供保证时仍应适用《保证规定》第 17 条第 2 款的规定。另一种观点则认为，在判断保证人资格时，金融部门的分支机构与企业法人的分支机构不应存在差别，而《担保法解释》是在《保证规定》之后生效，依据新法优于旧法的适用原则，此处所适用的应是《担保法解释》第 17 条第 1 款。

金融机构本身具有提供担保的权利能力和行为能力，在其为他人债务提供担保时，也就无须按照《公司法》第 15 条的规定提供相关决议。《商业银行法》第 21 条规定：“经批准设立的商业银行分支机构，由国务院银行业监督管理机构颁发经营许可证，并凭该许可证向工商行政管理部门办理登记，领取营业执照。”第 22 条第 2 款“商业银行分支机构不具有法人资格，在总行授权范围内依法开展业务，其民事责任由总行承担。”其他金融法律、法规中亦有类似规定。金融机构的分支机构提供担保也有其特殊性。《民法典担保制度解释》第 11 条第 2 款规定：“金融机构的分支机构在其营业执照记载的经营范围内开立保函，或者经有权从事担保业务的上级机构授权开立保函，金融机构或者其分支机构以违反公司

法关于公司对外担保决议程序的规定为由主张不承担担保责任的，人民法院不予支持。金融机构的分支机构未经金融机构授权提供保函之外的担保，金融机构或者其分支机构主张不承担担保责任的，人民法院应予支持，但是相对人不知道且不应当知道分支机构对外提供担保未经金融机构授权的除外。”由此可见，其一，金融机构的分支机构在其营业执照记载的经营范围内开立保函的，就表明金融机构已经就该分支机构对外提供担保作出书面授权，只不过属于概括授权而已。其二，金融机构分支机构的营业执照记载的经营范围中，不包括开立保函的，经有权从事担保业务的上级机构授权可以开立保函，此时也无须金融机构依据《公司法》第15条的规定提供相关决议。其三，金融机构分支机构提供保函之外的担保应经金融机构授权。此时的授权无须金融机构通过董事会或者股东会以公司决议的形式为之，而仅须由法定代表人代表金融机构为之。在解释上，既已超出其正常的业务范围，金融机构对其分支机构的授权就应当是个别授权。

三、担保公司的分支机构对外担保的效力

担保公司本身具有提供担保的权利能力和行为能力，在其为他人债务提供担保时，也就无须按照《公司法》第15条的规定提供相关决议。担保公司的分支机构提供担保也就有其特殊性。《民法典担保制度解释》第11条第3款规定：“担保公司的分支机构未经担保公司授权对外提供担保，担保公司或者其分支机构主张不承担担保责任的，人民法院应予支持，但是相对人不知道且不应当知道分支机构对外提供担保未经担保公司授权的除外。”由此可见，虽然担保公司分支机构的营业执照记载了担保业务，但亦不能视为担保公司已就其分支机构对外提供担保进行了概括授权。考虑到担保公司本身对外提供担保无须公司决议，且其从事的大多是非标准化的担保行为，担保公司分支机构代表担保公司对外提供担保亦无须公司决议，但须取得担保公司的个别授权。①

四、公司分支机构签署的担保合同对公司不生效力的法律后果

《民法典担保制度解释》第11条第2款、第3款相对于第1款，属于特别规定，自应优先于第1款而适用。依据《民法典担保制度解释》第11条第4款的规定，“公司的分支机构对外提供担保，相对人非善意，请求公司承担赔偿责任的，参照本解释第十七条的有关规定处理”。这里，“相对人非善意”是指排除前三款中的但书所述情形。在解释上，相对人非为善意时，担保合同对公司不发生效力，但在效果上参照担保合同无效规则进行处理，适用《民法典担保制度解释》

---

① 参见最高人民法院民事审判第二庭编：《最高人民法院民法典担保制度司法解释理解与适用》，人民法院出版社2021年版，第167页、第172页。

第17条第1款。一般情形之下，对于担保合同对公司不发生效力，债权人与担保人均有过错，因此，公司承担的赔偿责任不应超过债务人不能清偿部分的1/2。

第十二条　法定代表人依照民法典第五百五十二条的规定以公司名义加入债务的，人民法院在认定该行为的效力时，可以参照本解释关于公司为他人提供担保的有关规则处理。

【条文主旨】

本条是关于债务加入准用担保规则的规定，解释《民法典》第552条与《公司法》第15条。

【规则变迁】

《民商事审判会议纪要》第23条指出："法定代表人以公司名义与债务人约定加入债务并通知债权人或者向债权人表示愿意加入债务，该约定的效力问题，参照本纪要关于公司为他人提供担保的有关规则处理。"本条对此全盘吸收。

【理解与适用】

债务加入，又名并存的债务承担，是指第三人加入债的关系之中，与原债务人一起向债权人承担同一债务的情形。[①]《民法典》之前的民事立法未在债务承担制度中明确规定债务加入，引发了有关原《合同法》第84条免责债务承担规则能否调整债务加入的讨论，但学说与实践均肯定第三人在债务人不脱离债之关系的情形下加入成为连带债务人。[②] 在传统债法理论看来，债务加入与免责的债务承担共同构成债务移转制度。[③] 但新近有观点指出，债务加入未发生债务的移转，

① 参见崔建远：原《合同法》（第四版），北京大学出版社2021年版，第282页。债务加入在《民法典》之前并无规定，该概念为江苏省高级人民法院首次明确提出，其在《关于适用〈中华人民共和国合同法〉若干问题的讨论纪要（一）》（苏高发审委［2005］16号）第17条规定："债务加入是指第三人与债权人、债务人达成三方协议或第三人与债权人达成双方协议或第三人向债权人单方承诺由第三人履行债务人的债务，但同时不免除债务人履行义务的债务承担方式。"

② 参见杨明刚：《合同转让论》，中国人民大学出版社2006年版，第220页；韩世远：《合同法总论（第四版）》，法律出版社2018年版，第626页；肖俊：《〈合同法〉第84条（债务承担规则）评注》，载《法学家》2018年第2期。

③ 参见［德］迪尔克·罗歇尔德斯：《德国债法总论（第7版）》，沈小军、张金海译，中国人民大学出版社2014年版，第408页。

债之内容也没有发生变更，不宜将其定位于债的移转或变更制度，而应属多数人之债的制度范畴。①《民法典》首次以实证法的形式在“合同的变更和转让”章第552条明确规范了债务加入，在解释上可以认为新的债务人加入属于债之主体的变更②，继承原《合同法》第84条而来的《民法典》第551条仅指免责的债务承担的情形。

一、债务加入的担保属性

债权的实现取决于债务人的信用程度。当严守“债是法锁”的教义逐渐松动，债务人得以将自身债务转由他人承担，但债权人将面临新的承担者信用状况不明的风险，此项不利不应由债权人负担，因此在免责的债务承担中需以债权人同意为必要。而在并存的债务承担中，虽然第三人负担了同一性的债务，但债务人犹在债之关系当中，第三人加入其中增加了为债权提供一般担保的责任财产，在保障债权实现方面与典型人的担保——保证担保异曲同工。正基于此，学说上多认为债务加入具有担保债权实现的功能。③ 史尚宽先生甚至认为加入债务的第三人就是“以担保为目的”④。裁判实践亦早有“债务加入实质为一种担保”之类的认识。

由于债务加入与人的担保具有相近的增加责任财产的功能，当事人可能不愿意受到保证期间等保证法上限制性规则的约束，债务加入在法律实务中被广泛作为有效的增信措施加以运用。但与《民法典》确认的保证担保相比，债务加入在成立形式、资格要求、债务属性、存续期间以及当事人权利义务配置等方面都存在差异。最为核心者，在于债务之间的从属性。《民法典》第682条第1款第1句明定：“保证合同是主债权债务合同的从合同。”在解释上应认为是保证之债从属于主债权债务，保证之债在发生、范围与强度、效力、移转与消灭等方面的命运系于主债。⑤ 而第三人加入债务后与债务人承担连带责任，相当于“复制”一项

---

① 参见郑玉波：《民法债编总论（修订二版）》，中国政法大学出版社2004年版，第454页；史尚宽：《债法总论》，中国政法大学出版社2000年版，第751页；［日］我妻荣：《新订债权总论》，王燚译，中国法制出版2008年版，第505页；朱广新：《合同法总则研究》（下册），中国人民大学出版社2018年版，第504页；夏昊晗：《债务加入法律适用的体系化思考》，载《法律科学（西北政法大学学报）》2021年第3期。

② 参见王洪亮：《债法总论》，北京大学出版社2016年版，第471页；梁慧星：《合同通则讲义》，人民法院出版社2021年版，第272页。

③ 参见孙森焱：《民法债编总论》（下册），法律出版社2006年版，第980页；韩世远：《合同法总论（第四版）》，法律出版社2018年版，第634页。

④ 参见史尚宽：《债法总论》，中国政法大学出版社2000年版，第750～751页。德国学者也认为，第三人加入债务的经济目的就在于为债权人提供担保，参见［德］迪特尔·梅迪库斯：《德国债法总论》，杜景林、卢谌译，法律出版社2004年版，第623页。

⑤ 参见高圣平：《担保法论》，法律出版社2009年版，第86页。

债务至第三人处，第三人对债权人的债务相对独立于原债务发展。唯有从属性体现之处，止于债务加入时，其需以作为加入对象的他人债务有效成立为前提。[①]除此之外，债权人可以依据《民法典》第552条请求债务人或第三人履行债务，对第三人主张权利不存在顺序上的要求或限制，如此与保证所具有的补充性特征相区别。

债务加入与保证在功能上的相似以及二者在基本属性上的差异，影响了理论上如何界定债务加入的看法。有观点认为，尽管债务加入增加了担保债权实现的责任财产，但鉴于债务加入不具备从属性与补充性的特征，债务加入不能作为典型担保措施对待。[②]债务加入在客观上具有保障债权实现的作用与功能，并不表明其就是担保措施，毋宁说其担保功能是该项制度客观、必然和附从的延伸作用，与债的保全、民事责任等制度无异。[③]与之相反的看法认为，第三人加入债务的目的多为担保债权实现，如此自应尊重第三人的意志；债务加入与连带责任保证都具有补充性与从属性的特性，二者所形成的三方利益结构相似，债务加入亦应被纳入人的担保之列。[④]比较法上承认债务加入人保属性的立法例逐渐增多。[⑤]部分著述则直接将债务加入属于担保措施的一种，将“约定并存债务承担”放置于“特殊保证及其他形态之人保”的体系之下进行展开。[⑥]此外，还有学者持折中观点认为，可以将债务加入界定为介于保证和独立保证之间的一种人保方式[⑦]，或是在狭义担保界定下认为债务加入是典型保证方式以外的增信措施，能够增加债务人信用和保障债权人债权实现。[⑧]

就债务加入是否属于担保措施的分歧，归根到底同论者所持担保观念有关，在法律适用层面则关涉债务加入是否得以与担保制度规则相对接。不可否认的是，债务加入具有明显且相较于连带责任保证效力更强的担保功能，在《民法典》背景下认可债务加入作为一种非典型人的担保措施似无不可。

一方面，从我国《民法典》第386条和第681条关于“担保物权”及“保证

---

① 参见史尚宽：《债法总论》，中国政法大学出版社2000年版，第752页。

② 参见崔建远：《“担保”辨——基于担保泛化弊端严重的思考》，载《政治与法律》2015年第12期。

③ 参见陈国军：《债务加入的独立性辩析》，载《政治与法律》2022年第12期。

④ 参见刘刚、季二超：《债务加入类推适用的对象、范围和限度》，载《人民司法》2020年第13期。

⑤ 如《欧洲示范民法典草案》（DCFR）第IV. G. –1：102条第1款、《奥地利民法典》第1347条将债务加入与保证一并规定于第三编第一章“权利和义务的强化”。

⑥ 参见陈自强：《违约责任与契约解消》，我国台湾地区元照出版公司2018年版，第339页以下。

⑦ 参见夏昊晗：《债务加入法律适用的体系化思考》，载《法律科学（西北政法大学学报）》2021年第3期。

⑧ 参见刘保玉、梁远高：《“增信措施”的担保定性及公司对外担保规则的适用》，载《法学论坛》2021年第2期。

合同”定义的思路不难看出，担保人承担责任的形式均是实现“担保财产”“履行债务或者承担责任”，就后者而言最终也是落实到财产责任的承担。“担保”的概念内核即为“财产责任的承担”。《民法典》担保制度吸收功能主义立法思路，在第388条第1款将“其他具有担保功能的合同”纳入担保合同的范畴，以担保功能为导向为散落于合同编中的所有权保留、融资租赁、保理等实践中常见的非典型担保形式提供了适用担保制度规则的规范基础。① 债务加入与保证在促进债权实现方面的内在机制相同，核心均在于“财产责任的承担”，以非典型人保界定债务加入具有正当性。如此看来，《民法典》采行的是较为宽泛的广义担保观念，即令债权人能在债务人总财产不能清偿债务时更多获得受偿者为担保制度。② 从实用主义的角度出发，债务加入因其担保功能使其在《民法典》第388条第1款之下被作为担保合同规制，即使坚持担保功能与担保效果相区分的狭义担保观，债务加入也由此获得了担保规则的适用可能性。③

另一方面，自处理债务加入纠纷的裁判规则观察，司法实践已经基本认可了债务加入的担保属性。在保证方式中，连带责任保证与债务加入的“面貌”最为相似，至于法律效果，两者之间在一般意义上也并无差别，均是第三人对原债务人的债务承担连带责任。基于债务加入与保证的相似性，且公司加入债务比对外保证所承担的责任更重，《民商事审判会议纪要》第23条规定：“法定代表人以公司名义与债务人约定加入债务并通知债权人或者向债权人表示愿意加入债务，该约定的效力问题，参照本纪要关于公司为他人提供担保的有关规则处理。”该条确立的债务加入准用担保规则被《民法典担保制度解释》第12条吸收。“参照”作为立法者“评价性质的归类行为”，彰显了债务加入与保证在规范评价上的相似性。④ 最高人民法院也在个案中表示，“与债务加入在法律性质上最为接近并且有明确法律规定的应为连带责任保证法律关系，可参照适用担保法的相关规定”⑤。

二、债务加入对于担保规则的参照适用和类推适用

“担保”本身即为一个功能性的法律概念，无法通过构造主义的方式完全界定。以前《民法典》时代的典型担保措施审视债务加入，后者无疑不符合担保方

---

① 参见王利明：《担保制度的现代化：对〈民法典〉第388条第1款的评析》，载《法学家》2021年第1期。

② 参见谢在全：《担保物权制度的成长与蜕变》，载《法学家》2019年第1期。

③ 参见冯洁语：《民法典视野下非典型担保合同的教义学构造——以买卖型担保为例》，载《法学家》2020年第6期。

④ 参见［德］卡尔·拉伦茨：《法学方法论》，黄家镇译，商务印书馆2020年版，第2页。

⑤ 最高人民法院（2019）最高法民再236号民事判决书。

式的界定要求，由此也断绝了债务加入与担保制度衔接的可能。实际上，拒绝视债务加入为担保措施背后隐含的主张在于，不符合狭义担保观眼中担保的全部规格要求，就不宜作为担保对待，进而不应适用《民法典》有关担保的规定，以免导致不当的后果。① 不过，非典型担保融入《民法典》带来的不仅仅是担保立法模式的更新问题，还引发了非典型担保及其与典型担保规则的衔接与适用问题。即使将债务加入界定为非典型人的担保措施，也不意味着债务加入可以适用保证的全部规则，二者法律效果上的差异决定了具体规则适用时必然需要斟酌损益。

其一，保证人资格限制的规定。基于担保活动的特殊性，《民法典》第683条、《民法典担保制度解释》第5条至第12条对特殊场景下的担保人资格作出了相应限制，保证人资格自应受其限制。② 既然债务加入的功能在于提供担保，考虑到第三人在债务加入中可能承担的责任整体上还要重于保证，保证人资格的禁止性规定也完全适用于债务加入③，以达到维护上述承担公共服务的主体财产利益不受损害、维护公共利益的目的。④ 在技术路径上可以通过目的性扩张的解释方法，将债务加入人作为“非典型保证人”并为“保证人”的概念所涵涉，如此亦可避免为当事人变相利用债务加入而规避保证人的资格限制提供机会。⑤ 裁判实践亦同此见解。反对的观点指出，债务加入的核心功能在于为了自己的利益加入原债务，而非为了担保他人之债，如此并不违背禁止担任保证人主体的成立目的及从事工作的性质。⑥ 此种观点以第三人对加入债务须有直接利益为立论基础，显然受德国民法学说的影响，但第三人提供保证与加入债务的动机兼具多样性，利己或利他均无不可。

其二，保证合同的要式性规则。基于保证合同的风险性、单务性与无偿性，《民法典》第685条规定保证合同的要式性，以书面形式向保证人呈现合同内容、明晰责任范围，避免保证人轻率缔约而承受与其利益失衡的负担。⑦《民法典》第552条未就债务加入的要式性作出规定，此前理论上倾向于不以要式性规制债务加入的形式。⑧ 裁判实践就此亦有分歧。德国学说认为，第三人加入债务的动机

---

① 崔建远：《“担保”辨———基于担保泛化弊端严重的思考》，载《政治与法律》2015年第12期。

② 参见高圣平：《民法典担保人资格的解释论》，载《荆楚法学》2022年第1期。

③ 参见夏昊晗：《债务加入法律适用的体系化思考》，载《法律科学（西北政法大学学报）》2021年第3期。

④ 参见李伟平：《债务加入对保证合同规则的参照适用》，载《中国政法大学学报》2022年第4期。

⑤ 参见刘保玉、梁远高：《“增信措施”的担保定性及公司对外担保规则的适用》，载《法学论坛》2021年第2期。

⑥ 参见陈国军：《债务加入的独立性辨析》，载《政治与法律》2022年第12期。

⑦ 参见王蒙：《论保证的书面形式》，载《清华法学》2021年第5期。

⑧ 参见王洪亮：《债法总论》，北京大学出版社2016年版，第471页；王利明：《债法总则研究（第二版）》，中国人民大学出版社2018年版，第635页。

显然有别于利他的保证，是为自身利益而为，故而不需要给予要式的保护以提醒第三人谨慎行事。[①] 而既然我国《民法典》第134条明确民事法律行为奉行形式自由原则，位于分则编的债务加入在无专门规定时自应适用该项原则，形式上不以书面形式为要。[②]《民法典》颁行后，学界观点更多转向要式说，理由仍在于债务加入与保证相比对第三人带来更重的负担，而第三人有无自身利益，不是要式与否的决定性因素。[③] 在立法对保证施以要式强制的情况下，自然没有理由对债务加入奉行形式自由，否则存在价值判断冲突，而且也会导致法律规避行为，通过要式保护保证人的规范目的也将落空。[④] 本书支持要式性观点。虽然《民法典》第681条、第685条第2款规定的保证合同成立方式与第552条所定债务加入的类型在形式上有所区别，但无论是第三人与债权人之间形成合意，还是第三人单方向债权人作出意思表示，其产生约束力的民法原理并无二致，应当基于体系解释将保证合同的要式性要求适用至债务加入。

其三，保证期间的规定。《民法典》第692条第1款中规定："保证期间是确定保证人承担保证责任的期间"。在解释上，保证期间仅是确定保证人承担保证责任的期间，保证人是否最终承担保证责任处于"待确定"状态，须在保证期间内基于债权人单方的特定行为以最终确定保证人承担或不承担保证责任。[⑤] 就保证期间规则能否适用于债务加入，理论上已有否定的共识观点，其理由略谓：债务加入中第三人所负为独立债务，在时间上仅受诉讼时效的限制；[⑥] 保证期间旨在督促债权人及时行使对保证人的权利，而第三人与债务人并存之地位决定了无需给第三人以给付顺位上的优待，立法上对保证人的政策考量不当然适用于第三人；[⑦] 如果类推适用法定保证期间的规定，第三人将得到不当的优待，对债权人有失公平；[⑧] 实践中，当事人选择债务加入正是基于规避保证期间的限制。[⑨]

---

① 参见［德］迪特尔·梅迪库斯：《德国债法分论》，杜景林、卢谌译，法律出版社2007年版，第420页；［德］迪尔克·罗歇尔德斯：《德国债法总论（第7版）》，沈小军、张金海译，中国人民大学出版社2014年版，第413页。

② 参见陈国军：《债务加入的独立性辩析》，载《政治与法律》2022年第12期。

③ 参见刘刚、季二超：《债务加入类推适用的对象、范围和限度》，载《人民司法》2020年第13期。

④ 参见夏昊晗：《债务加入法律适用的体系化思考》，载《法律科学（西北政法大学学报）》2021年第3期。

⑤ 参见高圣平：《民法典上保证期间的效力及计算》，载《甘肃政法大学学报》2020年第5期。

⑥ 参见黄薇主编：《中华人民共和国民法典合同编释义》，法律出版社2020年版，第203页。

⑦ 参见朱奕奕：《并存的债务承担之认定——以其与保证之区分为讨论核心》，载《东方法学》2016年第3期。

⑧ 参见刘保玉、梁远高：《"增信措施"的担保定性及公司对外担保规则的适用》，载《法学论坛》2021年第2期。

⑨ 参见李伟平：《债务加入对保证合同规则的参照适用》，载《中国政法大学学报》2022年第4期。

其四，保证人抗辩的规定。基于保证的从属性，保证人可以主张债务人对债权人的抗辩，即使债务人已主动放弃亦可主张。依据《民法典》第553条，新债务人可以主张原债务人对债权人的抗辩，但不得主张原债务人对债权人的抵销权。此处第三人可援引的债务人抗辩事由仅限于债务加入成立前。① 基于连带债务的原理，除《民法典》第520条规定的连带债务中产生绝对效力的事项外，原债务人放弃债务加入时存在的抗辩的，债务加入人依然可以向债权人主张该抗辩。② 至于债务加入后的第三人抗辩问题，第三人加入债务后负担的债务独立发展，所生抗辩事由自得为第三人主张。不过，第三人向债权人主张抗辩算作类推适用保证人抗辩的规定，还是基于债务转移、连带债务等其他制度规则，不无可议。③

三、债务加入准用公司担保规则的具体展开

债务加入人承担的责任远远重于保证人承担的责任。根据举轻以明重的原理，既然为他人债务提供担保都要按照《公司法》第15条的规定经过公司担保决策机关决议通过，那么，作为债务加入人的公司，加入他人的债务，当然也应遵守《公司法》第15条的规定。④ 因此，人民法院在认定该行为的效力时，可以参照本解释关于公司为他人提供担保的有关规则处理。无论是法定代表人以公司名义签署债务加入合同还是对外的债务加入承诺，在保护公司利益的同时当然应当维护相对人的合理信赖。即当法定代表人未经公司担保决议程序，超越代表权限以公司名义加入他人债之关系，在认定越权债务加入的效力方面，应当参照适用《民法典担保制度解释》第7条之规定，依据相对人的主观状态确定债务加入对公司的效力：其一，相对人善意的，构成表见代表，债务加入合同或承诺对公司发生效力，公司作为债务加入人与原债务人承担连带责任；其二，相对人恶意的，不构成表见代表，债务加入合同或单方承诺对公司不生效力，公司未加入他人债之关系。

值得注意的是，《民法典担保制度解释》本条规定，以公司名义加入债务的，"可以参照"关于公司为他人提供担保的有关规则处理。这表明，就以公司名义

---

① 参见［日］我妻荣：《新订债权总论》，王燚译，中国法制出版社2008年版，第509页；黄茂荣：《债法通则之三：债之保全、移转及消灭》，厦门大学出版社2014年版，第142页；朱广新、谢鸿飞主编：《民法典评注·合同编·通则》（2），中国法制出版社2020年版，第116页（肖俊执笔）。

② 参见夏昊晗：《债务加入法律适用的体系化思考》，载《法律科学（西北政法大学学报）》2021年第3期。

③ 参见夏昊晗：《债务加入法律适用的体系化思考》，载《法律科学（西北政法大学学报）》2021年第3期；李伟平：《债务加入对保证合同规则的参照适用》，载《中国政法大学学报》2022年第4期。

④ 参见最高人民法院民事审判第二庭编：《最高人民法院民法典担保制度司法解释理解与适用》，人民法院出版社2021年版，第176页。

加入债务而言，法院依然需要依据具体情形判断是否适用《公司法》第 15 条和《民法典担保制度解释》有关公司担保的规定。如甲公司因欠乙公司 100 万元货款，在货款到期前，乙公司又欠丙公司货款 100 万元。甲乙公司达成协议，通过甲加入乙对丙的债务的方式，甲和乙的债权消灭。在这种情形，甲公司的债务加入行为与担保没有任何关系，其目的是消灭甲和乙之间的债务，所以甲公司在作出债的加入决议时，无须参照本解释关于公司为他人提供担保的有关规则。①

第十三条　同一债务有两个以上第三人提供担保，担保人之间约定相互追偿及分担份额，承担了担保责任的担保人请求其他担保人按照约定分担份额的，人民法院应予支持；担保人之间约定承担连带共同担保，或者约定相互追偿但是未约定分担份额的，各担保人按照比例分担向债务人不能追偿的部分。

同一债务有两个以上第三人提供担保，担保人之间未对相互追偿作出约定且未约定承担连带共同担保，但是各担保人在同一份合同书上签字、盖章或者按指印，承担了担保责任的担保人请求其他担保人按照比例分担向债务人不能追偿部分的，人民法院应予支持。

除前两款规定的情形外，承担了担保责任的担保人请求其他担保人分担向债务人不能追偿部分的，人民法院不予支持。

【条文主旨】

本条是关于共同担保人之间的追偿权的规定，系对《民法典》第 392 条、第 699 条的解释。

【规则变迁】

关于共同担保人之间能否相互追偿，历经了《担保法》及《担保法解释》《物权法》《民法典》三个阶段。

就共同保证而言，《担保法》第 12 条规定：“同一债务有两个以上保证人的，保证人应当按照保证合同约定的保证份额，承担保证责任。没有约定保证份额的，保证人承担连带责任，债权人可以要求任何一个保证人承担全部保证责任，保证人都负有担保全部债权实现的义务。已经承担保证责任的保证人，有权向债务人追偿，或者要求承担连带责任的其他保证人清偿其应当承担的份额。”《担保

① 参见高圣平、谢鸿飞、程啸：《最高人民法院民法典担保制度司法解释理解与适用》，中国法制出版社 2021 年版，第 71 页（谢鸿飞执笔）。

法解释》第19条规定："两个以上保证人对同一债务同时或者分别提供保证时，各保证人与债权人没有约定保证份额的，应当认定为连带共同保证。连带共同保证的保证人以其相互之间约定各自承担的份额对抗债权人的，人民法院不予支持。"第20条规定："连带共同保证的债务人在主合同规定的债务履行期届满没有履行债务的，债权人可以要求债务人履行债务，也可以要求任何一个保证人承担全部保证责任。连带共同保证的保证人承担保证责任后，向债务人不能追偿的部分，由各连带保证人按其内部约定的比例分担。没有约定的，平均分担。"这里将保证人之间追偿权的行使增加了"向债务人不能追偿的部分"的限制。

《民法典》第699条规定："同一债务有两个以上保证人的，保证人应当按照保证合同约定的保证份额，承担保证责任；没有约定保证份额的，债权人可以请求任何一个保证人在其保证范围内承担保证责任。"这里改变了《担保法》和《担保法解释》按份共同保证和连带共同保证非此即彼的区分，当事人之间没有约定各保证人承担保证责任份额的，不再推定为连带共同保证，从而形成了按份共同保证、不真正连带共同保证和连带共同保证的区分。① 《民法典担保制度解释》基于此，将保证人之间的相互追偿关系仅限于连带共同保证的情形，同时，将构成连带共同保证的情形限定于三种情形：担保人之间约定承担连带共同保证；担保人之间约定可以相互追偿；各担保人在同一份合同书上签字、盖章或者按指印。此外，《民法典担保制度解释》采纳了《担保法解释》第20条将保证人之间追偿权的范围限制于"向债务人不能追偿的部分"。

就混合共同担保而言，《担保法》第28条规定："同一债权既有保证又有物的担保的，保证人对物的担保以外的债权承担保证责任。债权人放弃物的担保的，保证人在债权人放弃权利的范围内免除保证责任。"虽然该条在文义上并不清晰，但《担保法解释》第38条第1款规定："同一债权既有保证又有第三人提供物的担保的，债权人可以请求保证人或者物的担保人承担担保责任。当事人对保证担保的范围或者物的担保的范围没有约定或者约定不明的，承担了担保责任的担保人，可以向债务人追偿，也可以要求其他担保人清偿其应当分担的份额。"作为对前者的解释，该条明确肯定了担保人之间的内部追偿权。

《物权法》第176条②规定："被担保的债权既有物的担保又有人的担保的，债务人不履行到期债务或者发生当事人约定的实现担保物权的情形，债权人应当按照约定实现债权；没有约定或者约定不明确，债务人自己提供物的担保的，债权人应当先就该物的担保实现债权；第三人提供物的担保的，债权人可以就物的

① 参见黄薇主编：《中华人民共和国民法典解读·合同编》（上），中国法制出版社2020年版，第732页。

② 现为《民法典》第392条。

担保实现债权，也可以要求保证人承担保证责任。提供担保的第三人承担担保责任后，有权向债务人追偿。”这里，第二句仅规定担保人有权向主债务人追偿，但并未对共同担保人之间是否存在追偿权表态。《民商事审判会议纪要》第56条规定：“被担保的债权既有保证又有第三人提供的物的担保的，担保法司法解释第38条明确规定，承担了担保责任的担保人可以要求其他担保人清偿其应当分担的份额。但《物权法》第176条并未作出类似规定，根据《物权法》第178条关于‘担保法与本法的规定不一致的，适用本法’的规定，承担了担保责任的担保人向其他担保人追偿的，人民法院不予支持，但担保人在担保合同中约定可以相互追偿的除外。”该条指出《物权法》第176条虽未正面回应，但依据《物权法》第178条，《担保法》及《担保法解释》的规定不应再适用，若不存在特别约定，则混合共同担保人之间不得相互追偿。

《民法典》第392条相较《物权法》也没有作出实质变化，仍然对该问题语焉不详。《民法典担保制度解释》于本条将担保人之间的相互追偿关系仅限于以下三种情形：担保人之间约定承担连带责任；[①] 担保人之间约定可以相互追偿；各担保人在同一份合同书上签字、盖章或者按指印。此外，《民法典担保制度解释》沿袭了《担保法解释》第20条的规定，将担保人之间追偿权的范围限制于“向债务人不能追偿的部分”。

【理解与适用】

一、共同担保人之间原则上不得相互追偿

（一）关于共同担保人之间内部追偿关系的理论争议

学界对共同担保人间得否相互追偿的学说大致可区分为肯定说与否定说。[②]

否定说的主要理由有三：

第一，承认担保人之间的追偿关系欠缺法理基础。[③] 一方面，“各担保人没有共同担保的意思表示，相互之间并非当然的共同担保关系，更不能将各自的担保

---

① 虽然《民法典担保制度解释》第14条第1款仅规定“担保人之间约定承担连带共同保证”，在解释上，在混合共同担保中，担保人之间约定承担连带责任的，担保人之间自然存在相互追偿关系，此为基于《民法典》第518条和第519条所得出的解释结论。

② 也有学者将学界观点整理为四种，在肯定说和否定说外又归纳出“暧昧说”与“折中说”，但实际上此二者在观点和论证理由上仍然贴近否定说。参见崔建远：《混合共同担保人相互间无追偿权论》，载《法学研究》2020年第1期。

③ 参见黄薇主编：《中华人民共和国民法典解读·物权编》，中国法制出版社2020年版，第579页。

责任因担保人的复数而简单推定为连带担保责任"①，不宜将并存的人保与物保看作是连带共同债务。② 另一方面，也不能依不真正连带责任理论来合理地解释保证人与物上保证人之间的追偿关系。③

第二，承认担保人之间的追偿关系有违当事人的真实意思。各自独立的担保人之本意在于承担全部担保责任，彼此之间并无连带负责及向其他担保人追偿的意思。④ 承认保证人与物上保证人之间的追偿关系毋宁是"法律强行地在各个担保人为债权人提供担保时在担保人之间也设立了互相担保"⑤。担保人在提供担保时就明知其承担担保责任后对债务人的追偿权存在风险，令全体担保人共同分担这种风险并无根据。⑥

第三，担保人之间的追偿关系不能类推适用共同保证的相关规则。人保与物保性质完全不同，将两者等同并使保证人与物上保证人互负债务，则"物保对物上保证人而言将失去屏障作用"⑦。更有观点认为，共同保证人的相互追偿规则本身就缺乏理论依据。⑧

但肯定说对上述观点亦可逐一反驳，笔者亦采肯定说，以下逐一回应：

第一，虽然人保和物保并存时，各担保人之间如无约定，在表面上看来确实不存在任何法律关系，但"为同一债务担保"的共同目标实际上已经使他们之间建立了联系。在解释上，确实不宜通过连带债务或不真正连带债务证成追偿权，但是，因为同一债务提供担保的事实而使各担保人与债权人之间构成担保之连带或竞合。⑨ 这一"担保之连带"并无须当事人作出约定，也并不意味着各担保人

---

① 王昌颖：《人保与物保并存时担保人之间追偿权初探——对物权法第一百七十六条的比较分析》，载《人民法院报》2013 年 4 月 3 日，第 007 版。

② 参见李红建、雷新勇：《人保与第三人物保的相互追偿及担保物权未设立的责任问题探讨》，载《法律适用》2014 年第 8 期。

③ 参见李红建、雷新勇：《人保与第三人物保的相互追偿及担保物权未设立的责任问题探讨》，载《法律适用》2014 年第 8 期。

④ 参见崔建远：《物权：规范与学说——以中国物权法的解释论为中心》，清华大学出版社 2011 年版，第 753 页；

⑤ 江海、石冠彬：《论混合共同担保——兼评〈物权法〉第 176 条》，载《海南大学学报（人文社会科学版）》2012 年第 3 期。

⑥ 参见全国人民代表大会常务委员会编（胡康生主编）：《中华人民共和国物权法释义》，法律出版社 2007 年版，第 381 页；尹田：《物权法》，北京大学出版社 2013 年版，第 509 页。

⑦ 参见李红建、雷新勇：《人保与第三人物保的相互追偿及担保物权未设立的责任问题探讨》，载《法律适用》2014 年第 8 期。

⑧ 江海、石冠彬：《论混合共同担保——兼评〈物权法〉第 176 条》，载《海南大学学报（人文社会科学版）》2012 年第 3 期。作者并专门探讨以《物权法》第 176 条的规则修改《担保法》上共同保证人之间的求偿规则。参见石冠彬、江海：《论共同保证法律规则的重构——兼评〈物权法〉第 176 条》，载陈小君主编：《私法研究》（第 16 卷），法律出版社 2014 年版，第 44 页以下。

⑨ 参见郑冠宇：《再论担保之竞合》，载《山东科技大学学报（社会科学版）》2010 年第 5 期。

之间构成相互担保或者反担保。在法理上，还有另外一个论证路径。满足了债权人权利主张请求的担保人，可以代位行使债权人对债务人的权利，包括该债务人为该债务所设定的担保权利。此即所谓担保人的清偿承受权（代位权）。追偿权人在追偿范围内才代位承受债权人的权利，追偿权人对于其他担保人在追偿范围内，成立多数各别之债，追偿权人不得因其承受债权人的权利而对其他担保人主张全部给付请求权。

第二，在担保人得知还有其他担保人时，每个担保人的真实意思其实是“因为还存在其他担保人，我肯定不会承担全部的担保责任”？此时，承担担保人之间的追偿关系，让他们共同分担风险，并没有超出各担保人提供担保时的预期，因为每个担保人所承担的担保责任均小于其在提供担保时所意欲承担的担保责任。允许债权人任意选向保证人或物上保证人主张权利，又不规定担保人间可透过追偿权分担风险，是规则上的不协调。① 基于保证人与物上保证人的平等地位，由二者合理分担风险才符合公平原则。② 从效率的角度，允许追偿的规则更符合担保人利益与心意，可以避免投机行为以及担保人（在不允许追偿的规则下）另行约定而增加的交易成本。③

第三，保证人与物上保证人之间法律地位平等，即双方应平等（绝非数量上平等）地承担责任。④ 就担保债权实现而言，人保与物保并无实质上的区别，保证人与物上保证人均系以自己的责任财产为债权提供担保，债权人均是就担保人的责任财产主张权利。准此，在法律上对人保、物保并存时的担保人追偿关系未作规定的情况下，类推适用共同保证的相关规则并无障碍。

从一定程度上讲，肯定共同担保人之间的追偿权符合公平正义，有助于防止道德风险，与域外通行做法一致，可以起到鼓励担保的作用。⑤

（二）《民法典担保制度解释》的司法态度

本条第 3 款规定：“除前两款规定的情形外，承担了担保责任的担保人请求其他担保人分担向债务人不能追偿部分的，人民法院不予支持。”这里，原则上否认了共同担保人间的相互追偿权。

---

① 参见孙毅：《混合共同担保法律问题之思考》，载《第五届“罗马法·中国法与民法法典化”国际研讨会论文集》，中国政法大学出版社 2014 年版，第 132 ~ 148 页。

② 孙鹏：《论保证与物的担保并存时之责任——兼析债权人担保维持义务之确立》，载《月旦民商法》2007 年第 16 期。

③ 贺剑：《走出共同担保人内部追偿的“公平”误区——〈物权法〉第 176 条的解释论》，载《法学》2017 年第 3 期。

④ 参见程啸：《混合共同担保中担保人的追偿权与代位权——对〈物权法〉第 176 条的理解》，载《政治与法律》2014 年第 6 期。

⑤ 参见王利明：《民法典物权编应规定混合共同担保追偿权》，载《东方法学》2019 年第 5 期。

第一，在共同保证的情形，《民法典》第699条规定：“同一债务有两个以上保证人的，保证人应当按照保证合同约定的保证份额，承担保证责任；没有约定保证份额的，债权人可以请求任何一个保证人在其保证范围内承担保证责任。”这里改变了《担保法》和《担保法解释》按份共同保证和连带共同保证非此即彼的区分，当事人之间没有约定各保证人承担保证责任的份额的，不再推定为连带共同保证，从而形成了按份共同保证、不真正连带共同保证和连带共同保证的区分。第699条中规定：“没有约定保证份额的，债权人可以请求任何一个保证人在其保证范围内承担保证责任”，此时为不真正连带，保证人之间不可相互追偿。①《民法典担保制度解释》基于此，将保证人之间的相互追偿关系仅限于连带共同保证的情形。

《民法典》第700条规定：“保证人承担保证责任后，除当事人另有约定外，有权在其承担保证责任的范围内向债务人追偿，享有债权人对债务人的权利，但是不得损害债权人的利益。”这里明确承认了保证人的清偿承受权（代位权），但是基于“享有债权人对债务人的权利”，尚无法得出承担了保证责任的保证人可以向其他保证人行使内部追偿权的结论。② 同时，第392条所涉的人的担保中多个保证人之间有无相互追偿权应与混合共同担保作体系化解释，人的担保中的多个保证人之间也不应该有相互追偿权，除非当事人特别约定。这样，在连带共同保证情形下，若多个保证人之间明确约定为连带共同保证，可以参照适用《民法典》第519条关于连带债务的规则，保证人相互之间有追偿权；若当事人之间没有约定，则保证人相互之间无追偿权。③ 综上，本条第1款与第3款吸收了《民商事审判会议纪要》第56条的精神，共同担保人若无明确约定追偿权，则承担了担保责任的担保人不得向其他担保人追偿。

第二，穷尽解释方法无法从《民法典》第392条中解释出追偿权。一方面，条文文义上并未提及担保人之间内部追偿问题。另一方面，是否承认担保人之间内部追偿权是价值判断问题，与体系解释无关；④ 仅仅凭借《民法典》第392条在民法体系中的位置难以认定立法者的意图。⑤ 结合全国人大常委会法工委主编的《中华人民共和国物权法释义》来看，《民法典》实际上否认了共同担保人间

---

① 参见黄薇主编：《中华人民共和国民法典解读·合同编》（上），中国法制出版社2020年版，第732页。

② 笔者不赞成这一解释结论。

③ 参见黄薇主编：《中华人民共和国民法典解读·合同编》（上），中国法制出版社2020年版，第732页。

④ 参见贺剑：《走出共同担保人内部追偿的“公平”误区——〈物权法〉第176条的解释论》，载《法学》2017年第3期。

⑤ 参见杨代雄：《共同担保人的相互追偿权——兼论我国民法典分则相关规范的设计》，载《四川大学学报（哲学社会科学版）》2019年第3期。

的相互追偿权。“除非当事人之间另有约定，各担保人提供的担保具有独立性，担保人之间互相没有意思联络，因此没有法律关系的存在，要求各担保人之间相互追偿，实质是法律强行在各担保人之间设定相互担保，要求各担保人承担连带责任。这意味着，没有履行担保义务的担保人除为债务人提供担保外，还必须为其他担保人提供担保，这既违背担保人的初衷，也不合法理”①。

二、共同担保人间相互追偿权的例外承认

《民法典担保制度解释》基于《民法典》第 518 条第 2 款关于“连带债权或者连带债务，由法律规定或者当事人约定”的规定，明确担保人之间是否存在内部追偿关系以法律规定或者当事人约定担保人之间存在连带关系为前提，否定当事人之间未作约定时的推定连带规则。《民法典担保制度解释》于本条将担保人之间的相互追偿关系仅限于以下三种情形：担保人之间约定承担连带责任或者连带共同保证；担保人之间约定可以相互追偿；各担保人在同一份合同书上签字、盖章或者按指印。

如前所述，在担保人得知还有其他担保人时，其真实意思应是共同分担风险。关于共同担保的“共同性”，理论上存在主观说和客观说。前者认为只要担保人不存在意思联络，各担保人就单独承担责任；后者则认为担保人或担保财产为复数，且为同一债务担保时就构成共同担保。②《民法典担保制度解释》于本条第 2 款规定：“同一债务有两个以上第三人提供担保，担保人之间未对相互追偿作出约定且未约定承担连带共同担保，但是各担保人在同一份合同书上签字、盖章或者按指印，承担了担保责任的担保人请求其他担保人按照比例分担向债务人不能追偿部分的，人民法院应予支持。”虽然各担保人可能没有明确约定追偿权且未约定承担连带共同担保，但若各担保人在同一合同书上签字、盖章或者按指印，可以确认当事人之间存在意思联络，此时认为担保人之间共担风险并无不妥，故应承认相互追偿权的存在。

三、担保人相互追偿权的行使

共同担保中各担保人间的相互追偿权仅在明确约定或同债同签时成立，紧接着问题在于如何确定担保人的追偿数额。

（一）担保人追偿权的行使前提

《民法典担保制度解释》于本条规定：“同一债务有两个以上第三人提供担

① 黄薇主编：《中华人民共和国民法典解读 · 物权编》，中国法制出版社 2020 年版，第 579 页。

② 参见谢鸿飞：《共同担保一般规则的建构及其限度》，载《四川大学学报（哲学社会科学版）》2019 年第 4 期。

保，担保人之间约定相互追偿及分担份额，承担了担保责任的担保人请求其他担保人按照约定分担份额的，人民法院应予支持；担保人之间约定承担连带共同担保，或者约定相互追偿但是未约定分担份额的，各担保人按照比例分担向债务人不能追偿的部分。”（第 1 款）“同一债务有两个以上第三人提供担保，担保人之间未对相互追偿作出约定且未约定承担连带共同担保，但是各担保人在同一份合同书上签字、盖章或者按指印，承担了担保责任的担保人请求其他担保人按照比例分担向债务人不能追偿部分的，人民法院应予支持。”（第 2 款）这里延续了《担保法解释》的司法态度，将承担了担保责任的担保人向其他担保人行使追偿权，限定于“向债务人不能追偿的部分”。其唯一的正当性在于避免循环追偿，如经向主债务人追偿即能满足其代偿金额，即无须再向其他担保人追偿；即使向主债务人追偿仅能部分满足其代偿金额，也在一定程度上减少了追偿的环节。

但是，这一判断仍然有欠妥当。在主债务人未能如期履行主债务的情形下，主债务人已经陷入债务危机，其清偿能力即至为可疑。此际，强制性地要求承担了担保责任的担保人先向主债务人追偿，如主债务人陷入破产，是否待到主债务人破产清算终结才能向其他担保人追偿，不无疑问。即使主债务人尚未进入破产清算程序，承担了担保责任的担保人向主债务人追偿仅能部分满足其代偿金额，再向其他担保人追偿，其他担保人分担担保责任之后，再向主债务人追偿，在程序和总体成本上并未实质性地减少。

（二）担保人追偿数额的计算

本条第 1 款是各担保人明确约定追偿权的情形，此时按照约定份额追偿是应然之理；若仅约定了承担连带责任或约定了相互追偿权但未明确约定份额，则按比例分担。本条第 2 款是各担保人未明确约定追偿权但在同一合同上签字、盖章或捺印的情形，自然不会约定份额，此时也按比例分担。这里的“按照比例分担”应区分三种情形：

1. 保证人之间的分担比例

保证人之间的分担比例以各保证合同中约定的担保债权额的占比为计算基础。如保证人甲与债权人约定仅就原本债权 1000 万提供担保，保证人乙与债权人约定就原本债权 1000 万和所有从债权提供担保（经计算合计为 1200 万）。保证人乙承担保证责任之后，向主债务人追偿得款 400 万，就其未获清偿的 800 万，有权向保证人甲追偿的金额应为 800 × ［1000 ÷（1000 + 1200）］ = 363.6 万。如保证人甲和保证人乙均提供的是无限保证，即保证担保的范围均为“主债权及其利息、违约金、损害赔偿金和实现债权的费用”，则保证人之间的分担比例为 50%。从表面上看均承担无限保证责任的保证人之间系以人数为基础平均计算各保证人之间的内部应分担额，在解释上，也系以各保证人承担的保证债务数额为基础依比例分担制而为计算，只不过此时各保证人承担的保证债务数额相同而已，可见，表面上以人数为基础的平均计算实际上也是比例分担制。

表1：保证人之间追偿数额的计算

	甲应分担额	乙应分担额
甲、乙均提供无限保证时	向主债务人追偿不能的代偿金额×［甲的担保债权额÷(甲的担保债权额+乙的担保债权额)］	向主债务人追偿不能的代偿金额×［乙的担保债权额÷(甲的担保债权额+乙的担保债权额)］
甲、乙均提供有限保证时	向主债务人追偿不能的代偿金额×50%	向主债务人追偿不能的代偿金额×50%
甲提供无限保证、乙提供有限保证时	向主债务人追偿不能的代偿金额×［甲的担保债权额÷(甲的担保债权额+乙的担保债权额)］	向主债务人追偿不能的代偿金额×［乙的担保债权额÷(甲的担保债权额+乙的担保债权额)］

2. 保证人与物上保证人之间的分担比例

保证人与物上保证人之间的分担比例有如下几种方案：第一种是按照人数进行平均分摊；① 第二种是原则应按照人数来分担担保责任，但如物上保证人有数人时，就保证人负担的担保责任之外的其他担保责任，则应按照各物上保证人提供的担保财产来代位债权人；② 第三种是依保证人应负的担保责任与担保财产的价值或限定的担保金额的比例而确定，担保财产的担保债权额少于担保财产价值的，则应以该债权额为准。

笔者认为，人的担保系以保证人的责任财产为基础保证主债务的履行，是为"人之无限责任"，而物的担保系仅就担保财产本身或一定的主债务限额提供担保，实则"物之有限责任"③，因此，所谓人的担保责任与物的担保责任平等，仅仅只是在外部关系上实现顺序上的平等，债权人可选择向保证人或物上保证人主张权利，但并不表明担保人之间的内部关系上应平均分担担保责任，各担保人承担担保责任自有其约定或推定的范围，实有责任大小之分。准此，以各担保人承

---

① 参见史尚宽：《债法总论》，中国政法大学出版社2000年版，第811页。郑玉波：《民法债编各论》（下册），我国台湾地区作者印行1981年版，第857页；林诚二：《民法债编各论》（下），我国台湾地区瑞兴图书股份有限公司2002年版，第315页。

② ［日］我妻荣：《新订债法总论》，王燚译，中国法制出版社2008年版，第232～233页；［日］於保不二雄：《日本民法债权总论》，庄胜荣校订，我国台湾地区五南图书出版公司1998年版，第369页。

③ 参见谢在全：《民法物权论（修订五版）》（中册），中国政法大学出版社2011年版，第653～654页；

担的具体担保责任为基础的比例分担制，具有正当性。据此，笔者曾经主张：保证人与物上保证人责任分担的计算，因担保财产的价值与担保债权额的关系不同而有别，同时允许当事人作出例外安排。

表2：保证人与物上保证人之间追偿数额的计算①

	保证人应分担额	物上保证人应分担额
担保财产的价值小于或等于担保债权额时	向主债务人追偿不能的代偿金额×［保证债权额÷（保证债权额＋担保财产的价值）］	向主债务人追偿不能的代偿金额×［担保财产的价值÷（保证债权额＋担保财产的价值）］
担保财产的价值大于担保债权额时	向主债务人追偿不能的代偿金额×［保证债权额÷（保证债权额＋物的担保债权额）］	向主债务人追偿不能的代偿金额×［物的担保债权额÷（保证债权额＋物的担保债权额）］

上述计算公式是否适用于保证人为复数或/和物上保证人为复数时各担保人应分担额的计算，存在疑问。就此，学说上素有“人保群团与物保群团之分担计算说”“人保群团与物保个别责任分担计算说”“物保群团与人保个别责任分担计算说”“个别担保人分担计算说”等观点之争。其中，“人保群团与物保群团之分担计算说”认为，人保与物保本身属性不同，“共同保证人之间仅需连带负担一个履行责任”而共同抵押人之间实为“共同负清偿一个债权额之责任”，因而在计算混合共同担保人之间的应分担额时，全体共同保证人与全体物上保证人应作为两个群团，先确定两个群团彼此应当分担的内部数额之后，再在群团内部计算各个保证人或抵押物所应分担的具体数额。“人保群团与物保个别责任分担计算说”认为，人保为债的连带，因债之满足保证责任可予直接消灭；物保为物的连带，债务完全清偿后也仍需通过物保之从属性解释担保责任消灭之原因。由此，物上保证部分仅能采取个别物上保证人责任分担方式计算应分担额；人保部分应作为一个整体首先计算全体保证人与各物上保证人之间的应分担额，再在全体保证人内部计算各保证人的应分担额。“物保群团与人保个别责任分担计算说”认为，每一连带责任保证人均在主债务届期未获清偿时与主债务人负同一清偿责任，系每一连带责任保证人所个别应负的履行责任，而全部物上保证人应以各担保物价值之合计金额为计算基础。因此，在计算混合共同担保中担保人之间的应

① 参见高圣平：《混合共同担保之研究——以我国〈物权法〉第176条为分析对象》，载《法律科学（西北政法大学学报）》2008年第2期。

分担额时，首先应算出全体物上保证人所提供的担保责任数额与每一位连带责任保证人所应承担的履行责任数额的比例及其分担额后，再就全体物上保证人内部计算各位物上保证人应分担的金额。“个别担保人分担计算说”则认为，人保与物保均系担保人以其自身财产提供担保，共同保证人对于债权人亦系负担多个内容相同的保证债务，其与共同抵押并无本质上的不同。为寻求实质公平，避免两个群团内因人数不同而产生不均衡的分担结果，在应分担额的计算上似采个别担保人分担计算方式更为妥当。

笔者认为，共同保证与共同抵押内部均采比例分担制计算担保人内部的应分担额，在混合共同担保的情形，不管保证人或物上保证人为单数还是复数，均应以每一担保人所承担的担保责任为基础按比例而计算应分担额，如此，才符合共同担保共同保证与共同抵押内部的比例分担法理。由此，笔者倾向于赞成“个别担保人分担计算说”①。

3. 物上保证人之间的分担比例

物上保证人系仅就担保财产本身或一定的主债务限额提供担保，实则“物之有限责任”②，担保财产的价值与担保债权额之间的关系影响着物上保证人之间分担比例的计算。

如担保财产的价值小于担保债权额，物上保证人仅以担保财产的价值为限承担担保责任，对于超过担保财产价值的担保债权额部分，物上保证人并无清偿义务，在计算其分担比例时，应以担保财产的价值为计算基数，而不能以其担保债权额为计算基数。

如担保财产的价值大于担保债权额，物上保证人仅以担保债权额为限承担担保责任，对于超过担保债权额的担保财产价值部分，物上保证人并无物上债务，在计算其分担比例时，应以其担保债权额为计算基数，而不能以担保财产的价值为计算基数。

表3：物上保证人之间追偿数额的计算

	甲应分担额	乙应分担额
甲、乙担保财产的价值均小于或等于担保债权额时	向主债务人追偿不能的代偿金额×［甲担保财产的价值÷(甲担保财产的价值+乙担保财产的价值)］	向主债务人追偿不能的代偿金额×［乙担保财产的价值÷(甲担保财产的价值+乙担保财产的价值)］

① 就此，本书不作展开论述，留待专文讨论。

② 参见谢在全：《民法物权论（修订五版）》（中册），中国政法大学出版社2011年版，第653～654页；

续表

	甲应分担额	乙应分担额
甲、乙担保财产的价值均大于担保债权额时	向主债务人追偿不能的代偿金额×［甲的担保债权额÷（甲的担保债权额+乙的担保债权额）］	向主债务人追偿不能的代偿金额×［乙的担保债权额÷（甲的担保债权额+乙的担保债权额）］
甲担保财产的价值小于或等于担保债权额、乙担保财产的价值大于担保债权额时	向主债务人追偿不能的代偿金额×［甲担保财产的价值÷（甲担保财产的价值+乙的担保债权额）］	向主债务人追偿不能的代偿金额×［乙的担保债权额÷（甲担保财产的价值+乙的担保债权额）］

第十四条　同一债务有两个以上第三人提供担保，担保人受让债权的，人民法院应当认定该行为系承担担保责任。受让债权的担保人作为债权人请求其他担保人承担担保责任的，人民法院不予支持；该担保人请求其他担保人分担相应份额的，依照本解释第十三条的规定处理。

【条文主旨】

本条是关于担保人受让主债权的法律后果的规定，系对《民法典》第524条、第547条和第700条的限缩解释。

【规则变迁】

本条系新增规定。

【理解与适用】

一、债权依约定或法定转让对于从权利的影响

本条前段规定："同一债务有两个以上第三人提供担保，担保人受让债权的，人民法院应当认定该行为系承担担保责任。受让债权的担保人作为债权人请求其他担保人承担担保责任的，人民法院不予支持"。这里的"受让债权"既包括依法律行为而受让债权的情形，也包括非依法律行为而受让债权的情形。前者涉及《民法典》第547条第1款；后者涉及《民法典》第524条和第700条。

《民法典》第547条第1款规定："债权人转让债权的，受让人取得与债权有关的从权利，但是该从权利专属于债权人自身的除外。"这里的文义较为清晰。债权人与受让人依约定转让债权的，受让人取得与债权有关的从权利。这里的"从权利"主要是担保权利，如保证债权和担保物权。本条并不排斥担保人作为受让人。在担保人作为受让人时，是否也取得"与债权有关的从权利"，不无疑问。

《民法典》第524条规定："债务人不履行债务，第三人对履行该债务具有合法利益的，第三人有权向债权人代为履行；但是，根据债务性质、按照当事人约定或者依照法律规定只能由债务人履行的除外。债权人接受第三人履行后，其对债务人的债权转让给第三人，但是债务人和第三人另有约定的除外。"这里，第2款所规定的债权转让属于法定转让，转让的效果跟约定的债权转让效果相同。在解释上，第三人受让债权之后，自当取得与债权有关的从权利，包括保证债权和担保物权。抵押人作为第三人，对履行债务享有合法利益，因为抵押人代偿之后，主合同消灭，抵押权也消灭。标的物上的抵押权负担消灭，变成清洁的所有权。同时，抵押权所担保的债务也不构成根据债务性质、按照当事人约定或者依照法律规定只能由债务人履行的债务。因此，抵押人有权代为履行主债务。债权人接受抵押人履行后，其对债务人的债权转让给抵押人。此时，抵押人是否也取得"与债权有关的从权利"，不无疑问。

《民法典》第700条规定："保证人承担保证责任后，除当事人另有约定外，有权在其承担保证责任的范围内向债务人追偿，享有债权人对债务人的权利，但是不得损害债权人的利益。"这里明确了保证人的清偿承受权（又称保证人代位权）。保证人承担保证责任后，自得享有债权人对债务人的权利。此属于债权的法定转让，在法律效果上同于债权的约定转让。保证人此际是否取得担保主债权的其他保证债权和担保物权？

《民法典担保制度解释》于本条专门规定："担保人受让债权的，人民法院应当认定该行为系承担担保责任"。在解释上，担保人之一受让债权，担保人的担保债务与债权人的担保债权同归于担保人，发生混同，依据《民法典》第557条第1款第5项的规定，债权债务终止。因此，担保人之一受让债权，并非真正的债权转让行为，而仅相当于担保人与债权人协议承担担保责任，因此并不发生债权转让的法律后果，担保人仅是以支付债权转让款的方式承担了担保责任，并没有真正取得被担保债权。① 担保人受让债权的行为仅发生担保责任消灭或者部分

① 参见高圣平、谢鸿飞、程啸：《最高人民法院民法典担保制度司法解释理解与适用》，中国法制出版社2021年版，第124页（谢鸿飞执笔）。

消灭的效果，担保人无权以债权人的身份请求其他担保人向其承担担保责任。[①] 既然受让人并非受让债权，也就无法基于《民法典》第 547 条第 1 款的规定取得“与债权有关的从权利”，亦即不能基于担保从属性原则对其他担保人主张担保责任。至于将担保人受让主债权解释为承担担保责任之后，是否可得基于其对债权人地位的法定承受而对其他担保人主张分担请求权，则由本条后段解决。

二、担保人受让债权时对其他担保人的分担请求权

本条后段规定：“该担保人请求其他担保人分担相应份额的，依照本解释第十三条的规定处理”。这里继续贯彻限制担保人之间内部求偿关系的基本思想。

在《民法典担保制度解释》看来，在担保人受让债权之时，无论是约定转让还是法定转让，均不适用《民法典》第 524 条、第 547 条和第 700 条，而仅能基于共同担保关系，向其他担保人行使分担请求权。从而，担保人受让债权时对其他担保人的分担请求权与不发生债权转让时担保人之间的分担请求权，均基于同一请求权基础。如此，担保人之间是否存在分担请求权，以及分担请求权的行使，则参照适用《民法典担保制度解释》第 13 条。

在《民法典担保制度解释》第 13 条之下，受让债权的担保人仅在以下三种情形下可以向其他担保人行使分担请求权：担保人之间约定承担连带责任或者连带共同保证；担保人之间约定可以相互追偿；各担保人在同一份合同书上签字、盖章或者按指印。

第十五条　最高额担保中的最高债权额，是指包括主债权及其利息、违约金、损害赔偿金、保管担保财产的费用、实现债权或者实现担保物权的费用等在内的全部债权，但是当事人另有约定的除外。

登记的最高债权额与当事人约定的最高债权额不一致的，人民法院应当依据登记的最高债权额确定债权人优先受偿的范围。

【条文主旨】

本条是关于最高额担保中最高债权额范围的规定，系对《民法典》第 420 条、第 690 条的解释。

---

① 参见最高人民法院民事审判第二庭编：《最高人民法院民法典担保制度司法解释理解与适用》，人民法院出版社 2021 年版，第 190 页。

【规则变迁】

《担保法》第14条规定："保证人与债权人可以就单个主合同分别订立保证合同，也可以协议在最高债权额限度内就一定期间连续发生的借款合同或者某项商品交易合同订立一个保证合同。"第59条规定："本法所称最高额抵押，是指抵押人与抵押权人协议，在最高债权额限度内，以抵押物对一定期间内连续发生的债权作担保。"

《民法典》第420条第1款规定："为担保债务的履行，债务人或者第三人对一定期间内将要连续发生的债权提供担保财产的，债务人不履行到期债务或者发生当事人约定的实现抵押权的情形，抵押权人有权在最高债权额限度内就该担保财产优先受偿。"第690条第1款规定："保证人与债权人可以协商订立最高额保证的合同，约定在最高债权额限度内就一定期间连续发生的债权提供保证。"

上述规定中的"最高债权额"是"债权总额最高额"还是"本金最高额"，不无疑问。本条即确定"最高债权额"的含义。

【理解与适用】

一、最高额保证所担保的最高债权额

（一）最高额保证所担保的"最高债权额"的解释

最高额保证，是指保证人与债权人约定，就债权人与主债务人之间在一定期间内连续发生的债务，约定最高债权额限度，由保证人承担保证责任的合同。《民法典》第690条第1款规定："保证人与债权人可以协商订立最高额保证的合同，约定在最高债权额限度内就一定期间连续发生的债权提供保证。"最高债权额限度的存在是最高额保证与普通保证的主要区别。

对最高额保证中"最高债权额"，应注意把握如下几个方面：第一，"最高债权额"是指最高额保证中的债权确定期间届满时，通过决算所确定债权人实际享有的债权余额的最高限额，而非指债权累计发生额，即"最高额保证所担保的债务为一定期间内连续发生的债务，不是多笔债务的简单累加，而是债务整体"①。第二，"债权余额"是指在一定期间内连续发生的债权与已清偿债务的余额，而

① 参见山西省高级人民法院（2016）晋民终493号民事判决书。

非指该期间内已经到期的债权余额。[①] 第三，最高债权限额不仅指原本债权，除当事人另有约定外，应包括原本债权与从债权在内。[②]

（二）当事人就“最高债权额”另有约定的效力

就当事人约定最高债权额指最高本金债权额的，实践中存在两种不同的观点：

一种观点认为，最高额保证合同是指保证人在最高债权额限度内就一定期间内连续发生的不特定债权提供保证的担保合同。最高额保证中的“最高额”应指保证人所担保债权的最高限度额，决定着保证人承担保证责任的最大限度。当事人约定最高债权额是指最高本金债权额，未就全部债权余额设定最高限额，突破了法律规定，不符合最高额保证合同的本质要求，该约定的最高本金余额应视为最高债权限额。

另一种观点认为，应当承认此类约定的效力。最高额保证合同中的“最高限额”有本金最高限额与债权最高限额之分。依本金最高限额，则最高限额仅指本金部分，但最高额保证效力及于利息、违约金、实现债权费用部分，此时，最高限额与保证范围并不相同；依债权最高限额，则最高限额包括本金、利息、违约金、实现债权费用的总计金额，此时，最高限额与保证范围是同一的。最高额保证合同的不特定债权确定后，保证人应对在最高债权额限度内就一定期间连续发生的债权余额承担保证责任。所谓不特定债权确定，应当指本金。因为到决算期，只有本金才能确定，而利息、违约金、实现债权费用是无法确定的，故该条所称债权可以理解为本金，此类案件应当按本金最高限额作出判决。

实践中，基于综合授信的需要，当事人之间在最高额担保合同中往往约定“本金最高额”。就此，《民法典》第420条、第690条所称的“最高债权额”，究竟是“债权总额最高额”还是“本金最高额”，不无疑问。《民法典担保制度解释》于本条专门规定，最高额担保中的最高额是指包括主债权及其利息、违约金、损害赔偿金、保管担保财产和实现债权或担保物权的费用等在内的全部债权，但是并不排斥当事人另外作出约定。也就是说，“最高债权额”原则上是“债权总额最高额”，但当事人可以约定是“本金最高额”。基于保证与抵押、质押的不同，《民法典担保制度解释》采取了不同的处理方案：对于最高额保证而言，依当事人之间的最高额保证合同的约定认定“最高债权额”的含义，未作约定的，为“债权总额最高额”；对于最高额抵押和最高额质押而言，因为涉及登

① 参见最高人民法院（2007）民二终字第36号民事判决书，载《最高人民法院公报》2008年第2期。

② 参见山东省淄博市博山区人民法院（2008）博民初字第386号民事判决书，载《人民法院案例选》2008年第4辑。

记公示，当事人之间就“最高债权额”的约定仅具相对效力，以登记的最高债权额确定债权人优先受偿的范围。基于此，以下主要以最高额抵押为例，对最高额抵押、质押中的关键问题展开讨论。

二、最高额抵押权所担保的最高债权额

最高额抵押权是一种特殊的抵押权形式，《民法典》第420条第1款对最高额抵押权进行了界定：“为担保债务的履行，债务人或者第三人对一定期间内将要连续发生的债权提供担保财产的，债务人不履行到期债务或者发生当事人约定的实现抵押权的情形，抵押权人有权在最高债权额限度内就该担保财产优先受偿。”由此可见，最高额抵押是为一定范围内的债权所提供的担保。该“一定范围”受到“最高债权额限度”“一定期间”“连续发生”三方面的限制。与一般抵押权相比，最高额抵押权的特点是：第一，最高额抵押权的从属性较为缓和；第二，最高额抵押权的特定性表现在抵押财产和抵押担保债权特定上；第三，最高额抵押权须预先设定最高债权限额；第四，最高额抵押权的实现以对债权进行决算为必要。

在最高额抵押合同中，当事人须约定最高债权限额，否则最高额抵押权未有效设立，其意义在于限定债权的最大范围，满足物权公示的需要。但就“最高债权额”是“债权最高额”还是“本金最高额”，实践中的理解并不一致。

一种观点认为，“最高债权额限度”是指最高额抵押权所担保的主债权的最高额，包括原本债权和附属债权。最高额抵押权人享有的优先受偿权应限于最高额抵押合同约定的债权最高限额，其余部分不得向抵押人主张。

另一种观点认为，“最高债权额限度是指债权最高限额”并不构成物权法定的内容，应允许当事人约定该限额是“本金最高额”。如当事人已经在最高额抵押合同中作了如是约定，只要最高额抵押权确定时本金余额未超过约定的限额，最高额抵押权人即有权就包括本金在内的全部债权以抵押物的变价款优先受偿。

《民法典担保制度解释》本条第1款原则采“债权总额最高额说”。若当事人并无特别约定，最高额担保所担保的债权范围，可以包括原本债权及利息、违约金、损害赔偿金、保管担保财产、实现债权的费用等从债权，但总计不得超过约定的最高债权限额。其理由在于：最高额担保所担保的非为特定的债务，而系一定范围内的不特定债务。由此而决定，在最高额担保合同订立之初尚须确定担保人的最高风险——“最高债权额”，以使担保人作出理性判断。如当事人之间在最高额担保合同中约定，最高债权额仅指“本金最高额”的，从其约定。

但由于最高额不动产抵押权尚须登记，原国土资源部发布的《不动产登记簿样式（试行）》之中“抵押权登记信息”中仅设计了“被担保主债权数额（最高债权数额）”，如勾选“最高债权额”，并在其中填写具体数字，从中无法得知是

"债权总额最高额"还是"本金最高额"，则依"债权最高额"加以认定。如最高额抵押合同中约定，该具体数额仅为"本金最高额"，则造成抵押合同约定的内容和登记的内容不一致。就此，裁判中一般认为，不动产登记簿记载不动产抵押担保的最高限额即为载明的最高额，抵押权人只能在最高限额内享有优先受偿权。但当事人在最高额抵押合同中约定的"最高债权额"与登记机构登记的"最高债权数额"不一致时，实践中存在不同观点：

一种意见认为，应以最高额抵押合同中双方约定为准。其主要理由在于：其一，尊重当事人的意思自治和合同约定。当事人签订的《最高额抵押合同》约定了抵押担保范围为主合同项下债务人应承担的全部债务，包括从债权，抵押担保的最高债权额限度为两项确定的债权金额之和，即抵押合同所担保债权的最高本金余额与抵押担保范围中的利息、费用等之和，此约定系当事人的真实意思表示，其内容亦无违反法律法规的效力性强制性规定，对缔约当事人均具有法律约束力。其二，《物权法》第173条和《担保法》第46条对当事人约定最高额抵押中"最高额"的限额方式并未作出限制性规定，当事人约定本金所衍生的利息、罚息、复利亦在抵押范围，该约定是双方当事人真实意思表示，不违反法律、法规的强制性规定，亦不违反最高额抵押制度设立的宗旨。其三，他项权证中记载的"债权数额"为被担保的债权本金，而非抵押担保的债权范围。因办理抵押登记时案涉贷款尚未发放，并未发生利息及相关费用，故根据《物权法》第173条和第203条第1款的规定和当事人的约定，该他项权证记载的"债权数额"应理解为所担保债权的最高本金余额。其四，抵押权设立时不能确定抵押担保债权具体数额。从常理分析，在设定抵押之时亦不可能确定担保债权的本息等数额。

另一种观点认为，应依登记簿的记载为准，主要理由是：其一，依据物权公示原则，担保的债权范围应根据不动产登记簿记载来确定。当抵押房产他项权登记证书上记载的内容与在房产局备案的抵押担保合同约定的内容不一致时，不宜视在房产局备案的抵押担保合同同样具有公示的效力从而按抵押担保合同约定的内容确定抵押权的内容。其二，根据《物权法》第203条和《担保法解释》第83条第2款的规定，最高额抵押是指抵押人与抵押权人协议，在最高债权额限度内，以抵押物对一定期间内连续发生的债权作担保，因此，最高额抵押实质是最高担保债权额范围的抵押，抵押权人只能以最高担保债权额为限就抵押物行使权利，超出部分债权额为普通债权，不受最高额抵押权所担保。

《民法典担保制度解释》于本条第2款规定："登记的最高债权额与当事人约定的最高债权额不一致的，人民法院应当依据登记的最高债权额确定债权人优先受偿的范围。"这里认为，若登记的最高债权额与约定不一致，应以登记为准。其理由在于：依据物权公示原则，担保的债权范围应根据不动产登记簿记载来确定。

值得注意的是，如最高额抵押合同中约定为“本金最高额”，但登记簿的记载被认定为“债权总额最高额”，依本条第2款的规定，债权人仅能依据登记的最高债权额优先受偿。就超出登记的最高债权额的部分，依本条第1款的规定，仍然在当事人之间发生效力，仍然可就抵押财产的变价款受偿，只不过不能优先受偿而已。此外，抵押人系以抵押财产的价值为限对主债务承担有限责任，超出登记的最高债权额的部分不能就抵押财产的变价款受偿的，抵押人不负清偿责任。

第十六条　主合同当事人协议以新贷偿还旧贷，债权人请求旧贷的担保人承担担保责任的，人民法院不予支持；债权人请求新贷的担保人承担担保责任的，按照下列情形处理：

（一）新贷与旧贷的担保人相同的，人民法院应予支持；

（二）新贷与旧贷的担保人不同，或者旧贷无担保新贷有担保的，人民法院不予支持，但是债权人有证据证明新贷的担保人提供担保时对以新贷偿还旧贷的事实知道或者应当知道的除外。

主合同当事人协议以新贷偿还旧贷，旧贷的物的担保人在登记尚未注销的情形下同意继续为新贷提供担保，在订立新的贷款合同前又以该担保财产为其他债权人设立担保物权，其他债权人主张其担保物权顺位优先于新贷债权人的，人民法院不予支持。

【条文主旨】

本条是关于“借新还旧”中担保人责任承担的规定，系对《民法典》第682条、第388条、第393条的解释。

【规则变迁】

《担保法》第30条规定：“有下列情形之一的，保证人不承担民事责任：（一）主合同当事人双方串通，骗取保证人提供保证的；（二）主合同债权人采取欺诈、胁迫等手段，使保证人在违背真实意思的情况下提供保证的。”第24条规定：“债权人与债务人协议变更主合同的，应当取得保证人书面同意，未经保证人书面同意的，保证人不再承担保证责任。保证合同另有约定的，按照约定。”第5条第1款规定：“担保合同是主合同的从合同，主合同无效，担保合同无效。担保合同另有约定的，按照约定。”针对“借新还旧”的情形，《担保法解释》第39条在前两条的基础上规定：“主合同当事人双方协议以新贷偿还旧贷，除保证人知道或者应当知道的外，保证人不承担民事责任。新贷与旧贷系同一保证人的，不适用前款的规定。”

本条第1款源自《担保法解释》第39条，并将其扩及物上担保。《民法典》第393条规定：“有下列情形之一的，担保物权消灭：（一）主债权消灭；（二）担保物权实现；（三）债权人放弃担保物权；（四）法律规定担保物权消灭的其他情形。”第695条规定：“债权人和债务人未经保证人书面同意，协商变更主债权债务合同内容，减轻债务的，保证人仍对变更后的债务承担保证责任；加重债务的，保证人对加重的部分不承担保证责任。债权人和债务人变更主债权债务合同的履行期限，未经保证人书面同意的，保证期间不受影响。”

针对“借新还旧”的情形，“旧贷”因清偿而消灭，担保“旧贷”清偿的担保物权是否随同消灭？《民商事审判会议纪要》第57条规定：“贷款到期后，借款人与贷款人订立新的借款合同，将新贷用于归还旧贷，旧贷因清偿而消灭，为旧贷设立的担保物权也随之消灭。贷款人以旧贷上的担保物权尚未进行涂销登记为由，主张对新贷行使担保物权的，人民法院不予支持，但当事人约定继续为新贷提供担保的除外。”本条第2款系《民商事审判会议纪要》第57条基础上发展而来，同时明确，担保“新贷”清偿的担保物权的顺位维系以原来因“旧贷”而为的担保物权登记时点。

【理解与适用】

一、“借新还旧”的性质和认定

“借新还旧”，又称“以贷还贷”，是指债权人与债务人在旧的贷款尚未清偿的情况下，再次签订贷款合同，以新贷出的款项清偿部分或者全部旧的贷款的行为。信贷实践中的通常做法是，贷款到期之后，在借款人没有偿还能力时，借款人与贷款人相互协商，再另外签订一份借款合同，再次设定担保，通过这种方式在形式上还清了原贷款，而且，借款人和贷款人在新借款合同中通常并不写明借款目的为还“旧贷”。对于“借新还旧”的性质及其对担保责任的影响，在实践中存在较大争议。

（一）“借新还旧”的性质

对于“借新还旧”的性质，实践中存在分歧：一种观点认为，借新还旧系贷款到期不能按时收回，金融机构又向原贷款人发放贷款用于归还原贷款的行为。借新还旧与贷款人用自有资金归还贷款，从而消灭原债权债务的行为有着本质的区别。虽然新贷代替了旧贷，但贷款人与借款人之间的债权债务关系并未消除，客观上只是以新贷的形式延长了旧贷的还款期限，故借新还旧的贷款本质上是旧贷的一种特殊形式的展期。另一种观点认为，借新还旧是在旧贷款尚未清偿的情况下，借贷双方再次签订贷款合同，以新贷出的款项清偿旧的贷款。对这种安排下的法律后果，应当认为原贷款合同已经履行完毕。

对于上述两种对“借新还旧”的认识，尽管本质上存在不同，但是对于原担保人的影响上，结果并无差异，原保证人对“新贷”均不再承担保证责任。按照第一种观点，依照《担保法解释》第30条第2款，债权人与债务人对主合同履行期限作了变动，未经保证人书面同意的，保证期间为原合同约定的或者法律规定的期间；而依照第二种观点，依据保证合同的从属性，主债权消灭则保证责任消灭。但是上述两种认识均未建立在前后是否有保证人以及保证人是否同一、是否明知或者应知存在“借新还旧”的事实，因而，是否影响保证人保证责任还应具体判断。

（二）“借新还旧”的具体认定

第一，以贷还贷必然需要有一个“旧贷”和一个“新贷”，因此认定存在两个借款行为才有可能认定为“借新还旧”。①

第二，以贷还贷需要“新贷”与“旧贷”的当事人具有同一性。即借款人是同一人，贷款人是同一家金融机构。如同一借款人从第三人处拆借资金偿还所欠“旧贷”，则不属于“借新还旧”；如新旧借款人不同，即使存在新贷款还旧贷款的情形，也不构成“借新还旧”。因为从债的确定性原则出发，如果前后债务的主体不同，尽管发生代偿关系，也不能认为是该债务的简单延续，而是在有关当事人之间建立了新的不同的债权债务关系。② 借款人以借款偿还所欠其他债权人的借款债务，或者偿还了他人所欠的借款债务的，不属于“借新还旧”。

第三，“新贷”与“旧贷”之间应具有关联性，存在将新贷偿还旧贷的行为。“新贷”与“旧贷”在贷款金额、贷款用途、还款时间等方面需存在关联性。如“新贷”的金额与“旧贷”本金或本息之和基本一致，或者“新贷”的金额恰好等于“旧贷”本息减去借款人已归还数额之后的余额，即说明“新贷”与“旧贷”之间存在关联性。若不具有关联性，则不能认定为“借新还旧”。③

第四，贷款人与借款人之间是否存在以新还旧的共同意思表示或者意思联络。如仅有借款人偿还旧贷的行为，但无证据证明借贷双方存在以新还旧的意思表示的，属借款人单方使用借款的行为，担保人的责任不应免除。但在款项并未

---

① 参见最高人民法院（2008）民提字第16号民事判决书。

② 参见朱海年：《新贷和旧贷为同一保证人的，保证人承担保证责任的法律适用——某资产管理公司与某冶金建设公司、某钢铁集团有限责任公司借款担保合同纠纷上诉案》，载最高人民法院民事审判第二庭编：《民商事审判指导与参考》2003年第1辑（总第3辑），人民法院出版社2003年版，第232页。

③ 参见最高人民法院（2005）民二终字第162号民事判决书。

实际贷出，只是更换了贷款凭证，或者新贷款与旧贷款金额相同或是旧贷款本息之和，借款人在短时间内归还贷款等情形下，可以推定借贷双方存在以新还旧的意思表示。

二、担保合同在消灭上的从属性与本条的适用范围

担保权利以保障主债权实现为唯一目的，主债权如因清偿、提存、抵销、免除等原因而全部消灭的，担保权利随之消灭。基于物上担保合同所为的担保物权登记，虽未注销，但因担保物权的消灭而仅具形式上的意义，已无物权的效力。担保人此际自可基于担保合同的消灭请求注销担保物权登记。主债权部分消灭，担保权利亦部分消灭，基于担保物权的不可分性，担保财产的全部仍然担保剩余的主债权，不过，担保物权的效力自当缩减至该剩余主债权范围，且担保人可请求就消灭部分为抵押权变更登记。①

关于担保物权在消灭上的从属性，《民法典》第 393 条第 1 项中规定：“主债权消灭”的，“担保物权消灭”；就保证债权在消灭上的从属性，《民法典》并未作出明文规定。但基于以下两条的体系解释，亦可得出相同结论。其一，《民法典》第 393 条第 1 项所定规则自可类推适用于保证债权。其二，《民法典》第 701 条规定：“保证人可以主张债务人对债权人的抗辩。债务人放弃抗辩的，保证人仍有权向债权人主张抗辩。”由此，若主债权消灭时，保证人有权向债权人主张主债利已消灭的抗辩，《民法典》上关于保证合同消灭上的从属性亦至为明显。

信贷实践中的“借新还旧”，即贷款到期后，借款人与贷款人签订新的借款合同，将新贷出的款项用于归还“旧贷”的情形，是贷款的发放和收回过程中经常采用的一种贷款重组手段。就这一种贷款安排，法律上并无禁止性规定，应属当事人意思自治范畴。相关监管部门基于创新贷款服务模式的需要，还明确了“借新还旧”的操作程序。如《中国银行业监督管理委员会关于完善和创新小微企业贷款服务提高小微企业金融服务水平的通知》明确指出：“对流动资金周转贷款到期后仍有融资需求，又临时存在资金困难的小微企业，经其主动申请，银行业金融机构可以提前按新发放贷款的要求开展贷款调查和评审。”“银行业金融机构同意续贷的，应当在原流动资金周转贷款到期前与小微企业签订新的借款合同，需要担保的签订新的担保合同，落实借款条件，通过新发放贷款结清已有贷款等形式，允许小微企业继续使用贷款资金。”

司法实践中较为一致的观点是，新的借款合同不因旨在归还“旧贷”而无

① 参见谢在全：《民法物权论（修订五版）》，中国政法大学出版社 2011 年版，第 641 页。

效，担保人亦不得以贷款用途的“改变”损及其利益而提出抗辩。[①] 此际，“旧贷”因清偿而消灭，[②] 担保“旧贷”的从权利也随之消灭。《担保法解释》第39条针对“借新还旧”情形之下，担保“新贷”偿还的保证人是否承担保证责任作了规定：其一，该保证人同时也是“旧贷”的保证人的，应承担保证责任；其二，该保证人不是“旧贷”的保证人，但其知道或者应当知道主合同系“借新还旧”的，应承担保证责任；其三，该保证人不是“旧贷”的保证人，也不知道或者不应当知道主合同系“借新还旧”的，“显系主合同双方当事人恶意串通欺骗保证人”[③]，根据《担保法》第30条第1项“主合同当事人双方串通，骗取保证人提供保证的”保证人不承担民事责任的规定，保证人不应承担任何责任。

《担保法解释》第39条就原借款合同所设立的抵押权并无规定，其他规范性文件中也未明确。该条是否准用于物权担保的情形，尤其是以登记为公示方法的物权担保，不无疑问。实践中存在不同观点：一种观点认为，在抵押担保的情形，“借新还旧”同样会改变担保人在提供担保时对担保风险的预期，加重其担保责任，同样会导致对担保人不公平的结果，可以准用《担保法解释》第39条关于保证担保的相关规定；另一种观点认为，《担保法解释》第39条的规定仅适用于担保人承担保证责任的情形。不动产抵押权经依法登记即发生效力，无论抵押人是否知道所抵押担保的借款改变了用途，均不影响抵押权的效力。

在解释上，抵押合同和质押合同与保证合同一样，均属担保合同，同样存在着主合同当事人双方串通而骗取第三人提供抵押、质押，或者主合同债权人采取欺诈、胁迫等手段使第三人在违背真实意思的情况下提供抵押、质押的情形。《担保法》第30条关于保证合同的规定和《担保法解释》第39条关于“借新还旧”的解释方案，自有准用于抵押合同、质押合同的空间。就此，上述“其二”“其三”准用于抵押人、出质人，应无歧义。《吉林省高级人民法院民事审判第二庭关于商事审判若干疑难问题的解答（一）》就“主合同当事人双方协议以新贷偿还旧贷，抵押人应否承担抵押担保责任”认为，“《最高人民法院关于适用〈中华人民共和国担保法〉若干问题的解释》第三十九条规定：‘主合同当事人双方协议以新贷偿还旧贷，除保证人知道或者应当知道的外，保证人不承担民事责任。新贷与旧贷系同一保证人的，不适用前款的规定。’以贷还贷情形下抵押人的责

---

① 参见李国光等：《最高人民法院〈关于适用《中华人民共和国担保法》若干问题的解释〉理解与适用》，吉林人民出版社2000年版，第152页。

② 裁判实践中也有观点认为，“借新还旧”在本质上是对“旧贷”的一种特殊形式的展期，即延长了旧贷款的还款期限，原债权债务关系继续存续。参见最高人民法院（2008）民二终字第81号民事判决书。这一观点属于少数说。

③ 李国光等：《最高人民法院〈关于适用《中华人民共和国担保法》若干问题的解释〉理解与适用》，吉林人民出版社2000年版，第166页。

任承担，可以参照前述司法解释的规定进行认定。”

《民法典担保制度解释》于本条在文义上使用的语词是“担保人”“承担担保责任”，可见并未强调物的担保与人的担保的区分，实际上肯定了物上担保亦可适用于本条。换言之，本条既可以适用于保证也可以适用于第三人提供物的担保的情形。

三、“新贷与旧贷的担保人相同”时担保责任的承担

在从属性之下，抵押权是担保原借款合同履行，在未经抵押人同意的情形下，抵押权是否担保新借款合同的履行？在解释上，“新贷”和“旧贷”的抵押人（物上保证人）系同一人，是否可准用《担保法解释》第39条第2款的规定？此时，不动产抵押权是否应办理变更登记？就此，实践中存在两种观点：

第一种观点认为，“借新还旧”后，原借款合同得以履行，原债权债务关系消灭，原抵押权消灭，当事人之间形成新的借贷关系。

第二种观点认为，“借新还旧”在本质上是对“旧贷”的一种特殊形式的展期，即延长了“旧贷”的还款期限，原债权债务关系继续存续。在将“借新还旧”解释为贷款展期的前提下，根据《不动产登记暂行条例实施细则》第68条的规定，贷款展期属于主债务履行期限发生变更，当事人应当持不动产权属证书、不动产登记证明、抵押权变更等必要材料，申请抵押权变更登记。就贷款展期未办理不动产抵押权变更登记的，多数判决认为，贷款展期并未产生新的债权债务关系，并不是抵押权消灭的法定事由，贷款展期后，即使未办理抵押权变更登记，也不影响抵押权效力。

笔者认为，“新贷”和“旧贷”的保证人为同一人时“旧贷”因清偿而消灭，担保“旧贷”的保证合同也消灭，同一保证人为“新贷”再次提供保证，无意思表示上的瑕疵，自应承担保证责任。保证合同中约定了“只要不增加保证人的保证金额，本保证不受借款人和银行对借款合同进行任何修改、补充、删除的影响”等内容的，保证人以借新还旧为由主张而免责的，人民法院不予支持。但在抵押、质押的情形中，“旧贷”因清偿而消灭，担保“旧贷”的抵押权或质权也消灭，此时，基于原担保合同已经办理的担保物权登记，即使未注销，也无实体法上的登记效力；虽然同一担保人就“新贷”和同一债权人签订了抵押合同或质押合同，但未就重新设立的抵押权或质权办理登记，对于采行登记生效主义的抵押权或质权而言，即为抵押权或质权未设定，债权人就担保财产并不取得优先受偿权。此时，即使抵押人或出质人就“新贷”和“旧贷”都提供了物上保证，但就“新贷”因未办理设立登记而无法起到物上担保的作用，上述“其一”（该保证人同时也是“旧贷”的保证人的，应承担保证责任）的解释结论也就无法准用于抵押、质押的情形。

四、“新贷与旧贷的担保人不相同”时担保责任的承担

依据本条第1款第2项，若“新贷”与“旧贷”非同一担保人，或“旧贷”无担保“新贷”有担保，则担保人原则上不承担担保责任。其理由在于：该担保人不是“旧贷”的担保人，也不知道且不应当知道主合同系“借新还旧”的，显系主合同双方当事人恶意串通欺骗担保人，[①] 根据《民法典》第154条“行为人与相对人恶意串通，损害他人合法权益的民事法律行为无效”和第157条“有过错的一方应当赔偿对方由此所受到的损失；各方都有过错的，应当各自承担相应的责任”的规定，担保人如没有过错，则无须承担缔约过失责任。但是，如“新贷”担保人知道或者应当知道主合同双方协议“借新还旧”的，担保责任不能免除。因为在“旧贷”没有担保或“旧贷”与“新贷”的保证人不是同一人的情况下，如担保人知道或者应当知道“借新还旧”，就没有对担保人特别保护的必要。因此，问题的关键在于认定担保人是否知道或应当知道“借新还旧”的事实。

（一）特约主合同内容可以变更

当事人在合同中约定，保证人承诺放弃对主合同内容变更的同意，在借款人“借新还旧”时，能否认定为保证人知道或者应当知道进而影响保证责任。对此，实践中存在争议。第一种观点认为，此时保证人仍应承担保证责任。另一种观点认为，此时保证人不应承担保证责任。

就此问题，笔者赞同后一种观点。从体系解释看，“借新还旧”的规则属于《民法典》第695条之外的特别规定，若认为放弃《民法典》第695条的保护就意味着同时放弃了“借新还旧”规则对保证人的保护，则相当于架空了“借新还旧”的规则，因此应当认为《民法典》第695条的主合同变更并不包括“借新还旧”的情形。

（二）借款明确为“流动资金”是否意味着担保人知道

有观点认为，如果借款合同并未对借款用途进行限制，并将借款定性为流动资金等非限制性的借款项目，则借款人借新还旧可以认定为保证人知道或者应当知道。本书作者以为，此种仅凭流动资金的借款用途就判断担保人是否承担责任，较为草率，况且，按照此种观点的引导，当事人在订立金融借款合同时，只需将借款明确为“流动资金”即可将本条的规定架空。而且，对于担保人而言，银行内部文件存量盘活的定义包含着“借新还旧”的意思，其能否对担保人产生效力，能否意味着担保人知道或者应当知道，均存疑问。

---

① 参见李国光等：《最高人民法院〈关于适用《中华人民共和国担保法》若干问题的解释〉理解与适用》，吉林人民出版社2000年版，第166页。

五、当事人约定原已登记的担保物权继续担保“新贷”的处理

《民法典担保制度解释》于本条第 2 款规定：“主合同当事人协议以新贷偿还旧贷，旧贷的物的担保人在登记尚未注销的情形下同意继续为新贷提供担保，在订立新的贷款合同前又以该担保财产为其他债权人设立担保物权，其他债权人主张其担保物权顺位优先于新贷债权人的，人民法院不予支持。”此时，问题包括两个层次：第一，担保物权是否设立？第二，担保物权何时设立？

（一）担保物权可以设立

一种观点认为，抵押人和银行约定将借款已清偿但未办理注销登记的不动产抵押权用以担保新发生的借款，因双方未重新办理抵押权设立登记，应认定该抵押权未有效设立，未注销的抵押权不具有担保新发生借款的法律效果，抵押人不应承担抵押担保责任。此时，可以基于各方当事人真实的意思表示，运用法律行为转换理论，将抵押人的责任界定为为借款承担保证担保责任。但也有另一种观点认为，原借款合同项下主债权已因受偿归于消灭，但当事人在主债权受偿后在登记机构申请注销抵押登记并缴销他项权利证书，因此，在其所担保的主债权消灭后并不必然发生抵押权也随之消灭的法律后果，抵押登记仍然发生法律效力。抵押人与抵押权人约定将此未注销的抵押权用于担保后发生的新借款并不违反法律的禁止性规定。

《民商事审判会议纪要》第 57 条认为，当事人约定继续为新贷提供担保的，未注销登记的担保物权仍然可以担保“新贷”。担保人“仅须对新贷承担担保责任，对其并无不公”①。同时，标的物上担保登记的持续存在，足以公示标的物上的权利负担，不会危及与担保人就标的物进行交易的其他第三人的利益。

在此基础上，《民法典担保制度解释》第 16 条对“借新还旧”情形的担保责任作了体系化规定。第 2 款规定了若旧贷的物上保证人同意继续为新贷提供担保物权且未注销登记时，此担保物权效力优先于“在订立新的贷款合同前又以该担保财产为其他债权人设立担保物权”的新贷债权人。新债和旧债为同一法律关系，旧贷上的担保物继续为新贷提供担保，债权人对于担保物仍享有顺位利益，只要旧贷担保人同意继续为新贷提供担保且登记仍未注销，债权人的担保顺位应予确认，这有利于维护现行金融秩序。②

---

① 最高人民法院民事审判第二庭编：《〈全国法院民商事审判工作会议纪要〉理解与适用》，人民法院出版社 2019 年版，第 355 页。

② 参见最高人民法院民事审判第二庭编：《最高人民法院民法典担保制度司法解释理解与适用》，人民法院出版社 2021 年，第 205 页。

这一司法态度有其政策考量因素。[①] 不过，如此仍然可能引发既有通说的改变。例如，抵押人以其不动产为债权人设定抵押权之后，又将该不动产出租予承租人，此后抵押人“借新还旧”并约定原不动产抵押权继续为“新贷”提供抵押担保。此时，如采该纪要所持观点，并认可“新贷”的不动产抵押权的顺位为原登记时间，则承租人的租赁权不能对抗该抵押权；但如坚持担保在消灭上的从属性，担保“旧贷”的不动产抵押权因主债权清偿而消灭，即使抵押人再以同一不动产为“新贷”设定抵押权，抵押权的顺位亦应以新的登记时间为判断时点，承租人的租赁权也就可以对抗在其后设立的不动产抵押权。再如，抵押人以同一不动产先后为债权人甲、乙、丙设定了三个抵押权，此后甲与抵押人约定“借新还旧”，并约定原抵押权继续为“新贷”提供抵押担保。此时，甲的抵押权顺位固定，仍为以原登记时间为标准而确定的顺位。如此，将改变既有抵押权顺位升进的主张，[②] 而采纳抵押权顺位固定的观点。这一解释论又与《民商事审判会议纪要》和《民法典担保制度解释》坚守的担保从属性存在评价冲突。

（二）担保物权设立时间的认定

就“借新还旧”对于担保物权的影响，学说和实务均有不同程度的发展。贷款到期后，借款人与贷款人签订新的借款合同，将新贷出的款项用于归还“旧贷”，“旧贷”因清偿而消灭，其上的担保物权也随之消灭。贷款人以担保人尚未进行涂销登记为由，主张担保人仍应承担相应的担保责任的，人民法院不予支持，但当事人约定原担保继续有效的除外。担保物权的顺位仍然维系原来因“旧贷”而为的担保物权登记时点。《民法典担保制度解释》于本条第 2 款规定的“主合同当事人协议以新贷偿还旧贷，旧贷的物的担保人在登记尚未注销的情形下同意继续为新贷提供担保，在订立新的贷款合同前又以该担保财产为其他债权人设立担保物权，其他债权人主张其担保物权顺位优先于新贷债权人的，人民法院不予支持”，即体现了这一点。

《民法典担保制度解释》本条第 2 款以原来因“旧贷”而为的担保物权登记时点确立继续为“新贷”提供担保的担保物权的顺位，并不影响担保人的其他无担保债权人的利益。同一担保财产上竞存担保物权之间的顺位问题，无论谁先谁后，均优先于担保人的其他无担保债权人而受偿。但同一担保财产上竞存担保物权之间顺位的确定，却对竞存担保物权的债权人发生实质上的影响。不过，维系以原来因“旧贷”而为的担保物权登记时点确立继续为“新贷”提供担保的担保

---

① 参见曹明哲：《〈民法典担保制度司法解释〉对担保从属性的贯彻与适用》，载《法律适用》2021 年第 9 期

② 参见王利明：《物权法研究（第四版）》，中国人民大学出版社 2018 年版，第 447～448 页；梁慧星、陈华彬：《物权法（第七版）》，法律出版社 2020 年版，第 318～319 页；崔建远：《物权：规范与学说——以中国物权法的解释论为中心（第二版）》，清华大学出版社 2021 年版，第 450～451 页。

物权的顺位，并不违反后顺位担保物权人在其担保物权设立时的合理期待。因为，在后顺位担保物权人设立担保物权时，即已知道其位于后顺位。

《民法典担保制度解释》本条第 2 款确立的规则同样适用于担保物权与租赁权相竞存的情形。例如，债权人在抵押人提供的抵押财产上设立不动产抵押权之后，并不影响抵押人对抵押财产的利用，抵押人既可以自己利用，也可以委由他人利用。如抵押人将该抵押财产出租给承租人，在解释上，抵押权的行使并不受抵押财产出租的影响，抵押权人可以申请除去租赁权再行拍卖抵押财产。如抵押人将该抵押财产出租给承租人之后，债权人与主债务人“借新还旧”，抵押人在抵押登记尚未注销的情形下愿意继续为“新贷”提供担保，抵押权的顺位也不发生影响。

第十七条　主合同有效而第三人提供的担保合同无效，人民法院应当区分不同情形确定担保人的赔偿责任：

（一）债权人与担保人均有过错的，担保人承担的赔偿责任不应超过债务人不能清偿部分的二分之一；

（二）担保人有过错而债权人无过错的，担保人对债务人不能清偿的部分承担赔偿责任；

（三）债权人有过错而担保人无过错的，担保人不承担赔偿责任。

主合同无效导致第三人提供的担保合同无效，担保人无过错的，不承担赔偿责任；担保人有过错的，其承担的赔偿责任不应超过债务人不能清偿部分的三分之一。

【条文主旨】

本条是关于担保合同无效的法律后果的规定，系对《民法典》第 388 条第 2 款、第 682 条第 2 款的解释。

【规则变迁】

《担保法》第 5 条第 2 款规定：“担保合同被确认无效后，债务人、担保人、债权人有过错的，应当根据其过错各自承担相应的民事责任。”为明确不同情形下当事人之间的责任分担，《担保法解释》第 7 条规定：“主合同有效而担保合同无效，债权人无过错的，担保人与债务人对主合同债权人的经济损失，承担连带赔偿责任；债权人、担保人有过错的，担保人承担民事责任的部分，不应超过债务人不能清偿部分的二分之一。”第 8 条规定：“主合同无效而导致担保合同无效，担保人无过错的，担保人不承担民事责任；担保人有过错的，担保人承担民事责任的部分，不应超过债务人不能清偿部分的三分之一。”

《民法典》第388条第2款规定：“担保合同被确认无效后，债务人、担保人、债权人有过错的，应当根据其过错各自承担相应的民事责任。”第682条第2款规定：“保证合同被确认无效后，债务人、保证人、债权人有过错的，应当根据其过错各自承担相应的民事责任。”对《担保法》第5条第2款的规定未作实质性修改。

本条第1款由《担保法解释》第7条发展而来。本条第1款第1项与《担保法解释》第7条后段保持一致；但在债权人无过错时，《担保法解释》第7条前句要求担保人与主债务人承担连带责任，本条则改为补充责任，即担保人对债务人不能清偿的部分承担赔偿责任。

本条第2款由《担保法解释》第8条而来，语词使用虽有不同，但内容保持一致。

【理解与适用】

《民法典》第388条第2款规定：“担保合同被确认无效后，债务人、担保人、债权人有过错的，应当根据其过错各自承担相应的民事责任。”第682条第2款规定：“保证合同被确认无效后，债务人、保证人、债权人有过错的，应当根据其过错各自承担相应的民事责任。”这里，“相应的民事责任”是缔约过失责任。缔约过失责任，是指在合同订立过程中，一方违背其依据诚实信用原则所负担的义务，而致另一方的信赖利益受损失，从而应承担的民事责任。《民法典》第500条规定：“当事人在订立合同过程中有下列情形之一，造成对方损失的，应当承担赔偿责任：（一）假借订立合同，恶意进行磋商；（二）故意隐瞒与订立合同有关的重要事实或者提供虚假情况；（三）有其他违背诚信原则的行为。”《民法典》在第157条对合同无效、被撤销或确定不发生效力的缔约过失责任作了规定：“民事法律行为无效、被撤销或者确定不发生效力后，行为人因该行为取得的财产，应当予以返还；不能返还或者没有必要返还的，应当折价补偿。有过错的一方应当赔偿对方由此所受到的损失；各方都有过错的，应当各自承担相应的责任。法律另有规定的，依照其规定。”《民法典》第388条第2款、第682条第2款即为第157条的特别规定，[①] 自应优先适用。

① 参见谢鸿飞、朱广新主编：《民法典评注·合同编·典型合同与准合同》（2），中国法制出版社2020年版，第18页（夏昊晗执笔）。

一、主合同有效而担保合同无效的处理

担保合同亦为一种合同，其无效时自有缔约过失责任适用。由此，当担保合同无效时，担保人无须承担担保责任，但担保人对担保合同无效有过错的，应承担缔约过失责任。此种责任是一种独立责任，不因一般保证与连带责任保证而有所区别。亦即，即使是在一般保证的情况下，保证人在向主合同债权人承担缔约过失责任时，不存在先诉抗辩权问题。① 将无效担保合同的民事责任认定为缔约过失责任，既表明它是一种独立的民事责任形式，又揭示出其责任的理论基础。赔偿范围也就只能是债权人相信担保合同有效但实际上却无效所受损失的赔偿，即信赖利益的赔偿。②

基于债的相对性，担保人只对债权人依担保合同本身无效所受损失承担缔约过失责任。但担保合同的产生、内容与主债权债务密切相关，由此而产生了债权人、主债务人、担保人三者之间各不相同却又密切关联的权利义务关系。因此，当担保合同无效产生的缔约过失责任已不仅仅局限于债权人与担保人之间的担保合同关系，而且延伸至主债权债务关系，负担债权人因为担保合同无效而对主债权债务造成的损害赔偿责任。

主合同有效而担保合同因自身原因无效时，担保人的责任因债权人有无过错而有所分别。

第一，债权人、担保人均有过错时，担保人承担的赔偿责任不应超过债务人不能清偿部分的1/2。主合同有效而担保合同因自身原因无效，债权人、担保人都有过错时，担保人不应该承担全部损失的赔偿责任。司法解释为此规定了一个责任份额的上限。其原因主要是限制法院的自由裁量权。若不加限制，则法院在认定担保人的过错程度时，难免出现不同法官对无效的类似情形甚至相同情形作出不同认定，从而有损法律适用的安定性。③

第二，债权人无过错而担保人有过错时，担保人仅对债务人不能清偿的部分向债权人承担责任。主合同有效而保证合同自身无效，债权人无过错时，依照缔约过失责任理论，债权人可以要求缔约过失者的担保人负赔偿责任。《担保法解释》要求担保人与债务人承担连带责任，这种连带责任主要见于两种情形：一是担保人与债务人违反法律禁止性规定或强制性规定；二是担保人与债务人恶意串

---

① 参见李明发：《无效保证合同的民事责任研究》，载《第二届“罗马法·中国法及民法法典化”国际研讨会论文集》，中国政法大学出版社2001年版，第349页。

② 参见崔建远：《我国担保法的解释与适用初探》，载《吉林大学社会科学学报》1996年第2期。

③ 参见高圣平、谢鸿飞、程啸：《最高人民法院民法典担保制度司法解释理解与适用》，中国法制出版社2021年版，第146页（谢鸿飞执笔）。

通欺骗债权人缔结担保合同致使担保合同无效。[①]《民法典》第178条第3款规定，连带责任由法律规定或者当事人约定。基于这一规定，《民法典担保制度解释》未规定此时担保人与债务人承担连带责任，而改为补充责任。“对于担保人而言，因担保合同无效，其承担的是缔约过失责任，性质上属于补充责任，责任范围一般小于违约责任，故《民法典担保制度解释》将担保人承担责任的范围统一限定为债务人不能清偿的部分。”[②]

第三，债权人有过错而担保人无过错时，担保人不承担赔偿责任。《民法典》第157条规定：“民事法律行为无效、被撤销或者确定不发生效力后，行为人因该行为取得的财产，应当予以返还；不能返还或者没有必要返还的，应当折价补偿。有过错的一方应当赔偿对方由此所受到的损失；各方都有过错的，应当各自承担相应的责任。法律另有规定的，依照其规定。”因此，若担保人对担保合同的无效没有过错，则无需承担赔偿责任。例如，在债权人与债务人恶意串通骗取担保的场合，以及债权人未告知担保人“借新还旧”事实导致担保人提供担保的场合，就存在仅债权人一方有过错而担保人无过错的情形。[③]

应当注意的是，本条中的“担保合同无效”，是指结果意义上的、广义的无效，既包括狭义的因违反法律、行政法规的强制性规定或者违背公序良俗无效，也包括可撤销、未经批准而确定不生效。[④]

二、主合同无效导致担保合同无效的处理

（一）主合同无效是否必然导致担保合同无效

主合同无效而担保合同有效，其中一个重要原因是担保合同的独立性。对于担保合同的独立性，本书在前文关于第2条的理解与适用部分已经论及，此处不再详细阐述。

在实践中，存在着所谓“名实不副”的交易，多数观点往往认定名义交易无效，此时在名义交易无效下，担保合同作为从合同亦无效。但是，也有观点认为主合同无效而保证合同仍然有效。即在名实交易中，“名义”交易被否定后，“实际”交易仍然发生效力，此时如果能够证明保证人是对“实际”交易提供的保证，此时保证合同仍然有效或者说保证责任不受影响。在司法实践中，存在着不少类似的案例，其中担保人明知“名实不副”主要体现在以下几个方面：第一，

---

① 参见刘保玉主编：《担保纠纷裁判依据新释新解》，人民法院出版社2016年版，第58页。

② 参见最高人民法院民事审判第二庭编：《最高人民法院民法典担保制度司法解释理解与适用》，人民法院出版社2021年版，第208页。

③ 参见最高人民法院民事审判第二庭编：《最高人民法院民法典担保制度司法解释理解与适用》，人民法院出版社2021年版，第210页。

④ 参见麻锦亮：《民法典·担保注释书》，中国民主法制出版社2023年版，第72页。

从案件事实中推定担保人对于担保情况明知。[①] 第二，在票据关系下，因票据无因性，票据基础关系（包括票据原因关系）独立于票据关系，票据基础关系（包括票据原因关系）的效力不影响票据关系的效力，也不影响保证责任。[②] 第三，通过对合同内容条款的解释，推定保证人明知存在“名实不副”。[③]

（二）担保人无过错时不承担责任

主合同无效导致担保合同无效的，如担保人无过错，则不承担民事责任。担保人不是主合同的缔约者，主合同的无效并不能够、也不需要追究担保人的过错责任。

（三）担保人有过错时的责任限额

担保人有过错时，其承担民事责任的部分，不应超过债务人不能清偿部分的1/3。原《担保法解释》第8条将保证人责任上限定为1/3，是因为主合同无效时，债权人、债务人原则上均有过错，即使债权人或债务人任何一方没有过错，担保人有过错，因担保合同无效是主合同无效所致，担保人的责任原则上不应当超过主合同当事人的责任。对于债务人不能清偿部分，债权人、债务人、担保人作为三方，按照均分计算的结果，担保人承担的责任份额定为1/3。

（四）担保人过错的判定

依据本条第2款的规定，在确定担保人的责任之时，担保人的过错既是认定责任构成的要件，也是确定责任分摊比例的要素。

实践中，在主合同导致担保合同无效的情形之下，担保人的过错主要体现在：

第一种情形，担保人未就主合同是否存在无效事由善尽审查义务，包括对主合同的借款目的、[④] 债务人资信状况、[⑤] 出借人主体资格或者真实情况[⑥]等进行审查。担保人已经尽到了审查义务的，即使主合同无效，也不能认为担保人具有过错。[⑦] 也就是说，如果担保人应当知道主合同具有无效事由的，应当认定担保人具有过错。“担保人之知识经验能够对合同具有效力瑕疵进行判断”[⑧] “担保人与

① 参见最高人民法院（2014）民二终字第109号民事判决书。

② 参见最高人民法院（2007）民二终字第36号民事判决书。

③ 参见广东省高级人民法院（2009）粤高法民二终字第157号民事判决书。

④ 参见最高人民法院（2005）民二终字第171号民事判决书。

⑤ 参见最高人民法院（2005）民二终字第171号民事判决书；广西壮族自治区崇左市中级人民法院（2020）桂14民终512号民事判决书。

⑥ 参见最高人民法（2000）经终字第187号民事判决书；最高人民法院（2014）民抗字第62号民事判决书。

⑦ 参见山东省泰安市中级人民法院（2021）鲁09民终1805号民事判决书。

⑧ 参见江苏省高级人民法院（2017）苏民终558号民事判决书。

债务人之间的身份关联”[①] 等，均属判断担保人应当知道主合同具有无效事由的因素。但是，“当事人在某些情况下无法准确判断合同效力，如果有的合同只有在司法审查后才能确定，那么就不能要求保证人在订立合同时就能凭其经验、能力准确识别出合同效力”[②]。

第二种情形，担保人明知主合同无效但仍然提供担保。[③] 如担保人不知主合同存在无效事由的，则不应认定其存在过错。[④] 就担保人是否明知主合同无效的判断，如果担保人是主合同交易所涉领域的从业人员或者系该领域的专业人员，可以直接认定担保人存在过错。[⑤] 主合同涉及的交易具有明显违法性的，比如违法请托，[⑥] 担保人即存在过错。虽然主合同所涉交易违法，但担保人对此不知情或者超出其审查能力的，担保人不具有过错，如债权人的资金来源是否违法、[⑦] 债权人是否构成职业放贷人[⑧]等。此外，如果担保人与债权人或债务人存在亲属关系、关联关系等紧密联系时，法院一般推定担保人知道主合同是否无效。[⑨]

第三种情形，担保人积极促成无效主合同签订，或是在主合同订立过程中起中介作用。[⑩] 担保人既可能是主动撮合主合同的签订，也可能是以签订好的担保

---

① 参见最高人民法院（2015）民申字第680号民事裁定书。

② 最高人民法院（2018）最高法民再264、267号民事判决书。

③ 参见李国光等：《最高人民法院〈关于适用《中华人民共和国担保法》若干问题的解释〉理解与适用》，吉林人民出版社2000年版，第72～73页；典型案例可见最高人民法院（2005）民四终字第21号民事判决书，载《最高人民法院公报》2006年第3期；最高人民法院（2018）最高法民申5597号民事裁定书。

④ 参见最高人民法院（2003）民四终字第12号民事判决书；最高人民法院（2021）最高法民申6783号。

⑤ 典型案例如在建设工程领域中，债务人、担保人和债权人均为该领域的从业者，参见最高人民法院（2021）最高法民申6783号民事裁定书；山东省泰安市中级人民法院（2023）鲁09民终663号民事判决书。

⑥ 参见辽宁省沈阳市中级人民法院（2022）辽01民终14259号民事判决书；江苏省连云港市中级人民法院（2022）苏07民终948号民事判决书。

⑦ 参见北京市第二中级人民法院（2020）京02民终3019号民事判决书；北京市第四中级人民法院（2021）京04民初897号民事判决书。

⑧ 参见山东省高级人民法院（2020）鲁民申7088号民事裁定书；浙江省高级人民法院（2012）浙海终字第4号民事判决书；北京金融法院（2021）京74民初471号民事判决书。

⑨ 参见辽宁省朝阳市中级人民法院（2022）辽13民终1460号民事判决书（母女关系）；广东省广州市中级人民法院（2022）粤01民终4350号民事判决书（担保人原系主合同当事人）；浙江省高级人民法院（2016）浙民终00484号民事判决书（担保人和主合同当事人熟识）；宁夏回族自治区高级人民法院（2016）宁民初30号民事判决书（担保人是债务人的股东）；最高人民法院（2015）民申字第680号民事裁定书（债务人与担保人的法定代表人是夫妻关系）。

⑩ 参见周广旺：《主合同无效时保证人的过错责任认定》，《人民司法·案例》2017年第17期；“最高人民法院（2000）经终字第187号民事判决书；北京金融法院（2021）京74民初225号民事判决书。

合同诱使债务人与债权人订立主合同。[①] 在非法集资案件中，借款人通常会寻找资力充足的担保人预先签订多份担保合同，以此促进借款合同的签订。[②]

上述担保人过错认定的三种情形均值得讨论。基于第三人缔约过失责任的原理，担保人的过错应体现为违反了基于特殊的信赖关系对债权人所负之先合同义务。这一先合同义务自不同于担保合同因自身原因而无效的情形。担保人本不是主合同的当事人，但却直接或者间接地参与或者促成了主合同的磋商和订立，对主合同当事人施以特殊的信赖，从而对主合同的当事人产生影响。[③] 基于债权人的这一特殊的信赖，担保人负有在知道或者应当知道主合同无效的情形之下的告知义务。如此，认定担保人的过错应把握以下三点：（1）担保人对主合同当事人施以特殊的信赖，主要表现为以担保人的身份积极促成无效主合同的签订，或是在主合同订立过程中起中介作用；（2）担保人知道或者应当知道主合同存在无效事由；（3）担保人未告知债权人该无效事由。

以此为标准检视裁判实践中的前述三种情形。其一，担保人的过错以其对主合同当事人施以特殊的信赖为前提。如担保人对主合同当事人并没有施以特殊的信赖，并没有对主合同的当事人产生影响，也就并无义务审查主合同是否存在无效事由。担保合同是单务合同，既然担保人不能获得主合同中的利益，也不应承担与债务人相同的审查义务。[④] 前述第一种情形实际上是苛以担保人对主合同的审查义务，过于绝对。其二，如担保人对主合同当事人并没有施以特殊的信赖，在明知主合同无效的情形之下也没有告知债权人的义务。这也就意味着，即使担保人明知主合同无效而仍然提供担保，并不足以认定担保人对主合同的无效存在过错。例如，主合同签订在先，担保合同签订在后，且担保人并未直接或者间接地参与主合同的磋商或者促成了主合同的订立，并未影响到主合同的是否签订。尽管担保人签订担保合同之时已经知道主合同无效且未告知债权人，担保人并无过错。[⑤] 前述第二种情形即值得商榷。其三，担保人积极促成无效主合同签订，或是在主合同订立过程中起中介作用，仅仅只表明担保人对主合同当事人施以特殊的信赖，但并不表明担保人就存在过错。如担保人不知道也不应当知道主合同存在无效事由，也就不负有此时的告知义务，不存在义务违反，担保人对主合同的无效也就不存在过错。前述第三种情形即值得商榷。如此看来，上述三种情形

① 参见河北省易县人民法院（2021）冀0633民初64号民事判决书。

② 参见吴光荣：《担保法精讲：体系解说与实务解答》，中国民主法制出版社2022年版，第128页。

③ 参见丁勇：《论德国法中的第三人缔约过失责任》，载《法律科学（西北政法大学学报）》2004年第3期。

④ 参见殷秋实：《公司担保无效责任的复位——基于责任性质、主体与效果的区分视角》，载《法学》2022年第2期。

⑤ 参见刘言浩主编：《担保法典型判例研究》，人民法院出版社2002年版，第43页。

均只表明担保人可能存在过错，尚须结合其他方面予以综合判断。

三、担保合同无效时物上保证人承担赔偿责任的限度

本条虽然确立了在担保合同无效的情形下，担保人依其过错承担相应的赔偿责任的基本司法态度，但在第三人提供物的担保的情形下，基于物的担保不同于人的担保的特点，物上保证人承担的赔偿责任还应作进一步的限制。

就担保的作用机理而言，人的担保是保证人以其全部责任财产为基础承担无限责任，而物的担保是物上保证人以其特定财产为限承担有限责任。在担保合同有效、担保人承担担保责任或者赔偿责任时是如此，在担保合同无效、担保人承担赔偿责任时亦是如此。就前者而言，《民法典担保制度解释》第46条第3款规定："因抵押人转让抵押财产或者其他可归责于抵押人自身的原因导致不能办理抵押登记，债权人请求抵押人在约定的担保范围内承担责任的，人民法院依法予以支持，但是不得超过抵押权能够设立时抵押人应当承担的责任范围。"这里，在抵押合同有效情形下抵押人的违约赔偿范围限定于"约定的担保范围""抵押权能够设立时抵押人应当承担的责任范围"。

由此可见，在担保合同无效时，物上保证人依据本条所应承担的赔偿责任，不得超过担保物权设立时担保人应当承担的责任范围。这里，所谓"担保物权设立时担保人应当承担的责任范围"，是指在担保合同有效、担保物权依法设立的前提下，担保人应以担保财产的现值为限在约定的担保范围内承担责任。例如，抵押合同约定抵押人以其价值100万元的设备为债务人300万元的债务提供担保，现主合同无效导致担保合同无效，债务人不能清偿部分为291万元，但抵押财产仅能变价50万元。抵押人极力促成了主合同的成立，存在过错且过错较大。依据本条第2款的规定，抵押人承担的赔偿责任最高是97万，但已经超过了抵押财产的现值。即使抵押合同有效，抵押人所应承担的担保责任也仅有50万，在抵押合同无效的情形下，抵押人所应承担的赔偿责任不能超过在抵押合同有效情形下抵押人本应承担的担保责任。

四、债务人自己提供的物的担保情形下担保合同无效的法律后果

本条将调整的情形限定于第三人提供的担保合同无效，排除了债务人自己提供的物的担保合同。主合同和债务人自己提供的物的担保合同等两个合同的当事人均为债权人与债务人，当事人的责任形态无法适用本条。

在主合同有效、担保合同因自身原因无效的情形下，债权人仅不得就债务人提供的担保财产优先受偿，但仍得基于有效的主合同的约定请求债务人履行债务或者承担债务不履行的违约责任。此时，就债务人不能清偿的部分，再请求作为担保人的债务人基于其过错承担相应的赔偿责任，几无意义。不过，在同一债权

上还有其他担保的情形下，其他担保人仍然可以参照《民法典》第 392 条之规定，主张债权人先执行债务人自身提供的物保，并仅就剩余部分依法承担补充责任（在其他担保人与债权人就债权实现并无明确约定的情况下）。

在主合同无效、担保合同也无效的情形下，债权人不得就债务人提供的担保财产优先受偿，债务人还应承担主合同无效下的赔偿责任。此时，就债务人不能清偿的部分，再请求作为担保人的债务人基于其过错承担相应的赔偿责任，也无意义。不过，在同一债权上还有其他担保的情形下，其他担保人仅承担缔约过失责任场合，但不影响其提出前述抗辩，因为即便其与债权人对债权实现作出特别约定，该约定也归于无效。①

第十八条　承担了担保责任或者赔偿责任的担保人，在其承担责任的范围内向债务人追偿的，人民法院应予支持。

同一债权既有债务人自己提供的物的担保，又有第三人提供的担保，承担了担保责任或者赔偿责任的第三人，主张行使债权人对债务人享有的担保物权的，人民法院应予支持。

【条文主旨】

本条是关于担保人的追偿权与清偿承受权的规定，系对《民法典》第 700 条、第 392 条的解释。

【规则变迁】

《担保法》第 31 条规定："保证人承担保证责任后，有权向债务人追偿。"第 57 条规定："为债务人抵押担保的第三人，在抵押权人实现抵押权后，有权向债务人追偿。"第 72 条规定："为债务人质押担保的第三人，在质权人实现质权后，有权向债务人追偿。"《担保法解释》第 43 条规定："保证人自行履行保证责任时，其实际清偿额大于主债权范围的，保证人只能在主债权范围内对债务人行使追偿权。"

《民法典》第 700 条规定："保证人承担保证责任后，除当事人另有约定外，有权在其承担保证责任的范围内向债务人追偿，享有债权人对债务人的权利，但是不得损害债权人的利益。"第 392 条规定："被担保的债权既有物的担保又有人的担保的，债务人不履行到期债务或者发生当事人约定的实现担保物权的情形，

① 参见麻锦亮：《民法典 · 担保注释书》，中国民主法制出版社 2023 年版，第 73 页。

债权人应当按照约定实现债权；没有约定或者约定不明确，债务人自己提供物的担保的，债权人应当先就该物的担保实现债权；第三人提供物的担保的，债权人可以就物的担保实现债权，也可以请求保证人承担保证责任。提供担保的第三人承担担保责任后，有权向债务人追偿。”

本条第1款基于《民法典》第700条前句、第392条，规定：“承担了担保责任或者赔偿责任的担保人向债务人追偿的，人民法院应予支持。”这里，增加规定承担了赔偿责任的担保人对主债务人的追偿权。

本条第2款明确了担保人清偿承受权的适用范围，在体系上与《民法典》第700条关于担保人清偿承受权的规定相呼应。但需注意的是，担保人承担了担保责任或赔偿责任后可以向债务人主张行使债权人对债务人享有的担保物权，而本解释第14条否定的是请求其他担保人承担担保责任，两者之间并不矛盾。

【理解与适用】

一、担保人对于主债务人的追偿权

（一）担保人对主债务人行使追偿权的条件

《民法典》第700条及《民法典担保制度解释》第18条第1款规定，承担了担保责任的担保人，有权在其承担责任的范围内向主债务人追偿。担保人追偿权的行使应当具备一定的条件，前述规定仅有担保人承担了保证责任这一个要件，有观点即认为，只要保证人承担了担保责任即取得对主债务人的追偿权。① 但结合《民法典》的相关条文，担保人追偿权的行使应当具备以下条件：

1. 担保人已经承担保证责任或者赔偿责任

第一，“担保人已经承担保证责任”的认定。在担保人向债权人承担担保责任之前，担保人对主债务人有将来之追偿权，并非既得权，不得对主债务人主张。担保人承担担保责任之后，债权人与担保人之间的担保法律关系得以消灭，主债务在相应的范围内亦对债权人消灭，担保人对主债务人的追偿权即转化为既得权，始可向主债务人行使。② 担保人的追偿，必须限于担保人的给付致使有偿地消灭主债务人对债权人的债务的情形。依据《民法典》第557条规定的债权消灭情形，担保人承担担保责任并不以清偿担保债务为限，在解释上，以物抵债、

① 参见刘保玉、吕文江：《债权担保制度研究》，中国法制出版社2000年版，第167页。

② 参见邹海林、常敏：《债权担保的理论与实务》，社会科学文献出版社2005年版，第95页。

提存、抵销等方式均无不可，但须以有偿方式承担担保责任，[①] 在后果上表现为担保人自身财产的减少或负债的增加。实践中，有的保证人以自有的股权向债权人以物抵债，或者保证人与债权人另行达成和解协议而使保证人对债权人负债的，相关裁判均认可保证人已承担保证责任。[②] 倘若担保人毫无给付，仅因其尽力致使主债务消灭，如说服债权人，使债权人免除主债务人的债务，则不得向主债务人追偿。[③]

值得注意的是，实践中有观点认为，担保人行使追偿权并不以担保人实际承担担保责任为前提，如生效裁判或者民事调解书已然确定保证人应承担相应的保证责任，法律上关于“保证人承担保证责任后”的规定，应限缩解释为“在主债务履行期届满之日后的保证期间内，非经诉讼程序保证人履行保证责任后”。因此，案涉保证人不必等到实际承担保证责任之后即可行使追偿权。[④] 笔者对此不敢苟同。即使保证人的保证责任已经生效裁判或者民事调解书确认，保证人的清偿能力尚不确定，但只要保证人未实际承担保证责任，保证债务并未消灭，也就不发生使债权人对主债务人的债权得以消灭的后果，保证人的追偿权自无由发生。在债权人仅起诉连带责任保证人的情形下，即使取得胜诉裁判，其胜诉债权是否可得经由保证人责任财产的强制执行程序得以完全清偿，尚不得而知。债权人如未获足额清偿，尚可就剩余债权向主债务人追偿。此时，保证人仅得就其承担保证责任的部分取得追偿权，并无权就其未承担责任的部分向主债务人追偿。在债权人同时起诉主债务人与连带责任保证人的情形下，债权人自可基于生效裁判就主债务人和保证人的责任财产强制执行，保证人也仅在其承担保证责任的范围内向主债务人追偿。

第二，“担保人已经承担赔偿责任”的情形。担保人在担保合同无效且其具有过错时，担保人向债权人承担的赔偿责任是否属于担保人追偿权的范围？《民法典》第682条第2款规定：“保证合同被确认无效后，债务人、保证人、债权人有过错的，应当根据其过错各自承担相应的民事责任。”此处的“相应的民事责任”是指缔约过失责任，赔偿范围是债权人相信保证合同有效但实际上却无效所受的损失，即信赖利益的赔偿。[⑤] 对此，有观点主张，过错责任是当事人因其自

① 参见程啸：《保证合同研究》，法律出版社2006年版，第288页；崔建远：《论保证规则的变化》，载《中州学刊》2021年第1期。

② 参见江西省石城县人民法院（2014）石法执字第159号执行裁定书；辽宁省高级人民法院（2019）辽民申4365号民事裁定书。

③ 参见黄薇主编：《中华人民共和国民法典合同编释义》，法律出版社2020年版，第514页。

④ 参见汪云林：《保证人未完全承担保证责任不影响行使追偿权》，载《人民司法》2014年第12期。

⑤ 参见崔建远：《我国担保法的解释与适用初探》，载《吉林大学社会科学学报》1996年第2期。

身的过错而承担的责任，担保人应自担其责而不应再向主债务人追偿。[①] 不过，原《担保法解释》第9条规定："担保人因无效担保合同向债权人承担赔偿责任后，可以向债务人追偿"，肯定担保人可以向债务人追偿。《民法典担保制度解释》第18条第1款沿袭了上述规定，原因在于：担保人缔约过失赔偿责任的承担是基于担保关系而产生，在性质上仍为代偿责任，主债务人是最终责任人，不允许追偿不符合公平原则。[②] 由此可见，担保人追偿权的发生不仅限于担保人实际承担了保证责任，还包括担保人实际承担了担保合同无效时赔偿责任。[③]

第三，主债务人破产时的例外。在特殊情形下，担保人即使并未承担担保责任或者赔偿责任，仍然可以行使追偿权，此即担保人追偿权的预先行使。担保人追偿权旨在弥补担保人因承担担保责任所受损失，但在主债务人破产的情形下，如担保人待债权人自主债务人破产财产分配完毕之后再承担担保责任，主债务人已无任何财产可用以清偿债务，担保人的追偿权也就无法实现。法律为避免担保人承担担保责任后不能实现追偿权，特别规定了担保人追偿权的预先行使制度，以使担保人在主债务人进入破产程序时，可在未承担担保责任之前即向主债务人就其将要承担的担保责任向主债务人追偿。对此，《企业破产法》第51条第2款规定："债务人的保证人或者其他连带债务人尚未代替债务人清偿债务的，以其对债务人的将来求偿权申报债权。但是，债权人已经向管理人申报全部债权的除外。"如此，担保人追偿权的预先行使以债权人未申报被担保债权为前提。《民法典担保制度解释》第24条规定："债权人知道或者应当知道债务人破产，既未申报债权也未通知担保人，致使担保人不能预先行使追偿权的，担保人就该债权在破产程序中可能受偿的范围内免除担保责任，但是担保人因自身过错未行使追偿权的除外。"

担保人预先行使追偿权，直接关系到担保人承担担保责任后所受损失的补偿，而预先行使追偿权又以担保人在债权申报期限内知道债权人不申报债权为前提，因此，债权人应在债权申报期内的适当时间将其不申报债权的意思告知保证人。依照《企业破产法》第56条的规定，虽然债权人在破产财产最后分配前可以补充申报，但对此前已经进行的分配不得再请求补充分配，由此，担保人预先

---

① 参见程啸：《主合同无效时担保人的责任问题——兼评最高人民法院〈担保法解释〉第8、9条》，载《法学论坛》2005年第6期。

② 参见李国光等：《最高人民法院关于适用〈中华人民共和国担保法〉若干问题的解释理解与适用》，吉林人民出版社2000年版，第77页；曹士兵：《中国担保制度与担保方法（第四版）》，中国法制出版社2017年版，第105~106页；最高人民法院民事审判第二庭编：《最高人民法院民法典担保制度司法解释理解与适用》，人民法院出版社2021年版，第214~215页。

③ 参见曹士兵：《关于担保人的追偿权》，载最高人民法院民事审判第二庭编：《经济审判指导与参考·第4卷》，法律出版社2001年版，第78页；崔建远：《论保证规则的变化》，载《中州学刊》2021年第1期。

行使追偿权即受限制，补充申报阶段的保证人也就可以依据《民法典担保制度解释》第 24 条在相应的范围内主张免责。实践中，债权人在提起担保诉讼时，担保人依然可以预先行使追偿权，亦可视为债权人在客观上通知了担保人。① 如债权人在其知道或者应当知道主债务人破产后，既不申报债权，又不通知担保人，导致担保人错过债权申报期限而未能预先从主债务人破产财产中得到补偿的，担保人在其如及时申报债权可从破产财产中受偿的范围内免责。② 同时，担保人免除担保责任以其没有过错为前提，如担保人因自身过错未行使追偿权，则不能免除担保责任。③

鉴于破产程序的特殊性，“任何实质上源于同一债务的普通债权，在破产程序中只能得到与其他普通债权相同的受偿比率，而不能得到二次清偿，并因此得到高于其他普通债权人的清偿比率”④，《民法典担保制度解释》第 23 条第 3 款后句规定：“担保人承担担保责任后，向和解协议或者重整计划执行完毕后的债务人追偿的，人民法院不予支持”。禁止担保人向和解后或重整后的主债务人追偿。而且，当主债务人、担保人均进入破产程序时，债权人向主债务人、担保人均申报全部债权的，《最高人民法院关于适用〈中华人民共和国企业破产法〉若干问题的规定（三）》第 5 条第 2 款规定：“保证人履行保证责任后不再享有求偿权”。

2. 因担保人承担担保责任而使主债务人全部或者部分免责

担保人承担担保责任的效力及于主债务，担保人承担担保责任实际上发生代偿主债务的效力。虽然担保责任发生于债权人与担保人之间的担保合同，独立于债权人与主债务人之间的主债权债务关系，但担保责任从属于主债务，担保人承担担保责任时，通常的效力是主债务人在相应的范围内对债权人免责。⑤ 所谓使主债务人免责，是指主债务人对债权人的债务因担保人承担担保责任而消灭，主

---

① 参见安徽省淮南市中级人民法院（2020）皖 04 民终 1355 号民事判决书。

② 参见浙江省瑞安市人民法院（2017）浙 0381 民初 9440 号民事判决书。

③ 参见江苏省南京市秦淮区人民法院（2014）秦商初字第 278 号民事判决书；河南省漯河市郾城区人民法院（2020）豫 1103 民初 1021 号民事判决书；江苏省宿迁市中级人民法院（2021）苏 13 民终 4235 号民事判决书。

④ 最高人民法院在答复山东省高级人民法院《关于代为清偿的连带债务人是否有权向破产和解的债务人继续追偿问题请示的复函》（〔2010〕民二他字第 15 号）指出：“债权人如果已在主债务人的破产和解或者重整程序中全额申报了债权，其未得清偿的部分可以向保证人或者连带债务人主张。但保证人或连带债务人履行完剩余的清偿义务后，由于对于任何实质上源于同一债务的普通债权，在破产程序中只能得到与其他普通债权相同的受偿比率，而不能得到二次清偿，并因此得到高于其他普通债权人的清偿比率；因此，保证人或连带债务人承担清偿责任后不得向破产和解、破产重整的债务人追偿。”

⑤ 参见张尧：《论担保人的求偿权——以担保人对主债务人的求偿权为中心》，载肖海军主编：《岳麓法学评论（第 7 卷）》，湖南大学出版社 2012 年版，第 155 页。

债务人不再负有向债权人履行债务的责任[①]，并非指主债权债务关系消灭。在承认担保人清偿承受权的情形之下，担保人承担担保责任的法律效力除了消灭担保法律关系之外，仅能在担保人承担担保责任的范围内相对地消灭债权人与主债务人之间的主债权债务关系，主债权债务关系仍然存在于担保人与主债务人之间。

担保人承担担保责任与主债务人免责之间具有因果关系，追偿权才能成立，如主债务在债权人与主债务人之间的消灭并非担保人承担担保责任的结果，则担保人不享有追偿权。如主债务人本人已经履行主债务，或者主债务因不可抗力而不复存在等，担保人不得主张追偿权；已经承担担保责任的担保人，可以依不当得利规则而请求债权人返还。

如担保人未完全承担担保责任，担保人是否有权向主债务人进行追偿？担保人承担部分担保责任的，也发生主债务部分相对消灭的效力，担保人在被相对消灭的主债务部分应被视为承担了担保责任，担保人自然有权就该部分向主债务人进行追偿。[②] 在解释上，无论担保人的履行行为是使全部主债务还是部分主债务相对地消灭，担保人均可取得追偿权，只是追偿权的范围依主债务相对地消灭的范围不同而不同。如在约定了分期还款的借款担保合同中，保证人代偿了主债务人数月的欠付借款，主债务人认为在借款未全额还清之前保证人不享有追偿权，但法院认为债权人的相应贷款已经得到足额清偿，保证人理应享有相应的追偿权。[③]

3. 保证人没有赠与的意思

《民法典》第700条前句“当事人另有约定”，包括担保人与主债务人之间的原因关系属于赠与的情形。担保人没有赠与的意思，是担保人追偿权的消极要件。担保人在行使追偿权时不必就此举证[④]，主债务人就保证人的赠与意思负有举证责任。[⑤]

在实践中，保证人因特殊情形提前履行了保证债务，此时保证人能否行使追偿权，以及行使追偿权的范围，实践中存在争议。[⑥] 第一种意见认为，保证人未取得代偿债务的完全追偿权。理由是：根据合同的相对性，保证人代债务人提前

---

① 参见郭明瑞：《担保法（第二版）》，法律出版社2004年版，第50页。

② 参见郭明瑞：《担保法（第二版）》，法律出版社2004年版，第50页；王利明：《合同法研究（第四卷）（第二版）》，中国人民大学出版社2017年版，第289～290页。

③ 参见四川省宜宾市中级人民法院（2017）川15民终1633号民事判决书；湖南省永州市中级人民法院（2020）湘11民终2849号民事判决书；安徽省芜湖市中级人民法院（2020）皖02民终795号民事判决书。

④ 参见黄薇主编：《中华人民共和国民法典合同编释义》，法律出版社2020年版，第514页。

⑤ 参见程啸：《保证合同研究》，法律出版社2006年版，第290页。

⑥ 参见戴延伟：《保证人提前代为履行债务取得追偿权》，载《人民法院报》2016年9月22日，第7版。

向债权人偿还剩余债务，侵害了债权人依照合同的约定而享有的分期付款权，保证人只对所代付已到期月份的债务享有追偿权，对所代付未到期月份的债务不享有追偿权。第二种意见认为，保证人基于自身合理需要，作为保证人提前代被保证人履行特定债务，并未侵害债权人的利益，应当取得完全追偿权。就此，根据《民法典》第530条第1款规定的精神，债权人同意债务人提前履行债务的，债务人可以提前履行未到期债务，因而保证人提前履行债务并未对债权人造成损害，也未给债务人造成损害，在没有特别约定的情况下，保证人提前代偿亦取得追偿权。

（二）担保人追偿权的效力范围

在文义上，《民法典》第700条前句中“当事人另有约定”，既包括就担保人是否享有追偿权的约定，也包括担保人追偿权效力范围的约定。由此可见，担保人追偿权的效力范围可由当事人（担保人与主债务人）约定，当事人之间没有约定的，适用法定的追偿范围，即担保人“承担保证责任的范围”①。解释上的疑问在于，在当事人之间未就担保人追偿权行使范围作出约定时，担保人追偿权的效力范围是否仅限于担保人“承担担保责任的范围”？是否包括利息和其他损失在内？

担保人与主债务人的基础法律关系主要有委托、无因管理以及赠与三种类型，其中仅前两者能够产生担保人追偿权。在认定担保人追偿权的具体范围时，如担保人与主债务人之间就担保人追偿权的具体范围未作特别约定，应当根据担保人与主债务人的基础法律关系适用不同的规则加以确定。除担保人与主债务人另有约定之外，担保人追偿权的范围包括担保人因承担担保责任所受一切损失。

第一，担保人实际承担的担保责任或者赔偿责任（通称代偿金额）。担保人承担担保责任而使主债务部分或全部相对地消灭，主债务人在此范围内得以对债权人免责。担保人实际承担的担保责任范围应与主债务人的免责范围相一致，如大于主债务的范围，则主债务人可以主张仅在主债务的范围内承担责任的抗辩。②实践中，委托担保合同和担保合同中通常会对担保范围作出较为全面的约定，包括本金、利息、逾期利息、罚息、复息、违约金、损害赔偿金和实现担保债权的费用（包括但不限于诉讼费、仲裁费等）和所有其他应付费用等。在担保人向债权人所为给付中，首先包括原本债权及其利息，此部分当然属于担保人追偿权的效力范围，对此裁判实践中并无争议。但就逾期利息等，担保人向主债务人追偿

---

① 不过，有学者认为，《民法典》第700条对保证人追偿权的范围未作明确规定。参见谢鸿飞、朱广新主编：《民法典评注·合同编·典型合同与准合同（2）》，中国法制出版社2020年版，第124页（夏昊晗执笔）。

② See W Courtney, J C Phillips and J. O’ Donovan, *The Modern Contract of Guarantee*, Sweet & Maxwell, 2016, p. 704.

时，主债务人往往否认担保人向其追偿逾期利息的请求，理由在于，在主债务人未能如期清偿主债务时，担保人即应主动承担担保责任以使主债务消灭。然而，主债务人未如期清偿主债务所产生的逾期利息亦属主债务之内容，主债务人本就应对包括逾期利息在内的全部债务负清偿义务。

第二，担保人为承担担保责任而支付的必要费用。这里的“必要费用”并不包括纳入担保范围的“实现债权的费用”。在解释上，后者是指债权人为了实现其债权而付出的费用，包括诉讼费用、仲裁费用、通知担保人的费用以及其他的合理费用，是从属于原本债权的必要负担，应属担保范围①，纳入本书前项所称追偿范围。委托担保合同对纳入追偿范围的必要费用的种类与标准有约定的，自应从其约定。如无约定，主债务人和担保人之间构成委托关系的，担保人为承担担保责任而支付的必要费用属于《民法典》第921条规定的“受托人为处理委托事务垫付的必要费用”；主债务人和担保人之间构成无因管理关系的，担保人为承担担保责任而支付的必要费用属于《民法典》第979条第1款的“因管理事务而支出的必要费用”。

第三，担保人自承担担保责任之日起，担保人代偿金额的利息（资金占用费）。《民法典》第700条前句将保证人追偿权的法定范围限定于“承担保证责任的范围”（代偿金额），在当事人未作明确约定的情形下，担保人的追偿范围是否包括代偿金额的利息，存在疑问。第一种观点认为，在当事人未将代偿金额的利息约定为追偿范围的情形下，担保人追偿权的行使范围“应当以代偿的实际金额为限”，代偿金额的利息并不包括在内。不过，当事人之间虽未明确约定追偿权的范围包括代偿金额的利息，但约定追偿权的范围包括担保人因承担担保责任所受损失的，该损失在解释上主要是担保人代偿金额的资金占用损失，即代偿款所产生的利息，应属担保人的追偿范围。第二种观点认为，主债务人因担保人承担保证责任而免责，自担保人承担担保责任之日起即无须再就主债务支付利息，主债务人亦因此而获益，而担保人因承担担保责任而占用自有资金，将直接产生利息损失，对此，主债务人亦应明知。因此，代偿金额的利息亦应纳入担保人追偿权的效力范围，并不以当事人就此存在明确约定为前提。

笔者赞成第二种观点，在当事人之间就担保人的追偿范围未作约定的情形下，担保人和主债务人之间构成委托关系的，代偿金额的利息属于《民法典》第930条所称“受托人……因不可归责于自己的事由受到损失”的情形，应属担保人追偿权的效力范围。担保人和主债务人之间构成无因管理关系，如符合主债务人的真实意思，代偿金额的利息属于《民法典》第979条第1款后句所称“管理

① 至于其中是否包括债权人支付的律师费用，尚存争议。参见高圣平：《民法典担保制度及配套司法解释理解与适用》，中国法制出版社2021年版，第149～150页。

人因管理事务受到损失”的情形①，亦属担保人追偿权的效力范围；如不符合主债务人的真实意思，依据《民法典》第980条的规定，管理人仅在受益人的获益范围内主张费用返还请求权和损失补偿请求权。② 有观点认为，就担保人与主债务人的不适当无因管理关系而言，主债务人的获益范围表现为代偿金额及必要费用，如此就担保人自承担保证责任时起的利息损失及其他损失，无权向主债务人请求补偿。③ 笔者认为，在借款担保的情形，主债务人作为其获益范围包括了担保人的代偿金额和担保人自承担担保责任时起的利息。前者相对地消灭了主债务人对债权人的债务；后者系如担保人不承担担保责任主债务人本应负担的债务。两者均属主债务人的获益范围。

第四，担保费（报酬）。主债务人和担保人之间构成有偿委托关系的，作为受托人的担保人有权依据《民法典》第928条向作为委托人的主债务人主张报酬给付请求权④，但此项报酬是担保人完成委托担保事务的对价，而不是向债权人承担担保责任所支出的费用，因而不属于担保人追偿权的范围⑤，担保人应另行向主债务人主张报酬给付请求权。不过，《民事案件案由规定》虽将“追偿权纠纷”列为独立的案由，但同时也将“委托合同纠纷”列为第三级案由。如担保人选择提起委托担保合同纠纷诉讼，自可同时主张因其承担担保责任所受损失的追偿权以及报酬请求权。如此，即使担保人提起担保人追偿权纠纷诉讼，基于诉讼经济的考虑，亦应允许其同时主张报酬（担保费）给付请求权。

2. 担保人的过错对担保人追偿权效力范围的影响

《民法典》第701条规定，保证人对债权人享有主债务人所有的抗辩。担保人应当以之对抗债权人的履行请求，如担保人怠于行使主债务人的抗辩，而为大于主债务人应承担债务范围的清偿，以及担保人支出非必要的费用使得主债务范围扩大，对超过部分或者扩大部分，担保人虽仍得向主债务人追偿，但在担保人行使追偿权时主债务人有权提出抗辩。解释上可以认为，担保人对超过部分或者扩大部分的清偿具有过错，体现在就可主张的抗辩而未主张。如债权人依保证合同中专门的违约责任约定向保证人主张权利时，保证人可以主张仅在主债务人应当承担的责任范围内承担责任的抗辩。保证人已经主张前述抗辩，债权人的此项

---

① 参见浙江省杭州市西湖区人民法院（2009）杭西商初字第2196号民事判决书；上海市第二中级人民法院（2015）沪二中民一（民）终字第461号民事判决书。

② 参见黄薇主编：《中华人民共和国民法典合同编释义》，法律出版社2020年版，第1038页。

③ 参见谢鸿飞、朱广新主编：《民法典评注·合同编·典型合同与准合同（2）》，中国法制出版社2020年版，第125页（夏昊晗执笔）。

④ 实践中，融资担保公司与主债务人的委托担保合同之中，大多会约定一定比例的担保费。

⑤ 参见郭明瑞：《担保法（第二版）》，法律出版社2004年版，第51页。具体案例参见吉林省高级人民法院（2021）吉民申2997号民事裁定书。

请求将不获支持；保证人没有主张前述抗辩，将承担这一专门的违约责任。但保证人向主债务人追偿时，主债务人享有抗辩权；如主债务人主张抗辩，保证人就此的追偿请求将不获支持，保证人此时仅得向债权人主张不当得利返还请求权。[①]再如，担保人知悉主债务诉讼时效已经经过但怠于主张主债务诉讼时效经过抗辩权而承担担保责任，法律上对此并不限制，但在担保人向主债务人主张追偿权时，主债务人自可提出抗辩，否则主债务人本来享有的时效利益旋即丧失殆尽。[②]

此际，担保人过错的认定，尚以担保人知悉相应的抗辩事由为前提。[③] 如此，担保人在承担担保责任之前，依据《民法典》第 509 条第 2 款的规定，自有通知主债务人并了解相关抗辩事由的义务。担保人在承担担保责任后，同样有义务及时通知主债务人，其实定法基础在于第 924 条、第 983 条关于受托人（无因管理人）报告委托事务情况（管理事务情况）义务的规定，以及第 509 条第 2 款关于“当事人应当遵循诚信原则，根据合同的性质、目的和交易习惯履行通知、协助、保密等义务”的规定。[④] 如担保人怠于通知主债务人，致使主债务人无过失地又向债权人履行主债务的，担保人丧失追偿权，仅得依不当得利规则请求债权人返还。不过，即使担保人在承担担保责任后并未通知主债务人，但并未造成主债务人向债权人重复清偿的后果，担保人仍然享有追偿权。[⑤]

3. “不得损害债权人的利益”是否适用于担保人追偿权

依据《民法典》第 700 条的规定，保证人向债权人承担保证责任后所享有的权利除了追偿权之外尚有清偿承受权。不过，在解释上尚存疑问的是，“不得损害债权人的利益”这一对担保人权利的限制，是否及于担保人的追偿权？“不得损害债权人的利益”的限制对象有两种解释可能：第一，担保人行使清偿承受权

---

① 参见曹明哲：《〈民法典担保制度司法解释〉对担保从属性的贯彻与适用》，载《法律适用》2021 年第 9 期。

② 相反的观点参见曹士兵：《关于担保人的追偿权》，载最高人民法院民事审判第二庭编：《经济审判指导与参考 · 第 4 卷》，法律出版社 2001 年版，第 80 ~ 82 页。不过，该文的分析系基于诉讼时效期间经过的法律效果为胜诉权消灭的观点而展开，且与《民法典担保制度解释》第 3 条的法政策选择不一致，不足可采。

③ 《美国担保法重述》（第三次）第 24 条（1）（e）规定若保证人“知道”（had notice of）主债务人的抗辩事由仍为清偿，主债务人无偿还义务，除非保证人是基于“商业压迫”（business compulsion）而清偿。但有争议的情况在于，保证人并不确定主债务人是否有可主张的抗辩时，是科以主债务人以告知义务，还是使保证人承担主动询问的义务。《美国担保法重述》第 24 条第（2）项则规定，如根据具体情形保证人询问主债务人是合理的，而且通过询问可以知道抗辩，就属于第 24 条（1）（e）规定的“知道”。See Peter A. Alces, *The Law of Suretyship and Guaranty*, Thomson Reuters, 2014. pp. 320 ~ 324.

④ 参见谢鸿飞、朱广新主编：《民法典评注 · 合同编 · 典型合同与准合同（2）》，中国法制出版社 2020 年版，第 124 页（夏昊晗执笔）。

⑤ 参见海南省高级人民法院（2000）琼经终字第 9 号民事判决书。

时，不得损害债权人的利益；第二，担保人行使追偿权时，也不得损害债权人的利益。[①] 两种解释结论的区别在于，担保人追偿权的行使是否受“不得损害债权人的利益”限制。

“不得损害债权人的利益”原为担保人清偿承受权的限制，主要适用于担保人承担担保责任仅使主债务部分相对消灭的情形，包括保证人本就提供有限保证，未担保主债权全部，也包括保证人虽提供无限保证，就主债权全部提供保证，但保证人仅清偿部分保证债务的情形。[②] 此际，担保人承受的部分债权与债权人的剩余债权并存，但无法主张与债权人的剩余债权平等受偿，债权人的利益不因担保人清偿承受部分债权而受影响。[③] 因此，在担保人和债权人均向主债务人主张债权时，强制执行主债务人责任财产的变价款，应优先清偿债权人的剩余债权。

担保人追偿权是担保人承担担保责任之后对主债务人原始取得的新权利，在性质上亦属一般债权。担保人的追偿权与债权人的剩余债权在形式上同为一般债权，理应按比例平等受偿。但如坚持债权平等原则，将有违担保设立的目的——强化债权的实现。就保证人提供无限保证的情形，债权人的债权因保证人的部分代偿而未获全部清偿，保证人仍应担保债权人的剩余债权，如保证人追偿权与债权人剩余债权平等受偿，将导致债权人的循环求偿。例如，债权人对主债务人享有 200 万元的债权，保证人为其提供无限保证。保证人履行了 100 万元的保证债务后取得了对主债务人 100 万元的追偿权，但保证人仍应就剩余的 100 万元债权承担保证责任。如此时主债务人的责任财产价值仅为 100 万元，在债权平等受偿原则下，保证人与债权人分别得以清偿 50 万元，但债权人仍有权请求保证人履行剩余 50 万元的保证债务。如此即增加了权利实现成本。就保证人提供有限担保的情形，债权人自可首先就主债务人的责任财产实现债权，并按照约定或者《民法典》第 561 条的规定首先清偿实现债权的有关费用、利息之后清偿原本债权，再就未受清偿的债权请求保证人承担保证责任。如此即可有效规避保证人的追偿权与债权人剩余债权的平等受偿规则。如此看来，原本旨在促进债权实现的担保反而成为了拖沓债权受偿的滞碍，影响债权人向主债务人主张债务清偿的效果。[④]

在债权人的债权未获全部清偿之前，主债务人的责任财产应当优先用于清偿

---

① 《民法典》第 700 条与《民法典》第 519 条第 2 款关于连带债务人追偿权与清偿承受权的规定表述一致，因此二者可以适用相同的文义解释结论。参见谢鸿飞：《连带债务人追偿权与法定代位权的适用关系——以民法典第 519 条为分析对象》，载《东方法学》2020 年第 4 期。

② 参见高圣平：《民法典担保制度及配套司法解释理解与适用》，中国法制出版社 2021 年版，第 236 页。

③ 参见邱聪智：《新订债法各论》（下），姚志明校订，中国人民大学出版社 2006 年版，第 397 页。

④ 参见河南省南阳市宛城区人民法院（2021）豫 1302 民初 7744 号民事判决书。

主债务，而非满足担保人的追偿权。[①] 因此，担保人的追偿权应劣后于债权人的剩余债权，与清偿承受权在行使限制方面保持一致。否则，债权人剩余债权的受偿将完全听任于担保人的权利选择，正当性不足。实际上，最高人民法院也认为，对于债权人而言，主债务人与担保人都是债权人的债务人，两者之间的关系属于内部关系，债权人与主债务人之间的主债权债务关系以及债权人与担保人之间保证债权债务关系属于外部关系，当内部关系与外部关系发生冲突时，自应优先满足外部关系。[②]《民法典担保制度解释》第 23 条第 2 款关于“债权人的债权未获全部清偿前，担保人不得代替债权人在破产程序中受偿”的规定亦表明，如担保人仅清偿部分保证债务，债权人未获得全部清偿的，虽然担保人仍然享有追偿权，但此时担保人无权基于清偿承受权取得债权人的地位在破产程序中受偿。在解释上，担保人自然也不得以追偿权申报债权，否则将架空《民法典担保制度解释》第 23 条第 2 款。[③] 裁判实践亦认可担保人行使追偿权不得损害债权人利益。[④]

二、担保人的清偿承受权

担保人的清偿承受权，又称担保人的代位权，是指担保人承担担保责任之后，在其承担担保责任的范围内承受债权人对主债务人的债权，而对主债务人行使原债权人权利的权利。担保人承担担保责任之后，对主债务人并非新取得一个名曰“代位权”的权利，而是在清偿限度内取得债权人对于主债务人的权利，其情形与具有合法利益的第三人清偿后取得债权人对债务人的权利（《民法典》第524 条）相同，但与债的保全制度中的债权人代位权仅能代位行使债务人的权利（《民法典》第 535 条）存在重大差异。担保人行使的权利不是“代位权”，而是从债权人移转而来的权利，属于法定的债权移转。[⑤] 为避免混淆，本书以清偿承

---

① 参见邱聪智：《新订债法各论》（下），姚志明校订，中国人民大学出版社 2006 年版，第 397 页；金永熙：《贷款担保诉讼（第二版）》，人民法院出版社 2002 年版，第 414 页；最高人民法院民法典贯彻实施工作领导小组主编：《中华人民共和国民法典合同编理解与适用》（二），人民法院出版社 2020 年版，第 1392 页。

② 参见最高人民法院民法典贯彻实施工作领导小组主编：《中华人民共和国民法典合同编理解与适用》（二），人民法院出版社 2020 年版，第 1392 页。

③ 最高人民法院民事审判第二庭编：《最高人民法院民法典担保制度司法解释理解与适用》，人民法院出版社 2021 年版，第 250～251 页。相关裁判案例参见广东省东莞市第一人民法院（2021）粤1971 民初 26937 号民事判决书。

④ 参见江西省婺源县人民法院（2021）赣 1130 民初 2115 号民事判决书；广东省佛山市三水区人民法院（2021）粤 0607 民初 3264 号民事判决书；浙江省绍兴市中级人民法院（2022）浙 06 民终214 号民事判决书。

⑤ 参见陈自强：《契约责任与契约解消》，我国台湾地区元照出版有限公司 2016 年版，第 362～363 页。

受权称之。

（一）担保人清偿承受权的规范目的

担保人清偿承受权的法理基础在于，担保人不是基础法律关系的当事人，而只是“代为履行债务或代负赔偿责任”的第三人，当担保人承担担保责任使主债务在相应范围内消灭时，基于法定的债权转让，担保人承受债权人的地位，行使除专属于债权人自身之外的一切权利，包括享有担保该债权的其他担保权。也就是说，担保人清偿承受权是以担保责任的从属性为基础，担保责任是第二性的债务，而主债务才是本位意义上的债务，担保人只是代替主债务人履行债务。

担保人清偿承受权和追偿权各有其保护担保人的视角和独特作用，在比较法上大多数国家亦予承认。为使担保人承担担保责任后对担保主债务清偿的其他担保人的求偿权更具解释力，应规定担保人的清偿承受权。虽然保证人与物上保证人之间存在内部求偿关系的解释路径并非一定要借助担保人清偿承受法理，但担保人清偿承受权确实能解决信贷交易实践中的问题。例如，借款人向商业银行申请贷款，担保公司提供保证，同时借款人依其生产设备、原材料、半成品、产品为担保公司提供动产浮动抵押反担保，贷款人之所以不直接接受借款人提供的物上担保，是因为商业银行在浮动抵押交易中监管责任过重。但在办理动产浮动抵押登记时，登记机构不接受抵押权人是非商业银行的登记申请，担保公司遂委托商业银行与借款人签订抵押合同，并办理动产抵押登记。后借款人未如期偿还债务，担保公司代为偿还。此时，主债务因清偿而消灭，动产抵押权因主债务消灭而消灭，因该抵押权是担保主债务的清偿，而非担保担保公司求偿权的实现，担保公司无法基于基础交易关系——委托而主张动产抵押权。此种情形下，如承认担保人的清偿承受权，担保公司不仅可以代位商业银行向借款人主张主债权，而且可以代位商业银行行使担保该主债权的动产抵押权。

（二）担保人清偿承受权的成立与效力

依据《民法典》第700条的规定，“保证人承担保证责任后，除当事人另有约定外，有权在其承担保证责任的范围内……享有债权人对债务人的权利，但是不得损害债权人的利益”。由此可见，担保人清偿承受权的成立仅以“保证人承担保证责任”为要件。在解释上，“保证人承担保证责任”包括保证人自行清偿保证债务、经强制执行或破产清算而清偿保证债务在内。此外，依“保证人承担保证责任”之目的——在相应范围内消灭债权人与主债务人之间的债权债务关系而言，担保人以代物清偿、提存、抵销等其他方式足以消灭主债务的，亦发生担保人的清偿承受权。①

---

① 参见邱聪智：《新订债法各论》（下），姚志明校订，中国人民大学出版社2006年版，第397页。

担保人承担担保责任后，即在其承担担保责任的范围内“享有债权人对债务人的权利”，即债权人对主债务人的债权在担保人的清偿限度内移转予担保人。此种移转属于债权的法定移转，无须当事人的意思表示。担保人承担担保责任使主债务全部消灭的，债权人的债权即由担保人全部承受；担保人承担担保责任仅使主债务部分消灭的，债权人的该部分债权即由担保人承受。

由于担保人承受债权人的债权属于债权的法定移转，在法效果上应与债权的约定移转相同。根据《民法典》第547条第1款的规定，债权人转让债权的，受让人取得与债权有关的从权利，但是该从权利专属于债权人自身的除外。由此，在解释上，担保人承受取得的不仅仅是原债权人对主债务人的债权，该债权的担保权利，如抵押权、质权、留置权或保证债权，以及该债权的其他从权利，亦一并移转于担保人。担保人承受取得的债权与原债权全然相同。担保人取得从权利也不因该从权利未办理转移登记手续或者未转移占有而受到影响。“享有债权人对债务人的权利”不宜简单地依其文义解释为，担保人仅取得债权人对主债务人的债权，否则担保人的清偿承受权即与担保人追偿权并无多大差异，《民法典》增设这一权利类型实无必要。

《民法典担保制度解释》对此采取了不同的解释方案，其第18条第2款规定：“同一债权既有债务人自己提供的物的担保，又有第三人提供的担保，承担了担保责任或者赔偿责任的第三人，主张行使债权人对债务人享有的担保物权的，人民法院应予支持。”据此，担保人清偿承受权的成立以“担保人承担保证责任或者赔偿责任”且“债务人自己提供物的担保”为要件。在解释上，“担保人承担保证责任”包括担保人自行清偿担保债务、经强制执行或破产清算而清偿担保债务在内。此外，依“担保人承担保证责任”之目的——在相应范围内消灭债权人与主债务人之间的债权债务关系而言，担保人以代物清偿、提存、抵销等其他方式足以消灭主债务的，亦发生担保人的清偿承受权。① 担保人承担保证责任后，可以在其承担担保责任的范围行使“债权人对债务人享有的担保物权”。一方面，法效果上与《民法典担保制度解释》第14条立场一致，不允许请求其他担保人承担担保责任，只得对债务人提供的物的担保主张权利；另一方面，在构成要件上债务人必须自己提供了物的担保。

担保人清偿承受权的行使“不得损害债权人的利益”。这主要是指担保人承担担保责任仅使主债务部分消灭的情形，包括担保人本就提供有限担保，未担保主债权的全部；也包括担保人虽提供无限担保，就主债权全部提供担保，但担保人仅承担部分担保责任的情形。此际，担保人承受的部分债权与原债权人的剩余债权并存。原债权人的利益不应因担保人承担担保责任而受影响，因此，担保人

① 参见邱聪智：《新订债法各论》（下），姚志明校订，中国人民大学出版社2006年版，第397页。

清偿承受权的行使“不得损害债权人的利益”。如担保人承担担保责任仅使主债务部分消灭，虽也承受部分债权，但在原债权人全部债权受偿之前，尚无法主张与原债权人的剩余债权平等受偿，以免害及原债权人的利益。①

（三）担保人的追偿权与清偿承受权之间的关系

依据《民法典》第700条的规定，担保人为承担担保责任而对债权人为清偿或其他消灭债务的行为，导致主债务人对债权人免责的，担保人同时享有追偿权与清偿承受权。在权利关系上，追偿权系担保人自己对主债务人的权利，属于新成立的权利；清偿承受权系担保人承受债权人对主债务人的债权，担保人承受取得的实为债权人原有的权利，并非新成立的权利。追偿权与清偿承受权同时并存，且清偿承受权为法定当然移转于担保人，但是，担保人仍得选择行使追偿权，亦得于承受债权之后，行使原债权人的权利。两者为请求权竞合，其中一权利因行使而达目的时，则另一种权利于所达目的之范围内即归消灭。②

第十九条　担保合同无效，承担了赔偿责任的担保人按照反担保合同的约定，在其承担赔偿责任的范围内请求反担保人承担担保责任的，人民法院应予支持。

反担保合同无效的，依照本解释第十七条的有关规定处理。当事人仅以担保合同无效为由主张反担保合同无效的，人民法院不予支持。

【条文主旨】

本条是关于反担保人的担保责任和赔偿责任的规定，系对《民法典》第689条、第387条第2款的解释。

【规则变迁】

《担保法解释》第9条第1款规定：“担保人因无效担保合同向债权人承担赔偿责任后，可以向债务人追偿，或者在承担赔偿责任的范围内，要求有过错的反担保人承担赔偿责任。”本条在此基础上作了修改，基于反担保合同不是担保合同的从合同的基本判断，区分两种情形规定担保合同无效或者被撤销，承担了赔偿责任的担保人对于反担保人的权利。在反担保合同有效的情形下，承担了赔偿责任的担保人有权请求反担保人承担担保责任；在反担保合同无效的情形下，承

① 参见邱聪智：《新订债法各论》（下），姚志明校订，中国人民大学出版社2006年版，第397页。
② 参见邱聪智：《新订债法各论》（下），姚志明校订，中国人民大学出版社2006年版，第399页。

担了赔偿责任的担保人有权请求有过错的反担保人依其过错程度承担相应的赔偿责任。

【理解与适用】

一、反担保合同和担保合同之间的关系

《民法典》第689条规定："保证人可以要求债务人提供反担保。"第387条第2款规定："第三人为债务人向债权人提供担保的，可以要求债务人提供反担保。反担保适用本法和其他法律的规定。"反担保，又称求偿担保，是指债务人或第三人为确保担保人承担担保责任后实现对主债务人的追偿权而设定的担保。反担保关系中，其当事人无论是主债务人（反担保人）与担保合同中的担保人（反担保权人），还是主债务人或第三人（反担保人）与担保合同中的担保人（反担保权人），相对于担保关系（原担保关系，其当事人为主合同的债权人与担保合同中的担保人）而言，不过是一般意义上的担保，反担保权仍然具有从权利、价值权、变价权的特征，也完全符合一般担保所具有之不可分性和物上代位性的性质。[①] 由此可见，反担保与担保并没有质的差异，只是在形式和用语上与担保相左。

在反担保人参与的担保交易中，当事人之间的法律关系如下：

第一，主债务人与债权人之间存在主合同关系，为了担保主债务人履行主债务，担保人应主债务人之委托向债权人提供担保，担保人与债权人之间存在担保关系（为与反担保相区分，以下统称为本担保）。其中，主合同关系是主法律关系，担保关系是从法律关系；主债务人与债权人之间的合同是主合同，担保人与债权人之间的本担保合同是从合同，并担保主合同的履行。

第二，担保人应债权人的请求承担担保责任之后，担保人依法对主债务人取得追偿权，可向主债务人直接主张清偿利益的返还，是基于担保人与主债务人之间的基础关系——委托关系或无因管理关系。准此，追偿权产生的依据并不是担保人与债权人之间的本担保合同，而是主债务人与担保人之间的委托合同或者无因管理法律关系。[②] 为了担保追偿权的实现，主债务人或者第三人向担保人提供担保，主债务人或者第三人与担保人之间存在担保关系（为与担保人向债权人提供的担保相区分，以下统称为反担保）。其中，基于委托合同或者无因管理法律

---

① 参见陈小君、樊芃：《论反担保》，载《法商研究》1997年第1期。

② 担保人与主债务人之间的关系可以是委托、无因管理、赠与，详见高圣平：《担保法论》，法律出版社2009年版，第85页以下。

关系所产生的追偿关系是主法律关系，反担保关系是从法律关系；担保人与主债务人之间的委托（担保）合同是主合同，主债务人或者第三人与担保人之间反担保合同是从合同。

学说上，有观点认为，反担保合同从属于担保人和债权人之间的本担保合同，是本担保合同的从合同。[①] 笔者对此不敢苟同。

第一，担保人追偿权的产生并不是基于本担保合同，而是基于委托（担保）关系，已如前述。本担保合同所体现的是担保人和债权人之间的法律关系，而担保人追偿权所指向的对象是主债务人，所体现的是担保人和主债务人之间的法律关系。只有基于担保人和主债务人之间的委托（担保）合同，担保人才会就主债务人和债权人之间的主法律关系向债权人提供担保。担保人在向债权人承担了担保责任之后，也只有基于其与主债务人之间的委托合同，才能向主债务人请求偿还其已代偿的金额，亦即主张追偿权。由此可见，反担保合同并不从属于担保人和债权人之间的本担保合同，而是从属于主债务人与担保人之间的委托（担保）合同。

第二，依现行法和信贷实践，担保合同的内容大抵包括被担保债权的种类和数额；主债务人履行债务的期限；担保的范围；担保人或担保财产等，其中并无追偿权的约定。由此进一步证成了反担保合同所担保的主债权并非产生于本担保合同的结论。虽然在反担保实践中，主债务人与担保人之间有时没有签订委托（担保）合同，而只有《担保申请书》等类似文件，但基于担保人的缔约目的以及设立性质，主债务人与担保人之间的委托关系不证自明。在主债务人与担保人之间就追偿关系作了特别约定的，应当依照其约定；没有约定的，应当适用基础法律关系。对此，《民法典》第700条规定："保证人承担保证责任后，除当事人另有约定外，有权在其承担保证责任的范围内向债务人追偿，享有债权人对债务人的权利，但是不得损害债权人的利益。"其文义至为明确：委托合同或担保申请书中是否有追偿权的约定，都不影响追偿关系的存在。

由此可见，反担保与本担保虽均属担保，但其担保对象和担保当事人并不相同。在这一前提下，对担保人反担保中的相关问题即可迎刃而解。

二、反担保人的担保责任

《担保法解释》第9条规定："担保人因无效担保合同向债权人承担赔偿责任后，可以向债务人追偿，或者在承担赔偿责任的范围内，要求有过错的反担保人

① 参见刘保玉：《反担保初探》，载《法律科学（西北政法学院学报）》1997年第1期；谢鸿飞、朱广新主编：《民法典评注·合同编·典型合同与准合同》（2），中国法制出版社2020年版，第62页（夏昊晗执笔）。

承担赔偿责任。担保人可以根据承担赔偿责任的事实对债务人或者反担保人另行提起诉讼。”该条是对担保人在担保合同无效情况下承担的责任如何向债务人或者反担保人追偿的规定。

在担保合同无效或者被撤销的情况下，担保人承担的是赔偿责任。担保人在承担赔偿责任后，基于主债务人的最终债务承担者地位，担保人自可向主债务人追偿。但此时是否可向反担保人请求承担担保责任不无疑问。根据《担保法解释》第9条第1款的规定，反担保责任的构成要件是由于反担保人有过错和担保人实际承担了担保责任两项。其主要理由是：反担保合同是担保合同的从合同，担保合同无效，反担保合同也无效，所以，担保人承担的责任是缔约过失责任，反担保人承担的责任也只能是缔约过失责任，反担保人也只在有过错时才有责任。换言之，反担保人如果没有过错，即使担保人有过错，反担保人也不敢担责任。至于反担保人的过错情形，应当和担保人的过错情形相同：反担保人明知主合同无效仍为之提供担保或者反担保人明知主合同无效仍促使主合同成立或者为主合同的签订作中介等。①

《担保法解释》第9条的理论基础有待商榷。正如前述，反担保合同的主合同并不是担保合同，因此，担保合同被认定无效或者被撤销对于反担保合同的效力并不发生影响。基于此，《民法典担保制度解释》于本条对此作了相应矫正。其中第2款明确指出：“当事人仅以担保合同无效为由主张反担保合同无效的，人民法院不予支持。”同时，第1款规定：“担保合同无效，承担了赔偿责任的担保人按照反担保合同的约定，在其承担赔偿责任的范围内请求反担保人承担担保责任的，人民法院应予支持。”这一款是反担保合同有效情形下的解释结论：对于反担保人的责任性质予以明确，即反担保人承担担保责任。反担保合同的主债权债务关系并不是担保合同，而是因主债务人和保证人之间因委托或无因管理所生的追偿权。如此，担保合同无效并不影响反担保合同的效力。在承认担保合同被认定无效或者被撤销，承担了赔偿责任的担保人可以向主债务人追偿的前提下，担保人自可依据有效的反担保合同的约定，在其承担赔偿责任的范围内请求反担保人承担担保责任。

三、反担保合同无效的处理

《民法典担保制度解释》于本条第2款规定：“反担保合同无效的，依照本解释第十七条的有关规定处理。当事人仅以担保合同无效为由主张反担保合同无效的，人民法院不予支持。”本款亦是在认识到反担保合同并非担保合同的从合同

① 参见最高人民法院民法典贯彻实施工作领导小组主编：《中华人民共和国民法典合同编理解与适用》（二），人民法院出版社2020年版，第1327～1328页。

的基础上得出的解释结论，因此规定“当事人仅以担保合同无效为由主张反担保合同无效的，人民法院不予支持”。

正如前文所述，反担保与本担保并无质的不同，因此反担保合同无效的法律后果也与之相同，适用本解释第17条的规定。本解释第17条指出：“主合同有效而第三人提供的担保合同无效，人民法院应当区分不同情形确定担保人的赔偿责任：（一）债权人与担保人均有过错的，担保人承担的赔偿责任不应超过债务人不能清偿部分的二分之一；（二）担保人有过错而债权人无过错的，担保人对债务人不能清偿的部分承担赔偿责任；（三）债权人有过错而担保人无过错的，担保人不承担赔偿责任。主合同无效导致第三人提供的担保合同无效，担保人无过错的，不承担赔偿责任；担保人有过错的，其承担的赔偿责任不应超过债务人不能清偿部分的三分之一。”

反担保合同的主债权债务关系是委托或者无因管理。在主债务人与担保人之间的基础关系是无因管理时，不存在所谓主合同有效或者无效的问题，此时仅有本解释第18条第1款适用的空间；在主债务人与担保人之间的基础关系是委托时，即可能存在委托合同作为主合同有效或者无效的问题，此时本解释第17条第1款和第2款所描述的情形均有可能出现。

在反担保合同因自身原因而被认定无效的情形下，本担保人（追偿权人、受托人、管理人）与反担保人均有过错的，反担保人承担的赔偿责任不应超过主债务人不能清偿部分的1/2；反担保人有过错而本担保人无过错的，反担保人对主债务人不能清偿的部分承担赔偿责任；本担保人有过错而反担保人无过错的，反担保人不承担赔偿责任。委托合同无效导致第三人提供的反担保合同无效，反担保人无过错的，不承担赔偿责任；反担保人有过错的，其承担的赔偿责任不应超过主债务人不能清偿部分的1/3。

第二十条　人民法院在审理第三人提供的物的担保纠纷案件时，可以适用民法典第六百九十五条第一款、第六百九十六条第一款、第六百九十七条第二款、第六百九十九条、第七百条、第七百零一条、第七百零二条等关于保证合同的规定。

【条文主旨】

本条是关于保证人权利保护规则的参照适用的规定，系对《民法典》第695条第1款、第696条第1款、第697条第2款、第700条、第701条、第702条的解释。

【规则变迁】

本条系新增规定。就担保债权实现而言，人的担保与物的担保并无实质上的区别。既然保证在一定程度上可以类推适用物的担保规则，那么物的担保类推适用保证的相关规则也无障碍。

【理解与适用】

一、保证合同章在担保制度体系中的定位

在《民法典》的体系安排上，《担保法》没有独立成编。《担保法》和《物权法》中的担保规则，依其不同的性质，分别定位于《民法典》的不同编之中。保证是作为一种有名合同，放在《民法典》合同编的典型合同分编中加以规定；《担保法》规定的定金是放到合同编通则分编中的违约责任章中加以规定；《担保法》和《物权法》中的抵押、质押和留置等三种物上担保形式，维系着物权编担保物权分编的体系结构。这样的体系安排，给我们在立法技术上带来的一个困难就是：我们对适用于所有的担保关系中的一般规则，放在《民法典》的哪里。

从目前的情况来看，物权编位于《民法典》各分编之首，合同编紧随其后。在《民法典》编纂过程中，我们是有意将保证合同章作为担保关系的一般规则加以确立。例如，《民法典》在担保物权分编中对于物上保证人的权利保护并未作出周全的规定。就物上保证人的权利保护问题，可以类推适用保证合同章中保证人的权利保护规则，如物上保证人主张抵销抗辩。当然，对于保证合同章作为担保关系的一般规则的基本思想，并没有贯彻到底。例如，关于哪一些民事关系可以适用担保的方式加以保障，《民法典》是规定在担保物权分编的一般规定中，并没有置于保证合同章。关于最高额担保的一般规则也是如此。关于最高额担保制度，《民法典》主要是在担保物权分编抵押权章最高额抵押权节中加以规定。最高额质权、最高额保证都是准用最高额抵押的相关规定，也不是放在保证合同章。这种安排在一定程度上增加了在担保纠纷案件审理过程中“找法”的困难。厘清保证合同章在整个担保规则体系中的定位至关重要。

将保证合同章作为担保关系的一般规则，具有重大的意义。例如，债权人在行使抵押权时，主张以合同约定的主债权数额以及其他从权利为范围，请求以抵押物的变价款优先受偿，但主债务人已经清偿了部分债权。此时，抵押人能不能主张抗辩，认为债权人优先受偿的范围没有那么大，应除去主债务人已经清偿的部分。对这个问题，保证合同章中第 701 条明确规定保证人可以主张主债务人对

债权人的抗辩。抵押人能不能主张主债务人对债权人的抗辩呢，担保物权分编中没有明确规定。就此可以类推适用保证合同章的相关规定。《民法典担保制度解释》于本条明确了可以类推适用于物上保证人的权利保护规则。

二、本条规定的适用

本条规定："人民法院在审理第三人提供的物的担保纠纷案件时，可以适用民法典第六百九十五条第一款、第六百九十六条第一款、第六百九十七条第二款、第六百九十九条、第七百条、第七百零一条、第七百零二条等关于保证合同的规定。"在文义上，本条虽未强调"参照"，但本质仍是类推，需谨慎认定案件类型的"类似性"。① 具体而言：

第一，《民法典》第695条第1款规定："债权人和债务人未经保证人书面同意，协商变更主债权债务合同内容，减轻债务的，保证人仍对变更后的债务承担保证责任；加重债务的，保证人对加重的部分不承担保证责任。"本款是关于主债务的变更对于保证责任影响的规定。第三人提供物的担保与保证在目的上相同，即为主债务人提供担保。根据意思自治，主债务人与债权人当然可以合意变更主债务，但不应对第三人产生不利影响。该规定当然也适用于第三人提供物的担保的情形，因此，应当认可类推适用。

第二，《民法典》第696条第1款规定："债权人转让全部或者部分债权，未通知保证人的，该转让对保证人不发生效力。"本款是关于债权转让对于保证人的效力的规定。让与通知规则的规范意旨在于保护债务人②，担保人虽不与债务人处于同一层次，但均须为债权人的债权承担责任，故也应受到让与通知规则的保护。不过，在第三人提供物的担保的场合，依据《民法典》第407条之规定，债权转让的，抵押权当然一并转让，不存在需要通知抵押人的问题。之所以无须通知抵押人，是因为抵押权以登记作为公示方法，无须像保证那样以通知作为对抗保证人的方式。③

第三，《民法典》第697条第2款规定："第三人加入债务的，保证人的保证责任不受影响。"本款是关于债务加入对于保证责任影响的规定。债务加入只增加债权人受偿的可能性，对债务人并无不利，一般而言是"双赢"，因此保证人和物上保证人的责任不受影响。

第四，《民法典》第700条规定："保证人承担保证责任后，除当事人另有约定外，有权在其承担保证责任的范围内向债务人追偿，享有债权人对债务人的权

① 参见易军：《论买卖合同之规定准用于其他有偿合同》，载《法学研究》2016年第1期。

② 参见徐涤宇：《〈合同法〉第80条（债权让与通知）评注》，载《法学家》2019年第1期。

③ 参见麻锦亮：《民法典·担保注释书》，中国民主法制出版社2023年版，第326页。

利，但是不得损害债权人的利益。”本条是关于保证人追偿权和清偿承受权的规定，对于物上保证人自有类推适用的空间。

第五，《民法典》第701条规定：“保证人可以主张债务人对债权人的抗辩。债务人放弃抗辩的，保证人仍有权向债权人主张抗辩。”本条是关于保证人可得援用主债务人对债权人的抗辩的规定。担保人本可向债权人主张债务人的抗辩，即使债务人放弃自己的抗辩权，但不能径直认为担保人丧失抗辩，否则不利于担保人。

第六，《民法典》第702条规定：“债务人对债权人享有抵销权或者撤销权的，保证人可以在相应范围内拒绝承担保证责任。”本条是关于保证人主张主债务人的抵销权与撤销权抗辩的规定。债务人若享有抵销权或撤销权，为保护担保人利益，应允许其在相应范围内拒绝承担责任。

在保证人权利保护规则中，除上述条款之外，应还有其他条款对提供物上保证人适用。因无法列举周全，以“等”字表示，进行兜底规定。但是，根据权利性质以及《民法典》担保物权分编已有相应规定的，不得适用《民法典》保证合同章中的相关规定。①

第二十一条　主合同或者担保合同约定了仲裁条款的，人民法院对约定仲裁条款的合同当事人之间的纠纷无管辖权。

债权人一并起诉债务人和担保人的，应当根据主合同确定管辖法院。

债权人依法可以单独起诉担保人且仅起诉担保人的，应当根据担保合同确定管辖法院。

【条文主旨】

本条是关于担保纠纷案件主管和管辖的规定，系结合担保的从属性对《民事诉讼法》第23条和第34条、《仲裁法》第5条的解释。

【规则变迁】

关于担保纠纷案件的地域管辖，《担保法解释》第129条规定：“主合同和担保合同发生纠纷提起诉讼的，应当根据主合同确定案件管辖。担保人承担连带责任的担保合同发生纠纷，债权人向担保人主张权利的，应当由担保人住所地的法

---

① 参见最高人民法院民事审判第二庭编：《最高人民法院民法典担保制度司法解释理解与适用》，人民法院出版社2021年版，第227页。

院管辖。主合同和担保合同选择管辖的法院不一致的，应当根据主合同确定案件管辖。”

本条在《担保法解释》第128条的基础上作了补充和完善。其中，第1款关于担保纠纷案件主管的规定是新增规定；第2款至第3款则是在《担保法解释》第129条基础上的完善，其中第3款在表达上更加清晰明确。

【理解与适用】

一、仲裁条款排除法院管辖

《民法典担保制度解释》于本条第1款规定：“主合同或者担保合同约定了仲裁条款的，人民法院对约定仲裁条款的合同当事人之间的纠纷无管辖权。”实践中，当事人间可能签订一系列复杂的合同，既包括主债权债务合同，又包括诸多担保合同，但并非所有合同都约定有仲裁条款。《仲裁法》第5条规定：“当事人达成仲裁协议，一方向人民法院起诉的，人民法院不予受理，但仲裁协议无效的除外。”据此，约定了仲裁条款的合同所引起的纠纷，人民法院均不具有管辖权。如主合同与担保合同均约定了仲裁条款，法院对当事人之间的纠纷都没有管辖权；仅主合同或者担保合同约定了仲裁条款，法院对约定了仲裁条款的合同当事人之间发生的纠纷没有管辖权。

二、债权人一并起诉债务人和担保人时的管辖法院

《民法典担保制度解释》于本条第2款规定：“债权人一并起诉债务人和担保人的，应当根据主合同确定管辖法院。”这里排除了债权人仅以债务人或者担保人为被告提起诉讼的情形。

第一，主合同、担保合同未约定管辖法院的，应当根据《民事诉讼法》第23条、第34条之规定根据主合同确定管辖法院。

第二，主合同和担保合同均约定了相同的管辖法院，应当依据约定确定管辖法院。

第三，主合同、担保合同均约定管辖法院的，若约定不一致，以主合同为准。

第四，主合同约定管辖法院，但担保合同未约定管辖法院，以主合同的约定确定管辖法院。

第五，主合同未约定管辖法院，但担保合同约定了管辖法院，如债权人一并起诉债务人和担保人的，应当根据主合同确定管辖法院。有观点认为，此时不再

采取管辖中的“从随主”原则，其原因在于尊重当事人的意思自治。[①] 不过，从本条第 2 款与第 3 款之间的体系解释上看，仅在债权人依法可以单独起诉担保人且仅起诉担保人时，才根据担保合同确定管辖法院。如债权人一并起诉债务人和担保人，则根据主合同确定管辖法院，即使担保合同中对管辖法院已作另外的约定，亦无不然。

三、债权人依法可以单独起诉担保人且仅起诉担保人时的管辖法院

《民法典担保制度解释》于本条第 3 款规定：“债权人依法可以单独起诉担保人且仅起诉担保人的，应当根据担保合同确定管辖法院。”这里“债权人依法可以单独起诉担保人”的情形首先包括连带责任保证。

《民法典》第 688 条规定：“当事人在保证合同中约定保证人和债务人对债务承担连带责任的，为连带责任保证。连带责任保证的债务人不履行到期债务或者发生当事人约定的情形时，债权人可以请求债务人履行债务，也可以请求保证人在其保证范围内承担保证责任。”虽然连带责任保证人不是本位意义上的债务人，但其对于主债务人并不享有顺序利益。只要出现主债务人不履行到期债务或者发生当事人约定情形的事实，债权人即可要求保证人承担保证责任。债权人请求连带责任保证人承担保证责任的，只须证明主债务人不履行到期债务或者发生当事人约定情形的事实即可，而不论债权人是否就主债务人的财产已强制执行，保证人均应依保证合同的约定承担保证责任。在诉讼结构上，连带责任保证的债权人可以将债务人或者保证人作为被告提起诉讼，也可以将债务人和保证人作为共同被告提起诉讼。

如在连带责任保证中，债权人仅起诉保证人的，表明当事人之间的纠纷属于保证合同纠纷。此时，适用《民事诉讼法》关于地域管辖的相关规定确定管辖法院。对于合同纠纷的地域管辖，《民事诉讼法》奉行约定优先。《民事诉讼法》第 34 条规定：“合同或者其他财产权益纠纷的当事人可以书面协议选择被告住所地、合同履行地、合同签订地、原告住所地、标的物所在地等与争议有实际联系的地点的人民法院管辖，但不得违反本法对级别管辖和专属管辖的规定。”由此可见，保证合同对管辖法院有约定的，按照约定。保证合同对管辖法院没有约定的，《民事诉讼法》第 23 条规定：“因合同纠纷提起的诉讼，由被告住所地或者合同履行地人民法院管辖。”由于此时保证合同尚未履行，可以由保证人住所地的法院管辖。

① 参见高圣平、谢鸿飞、程啸：《最高人民法院民法典担保制度司法解释理解与适用》，中国法制出版社 2021 年版，第 181 页（谢鸿飞执笔）。

《民法典担保制度解释》于本条第3款所规定的“债权人依法可以单独起诉担保人”的情形，除了连带责任保证之外，还包括：（1）保证人承担一般保证责任，但丧失先诉抗辩权的情形；（2）担保人是物上担保人的情形。在解释上，物上担保人对于主债务人并无先诉利益，在主债务人不履行到期债务或者出现当事人约定的实现担保物权的情形，债权人自可直接对担保人行使担保物权。此时，在程序救济上，并不以“实现担保物权案件”为限，债权人还可直接单独起诉担保人。在这些情形下，应当根据担保合同确定管辖法院。①

《民法典担保制度解释》第45条第3款明确规定：“债权人以诉讼方式行使担保物权的，应当以债务人和担保人作为共同被告。”其目的是确定担保人承担责任的范围，因此，债权人在行使担保物权时，司法解释考量的重点是诉讼效率和便捷，而并非担保物权作为物权的特性。②

第二十二条　人民法院受理债务人破产案件后，债权人请求担保人承担担保责任，担保人主张担保债务自人民法院受理破产申请之日起停止计息的，人民法院对担保人的主张应予支持。

【条文主旨】

本条是关于债务人破产时担保债务停止计息的规定，系结合第388条第1款、第682条第1款，对《民法典》第389条、第691条所作的解释。

【规则变迁】

本条系新增规则。《企业破产法》第46条规定：“未到期的债权，在破产申请受理时视为到期。附利息的债权自破产申请受理时起停止计息。”本条进一步认为，担保人的担保债务也随之停止计息。

【理解与适用】

《企业破产法》第46条规定：“未到期的债权，在破产申请受理时视为到期。附利息的债权自破产申请受理时起停止计息。”据此，未到期的债权在破产申请

① 参见最高人民法院民事审判第二庭编：《最高人民法院民法典担保制度司法解释理解与适用》，人民法院出版社2021年版，第235页。

② 参见高圣平、谢鸿飞、程啸：《最高人民法院民法典担保制度司法解释理解与适用》，中国法制出版社2021年版，第182页（谢鸿飞执笔）。

受理时便停止计息，但实践中就债务人破产时担保债务是否停止计息，观点并不一致。

否定观点认为，担保人应当对破产受理后的主债务利息承担责任。其理由包括：首先，《企业破产法》第46条规定旨在尽快确定债务人破产债权总额以推进破产程序的顺利进行，实现破产程序概括式集体清偿立法目的，故规定附利息的债权自破产申请受理时停止计息。本条立法目的并非免除保证人的保证债务。其次，债务因清偿、抵销、提存、免除、混同而消灭，主债务人破产并非保证债务消灭的原因。债务人破产申请受理后，付利息的债权停止计息系基于法律的特别规定，并非债权人自愿免除该部分利息。再次，虽然从属性系担保的基本属性，担保人承担的担保责任范围不应当大于主债务。但是，主债权基于法律的特别规定予以停息，并不表明该利息消灭，而只是无法在破产程序中得到保护。最后，保证人签订保证合同的目的即在于承担债务人不能清偿债务时替代债务人向债权人履行清偿责任的义务，本质在于保障债权人的债权能够全部得到有效清偿，此系合同当事人订立保证合同的本意，使保证人就利息承担责任没有超出其预期。虽然保证人承担保证责任后将因主债务人已破产丧失清偿能力而无法进行有效追偿，但该风险理应由保证人自行承担。

肯定观点认为，应从法院受理破产申请之日起停止计息。理由包括：第一，附利息的债权自破产申请受理时起停止计息，即主债务人无需再承担债务利息。因担保合同是从合同，目的是保障所担保的债务即主合同确定的债务的履行，具有从属性，主债权停止计息，担保债权也停止计息。第二，从担保制度体系来看，其不仅规定了保证人的代偿义务，保障债权人的合法权益，同时也规定了保证人的追偿权，兼顾保证人的合法权益。破产案件受理后对主债权停止计息，债权人受损的仅是利息损失。如果对保证债务不停止计息，将影响保证人的追偿权，对保证人较为不公。

《民法典担保制度解释》本条规定明显采纳了肯定说的观点，贯彻了担保从属性的要求。解释上的疑问在于，如担保人不主张担保债务自人民法院受理破产申请之日起停止计息的，将产生何种效果？本条的表述明显只是赋予担保人诉讼上的抗辩，如担保人不主张或者援引该抗辩，人民法院不应主动适用。这一处理与《民法典担保制度解释》第3条关于担保范围超过主债务时的规定相当。

此外，关于本条的时间效力。本条据以解释的实体法规则在《民法典》实施前后并未发生改变，并未创制新规则，因此对于《民法典》实施之前所签订的担保合同仍有参考适用的价值。最高人民法院认为，“担保合同是主债权债务合同的从合同，相较于主债务而言，担保债务具有从属性，担保人承担的担保责任范围不应大于主债务，此为担保从属性的必然要求。主债务人被人民法院裁定受理破产后，主债务因破产程序而停止计息，如果债权人仍要求担保人继续承担担保债务利息，可能导致担保人最终承担的担保责任范围大于主债务，明显违反了担保的从属性原则。因此，担保债务也应适用主债务因破产受理停止计息的规则。2021 年 1 月 1 日起施行的《最高人民法院关于适用〈中华人民共和国民法典〉有关担保制度的解释》第 22 条规定也进一步明确了此观点。本案虽不宜直接援引该条规定作为裁判依据，但在该司法解释对于之前长期争议的法律问题予以明确后，可参考该规定确定的裁判理念指导司法实践。”①

第二十三条　人民法院受理债务人破产案件，债权人在破产程序中申报债权后又向人民法院提起诉讼，请求担保人承担担保责任的，人民法院依法予以支持。

担保人清偿债权人的全部债权后，可以代替债权人在破产程序中受偿；在债权人的债权未获全部清偿前，担保人不得代替债权人在破产程序中受偿，但是有权就债权人通过破产分配和实现担保债权等方式获得清偿总额中超出债权的部分，在其承担担保责任的范围内请求债权人返还。

债权人在债务人破产程序中未获全部清偿，请求担保人继续承担担保责任的，人民法院应予支持；担保人承担担保责任后，向和解协议或者重整计划执行完毕后的债务人追偿的，人民法院不予支持。

【条文主旨】

本条是关于破产程序与担保责任衔接的规定。

【规则变迁】

《担保法解释》第 44 条规定：“保证期间，人民法院受理债务人破产案件的，债权人既可以向人民法院申报债权，也可以向保证人主张权利。债权人申报债权后在破产程序中未受清偿的部分，保证人仍应当承担保证责任。债权人要求保证人承担保证责任的，应当在破产程序终结后六个月内提出。”《民法典担保制度解释》本条是在该条的基础上修改而成，允许债权人在破产程序中申报债权并向法院对保证人起诉，但明确担保人在承担责任后可以代替债权人在破产程序中受偿。

《全国法院破产审判工作会议纪要》第 31 条规定：“破产程序终结前，已向债权人承担了保证责任的保证人，可以要求债务人向其转付已申报债权的债权人在破产程序中应得清偿部分。破产程序终结后，债权人就破产程序中未受清偿部

① 最高人民法院（2021）最高法执监 415 号执行裁定书。

分要求保证人承担保证责任的，应在破产程序终结后六个月内提出。保证人承担保证责任后，不得再向和解或重整后的债务人行使求偿权。”本条对保证人的追偿权作了限制，本条第3款重申了这一司法态度。

【理解与适用】

一、债务人破产时债权人担保权利的行使

（一）债务人破产时债权人行使其担保权利的时间

《民法典担保制度解释》于本条第1款规定：“人民法院受理债务人破产案件，债权人在破产程序中申报债权后又向人民法院提起诉讼，请求担保人承担担保责任的，人民法院依法予以支持。”依据《企业破产法》第92条、第101条、第124条的规定，在债务人破产时，债权人通过破产程序未能实现的债权，保证人仍应承担保证责任，债权人对保证人享有的权利不受重整计划或和解协议的影响。这就意味着，人民法院受理债务人破产案件的，债权人既可以在破产程序中申报债权，也可以请求担保人承担担保责任，还可以在破产程序中申报债权后又向人民法院提起诉讼，请求担保人承担担保责任。

此前，《最高人民法院〈关于担保期间债权人向保证人主张权利的方式及程序问题请示〉的答复》（〔2002〕民二他字第32号）第2条规定，对于债权人申报了债权，同时又起诉保证人的保证纠纷案件，人民法院应当受理。在具体审理并认定保证人应承担保证责任的金额时，如需等待破产程序结束的，可依照《民事诉讼法》第136条第1款第5项的规定，裁定中止诉讼。人民法院如径行判决保证人承担保证责任，应当在判决中明确应扣除债权人在债务人破产程序中可以分得的部分。该答复允许债权人在申报债权的同时起诉要求保证人承担责任，但在明确具体责任金额时，答复给出的两种处理方式实际上都需以破产程序确定债权人受偿份额为前提，因此在实践中的意义主要在于赋予债权人起诉的权利，而并未在实体层面彻底解决债权人的受偿问题，仍然会出现债权人的担保利益得不到及时充分实现的问题。①

《民法典担保制度解释》于本条第1款已经改变了〔2002〕民二他字第32号的司法态度。债权人自可在向债务人的破产管理人申报债权时或者之后向担保人主张担保权利。依据《企业破产法》第46条第1款的规定，“未到期的债权，在破产申请受理时视为到期”。未到期的主债权也就视为到期，担保人原本基于从

① 参见最高人民法院民事审判第二庭编：《最高人民法院民法典担保制度司法解释理解与适用》，人民法院出版社2021年版，第249~250页。

属性所可得主张的债务人的期限利益，随即丧失，债权人自可向担保人主张担保权利。此外，本款在文字上采用了人民法院应予“支持”的表述，这意味着人民法院不仅仅只是受理担保责任诉讼，而是应对债权人的主张予以实体审理并作出相应判决。[①]

尚存疑问的是，依据本条第1款的规定，债权人可以同时申报破产债权并请求担保人承担担保责任，二者并无先后顺序。债权人申报破产债权后提起诉讼请求担保人承担担保责任的，人民法院受理后，应当继续审理并作出判决，不应驳回起诉或裁定中止诉讼。不过，有学者认为，基于对担保从属性的考虑，在主债权未得到确认之前主张担保责任，可能造成司法资源的浪费。因为担保责任的范围多数情况下取决于主债权的范围，通常而言担保诉讼法院也将对主债权的范围予以审查认定以确定担保债权的范围。此时将造成两个不同法院同时审查主债权的情况，浪费司法资源，在两个法院审判不一致时，还将造成司法冲突。[②]

（二）保证期间的适用分歧及其解决

在债务人破产的情形下，债权人主张保证债权有三种可能的情形：第一，债权人与申报破产债权同时向保证人主张保证债权；第二，债权人在申报破产债权之后破产程序终结之前向保证人主张保证债权；[③] 第三，债权人在破产程序终结之后向保证人主张保证债权，已如前述。在我国实定法采行保证期间强制适用主义的背景下，任何保证债务均有保证期间的适用，债权人在债务人破产的情形下向保证人主张保证债权，亦不例外。亦即无论债权人在何时向保证人主张保证债权，均有保证期间制度的适用。

准此以解，债权人应在约定的或者法定的保证期间内依法实施特定的行为，否则保证人的保证债务消灭。就一般保证而言，这一特定的行为是指，债权人在保证期间内对债务人提起诉讼或者申请仲裁（《民法典》第693条第1款），或者在保证期间内基于依法赋予强制执行效力的公证债权文书对债务人向人民法院申请强制执行（《民法典担保制度解释》第27条）向保证人主张保证债权；就连带责任保证而言，这一特定的行为是指，债权人在保证期间请求保证人承担保证责任（《民法典》第693条第2款）。“人民法院已经受理债务人破产案件”，构成一般保证人先诉抗辩权的除外情形（《民法典》第687条第2款第2项）。但这并不

① 参见最高人民法院民事审判第二庭编：《最高人民法院民法典担保制度司法解释理解与适用》，人民法院出版社2021年版，第250页。

② 参见高圣平、谢鸿飞、程啸：《最高人民法院民法典担保制度司法解释理解与适用》，中国法制出版社2021年版，第192页（谢鸿飞执笔）。

③ 即使在原有的制度框架之下，也不禁止债权人在破产程序终结前向保证人主张权利。相反意见认为，债权人应当在破产程序终结后6个月内向保证人主张权利，如债权人的起诉不符合这一期限条件，应当裁定驳回起诉。

意味着债权人无须行使任何权利，其仍须通过依法申报债权方式使保证期间失效，转而再直接向保证人主张权利。[①] 因此，在债务人破产的背景下，一般保证人并不得主张先诉抗辩权，债权人应在约定的或者法定的保证期间内向债务人的破产管理人申报债权之后，再主张保证债权。由于我国《民法典》上就连带责任保证和丧失先诉抗辩权的一般保证的保证期间的计算，并不与主债权债务关系的履行相勾连，债务人破产并不导致保证期间中断计算（《民法典》第692条第1款）。

在前述第一种情形，债权人与申报破产债权同时向保证人主张保证债权的，应在约定的或者法定的保证期间之内，否则保证债权债务关系消灭。如债权人向保证人主张保证债权在保证期间之内，则开始计算保证债务诉讼时效。此时，基于主债务诉讼时效与保证债务诉讼时效各自分别计算的既有政策选择，债务人破产对保证债务诉讼时效的进行并不发生影响。

在前述第二种情形，债权人在申报破产债权之后破产程序终结之前向保证人主张保证债权，亦应在约定的或者法定的保证期间之内，否则保证债权债务关系消灭。债务人破产并不对保证期间的计算发生影响。如债权人已在保证期间内向保证人主张了保证债权，开始计算保证债务诉讼时效。此时，债务人破产对保证债务诉讼时效的进行并不发生影响。有观点认为，债务人破产时保证期间尚未届满的，而在债权人申报债权参加破产程序期间保证期间届满的，“考虑到债权人在债务人破产期间不便对保证人行使权利，债权人可以在债务人破产终结后六个月内要求保证人承担保证责任”。[②] 这里，所谓的“债权人在债务人破产期间不便对保证人行使权利”，指的是前引〔2002〕民二他字第32号所涉及的，人民法院就保证人应承担保证责任的数额时尚须以破产程序确定债权人受偿份额为前提。但在《民法典担保制度解释》第23条已经修改了原有规则的情形下，在债务人破产期间，债权人对保证人行使权利并不存在不便。

在前述第三种情形，保证期间和保证债务诉讼时效的进行与第一、二种情形并无区别。如债权人在保证期间内向债务人主张保证债权，则开始计算保证债务诉讼时效。如债权人在破产程序终结之后向保证人主张保证债权，系在保证期间或者保证债务诉讼时效期间之内，保证人则无从主张期限利益；否则，如不在保证期间内则保证债务消灭，保证人无须承担保证责任，如已在保证期间内向保证人主张过保证债权，但此后未在保证债务诉讼时效期间内主张权利，则保证人取得时效经过抗辩权。

---

① 参见麻锦亮：《民法典·担保注释书》，中国民主法制出版社2023年版，第209页。

② 参见《最高人民法院关于如何适用〈关于适用《中华人民共和国担保法》若干问题的解释〉第44条及最高人民法院法函〔2002〕3号的答复》（〔2002〕民二他字第22号）和《最高人民法院关于对云南省高级人民法院就如何适用〈关于适用《中华人民共和国担保法》若干问题的解释〉第四十四条请示的答复》（〔2003〕民二他字第49号）。

《担保法解释》第44条第2款规定：“债权人申报债权后在破产程序中未受清偿的部分，保证人仍应当承担保证责任。债权人要求保证人承担保证责任的，应当在破产程序终结后六个月内提出。”就“破产程序终结后六个月”的法律意义，实践中存在不同的认识。一种观点认为，“六个月”是债权人向保证人主张权利的除斥期间。债权人在超过破产程序终结6个月后提出权利主张的，将不予支持。另一种观点认为，“六个月”是债权人向保证人主张权利的宽限期，系对债权人在保证期间届满前在破产程序中向保证人主张权利，但破产程序终结后保证期间已过情形下对债权人给予保证期间宽限期的规定，实质上具有延长保证期间的作用，有利于对债权人的保护。

在《担保法解释》已被废止的情形之下，该款内容因“已被《民法典担保制度解释》第23条吸收并修改”而不在司法实践中沿袭适用。[1] 但是，《全国法院破产审判工作会议纪要》第31条第二句指出：“破产程序终结后，债权人就破产程序中未受清偿部分要求保证人承担保证责任的，应在破产程序终结后六个月内提出。”该句明显源自《担保法解释》第44条第2款后句。司法实践中仍然广泛适用这一规则。依据《民法典担保制度解释》第23条第3款之规定，只要债权人对保证人的权利主张仍在保证期间内，不问是否已经超过破产程序终结后6个月，均有权请求保证人承担保证责任。[2]

笔者认为，《担保法解释》已经废止且其中第44条不再被沿袭适用，基于该条的《全国法院破产审判工作会议纪要》第31条第二句亦应停止适用。在《民法典担保制度解释》第23条就债务人破产时保证期间制度的适用作出特别安排的背景下，债权人在债务人破产程序终结之后向保证人主张保证债权的问题，自应适用保证期间和保证债务诉讼时效的一般规则。

二、债务人破产时已经承担担保责任的担保人的程序保障

（一）担保人已经承担担保责任使债权得以足额清偿的情形

依据《企业破产法》第51条第1款的规定：“债务人的保证人或者其他连带债务人已经代替债务人清偿债务的，以其对债务人的求偿权申报债权。”由此可见，在主债务人破产之前担保人已经承担担保责任，相对地消灭了债权人与主债务人之间的债权债务关系，原债权人自无法再向债务人的破产管理人申报破产债权。尚存疑问的是，已经承担担保责任的担保人申报的，属于什么性质的权利？

---

① 参见最高人民法院民事审判第二庭编：《最高人民法院民法典担保制度司法解释理解与适用》，人民法院出版社2021年版，第674页。不过，两相比较，《民法典担保制度解释》第23条第3款前段对应于《担保法解释》第44条第2款前句，意义相当。但《担保法解释》第44条第2款后句并未反映在《民法典担保制度解释》第23条第3款之中。

② 参见麻锦亮：《民法典·担保注释书》，中国民主法制出版社2023年版，第271页。

《企业破产法》第 51 条第 1 款规定的是担保人对于债务人的"求偿权"。依据《民法典》第 700 条的规定，承担了担保责任的担保人所取得的权利有两种：担保人追偿权和担保人清偿承受权，两者均属债权性质，通说认为法定代位权系为保障和强化追偿权而设，二者在适用上构成主从竞合关系，即法定代位权从属于追偿权并与追偿权构成请求权竞合关系，担保人可以选择行使追偿权或法定代位权，其中一权利因行使获得满足，另一权利则归于消灭。[①] 不管就两者之间的关系采何种观点，无争议的是，担保人可以择一行使，在债务人破产之时亦不例外。如此，《企业破产法》第 51 条第 1 款的规定，在《民法典》实施之后即应修正。

（二）担保人承担担保责任仅使债权得以部分清偿的情形

这里包括两种情形：其一，担保人没有提供足额担保（如担保人仅担保原本债权、担保人仅以担保财产的价值为限提供担保），担保人即使承担了全部的担保责任，亦未使债权人得以足额清偿；其二，担保人约定提供足额担保（如担保人提供无限保证、担保人所提供担保财产足以清偿主债务），担保人未全部承担担保责任，债权人并未获得足额清偿。主流观点认为，"如果债权人在破产程序开始前，通过请求担保人承担担保责任而先行获得了部分清偿的，债权人在债务人破产程序中仍应当向破产管理人全额申报破产债权，而非债权人仅可申报未受偿债权并由担保人就已清偿部分行使求偿权。其理由仍在于《民法典》第 700 条规定之精神，即保证人行使追偿权不得损害债权人利益。此时，担保人只能待债权人超额受偿的结果出现，要求债权人返还额外的受偿金额"。笔者对此不敢苟同，理由如下：

第一，《企业破产法》第 51 条第 1 款的文义并未限制承担担保责任使债权人得以部分受偿的担保人以其追偿权申报破产债权。从与该条第 2 款但书"债权人已经向管理人申报全部债权的除外"的体系关联来看，似可得出承担担保责任使债权人得以部分受偿的担保人可以以其追偿权申报破产债权的肯定结论。《民法典》第 700 条规定："保证人承担保证责任后，除当事人另有约定外，有权在其承担保证责任的范围内向债务人追偿，享有债权人对债务人的权利，但是不得损害债权人的利益。"据此，在担保人承担担保责任仅使债权得以部分清偿的情形之下，债权人的剩余债权与担保人的追偿权并存，担保人追偿权的实现即使受到"不得损害债权人的利益"的限制，也仅能使债权人的剩余债权取得优先于担保人的追偿权受偿的效力，并不能作为从程序救济上剥夺担保人就其追偿权申报破产财产的理由。

---

① 参见谢鸿飞：《连带债务人追偿权与法定代位权的适用关系——以民法典第 519 条为分析对象》，载《东方法学》2020 年第 4 期。

第二，债权人在已受部分清偿的情形之下，仍应向破产管理人全额申报破产债权，没有正当性。破产债权的申报与确认，以债权人与债务人之间存在实体债权债务关系为前提。担保人承担担保责任的法律后果之一，即为相对地消灭债权人与债务人之间的实体债权债务关系，就此部分已经消灭的债权，债权人自无法再向债务人的破产管理人申报。虽然担保人可以“待债权人超额受偿的结果出现，要求债权人返还额外的受偿金额”，但是这仅保护了担保人的“受偿利益”，却忽视了追偿权人（担保人）作为破产债权人的程序利益：一则，在债务人破产之时，已经承担了担保责任的担保人已经取得对于债务人的追偿权，这一追偿权独立于债权人剩余债权的债权，担保人在性质上同样属于《企业破产法》第44条规定的“人民法院受理破产申请时对债务人享有债权的债权人”。在《企业破产法》并未排除此时担保人的破产债权申报权的情形下，这一程序性权利自应尊重；二则，追偿权人作为债权人依据《企业破产法》的规定还享有一系列的程序性权利，诸如参加债权人会议，享有表决权等。

笔者以为，此种情形下，可以借助担保人的清偿承受权来化解上述冲突和矛盾。依据《民法典》第700条的规定，担保人承担担保责任之后，除了取得对债务人的追偿权之外，尚有清偿承受权。担保人的清偿承受权仅为法定地承受原债权人的权利，并非如担保人追偿权般属于新生的权利，债权人的原有债权由债权人未受清偿的剩余债权和担保人承受的债权构成，在解释上由债权人和担保人共同享有（“准共有”）。为了解决《民法典》第700条“不得损害债权人的利益”所带来的债权人的剩余债权优先受偿的问题，破产管理人在程序上可以将债权人未受清偿的剩余债权和担保人承受的债权作为一个整体予以确认和清偿。在债权人就物上保证人的担保财产优先受偿未获足额清偿的情形下，债权人的剩余债权和物上担保人承受的债权，均为无担保债权，作为破产债权的整体，参与破产程序。至于《民法典》第700条所称“不得损害债权人的利益”，仅仅只是表明，在该破产债权作为整体而获得破产清偿之后，在“准共有”关系内部，优先清偿债权人的剩余债权，而不表明承担了担保责任的担保人不得承受债权人地位，不得参与债务人破产程序。此时，担保人承受的债权，以破产分配款超过债权人剩余债权的部分获得部分清偿，是基于其破产债权“准共有”人的地位，而非请求债权人返还清偿总额中超出债权的部分。至于该“准共有”的破产债权在破产程序中的行使，则准用《民法典》的共有规则。准此，担保人承担担保责任仅使债权得以部分清偿的情形下，担保人追偿权作为破产债权的行使和受偿问题即可得到妥适的解决方案。

三、债权人超额受偿的避免

在本条第1款承认债权人可以同时向债务人的破产管理人主张主债权和向担

保人主张担保权利的情形下，本条第 2 款、第 3 款区分债权人是先从担保人处受偿还是先在债务人破产程序中受偿，就破产程序与担保责任的衔接进行了规定。[①]就这两款规定而言，着力避免的不是债权人双重受偿，而是债权人超额受偿，所秉持的仍然是债的担保制度的本旨——仅为确保债权的实现，而非使债权人额外获益。

（一）债权人先从担保人处受偿

本条第 2 款规定：“担保人清偿债权人的全部债权后，可以代替债权人在破产程序中受偿；在债权人的债权未获全部清偿前，担保人不得代替债权人在破产程序中受偿，但是有权就债权人通过破产分配和实现担保债权等方式获得清偿总额中超出债权的部分，在其承担担保责任的范围内请求债权人返还。”

基于债权人的权利主张，如担保人承担了担保责任，可能出现的情形包括：其一，债权人因担保人承担全部或者部分担保责任而受全部清偿；其二，债权人因担保人承担部分担保责任而受部分清偿；其三，虽然担保人承担了全部担保责任，但债权人仅受部分清偿（担保人依约定仅提供有限担保，如担保人仅以物的价值为限提供担保、担保人仅为主债务的部分提供担保）。不同案型下，债权人、担保人的处遇并不一样，但其解释基础应是相同的。

第一，在债权人已从担保人处获得足额清偿的情形下，其虽然事先申报了破产债权，但该破产债权已因保证人或者物上保证人的清偿行为而消灭。此时，本条第 2 款前句规定：“担保人清偿债权人的全部债权后，可以代替债权人在破产程序中受偿”。这里的理论基础在于《民法典》第 700 条所规定的清偿承受权。在债权人已向债务人的破产管理人申报全部债权的情形下，基于《企业破产法》第 51 条第 2 款的规定，担保人不得申报其求偿权（债权）。但是，基于《民法典》第 700 条的规定，保证人或者物上保证人承担担保责任之后，享有债权人对债务人的权利。在解释上，承担了担保责任的担保人法定地承受债权人地位，对债务人享有权利。这也就意味着，即使保证人或者物上保证人承担了担保责任，债权人与债务人的破产管理人之间的破产债权，仅仅只是在其两者之间相对地消灭，该破产债权仍然存续于承担了担保责任的担保人与债务人的破产管理人之间。如此，担保人“可以代替债权人在破产程序中受偿”。这里的解释基础并不是担保人的求偿权。有观点认为，“如果债权人先行从保证人处获得全部清偿，且之前债权人已经申报全部债权的，虽然保证人不得再行申报债权，但保证人可通过申请转付债权人在破产程序相应清偿份额的方式，替代债权人在破产程序中

---

① 参见最高人民法院民事审判第二庭编：《最高人民法院民法典担保制度司法解释理解与适用》，人民法院出版社 2021 年版，第 250 页。

受偿，从而确保对债务人追偿权的行使”[①]。担保人的求偿权是因其代偿行为而新产生的权利，在债权人已经申报全部破产债权的情形下，担保人已经无从再申报其求偿权。与此相反，担保人的清偿承受权仅为法定地承受原债权人的权利，并非新生的权利，承担了担保责任的担保人也就可以在破产程序中承受破产债权人的地位。至于此时的程序供给，自然也就不是“通过申请转付债权人在破产程序相应清偿份额的方式”。已受足额清偿的债权人已经不是破产程序中的利益相关者，其是否有动力充分行使本已由担保人承受的权利，尚值怀疑。此时直接令担保人取代债权人，行使在破产程序中的权利，实为上选。

第二，在债权人仅从担保人处获得部分清偿的情形下，“担保人不得代替债权人在破产程序中受偿，但是有权就债权人通过破产分配和实现担保债权等方式获得清偿总额中超出债权的部分，在其承担担保责任的范围内请求债权人返还”。其理由是，在债权人未获足额清偿的情形下，担保人虽因其代偿行为而取得对债务人的追偿权，但依据《民法典》第700条的规定，该追偿权不得损害债权人利益，如此，担保人的追偿权劣后于债权人的剩余债权而受偿，担保人则不得就清偿部分代替债权人在破产程序中受偿，但有权请求债权人就超出部分在其承担担保责任的范围内予以返还。[②] 笔者认为，在我国此前不承认担保人的清偿承受权的情形下，这一解释路径虽然过于迂回，也在一定程度上解决了部分问题，无法解释和说明其中的关键问题。诸如，既然债权人已受部分清偿，表明该部分破产债权已在该债权人与破产管理人之间相对地消灭，缘何破产管理人不能降低该债权人的破产债权数额，仍然依其申报并经确认的原破产债权为基础而清偿？此时承担了担保责任的担保人不能参与破产程序，仅能请求债权人返还超额受偿部分，请求权基础在哪里？就物上保证人特定财产享有担保物权的债权人，其行使优先受偿权利未获足额满足的，未受清偿的债权作为普通债权继续受偿，但物上保证人的利益如何保护？

在《民法典》第700条所确立的清算承受法理下，规制债权人超额受偿的目标更容易达致，且能同时保护担保人的利益。在债权人已经申报全部破产债权的情形下，担保人的代偿行为，无论是承担全部担保责任还是承担部分担保责任，均使得债权人的破产债权得到部分清偿。担保人同样承受债权人的法律地位，只不过是在其承担担保责任的范围之内。此时，债权人原已申报的破产债权，由债权人和担保人共同享有（“准共有”），就破产管理人而言，仍然将该破产债权作为整体予以确认和清偿。在债权人就物上保证人的担保财产优先受偿未获足额清

---

① 最高人民法院民事审判第二庭编：《最高人民法院民法典担保制度司法解释理解与适用》，人民法院出版社2021年版，第251页。

② 参见最高人民法院民事审判第二庭编：《最高人民法院民法典担保制度司法解释理解与适用》，人民法院出版社2021年版，第251页。

偿的情形下，债权人的剩余债权和物上担保人承受的债权，均为无担保债权，作为破产债权的整体，参与破产程序。至于《民法典》第700条所称“不得损害债权人的利益”，仅仅只是表明，在该破产债权作为整体而获得破产清偿之后，在“准共有”关系内部，优先清偿债权人的剩余债权，而不表明承担了担保责任的担保人不得承受债权人地位，不得参与债务人破产程序。此时，担保人承受的债权，以破产分配款超过债权人的剩余债权的部分获得部分清偿，是基于其破产债权“准共有”人的地位，而非请求债权人返还清偿总额中超出债权的部分。至于该“准共有”的破产债权在破产程序中的行使，则准用《民法典》的共有规则。准此，债权人仅从担保人处获得部分清偿的情形下，破产债权的行使和受偿问题即可得到妥适的解决方案。

（二）债权人先在债务人破产程序中受偿

本条第3款前段规定：“债权人在债务人破产程序中未获全部清偿，请求担保人继续承担担保责任的，人民法院应予支持”。根据《企业破产法》第92条、第101条、第124条的规定，担保人仍需对债权人未获清偿部分继续承担责任。债权人就其在债务人破产程序中未受清偿的部分行使其担保权利，依该权利不同性质受到不同的限制。其中，债权人向保证人主张保证债权的，自应受到保证期间和保证债务诉讼时效的限制，已如前述。债权人向物上保证人主张担保物权的，自应在主债权诉讼时效期间内进行。债权人在破产清算程序中获得部分清偿，债务人自破产清算程序终结之时起消灭，但并不意味着主债务的绝对消灭，主债权诉讼时效自破产清算程序终结之时起重新计算；债权人在破产重整或者和解程序中获得部分清偿，自重整计划或者和解协议执行完毕时起，债务人不再承担清偿责任，但并不意味着主债务的绝对消灭，主债权诉讼时效自重整计划或者和解协议执行完毕之时起重新计算。债权人未在重新起算的主债权诉讼时效期间内行使抵押权的，担保人可以主张主债务人的时效经过而不承担担保责任。

四、担保人对债务人追偿权的限制

《企业破产法》第94条规定：“按照重整计划减免的债务，自重整计划执行完毕时起，债务人不再承担清偿责任。”第106条规定：“按照和解协议减免的债务，自和解协议执行完毕时起，债务人不再承担清偿责任。”若未获全部清偿的债权人向保证人主张保证债权，保证人清偿后，能否向破产重整和和解的债务人追偿，司法实践存在争议。对此，最高人民法院在答复山东省高级人民法院《关于代为清偿的连带债务人是否有权向破产和解的债务人继续追偿问题请示的复函》（〔2010〕民二他字第15号）中指出：“债权人如果已在主债务人的破产和解或者重整程序中全额申报了债权，其未得清偿的部分可以向保证人或者连带债务人主张。但保证人或连带债务人履行完剩余的清偿义务后，由于对于任何实质上源于同一债务的普通债权，在破产程序中只能得到与其他普通债权相同的受偿比率，而不能得到二次清偿，并因此得到高于其他普通债权人的清偿比率；因此，保证人或连带债务人承担清偿责任后不得向破产和解、破产重整的债务人追偿。”

《全国法院破产审判工作会议纪要》第31条指出：“破产程序终结前，已向债权人承担了保证责任的保证人，可以要求债务人向其转付已申报债权的债权人在破产程序中应得清偿部分。破产程序终结后，债权人就破产程序中未受清偿部分要求保证人承担保证责任的，应在破产程序终结后六个月内提出。保证人承担保证责任后，不得再向和解或重整后的债务人行使求偿权。”本条第3款沿袭了该条的态度，禁止担保人向和解后或重整后的债务人追偿。

第二十四条　债权人知道或者应当知道债务人破产，既未申报债权也未通知担保人，致使担保人不能预先行使追偿权的，担保人就该债权在破产程序中可能受偿的范围内免除担保责任，但是担保人因自身过错未行使追偿权的除外。

【条文主旨】

本条是关于担保人的通告抗辩权的规定，系对《民法典》第700条的解释。

【规则变迁】

《担保法》第32条规定：“人民法院受理债务人破产案件后，债权人未申报债权的，保证人可以参加破产财产分配，预先行使追偿权。”《担保法解释》第45条规定：“债权人知道或者应当知道债务人破产，既未申报债权也未通知保证人，致使保证人不能预先行使追偿权的，保证人在该债权在破产程序中可能受偿的范围内免除保证责任。”

《民法典》基于《企业破产法》已就此作出规定的事实，删去了《担保法》第32条关于担保人预先行使追偿权的规定。从程序意义上，担保人自可依据《企业破产法》的规定进行申报。《企业破产法》第51条规定：“债务人的保证人或者其他连带债务人已经代替债务人清偿债务的，以其对债务人的求偿权申报债权。债务人的保证人或者其他连带债务人尚未代替债务人清偿债务的，以其对债务人的将来求偿权申报债权。但是，债权人已经向管理人申报全部债权的除外。”在解释上，该条所称“保证人”包括物上保证人，已经承担物上担保责任的抵押人或者出质人等，自可以其对债务人的求偿权申报债权；在债权人未向管理人申报全部债权的情形下，未承担担保责任的抵押人或者出质人，也可以以其对债务人的将来求偿权申报债权。

《企业破产法》并未就债权人既未申报债权也未通知担保人，致使担保人不能预先行使追偿权的法律后果作出规定。本条在《担保法解释》第 45 条作了相应完善，将适用范围从保证扩张至物的担保。

【理解与适用】

债务人破产，债权人可以向破产管理人申报债权参加破产程序，即使是未到期的债权（《企业破产法》第 46 条第 1 款规定："未到期的债权，在破产申请受理时视为到期。"）。此时，主债务履行期限届满，担保权利的实现条件成就，债权人亦可同时或者单独请求担保人承担担保责任。依据《民法典》第 687 条第 2 款第 2 项的规定，在一般保证中，如人民法院已经受理债务人破产案件，一般保证的保证人丧失先诉抗辩权。亦即，无论担保人承担什么方式的担保责任，债权人均可同时或者单独请求担保人承担担保责任。

债务人破产危及担保人追偿权的实现。如债务人破产时担保人已经承担担保责任，担保人自可基于其债权人地位（在解释上，已经承担担保责任的担保人对于主债务人的追偿权在性质上即属债权），向破产管理人申报债权。对此，《企业破产法》第 51 条第 1 款规定："债务人的保证人或者其他连带债务人已经代替债务人清偿债务的，以其对债务人的求偿权申报债权。"如债务人破产时担保人尚未承担担保责任，在其承担担保责任之后再向债务人追偿，必将受到不利影响。因此，《企业破产法》第 51 条第 2 款规定："债务人的保证人或者其他连带债务人尚未代替债务人清偿债务的，以其对债务人的将来求偿权申报债权。但是，债权人已经向管理人申报全部债权的除外。"由此可见，保证人预先行使追偿权，以债权人不申报债权为前提，但是《企业破产法》并未规定债权人负有将其是否申报债权的意思表示告知保证人的义务，从而造成保证人的追偿权因已过申报债权期限或者补充申报期限而实际上不得预先行使。因此，《民法典担保制度解释》于本条规定了债权人的通知义务，同时赋予担保人以通告抗辩权，即债权人在知道或应该知道债务人破产时，有义务在债权申报期限内的适当时间，向担保人作出不参加破产程序而向担保人追偿的意思表示。[1]《企业破产法》第 51 条第 2 款规定的"保证人"在解释上应包括物上保证人。债务人破产的，担保人可预先行使对于债务人的追偿权，在破产程序中自可以其对债务人的将来追偿权申报债权，但以债权人未向管理人申报全部债权为前提。

---

① 参见最高人民法院民事审判第二庭编：《最高人民法院民法典担保制度司法解释理解与适用》，人民法院出版社 2021 年版，第 254 页。

一、担保人预先行使追偿权的条件

赋予担保人以追偿权，是为了弥补其因承担担保责任而遭受的损失。因此，担保人行使追偿权以这种损失实际存在，即担保人已承担担保责任为前提。《民法典》第700条："保证人承担保证责任后，除当事人另有约定外，有权在其承担保证责任的范围内向债务人追偿……" 第392条后句规定："提供担保的第三人承担担保责任后，有权向债务人追偿。"但如在承担担保责任之后，债务人已无任何财产可用以清偿债务，担保人的追偿权也就无法实现，担保人的求偿利益也就得不到保护。同时，担保人承担担保责任尽管是有条件的，但是某些情况下，其承担是不可避免的。因此，法律为避免担保人承担担保责任后不能实现追偿权，特别规定了追偿权预先行使制度，以使担保人在存在一定的法定事由时，可在未承担担保责任之前即向债务人就其将要承担的担保责任向债务人追偿。

根据《企业破产法》的规定，担保人预先行使追偿权应具备几个条件：

第一，必须在人民法院受理破产案件之后。只有在法院受理债务人破产案件后，才有必要赋予担保人预先追偿权。依《企业破产法》的规定，破产申请一经人民法院受理，债务人的财产即处于冻结状态，债权人不能再向债务人请求清偿，而只能依法申报债权，参加破产程序。但参加破产程序，分配破产财产，债权人的债权往往只能得到部分清偿，为保障债权实现，债权人可不必参加破产程序而直接向担保人请求承担担保责任。但如此这般，担保人在承担担保责任后都有可能因错过债权申报时间而失去追偿机会，为了使担保人和债权人之间利益能得到平衡，《企业破产法》同时赋予担保人以预先追偿权。

第二，债权人未向破产管理人申报债权。如债权人已申报了全部债权，担保人即不能再行使预先追偿权了，否则会出现一个债权获得两次清偿的情形。如债权人已申报债权，但不包括这部分被担保的债权，担保人仍然可以行使预先追偿权，向管理人申报此部分债权。依《企业破产法》第48条第1款规定："债权人应当在人民法院确定的债权申报期限内向管理人申报债权。" 准此，《企业破产法》第51条第2款所称之"债权人已经向管理人申报全部债权"，是指债权人在规定的债权申报期限内向管理人申报债权。但是如果待担保人确定债权人未向法院申报债权，债权申报期限已经经过，此时，虽然在破产财产最后分配前可以补充申报，但对此前已经进行的分配不得再要求补充分配，由此担保人预先行使追偿权即受限制，《企业破产法》第51条第2款关于担保人预先行使追偿权的规定即为多余。若如此，当债权人在债权申报期内未申报债权，担保人无需通过预先行使追偿权而只需消极等待即可免除自己的担保责任，这将有悖于《企业破产法》的立法宗旨。

如此看来，"债权人未申报债权" 不能理解为债权申报期限届满后的一种法律事实，而应理解为申报期限内的一种不参加债权申报的意思表示，这种意思表示必须是向担保人作出的，而不是向人民法院作出。除了不参加破产程序外，该意思表示的内容还应当包括不放弃从担保人处受偿的权利。如债权人不申报债权并表示放弃债权，则担保责任因其从属性而自然免除，担保人此时就不能享有预先追偿权。当然，债权人的意思表示有时可通过其行为而为担保人所了解，如债权人直接提出要求担保人承担担保责任，担保人一般可以推定债权人放弃从破产财产受偿，担保人当然可以据此行使预先追偿权。因此，对于“债权人未申报债权”条件不能只从客观事实角度理解，而更应把它理解为在债权申报期间内债权人向债务人作出的不参加破产程序、不放弃债权受偿的意思表示。只有这样，担保人的预先追偿权才具备完整的前提条件。①

应当注意的是，债权人未申报债权，是指债权人未申报有担保的那部分债权。如债权人申报了其他部分债权，而放弃了有担保的部分债权的申报，则担保人有预先追偿权，担保人可申报自己所担保部分的债权。如债权人已以其债权总额为债权申报时，自然也包括了有担保的这部分债权，此时担保人不得行使预先追偿权申报债权，以免发生同一债权双重加入的结果。

第三，担保人应申报被担保债权。担保人追偿权之预先行使，须向管理人申报被担保债权，参加破产财产分配。否则，管理人无从得知担保人的权益，更无从对担保人加以保护。担保人申报债权与债权人申报债权一样，必须参照遵守《企业破产法》第 48 条和第 49 条的规定，即担保人应当在人民法院确定的债权人申报债权的期限内，向管理人申报债权，说明债权的数额和有无财产担保，并且提交有关证明材料。

第四，担保人的预先追偿权的行使以担保人必须承担担保责任为前提。如在债务人破产时，担保责任已因法定或者约定的事由而消灭，即使债权人未申报债权，担保人也不必行使预先追偿权。可见，担保人行使预先追偿权是为了自己，而不是为债权人，担保人自己行使预先追偿权，而不是代债权人行使权利。②

二、担保人预先行使追偿权的范围

担保人不得代债权人申报债权，因此担保人申报的追偿权范围与债权人的债权范围很可能不一致。担保人预先行使追偿权的范围应与担保人承担担保责任的范围相一致。根据《民法典》第 691 条、第 389 条的规定，担保范围一般包括主债权及利息、违约金、损害赔偿金、保管担保财产和实现债权（担保物权）的费用。担保合同另有约定的，从其约定。由此可见，担保合同对担保范围有约定

① 参见王存：《论预先追偿权》，载《政治与法律》1996 年第 5 期。

② 参见毛亚敏：《担保法论》，中国法制出版社 1997 年版，第 102 页。

的，担保人按约定担保债权数额申报债权；未约定或约定不明确的，则依法定担保范围视情况而定。担保人本身承担的担保责任也就有了无限担保和有限担保之分。在无限担保情形下，担保人可将全部符合条件的债权作为债权申报；在有限担保情形下，担保人只能就其担保范围内确定的数额作为债权申报。

对于同一债务，有时会存在两个或两个以上的担保人。《企业破产法》第50条规定："连带债权人可以由其中一人代表全体连带债权人申报债权，也可以共同申报债权。"担保人之间是否构成连带关系，取决于当事人之间的约定和法律的直接规定。就此，《民法典》第699条规定："同一债务有两个以上保证人的，保证人应当按照保证合同约定的保证份额，承担保证责任；没有约定保证份额的，债权人可以请求任何一个保证人在其保证范围内承担保证责任。"如此，解释论上认为，我国法上的共同担保有按份共同担保、不真正连带共同担保、连带共同担保之分。在按份共同担保的情形，各担保人按担保合同在各自约定的份额内承担责任，其申报债权以约定份额为限；在不真正连带共同担保与连带共同担保的情形，预先追偿权由全体担保人共同享有，可以由其中一人代表全体担保人申报债权，也可以由全体担保人共同申报债权。

三、担保人预先行使追偿权的效果

担保人预先行使追偿权后，即参加破产财产的分配。所谓破产财产，是指依法律规定可以按照破产程序对债权人的债权进行清偿的破产企业财产。担保人只能在破产财产内行使追偿权，以预先实现对主债务人的追偿权。

在破产清算程序中，担保人的追偿权可能是全部实现，也可能是部分实现，甚至会发生不能实现的情形。在追偿权全部实现时，担保人在其承担担保责任后能够得到补偿。担保人即提前实现了追偿权。在追偿权部分实现或全部不能实现时，担保人在其承担担保责任后就无法得到补偿，而是形成了"利益差额"或"利益空缺"，对这些差额或空缺，便作为担保人从事担保活动的风险损失。

在程序上，担保人预先行使追偿权的方式是以债权人的身份向法院申报债权，担保人的债权被法院登记后，担保人成为破产债权人。债权人已经申报债权的，法院不再接受担保人的申报；担保人先申报债权的，法院不能以债权人未明确放弃申报为由而拒绝登记，但此后债权人又申报的，法院应当通知担保人不再享有破产债权人的身份。①

四、债权人的通知与担保人的免责

《民法典担保制度解释》于本条规定："债权人知道或者应当知道债务人破

① 参见曹士兵：《中国担保制度与担保方法（第四版）》，中国法制出版社2017年版，第181页。

产，既未申报债权也未通知担保人，致使担保人不能预先行使追偿权的，担保人就该债权在破产程序中可能受偿的范围内免除担保责任，但是担保人因自身过错未行使追偿权的除外。”担保人预先行使追偿权，直接关系到担保人承担担保责任后所受损失的补偿，而预先行使追偿权又以担保人在债权申报期限内知道债权人不申报债权为前提，因此，债权人应在债权申报期内的适当时间将其不申报债权的意思告知担保人。如债权人在其知道或者应当知道债务人破产后，既不申报债权，又不通知担保人，导致担保人错过债权申报期限而未能预先从债务人破产财产中得到补偿的，担保人在其如及时申报债权可从破产财产中分配到的价额范围内免责。根据本条的规定，担保人免除担保责任以其没有过错为前提，如担保人因自身过错未行使追偿权，则不能免除担保责任。此外，如果有证据证明担保人知悉债权人未申报债权的，即便债权人未履行本条规定的通知义务，亦不得成为担保人免除相应担保责任的理由。①

对于债权人违反通知义务的结果，本条只是规定：“担保人就该债权在破产程序中可能受偿的范围内免除担保责任”。在债权人起诉担保人的案件中，如债务人的破产程序已经终结，确定担保人“可能受偿的范围”相对比较容易。但是，如破产程序尚未结束或者法院可能无法确定担保人免责的数额，此时债务人是否被破产宣告尚不确定时，法院可以中止案件的受理，待债务人破产程序终结后再恢复审理。②

五、债权人在债务人破产程序终结后向担保人主张权利

《全国法院破产审判工作会议纪要》第 31 条指出：“破产程序终结前，已向债权人承担了保证责任的保证人，可以要求债务人向其转付已申报债权的债权人在破产程序中应得清偿部分。破产程序终结后，债权人就破产程序中未受清偿部分要求保证人承担保证责任的，应在破产程序终结后六个月内提出。保证人承担保证责任后，不得再向和解或重整后的债务人行使求偿权。”对于债权人选择先申报债权参加债务人破产程序，待债务人破产程序终结后，再向担保人主张权利的，债权人申报债权后在破产程序中未受清偿的部分，保证人仍应当承担保证责任。债权人要求保证人承担保证责任的，应当在破产程序终结后 6 个月内提出。这就意味着债权人只要在债务人破产程序终结后 6 个月内没有请求保证人承担保证责任，保证债务就消灭。

最高人民法院〔2002〕民二他字第 22 号《关于如何适用〈关于适用《中华

① 参见最高人民法院民事审判第二庭编：《最高人民法院民法典担保制度司法解释理解与适用》，人民法院出版社 2021 年版，第 260 页。

② 参见曹士兵：《中国担保制度与担保方法（第四版）》，中国法制出版社 2017 年版，第 182 页。

人民共和国担保法》若干问题的解释〉第44条及最高人民法院法函〔2002〕3号的答复》认为：“保证期间是法律规定的当事人可约定的期间，如无其他法定或约定原因，在保证期间内保证人不免除保证责任，《关于适用〈中华人民共和国担保法〉若干问题的解释》第四十四条第二款规定的债权人向保证人行使权利的期间（即债务人破产程序终结后的六个月），不能发生取代保证期间的作用。因此，在债务人破产程序终结后，债权人对保证人的保证期间尚未届满的，适用保证期间，不适用担保法司法解释第四十四条第二款；债务人破产之时保证期间尚未届满，而在债权人申报债权参加破产程序期间保证期间届满的，为保护债权并考虑到司法实践中债权人在债务人破产期间对保证人行使权利的不便，债权人在债务人破产终结后向保证人行使权利的期间，可以适用担保法司法解释第四十四条第二款的规定。”由此可见，《全国法院破产审判工作会议纪要》第31条所规定的6个月“不能发生取代保证期间的作用”，在债务人破产程序终结后，债权人对保证人的保证期间尚未届满的，债权人应当在保证期间内向保证人主张权利。如债权人未主张权利的，保证人不再承担保证责任；同时，该6个月具有延长保证期间的作用。在债务人破产时保证期间尚未届满，而在债权人申报债权参加破产程序期间保证期间届满的，债权人在债务人破产终结后仍然享有6个月的保证期间，在此期间内债权人向保证人主张权利的，债权仍然受法律保护，保证人不能免除责任。①

① 参见曹士兵：《中国担保制度与担保方法（第四版）》，中国法制出版社2017年版，第183页。

二、关于保证合同

第二十五条　当事人在保证合同中约定了保证人在债务人不能履行债务或者无力偿还债务时才承担保证责任等类似内容，具有债务人应当先承担责任的意思表示的，人民法院应当将其认定为一般保证。

当事人在保证合同中约定了保证人在债务人不履行债务或者未偿还债务时即承担保证责任、无条件承担保证责任等类似内容，不具有债务人应当先承担责任的意思表示的，人民法院应当将其认定为连带责任保证。

【条文主旨】

本条是关于保证方式的识别的规定，是对《民法典》第 687 条、第 688 条保证方式的解释。

【规则变迁】

《担保法》第 16 条规定："保证的方式有：（一）一般保证；（二）连带责任保证。"第 17 条第 1 款规定："当事人在保证合同中约定，债务人不能履行债务时，由保证人承担保证责任的，为一般保证。"第 18 条第 1 款规定："当事人在保证合同中约定保证人与债务人对债务承担连带责任的，为连带责任保证。"第 19 条规定："当事人对保证方式没有约定或者约定不明确的，按照连带责任保证承担保证责任。"

《民法典》第 686 条规定："保证的方式包括一般保证和连带责任保证。当事人在保证合同中对保证方式没有约定或者约定不明确的，按照一般保证承担保证责任。"第 687 条第 1 款规定："当事人在保证合同中约定，债务人不能履行债务时，由保证人承担保证责任的，为一般保证。"第 688 条第 1 款规定："当事人在保证合同中约定保证人和债务人对债务承担连带责任的，为连带责任保证。"

与《担保法》相比，《民法典》只是将当事人对保证方式没有约定或者约定不明确的推定规则作了修改，由"连带责任保证"修改为"一般保证"。两者面临的共同问题是，对当事人的意思表示在何种情形下解释为一般保证，在哪些情形下解释为连带责任保证。本条明确，保证人对于主债务人具有顺序利益时，应解释为一般保证；保证人对于主债务人没有顺序利益时，应解释为连带责任保证。

【理解与适用】

实践中，如当事人没有直接约定保证人承担保证责任的方式是“一般保证”或者“连带责任保证”，并不表明当事人对保证方式没有约定或者约定不明确。此时，尚须对当事人的意思表示进行解释。

一、一般保证与连带责任保证的区别

保证方式即为保证人承担保证责任的方式，包括一般保证和连带责任保证。《民法典》第687条第1款规定：“当事人在保证合同中约定，债务人不能履行债务时，由保证人承担保证责任的，为一般保证。”由此可见，一般保证的保证人享有先诉抗辩权，仅在主债务人的财产不足以完全清偿债权时才对不能清偿的部分承担保证责任。构成一般保证责任，原则上应由保证人与债权人以书面形式明确约定保证的方式为“一般保证”，或者约定保证人承担“补充赔偿责任”，或者约定保证人为“第二顺序债务人”或“承担第二顺序清偿责任”，或者约定保证人享有先诉抗辩权。

《民法典》第688条第1款规定：“当事人在保证合同中约定保证人和债务人对债务承担连带责任的，为连带责任保证。”由此可见，连带责任保证人并不享有先诉抗辩权，只要有主债务人不履行到期债务或者发生当事人约定情形的事实，债权人即可要求保证人承担保证责任。债权人请求连带责任保证人承担保证责任的，只须证明主债务人不履行到期债务或者发生当事人约定情形的事实即可，而不论债权人是否就主债务人的财产已强制执行，保证人均应依保证合同的约定承担保证责任。

一般保证和连带责任保证均属保证的具体形态，两者之间存在诸多的共同之处，如均适用从属性规则、保证人权利保护规则等，但是，两者之间也存在一些区别：

第一，保证设立的方式不同。一般而言，保证债务具有补充性，在主债务人不能履行主债务时，才由保证人代为履行。只有在特殊情形下，才将保证人置于与主债务人的同等地位，使其对主债务与主债务人承担连带责任。由此可见，一般保证为一般规定，连带责任保证为特别规定，“连带责任是一种加重责任……对于这种加重责任，原则上应当由当事人约定或者基于极为特殊的考虑，否则动

辄让当事人承担连带保证责任也是不公平的”①。依据《民法典》的规定，如当事人意欲设立连带责任保证，只能通过明确约定的方式。当事人在保证合同中对保证方式没有约定或者约定不明确的，按照一般保证承担保证责任。由此可见，一般保证的设立，可以通过当事人明确约定的方式，也可以通过法律直接规定的方式。

第二，保证人有无先诉抗辩权不同。一般保证中，保证人享有先诉抗辩权，而连带责任保证中的保证人不享有先诉抗辩权。换而言之，在一般保证中，保证人对于主债务人而言具有顺序利益，保证人与主债务人对债务的清偿有顺序之分，债务人为第一顺序，而保证人处于第二顺序；在连带责任保证中，保证人对于主债务人而言没有顺序利益，保证人与债务人居于同一顺序，保证人不享有顺序利益。②

第三，保证期间的作用模式和保证债务诉讼时效的起算点不同。不管是一般保证，还是连带责任保证，保证债务在时间上均有保证期间和保证债务诉讼时效的适用。就一般保证而言，债权人未在保证期间对主债务人提起诉讼或者申请仲裁的，保证债务消灭。债权人在保证期间届满前对债务人提起诉讼或者申请仲裁的，从保证人拒绝承担保证责任的权利消灭之日起，开始计算保证债务的诉讼时效。就连带责任保证而言，债权人未在保证期间请求保证人承担保证责任的，保证债务消灭，债权人在保证期间届满前请求保证人承担保证责任的，从债权人请求保证人承担保证责任之日起，开始计算保证债务的诉讼时效。

由此可见，区分一般保证与连带责任保证，对于保证责任的承担至为重要。保证方式为任意事项，可由当事人在保证合同中予以明确约定。如当事人在保证合同中明确约定保证人承担保证责任的方式是一般保证或者连带责任保证。如存在此类约定，直接依当事人之间的约定判定保证人承担保证责任的方式。即使保证合同中没有约定保证人承担保证责任的方式是一般保证或者连带责任保证，也不能简单地认为当事人对保证方式没有约定或者约定不明确。尚须对当事人之间的约定进行解释。如经由解释，能够得出保证人承担保证责任的方式是一般保证或者连带责任保证的结论，当事人就保证方式的约定就是明确的，直接根据解释结论来认定保证方式。只有在经由解释也无法得出保证人承担保证责任的方式是一般保证还是连带责任保证的结论的时候，才能认定当事人对保证方式没有约定或者约定不明确，才能推定为一般保证。

---

① 黄薇主编：《中华人民共和国民法典解读·合同编》（上），中国法制出版社2020年版，第704页。

② 参见高圣平：《担保法论》，法律出版社2009年版，第91页。

二、保证方式的具体认定

当事人关于保证方式的约定并非在所有情形下都是具体明确的，法院尚须依合同所使用的语句、合同的有关条款、合同的目的、交易习惯以及诚信原则，来确定当事人的真实意思表示。只有在穷尽意思表示解释之后依然无法探知当事人关于保证方式的真实意思时，才可以适用《民法典》第686条第2款的推定规则。①

（一）当事人意思表示的基本解释路径

本条明确，保证人对于主债务人具有顺序利益时，应解释为一般保证；保证人对于主债务人没有顺序利益时，应解释为连带责任保证。本条第1款规定："当事人在保证合同中约定了保证人在债务人不能履行债务或者无力偿还债务时才承担保证责任等类似内容，具有债务人应当先承担责任的意思表示的，人民法院应当将其认定为一般保证。"第2款规定："当事人在保证合同中约定了保证人在债务人不履行债务或者未偿还债务时即承担保证责任、无条件承担保证责任等类似内容，不具有债务人应当先承担责任的意思表示的，人民法院应当将其认定为连带责任保证。"这一规定与业已废止的最高人民法院法释〔2002〕38号《关于涉及担保纠纷案件的司法解释的适用和保证责任方式认定问题的批复》第2条的规定是一致的。该条规定："保证合同中明确约定保证人在债务人不能履行债务时始承担保证责任的，视为一般保证。保证合同中明确约定保证人在被保证人不履行债务时承担保证责任，且根据当事人订立的合同的本意推不出为一般保证责任的，视为连带责任保证。"

"不能履行债务"或"无力偿还债务"，是指债务人客观上不能履行或者履行不能，而不是主观上的"不履行债务""未偿还债务"或"不愿履行债务"，因此，债务人是客观上"不能"履行还是主观上"不"履行，抑或是否具有先诉抗辩权，是区分一般保证和连带责任保证的最重要标志。

（二）实践中的具体认定

第一，保证合同如约定，在主债务人"到期不能履行债务"或"到期无法偿还"的情况下，保证人承担保证责任。这一表述表明了保证人承担保证责任的顺序性，保证人仅在主债务到期且主债务人无法偿还，即客观上不能履行主债务的情况下方才承担保证责任，而非主债务到期、主债务人未履行主债务时，保证人即无条件承担保证责任。因此，保证人提供的系一般保证，而非连带责任保证。当事人约定保证人承担保证责任的前提是，主债务人"到期不能偿还借款"，而

---

① 参见谢鸿飞、朱广新主编：《民法典评注·合同编·典型合同与准合同》(2)，中国法制出版社2020年版，第45页（夏昊晗执笔）。

不是“不能到期偿还借款”，应解释为一般保证。

第二，保证合同如约定保证人于“主债务人不履行债务时”或“主债务人不履行到期债务时”承担保证责任，强调的是只要“主债务人不履行债务”这种事实状态，而非“不能履行债务”这种能力，保证人并无先诉抗辩权，与连带责任保证的特征相合，此时可认定为连带责任保证。保证合同如约定，若主债务人不履行到期债务，保证人则无条件承担履行债务的责任，或在接到债权人通知后一定期间内履行保证债务，表明保证人并不享有先诉抗辩权，可以认定为连带责任保证。此外，保证合同如约定主债务人不履行到期债务保证人则直接向债权人承担责任，亦可认定为连带责任保证。

第三，保证合同如约定保证人于“主债务人不能按期履行债务时”或“主债务人不能如期履行债务时”承担保证责任的，保证方式的认定，实践中有三种观点：其一，主债务人不能按期履行债务，保证人即承担保证责任，符合一般保证的特征，应认定为一般保证。其二，主债务人不能按期履行债务并不表明主债务人不能以其财产清偿债务，不能认定为一般保证，属于对保证方式约定不明，推定为连带责任保证。其三，“主债务人不能按期履行债务”与“主债务人不能履行债务”含义不同。如单纯使用“不能”字样，则具有客观上主债务人确无能力偿还借款的含义，此时保证人方承担保证责任可以认定为一般保证责任。但是，该“不能”字样是与“按期”结合在一起使用，则不能将其理解为确实无力偿还借款的客观能力的约定，仅是表明只要主债务人未按期偿还借款，保证人即应向债权人承担保证责任。因此，“主债务人不能按期履行债务时”或“主债务人不能如期履行债务时”等此类表述并不含有保证人先诉抗辩权的意思，应认定为连带责任保证。

笔者赞同第三种观点，区分一般保证和连带责任保证的关键在于保证人是否享有先诉抗辩权，即债权人是否必须先行对主债务人主张权利并经强制执行仍不能得到清偿时，方能请求保证人承担保证责任。“主债务人不能按期履行债务”或“主债务人不能如期履行债务”，“不能”系修饰“按期”“如期”等词，不能理解为主债务人须处于客观上不能履行债务的事实状态，仅表明主债务人未按期偿还即产生保证责任，故应认定为连带责任保证。第二种观点认为，主债务人不能按期履行债务并不表明主债务人不能以其财产清偿债务，属于对保证方式约定不明，推定为连带责任保证。经由解释能够得出保证人承担保证责任的方式，即无须再动用推定规则。如采行这一观点，是不是意味着在《民法典》实施之后，即应推定为一般保证？

第四，保证合同中如约定主债务人届期不履行债务保证人则无条件承担履行债务的责任，或者约定主债务人届期不履行债务保证人则在接到债权人通知后一定期间内履行债务，或者约定主债务届期主债务人不履行债务，保证人则直接向债权人承担责任，保证人于此际并不享有先诉抗辩权，应认定为连带责任保证。其中，保证合同中约定主债务人届期不履行债务，保证人则在接到债务人通知后一定期间内履行债务的，保证人并不是在主债务人不履行到期债务时就承担保证责任。如约定主债务履行期限届满债务人不履行债务后，债权人通知保证人在一个月内承担保证责任。这种情形下，保证人对于主债务人而言也没有顺序利益，债权人通知义务的存在，并不能改变保证人没有顺序利益的基本判断。因此，此种情形也是连带责任保证。

三、主债务人“不能履行债务”的具体认定

一般而言，债权人请求一般保证人承担保证责任的，不仅须证明主债务人不履行债务的事实，还须证明已就主债务的财产依法强制执行后仍不能完全受偿。《民法典》第687条第1款中，主债务人“不能履行债务”是保证人承担保证责任的重要前提，但其认定却引起了广泛的争论。

传统民法认为，在特定物之债中，特定物于交付前毁损灭失，构成不能履行；在劳务之债中，债务人于履行期届满前丧失劳动能力乃至丧失行为能力，构成不能履行；在种类物之债中，所有的种类物全部毁损灭失构成不能履行，仅仅是债务人的种类物毁损灭失尚不能构成不能履行；金钱债务不存在不能履行。准此以解，在种类物之债和金钱债务中，一般保证就会名存实亡，保证人基本上不实际承担保证责任。即使主债务人在实际上确实已无财产可用于履行债务，也会因种类物之债和金钱债务不存在不能履行，使保证人的保证责任仅为名义上的债务。如此理解，显然有违《民法典》的立法原意。因此，“不能履行”应当解释为“就债务人财产依法强制执行仍不能履行债务”，包括执行结果不能清偿债务或不足清偿债务等情形。例如，拍卖主债务人的财产无人应买，或拍卖所得价款仅能清偿一部分债务或主债务人虽有财产却不知其所在等。①

《担保法解释》将“不能履行债务”等同于“不能清偿”，并将其界定为“对债务人的存款、现金、有价证券、成品、半成品、原材料、交通工具等可以执行的动产和其他方便执行的财产执行完毕后，债务仍未能得到清偿的状态。”《民法典担保制度解释》就此未作规定，在解释上应作同一理解。

第一，“不能清偿”不等于主债务人破产。这里的“不能清偿”并不是主债务人所有财产全部执行完毕后的实际不能清偿，不是债务人资不抵债，而是方便执行的财产执行完毕后主债务没有得到清偿的实际状态，因此在执行主债务人财产时不必进行破产清算。

---

① 参见黄薇主编：《中华人民共和国民法典解读·合同编》（上），中国法制出版社2020年版，第707页。

第二，“不能清偿”不是“未清偿”。“不能清偿”有主债务人清偿能力上的原因，是经过清偿过程后主债务仍未得到清偿的状态，而“未清偿”只是主债务未受偿的客观实际状态，与主债务人的清偿能力无关，也可能是主债务人有清偿能力而拒不偿还。

第三，“不能清偿”需要经过强制执行程序。判断“不能清偿”的程序前提是对主债务人的强制执行，主债务是否经过裁判则非所问。实践中，执行依据并非仅有法院生效裁判文书一种，债权人以依法赋予强制执行效力的公证债权文书同样可以申请强制执行。是否“不能清偿”需要由执行法官作出判断。但由此造成的问题是，案件审理时的裁判依据是执行后确定的状况，而执行又以裁判为依据，二者互为条件。因此，在实践中，有人提出应当赋予审理法官判断主债务人是否已经达到“不能清偿”状态的权利。但这一方法仍不能从根本上解决问题，因为不经过强制执行，在审判中是无法认定不能清偿的，因此更为有效的方法仍有待于实践中的探索和研究。①

第四，《担保法解释》以方便执行的财产执行完毕后的债务清偿状态作为唯一判断标准，如主债务仍未得到清偿，则为“不能清偿”。所谓方便执行的财产，是指清偿直接、变现容易、回收便捷的财产。一般来说，方便执行的财产，主要是指存款、现金、有价证券、成品、半成品、原材料、交通工具等动产，但又不仅限于这些动产，也可以包括其他动产和不动产。虽然不动产与动产相比而言变现困难，但实践中的情况不可一概而论。因此，对于列举范围外的其他动产和不动产财产，需要由人民法院根据财产的实际状态来判断是否方便执行。②

第二十六条　一般保证中，债权人以债务人为被告提起诉讼的，人民法院应予受理。债权人未就主合同纠纷提起诉讼或者申请仲裁，仅起诉一般保证人的，人民法院应当驳回起诉。

一般保证中，债权人一并起诉债务人和保证人的，人民法院可以受理，但是在作出判决时，除有民法典第六百八十七条第二款但书规定的情形外，应当在判决书主文中明确，保证人仅对债务人财产依法强制执行后仍不能履行的部分承担保证责任。

债权人未对债务人的财产申请保全，或者保全的债务人的财产足以清偿债务，债权人申请对一般保证人的财产进行保全的，人民法院不予准许。

---

① 参见邓基联主编：《适用担保法重大疑难问题研究》，海天出版社 2003 年版，第 45 页。

② 参见曹士兵：《中国担保制度与担保方法（第四版）》，中国法制出版社 2017 年版，第 103 ~ 105 页。

【条文主旨】

本条是关于先诉抗辩权在程序法上的意义的规定，解释《民法典》第687条。

【规则变迁】

《担保法》第17条规定：“当事人在保证合同中约定，债务人不能履行债务时，由保证人承担保证责任的，为一般保证。一般保证的保证人在主合同纠纷未经审判或者仲裁，并就债务人财产依法强制执行仍不能履行债务前，对债权人可以拒绝承担保证责任。有下列情形之一的，保证人不得行使前款规定的权利：（一）债务人住所变更，致使债权人要求其履行债务发生重大困难的；（二）人民法院受理债务人破产案件，中止执行程序的；（三）保证人以书面形式放弃前款规定的权利的。”

为明确一般保证人的诉讼地位，《担保法解释》第125条规定：“一般保证的债权人向债务人和保证人一并提起诉讼的，人民法院可以将债务人和保证人列为共同被告参加诉讼。但是，应当在判决书中明确在对债务人财产依法强制执行后仍不能履行债务时，由保证人承担保证责任。”这里不涉及债权人仅起诉一般保证人的情形。就此，《民事诉讼法解释》第66条规定：“因保证合同纠纷提起的诉讼，债权人向保证人和被保证人一并主张权利的，人民法院应当将保证人和被保证人列为共同被告。保证合同约定为一般保证，债权人仅起诉保证人的，人民法院应当通知被保证人作为共同被告参加诉讼；债权人仅起诉被保证人的，可以只列被保证人为被告。”《民间借贷规定》第4条规定：“保证人为借款人提供连带责任保证，出借人仅起诉借款人的，人民法院可以不追加保证人为共同被告；出借人仅起诉保证人的，人民法院可以追加借款人为共同被告。保证人为借款人提供一般保证，出借人仅起诉保证人的，人民法院应当追加借款人为共同被告；出借人仅起诉借款人的，人民法院可以不追加保证人为共同被告。”

《民法典》第687条规定：“当事人在保证合同中约定，债务人不能履行债务时，由保证人承担保证责任的，为一般保证。一般保证的保证人在主合同纠纷未经审判或者仲裁，并就债务人财产依法强制执行仍不能履行债务前，有权拒绝向债权人承担保证责任，但是有下列情形之一的除外：（一）债务人下落不明，且无财产可供执行；（二）人民法院已经受理债务人破产案件；（三）债权人有证据证明债务人的财产不足以履行全部债务或者丧失履行债务能力；（四）保证人书面表示放弃本款规定的权利。”这里主要就先诉抗辩权的限制规则作了相应完善，其中，第1项删去了“债务人住所变更”这一前置性条件；第2项删除本项中后句“中止执行程序”这一赘语；新增第3项。

为明确一般保证诉讼的当事人，本条在上述司法解释的基础上作了相应修改和完善。其一，将债权人未就主合同纠纷提起诉讼或者申请仲裁，仅起诉一般保证人的，由“应当通知被保证人作为共同被告参加诉讼”修改为“应当驳回其起诉”；其二，增加了对一般保证人采取财产保全措施的限制性规则。

【理解与适用】

一、一般保证人的先诉抗辩权在程序法上的意义

先诉抗辩权，又称检索抗辩权，是指一般保证的保证人在主债权人向保证人请求履行保证责任时，保证人有权要求主债权人先就主债务人财产诉请强制执行；在主合同债权债务纠纷未经审判或仲裁，并就主债务人财产依法强制执行仍不能履行债务前，保证人可以对主债权人拒绝承担保证责任。先诉抗辩权是保证人对抗债权人的清偿要求的防御性、阻却性权利。就保证人而言，先诉抗辩权只有在债权人行使请求权时才能行使，如债权人没有向保证人主张保证债权，则保证人不得主动行使先诉抗辩权。因此，先诉抗辩权旨在防御，而不在攻击。就债权人而言，先诉抗辩权行使的结果是暂时停止或者延续请求权的行使，而不是消灭请求权，由此可见，先诉抗辩权旨在阻却请求权的行使，而非消灭请求权。

先诉抗辩权是保证人在债权人就债务人的财产依法强制执行仍不能履行债务前得以主张的拒绝承担保证责任的权利。其实质在于赋予保证人享有“顺序利益”或“先诉利益”，即保证人与主债务人承担责任有顺序之分，其中主债务人是第一顺序，保证人则是第二顺序。这里，值得讨论的是，在存在先诉抗辩权的情况下，债权人是否应当首先起诉主债务人，只有在主债务人不能清偿时，才可以起诉一般保证人？对此有两种观点，一种观点认为，债权人只有在就主债务人起诉、执行仍不能完全获得清偿时，才可以起诉一般保证人，债权人单独起诉保证人的，保证人可以请求法院驳回；债权人同时起诉两者的，应当驳回其对一般保证人的诉讼，只有这样才能有效保护保证人的先诉利益；另一种观点认为，债权人同时起诉债务人和一般保证人的，法院在判决中应当言明，只有在执行主债务人无果的条件下，才可以执行保证人财产。

一般保证人享有先诉抗辩权的本意不是债权人只能先起诉主债务人，在主合同纠纷未经审判或者仲裁，并就主债务人财产依法强制执行仍不能履行债务前，不能起诉一般保证人，而只是保证人承担保证责任的前提是在对债务人财产依法强制执行后仍不能履行主债务的情形。因此，“先诉抗辩权”更合适的称谓应是

“先索抗辩权”[①] 或“先执行抗辩权”。从当事人的视角，债权人可以以主债务人和一般保证人为共同被告提起诉讼。对于债权人将主债务人和一般保证人列为共同被告时，法院在认可先诉抗辩权成立的前提下，应在判决书中明确对主债务人财产依法强制执行后仍不能履行债务时，由保证人承担保证责任。在判决书中，判决主文可以分两项，第一项判定主债务人承担主债务的债务数额；第二项判令一般保证人对主债务人财产依法强制执行后仍不能履行债务时，由保证人承担保证责任。这样分项判决脉络清晰，有利于民事执行。[②]

就此，最高人民法院一直以来的司法态度都是一致的。对于债权人同时起诉主债务人和一般保证人的问题，《担保法解释》第 125 条规定：“一般保证的债权人向债务人和保证人一并提起诉讼的，人民法院可以将债务人和保证人列为共同被告参加诉讼。但是，应当在判决书中明确在对债务人财产依法强制执行后仍不能履行债务时，由保证人承担保证责任。”《民事诉讼法解释》第 66 条规定：“因保证合同纠纷提起的诉讼，债权人向保证人和被保证人一并主张权利的，人民法院应当将保证人和被保证人列为共同被告。保证合同约定为一般保证，债权人仅起诉保证人的，人民法院应当通知被保证人作为共同被告参加诉讼；债权人仅起诉被保证人的，可以只列被保证人为被告。”在最高人民法院看来，在一般保证中，先诉抗辩权不能“抗辩”债权人的诉权，仅能“抗辩”债权人的诉讼请求。基于此，一般保证人的诉讼地位不是与案件处理结果存在利害关系的第三人，而是第二顺序债务人。在保证纠纷案件的诉讼程序上，司法解释坚持了主合同纠纷和保证合同纠纷案件合并审理的基本思路。[③]

值得注意的是，《民法典担保制度解释》没有进一步规定连带责任保证情形下保证人的诉讼地位。就此，《担保法解释》第 126 条规定：“连带责任保证的债权人可以将债务人或者保证人作为被告提起诉讼，也可以将债务人和保证人作为共同被告提起诉讼。”即使《民法典担保制度解释》没有规定连带责任保证情形下保证人的诉讼地位，基于现行法的解释结论与《担保法解释》第 126 条并无不同。连带责任保证，是指当事人在保证合同中约定保证人和债务人对债务承担连带责任。虽然连带责任保证人不是本位意义上的债务人，但其对于主债务人并不享有顺序利益。只要出现主债务人不履行到期债务或者发生当事人约定情形的事实，债权人即可要求保证人承担保证责任。债权人请求连带责任保证人承担保证责任的，只须证明主债务人不履行到期债务或者发生当事人约定情形的事实即可，而不论债权人是否就主债务人的财产已强制执行，保证人均应依保证合同的

---

① 参见邱聪智：《新订债法各论》（下），姚志明校订，中国人民大学出版社 2006 年版，第 380 页。

② 参见曹士兵：《中国担保制度与担保方法（第四版）》，中国法制出版社 2017 年版，第 427 页。

③ 参见李国光等：《最高人民法院〈关于适用《中华人民共和国担保法》若干问题的解释〉理解与适用》，吉林人民出版社 2000 年版，第 423 ~ 424 页。

约定承担保证责任。在诉讼结构上，连带责任保证的债权人可以将债务人或者保证人作为被告提起诉讼，也可以将债务人和保证人作为共同被告提起诉讼。《民间借贷规定》第4条第1款规定：“保证人为借款人提供连带责任保证，出借人仅起诉借款人的，人民法院可以不追加保证人为共同被告；出借人仅起诉保证人的，人民法院可以追加借款人为共同被告。”这里对单独起诉连带责任保证人有所限制——“人民法院可以追加借款人为共同被告”。

但这一限制有违连带法理。追加主体的目的或功能，可能有查明案件事实、防止矛盾裁判、（给付之诉）直接判决承担责任等不同层次。若为判决承担责任而职权追加，有违反处分原则的嫌疑；若为防止矛盾判决、查明案件事实，则借助现有的第三人、证人制度以及判决解释通常也可实现，没有职权追加共同被告的必要。《民间借贷规定》之“可以追加”固然可以附带地实现后者，但主要目的仍应理解为指向前者，它希望将基于同一事实的多个法律关系纠纷放置在同一个程序中一齐解决，实际是以共同诉讼的方式强化了诉讼一次性解决纠纷的功能，体现了我国在权利保护与纠纷解决目的冲突上偏重于纠纷解决的独特政策立场。不过，笔者认为这一规定暂不宜扩张至其他纠纷类型领域；即使是在民间借贷领域，职权追加之前也有必要向债权人进行释明，积极寻求债权人的起诉追加，债权人不同意追加而又确有必要追加时才可依职权进行追加，以体现对民事诉讼当事人权利行使的尊重。①

二、债权人仅起诉一般保证人的程序处理

关于债权人是否可以单独起诉一般保证人的问题，《担保法解释》第125条并未明确。《最高人民法院关于适用〈中华人民共和国民事诉讼法〉若干问题的意见》第53条“债权人仅起诉保证人的，除保证合同明确约定保证人承担连带责任的外，人民法院应当通知被保证人作为共同被告参加诉讼”规定的理由是：从诉讼理论上说，债权人仅起诉一般保证人而不起诉债务人是债权人的诉讼权利，人民法院可以根据债权人的诉讼请求进行审判。但考虑到《民法典》规定一般保证人有先诉抗辩权，并规定保证责任有保证期间的限制，债权人仅起诉一般保证人的，人民法院应当追加主债务人为被告。这样既避免了因驳回债权人的诉讼请求而加大诉讼成本，又避免了债权人对一般保证人的保证债权因保证期间的届满而消灭的问题。②

此后，《民事诉讼法解释》第66条中规定：“保证合同约定为一般保证，债

① 参见安海涛：《保证合同诉讼的程序原理——基于〈民诉法解释〉第66条的分析》，载《华东政法大学学报》2017年第2期。

② 参见李国光等：《最高人民法院〈关于适用《中华人民共和国担保法》若干问题的解释〉理解与适用》，吉林人民出版社2000年版，第423页。

权人仅起诉保证人的，人民法院应当通知被保证人作为共同被告参加诉讼；债权人仅起诉被保证人的，可以只列被保证人为被告。”《民间借贷规定》第 4 条第 2 款规定：“保证人为借款人提供一般保证，出借人仅起诉保证人的，人民法院应当追加借款人为共同被告；出借人仅起诉借款人的，人民法院可以不追加保证人为共同被告。”一般保证责任的情形下，原告只起诉一般保证人的，由于一般保证人享有先诉抗辩权，人民法院应通知被保证人作为共同被告参加诉讼，已经参加诉讼的被告（一般保证人）也可以申请追加被保证人（主债务人）参加诉讼，如果原告不同意追加被保证人（主债务人）参加诉讼，根据先诉抗辩权原理，人民法院应当驳回原告对于一般保证人的起诉；如果原告不同意追加被保证人（主债务人）参加诉讼且明确放弃对被保证人诉讼请求的，法院应驳回原告诉讼请求。

《民法典担保制度解释》于本条第 1 款中明确指出：“债权人未就主合同纠纷提起诉讼或者申请仲裁，仅起诉一般保证人的，人民法院应当驳回起诉。”这一规定改变了最高人民法院的既有司法态度，以驳回债权人对一般保证人的起诉代替依职权追加主债务人为共同被告，贯彻了《民事诉讼法》上的处分原则，限制了职权主义的适用空间。一般保证人仅承担补偿责任，在主债务人不参加诉讼的情形下，即使判令一般保证人仅在对债务人财产依法强制执行后仍不能履行的部分承担保证责任，也因债权人就主债务人并未取得执行依据而导致判决无法执行。不过，这一规定是否准确把握了先诉抗辩权的法理，尚有讨论空间。①

三、债权人一并起诉债务人和一般保证人的程序处理

《民法典担保制度解释》于本条第 2 款规定：“一般保证中，债权人一并起诉债务人和保证人的，人民法院可以受理，但是在作出判决时，除有民法典第六百八十七条第二款但书规定的情形外，应当在判决书主文中明确，保证人仅对债务人财产依法强制执行后仍不能履行的部分承担保证责任。”一般保证人享有先诉抗辩权，并不否定债权人可以以主债务人和一般保证人为共同被告一并提起诉讼。债权人一并起诉债务人和保证人的，法院在认可先诉抗辩权成立的前提下，应在判决书中明确保证人仅对债务人财产依法强制执行后仍不能履行的部分承担保证责任。在判决书中，判决主文可以分两项：第一项判定主债务人承担主债务的债务数额；第二项判令一般保证人对主债务人财产依法强制执行后仍不能履行债务时，由保证人承担保证责任。这样分项判决脉络清晰，有利于民事执行。②

① 参见安海涛：《保证合同诉讼的程序原理——基于〈民诉法解释〉第 66 条的分析》，载《华东政法大学学报》2017 年第 2 期。

② 参见曹士兵：《中国担保制度与担保方法（第四版）》，中国法制出版社 2017 年版，第 427 页。

值得注意的是，在判决书主文中明确保证人仅对债务人财产依法强制执行后仍不能履行的部分承担保证责任，是以不存在《民法典》第687条第2款但书规定的情形为前提。《民法典》第687条第2款规定："一般保证的保证人在主合同纠纷未经审判或者仲裁，并就债务人财产依法强制执行仍不能履行债务前，有权拒绝向债权人承担保证责任，但是有下列情形之一的除外：（一）债务人下落不明，且无财产可供执行；（二）人民法院已经受理债务人破产案件；（三）债权人有证据证明债务人的财产不足以履行全部债务或者丧失履行债务能力；（四）保证人书面表示放弃本款规定的权利。"在这几种限制先诉抗辩权适用的情形下，主债务人的财产不足以履行全部债务或者丧失履行债务能力，再赋予保证人以顺序利益，保证担保的目的将无法达致。因此，在这几种情形下，在判决书主文中无须明确保证人仅对债务人财产依法强制执行后仍不能履行的部分承担保证责任。

四、对一般保证人采取财产保全措施的限制

《民法典担保制度解释》于本条第3款规定："债权人未对债务人的财产申请保全，或者保全的债务人的财产足以清偿债务，债权人申请对一般保证人的财产进行保全的，人民法院不予准许。"这是《民法典担保制度解释》新增的规定，此前没有此类规定。尽管如此，法院在相关问题上也体现了这一点。①

财产保全是为保证将来判决的可执行性对当事人财产采取的临时性冻结、查封措施。尽管财产保全并不是实质性处分当事人的财产，但是财产的流动性、企业的商誉都可能因此受到影响。为充分发挥保全制度的作用，以保全促和解、以保全促执行，从源头上缓解"执行难"，同时也为规范保全行为，落实中央提出完善依法保护产权制度的要求，在财产保全中体现"善治"理念，最高人民法院根据《民事诉讼法》的有关规定，出台了《最高人民法院关于人民法院办理财产保全案件若干问题的规定》。其中，除了细化财产保全的担保规则之外，还作了四个方面的安排：一是在确保实现保全目的的情况下，依法保护债务人产权。明确被保全人有多项财产可供保全的，在能够实现保全目的的情况下，人民法院应当选择对其生产经营活动影响较小的财产进行保全，对厂房、机器设备等生产经营性财产进行保全时，指定被保全人保管的，应当允许其继续使用；财产保全期间，在不损害债权人合法权益的情况下，允许债务人对被保全财产自行处分。二是禁止超标的保全。明确对明显超标的土地、房屋等不动产以部分保全为原则，对银行账户进行保全时应当明确冻结数额。三是合理分配解除保全责任，解决恶意延期解保问题。明确在仲裁请求被依法驳回等六种情况下，申请保全人应当及

① 参见最高人民法院（2016）最高法执复60号民事裁定书。

时申请解除保全，否则应当就此承担赔偿责任。四是保障权利救济，防止保全违法错误。赋予了当事人、利害关系人对保全行为违法提出异议的权利；也赋予了对被保全财产主张实体权利的案外人通过诉讼进行救济的权利。

财产保全作为一种民事措施，往往涉及申请人、被申请人及利害关系人等多方利益。各级法院在作出财产保全裁定时，必须坚持审慎态度，特别是在审查阶段，既要注重保全措施的必要性，还要考虑其执行的合理性；平等保护申请人和被申请人利益，重视被申请人权利的落实；在充分赋予申请人权利的基础上，对被申请人权利依法进行保障；重视被申请人的程序参与权，当法院作出保全裁定时，在不损害申请人利益或有效防止被申请人财产转移的前提下，告知被申请人财产被保全的情形，以保障其异议权；落实法律赋予被申请人的各项权利，确保在保全实施中被申请人权利得到依法保障；利害关系人对被保全的财产主张实体权利的，法院应依照《民事诉讼法》第238条的规定进行审查，并告知其在诉讼保全阶段，即可通过提起异议之诉主张权利，使其合法权益得到及时保护。

本条第3款的规定即为最高人民法院不断完善财产保全制度的重大举措，有利于保护一般保证人的利益。

第二十七条　一般保证的债权人取得对债务人赋予强制执行效力的公证债权文书后，在保证期间内向人民法院申请强制执行，保证人以债权人未在保证期间内对债务人提起诉讼或者申请仲裁为由主张不承担保证责任的，人民法院不予支持。

【条文主旨】

本条是关于导致一般保证的保证期间失效事实的规定，是对《民法典》第693条的解释。

【规则变迁】

《担保法》第25条规定："一般保证的保证人与债权人未约定保证期间的，保证期间为主债务履行期届满之日起六个月。在合同约定的保证期间和前款规定的保证期间，债权人未对债务人提起诉讼或者申请仲裁的，保证人免除保证责任；债权人已提起诉讼或者申请仲裁的，保证期间适用诉讼时效中断的规定。"《民法典》第693条第1款规定："一般保证的债权人未在保证期间对债务人提起诉讼或者申请仲裁的，保证人不再承担保证责任。"本条对一般保证的保证期间作出更细致的规定，将债权人在保证期间对债务人提起诉讼或者申请仲裁扩张适用于债权人取得对债务人赋予强制执行效力的公证债权文书的情形。

【理解与适用】

一、一般保证的保证期间的效力

保证期间是确定保证人承担保证责任的期间。由此可见，一般意义上，保证期间也就是保证责任有效存续的期间，此即保证期间的积极效力的方面。保证期间的效力还有其消极的一面，即在保证期间内发生一定的事实，保证人的保证责任将因保证期间届满而消灭。根据《民法典》第 693 条第 1 款的规定，“一般保证的债权人未在保证期间内对债务人提起诉讼或者申请仲裁的，保证人不再承担保证责任。”由此可见，保证期间消极效力的发生必须具备以下要件：第一，保证期间的经过；第二，债权人在保证期间内未对主债务人提起诉讼或申请仲裁。如在保证期间内，债权人依法对主债务人提起诉讼，或就其与主债务人的纠纷申请仲裁，不发生保证债务消灭的法律后果。[1]

如果在保证期间内债权人仅对一般保证人提起诉讼或者申请仲裁，或者以其他方式向保证人主张权利，请求其承担保证责任，而不对主债务人提起诉讼或申请仲裁，此时是否发生保证债务消灭的法律后果？由于一般保证人有先诉抗辩权，债权人的上述主张将因保证人依法行使了先诉抗辩权而失去效力，债权人如仍不对主债务人提起诉讼或申请仲裁，保证期间届满，发生保证债务消灭的法律后果。但保证人放弃或怠于行使其先诉抗辩权，表示同意承担保证责任，则不能因保证期间届满而不再承担保证责任。

二、《民法典》第 693 条保证期间失效事由的扩张适用

《民法典》第 693 条第 1 款仅规定，债权人未在保证期间内对主债务人提起诉讼或者申请仲裁的，一般保证人不再承担保证责任。如债权人取得对主债务人赋予强制执行效力的公证债权文书后在保证期间内向人民法院申请强制执行，但未对主债务人提起诉讼或者申请仲裁的，保证人是否仍需承担保证责任，不无疑问。

《民法典》第 693 条第 1 款关于一般保证中保证期间效力的规定，尚须与第 687 条关于一般保证的定义性法条结合起来进行解释。依据《民法典》第 687 条的规定，当事人在保证合同中约定，债务人不能履行债务时，由保证人承担保证

① 在保证人丧失先诉抗辩权的情况下，债权人在保证期间内仅对保证人提起诉讼或者申请仲裁，仍然发生阻却保证期间消灭的效力。

责任的，为一般保证；一般保证的保证人在主合同纠纷未经审判或者仲裁，并就债务人财产依法强制执行仍不能履行债务前，有权拒绝向债权人承担保证责任。由此可见，债权人在保证期间内对主债务人提起诉讼或者申请仲裁，其最终目的在于取得执行依据，使债权人可以据此向人民法院执行主债务人的责任财产，以确定一般保证人是否应承担保证责任，以及承担保证责任的大小。实践中，还存在无须经过诉讼或者仲裁，当事人能够直接取得执行依据的情形。如债权人已经取得对主债务人赋予强制执行效力的公证债权文书，并在保证期间内向人民法院申请强制执行主债务人的责任财产，上述目的即已达到，可以认为保证期间因未经过而失去意义，从而确定保证人应当承担保证责任。《民法典担保制度解释》本条使用了“举轻以明重”的当然解释方法，债权人在保证期间内为取得执行依据而提起诉讼或者申请仲裁都能导致保证期间失去意义，债权人在保证期间内根据已经取得的执行依据向人民法院申请强制执行，保证期间当然失效。①

值得注意的是，本条仅要求债权人已经取得对主债务人赋予强制执行效力的公证债权文书，并在保证期间内向人民法院申请强制执行主债务人的责任财产，并不要求同时取得对一般保证人赋予强制执行效力的公证债权文书。《最高人民法院关于人民法院办理执行异议和复议案件若干问题的规定》第22条明确规定：“公证债权文书对主债务和担保债务同时赋予强制执行效力的，人民法院应予执行；仅对主债务赋予强制执行效力未涉及担保债务的，对担保债务的执行申请不予受理；仅对担保债务赋予强制执行效力未涉及主债务的，对主债务的执行申请不予受理。人民法院受理担保债务的执行申请后，被执行人仅以担保合同不属于赋予强制执行效力的公证债权文书范围为由申请不予执行的，不予支持。”

第二十八条　一般保证中，债权人依据生效法律文书对债务人的财产依法申请强制执行，保证债务诉讼时效的起算时间按照下列规则确定：

（一）人民法院作出终结本次执行程序裁定，或者依照民事诉讼法第二百五十七条第三项、第五项的规定作出终结执行裁定的，自裁定送达债权人之日起开始计算；

（二）人民法院自收到申请执行书之日起一年内未作出前项裁定的，自人民法院收到申请执行书满一年之日起开始计算，但是保证人有证据证明债务人仍有财产可供执行的除外。

一般保证的债权人在保证期间届满前对债务人提起诉讼或者申请仲裁，债权人举证证明存在民法典第六百八十七条第二款但书规定情形的，保证债务的诉讼时效自债权人知道或者应当知道该情形之日起开始计算。

① 参见麻锦亮：《民法典·担保注释书》，中国民主法制出版社2023年版，第194页。

【条文主旨】

本条是关于一般保证债务诉讼时效起算的规定，解释《民法典》第 694 条第 1 款。

【规则变迁】

《担保法解释》第 34 条第 1 款规定：“一般保证的债权人在保证期间届满前对债务人提起诉讼或者申请仲裁的，从判决或者仲裁裁决生效之日起，开始计算保证合同的诉讼时效。”《民法典》第 694 条第 1 款规定：“一般保证的债权人在保证期间届满前对债务人提起诉讼或者申请仲裁的，从保证人拒绝承担保证责任的权利消灭之日起，开始计算保证债务的诉讼时效。”这里将一般保证债务诉讼时效的起算点由“判决或者仲裁裁决生效之日”修改为“保证人拒绝承担保证责任的权利消灭之日”。本条即规定：“保证人拒绝承担保证责任的权利消灭之日”的具体情形。

【理解与适用】

保证期间为确定保证人承担保证责任的期间，该期间不以法定期间为限，而且属于不变期间；保证期间经过，保证人的保证责任免除，债权人对保证人的保证债务履行请求权即告消灭。保证债务诉讼时效期间，是债权人得以诉讼请求人民法院等保护其保证债权的法定期间；该期间为可变期间，有时效中断、中止和延长等的适用；期间经过而债权人不行使权利的，其实体民事权利并不消灭，仅使债务人取得时效经过抗辩权。因此，保证期间并非保证债务的诉讼时效期间。从《民法典》第 694 条第 1 款的规定，我们可以看出一般保证中保证期间与保证债务诉讼时效的适用路径与分野。主合同履行期限届满时主债务人未履行债务，主债务诉讼时效期间和保证期间（包含约定的和法定的）同时开始计算，在保证期间和主债务诉讼时效期间未届满之前，债权人依主合同提起诉讼或申请仲裁请求主债务人履行债务，此时保证期间因未完成而失去意义。从保证人拒绝承担保证责任的权利消灭之日起开始计算保证债务的诉讼时效。保证债务诉讼时效经过之后，虽债权人仍得提起诉讼或申请仲裁，但保证人取得时效经过抗辩权，可以时效经过为由对抗债权人的履行请求，债权人的保证债权将不获满足。如在保证期间内，债权人不向主债务人以提起诉讼或者申请仲裁的方式主张债权，保证人不再承担保证责任，无保证债务诉讼时效之适用。

一、一般保证债务诉讼时效期间的起算

《民法典》第694条第1款规定："一般保证的债权人在保证期间届满前对债务人提起诉讼或者申请仲裁的，从保证人拒绝承担保证责任的权利消灭之日起，开始计算保证债务的诉讼时效。"这一规则改变了《担保法解释》第34条第1款关于"一般保证的债权人在保证期间届满前对债务人提起诉讼或者申请仲裁的，从判决或者仲裁裁决生效之日起，开始计算保证合同的诉讼时效"的规定。《担保法解释》的理由是："在一般保证中，保证人享有先诉抗辩权，在主合同未经审判或仲裁并就债务人财产依法执行仍不能履行债务前，保证人可拒绝承担保证责任。在这种情况下，这段期间可能持续很长时间。当案件经过一审、二审最终发生法律效力时，开始计算保证合同的诉讼时效。尽管对债务人的财产强制执行仍然不能满足债权时，债权人方可起诉保证人，但这些活动在2年的诉讼时效内一般是可以完成的。"① 保证债务诉讼时效自起诉之日起计算，对债权人过于不利；保证债务诉讼时效自执行终结之日起算对保证人过于不利；保证债务诉讼时效自判决生效之日起算，兼顾了双方利益。

笔者认为，将保证债务诉讼时效的起算点确定在对主债务人的判决或仲裁裁决生效之日，尚值商榷。该观点与保证人先诉抗辩权不合，也与《民法典》中关于诉讼时效期间的起算的基本规则相悖。《民法典》第687条第2款中规定："一般保证的保证人在主合同纠纷未经审判或者仲裁，并就债务人财产依法强制执行仍不能履行债务前，有权拒绝向债权人承担保证责任"。法律赋予一般保证的保证人以先诉抗辩权，使其在主债务诉讼或仲裁以及执行过程中暂时不受债权人追究。既然一般保证的债权人在主合同纠纷未经审判或仲裁，并就债务人财产依法强制执行仍不能履行债务前，无权要求保证人承担保证责任，就不能视为债权人的权利受侵害之日。按照《民法典》第188条关于"诉讼时效期间自权利人知道或者应当知道权利受到损害以及义务人之日起计算"的规定，在"债务人财产依法强制执行仍不能履行债务"之前，保证人未履行保证债务的行为，不构成保证债务的履行迟延，并未对债权人的权利造成侵害，保证债务诉讼时效无从开始起算。因此，《担保法解释》第34条第1款的规定至为可议。

同时，上引观点认为对债务人的财产强制执行的活动"在2年的诉讼时效内一般是可以完成的"，这只是论者的主观判断，并不能排除对债务人的强制执行程序在2年内不能完成的情况。换言之，在保证债务2年诉讼时效内，对债务人的财产强制执行程序能够终结，带有一定的不确定性。因此，在对债务人的财产

① 李国光等：《最高人民法院〈关于适用《中华人民共和国担保法》若干问题的解释〉理解与适用》，吉林人民出版社2000年版，第150页。

强制执行程序完结之日，保证债务的诉讼时效不仅必然地被大打折扣，而且还可能已经届满。在此情形下，已不仅仅是限制债权人对保证人的诉讼权利，而是可能直接导致债权人对保证人因诉讼时效届满而效力减弱。提前起算保证债务诉讼时效，可能损及债权人对保证人本应享有的期限利益。在就主债务人的财产依法强制执行仍不能履行债务之前，债权人请求保证人履行保证债务，保证人依《民法典》第 687 条第 2 款的规定，可以拒绝，此为先诉抗辩权之本意。如自对主债务人的判决或仲裁裁决生效之日开始计算保证债务诉讼时效，在对主债务人的强制执行程序终结之前，保证债务诉讼时效期间已经届满，保证人即取得时效经过抗辩权，可以对抗此后债权人的履行请求，对于债权人而言至为不利。

二、一般保证债务诉讼时效期间起算的具体情形

《民法典》第 694 条第 1 款将一般保证债务的诉讼时效的起算点界定为“保证人拒绝承担保证责任的权利消灭之日”。这里，所谓“保证人拒绝承担保证责任的权利消灭”，结合《民法典》第 687 条第 2 款的规定，是指保证人先诉抗辩权的消灭，具体包括以下情形：

（一）主合同纠纷经审判或者仲裁，并就债务人财产依法强制执行仍不能履行债务之时

在具体判断上，可以区分了两种情形：

第一，人民法院作出终结本次执行程序裁定，或者依照《民事诉讼法》第 257 条第 3 项、第 5 项的规定作出终结执行裁定的，自裁定送达债权人之日起开始计算。《民事诉讼法解释》第 517 条第 1 款规定：“经过财产调查未发现可供执行的财产，在申请执行人签字确认或者执行法院组成合议庭审查核实并经院长批准后，可以裁定终结本次执行程序。”《最高人民法院关于严格规范终结本次执行程序的规定（试行）》第 1 条规定了终结本次执行程序的条件：（1）已向被执行人发出执行通知、责令被执行人报告财产；（2）已向被执行人发出限制消费令，并将符合条件的被执行人纳入失信被执行人名单；（3）已穷尽财产调查措施，未发现被执行人有可供执行的财产或者发现的财产不能处置；（4）自执行案件立案之日起已超过 3 个月；（5）被执行人下落不明的，已依法予以查找；被执行人或者其他人妨害执行的，已依法采取罚款、拘留等强制措施，构成犯罪的，已依法启动刑事责任追究程序。由此可见，终结本次执行程序已经达到就债务人财产依法强制执行仍不能履行债务的标准。

根据《民事诉讼法》第 268 条的规定，“有下列情形之一的，人民法院裁定终结执行：（一）申请人撤销申请的；（二）据以执行的法律文书被撤销的；（三）作为被执行人的公民死亡，无遗产可供执行，又无义务承担人的；（四）追索赡养费、扶养费、抚育费案件的权利人死亡的；（五）作为被执行人的公民因

生活困难无力偿还借款，无收入来源，又丧失劳动能力的；（六）人民法院认为应当终结执行的其他情形。”其中，第（三）项、第（五）项已经达到就债务人财产依法强制执行仍不能履行债务的标准。

第二，人民法院自收到申请执行书之日起 1 年内既未作出终结本次执行程序裁定，也未作出终结执行裁定的，自人民法院收到申请执行书满 1 年之日起开始计算，但是保证人有证据证明债务人仍有财产可供执行的除外。这里以“1 年”为标准，考虑到执行期限正常为 6 个月、申请提级执行的情况、拍卖时流拍等情况，以便于统一裁判尺度和易于实践操作。[①] 这一情形考虑到了执行实践中的具体情况，在一定程度上有利于防止保证纠纷久拖不决的情形。

人民法院作出前述裁定本身即表明保证人丧失了先诉抗辩权。但从诉讼时效起算规则考虑，债权人并非前述裁定一经作出时即知情，因此，保证债务的诉讼时效不能从上述裁定作出之日起计算，而应从前述裁定送达债权人之日起计算。[②]

（二）债权人知道或者应当知道存在《民法典》第 687 条第 2 款但书规定情形之日

《民法典担保制度解释》于本条第 2 款规定：“一般保证的债权人在保证期间届满前对债务人提起诉讼或者申请仲裁，债权人举证证明存在民法典第六百八十七条第二款但书规定情形的，保证债务的诉讼时效自债权人知道或者应当知道该情形之日起开始计算。”这里主要包括：

第一，债务人下落不明，且无财产可供执行。此际，债权人请求主债务人履行债务发生重大困难，令保证人放弃先诉抗辩权，代为清偿主债务甚为必要。如果债务人仍有财产可供执行，则即使债务人下落不明，保证人的先诉抗辩权也不消灭。[③]

第二，人民法院已经受理债务人破产案件。根据我国《企业破产法》第 19 条的规定，人民法院受理破产申请的法律后果即为，解除有关债务人财产的保全措施，中止执行程序。由此可见，人民法院受理主债务人破产案件后，债权人已无法先就主债务人的财产依法强制执行，使保证人先诉抗辩权失去了存在的基础。此时，保证人应丧失先诉抗辩权，债权人无须等待破产程序结束，即可直接向保证人请求代为履行主债权，保证人不得对债权人主张先诉抗辩权。《民法典担保制度解释》第 23 条规定：“人民法院受理债务人破产案件，债权人在破产程序中申报债权后又向人民法院提起诉讼，请求担保人承担担保责任的，人民法院

---

① 参见最高人民法院民事审判第二庭编：《最高人民法院民法典担保制度司法解释理解与适用》，人民法院出版社 2021 年版，第 287 页。

② 参见麻锦亮：《民法典 · 担保注释书》，中国民主法制出版社 2023 年版，第 204 页。

③ 参见李国光等：《最高人民法院〈关于适用《中华人民共和国担保法》若干问题的解释〉理解与适用》，吉林人民出版社 2000 年版，第 128 页。

依法予以支持。担保人清偿债权人的全部债权后，可以代替债权人在破产程序中受偿；在债权人的债权未获全部清偿前，担保人不得代替债权人在破产程序中受偿，但是有权就债权人通过破产分配和实现担保债权等方式获得清偿总额中超出债权的部分，在其承担担保责任的范围内请求债权人返还。债权人在债务人破产程序中未获全部清偿，请求担保人继续承担担保责任的，人民法院应予支持；担保人承担担保责任后，向和解协议或者重整计划执行完毕后的债务人追偿的，人民法院不予支持。”

第三，债权人有证据证明债务人的财产不足以履行全部债务或者丧失履行债务能力。这是本法新增的一项规定，起着兜底作用。即使没有出现“债务人下落不明，且无财产可供执行”“人民法院已经受理债务人破产案件”等情形，如债权人有证据证明债务人的财产不足以履行全部债务或者丧失履行债务能力，再赋予保证人以顺序利益，保证担保的目的将无法达致。

第四，保证人书面表示放弃先诉抗辩权。保证人的先诉抗辩权属民事权利的一种，既属民事权利（私权），则可行使，也可抛弃。抛弃先诉抗辩权为保证人的单方行为，其生效于保证人作出抛弃先诉抗辩权的意思表示之时。保证人的先诉抗辩权因为抛弃而发生绝对消灭的效果。保证人在抛弃先诉抗辩权后，不得以任何理由再行主张先诉抗辩权。保证人抛弃先诉抗辩权可以预先抛弃，亦可事后抛弃。预先抛弃主要表现为一般保证合同中明确约定保证人不行使先诉抗辩权，如“保证人放弃先诉抗辩权”“债权人履行期限届满，保证人应立即清偿”等；事后抛弃是指在一般保证合同成立后，保证人明示或默示地放弃先诉抗辩权。默示的放弃通常表现为保证人承担保证责任的情形。

第二十九条　同一债务有两个以上保证人，债权人以其已经在保证期间内依法向部分保证人行使权利为由，主张已经在保证期间内向其他保证人行使权利的，人民法院不予支持。

同一债务有两个以上保证人，保证人之间相互有追偿权，债权人未在保证期间内依法向部分保证人行使权利，导致其他保证人在承担保证责任后丧失追偿权，其他保证人主张在其不能追偿的范围内免除保证责任的，人民法院应予支持。

【条文主旨】

本条是关于共同保证的保证期间的规定，是对结合《民法典》第699条，对第693条所作的解释。

【规则变迁】

《担保法》第 12 条规定："同一债务有两个以上保证人的，保证人应当按照保证合同约定的保证份额，承担保证责任。没有约定保证份额的，保证人承担连带责任，债权人可以要求任何一个保证人承担全部保证责任，保证人都负有担保全部债权实现的义务。已经承担保证责任的保证人，有权向债务人追偿，或者要求承担连带责任的其他保证人清偿其应当承担的份额。"已经废止的《最高人民法院关于已承担保证责任的保证人向其他保证人行使追偿权问题的批复》（法释〔2002〕37 号）规定："根据《中华人民共和国担保法》第十二条的规定，承担连带责任保证的保证人一人或者数人承担保证责任后，有权要求其他保证人清偿应当承担的份额，不受债权人是否在保证期间内向未承担保证责任的保证人主张过保证责任的影响。"这就意味着，在连带共同保证中，债权人向保证人之一主张权利，其效力及于其他保证人。

《民法典》第 699 条规定："同一债务有两个以上保证人的，保证人应当按照保证合同约定的保证份额，承担保证责任；没有约定保证份额的，债权人可以请求任何一个保证人在其保证范围内承担保证责任。"这里删去了《担保法》第 12 条中就没有约定保证份额时"保证人承担连带责任"的字样。《民法典》第 700 条规定："保证人承担保证责任后，除当事人另有约定外，有权在其承担保证责任的范围内向债务人追偿，享有债权人对债务人的权利，但是不得损害债权人的利益。"这一规则认可了保证人的清偿承受权。但是，尽管如此，整个共同担保制度的解释论，还是以不承认担保人之间具有内部追偿关系为前提而展开。

在此基础上，本条改变了法释〔2002〕37 号的司法态度，主张保证人之间彼此独立，债权人在保证期间内向某一保证人主张保证债权，对其他保证人不发生影响。基于此，本条第 2 款对于债权人未在保证期间内依法向部分保证人行使权利，导致其他保证人在承担保证责任后丧失追偿权的情形，作出了不同于法释〔2002〕37 号的规定。

【理解与适用】

《民法典》第 699 条规定："同一债务有两个以上保证人的，保证人应当按照保证合同约定的保证份额，承担保证责任；没有约定保证份额的，债权人可以请求任何一个保证人在其保证范围内承担保证责任。"这里延续了《担保法》和《担保法解释》上按份共同保证和连带共同保证的区分，但在连带共同保证中，《民法典担保制度解释》根据保证人之间是否有相互追偿权，又将其细分为真正连带和不真正连带[①]，从而形成了按份共同保证、不真正连带共同保证和连带共同保证的区分。[②] 基于此，《民法典担保制度解释》第13条将保证人之间的相互追偿关系仅限于连带共同保证的情形，同时，将构成连带共同保证的情形限定于三种情形：担保人之间约定承担连带共同保证；担保人之间约定可以相互追偿；各担保人在同一份合同书上签字、盖章或者按指印。[③] 这一解释论上的转向必将影响到共同保证的保证期间。

一、债权人在保证期间内向部分保证人主张保证债权的效力

《担保法》和《担保法解释》上并未就债权人在保证期间内依法向部分保证人行使权利的效力是否及于其他保证人问题作出明确规定。《最高人民法院关于已承担保证责任的保证人向其他保证人行使追偿权问题的批复》（法释〔2002〕37号）[④] 规定："根据《中华人民共和国担保法》第十二条的规定，承担连带责任保证的保证人一人或者数人承担保证责任后，有权要求其他保证人清偿应当承担的份额，不受债权人是否在保证期间内向未承担保证责任的保证人主张过保证责任的影响。"这就意味着，在连带共同保证中，债权人在保证期间内向部分保证人主张保证债权，其效力及于其他尚在保证期间内的保证人，[⑤] 其他保证人不得主张债权人未在保证期间内向其请求从而保证债务消灭的抗辩。基于此，"在连带共同保证中，由于保证人是作为一个整体共同对债权人承担保证责任，所以债权人向共同保证人中的任何一人主张权利，都是债权人要求保证人承担保证责任的行为，其效力自然及于所有的保证人。对那些未被选择承担责任的共同保证人来说，债权人向保证人中任何一人主张权利的行为，应当视为债权人已向其主张了权利。"[⑥]

《民法典》和《民法典担保制度解释》基于"连带债权或者连带债务，由法律规定或者当事人约定"（《民法典》第518条第2款）的规定，以原则上否认共

---

① 参见最高人民法院民事审判第二庭编：《最高人民法院民法典担保制度司法解释理解与适用》，人民法院出版社2021年版，第186页。

② 参见黄薇主编：《中华人民共和国民法典解读·合同编》（上），中国法制出版社2020年版，第732页。解释论上的不同观点，参见王利明：《我国〈民法典〉保证合同新规则释评及适用要旨》，载《政治与法律》2020年第12期。

③ 参见最高人民法院民事审判第二庭编：《最高人民法院民法典担保制度司法解释理解与适用》，人民法院出版社2021年版，第187页。

④ 该司法解释已由《最高人民法院关于废止部分司法解释及相关规范性文件的决定》（法释〔2020〕16号）所废止。

⑤ 参见最高人民法院（2018）最高法民终1118号民事判决书。

⑥ "甲公司与乙公司保证合同追偿权纠纷上诉案"，载《最高人民法院公报》2002年第6期。另参见最高人民法院（2015）民申字第2064号民事裁定书；最高人民法院（2020）最高法民申322号民事裁定书。

同担保人间的相互追偿权为前提（《民法典担保制度解释》第13条第3款）。“除非当事人之间另有约定，各担保人提供的担保具有独立性，担保人之间互相没有意思联络，因此没有法律关系的存在，要求各担保人之间相互追偿，实质是法律强行在各担保人之间设定相互担保，要求各担保人承担连带责任。这意味着，没有履行担保义务的担保人除为债务人提供担保外，还必须为其他担保人提供担保，这既违背担保人的初衷，也不合法理。”① 这一立法、司法态度的转变虽仅涉及担保人之间的内部关系，但必将影响到外部关系——债权人与各担保人之间的关系。

《民法典担保制度解释》第29条第1款规定：“同一债务有两个以上保证人，债权人以其已经在保证期间内依法向部分保证人行使权利为由，主张已经在保证期间内向其他保证人行使权利的，人民法院不予支持。”这里改变了法释〔2002〕37号的司法态度，主张保证人之间彼此独立，债权人在保证期间内向某一保证人主张保证债权，对其他保证人不发生影响。

在按份共同保证中，债权人仅得在约定的份额范围内向个别保证人主张权利，各共同保证人也仅在约定的份额范围内承担担保责任。从这一视角，各共同保证人之间并不存在法律上的联系，某一保证人在承担了保证责任之后，仅能向主债务人求偿。如该保证人的求偿权不能实现，就其从主债务人未获清偿的部分，并不能向其他保证人请求分担，只能自担损失。② 如此，在按份共同保证中，各保证人的担保责任彼此独立。债权人在约定的或者法定的保证期间内向部分保证人主张权利，并获清偿时，仅能使保证债务和其担保的主债务在相应份额范围内消灭；债权人未在约定的或者法定的保证期间内向部分保证人主张权利，该保证人的保证债务即为消灭，此一结果不及于其他保证人。

在不真正连带共同担保中，债权人虽然可以选择向任何一个保证人请求在其保证范围内承担保证责任，但该保证人在承担保证责任之后，也仅能向主债务人求偿，就其从主债务人未获清偿的部分，也不能向其他保证人请求分担。由此可见，各保证人之间也不构成连带关系，各保证人的担保责任彼此独立。债权人在约定的或者法定的保证期间内向部分保证人主张权利，并获清偿时，该保证人的保证债务和其担保的主债务消灭③，其他保证人的保证债务亦因主债务的消灭而消灭。债权人未在约定的或者法定的保证期间内向部分保证人主张权利，该保证

① 黄薇主编：《中华人民共和国民法典解读（精装珍藏版）·物权编》，中国法制出版社2020年版，第579页。

② 参见曹士兵：《中国担保制度与担保方法（第四版）》，中国法制出版社2017年版，第138～139页。

③ 这一分析结论以保证人承担无限保证为前提。如该保证人仅承担有限保证，保证债务因该保证人的清偿而消灭，仅导致主债务在相应的范围内消灭。为使行文简洁，本书暂不考虑后种情形。

人的保证债务即为消灭，但此一结果不及于其他保证人。如债权人对其他保证人的保证期间尚未经过，其对其他保证人的保证债权仍未消灭。

在连带共同保证中，债权人自可选择向任何一个保证人请求在其保证范围内承担保证责任，该保证人在承担保证责任之后，既可向主债务人求偿，也可向其他保证人请求分担。由此可见，各保证人之间构成连带关系，各保证人的担保责任虽基于不同的保证合同所发生，也彼此独立，但债权人对部分连带共同保证人主张权利的，其效力在特定情形下及于其他连带共同保证人。就此，《民法典》在合同编通则分编中认为，各个连带债务人对债权人所承担的债务具有相对独立性，一个连带债务人与债权人之间发生的事项原则上仅具有相对效力，只有在例外情形下才具有绝对效力。[①]《民法典》第520条第1款规定："部分连带债务人履行、抵销债务或者提存标的物的，其他债务人对债权人的债务在相应范围内消灭；该债务人可以依据前条规定向其他债务人追偿。"由此可见，债权人在约定的或者法定的保证期间内向部分保证人主张权利，并获清偿之时，该保证人的保证债务和其担保的主债务消灭，其他保证人的保证债务亦因主债务的消灭而消灭，承担了担保责任的保证人自可基于约定或者法定而向其他保证人行使分担请求权。此时可以认为，部分连带共同保证人应债权人的请求承担保证责任产生绝对效力，其效力及于其他连带共同保证人。[②]

在连带共同保证中，债权人未在约定的或者法定的保证期间内向部分保证人主张权利，基于《民法典》第693条第2款关于"连带责任保证的债权人未在保证期间请求保证人承担保证责任的，保证人不再承担保证责任"的规定，该保证人的保证债务消灭。此时所产生的法律效果等同于债权人免除了部分保证人的保证债务。[③]《民法典》第520条第2款规定："部分连带债务人的债务被债权人免除的，在该连带债务人应当承担的份额范围内，其他债务人对债权人的债务消灭。"据此，我国法上对债权人免除部分连带债务人债务的法律效果采用了限制绝对效力的立法例。债权人免除其中一个或者部分连带债务人的债务的，债权人仍可向其他债务人请求履行，但是其他债务人承担的连带债务数额应扣除被免除的连带债务人应当分担的内部份额。[④] 由此可见，债权人未在约定的或者法定的

---

① 参见黄薇主编：《中华人民共和国民法典解读（精装珍藏版）·合同编》（上），中国法制出版社2020年版，第183页。

② 参见最高人民法院民事审判第二庭编：《最高人民法院民法典担保制度司法解释理解与适用》，人民法院出版社2021年版，第293～294页；李玉林：《民法典保证期间规则的理解与适用》，载《人民司法·应用》2021年第16期。

③ 参见杨永清：《〈新担保司法解释〉中有关保证合同的几个问题》，载《法律适用》2021年第2期。

④ 参见黄薇主编：《中华人民共和国民法典解读·合同编》（上），中国法制出版社2020年版，第185页。

保证期间内向部分保证人主张权利，该保证人的保证债务消灭，并不产生绝对效力，其他保证人的保证债务并不能完全消灭。债权人此时仍然可以向其他保证人请求履行保证债务，但其他保证人在该保证人应当承担的份额范围内免除保证责任。

此外，结合《民法典担保制度解释》第 29 条第 2 款的规定："同一债务有两个以上保证人，保证人之间相互有追偿权，债权人未在保证期间内依法向部分保证人行使权利，导致其他保证人在承担保证责任后丧失追偿权，其他保证人主张在其不能追偿的范围内免除保证责任的，人民法院应予支持"，可见，债权人仅仅向部分连带共同保证人请求履行保证债务，并不能据此认为其向所有连带共同保证人主张了权利，债权人不得主张其在保证期间内向部分保证人请求承担保证责任的效力及于其他保证人，其他保证人仍然可以主张债权人未在保证期间内向其主张保证债权的抗辩。也就是说，只有债权人在各别的保证期间向所有的连带共同保证人逐一请求履行各自的保证债务，才能产生任一共同保证人均不得以保证期间经过为由主张保证债务消灭的法律后果。① 法释〔2002〕37 号认为，只要债权人在保证期间向部分连带责任保证人主张了权利，就对其他保证人发生效力，承担了保证责任的保证人向其他保证人的分担请求权，不受债权人是否在保证期间内向未承担保证责任的保证人主张过保证债权的影响。《民法典》第 520 条第 2 款就此已经采纳限制绝对效力的观点②，法释〔2002〕37 号所持的司法态度即应改变。债权人不得以其已经在保证期间内依法向部分保证人主张权利为由，主张已经在保证期间内向其他保证人主张了保证债权，其他保证人仍然可以主张保证期间经过的抗辩。

二、债权人未在保证期间内向部分保证人主张保证债权的法律后果

《民法典》第 693 条规定："一般保证的债权人未在保证期间对债务人提起诉讼或者申请仲裁的，保证人不再承担保证责任。连带责任保证的债权人未在保证期间请求保证人承担保证责任的，保证人不再承担保证责任。"这一规则同样适用于共同保证的情形。前已述及，在按份共同保证和不真正连带共同保证中，保证人之间没有相互追偿关系，债权人未在保证期间内主张权利所产生的法律后果，不及于其他保证人。即使债权人未在保证期间内向部分保证人主张保证债权导致保证债务消灭，债权人仍然可以向其他保证人主张保证债权，只要该主张系在保证期间内行使，其他保证人仍然不得以债权人未在保证期间内依法行使权利

---

① 参见程啸：《论我国〈民法典〉及其司法解释中的保证期间》，载《财经法学》2021 年第 3 期。

② 参见最高人民法院民事审判第二庭编：《最高人民法院民法典担保制度司法解释理解与适用》，人民法院出版社 2021 年版，第 299 ~ 300 页。

为由进行抗辩。

但是，在连带共同保证中，保证人之间存在相互追偿关系，债权人未在保证期间内向部分保证人主张保证债权，仅产生限制绝对效力。债权人未在保证期间内依法向部分保证人主张保证债权，导致该保证人不承担保证责任的，必将损及承担了保证责任的保证人对免责了的保证人的追偿权。《民法典担保制度解释》第29条第2款因此规定："同一债务有两个以上保证人，保证人之间相互有追偿权，债权人未在保证期间内依法向部分保证人行使权利，导致其他保证人在承担保证责任后丧失追偿权，其他保证人主张在其不能追偿的范围内免除保证责任的，人民法院应予支持。"这里，"保证人之间相互有追偿权"限于《民法典担保制度解释》第13条所规定的前述三种情形。在解释上，这三种情形均为连带共同保证的情形。

《民法典担保制度解释》第29条第2款将其他保证人的免责范围界定为"其不能行使追偿权的范围"，在解释上是指，因债权人未在保证期间内依法主张保证债权而被免责的保证人本应分担的份额范围。这一分担份额的计算，又指向了《民法典担保制度解释》第13条。该条规定："同一债务有两个以上第三人提供担保，担保人之间约定相互追偿及分担份额，承担了担保责任的担保人请求其他担保人按照约定分担份额的，人民法院应予支持；担保人之间约定承担连带共同担保，或者约定相互追偿但是未约定分担份额的，各担保人按照比例分担向债务人不能追偿的部分。"（第1款）"同一债务有两个以上第三人提供担保，担保人之间未对相互追偿作出约定且未约定承担连带共同担保，但是各担保人在同一份合同书上签字、盖章或者按指印，承担了担保责任的担保人请求其他担保人按照比例分担向债务人不能追偿部分的，人民法院应予支持。"（第2款）由此可见，在连带共同保证中，共同保证人相对于债权人而言是一种连带关系，但是共同保证人之间仍然存在着分担份额的问题。

分担份额首先取决于保证人之间的约定。如各保证人约定对债权人承担连带责任，但在保证人内部按照4∶3∶3的比例分担。此时，其他保证人的免责范围即为被免责的保证人本应分担的份额。

在保证人之间没有约定分担份额的情形下，承担了保证责任的保证人尚须先向主债务人追偿，就向主债务人追偿不能的部分，才能向其他保证人行使分担请求权。这里延续了《担保法解释》的司法态度，将承担了保证责任的保证人向其他保证人行使分担请求权的范围，限定于"向债务人不能追偿的部分"。如此，《民法典担保制度解释》第29条第2款所定"其不能行使追偿权的范围"，应除去向主债务人可得追偿的部分，剩余的部分再由各保证人分担。① 就此际保证人之间的分担份额而言，由于保证债务的多少取决于保证合同中约定的保证担保范围，如各保证合同中约定的各保证人承担保证责任的范围并不一致，则尚不能认为各保证人之间份额相同。亦即，《民法典》第519条第1款所称“连带债务人之间的份额难以确定的”的情形，在连带共同保证中尚无适用余地。保证人之间的份额应依各保证人约定的被担保债务的金额占全体保证人被担保债务金额之和的比例确定。

举例而言，保证人甲、乙为债权人提供连带共同保证，但未约定内部分担份额。如保证人甲与债权人约定仅就原本债权1000万元提供连带责任保证，保证人乙与债权人约定就原本债权1000万元和所有从债权提供连带责任保证（经计算合计为1200万元）。债权人未在保证期间内向保证人甲主张权利导致该保证债务消灭，但债权人对于保证人乙的保证债权尚在约定的保证期间之内。如向主债务人追偿可得款400万元，保证人乙的免责范围是（1200万元－400万元）×[1000÷(1000＋1200)]＝363.6万元。如保证人甲和保证人乙均提供的是无限连带责任保证，即保证担保的范围均为“主债权及其利息、违约金、损害赔偿金和实现债权的费用”，则保证人之间的分担比例为50%。此时，保证人乙的免责范围是（1200万元－400万元）×50%＝400万元。从表面上看均承担无限保证责任的保证人之间系以人数为基础平均计算各保证人之间的内部分担份额，但在解释上，也系以各保证人承担的保证债务数额为基础依比例分担制而为计算，只不过此时各保证人承担的保证债务数额相同而已，可见，表面上以人数为基础的平均计算实际上也是比例分担制。

第三十条　最高额保证合同对保证期间的计算方式、起算时间等有约定的，按照其约定。

最高额保证合同对保证期间的计算方式、起算时间等没有约定或者约定不明，被担保债权的履行期限均已届满的，保证期间自债权确定之日起开始计算；被担保债权的履行期限尚未届满的，保证期间自最后到期债权的履行期限届满之日起开始计算。

前款所称债权确定之日，依照民法典第四百二十三条的规定认定。

【条文主旨】

本条是关于最高额保证的保证期间的起算的规定，是对《民法典》第690条

① 参见最高人民法院民事审判第二庭编：《最高人民法院民法典担保制度司法解释理解与适用》，人民法院出版社2021年版，第188页。

和第 692 条的补充解释。

【规则变迁】

《担保法》第 14 条规定：“保证人与债权人可以就单个主合同分别订立保证合同，也可以协议在最高债权额限度内就一定期间连续发生的借款合同或者某项商品交易合同订立一个保证合同。”第 27 条规定：“保证人依照本法第十四条规定就连续发生的债权作保证，未约定保证期间的，保证人可以随时书面通知债权人终止保证合同，但保证人对于通知到债权人前所发生的债权，承担保证责任。”《担保法解释》第 37 条规定：“最高额保证合同对保证期间没有约定或者约定不明的，如最高额保证合同约定有保证人清偿债务期限的，保证期间为清偿期限届满之日起六个月。没有约定债务清偿期限的，保证期间自最高额保证终止之日或自债权人收到保证人终止保证合同的书面通知到达之日起六个月。”

《民法典》第 690 条第 1 款规定：“保证人与债权人可以协商订立最高额保证的合同，约定在最高债权额限度内就一定期间连续发生的债权提供保证。”第 692 条规定：“保证期间是确定保证人承担保证责任的期间，不发生中止、中断和延长。债权人与保证人可以约定保证期间，但是约定的保证期间早于主债务履行期限或者与主债务履行期限同时届满的，视为没有约定；没有约定或者约定不明确的，保证期间为主债务履行期限届满之日起六个月。债权人与债务人对主债务履行期限没有约定或者约定不明确的，保证期间自债权人请求债务人履行债务的宽限期届满之日起计算。”但第 692 条如何适用于最高额保证的情形，需进一步明确。

《民法典担保制度解释》于本条明确了最高额保证合同有约定和无约定两种情况下保证期间的计算规则。

【理解与适用】

最高额保证，是指保证人与债权人约定，就债权人与主债务人之间在一定期间内连续发生的债权，预定最高债权额，由保证人承担保证责任的合同。所谓“连续发生的债权”，是指一定期间内，陆续不断或随时增减变动的债权。参照《民法典》第 420 条的规定，最高额保证合同成立之前已经存在的债权，经当事人同意，可以转入最高额保证担保的债权范围。所谓“一定期间”，是指受最高额保证所担保的债权的发生期间，又称债权确定期间，该期间届满之日又称决算期。所谓“最高债权额”，是指最高额保证中的债权确定期间终止时，通过决算所确定债权人实际享有的债权余额的最高限额，而非指债权累计发生额，即“最高额保证所担保的债务为一定期间内连续发生的债务，不是多笔债务的简单累加，而是债务整体”①。对保证人而言，由于是对整个债权余额进行担保，而不分债务履行的先后顺序，故只要是发生在最高额保证期间内，不超过最高限额的债务的余额，最高额保证人均应承担保证责任。②“债权余额”是指在一定期间内连续发生的债权与已清偿债务的余额，而非指该期间内已经到期的债权余额，发生于最高额保证确定之前，但其到期日超过最高额保证确定日的债权，仍应属最高额保证人应当承担保证责任的范围。③ 最高额保证中，债权人的保证债权也受保证期间的限制，但由于最高额保证所担保债权的特殊性，保证期间的起算自然就不能适用一般规定。

一、典型的最高额保证交易中具有法律意义的期间

在《民法典》之下，典型的最高额保证交易应具备三个具有法律意义的期间：

第一，最高额保证的债权确定期间。即保证人向债权人承担保证责任所担保的债权的发生期间。债权确定期间可由当事人约定，当事人之间没有约定或者约定不明确的，基于当事人的确定请求而确定。该期间届满的法律意义在于使不特定的债权归于具体特定，保证人仅对在该期间内发生的、不超过最高限额的债务承担保证责任。④ 在该期间届满之前，虽然债权人可就履行期限已经届满的债务向主债务人请求履行，但最高额保证所担保的债权尚未特定化，债权人并无权利向保证人主张保证债权，⑤ 保证人承担保证责任以其担保的最高额债权的确定为前提。由此而决定，最高额保证的保证期间的起算，不得早于最高额保证确定之日。有观点认为，当事人约定保证期间自单笔授信业务的主合同签订之日起至债务履行期限届满后 2 年；债权人与债务人就债务履行期限达成展期协议的，保证期间至展期协议重新约定的债务履行期限届满之日后 2 年，展期无需经保证人同意，保证人仍需承担连带责任保证责任，若发生法律规定或主合同约定的事项，债权人宣布债务提前到期的，保证期间至债务提前到期之日后 2 年止。对此，法院认为，“前述约定明显与最高额保证的债权决算期与保证责任期间在时序逻辑

---

① 山西省高级人民法院（2016）晋民终 493 号民事判决书。

② 参见最高人民法院（2016）最高法民申 3256 号民事裁定书；福建省泉州市中级人民法院（2005）泉民再终字第 3 号民事判决书。

③ 参见最高人民法院（2007）民二终字第 36 号民事判决书，载《最高人民法院公报》2008 年第 2 期。

④ 参见李勇主编：《借款·担保合同纠纷》，法律出版社 2007 年版，第 169 页。

⑤ 参见谢鸿飞、朱广新主编：《民法典评注·合同编·典型合同与准合同》（2），中国法制出版社 2020 年版，第 69 页（夏昊晗执笔）。

上不可重合、决算期届至保证责任期间才开始计算的法律属性相悖，应为无效。”①

《民法典》第692条第2款中规定：“债权人与保证人可以约定保证期间，但是约定的保证期间早于主债务履行期限或者与主债务履行期限同时届满的，视为没有约定”。如以债权确定期间届满之日开始计算保证期间，将导致被担保债权中部分履行期限晚于债权确定期间届满的债务，主债务人与保证人将丧失期限利益。如主债务履行期限尚未届满，而保证人的保证期间开始起算，显然会使特定情况下保证人保证责任落空，对债权人不公平，也不符合立法原意。② 所谓最高额保证所担保的债权的确定，是指因约定或法定债权确定期限届满或者其他法定事由的发生，而使最高额保证所担保的不特定债权得以特定化。债权确定期间的目的在于确定最高额保证中被担保债权的范围，但债权确定期间届满只是使债权额得以确定，并不意味着债权就应当清偿，也不意味着保证人必须立即承担保证责任。③ 就最高额保证所担保的一定期间内连续发生的各个债权而言，如履行期限晚于债权确定期间届满，债权人在各债权的履行期限届满之时才可向主债务人主张债权，此时，保证人才可能承担保证责任。

第二，主债务履行期限。即主债务人与债权人约定的在债权确定期间内发生的债务的履行期限。有观点认为，“原则上，当最高额保证之债权确定后，就转化为普通保证，保证期间应从每一笔债权的履行期届满开始计算”④。最高额保证所担保的债权是一定期间内连续发生的债权，通常情形下，一定期间内连续发生的债权应属多数，因此，主债务履行期限也针对于被担保债权中的每个具体债权，不存在一个统一的主债务履行期限。最高额保证的债权确定期间的届满，并不表明债权人对于主债务人的各个分别债权的履行期间均已届满，其所影响的仅为保证人保证债务数额的确定和保证人承担保证责任的可能。由此而决定，最高额保证的保证期间的起算，并不一一对应于各个主债务履行期限。

根据《民法典》第692条第2款的规定，普通保证中，法定保证期间从主合同履行期限届满之日起计算。但是，在最高额保证中，保证债务是将来一定期间内可能发生也可能不发生的债务，主债务履行期限在最高额保证设立时一般并不确定，而由债权人与主债务人在债权确定期间依具体的交易合同予以确定。若以主债务履行期限届满之日为最高额保证的保证期间起算的基准日，对保证人来说显然不公：其一，难于防止债权人与主债务人过度延长或缩短主债务履行期限而

---

① 参见湖北省宜昌市中级人民法院（2018）鄂05民终681号民事判决书。

② 参见江苏省高级人民法院（2015）苏民终字第00455号民事判决书。

③ 参见最高人民法院民法典贯彻实施工作领导小组主编：《中华人民共和国民法典合同编理解与适用》（二），人民法院出版社2020年版，第1335页。

④ 参见李勇主编：《借款·担保合同纠纷》，法律出版社2007年版，第169页。

加重保证人的负担，损害保证人的利益。其二，有违最高额保证的宗旨，也不利于诉讼经济原则。由于最高额保证合同是对将来一定期限内连续发生的债权作担保，债权分几次发生及何时发生、何时届满由债权人和主债务人分别商定，因而主债务的履行期限并不一致。如以主债务履行期限届满日为保证期间的始期，则最高额保证的保证期间的始期和终期也将不统一，这势必造成债权人须在不同的时间段内分别对保证人（连带责任保证的情形）或对主债务人（一般保证的情形）行使权利，否则相应的保证债务消灭。如此，最高额保证即与普通保证无异，所谓最高额保证就沦为保证人对各主债务所分别承担的保证责任之和，不利于发挥最高额保证制度的价值，且不符合当事人设立最高额保证合同的初衷。①

第三，保证期间。即债权人与保证人约定的、保证人对在债权确定期间届满之前发生的债权在最高额限度内承担保证责任的期间。最高额保证和普通保证一样，均应适用保证期间。最高额保证仅表明在保证合同成立时保证人所担保的主债务尚不特定，在相应确定事由发生时，即转化为普通保证，亦应适用保证期间制度。在该期间内，债权人如不向保证人或主债务人依法定方式主张权利，保证债务消灭。

二、最高额保证中保证期间的起算

基于此，《民法典担保制度解释》第 30 条区分对保证期间是否有约定，以及债务履行期限与债权确定期间届满之先后，采取了不同的保证期间起算模式。

首先，“最高额保证合同对保证期间的计算方式、起算时间等有约定的，按照其约定”。这里，所谓“保证期间的计算方式”，是指保证期间针对各别主债务分别计算，还是针对仅决算后的主债权一起计算；所谓“保证期间的起算时间”，指的是在不同计算方式之下开始计算保证期间的时间点。如最高额保证合同中约定：保证责任期间为 2 年，自每一笔借款到期借款人不履行还款责任之日起计算；债权文件项下发生的每一笔未偿付款项的保证期间应单独计算，并且就该等未偿付款项而言，其保证期间应于该等未偿付之款项到期应付之日起 2 年。有观点此前曾经主张，“最高额保证合同中约定的是‘上述期间的每一笔借款合同的保证期间为 2 年，自借款人不履行债务之日起计算’，从该约定看，对每一笔债务的保证期间是不同的，因主合同而异。这种约定与最高额保证的保证期间特征不符，因而当事人之间的这种约定不是真正意义上的最高额保证期间”。在《民法典担保制度解释》实施之后，这一态度应予适当调整。

但是，这并不是说当事人的约定均为有效，《民法典》第 692 条第 2 款在最

① 参见杨永清：《〈新担保司法解释〉中有关保证合同的几个问题》，载《法律适用》2021 年第 2 期。

高额保证的情形仍有适用价值。保证期间由始期和终期构成，对于履行期限已届满的被担保债权而言，其一，约定的保证期间的始期早于债权确定期限届满之日，但其终期晚于债权确定期限届满之日，且约定的期限为“期日”的，该约定的始期无效，但终期有效；其二，约定的保证期间的始期早于债权确定期限届满之日，但其终期晚于债权确定期限之日，且约定的期限为“期间”的，该约定的“期间”有效，但其约定的始期无效，应从债权确定期限届满之日计算保证期间；其三，约定的保证期间的始期晚于债权确定期限届满之日，应为有效。① 如当事人之间的最高额保证合同约定对“2021 年 1 月 1 日至 2022 年 12 月 31 日”期间因赊销而形成的一系列债权在 3000 万的范围内承担连带责任保证责任，并约定保证期间为“自债权人对债务人赊销之日起 2 年止”。此一约定部分有效、部分无效：对于被担保债权中在债权确定期间届满之日履行期限已经届满的债权而言，该保证期间的始期约定（“债权人对债务人赊销之日”）无效，应自债权确定期间届满之日起计算 2 年；对于被担保债权中在债权确定期间届满之日履行期限尚未届满的债权而言，该保证期间的约定有效，各别债权的保证期间依此分别计算。

其次，“最高额保证合同对保证期间的计算方式、起算时间等没有约定或者约定不明，被担保债权的履行期限均已届满的，保证期间自债权确定之日起开始计算”，以此体现最高额保证不同于一般保证的特点。“对截止终止日主债务履行期已届满的那些债权的保证期间可以统一计算”②。在债权确定期间届满之前，被担保的债权不断经由清偿而发生变化，债权人尚不能请求保证人承担保证责任。只有经过决算，保证人所担保的债权得以确定，保证人才有承担保证责任的可能。“发生于决算日之前的主债务，其履行期既可以短于或等于决算日，又可能超过决算日，对于前者，在无特别约定的情况下，从决算日起算保证期间当无疑义；但对于后者，若保证期间从决算日开始计算，则会出现先于主债务履行期届满之日即计算保证责任期间的情形，明显违背了保证的一般规则和基本原理”③。

学说上有观点认为，债权人仅在最高额保证所担保的债权已经确定且所有债权的履行期限均已届满时，才有权请求保证人承担保证责任。④ 对此，笔者不敢苟同。最高额保证的决算，使得最高额保证转化为普通保证，但并不产生使主债务人和保证人丧失期限利益的法律后果。由于最高额保证所担保的债权是一定期间内不断发生的债权，虽然经由决算纳入被担保债权的范围，但在转化为普通保

① 参见曾祥生：《保证期间若干疑难问题析辨》，载《江西社会科学》2007 年第 5 期；高圣平：《民法典上保证期间的效力及计算》，载《甘肃政法学院学报》2020 年第 5 期。

② 秦珏：《论保证期间》，载梁慧星主编：《民商法论丛》第 26 卷，金桥文化出版（香港）有限公司 2003 年版，第 485 页。

③ 参见江苏省高级人民法院（2015）苏民终字第 00455 号民事判决书。

④ 参见王乐兵：《担保法专论》，对外经济贸易大学出版社 2018 年版，第 70 页。

证之后，根据决算时履行期限是否届满，作不同的处理。对于债权确定期限届满时履行期限已经届满的债权，保证人按照决算的债权余额承担保证责任，此时，保证人虽与各别债权之间并不发生一一对应关系，但债权人自可向保证人主张保证债权，保证期间即应自债权确定期间届满之日（决算日）开始计算。对于债权确定期限届满时履行期限尚未届满的债权，在决算之后保证人即与各别债权发生一一对应关系，保证人应就纳入被担保债权范围的各别债权承担保证责任。因被担保债权范围的各别债权各有其不同的履行期限，在相应的债务履行期限届满之前，债权人无权请求主债务人履行债务，也就无权请求保证人承担保证责任。

最后，“最高额保证合同对保证期间的计算方式、起算时间等没有约定或者约定不明”“被担保债权的履行期限尚未届满的，保证期间自最后到期债权的履行期限届满之日起开始计算”这一规则既尊重主债务人和保证人的期限利益，又体现最高额保证不同于一般保证的特点。最高额保证是保证人在约定的最高债权额限度范围内，对一定期间内连续发生的债权承担保证责任。如其中部分债权在债权确定期间届满之前发生，亦未超过最高债权额限度，即属最高额保证所担保的债权范围。在各该债务履行期限届满之前，保证人自可拒绝债权人的履行请求，保证期间自最后到期债权的履行期限届满之日起开始计算。债权人须在保证期间内向保证人（连带责任保证的情形）或主债务人（一般保证的情形）依法定方式行使权利，否则，相应的保证债务消灭。

就履行期限在决算日之后届满的债务，此前的多数观点认为，保证期间应分别从每笔债务的履行期限届满之日起计算。最高额保证的保证期间起算有其特殊性，不仅要参考保证责任期间起算的一般原理，还要结合最高额保证的决算期，对于决算日前债务履行期已经届满的债务，统一从决算日起计算保证期间。而对于决算日之后债务履行期才届满的债务，则应从每一笔债务的履行期届满之日起计算保证期间。在主债务履行期限届满之日超出决算日的情况下，应参照适用《担保法解释》第32条的规定。此时，如没有约定主债务履行期限，则应适用《担保法解释》第33条的规定，保证期间应自债权人要求债务人履行义务的宽限期届满之日起计算6个月。

《民法典担保制度解释》第30条后句所确立的规则参照了分期履行债务的保证期间的计算规则。对于分期履行债务的保证期间的起算，《民法典》并未作出规定，但是关于分期履行债务的诉讼时效的起算，《民法典》第189条规定：“当事人约定同一债务分期履行的，诉讼时效期间自最后一期履行期限届满之日起计算。”通说认为，就一个最高额保证合同，出现多个保证期间的起算点，不符合最高额保证的本质。①“当事人约定保证人对整个债务提供担保，保证期间应从最

① 程啸：《论我国〈民法典〉及其司法解释中的保证期间》，载《财经法学》2021年第3期。

后履行期限届满之日起算。理由在于：因保证人系对同一笔债务提供的担保，故主债权人可基于该债务的整体性而待最后履行期限届满后向主债务人和保证人主张权利，故保证期间应从最后一期债务履行期届满之日起开始计算”①。但正如前述，最高额保证所担保债权的确定的法律后果是使最高额保证转化为普通保证，对于债权确定期限届满时履行期限尚未届满的债权，在决算之后保证人即与各别债权发生一一对应关系，此时，保证期间分别计算更符合最高额保证确定制度的本意。《民法典担保制度解释》第30条后句的政策选择的正当性仅在于符合诉讼经济原则，便于集中处理保证纠纷，避免债权人分次主张保证债权时尚须个别计算是否纳入债权余额的讼累。

至于《民法典担保制度解释》第30条中债权确定之日的认定，《民法典》第690条第2款规定：“最高额保证合同除适用本章规定外，参照适用物权编最高额抵押权的有关规定。”《民法典担保制度解释》第30条第3款规定：“前款所称债权确定之日，依照民法典第四百二十三条的规定认定。”如此，《民法典》物权编最高额抵押权一节中，第423条关于最高额抵押担保的债权确定事由的规定，对于最高额保证而言，自有准用余地。债权人与保证人自可在保证合同中约定“债权确定期间”，如没有约定债权确定期间或者约定不明确，债权人或者保证人自最高额保证合同生效之日起满2年后可以请求确定债权。这一准用规则改变了《担保法》前引第27条的相关交易规则，债权人不能随时书面通知债权人确定债权，而仅得在最高额保证合同生效之日起满2年后请求确定债权。在《民法典》第423条所定最高额抵押权的确定事由之中，尚有“（三）新的债权不可能发生”“（五）债务人、抵押人被宣告破产或者解散”可以准用于最高额保证。在发生这些确定事由的情形下，最高额保证所担保的债权得以确定，履行期限在此之前届满的债务，保证期间自最高额保证确定时开始计算。

三、最高额保证的保证期间长短的确定

最高额保证与普通保证在保证期间的长短问题上并无实质区别，即最高额保证合同对保证期间的长短有约定的，从其约定；当事人没有约定保证期间的，适用法定的保证期间。《担保法解释》第37条第1款的规定即体现了这一点。《民法典担保制度解释》第30条对此并未作出规定，并未改变《担保法解释》的司法态度，所改变的只是法定保证期间的起算点。据此，最高额保证的保证期间的确定，直接适用《民法典》第692条的规定。

第一，最高额保证合同明确约定了保证期间，该约定又不违反法律的强制性

① 张雪楳：《诉讼时效和保证期间疑难问题分析》，载最高人民法院民事审判第二庭编：《商事审判指导》2016年第2辑（总第41辑），人民法院出版社2017年版，第90页。

规定的，依照该约定确定保证期间。当事人约定的短期保证不能使债权人依法行使权利造成困难，否则约定无效。① 约定保证期间的始期不得早于债权确定期间届满之日，但可以晚于债权确定期间届满之日。当事人约定长期保证或约定保证期间的始期或终期过晚，导致主债务诉讼时效期间经过时保证期间尚未届满的，保证期间的相关约定仍为有效，只不过保证人可以主张主债务诉讼时效经过抗辩权。

第二，最高额保证合同没有约定保证期间或者约定不明的，适用法定保证期间，即 6 个月。当事人约定保证人承担保证责任直至主债务本息还清时为止等类似内容，或者当事人约定的保证期间没有意义等无法确定保证期间的各种情形，也适用法定保证期间。只不过，法定保证期间的起算点因主债务履行期限与债权确定期间届满之先后而存在差异。如当事人之间就保证期间的计算方式、起算时间没有约定或者约定不明确，被担保债权的履行期限已经届满的，保证期间为债权确定期间届满之日起 6 个月；被担保债权的履行期限尚未届满的，保证期间为自最后到期债权的履行期限届满之日起 6 个月。

根据《民法典》第 692 条第 2 款的规定，普通保证中，法定保证期间从主合同履行期限届满之日起计算。但是在最高额保证中，保证债务是将来一定期间内可能发生也可能不发生的债务，主债务履行期限在最高额保证设立时一般并不确定，而由债权人与主债务人在债权确定期间依具体的交易合同予以确定。若以主债务履行期限届满之日为最高额保证的保证期间起算的基准日，对保证人来说显然不公：第一，难于防止债权人与主债务人过度延长或缩短主债务履行期限而加重保证人的负担，损害保证人的利益。第二，有违最高额保证的宗旨，也不利于诉讼经济原则。由于最高额保证合同是对将来一定期限内连续发生的债权作担保，债权分几次发生及何时发生、何时届满由债权人和主债务人分别商定，因而主债务的履行期限并不一致，如以主债务履行期限届满日为保证期间的始期，保证期间的起算点和终点也将不统一，这势必造成债权人需在不同的时间段内分别对保证人（在连带责任保证）或对主债务人（在一般保证）行使权利。这既不利于诉讼经济原则，给当事人带来讼累，也不符合法律设立最高额保证制度的宗旨。

《民法典》第 692 条第 2 款中规定："债权人与保证人可以约定保证期间，但是约定的保证期间早于主债务履行期限或者与主债务履行期限同时届满的，视为没有约定。" 如以债权确定期间届满之日开始计算保证期间，将导致被担保债权中部分履行期限晚于债权确定期间届满的债务，主债务人与保证人将丧失期限利

① 参见邹海林：《论保证责任期间——我国司法实务和立法的不同立场》，载梁慧星主编：《民商法论丛》第 14 卷，法律出版社 2000 年版，第 147 页；高圣平：《民法典上保证期间的效力及计算》，载《甘肃政法学院学报》2020 年第 5 期。

益。如主债务履行期限尚未届满，而保证人的保证期间开始起算，显然会使特定情况下保证人保证责任落空，对债权人不公平，也不符合立法原意。所谓最高额保证所担保的债权的确定，是指因法定的事由或者约定债权确定期限届满，而使最高额保证所担保的债权特定化。债权确定期间的目的在于确定最高额保证中被担保债权的范围，但债权确定期间届满只是使债权额得以确定，并不意味着债权就应当清偿，也不意味着保证人必须立即承担保证责任。[①] 就最高额保证所担保的一定期间内连续发生的各个债权而言，如履行期限晚于债权确定期间届满，债权人在各债权的履行期限届满时才可向主债务人主张债权，此时，保证人才可能承担保证责任。

基于此，《民法典担保制度解释》于本条区分对保证期间的计算方式、起算时间等是否有约定，以及债务履行期限与债权确定期间届满之先后，采取了保证期间的不同起算模式。

第一，最高额保证合同对保证期间的计算方式、起算时间等有约定的，按照其约定。保证期间由始期和终期构成。其一，约定的保证期间的始期早于债权确定期限届满之日，但其终期晚于债权确定期限届满之日，且约定的期限为“期日”的，该约定的始期无效，但终期有效。其二，约定的保证期间的始期早于债权确定期限届满之日，但其终期晚于债权确定期限之日，且约定的期限为“期间”的，该约定的“期间”有效，但其约定的始期无效，应从债权确定期限届满之日计算保证期间。其三，约定的保证期间的始期晚于债权确定期限届满之日，应为有效。

第二，最高额保证合同对保证期间的计算方式、起算时间等没有约定或者约定不明，被担保债权的履行期限均已届满的，保证期间自债权确定之日起开始计算，以此体现最高额保证不同于一般保证的特点。在债权确定期间届满之前，被担保的债权不断经由清偿而发生变化，保证人尚不能承担保证责任。只有经过决算，保证人所担保的债权才得以确定，才有承担保证责任的可能。

第三，最高额保证合同对保证期间的计算方式、起算时间等没有约定或者约定不明，被担保债权的履行期限尚未届满的，保证期间自最后到期债权的履行期限届满之日起开始计算。既尊重主债务人和保证人的期限利益，又体现最高额保证不同于一般保证的特点。最高额保证是保证人在其承诺的最高债权额限度范围内，对债务人一定期间内连续发生的债权承担保证责任。如其中部分债权在债权确定期间届满之前发生，亦未超过最高债权额限度，即属最高额保证所担保的债权范围。在各该债务履行期限届满之前，保证人自可拒绝债权人的履行请求，保

---

① 参见最高人民法院民法典贯彻实施工作领导小组主编：《中华人民共和国民法典合同编理解与适用》（二），人民法院出版社 2020 年版，第 1335 页。

证期间自最后到期债权的履行期限届满之日起开始计算。债权人须在保证期间内内向保证人（连带责任保证的情形）或主债务人（一般保证的情形）依法定方式行使权利，否则，相应的保证债务消灭。

至于《民法典担保制度解释》本条中债权确定之日的认定，《民法典》第690条第2款规定："最高额保证除适用本章规定外，合同还参照适用第二编最高额抵押权的有关规定。"《民法典担保制度解释》本条第3款规定："前款所称债权确定之日，依照民法典第四百二十三条的规定认定。"如此，《民法典》物权编最高额抵押权一节中，第423条关于最高额抵押担保的债权确定事由的规定，对于最高额保证而言，均可准用。债权人与保证人自可在保证合同中约定"债权确定期间"，如没有约定债权确定期间或者约定不明确，债权人或者保证人自最高额保证合同生效之日起满2年后可以请求确定债权。这一准用规则改变了《担保法》上的相关交易规则。《担保法》第27条规定："保证人依照本法第十四条规定就连续发生的债权作保证，未约定保证期间的，保证人可以随时书面通知债权人终止保证合同，但保证人对于通知到债权人前所发生的债权，承担保证责任。"这里的"保证期间"实际上指的是"债权确定期间"。在当事人对最高额保证"债权确定期间"没有约定或者约定不明确的情况下，保证人的书面通知到达债权人之日，即为最高额保证的债权确定期间届满之日。[①]《民法典》删去了《担保法》第27条，借由第690条第2款，《民法典》第423条第2项关于"没有约定债权确定期间或者约定不明确，抵押权人或者抵押人自最高额抵押权设立之日起满二年后请求确定债权"自有准用余地。

在《民法典》第423条所定最高额抵押权的确定事由之中，尚有"（三）新的债权不可能发生""（五）债务人、抵押人被宣告破产或者解散"可以准用于最高额保证。在发生这些确定事由的情形下，本条债权确定期间即在最高额保证确定时届满，履行期限在此之前届满的债务，保证期间自最高额保证确定时开始计算。

此外，学说上认为，当事人在债权确定期间届满之前约定终止最高额保证合同的，本条债权确定期间即在最高额保证合同终止时届满，履行期限在此之前届满的债务，保证期间自最高额保证合同终止时开始计算。

四、最高额保证保证期间的确定

最高额保证与普通保证在保证期间问题上并无实质区别。亦即：最高额保证合同对保证期间有约定的，从其约定；当事人没有约定保证期间的，适用法定的保证期间。《担保法解释》第37条规定："最高额保证合同对保证期间没有约定

① 参见范李瑛：《浅论最高额保证的期间》，载《中国律师》2003年第4期。

或者约定不明的，如最高额保证合同约定有保证人清偿债务期限的，保证期间为清偿期限届满之日起六个月。没有约定债务清偿期限的，保证期间自最高额保证终止之日或者自债权人收到保证人终止保证合同的书面通知到达之日起六个月”。《民法典担保制度解释》于本条规定：“最高额保证合同对保证期间的计算方式、起算时间等有约定的，按照其约定。最高额保证合同对保证期间的计算方式、起算时间等没有约定或者约定不明，被担保债权的履行期限均已届满的，保证期间自债权确定之日起开始计算；被担保债权的履行期限尚未届满的，保证期间自最后到期债权的履行期限届满之日起开始计算。前款所称债权确定之日，依照民法典第四百二十三条的规定认定。”这里并未涉及法定保证期间的长短问题，《民法典担保制度解释》并未改变《担保法解释》的司法态度，所改变的只是法定保证期间的起算点。

据此，最高额保证的保证期间的确定，应当注意以下两种情况：

第一，最高额保证合同明确约定了保证期间，该约定又不违反法律的强制性规定的，当然依照该约定确定保证期间。当事人约定的短期保证不能使债权人依法行使权利造成困难，否则约定无效。当事人就保证期间没有约定或者约定不明确的，适用法定保证期间，即6个月；当事人约定保证人承担保证责任直至主债务本息还清时为止等类似内容，或者当事人约定的保证期间没有意义等无法确定保证期间的各种情形，也适用法定保证期间。约定保证期间的始期不得早于主债务履行期限届满之日，但可以晚于主债务履行期限届满之日。当事人约定长期保证或约定保证期间的始期或终期过晚，导致主债务诉讼时效期间经过时保证期间尚未届满的，保证期间的相关约定仍为有效，只不过保证人可以主张主债务诉讼时效经过抗辩权。

第二，最高额保证合同没有约定保证期间或者约定不明的，适用法定保证期间，即6个月。只不过，这6个月的保证期间的起算点因债务履行期限与债权确定期间届满之先后而存在差异。被担保债权的履行期限已经届满的，保证期间为债权确定期间届满之日起6个月；被担保债权的履行期限尚未届满的，保证期间为履行期限届满之日起6个月。

第三十一条　一般保证的债权人在保证期间内对债务人提起诉讼或者申请仲裁后，又撤回起诉或者仲裁申请，债权人在保证期间届满前未再行提起诉讼或者申请仲裁，保证人主张不再承担保证责任的，人民法院应予支持。

连带责任保证的债权人在保证期间内对保证人提起诉讼或者申请仲裁后，又撤回起诉或者仲裁申请，起诉状副本或者仲裁申请书副本已经送达保证人的，人民法院应当认定债权人已经在保证期间内向保证人行使了权利。

【条文主旨】

本条是关于撤诉对保证期间计算的影响的规定，是对《民法典》第 693 条的解释。

【规则变迁】

《担保法》第 25 条第 2 款前半部分规定："在合同约定的保证期间和前款规定的保证期间，债权人未对债务人提起诉讼或者申请仲裁的，保证人免除保证责任。"第 26 条第 2 款规定："在合同约定的保证期间和前款规定的保证期间，债权人未要求保证人承担保证责任的，保证人免除保证责任。"

《民法典》第 693 条对上述规定进行了统合，其中规定："一般保证的债权人未在保证期间对债务人提起诉讼或者申请仲裁的，保证人不再承担保证责任。连带责任保证的债权人未在保证期间请求保证人承担保证责任的，保证人不再承担保证责任。"

但是，上述规定均未明确撤诉是否影响保证期间的计算问题。本条区分保证方式，作了不同的规定。

【理解与适用】

保证期间经过，加上债权人在保证期间内实施特定行为的事实，才能发生保证人确定地承担或不承担保证责任的法律后果。在解释上，债权人在保证期间内向主债务人（一般保证）或保证人（连带责任保证）提起诉讼或者申请仲裁，均发生阻却保证债务消灭的后果。但尚存疑问的是，债权人在提起诉讼或者申请仲裁之后又撤回起诉或者仲裁申请的，是否发生同样的法律后果？就此，尚须结合保证方式的不同加以区别对待。

一、一般保证情形下撤回起诉或者撤回仲裁申请的效果

《民法典》第 693 条第 1 款规定："一般保证的债权人未在保证期间对债务人提起诉讼或者申请仲裁的，保证人不再承担保证责任。"该条规则承自《担保法》第 25 条第 2 款："在合同约定的保证期间和前款规定的保证期间，债权人未对债务人提起诉讼或者申请仲裁的，保证人免除保证责任；债权人已提起诉讼或者申请仲裁的，保证期间适用诉讼时效中断的规定。"但上述规则并未明确在一般保证中，债权人在保证期间内对债务人提起诉讼后又撤回诉讼的情形对保证期间计

算的影响，对此亦存在一定争议。第一种观点认为，债权人在保证期间内提起诉讼或申请仲裁，不论是撤诉或因其他原因被视为撤诉处理，均发生保证期间中断的效果。如债权人在中断后重新计算的保证期间内未对主债务人提起诉讼或者申请仲裁，则保证人免除保证责任。第二种观点认为，债权人在保证期间内提起了诉讼后又撤诉的，仍属于债权人在保证期间内提起诉讼或申请仲裁，保证人不得免除责任。第三种观点则认为债权人撤诉后，保证期间则不因提起诉讼而中断，保证期间继续计算。

虽然《担保法》第 25 条第 2 款规定："债权人已提起诉讼或者申请仲裁的，保证期间适用诉讼时效中断的规定"，但《担保法解释》第 31 条规定："保证期间不因任何事由发生中断、中止、延长的法律后果。"这一规则已经改变前者的规定。《民法典》第 692 条第 1 款规定："保证期间是确定保证人承担保证责任的期间，不发生中止、中断和延长。"重申了《担保法解释》第 31 条的司法态度，自《民法典》实施之日起，上述第一种观点则无依据。

就一般保证而言，《民法典》第 693 条第 1 款规定导致保证债务消灭的事实，是"债权人未在保证期间对债务人提起诉讼或者申请仲裁"。结合一般保证中保证人先诉抗辩权的本旨，债权人"提起诉讼或者申请仲裁"旨在取得执行依据并据此首先就债务人的责任财产强制执行，在经强制执行无效果之后，才由保证人承担保证责任。如此，《民法典担保制度解释》第 27 条才将《民法典》第 693 条第 1 款导致保证期间失效的事实扩张到"一般保证的债权人取得对债务人赋予强制执行效力的公证债权文书后，在保证期间内向人民法院申请强制执行"。准此，债权人以"提起诉讼或者申请仲裁""申请强制执行"之外的方式向主债务人主张权利的，尚不发生保证期间失效的后果。如债权人在保证期间内对债务人提起诉讼或者申请仲裁后又撤回起诉或者仲裁申请，即表明债权人无从以诉讼或者仲裁的方式取得执行依据，保证期间并未失效。如此，保证期间尚须继续计算。此后，债权人未在保证期间对主债务人提起诉讼、申请仲裁或者申请执行的，保证人不再承担保证责任。因此，《民法典担保制度解释》于本条第 1 款规定："一般保证的债权人在保证期间内对债务人提起诉讼或者申请仲裁后，又撤回起诉或者仲裁申请，债权人在保证期间届满前未再行提起诉讼或者申请仲裁，保证人主张不再承担保证责任的，人民法院应予支持。"

二、连带责任保证情形下撤回起诉或者撤回仲裁申请的效果

《民法典》第 693 条第 2 款规定："连带责任保证的债权人未在保证期间请求保证人承担保证责任的，保证人不再承担保证责任。"该条规则承自《担保法》第 26 条第 2 款："在合同约定的保证期间和前款规定的保证期间，债权人未要求保证人承担保证责任的，保证人免除保证责任。"但上述规则同样并未明确在连

带责任保证中，债权人在保证期间内对债务人提起诉讼后又撤回诉讼的，能否认定为债权人已经在保证期间内向保证人主张了权利。对此亦存在一定争议。第一种观点认为连带责任保证中，债权人在保证期间内对债务人提起诉讼后又撤回诉讼的，可以直接认定为债权人已经在保证期间内向保证人主张了权利，进而开始起算保证债务诉讼时效。第二种观点则认为债权人撤诉前，文书已经送达保证人的才发生向保证人主张权利的法效果，若撤诉时文书尚未送达，即使债权人提起诉讼，也不能被认定为已经向保证人主张了权利。第三种观点认为债权人起诉后又撤诉的，视为未起诉，不能被认定为已经向保证人主张权利。

笔者认为，在程序法上，原告提起诉讼之后又撤诉的，视为未提起诉讼。此为学界通说。《民事诉讼法》及其司法解释虽然没有明确规定这一点，但《民事诉讼法解释》第 214 条第 1 款规定："原告撤诉或者人民法院按撤诉处理后，原告以同一诉讼请求再次起诉的，人民法院应予受理。"这一规定从否定适用"一事不再理"原则的角度间接地承认了这一点。《最高人民法院对〈关于担保期间债权人向保证人主张权利的方式及程序问题的请示〉的答复》（〔2002〕民二他字第 32 号）第 1 条规定，债权人向保证人主张权利的方式可以包括"提起诉讼"和"送达清收债权通知书"等。在解释上，这些方式均达到《民法典》第 693 条第 2 款规定的"请求保证人承担保证责任"的要求。

与诉讼时效制度只需要债权人主张过权利，而不必非得针对债务人主张权利就可导致诉讼时效中断不同，保证期间的意义在于使不确定的保证责任成为确定的保证债务。因而，不仅需要债权人主张权利，而且要让保证人知道债权人在主张权利。① 《民法典》第 693 条第 2 款"请求保证人承担保证责任"的意思表示并不属于无相对人的意思表示，不适用《民法典》第 138 条，而应适用第 137 条第 2 款关于"以非对话方式作出的意思表示，到达相对人时生效"的规定，以到达保证人为生效要件。因此，向保证人"提起诉讼""送达清收债权通知书"等，均以请求保证人承担保证责任的意思表示达到保证人为前提。"提起诉讼"只是该意思表示到达保证人的一种方式。如债权人提起诉讼后又撤诉，即无法达到"提起诉讼"的法律后果。但是，如起诉状副本或者仲裁申请书副本送达保证人后撤回起诉或者撤回仲裁申请，在解释上可以认为债权人"请求保证人承担保证责任"的意思表示已经到达保证人，保证期间因未经过而不再发生保证债务消灭的法律后果。如在起诉状副本或者仲裁申请书副本送达保证人之前撤回起诉或者撤回仲裁申请，则债权人"请求保证人承担保证责任"的意思表示尚未到达保证人，保证期间继续计算。因此，《民法典担保制度解释》于本条第 2 款规定："连带责任保证的债权人在保证期间内对保证人提起诉讼或者申请仲裁后，又撤回起

① 参见麻锦亮：《民法典·担保注释书》，中国民主法制出版社 2023 年版，第 195 页。

诉或者仲裁申请，起诉状副本或者仲裁申请书副本已经送达保证人的，人民法院应当认定债权人已经在保证期间内向保证人行使了权利。”

从保证期间制度规范意旨出发，作为保护保证人利益的一种特别制度安排，保证期间的强制适用既有督促债权人及时行使保证债权的作用，同时有使保证人及时了解主债务履行情况并采取相应风险防范措施的作用。从《民法典》相关条文的文义来看，保证期间内“债权人请求保证人承担保证责任”，与引起诉讼时效中断的事由之间不宜作同一理解。在解释上，“权利人向义务人提出履行请求”和“权利人提起诉讼或者申请仲裁”均属“债权人请求保证人承担保证责任”的可能方式。无论采取哪种方式，必须达到“债权人请求保证人承担保证责任”的文义要求。因此，基于保证债务的相对性，债权人履行保证债务的请求自应向保证人作出。

第三十二条　保证合同约定保证人承担保证责任直至主债务本息还清时为止等类似内容的，视为约定不明，保证期间为主债务履行期限届满之日起六个月。

【条文主旨】

本条是关于保证期间约定不明时保证期间的确定的规定，是对《民法典》第692条第2款的解释。

【规则变迁】

《担保法解释》第32条第2款规定：“保证合同约定保证人承担保证责任直至主债务本息还清时止等类似内容的，视为约定不明，保证期间为主债务履行期届满之日起二年。”《民法典》第692条第2款规定：“债权人与保证人可以约定保证期间……没有约定或者约定不明确的，保证期间为主债务履行期限届满之日起六个月。”这里，明显取消了债权人与保证人就保证期间约定不明确的单独类型，这就意味着《担保法解释》第32条第2款的规定自《民法典》实施之日起，不再适用。为了防止解释上的冲突，本条明确了这一点。

【理解与适用】

关于“保证人承担保证责任至借款人全部偿还贷款本息时止”等此类约定的性质和法律后果，我国立法和司法前后政策并不一致。《担保法》对保证期间采取了“有约定”和“没有约定”的两分法，并为没有约定保证期间的情形推定了一个“6个月”的法定保证期间，但并没有规定保证期间“约定不明确”时应视为“没有约定”，而适用法定保证期间。

时任最高人民法院副院长李国光在全国经济审判工作座谈会（1998年11月23日）上指出：“我们考虑，这种情况毕竟不同于当事人根本没有约定，仅仅是该约定没有确定明确的期间，如果完全按照没有约定处理，也不尽合理。因此，参照诉讼时效的规定将保证期间确定为两年比较合适。”① 正是在这种思想的指导下，《担保法解释》第32条第2款规定：“保证合同约定保证人承担保证责任直至主债务本息还清时止等类似内容的，视为约定不明，保证期间为主债务履行期届满之日起二年。”据此，“保证人承担保证责任直至主债务本息还清时止”的约定，为“保证期间约定不明”，但将保证期间推定为“2年”。

《民法典》第692条第2款规定：“债权人与保证人可以约定保证期间……没有约定或者约定不明确的，保证期间为主债务履行期限届满之日起六个月。”这里，明显取消了债权人与保证人就保证期间约定不明确的单独类型，这就意味着《担保法解释》第32条第2款的规定自《民法典》实施之日起，不再适用。上述变化在一定程度上体现了立法者和司法者对保证人和债权人利益的衡平。

一、“保证人承担保证责任直至主债务本息还清时止”：条件抑或期间

“保证人承担保证责任直至主债务本息还清时止”本身不属于关于期间的约定。虽然就保证期间的性质，理论上尚存疑问，但其属于期间的一种，应无争议。通说认为，作为法律行为附款的期限②，应是将来确定到来的事实。③“主债务本息还清”“借款合同项下借款方所欠贷款方的全部贷款本息、逾期加息及其他费用完全清偿”取决于当事人的履约能力等多方面的因素，因此，这些事实并非将来确定会发生，并不具有必然性，将之认定为期限，混淆了条件和期限的区分。

条件和期限均系当事人对其意思表示效力所附加的限制，构成意思表示（法律行为）的一部④，均以将来的事实为内容，其主要区别在于将来的事实是否确

① 李国光：《当前经济审判工作应当注意的几个问题》，载《最高人民法院公报》1999年第1期。

② 在我国，期间和期限常常混同使用。严格来说，期间是指时间的经过，是始期与终期之继续时期，期限则是时的计算，分别指始期或者终期。质言之，“期限系从一端言之，即时之计算，期间从两端言之，即时之经过。”参见郑玉波：《民法总则》，中国政法大学出版社2003年版，第477页。

③ 参见王利明：《民法总则研究（第三版）》，中国人民大学出版社2018年版，第595页。

④ 参见王泽鉴：《民法总则》，北京大学出版社2009年版，第332页。

定，条件是客观上不确定的事实，而期限则是确定发生的事实。[①] 关于期间与条件的区别，学者设有四大原则以为区别：（1）时期确定，到来亦确定，为期间，如“明年10月1日”；（2）时期确定，能否到来不确定，为条件，如“甲成年时”，甲的成年固然确定，但其能否到来不确定，若甲未达成年而死亡，则所约定的将来事实不能实现；（3）时期不确定，到来确定，为期间（不确定期间），如“下次下雨时”；（4）到期不确定，到来亦不确定，为条件，如“乙考上大学时”，乙能否考取难以预料，而其于何时考取大学更属不可知。依此推断，“本担保书将持续有效直至借款合同项下借款方所欠全部贷款本息、逾期加息及其他费用完全清偿时止”“保证人承担保证责任直至主债务本息还清时止”属“时期不确定，到来亦不确定”的情形，应为条件。“保证人承担保证责任直至主债务本息还清时止”的约定解释为保证期间，值得商榷。

保证债务为担保主债务的清偿而设立，具有从属性，原则上与其所担保的主债务同其命运。信贷实践中，“保证人承担保证责任直至主债务本息还清时止”等此类约定不属于保证期间的约定[②]，仅仅体现了保证债务从属于主债务的属性，只要被担保的主债务未消灭，保证人的保证债务即存在。此种约定若无保证期间的强制适用，应是保证债务的当然之理，亦即无须约定，即应适用。由于《民法典》规定的保证期间具有强制适用的效力，无论当事人是否约定有保证期间，保证债务均有保证期间的适用。因此，如当事人在这种约定之外没有约定保证期间，则因对保证期间没有约定，而适用法定的保证期间。虽有学者认为，这种约定符合保证的目的，且并不违背法律的强制性规定，没有必要变更其内容。但在我国实行保证期间强制适用主义的制度设计之下，这种主张几无实现的可能。

将在性质上属于保证债务从属性的约定解释为“在这种约定中，体现出债权人是采取最大限度的可能来保证自己债权的实现”[③]，完全正确，但称“如果完全认定为无效，从而适用6个月的规定，对债权人未免有所不公”[④]，则有失偏颇。因为在当事人未约定保证期间的情况下，保证债务在存续上的从属性本应属当然之理，主债务存在，保证债务即存在，但法律上借由保证期间制度限制了保证债务在存续上的从属性，在当事人就保证期间未作约定的情形下，强制性地补充当事人的意思，规定了“6个月”的法定保证期间。《担保法解释》第32条第2款

① 参见王泽鉴：《民法总则》，北京大学出版社2009年版，第332页；王利明：《民法总则研究（第三版）》，中国人民大学出版社2018年版，第596页。

② 参见高圣平：《当事人约定的保证期间的类型及其效力分析》，载《人民司法》2004年第7期。

③ 李国光等：《最高人民法院〈关于适用中华人民共和国担保法若干问题的解释〉的理解与适用》，吉林人民出版社2000年版，第146页。

④ 李国光等：《最高人民法院〈关于适用中华人民共和国担保法若干问题的解释〉的理解与适用》，吉林人民出版社2000年版，第146～147页。

将同一情况的两种不同情形（约定和未约定保证债务的从属性）作出不同处理，在逻辑上无法自圆其说，也与法定保证期间的立法宗旨相悖。

二、保证期间约定不明时保证期间的推定

法律上关于保证期间的适用仅有约定和法定两种，在约定保证期间与法定保证期间之间不存在约定不明确的独立情形。在解释上，对保证期间约定不明确，即视为没有约定，而应适用法定保证期间。因此，即使将“保证人承担保证责任直至主债务本息还清时止”解释为关于保证期间的约定，亦应认定其属“保证期间约定不明确”，自应推定适用法定保证期间——“6个月”。《担保法解释》第32条第2款在对保证期间“有约定”“没有约定”之外，再规定一种“约定不明确”，并为其推定一个不同于“6个月”法定保证期间——2年，并没有依循《民法典》第544条的逻辑，建构了更为复杂的规则体系。①

综上，“保证人承担保证责任直至主债务还清时止”的约定，不能认定为明确约定了保证期间，应视为对保证期间没有约定，而应适用法定保证期间。《民法典》第692条第2款删去此种单独类型，实值赞同。至于《民法典担保制度解释》第32条仍将该类情形“视为约定不明”之表述，笔者持保留意见。在《担保法》承认保证期间可以中断的前提下，“视为约定不明”规则对于避免保证期间随主债务诉讼时效中断而中断尚有一定意义，但在《民法典》第691条第1款明确规定保证期间不发生中断、中止、延长的前提下，该规则已无实际意义。②虽然，《民法典担保制度解释》第32条对此最终采纳了保证期间没有约定时的法定保证期间“6个月”的规定，但其对“保证人承担保证责任直至主债务还清时止”这一约定的性质认定并不符合“期间与条件”的民法学原理，将其界定为“没有约定保证期间”更为周延。

第三十三条　保证合同无效，债权人未在约定或者法定的保证期间内依法行使权利，保证人主张不承担赔偿责任的，人民法院应予支持。

【条文主旨】

本条是关于保证合同无效时保证期间适用的规定，是对《民法典》第693条的补充解释。

① 参见姜朋：《保证期间的困扰——兼论法律与司法解释的关系》，载《北方法学》2017年第1期。
② 参见杨巍：《〈民法典〉保证期间规则修改评释》，载《河北法学》2020年第9期。

【规则变迁】

《担保法》第5条第2款规定："担保合同被确认无效后，债务人、担保人、债权人有过错的，应当根据其过错各自承担相应的民事责任。"《担保法》第25条第2款规定："在合同约定的保证期间和前款规定的保证期间，债权人未对债务人提起诉讼或者申请仲裁的，保证人免除保证责任……"第26条第2款规定："在合同约定的保证期间和前款规定的保证期间，债权人未要求保证人承担保证责任的，保证人免除保证责任。"

《民法典》第682条第2款规定："保证合同被确认无效后，债务人、保证人、债权人有过错的，应当根据其过错各自承担相应的民事责任。"第693条规定："一般保证的债权人未在保证期间对债务人提起诉讼或者申请仲裁的，保证人不再承担保证责任。连带责任保证的债权人未在保证期间请求保证人承担保证责任的，保证人不再承担保证责任。"

但是，上述规定均未明确保证合同无效时是否适用保证期间。本条明确了保证合同无效时，债权人在保证期间内未向保证人主张权利的，保证人不再承担保证合同无效或者被撤销时的赔偿责任。

【理解与适用】

一、保证合同无效时适用保证期间的争议

保证合同无效后，债权人请求保证人承担赔偿责任，是否存在保证期间的适用空间，存在两种不同的观点。

一种观点认为，在保证合同无效时，保证期间仍然具有法律意义，如债权人未在保证期间内请求保证人承担赔偿责任的，保证人原则上不再承担赔偿责任。[①]主要理由有以下三点：其一，在合同无效的情形下，债权人所获得的利益不应当超过保证合同有效时所获得的利益，因此保证期间应适用于无效保证合同。[②]其二，为平衡当事人之间的利益，避免无效保证合同的保证人因合同效力不确定而无期限地承担责任，在保证合同被认定无效的情况下，当事人仍应在保证期间内主张权利。其三，债权人与保证人在订立保证合同时一般不能预见保证合同无

---

① 参见曹士兵：《中国担保制度与担保方法》（第四版），中国法制出版社2017年版，第158页。

② 参见陈佳强、张远金：《债权人不能在主合同和保证合同无效时要求保证人担责》，载《人民司法（案例）》2013年第4期。

效，因此保证期间是双方对各自权利义务行使期限的唯一合理预期，按照该期间确定双方的利益关系，符合双方的缔约本意。

另一种观点则认为，保证合同无效，保证期间也就不再具有适用空间。主要理由在于：其一，法律未规定保证责任期间也适用于保证合同无效的情形。保证合同既已无效，保证人承担的损失赔偿责任，在性质上已不属于保证责任，而属于缔约过失责任，并不受保证期间的约束，债权人请求无效保证合同的保证人承担赔偿责任直接适用诉讼时效。其二，保证合同无效，有关保证期间的约定也应无效，保证人的“缔约本意”已无意义。其三，保证合同无效时，保证人无过错者无责任，有过错才有责任，因而债权人的权利是基于保证人的过错，与保证合同有效时债权人的权利不具有可比性，保证合同有效时债权人的权利是基于当事人的意思，因此不存在债权人获得的利益超过保证合同有效时的问题。其四，保证责任期间制度现已过于复杂，若再适用于保证合同无效的情况，将使之更为复杂，衍生诸如是按一般保证还是连带责任保证确定债权人应当为行为、保证期间的起算点等问题。①

二、《民法典担保制度解释》的政策选择

《民法典担保制度解释》于本条规定：“保证合同无效，债权人未在约定或者法定的保证期间内依法行使权利，保证人主张不承担赔偿责任的，人民法院应予支持。”在解释上，保证合同被撤销，债权人未在约定或者法定的保证期间内依法行使权利，保证人亦不再承担赔偿责任。这里采纳了上述第一种观点，笔者赞同这一解释论。理由如下：

第一，当事人基于合同能获得的最大利益即为履行利益，即无论如何合同方当事人能够要求对方当事人给付的义务、承担的责任都必须以合同有效并顺利履行后获得的收益为限。具体到保证合同而言，如果保证合同无效，债权人能够要求保证人承担赔偿责任的范围也应以保证合同有效时的法律效果为限。在保证合同有效时，债权人向保证人主张保证责任受保证期间的限制，那么在保证合同无效后转化而来的损害赔偿责任也理应受保证期间的限制。

第二，从法政策上，保证合同有效的情形下，保证人承担保证责任有保证期间的限制，保证合同无效的情形下，如保证人承担赔偿责任没有保证期间的约束，保证人承担的责任要比保证合同有效时保证人承担的责任更重。也就是说，假设保证合同有效，没有被认定无效，但是债权人没有在保证期间内实施特定的行为，保证人不再承担保证责任；保证合同被认定无效，债权人请求保证人承担赔偿责任，如不受保证期间的限制，债权人在保证期间经过后才请求保证人承担

① 参见叶金强：《担保法原理》，科学出版社 2002 年版，第 53 ~ 54 页。

赔偿责任的，保证人仍然要承担赔偿责任，将导致认定保证合同无效可能对于债权人更为有利。这种解释方案将导致利益失衡。

第三，即使保证合同被认定无效，其中的清算条款和争议解决条款仍然是有效的。保证合同被认定无效之后，不是没有法律后果，只是保证人无须承担保证责任，但是保证人仍然需要根据其过错承担赔偿责任。可以将保证期间解释为清算条款的内容之一，债权人应当在保证期间内进行清算。

综上，即使保证合同无效或者被撤销，也有保证期间的适用。

第三十四条　人民法院在审理保证合同纠纷案件时，应当将保证期间是否届满、债权人是否在保证期间内依法行使权利等事实作为案件基本事实予以查明。

债权人在保证期间内未依法行使权利的，保证责任消灭。保证责任消灭后，债权人书面通知保证人要求承担保证责任，保证人在通知书上签字、盖章或者按指印，债权人请求保证人继续承担保证责任的，人民法院不予支持，但是债权人有证据证明成立了新的保证合同的除外。

【条文主旨】

本条是关于保证期间经过的法律效果的规定，是对《民法典》第 692 条和第 693 条的解释。

【规则变迁】

《担保法》第 25 条第 2 款规定："在合同约定的保证期间和前款规定的保证期间，债权人未对债务人提起诉讼或者申请仲裁的，保证人免除保证责任；债权人已提起诉讼或者申请仲裁的，保证期间适用诉讼时效中断的规定。"《担保法解释》第 31 条规定："保证期间不因任何事由发生中断、中止、延长的法律后果。"这些规定直接导致对保证期间在性质上的解释冲突。《民法典》第 692 条规定："保证期间是确定保证人承担保证责任的期间，不发生中止、中断和延长。"第 693 条规定："一般保证的债权人未在保证期间对债务人提起诉讼或者申请仲裁的，保证人不再承担保证责任。连带责任保证的债权人未在保证期间请求保证人承担保证责任的，保证人不再承担保证责任。"这里明确了保证期间经过的法律效果："保证人不再承担保证责任"。《民法典担保制度解释》于本条第 1 款进一步明确了人民法院在审理保证合同纠纷案件时应当主动审查保证期间及相关事实。

《最高人民法院关于人民法院应当如何认定保证人在保证期间届满后又在催

款通知书上签字问题的批复》（法释〔2004〕4号）指出："根据《中华人民共和国担保法》的规定，保证期间届满债权人未依法向保证人主张保证责任的，保证责任消灭。保证责任消灭后，债权人书面通知保证人要求承担保证责任或者清偿债务，保证人在催款通知书上签字的，人民法院不得认定保证人继续承担保证责任。但是，该催款通知书内容符合合同法和担保法有关担保合同成立的规定，并经保证人签字认可，能够认定成立新的保证合同的，人民法院应当认定保证人按照新保证合同承担责任。"《民法典担保制度解释》于本条第2款在此基础上作了相应完善。法释〔2020〕16号并同时废止了法释〔2004〕4号司法解释。

【理解与适用】

一、人民法院是否应主动审查保证期间

（一）"确定保证人承担保证责任的期间"的理解

《民法典》第692条第1款中规定："保证期间是确定保证人承担保证责任的期间"。这一关于保证期间意义的规定未见于《担保法》和《担保法解释》。有关司法文件和裁判此前认为，"保证期间是保证人承担保证责任的期间"。这一解释易生误解：保证人仅在保证期间内才承担保证责任，如保证期间经过，保证人即不再承担保证责任。例如当事人约定的保证期间是6个月，这6个月期限届满，保证人就无须承担保证责任。但从《民法典》第693条的规定来看，尚无法得出这一结论。

依据《民法典》第693条的规定，保证期间的经过，可能产生两种不同的法律后果：

第一，保证期间届满之前，债权人实施特定行为的效力。在一般保证中，债权人在保证期间内对主债务人提起诉讼或者申请仲裁；在连带责任保证中，债权人在保证期间内对保证人主张承担保证责任，保证期间因未届满而失去意义，此时确定保证人应当承担保证责任，保证期间对于判断保证人是否应当承担保证责任不再发生影响，从保证人拒绝承担保证责任的权利消灭之日起，开始计算保证债务诉讼时效。如保证债务诉讼时效期间经过，保证人则取得时效经过抗辩权。

第二，保证期间届满之前，债权人未实施特定行为的效力。在一般保证中，债权人未在保证期间内对主债务人提起诉讼或者申请仲裁；连带责任保证中，债权人未在保证期间内对保证人主张承担保证责任，则发生"保证人不再承担保证责任"的法律后果。此时保证债务诉讼时效无适用可能。

由此可见，仅有保证期间经过的事实，尚无法确定地得出保证人是否应当承担保证责任的结论。保证期间经过的事实，加上债权人的特定行为（不作为），

才能发生保证人不再承担保证责任的法律后果。因此，保证期间仅仅只是确定保证人承担保证责任的期间。在主债务履行期限届满后至保证期间完成前，保证人是否最终承担保证责任处于“待确定”状态，尚须在保证期间内基于债权人单方的特定行为来结束这一状态，并转化为“确定发生”或“确定不发生”状态，以最终确定保证人承担或不承担保证责任。

（二）“保证人不再承担保证责任”的理解

《民法典》第693条规定：“一般保证的债权人未在保证期间对债务人提起诉讼或者申请仲裁的，保证人不再承担保证责任。”（第1款）“连带责任保证的债权人未在保证期间请求保证人承担保证责任的，保证人不再承担保证责任。”（第2款）该条是在《担保法》第25条第2款、第26条第2款的基础上修改整合而成。其中，将原条文中的“保证人免除保证责任”修改为“保证人不再承担保证责任”。

就《担保法》第25条第2款、第26条第2款中的“保证人免除保证责任”，通说认为系指保证责任（保证债务）在实体上归于消灭，[①] 在具体表述上不尽相同，有的表述为“保证责任消灭”；有的表述为“保证责任免除”。但也有观点认为，保证期间届满仅产生保证人的免责抗辩权，不发生权利消灭的法律后果。[②] 还有少数观点采取“抗辩权发生说”。

《民法典担保制度解释》于本条第2款明确指出：“债权人在保证期间内未依法行使权利的，保证责任消灭。”这里明显采纳了上述第一种观点。

（三）人民法院是否应主动审查保证期间

关于保证期间效力的两种不同理解，决定着在保证人未提出保证期间已经经过的抗辩时，人民法院是否应主动审查保证期间。

肯定观点认为，对保证期间是否经过的事实，人民法院应依职权主动审查。其主要理由在于，保证期间经过的法律后果，是保证债务消灭。因此，保证期间从性质上不同于诉讼时效期间，应当属于法院依职权予以审查的事项，而不属于依当事人抗辩而审查的事项。不论保证人是否抗辩，人民法院对保证期间是否经过的事实应当依职权主动审查，进而确定保证人是否不再承担保证责任。[③] 只有

---

① 参见全国人大常委会法制工作委员会民法室（孙礼海主编）：《中华人民共和国担保法释义》，法律出版社1995年版，第26页；张谷：《论约定保证期间——以〈担保法〉第25条和第26条为中心》，载《中国法学》2006年第4期；甄增水：《解释论视野下保证期间制度的反思与重构》，载《法商研究》2010年第5期；张鹏：《我国保证债务诉讼时效问题研究》，载《中外法学》2011年第3期；李昊、邓辉：《论保证合同入典及其立法完善》，载《法治研究》2017年第6期。

② 参见曹士兵：《中国担保制度与担保方法（第四版）》，中国法制出版社2017年版，第159页。

③ 参见最高人民法院民法典贯彻实施工作领导小组主编：《中华人民共和国民法典合同编理解与适用》（二），人民法院出版社2020年版，第1349页。

坚持法院依职权对保证期间是否经过予以审查，才能与保证期间之法律规定限制保证人无限期承担保证责任，平衡债权人、保证人与主债务人三者利益关系的立法本意相契合。①

否定观点认为，对保证期间是否经过的事实，人民法院不应依职权主动审查。其主要理由在于，保证期间作为保证人对抗债权人的抗辩理由之一，是否主张为当事人对自己诉讼权利的处分。参照《民法典》第193条“人民法院不得主动适用诉讼时效的规定”的规定，人民法院不得主动审查。保证人在诉讼中未对其应免除保证责任提出抗辩的，视为其已放弃抗辩权利。

部分省院规定了相应的司法意见。如《北京市高级人民法院审理民商事案件若干问题的解答（之三）》（京高法发〔2002〕51号）第8条认为：“保证期间内，债权人未要求连带责任保证人承担保证责任或者债权人未对一般保证的主债务人提起诉讼或者申请仲裁的，保证人和主债权人之间的实体权利义务消灭，保证人当然免责。无论保证人是否以此抗辩，法院都应当主动适用相关法律规定，免除保证人的保证责任。”再如，上海市高级人民法院民二庭颁布的《关于审理担保、票据等民商事纠纷案件若干问题的处理意见》规定：“鉴于保证期间与诉讼时效在性质、法律后果上的不同，对保证期间的审查，人民法院不能采取抗辩权发生说为依据。债权人就保证合同提起诉讼，应当提交其已在保证期间依法主张权利的相关证据。保证人在诉讼中未应诉或者虽然应诉，但未就债权人主张保证债权超过保证期间予以抗辩，人民法院应当按照《最高人民法院关于民事诉讼证据的若干规定》的规定，就债权人在保证期间内是否已依法主张权利这一事实作出认定，并据此按照担保法及其司法解释的规定作出相应的裁判。”②

笔者认为，从解释论的立场，《担保法》所规定的“保证人免除保证责任”和《民法典》所规定的“保证人不再承担保证责任”均应解释为保证债务消灭。我国《民法典》对抗辩权的表述方式主要有两种：一是表述为“拒绝其相应的履行请求”“中止履行”“拒绝向债权人承担保证责任”“拒绝承担保证责任”，例如同时履行抗辩权（第525条）、先履行抗辩权（第526条）、不安抗辩权（第527条）、先诉抗辩权（第687条第2款）、抵销或撤销抗辩权（第702条）等。二是表述为“提出不履行义务的抗辩”“主张债务人对债权人的抗辩”，例如诉讼时效经过抗辩权（第192条）、主张主债务人的抗辩权（第701条）③等。《民法典》上的“保证责任”并非严格意义上的“责任”，而是保证人依保证合同所应

① 参见最高人民法院民一庭：《对保证期间是否经过的案件事实，人民法院应职权主动审查》，载最高人民法院民一庭：《民事审判指导与参考》2015年第3辑，人民法院出版社2016年版，第160页。

② 最高人民法院民二庭：《中国民商审判》（总第7集），法律出版社2004年版，第166页。

③ 不过，《民法典》第701条所称“抗辩”系采广义，其中包括权利否认抗辩和权利阻止抗辩（拒绝履行）。

履行的保证债务。债权人请求保证人承担保证责任，即为行使保证债权或保证债务履行请求权。此时，保证人自可行使相应抗辩权以对抗债权人的履行请求。但“保证人免除保证责任”“保证人不再承担保证责任”明显不符合抗辩权的典型表述方式，不宜解释为保证人具有免责抗辩权。同时，《民法典》就保证债务同时规定保证期间和诉讼时效期间两种制度，两者经过的法律后果自应有所不同。《民法典》第693条将“保证人免除保证责任”修改为“保证人不再承担保证责任”，进一步明确了保证期间经过的法律效果就是保证债务消灭①，在一定程度上防止了“保证人免除保证责任”的解释分歧。因此，保证期间是否经过关系到保证人的实体权利义务，属于人民法院应查明的事实，人民法院应主动予以审查。

二、保证期间届满保证人在催款通知书上签字的效力

《最高人民法院关于超过诉讼时效期间借款人在催款通知单上签字或者盖章的法律效力问题的批复》（法释〔1999〕7号）明确指出，对于超过诉讼时效期间的债务，债务人在催款通知书上签字或盖章的，视为对原债务的重新确认。在解释上，保证人基于保证合同所承担的是保证债务，就债权人已在保证期间内实施特定的行为，确定保证人应承担保证责任之后，如保证债务诉讼时效期间经过，保证人在催款通知书上签字或盖章，视为对原保证债务的重新确认，应无争议。但对于超过保证期间的保证债务，保证人在催款通知书上签字或盖章，是否也应当视为重新确认原保证债务？

对此，《民法典担保制度解释》于本条第2款规定：“债权人在保证期间内未依法行使权利的，保证责任消灭。保证责任消灭后，债权人书面通知保证人要求承担保证责任，保证人在通知书上签字、盖章或者按指印，债权人请求保证人继续承担保证责任的，人民法院不予支持，但是债权人有证据证明成立了新的保证合同的除外。”由此可见，保证期间经过后，保证人在催款通知书上签章产生的法律后果，尚不能一概而论，而须结合催款通知书的具体内容进行判断。

第一，主债务人和保证人在催款通知书上签字或盖章的法律后果不同。法释〔1999〕7号符合诉讼时效期间届满的法律效果的基本法理。诉讼时效期间届满，仅使债务人取得时效经过抗辩权，并不具有消灭债权债务关系的效力，债务人在催款通知单上签字或盖章可以视为放弃时效经过抗辩权。因该弃权行为使得主债权强制执行效力得以恢复，亦导致主债务诉讼时效期间重新起算。但是，保证期间届满，即发生保证债权债务关系消灭的法律后果。保证人仅在催款通知书上签

① 参见黄薇主编：《中华人民共和国民法典解读·合同编》（上），中国法制出版社2020年版，第718页；最高人民法院民法典贯彻实施工作领导小组主编：《中华人民共和国民法典合同编理解与适用》（二），人民法院出版社2020年版，第1349页。

字或盖章，仅具有证明保证人收到该催款通知书的作用，不同于主债务人在催款通知书上的签字或盖章，不足以认定保证人继续承担保证责任。[①]

第二，认定保证人继续或重新承担保证责任，应当要求保证人以“明示方式”愿意承担，而不能“推定愿意”或者“默示愿意”。[②] 即使主债务人在催款通知单上签字或盖章视为放弃时效经过抗辩权，保证人亦可主张主债务时效经过抗辩权。《民法典》第701条规定：“保证人可以主张债务人对债权人的抗辩。债务人放弃抗辩的，保证人仍有权向债权人主张抗辩。”此时，保证人系基于其独立地位行使该抗辩权，而非代主债务人行使。[③] 因此，在新的债权债务法律关系中，除非有担保人明确担保的意思表示，否则并不当然产生新的担保法律关系，亦不产生针对原债务的担保法律关系的延续。[④] 保证人仅是在催款通知书上签字，该通知书的内容中并不包含承诺继续承担担保责任的意思的，不能认定构成了新的保证合同。[⑤]

第三，催款通知书内容符合法律上有关保证合同成立的规定，并经保证人签字认可，可以认定成立新的保证合同。首先，催款通知书须有明确的保证要约。具体必须符合：一是催款通知书要有请求保证人承担保证责任的内容；二是必须是请求保证人继续履行保证责任，即对原担保债务承担保证责任；三是必须能够明确认定不是请求保证人履行其原保证责任。如催款通知书中载明：“我单位为上述贷款的保证人，自愿承担新的连带责任保证责任，保证期间自本催收通知送达签收后两年”[⑥]，或保证人明确表示其对“债权转移不持任何异议”“继续履行借款合同、担保合同或协议规定的各项义务”[⑦]。其次，保证人签字或者盖章构成

---

① 参见《最高人民法院关于锦州市商业银行与锦州市华鼎工贸商行、锦州市经济技术开发区实华通信设备安装公司借款纠纷一案的复函》（〔2002〕民监他字第14号函）；陆永棣：《桐乡市工商支行诉桐乡市化轻建材总公司于保证期间届满后在其发出的保证贷款逾期催收函上盖章仍应承担保证责任案》，载最高人民法院中国应用法学研究所：《人民法院案例选》（分类重排本）（商事卷），人民法院出版社2017年版，第1396－1397页。相同观点参见王学堂、孙勇：《青州市某信用合作社诉韩某吉、青州市昭德街道某居民委员会因担保期限不明而引发的借款合同案》，载最高人民法院中国应用法学研究所：《人民法院案例选》（分类重排本）（商事卷），人民法院出版社2017年版，第2023页。

② 参见最高人民法院民法典贯彻实施工作领导小组主编：《中华人民共和国民法典合同编理解与适用》（二），人民法院出版社2020年版，第1348页。

③ 参见吴志正：《债编各论逐条释义》，元照出版有限公司2015年版，第405页。

④ 参见最高人民法院（2013）民二终字第117号民事判决书。

⑤ 参见江苏省高级人民法院（2007）苏民三终字第0124号民事判决书。

⑥ 最高人民法院（2011）民二终字第27号民事判决书。

⑦ 王宪森：《保证期间届满后债权人与保证人之间是否成立了新保证合同的认定及法律适用——中国某资产管理公司广州办事处与广东省新会市某建设发展总公司、新会市某贸易总公司借款担保合同纠纷上诉案》，最高人民法院民事审判第二庭编：《民商事审判指导》2005年第1期（总第7期），第160页。还可参见李洪堂：《债务承担及新保证合同的认定》，载《人民司法·案例》2008年第12期。

承诺。保证人单纯的签字通常不能认定保证人即为构成承诺。在保证人有表明同意或者接受催款通知书中的保证责任要求时，才构成承诺。但催款通知书中已经明确写明如果保证人在催款通知书上签字或者盖章即视为接受催款通知书约定内容的除外。① 值得注意的是，保证人在保证期间届满后，发函督促债权人向主债务人收款或督促主债务人还款，并不表明保证人放弃保证期间已经经过的抗辩。②

"还款承诺函"不同于"催款通知书"，保证期间经过后保证人又在"还款承诺函"上签章的，尚需结合"还款承诺函"的文义确定"保证人"的责任性质。③ 实践中还存在催款通知书、还款承诺函之外的法律文件，保证人在其上签章的效力，尚需结合其具体内容而定。④

第三十五条　保证人知道或者应当知道主债权诉讼时效期间届满仍然提供保证或者承担保证责任，又以诉讼时效期间届满为由拒绝承担保证责任或者请求返还财产的，人民法院不予支持；保证人承担保证责任后向债务人追偿的，人民法院不予支持，但是债务人放弃诉讼时效抗辩的除外。

【条文主旨】

本条是关于对已罹于诉讼时效的主债务提供保证的效力的规定，是结合《民法典》第192条对第681条所作的解释。

【规则变迁】

《担保法解释》第35条规定："保证人对已经超过诉讼时效期间的债务承担保证责任或者提供保证的，又以超过诉讼时效为由抗辩的，人民法院不予支持。"

《民法典担保制度解释》于本条对该条作了两个方面的修改。其一，将适用前提增加了保证人知道或者应当知道主债务已经超过诉讼时效期间；其二，增加了一种法律后果，即保证人承担保证责任后向债务人追偿的，人民法院不予支持，但是债务人放弃诉讼时效抗辩的除外。

---

① 参见吴兆祥：《解读〈关于人民法院应当如何认定保证人在保证期间届满后又在催款通知书上签字问题的批复〉》，载杜万华主编：《解读最高人民法院司法解释、指导性案例》（商事卷），人民法院出版社2016年版，第388页。

② 参见最高人民法院（2006）民二终字第240号民事判决书。

③ 参见最高人民法院（2016）最高法民申621号民事裁定书。

④ 参见河南省郑州市中级人民法院（2014）郑民三终字第313号民事判决书。

【理解与适用】

一、已罹于诉讼时效的主债务是否可以作为被担保债权

《民法典》第681条规定："保证合同是为保障债权的实现，保证人和债权人约定，当债务人不履行到期债务或者发生当事人约定的情形时，保证人履行债务或者承担责任的合同。"这里的"债务"是否包括已罹于诉讼时效的主债务？如当事人就已罹于诉讼时效的主债务提供担保，其效力应如何认定，不无争议。

《民法典》第192条规定："诉讼时效期间届满的，义务人可以提出不履行义务的抗辩。诉讼时效期间届满后，义务人同意履行的，不得以诉讼时效期间届满为由抗辩；义务人已经自愿履行的，不得请求返还。"由此可见，我国《民法典》上就诉讼时效期间届满的法律效果采取了"抗辩权发生说"，亦即，诉讼时效期间届满并不产生实体权利消灭的法律后果，而仅使义务人取得不履行义务的抗辩权。这就意味着，即使诉讼时效期间届满，权利人仍然享有起诉权，可以向法院主张其已过诉讼时效之权利，法院应当受理。如义务人不主张时效经过的抗辩权，法院则以公权力维护权利人的利益；如义务人主张时效经过的抗辩权，法院则在审查确认后，不得强制义务人履行义务。诉讼时效期间届满后，权利人虽不能请求法律的强制性保护，但法律并不否定其权利的存在。若义务人放弃时效利益自愿履行的，权利人可以受领并保持，受领不属于不当得利，义务人不得请求返还。诉讼时效期间届满后，义务人同意履行的，不得以诉讼时效期间届满为由抗辩。①

在解释上，就债务罹于诉讼时效期间，债务人取得时效经过抗辩权；既属抗辩权，债务人即可放弃。债权在诉讼时效期间届满后，债务人即因此产生对债权人的抗辩权，债务人遂不受法院的强制执行。但如债务人放弃该抗辩权的，法律不予干涉，此时已罹于诉讼时效的债权因债务人放弃抗辩权而得以行使。一般而言，债务人履行债务或以书面承诺履行债务是债务人放弃抗辩权的形式，法律予以认可。因此，学说上就已罹于诉讼时效的债务能否作为担保债权，一般持肯定态度。② 保证人本可主张属于主债务人对债权人的时效经过抗辩权，但其在知道或者应当知道主债务已经超过诉讼时效期间的情况下，仍然愿意承担保证责任或

---

① 参见黄薇主编：《中华人民共和国民法典解读·总则编》，中国法制出版社2020年版，第597～598页。

② 持此观点者参见以下著述：邹海林、常敏：《债权担保的理论与实务》，社会科学文献出版社2005年版，第49～50页；郭明瑞、杨立新：《担保法新论》，吉林人民出版社1996年版，第44页；陈本寒主编：《担保法通论》，武汉大学出版社1998年版，第73页。

者提供保证，自应解释为对时效经过抗辩权的放弃，此后保证人再行提出抗辩的，人民法院将不予支持。①

二、本条适用应注意的问题

第一，《民法典担保制度解释》本条的适用以保证人知道或者应当知道主债务已经超过诉讼时效期间为前提。在解释上，如保证人不知道也不应当知道主债务已经超过诉讼时效期间，可以请求撤销保证合同或者宣告保证合同无效；对于债权人依保证合同提出的履行请求，保证人仍然可以基于《民法典》第 701 条的规定，主张主债务人对于债权人的时效经过抗辩权。

第二，《民法典担保制度解释》本条前段仅规定："保证人知道或者应当知道主债权诉讼时效期间届满仍然提供保证或者承担保证责任，又以诉讼时效期间届满为由拒绝承担保证责任或者请求返还财产的，人民法院不予支持"，但未提及保证期间问题。在《民法典》之下，所有保证债权债务均应适用保证期间，只不过有约定保证期间和法定保证期间的区分。此种情形下，主债务人已经处于违约状态，保证期间的起算点显然不能是主债务履行期限届满之日。笔者认为，此时仍应坚持"有约定依约定"的观点。其一，当事人之间就保证期间有约定的，按照约定计算保证期间。如未约定保证期间，则保证期间为 6 个月；其二，当事人之间就保证期间的起算点有约定的，按照约定的起算点开始计算保证期间。如未约定保证期间的起算点，则自保证合同生效之日起开始计算保证期间。如当事人在保证合同中约定了保证期间为 3 年，但没有约定保证期间的起算点，则从保证合同生效之日起计算 3 年。

第三，《民法典担保制度解释》于本条后段规定："保证人承担保证责任后向债务人追偿的，人民法院不予支持，但是债务人放弃诉讼时效抗辩的除外。"主债权诉讼时效期间届满，主债务人已经取得时效经过抗辩权。保证人知道或者应当知道主债权诉讼时效期间届满仍然提供保证或者承担保证责任，虽然产生主债权债务关系消灭的法律后果，但保证人明显存在过错，不符合保证人追偿权的发生要件。保证人承担保证责任后向主债务人追偿的，主债务人可以拒绝履行，但主债务人放弃诉讼时效抗辩的除外。

第四，《民法典担保制度解释》本条所定规则自当适用于担保物权的情形。

第三十六条　第三人向债权人提供差额补足、流动性支持等类似承诺文件作

① 参见李国光等：《最高人民法院〈关于适用《中华人民共和国担保法》若干问题的解释〉理解与适用》，吉林人民出版社 2000 年版，第 152 页。案例参见最高人民法院（2018）最高法民申 4280 号民事裁定书。

为增信措施，具有提供担保的意思表示，债权人请求第三人承担保证责任的，人民法院应当依照保证的有关规定处理。

第三人向债权人提供的承诺文件，具有加入债务或者与债务人共同承担债务等意思表示的，人民法院应当认定为民法典第五百五十二条规定的债务加入。

前两款中第三人提供的承诺文件难以确定是保证还是债务加入的，人民法院应当将其认定为保证。

第三人向债权人提供的承诺文件不符合前三款规定的情形，债权人请求第三人承担保证责任或者连带责任的，人民法院不予支持，但是不影响其依据承诺文件请求第三人履行约定的义务或者承担相应的民事责任。

【条文主旨】

本条是关于增信措施的性质和效力的规定，系对《民法典》第 685 条第 2 款及《民法典》第 552 条的解释。本条旨在解释用于增信的承诺文件在何种情形下可以被认定为《民法典》第 685 条第 2 款所规定的保证合同、在何种情形下构成《民法典》第 552 条所规定的债务加入、当事人意思表示不明确时应如何处理，以及该承诺文件不构成前述保证合同或债务加入时的法律效果。

【规则变迁】

《民法典》第 685 条第 2 款规定："第三人单方以书面形式向债权人作出保证，债权人接收且未提出异议的，保证合同成立。"该条款承自《担保法解释》第 21 条第 1 款："第三人单方以书面形式向债权人出具担保书，债权人接受且未提出异议的，保证合同成立。"及《担保法》第 93 条："本法所称保证合同……包括当事人之间的具有担保性质的信函、传真等，也可以是主合同中的担保条款。"根据上述规定，第三人与债权人之间达成具有担保性质的书面保证文件或第三人单方提供具有担保性质的书面保证，债权人接收且未提出异议的，均可认定为第三人和债权人之间成立保证合同关系。但上述规定未对书面文件的内容作出限定，即何谓具有担保性质，何种约定可以被认定为保证合同。

本条第 1 款对此问题作出了解释。第三人向债权人提供差额补足、流动性支持等承诺文件为相关债务增信的，若该承诺文件中体现了第三人为债务提供担保的意思表示，则该承诺文件可以被认定为保证合同，债权人请求该第三人承担保证责任的，人民法院应当依照保证的有关规定处理。其核心在于承诺文件应具有提供担保的意思表示，具体而言该承诺文件所体现的意思表示应具有从属性和补充性，如约定在债务人不完全履行或不能完全履行债务的情形下，第三人以代为补足差额、提供流动性支持等方式承担相应责任。在将上述承诺文件认定为保证合同后，其合同效力、保证方式、保证期间等事项均应依据《民法典》合同编第一分编及第二分编“保证合同”一章的相关规定处理。

《民法典》第552条规定：“第三人与债务人约定加入债务并通知债权人，或者第三人向债权人表示愿意加入债务，债权人未在合理期限内明确拒绝的，债权人可以请求第三人在其愿意承担的债务范围内和债务人承担连带债务。”根据上述规定和本条第2款，若第三人向债权人提供的承诺文件具有第三人加入债务或第三人与债务人共同承担债务的意思表示，则可以认定该承诺文件为债务加入合同，债权人可请求第三人在承诺范围内与债务人承担连带责任。其核心在于第三人须作出明确的与债务人共同承担债务的意思表示，“第一责任”“一切责任”等含糊的词汇均不能直接得出债务加入的结论。此外，该承诺应具有独立性，即第三人与债务人承担完全一致的责任，其责任没有主从之分亦不存在补充性。同时，因债务加入属于并存的债务承担，故被加入债务应具有可转让性、现实性。

由于债务加入情形下第三人的责任明显重于保证责任，若增信承诺文件所体现的意思表示难以确定是债务加入还是保证，应认为第三人的意思表示为保证。

若增信承诺文件的内容不符合上述保证合同或债务加入合同的要求，根据交易自由原则，在承诺文件符合《民法典》第143条的情形下，债权人可以要求第三人按照承诺文件履行相应责任。同时应当注意的是，本条虽与《民商事审判会议纪要》第91条高度相似，但二者在适用范围上存在一定差异，《民商事审判会议纪要》第91条规定：“信托合同之外的当事人提供第三方差额补足、代为履行到期回购义务、流动性支持等类似承诺文件作为增信措施，其内容符合法律关于保证的规定的，人民法院应当认定当事人之间成立保证合同关系。其内容不符合法律关于保证的规定的，依据承诺文件的具体内容确定相应的权利义务关系，并根据案件事实情况确定相应的民事责任。”即《民商事审判会议纪要》第91条针对的是信托合同关系下第三人为保障受益人收益权所提供的承诺文件，本条将上述认定规则拓展适用于一般债权债务关系，可统一司法实践中对于借贷合同关系下第三人为保障债权而提供增信文件的性质的认定。

【理解与适用】

一、保证与债务加入的识别

实践中用于增信的承诺文件名目繁多，内容多样，其中多数以承诺函、承诺书、声明、担保书等类似名称为文件名，其内容可能涉及代为履行、差额补足、流动性支持等各种提高债务履行可能的措施。从体系定位的角度来看，上述承诺文件既有可能被认定为保证合同，也可能被认定为债务加入合同，区分二者的关键在于承诺文件所传达的当事人的意思表示。而鉴于债务加入与保证的作用机理内在地相符，如何在实践中对二者加以识别也成为待决问题。

债务加入与保证在法律效果上的区别构成了实践中区分二者的必要性。对债权人来说，虽然债务加入与保证都是为保障债权实现的有效手段，但债权人在不同情形下具体行使权利的程序、难度与成本、效果存在差异。第三人加入债务的，债权人可以在债务人或第三人之间任意请求向其履行债务，相较于保证场景而言更为有利，后者因保证之债的从属性与补充性，债权人往往需要请求债务人先行履行债务。不过，《民法典》第691条规定，除另有约定外，保证人的保证范围为"主债权及其利息、违约金、损害赔偿金和实现债权的费用"。而第三人加入债务所负担的是与债务加入时债务具有同一性的独立债务，在债务范围上要小于保证范围，且第三人的债务还可能因此后情事发展发生变化，如第三人与债权人达成变更债务的合意。如此看来，债务加入对债权实现的保障不必然强于保证。而在第三人一侧，保证期间对债权人的限制同时意味着对第三人的优待，但债务加入的第三人则不享有保证期间的保护。当主合同无效的情况下，债权人、债务人与第三人各自承担的法律责任也有所区别。主合同无效的，第三人加入的"债务"溯及地消灭，债务加入合同也随之无效，第三人与债务人承担缔约过失责任，依《民法典》500条确定赔偿责任。在保证情形下，保证合同因主合同无效而归于无效，债权人、债务人与保证人依其过错各自承担相应的民事责任，依《民法典担保制度解释》第17条具体确定赔偿责任。此外，第三人在两种场景下所得主张的抗辩事由也有所区别，如此也将影响到债权实现，已如前述。

区分债务加入与保证应建立在充分厘清两项制度的基础上，以此为理论基础才能在诸多认定因素中准确辨别有效因素。从学理上看，二者存在如下区别：第一，保证具有促进债权债务关系形成的功能，债权人之所以与债务人缔约很大程度上是出于存在第三人提供保证担保的考量。而债务加入通常发生在债权债务关系成立以后，由第三人在事后加入到既有的债务当中，多出于应对履行期内发生的履行风险，相应地不常构成债权人决定是否与债务人产生债之关系的重要因素。① 如果第三人在缔约之际选择加入债务，此时债务尚不存在，解释上应认为第三人自始与债务人共同承担债务，所产生的也是连带债务。第二，保证之债具有完全的从属性，而债务加入的从属性体现较弱，除成立上的从属性外再无其他体现。② 第三，在成立形式上，保证与债务加入是否要求要式性尚有争议，已如

① 参见朱奕奕：《并存的债务承担之认定——以其与保证之区分为讨论核心》，载《东方法学》2016年第3期。

② 此亦债务加入协议有因性之体现，参见孙森焱：《民法债篇总论》（下册），我国台湾地区三民书局2010年版，第982页。

前述。但保证必须在保证人与债权人之间成立，而债务加入既可以在债务加入人与债务人之间成立，也可以在债务加入人与债权人之间成立。[①] 第四，保证与债务加入成立后发生债务转移的效果不同。《民法典》第697条第1款规定："债权人未经保证人书面同意，允许债务人转移全部或者部分债务，保证人对未经其同意转移的债务不再承担保证责任，但是债权人和保证人另有约定的除外。"而在债务加入后，债务人对外移转债务的，第三人可以基于连带债务规则主张债务人移转债务仅发生相对效力，第三人履行后仍可向债务人进行追偿。[②] 第五，保证人与加入债务的第三人都可以基于赠与等无偿目的参与既有的债权债务关系，但在有偿保证中保证人所追求之利益处于保证人与主债务人之间，与保证债务之履行并不形成直接的对待给付关系，债权人对保证人并无给付义务，而加入债务的第三人与债权人之间，与债务承担及履行形成直接的对待给付关系，第三人向债权人为给付与债务人向第三人为给付形成对价关系。[③] 此外，保证受诉讼时效与保证期间的双重调整，而债务加入仅适用诉讼时效规则；一般保证人享有专属的先诉抗辩权，保证人可以主张主债务人对债权人的抗辩，而第三人加入债务后只能主张加入前债务人已存在的抗辩。

从学理上看二者泾渭分明，不存在混淆之可能。但在实践中，由于债务加入亦有担保债权实现的功能，加之合同用语不规范等原因，债务加入的意思表示与保证的意思表示往往难以区分，上述区别很大程度是以已经区分二者为对比前提。因此，仍需回到司法实践，总结裁判过程中的识别要素与思路。

自2005年最高人民法院在其审判的一起公报案例中首次对债务加入与保证的识别问题表明立场，认为债务加入与保证在案件的实质处理上并无不同，只是在性质上有所不同，并列举了二者的数项不同之处。随后最高人民法院指出，"判断一个行为究竟是保证，还是并存的债务承担，应根据具体情况确定。如承担人承担债务的意思表示中有较为明显的保证含义，可以认定为保证；如果没有，则应当从保护债权人利益的立法目的出发，认定为并存的债务承担"[④]。该案实际上传达了两项裁判规则：一是法院识别债务加入与保证时，应当首先关注当事人的意思表示；二是在当事人没有明确提供保证的意思表示时，确认了推定为债务加

---

① 参见陈兆顺：《论债务加入与连带责任保证的区分——以〈民法典〉第552条为分析对象》，载《中国应用法学》2021年第6期。

② 参见朱奕奕：《并存的债务承担之认定——以其与保证之区分为讨论核心》，载《东方法学》2016年第3期。

③ 参见朱奕奕：《并存的债务承担之认定——以其与保证之区分为讨论核心》，载《东方法学》2016年第3期。

④ 参见最高人民法院（2005）民二终字第200号民事判决书，载《最高人民法院公报》2006年第3期。

入的规则。

意思表示是民事法律行为的核心，对意思表示内容的解释结论将关系到各方当事人的具体权利义务，法院重视对当事人意思表示的判别，值得赞同。然而，当事人的真实意思并不总是能够准确清晰地表示于外，语义的模糊、措辞的多义、当事人的误用与误解以及表达的完整与否都会影响具体的解释结论。为此，需要总结归纳出区分债务加入与保证的要素，以指导司法实践从何处入手进行判断。有学者提出可以从形式标准和实质标准分别入手，遵循词句文义优先的原则，结合利益标准、履行顺位标准、履行条件、履行顺位以及推定规则综合得出解释结论。① 还有学者建议从以下七个方面分析第三人的意思表示：第一，第三人有无替债务人清偿债务的意愿；第二，债务履行是否会对第三人造成经济方面的影响；第三，原债关系中债权人的对待给付是否由第三人实际受领的；第四，当事人之间是否有共同实际履行的行为；第五，债权人要求第三人或债务人履行债务时，可以任意选择还是须受履行顺序限制；第六，第三人履行清偿责任的确定程度；第七，考虑意思表示的受领人。② 从既有的裁判经验来看，可供识别债务加入与保证的要素有以下几点：

1. 文义

同法律解释一样，意思表示解释亦始于文义，表意人所使用的各种表意符号都应先尝试文义解释。③ 从第三人出具的承诺函或当事人签订的协议所使用的文字词句出发。如果承诺函或协议明确使用“保证”或“债务加入”的措辞，原则上应依其表述进行相应的定性。实践中，富有交易经验或相关从业自然人、商事主体在对外进行意思表示时，往往会先行斟酌使用的字句是否明确表达在文件等载体上，此时表意人的意思表示明晰而准确，法院也依照文义认定表意人参与既有债之关系的意思。

不过，在表意人缺乏必要法律知识的场合，即便措辞明确，亦可能并未准确表达出其内心真意。在措辞并不明确，而是存在多种理解可能性的情形，自然更不应拘泥于所使用之词句。④ 一方面，“保证”不但是专门的法律概念，而且也是日常的生活用语，后者在外延上更为宽泛。第三人，尤其是自然人第三人使用“保证”一词时，极有可能不是提供《民法典》第 681 条意义上的保证担保。在

① 参见夏昊晗：《债务加入与保证之识别———基于裁判分歧的分析和展开》，载《法学家》2019 年第 6 期。

② 参见王利明：《论“存疑推定为保证”——以债务加入与保证的区分为中心》，载《华东政法大学学报》2021 年第 3 期。

③ 参见杨代雄：《法律行为论》，北京大学出版社 2021 年版，第 242－243 页。

④ 参见夏昊晗：《债务加入与保证之识别———基于裁判分歧的分析和展开》，载《法学家》2019 年第 6 期。

协议或承诺函的其他内容、实际履行情况等与保证特性不甚契合的情形，即便明确采用“保证”的表述，亦不得认定为保证。例如，单独使用“保证”不足以与债务加入区分，但结合交易文件中保证制度其他元素可以认定为保证担保，如“保证人”处签章；反之，虽然使用“保证”表述，但交易文件中没有保证制度的相关元素，如没有被保证人，或不能体现保证担保的从属性等属性的，不应认定为是保证。而相比于“保证”，“债务加入”的概念使用距离生活较远，且此概念传达的文义与其法律意义较为贴近，在交易文件中使用此概念更能支持第三人加入债务中成为共同债务人的意思，但实践中这种情况较少。

2. 利益标准

德国和奥地利的通说观点，认为债务加入者的通常目的是为了追求于己的利益，既可能是经济利益也有可能是某种法律上的利益。① “当事人之意思不明时，其偏为原债务人的利益而为承担行为时，可认为保证。承担人有直接及实际的利益而为之者，可认为并存的债务承担。”② 这是因为当事人不会意识到提供保证与债务加入的差别，因此个案中的词语并不重要，以经济利益标准直接作为区分的准则。③ 也就是说，债务加入的重要表征是第三人自己对于履行债权存在直接的经济利益，该利益使得对保证人免于匆忙之损害的保护显得不必要，故而不要求债务加入的要式性。④ 如若第三人不具有此种利益，那么无论当事人的语言表达如何，均为保证。⑤ 此类案型之共性在于，或是相对方未对文件性质提出异议，或是交易文件中没有与表意人所用概念相抵触的其他表述，即在简单案件事实情况下具有较高可适用性。

我国裁判实践受利益标准的影响较深，最高人民法院长期以来在多起案件中都采纳了这一识别要素，⑥ 甚至在论证中高度还原学理上的表述，如在当事人意思表示不明时，应斟酌具体情事综合判断，如主要为原债务人的利益而为承担行为的，可以认定为保证，承担人有直接和实际的利益时，可以认定为债务加入。在有的裁判中，最高人民法院则是以“合同目的、承担人与合同利益的关联程度”表示利益标准的判断内容。大部分地方法院也跟随这一认识，在裁判中以第

---

① 参见黄立：《民法债编总论》，元照出版有限公司 2006 年版，第 661 ~ 662 页。

② 史尚宽：《债法总论》，中国政法大学出版社 2000 年版，第 751 页。

③ 参见［德］迪特尔·梅迪库斯：《德国债法总论》，杜景林、卢谌译，法律出版社 2004 年版，第 622 页。

④ 参见［德］迪尔克·罗歇尔德斯：《德国债法总论》，沈小军、张金海译，中国人民大学出版社 2014 年版，第 414 页。

⑤ 参见［德］迪特尔·梅迪库斯：《德国债法分论》，杜景林、卢谌译，法律出版社 2007 年版，第 420 页。

⑥ 如最高人民法院（2002）民一终字第 53 号民事判决书；最高人民法院（2013）民一终字第 117 号民事判决书；最高人民法院（2016）最高法民终 621 号民事判决书等。

三人对加入债务是否具有直接的利益关联作为识别债务加入的标准。

不过，利益标准未必如德国学说宣扬的那般通用，我国已有理论上的反思。[①]详言之，利益标准存在以下问题：第一，利益标准本身具有模糊性，所谓“经济利益”“直接利益”的具体内涵和外延不明确，无法为边缘案型提供有效指导；第二，不论是保证还是债务加入，第三人参与的动机都是多样的，不一定以与债务或债务人具有利益关联为必要；第三，利益标准有以客观利益关联代替第三人主观上真实意思之嫌，即使第三人为了维系与债务或债务人的利益关联，第三人也可以提供保证的方式参与既有的债之关系。因此，利益标准不是决定性的考量要素，单纯依据利益标准来决定债务加入与保证是片面的，第三人并不都是为了自身经济利益目的加入债务，保证人也有可能是为了追求于己利益之目的。意思表示才是决定债务加入与保证的关键，而经济利益可作为意思表示解释时的重要参考因素，却非债务加入与保证的直接判别标准。最高人民法院也在近期指出，由于债务加入和保证下第三人都可能存在利益因素的考量，因此不能作为必要因素/基本标准。[②] 新近的裁判案例中也显示了对利益标准的认识转变，如认为利益标准仅是辅助因素[③]，在第三人已明确表示作为“共同还款人”时，法院认定为债务加入并驳回了第三人以不存在利益关联为由主张不是债务加入的意见。[④]

3. 第三人的履行顺位

保证合同的本质特征为从属性、补充性，第三人的意思表示要被认定为保证也必须具备从属性、补充性，在内容上应包含有“若债务人不完全履行或不能完全履行债务，第三人才对未履行部分承担相应责任”的意思表示。反之，债务加入的本质特征在于独立性、并存性，故构成债务加入的增新承诺应当包含有“无论债务人是否及时完全履行债务，第三人均与其对债务承担连带责任”的意思表示。换言之，履行顺位之约定可以排除债务加入，不以债务人届期未履行作为第三人履行债务的条件可以排除保证。[⑤] 有观点也认可履行顺位的约定可以体现出补充性，进而区分出一般保证与连带责任保证、债务加入，如“不能”“无法”“无财产”履行债务等表述意味着此时存在明显的履行顺位，一般认定为一般保证。但这些表述也需要结合交易文件的具体语境判断，如“不能按期偿还”“不

---

① 参见夏昊晗：《债务加入与保证之识别——基于裁判分歧的分析和展开》，载《法学家》2019 年第 6 期。

② 参见最高人民法院民事审判第二庭编：《最高人民法院民法典担保制度司法解释理解与适用》，人民法院出版社 2021 年版，第 606 页。

③ 参见北京市高级人民法院（2016）京民初 34 号民事判决书。

④ 参见最高人民法院（2020）最高法民终 10 号民事判决书。

⑤ 参见夏昊晗：《债务加入与保证之识别——基于裁判分歧的分析和展开》，载《法学家》2019 年第 6 期。

能及时支付”等应解释为债务人届期未履行，而非债务人不能履行，以此与一般保证下的“不能履行”表述相区别。有的观点认为“未能按期”的表述体现出履行顺位，结合追偿权的约定可以认定为保证，不无商榷余地。反之，“到期不能偿还”则意味着具有履行顺位的保证。应当指出的是，就第三人作出差额补足内容的意思表示很大概率被认定为存在履行顺位，如在“如出现贷款逾期，本人将补足还款资金缺口”的表述中，“贷款逾期”应指借款人到期未清偿借款本息，“补足还款资金缺口”应指在借款人还款不足情况下由承诺人补足，该内容具有较为明确的从属依附性和补充性，并非系在债务到期后直接由承诺人清偿，应当将该承诺性质归于保证。[①] 就履行顺位的判断，可以参考《民法典担保制度解释》第 25 条的解释论。

然而，当不存在履行顺位的约定或无法从第三人的表意中解释出履行顺位约定时，连带责任保证与债务加入无法再次区分。《民法典》第 688 条确认债权人在债务人不履行到期债务或者发生当事人约定的情形时可以请求债务人或连带责任保证人履行债务或承担保证责任，与第 552 条债务加入场景下债权人的权利行使相差无几，区别仅在于对第三人主张的是保证责任还是履行债务而已，但保证人承担的保证责任本就是“履行债务或者承担责任”。更为复杂的情况在于，如果第三人约定在“债务人未履行”后承担责任，也有可能被解释为“附条件的债务加入”。此时应当结合个案中其他情事进一步辨析。也有少数观点概以“债务人未履行”认定第三人没有提供保证的意思，而更具有债务加入的意愿，值得商榷。此外，第三人以债务人逾期未清偿作为承担责任的条件，有的观点虽然认为不存在履行顺序，但没有考虑到债务加入的存在，仅在保证范畴内判断。

4. 第三人履行债务的确定性

由于保证债务具有补充性，第三人提供保证的意思表示应体现出第三人债务具有或然性，即若债务人及时完全履行了债务，第三人则无需承担相应债务，而债务加入通常是指加入已经确定的债务。因此，有观点以承诺文件中所涉债务是否具有确定性、或然性为判断其法律性质的标准。例如在债权债务关系及相关法律事实均已确定的基础上，结合第三人出具的承诺文件中未记载被保证人、保证期间、范围等事实，应认定第三人的意思为债务加入。

然而，履行债务的确定性无法完全区分保证与债务加入。一方面，就已届清偿期债务，第三人也可以提供保证，仅以债务已经到期不能提供保证担保为由认

---

① 理论上认为差额补足承诺不构成债务加入的看法可见崔建远：《论人的担保的新类型》，载《甘肃社会科学》2022 年第 1 期；杨立新：《类保证：增信措施的性质与适用法律规则》，载《甘肃社会科学》2023 年第 2 期。

定为债务加入并不妥当。① 最高人民法院也在其审理的案例中表示，因承诺担保的债务已到期，第三人所作出的担保承诺便应视为债务加入的主张缺乏相应法律依据。② 云南省高级人民法院《关于保证人超过保证期间后又在催款通知书上签字应如何认定性质和责任的请示》、河北省高级人民法院《关于如何认定已过了保证期间的保证人在中国长城资产管理公司〈债权转移确认通知书〉上盖章的民事责任的请示》、四川省高级人民法院《关于保证期届满后保证人与债务人日在催款通知书上签字或者盖章的法律效力问题的请示》以及《民法典担保制度解释》第35条前段体现的立场亦可资佐证。另一方面，第三人也可以为债务加入附上条件，如此债务加入也与保证一样具有不确定性。因此，第三人拟参与到到期债务之中，仍应考察其具有提供担保还是债务加入的意思。③

5. 第三人与债务人共同履行债务的意思

债务加入意思表示的核心在于与债务人共同履行债务，如果第三人无此意思，则可能只是成立保证。实践中通常从以下三个方面入手认定第三人是否具有上述意思：

第一，第三人使用的概念。有观点指出，如果当事人在有关文件中使用了诸如“代负责任”“次要责任”等概念的，则一概不得推定为债务加入；第三人仅仅只是表示协调、督促债务人还债的表述，类似的表述还不足以表明其愿意承担债务。④ 但实务中有意见指出，“代替”一词的含义至少包括第三人代为履行、债务加入或者债务转移等情形。⑤ 但正如文义解释的不足之处，第三人使用的概念不总能清晰地识别出其真实意思，就常用的概念表述，远未形成统一的认识。就“承担连带清偿责任”的表述，有的观点认为该表述并不明晰，理解为债务加入或连带保证均无不可；但也有的观点认为此种表述没有体现出债务间的主从关系，应认定为债务加入。与之相似的是“承担连带付款义务”等表述。“第一责任”的表述也可以兼容债务加入与连带责任保证的意思。有观点认为，“承诺在

---

① 参见程啸：《保证合同研究》，法律出版社2006年版，第375页；王晓利、王晓川：《为到期债务提供保证的性质》，载《人民司法·案例》2019年第29期。

② 参见最高人民法院（2018）最高法民终816号民事判决书。

③ 参见最高人民法院（2003）民二终字第14号民事判决书；宁夏回族自治区高级人民法院（2013）宁民终字第32号民事裁定书；最高人民法院（2017）最高法民申2839号民事判决书；河北省高级人民法院（2019）冀民再134号民事判决书；北京市高级人民法院（2019）京民终1443号民事判决书。

④ 参见王利明：《论“存疑推定为保证”——以债务加入与保证的区分为中心》，载《华东政法大学学报》2021年第3期。

⑤ 参见杜军：《并存债务承担的认定及各债务人的责任承担依据———中实投资有限责任公司、杭州欣融金属材料有限公司与北京隆瑞投资发展有限公司、北京京华都房地产开发有限公司、嘉成企业发展有限公司股权转让纠纷申请再审案》，载最高人民法院民事审判第二庭编：《商事审判指导》（2010年第2辑），人民法院出版社2010年版，第94页。

债务完全清偿之前，本人对该借款承担无限连带责任”不能体现共同还款的意思，应当按照常用文义理解为连带责任保证。实务上认定债务加入较为明显的概念标识通常包含“共同”或近义词语，如“共同还款”“共同偿还”“一同还款”等。第三人向债权人表达直接付款意愿也具有较为明显的债务加入的意思，如“同意支付上述合同项下欠款的本息”。此外，有的当事人同时使用了明显的保证与债务加入元素，此时应当综合整体的意思表示认定表意人的何种意愿更为强烈，如第三人在承诺函中载明“提供连带保证并承担共同还款人的还款责任……保证责任期限为至主债务本息还清”，最终应认定为连带责任保证。

第二，第三人在欠条、借条、结算书等交易文件上签章的位置。如果第三人签章的位置是在借款人处，表明第三人欲以债务人的身份加入债之关系中，多数观点认定为债务加入。也有少数观点较为谨慎，认为此种意思表示仍不明确系基于何种身份所作出，不能当然理解为债务加入。而如果第三人只是在空白处签章，当然不能仅据此认为构成债务加入，而应当结合其他情形综合认定。例如另有其他交易文件明确第三人提供的是保证，或以第三人事实上的归还行为为据认定为债务加入。

第三，第三人出具还款计划、还款时间表，或者表示在某一时间内还清。此种情形下，第三人实际上以债务人的身份向债权人作出承诺，实践中一般认定为债务加入。在解释上，第三人通过单方为自己设定义务的方式加入债务关系中。如果第三人在向债权人出具的还款计划中既出现了“担保”等字样，又约定了第三人的直接还款责任，有的观点考虑到保证对第三人负担较小而认定为连带责任保证。从意思表示的角度出发，加重第三人法律负担的表示应当更为明确。

6. 第三人是否实际受领债权人的履行或实际向债权人履行

基于第三人对加入债务的利益关联，如果第三人从债权人处有所受领，第三人参与到既有债之关系更有可能是债务加入。而在保证中，保证人通常无法从债权人处获利。① 通常，如果第三人没有实际参与相关交易活动，则可能应将其认定为保证，但如果第三人深度参与到交易过程中，则可能应认定为债务加入。第三人虽然没有明确表达其究竟是提供保证还是债务加入，但如果第三人和债务人共同实际清偿了债务，或第三人虽然只是清偿了一部分债务，即在债权人尚未向其提出请求时，其就已经清偿了部分债务，此时应当认定为债务加入。② 实践中有观点认为，第三人既未在协议中明确表达作为保证人对案涉债务承担一般保证责任的意思，又与债务人共同实际履行，第三人主张对案涉债务为一般保证人的

① 参见王利明：《论“存疑推定为保证”——以债务加入与保证的区分为中心》，载《华东政法大学学报》2021 年第 3 期。

② 参见王利明：《论“存疑推定为保证”——以债务加入与保证的区分为中心》，载《华东政法大学学报》2021 年第 3 期。

理由不能成立。还有观点认定，第三人参与债务协商、实际支付、在诉讼中主张债务人的抗辩，实际上是以上述行动的方式作出了债务加入的意思表示。

在商事实践中，第三人与债权人可能在案涉债权债务关系之外存在着复杂的交易往来，彼此形成了许多交易文件以及支付行为，难概以二者之间的给付或者受领之有无认定债务加入与否，而只能作为综合判断因素。有观点清楚地认识到这一点，即使债务加入对第三人的利益影响重大，第三人有向债权人支付款项的行为，但无债务加入之明确意思表示的，并不当然能认定第三人与债权人之间存在债务加入的关系。第三人向债权人支付的行为与债务加入无必然关联。

7. 债务间的从属性

如前所述，因第三人意思表示而在其与债权人之间成立的债务与既有债务之间是否具有从属性，是判断债务加入与保证的关键。保证之债从属于主债权，而债务加入后第三人对债权人所负债务与债务人之债务平行发展。自第三人的意思表示中判断从属性，实际上是对前列要素的综合判断。如果第三人负担债务不存在债务人不履行的前置条件，表述为“无条件”履行等，应当被认定为债务加入。对于与债务人“一同承担补差义务”，有观点认为这不是债务人不能履行时才承担补差责任，且各方采用变更合同主体的形式更改合同，很难看出义务的从属性。实践中有的第三人将其对其他人的债权无偿转让给债权人并承诺不足清偿部分由其补齐，有观点也认为不具有从属性进而认为是债务加入。此外，如前述第三人承诺在特定时间之前还清债务人的欠款，有观点认为第三人所负担债务与债务人的债务之间没有主从关系，为债务加入。

8. 推定规则

意思表示解释有其力有未逮之处，尤其是在第三人未完整表述的情况下。此时需要确立推定规则以最终明确。《民法典担保制度解释》第 36 条第 3 款确立了“存疑时推定为保证”的规则。只有在意思表示解释的规则无法适用时，才能适用该款。也就是说，意思表示的解释要优先于意思表示的推定。一是第三人究竟是承担保证责任还是意欲加入债务难以确定；二是从相关的合同条款、行为的性质和目的等难以确定当事人的意思；三是要求穷尽所有的意思表示解释方法，也就是说运用文义的、体系的、目的的解释方法均无法得出当事人的真实意思表示。[①] 从这一意义上说，其属于补充意思表示解释规则不足的规则。[②]

---

① 参见最高人民法院（2019）最高法民再 108 号民事判决书。实践中的典型案例可见最高人民法院（2019）最高法民终 1178 号民事判决书，该案充分运用解释方法：文义解释上关注“连带责任保证”；体系上关注后续条文中“连带责任”的简称应结合在先条文“连带责任保证”表述确定含义；目的上关注合同中对交易背景的描述。

② 参见王利明：《论“存疑推定为保证”——以债务加入与保证的区分为中心》，载《华东政法大学学报》2021 年第 3 期。

在适用该款后，是否应当进一步适用《民法典》第686条第2款，即就保证方式进一步推定为一般保证？有观点认为，如果在个案中足以排除一般保证，存疑推定为保证的结果依然将是认定构成连带责任保证。[①]《民法典担保制度解释》第36条第3款的推定规则实质上是解释规则，因此在推定为保证后不能再适用保证方式存疑时的推定规则将其推定为一般保证，毋宁通过解释方法将其认定为连带责任保证。[②] 不同的观点则认为，措辞不明导致定性存疑的情况下，有关协议或承诺文件中当然不会约定其保证方式，故依法应按第三人享有后顺位利益的一般保证对待。[③] 与之类似的见解认为，具体是一般保证还是连带责任保证则可依据保证担保的相关规则再行确定，不应对债权人的利益过分倾斜，结合《民法典》第686条第2款的推定规则，该观点实际主张的是推定为一般保证。[④] 就此而言，《民法典》第686条第2款适用的前提是当事人的意思表示为保证，只不过保证方式不明晰，其能否适用于债务加入与保证区分困难之情形？最高人民法院指出，"至于是一般保证还是连带责任保证，亦应先通过解释当事人的意思表示来确定，只有在无法通过解释规则确定时，才能适用推定规则"[⑤]。

综上，裁判实践已经发展出较为系统的识别思路与要素。就上述整理的识别要素，有的可以明确区分，如履行顺位区分出一般保证与债务加入，但更多的只是作为综合判断的一项因素而已，如利益标准。这意味着，法院应当综合考虑个案中的全部情事，判断是否有推翻文义解释的支撑依据。在意思表示解释无能为力时，适用《民法典担保制度解释》第36条第3款的保证推定规则，并结合该解释第25条进一步判断为一般保证还是连带责任保证。

二、不属于保证或债务加入的承诺应按约定履行

（一）不符合保证或债务加入的构成要件

如前所述，用于增信的承诺文件名目繁多，内容各异，其中部分承诺因符合保证制度或债务加入制度的要件而得以适用保证及债务加入的相关规定，但除此之外，大量承诺文件虽有担保的意图但因缺少部分法定要件而不能认定为保证或

---

① 参见夏昊晗：《债务加入与保证之识别——基于裁判分歧的分析和展开》，载《法学家》2019年第6期。

② 参见温晓之：《论债务加入与保证的识别》，载《西南政法大学学报》2023年第3期。

③ 参见刘保玉、梁远高：《民法典中债务加入与保证的区分及其规则适用》，载《山东大学学报（哲学社会科学版）》2021年第4期。

④ 参见刘贵祥：《民法典关于担保的几个重大问题》，载《法律适用》2021年第1期；陈兆顺：《论债务加入与连带责任保证的区分——以〈民法典〉第552条为分析对象》，载《中国应用法学》2021年第6期。

⑤ 最高人民法院民事审判第二庭编：《最高人民法院民法典担保制度司法解释理解与适用》，人民法院出版社2021年版，第343页。

债务加入，对此司法实践中绝大多数法院认为符合《民法典》第 143 条之规定的增信承诺合法有效，当事人可以另行起诉要求履行合同。

（二）不具有保证或债务加入的意思表示

除上述具有担保意图的承诺文件外，实践中还不乏并无担保意图但具有增信功能的承诺文件，其中典型为安慰函①或与之类似的仅承诺督促债务人履行债务的增信文件。由于上述安慰函大多仅具有督促意思而无承担责任的意思表示，故司法实践中大多不认可其具有担保效力。但应当注意的是若上述“安慰函”中包含了承担责任的意思表示，则其也可被认定为保证。②

---

① 参见杭子晴：《浅议安慰函的法律效力——兼评最高人民法院关于佛山市人民政府与交通银行香港分行之间的保证合同纠纷案终审判决》，载《杭州金融研究修学院学报》2006 年第 7 期。安慰函是指一国政府为其下属机构或母公司为其子公司融资而向贷款人出具的，表示支持并愿意为该下属机构融资或为该子公司的还款提供适当帮助的书面文件。

② 参见最高人民法院（2011）民申字第 1209 号民事裁定书。

三、关于担保物权

（一）担保合同与担保物权的效力

第三十七条　当事人以所有权、使用权不明或者有争议的财产抵押，经审查构成无权处分的，人民法院应当依照民法典第三百一十一条的规定处理。

当事人以依法被查封或者扣押的财产抵押，抵押权人请求行使抵押权，经审查查封或者扣押措施已经解除的，人民法院应予支持。抵押人以抵押权设立时财产被查封或者扣押为由主张抵押合同无效的，人民法院不予支持。

以依法被监管的财产抵押的，适用前款规定。

【条文主旨】

本条是关于以处分权受到限制的财产设立抵押权的效力的规定，系结合《民法典》第215条、第311条对第399条的解释。

【规则变迁】

本条是新增规定。

【理解与适用】

依据《民法典》第399条的规定禁止抵押的财产可以分为两类：其一，禁止市场流通的财产，如第1项至第3项。基于特定的政策目的，禁止这些财产进入市场流通，自不得充任担保财产；其二，处分权受到限制的财产，如第4项至第5项。就两类不同的财产设定抵押权时，解释论上应作区分。

就禁止市场流通的财产设定抵押，只有令抵押合同无效，才能合于本条的规范目的。“抵押担保的关键是抵押财产的范围，哪些可以作为抵押财产。作为抵押财产必须是能够转让的财产，因为只有这样才能实现担保的目的。”① 抵押权以追求标的物的交换价值为目的，其中心效力在于对标的物价值的优先支配力。依此效力，抵押权人有权以抵押财产折价或以拍卖、变卖的价款优先受偿。由此而决定了抵押财产必须是具有独立交换价值且法律允许转让的财产，否则，抵押权的效力将无从实现。法律不允许转让的财产，主要是禁止流通的财产，如淫秽录像、录音带、淫秽书刊、毒品、枪支武器等。禁止流通的财产不能依民法方法转让所有权，因此，其上不能设定抵押权。

一、以所有权、使用权不明或者有争议的财产抵押

依据《民法典》第 399 条第 4 项的规定，“所有权、使用权不明或者有争议的财产”不得抵押。以此类财产设定抵押的，实践中大多按照抵押合同无效处理。有观点认为，抵押财产权属不明，抵押合同应属无效，抵押人对于抵押合同的无效也存在过错，对抵押合同无效给债权人造成的经济损失承担赔偿责任，但不应超过债务人不能清偿部分的二分之一。

依据《民法典》第 399 条的规定，“所有权、使用权不明或者有争议的财产”不得设立抵押权。学说和实务的发展表明，此规范在性质上不属于效力性强制性规定，更多地是旨在提醒抵押权人在接受动产作为抵押财产时，应善尽谨慎的注意义务，防免权利受损。就处分权受到限制的财产设定抵押，应根据无权处分的相关规则寻求妥适的解释结论。《民法典》第 215 条规定：“当事人之间订立有关设立、变更、转让和消灭不动产物权的合同，除法律另有规定或者当事人另有约定外，自合同成立时生效；未办理物权登记的，不影响合同效力。”这里确定了物权变动的原因与结果相区分的原则，将是否登记不作为合同效力的判断因素，是否登记仅仅只是物权变动是否发生效力的依据。解释论的发展进一步扩张了该条的适用。其一，交付也不影响动产质权合同的效力判断，仅仅只是影响动产质权是否设定；其二，对于标的物无权处分，也不影响买卖合同的效力，也仅仅只是影响买受人是否取得标的物所有权。《买卖合同解释》对此定有明文。该解释原第 3 条规定：“当事人一方以出卖人在缔约时对标的物没有所有权或者处分权为由主张合同无效的，人民法院不予支持。”（第 1 款）“出卖人因未取得所有权或者处分权致使标的物所有权不能转移，买受人要求出卖人承担违约责任或者要求解除合同并主张损害赔偿的，人民法院应予支持。”（第 2 款）

《民法典担保制度解释》于本条第 1 款规定：“当事人以所有权、使用权不明

---

① 顾昂然：《关于〈中华人民共和国担保法（草案）〉的说明》，载孙礼海主编：《中华人民共和国担保法释义》，法律出版社 1995 年版，第 125 页。

或者有争议的财产抵押，经审查构成无权处分的，人民法院应当依照民法典第三百一十一条的规定处理。”这一规定改变了既有的多数观点。根据物权变动的原因与结果相区分原则，以所有权、使用权不明或者有争议的财产设定抵押的，不影响抵押合同的效力。至于抵押权人是否取得抵押权，应当依照《民法典》第311条的规定处理。《民法典》第311条规定：“无处分权人将不动产或者动产转让给受让人的，所有权人有权追回；除法律另有规定外，符合下列情形的，受让人取得该不动产或者动产的所有权：（一）受让人受让该不动产或者动产时是善意；（二）以合理的价格转让；（三）转让的不动产或者动产依照法律规定应当登记的已经登记，不需要登记的已经交付给受让人。受让人依据前款规定取得不动产或者动产的所有权的，原所有权人有权向无处分权人请求损害赔偿。当事人善意取得其他物权的，参照适用前两款规定。”

二、以被查封、扣押、监管的财产抵押

依据《民法典》第399条第5项的规定，“依法被查封、扣押、监管的财产”不得抵押。以被查封、扣押的财产设定抵押的，实践中较为一致的观点是认为，抵押合同违反强制性规定，应当确认无效，抵押权人对该抵押财产不享有优先受偿权。但是，法院查封时因误写导致查封落空，不能据此否定嗣后以该财产设定的抵押合同的效力及登记时权利外观无瑕疵事实。就海关监管的财产设定抵押，看法不一。第一种观点认为，抵押合同应违反强制性规定而无效。第二种观点认为，就海关监管的财产设定抵押，抵押合同未生效。

“依法被查封、扣押、监管的财产”属于权属明晰但抵押人的处分权受到限制的财产，也不能设定抵押。所谓处分权，是指权利主体依法对物进行处置，从而决定物的命运的权利，包括事实上的处分权（对物的实物形态的处分权，将导致物的形体的变更或消灭）和法律上的处分权（对物的价值形态的处分权，即变更、限制或者消灭对物的权利，如转让物的所有权，设定他物权等）。查封是指人民法院或有权机关依法将财产贴上封条，就地封存，不允许任何人转让和处理的强制措施。扣押是指人民法院或有权机关将财物就地扣留或者易地扣留，财物所有人在扣留期间不得动用或处分的强制措施；监管是指海关依照《海关法》的有关规定，对自进境起到办结海关手续的进口货物自向海关申报起到出境止的出口货物过境、转运、通运货物，以及暂时进口货物、保税货物和其他尚未办结海关手续的进出境货物进行监督、管理，对违反《海关法》和其他有关法律法规规定的进出境货物、物品予以扣留的强制措施。

《民法典担保制度解释》于本条第2款规定：“当事人以依法被查封或者扣押的财产抵押，抵押权人请求行使抵押权，经审查查封或者扣押措施已经解除的，人民法院应予支持。抵押人以抵押权设立时财产被查封或者扣押为由主张抵押合

同无效的，人民法院不予支持。”第3款规定：“以依法被监管的财产抵押的，适用前款规定。”

以抵押人不享有处分权的财产设定抵押权，虽然抵押合同有效，但该财产的交换价值是否能够实现，尚不确定。例如，债务人在其价值2亿的建筑物上为甲银行设定抵押权，担保2000万元贷款的清偿，后未清偿，甲银行申请人民法院查封了该建筑物。若债务人并无其他方便执行的财产，乙小贷公司拟基于该建筑物的第二顺位抵押权向债务人发放贷款，但因该建筑物被查封而无法办理抵押权设立登记。此际，乙小贷公司可以与债务人签订抵押合同，在发放贷款后，债务人以乙小贷公司发放的贷款清偿在先的甲银行的贷款，注销其抵押登记和查封登记，其后自可办理抵押登记。此际，乙小贷公司的抵押合同有效、抵押权亦设定。在抵押权可得实现之时，乙小贷公司自可就标的财产优先受偿。但若债务人未依约定以乙小贷公司发放的贷款清偿在先的甲银行的贷款，抵押登记和查封登记无法注销，虽然乙小贷公司的抵押合同有效，但其抵押权因未登记而不设定，自不得就标的财产进行变价并优先受偿。因不能实现抵押权给债权人造成损失的，债权人可以依据抵押合同的约定请求抵押人承担违约责任。

第三十八条　主债权未受全部清偿，担保物权人主张就担保财产的全部行使担保物权的，人民法院应予支持，但是留置权人行使留置权的，应当依照民法典第四百五十条的规定处理。

担保财产被分割或者部分转让，担保物权人主张就分割或者转让后的担保财产行使担保物权的，人民法院应予支持，但是法律或者司法解释另有规定的除外。

【条文主旨】

本条是关于担保财产的不可分性的规定，系对《民法典》第386条的解释。

【规则变迁】

本条源自《担保法解释》第71条、第110条。其中，第71条规定：“主债权未受全部清偿的，抵押权人可以就抵押物的全部行使其抵押权。抵押物被分割或者部分转让的，抵押权人可以就分割或者转让后的抵押物行使抵押权。”第110条规定：“留置权人在债权未受全部清偿前，留置财产为不可分物的，留置权人可以就其留置物的全部行使留置权。”本条在此基础上进行了统合，并扩张至所有物的担保。

【理解与适用】

担保物权的不可分性，是指被担保的债权在未受全部清偿前，担保物权人可以就担保物的全部行使权利。具体来说，包括以下含义：其一，被担保的债权即使经过分割、部分清偿或部分消灭，担保物权仍为了担保各部分债权或剩余债权而存在；其二，担保物即使经过分割或部分灭失，各部分或余存的物仍为担保财产，并为担保全部债权而存在。有观点认为，在担保财产分割情况下，担保物权的不可分性也以物上代位为交易基础：分割后的新财产是代位物，担保物权继续存在。① 由于担保物权不可分性的目的在于强化担保物权的效力，从而更好地担保债权的实现，故此，理论上认为担保物权的不可分性不具有强行性，当事人可以特约加以排除或限制适用，但是，如果要排除或限制，必须登记公示后方能对抗第三人。

在《民法典》之前，我国法律没有规定担保物权的不可分性。只有原《担保法解释》就抵押权的不分性作出了详细的规定。该解释第 71 条规定："主债权未受全部清偿的，抵押权人可以就抵押物的全部行使其抵押权。抵押物被分割或者部分转让的，抵押权人可以就分割或者转让后的抵押物行使抵押权。"第 72 条规定："主债权被分割或者部分转让的，各债权人可以就其享有的债权份额行使抵押权。主债务被分割或者部分转让的，抵押人仍以其抵押物担保数个债务人履行债务。但是，第三人提供抵押的，债权人许可债务人转让债务未经抵押人书面同意的，抵押人对未经其同意转让的债务，不再承担担保责任。"

《民法典》既没有概括性地规定担保物权的不可分性，也没有在有关抵押权等具体担保物权的规定中明确不可分性。这就使得在《民法典》颁布后，不得不通过司法解释来弥补这一法律规定上的漏洞。

《民法典担保制度解释》第 38 条在总结原《担保法解释》第 71 条规定的基础上对于担保物权的不可分性作出了规定，本条主要是从担保财产的角度对担保物权不可分性作出的规定。具体阐述如下：

第一，被担保的债权未受全部清偿的，担保物权人可就全部担保财产行使担保物权。例如，债务人甲以房屋一套设定抵押权，担保其向债权人乙所负担的 90 万元债务。此后，甲向乙偿还了 70 万元的债务，即实现了部分主债权，但还有 20 万元的债务到期后无法履行。此时，抵押权人乙有权将作为抵押财产的房屋拍

---

① 参见张静：《物上代位的体系整合与教义学结构》，载《环球法律评论》2021 年第 4 期，第 75 页。

卖，就所得价款优先受偿。①

第二，担保财产被分割或者部分转让，担保物权人有权就全部的担保财产行使担保物权，除非法律另有规定。具体而言，首先，如果担保财产被分割的，担保物权不因此而受影响，担保物权人仍然可以就分割后的全部担保财产行使其担保物权。例如，甲、乙向债权人丙负有连带债务，甲、乙以他们按份共有的价值100万元的钢材为债权人丙设定动产抵押权。此后，甲、乙分割该原材料，抵押权人丙的抵押权不因甲、乙的分割行为而受影响。如果债务履行期限届满，甲、乙未履行债务，则丙仍可以就分割后的各部分原材料行使抵押权。

其次，担保财产被部分转让的，担保物权人仍然可以就转让后的全部担保财产行使其担保物权。例如，A以房间4间（每一间都是独立物，但登记为一个所有权）为B设抵押权，其后虽将其中2间转让给C，抵押权人B并不因A之让与行为而影响其抵押权，即B仍可以就作为抵押财产的4间房屋行使其抵押权。

再次，本条第2款规定了一个但书，即“法律或者司法解释另有规定的除外”。这主要是指动产抵押中抵押部分财产转让时的例外。因为我国《民法典》规定，在以动产抵押时，倘若抵押权未经登记，则不得对抗善意第三人（第403条），而且即便抵押权已经登记，也不得对抗正常经营活动中已经支付合理价款并取得抵押财产的买受人（第404条）。《民法典担保制度解释》第56条就何为“正常经营活动中”的买受人作出了具体规定。故此，在动产抵押中，如果抵押人转让部分抵押财产的，未经登记的不得对抗善意第三人，同时即便登记的，也不得对抗正常经营活动中已经支付合理价款并取得抵押财产的买受人。

第三，担保财产部分毁损之后，担保物权人有权就剩余的担保财产行使担保物权。例如，A公司以100吨水泥为B公司设立动产抵押权，后因台风，存放100吨水泥的仓库被毁，只剩20吨水泥未受损。该20吨水泥是抵押物，其上依然存在抵押权。如果债务人到期不履行债务或者发生当事人约定的实现抵押权的情形的，抵押权人有权就该剩余的抵押财产行使优先受偿权。当然，如果被毁损的80吨水泥投保了保险，由此获得了保险赔偿金，则此时抵押权人B对该保险赔偿金享有优先受偿权。不过，此时已经是担保物权的物上代位性的问题了。

第四，留置权人对留置财产有占有的权利，在其债权未受清偿前可以持续地占有留置财产、拒绝一切返还留置财产的请求。这种占有权是留置权人的基本权利，也是留置权的基本效力。留置权人在其债权受全部清偿前，可以就留置财产之全部行使留置权，此即留置权的不可分性。《民法典担保制度解释》第38条第1款规定：“主债权未受全部清偿，担保物权人主张就担保财产的全部行使担保物权的，人民法院应予支持，但是留置权人行使留置权的，应当依照民法典第四百

① 参见最高人民法院（2006）民二终字第31号民事判决书。

五十条的规定处理。”由此可见，留置权的不可分性，相对于抵押权、质权而言，效力较弱，主要表现在留置财产如属于可分物，且分割后的留置财产足以担保债权的受偿，为求得留置权人和债务人利益的均衡，留置财产的价值应相当于债务的金额。各种动产的价值差别较大，通常应当根据留置财产的正常市场价格进行判断。所谓价值相当，不是说必须完全等值，而是留置财产的价值不能明显超过债权金额。①

依据物本身是否可以分割为标准，物可以分为可分物与不可分物。其中，可分物是指可以分割并且不因分割而损害其价值或性能的物；不可分物是因其性质不能分割或者分割后会改变性质或降低其价值的物。在特殊情况下，物理上可分的物也可以是不可分物，如按照财产共有人的协议或权利的性质，在一定时间内不得分割的物，也属于不可分物。如债权人行使留置权的范围明显超过了相当于债务的金额，且留置动产是可分物时，债务人有权要求就超过部分的可分物解除留置并返还。留置权人拒不解除留置的，则应当承担违约责任或者侵权责任；如因此还对债务人造成其他损失的，则应当承担相应的赔偿责任。②

第三十九条　主债权被分割或者部分转让，各债权人主张就其享有的债权份额行使担保物权的，人民法院应予支持，但是法律另有规定或者当事人另有约定的除外。

主债务被分割或者部分转移，债务人自己提供物的担保，债权人请求以该担保财产担保全部债务履行的，人民法院应予支持；第三人提供物的担保，主张对未经其书面同意转移的债务不再承担担保责任的，人民法院应予支持。

【条文主旨】

本条是关于主债权债务不可分性的规定，系对《民法典》第386条、第391条的解释。

【规则变迁】

本条源自《担保法解释》第72条，该条规定：“主债权被分割或者部分转让的，各债权人可以就其享有的债权份额行使抵押权。主债务被分割或者部分转让

① 参见黄薇主编：《中华人民共和国民法典解读·物权编》，中国法制出版社2020年版，第756页。

② 参见最高人民法院民法典贯彻实施工作领导小组主编：《中华人民共和国民法典物权编理解与适用》（下），人民法院出版社2020年版，第1292～1293页。

的，抵押人仍以其抵押物担保数个债务人履行债务。但是，第三人提供抵押的，债权人许可债务人转让债务未经抵押人书面同意的，抵押人对未经其同意转让的债务，不再承担担保责任。”一方面，本条将适用范围从人保扩张至物的担保；另一方面《担保法解释》第72条第2款的但书条款已被《民法典》吸收。

【理解与适用】

本条是从被担保的债权和债务的角度对担保物权不可分性的规定。不论主债权被分割或部分转让，也不论主债务被分割或部分转移，都不影响担保物权的行使。

一、主债权被分割或者部分转让对担保物权行使的影响

《民法典》第545条规定：“债权人可以将债权的全部或者部分转让给第三人，但是有下列情形之一的除外：（一）根据债权性质不得转让；（二）按照当事人约定不得转让；（三）依照法律规定不得转让。当事人约定非金钱债权不得转让的，不得对抗善意第三人。当事人约定金钱债权不得转让的，不得对抗第三人。”第547条规定：“债权人转让债权的，受让人取得与债权有关的从权利，但是该从权利专属于债权人自身的除外。受让人取得从权利不因该从权利未办理转移登记手续或者未转移占有而受到影响。”在主债权被分割或者部分转让，各债权人亦取得与主债权有关的从权利（包括担保物权），但各债权人如何行使该担保物权，不无疑问。

《民法典担保制度解释》于本条第1款规定：“主债权被分割或者部分转让，各债权人主张就其享有的债权份额行使担保物权的，人民法院应予支持，但是法律另有规定或者当事人另有约定的除外。”这里的“法律另有规定”，如《民法典》第421条规定：“最高额抵押担保的债权确定前，部分债权转让的，最高额抵押权不得转让，但是当事人另有约定的除外。”这里的“当事人另有约定”，包括：（1）债权人转让部分债权时与受让人约定，受让人受让的债权不受抵押权的担保；债权人转让部分债权时与受让人约定，抵押权随同被部分转让的债权而转让，债权人剩余的部分债权不受抵押权担保。①

二、主债务被分割或者部分转移对担保物权行使的影响

《民法典》第391条规定：“第三人提供担保，未经其书面同意，债权人允许

① 参见高圣平、谢鸿飞、程啸：《最高人民法院民法典担保制度司法解释理解与适用》，中国法制出版社2021年版，第181页（程啸执笔）。

债务人转移全部或者部分债务的，担保人不再承担相应的担保责任。”担保物权之设立旨在保障主债务人履行主债务。担保的无偿性、单务性决定了物上保证人承担担保责任的约定多基于物上保证人与债务人之间的特殊信任关系或对债务人的资产、信誉的了解。[①] 如债务人更迭，物上保证人是否还信任或了解承担人，是否还愿意为承担人提供担保，则取决于物上保证人的自愿，由此可见，债务承担是否对物上保证人产生效力完全取决于物上保证人的同意。

根据《民法典》第391条的规定，债权人允许债务人转移全部或者部分债务，未经物上保证人书面同意的，物上保证人不再承担相应的担保责任。这里“不再承担相应的担保责任”，系指物上保证人对未经其同意转让的债务，不再承担担保责任。亦即，未经物上保证人书面同意，债权人允许债务人转移全部债务的，物上保证人不再承担全部担保责任；未经物上保证人书面同意，债权人允许债务人转移部分债务的，物上保证人不再就该部分债务承担担保责任。由此可见，物上保证人免除担保责任的条件是债权人允许债务人转移债务时未经物上保证人同意，而且债务承担已发生效力。如果债务承担依本法的规定尚未发生效力，物上保证人仍不得免责，仍应在约定的范围内向债权人提供担保。物上保证人免除担保责任的范围仅限于未经其书面同意转移的债务。

《民法典担保制度解释》于本条第2款规定：“主债务被分割或者部分转移，债务人自己提供物的担保，债权人请求以该担保财产担保全部债务履行的，人民法院应予支持；第三人提供物的担保，主张对未经其书面同意转移的债务不再承担担保责任的，人民法院应予支持。”这里，在《民法典》第391条的基础上，针对债务人自己提供物的担保时，主债务被分割或者部分转移对担保物权行使的影响作了规定。亦即，主债务被分割或者部分转移，债务人自己提供物的担保，债权人可以请求以该担保财产担保全部债务履行，并无须得到债务人的同意。

第四十条　从物产生于抵押权依法设立前，抵押权人主张抵押权的效力及于从物的，人民法院应予支持，但是当事人另有约定的除外。

从物产生于抵押权依法设立后，抵押权人主张抵押权的效力及于从物的，人民法院不予支持，但是在抵押权实现时可以一并处分。

【条文主旨】

本条是关于抵押权的效力及于从物的规定，系对《民法典》第320条的解释。

---

① 参见黄薇主编：《中华人民共和国民法典解读·物权编》，中国法制出版社2020年版，第576页。

【规则变迁】

本条源自《担保法解释》第63条，该条规定："抵押权设定前为抵押物的从物的，抵押权的效力及于抵押物的从物。但是，抵押物与其从物为两个以上的人分别所有时，抵押权的效力不及于抵押物的从物。"

本条第1款在此基础上作了修改，第2款则系新增规定。

【理解与适用】

一、抵押权的效力原则上及于产生于抵押权依法设立前的从物

从物独立于主物，但经常性地辅助主物发挥效用。《民法典》第320条规定："主物转让的，从物随主物转让，但是当事人另有约定的除外。"第631条规定："因标的物的主物不符合约定而解除合同的，解除合同的效力及于从物。因标的物的从物不符合约定被解除的，解除的效力不及于主物。"这里确立了"从随主"的一般规则，旨在便利交易以及更好地发挥主物的经济效用。

在解释上，主物与从物亦应一并处分。因此，《民法典担保制度解释》于本条第1款规定："从物产生于抵押权依法设立前，抵押权人主张抵押权的效力及于从物的，人民法院应予支持，但是当事人另有约定的除外。"由此可见，原则上，抵押权的效力及于抵押权设立前取得的从物。但该规定应属任意性规范，允许当事人特约排除。

在"某租赁有限公司、某国际信托有限公司等案外人执行异议之诉"① 中，法院认为："涉案吸水性地毯垫、红色迎宾地毯虽与前述大楼在物理上可相互分离，但是因该些地毯分布于酒店各个楼层，不仅与酒店各楼层地面尺寸匹配，且已相对固定使用较长时间，若使其继续留在原位，在功能上将有助于酒店发挥经济效益，而如果予以拆分或搬离，不仅不能充分发挥其经济效益，还可能极大减损其使用价值。原判将吸水性地毯垫、红色迎宾地毯认定为前述大楼的从物，符合该物的特性。"

《担保法解释》第63条但书规定："抵押物与其从物为两个以上的人分别所有时，抵押权的效力不及于抵押物的从物。"但是，认定两物之间构成主物与从物的关系，系以两物同属一人所有为前提。如抵押物与其他标的物为两人分别所

---

① 浙江省高级人民法院（2016）浙民终9号民事判决书。

有，自然也就谈不上主从关系，抵押权的效力也无从及于该物。[①] 因此，《民法典担保制度解释》于本条删去了这一规定。

二、抵押权的效力不及于产生于抵押权依法设立后的从物

《担保法解释》第63条仅及于产生于抵押权设立前的从物的情形，并不涉及产生于抵押权设立之后的从物的情形，本已体现了区分从物取得的时间分别予以处理的基本思路。但即使就产生于抵押权设立之后的从物，实践中亦依照《担保法解释》第63条确立的规则进行处理。如在"山东某地产有限公司与厦门某科技有限公司借款合同纠纷"[②] 中，法院认为："虽然电梯可以作为独立的权利客体存在，但作为建筑物重要组成部分的电梯，一旦与建筑物本身脱离，其将失去独立存在的意义。因此，原审法院依据担保法解释第六十二条、六十三条之规定，将在建项目中的电梯部分认定为抵押物……的从物是正确的。虽然在抵押设定时，电梯并未安装，但至今上诉人也没有证据证明该电梯的所有权属于另外一个主体。因此，无论在抵押权设定前后，除非当事人之间有特别约定，电梯应当视为抵押房产的组成部分之一，即大厦的从物。故本案抵押物的财产范围应当包括电梯部分。"

《民法典担保制度解释》于本条第2款规定："从物产生于抵押权依法设立后，抵押权人主张抵押权的效力及于从物的，人民法院不予支持，但是在抵押权实现时可以一并处分。"其解释基础同于《民法典》第417条（建设用地使用权抵押后，该土地上新增的建筑物不属于抵押财产。该建设用地使用权实现抵押权时，应当将该土地上新增的建筑物与建设用地使用权一并处分。但是，新增建筑物所得的价款，抵押权人无权优先受偿。）由此可见，此前的处理模式应予改变。值得注意的是，虽然抵押权的效力不及于抵押权设立后取得的从物，但在抵押权实现时，可以一并处分从物，只不过，抵押权人对从物的价值不能主张优先受偿。

第四十一条　抵押权依法设立后，抵押财产被添附，添附物归第三人所有，抵押权人主张抵押权效力及于补偿金的，人民法院应予支持。

抵押权依法设立后，抵押财产被添附，抵押人对添附物享有所有权，抵押权人主张抵押权的效力及于添附物的，人民法院应予支持，但是添附导致抵押财产价值增加的，抵押权的效力不及于增加的价值部分。

抵押权依法设立后，抵押人与第三人因添附成为添附物的共有人，抵押权人

---

① 参见最高人民法院民事审判第二庭编：《最高人民法院民法典担保制度司法解释理解与适用》，人民法院出版社2021年版，第368页。

② 最高人民法院（2005）民二终字第73号民事判决书。

主张抵押权的效力及于抵押人对共有物享有的份额的，人民法院应予支持。

本条所称添附，包括附合、混合与加工。

【条文主旨】

本条是关于抵押权的效力及于添附物的规定，系对《民法典》第394条、第390条的解释。

【规则变迁】

《担保法解释》第62条规定："抵押物因附合、混合或者加工使抵押物的所有权为第三人所有的，抵押权的效力及于补偿金；抵押物所有人为附合物、混合物或者加工物的所有人的，抵押权的效力及于附合物、混合物或者加工物；第三人与抵押物所有人为附合物、混合物或者加工物的共有人的，抵押权的效力及于抵押人对共有物享有的份额。"

本条在此基础上有所修改，增加了添附导致抵押财产价值变动时，抵押权效力范围的规则。

【理解与适用】

一、抵押人对添附后的物享有所有权的情形

《民法典》第322条规定："因加工、附合、混合而产生的物的归属，有约定的，按照约定；没有约定或者约定不明确的，依照法律规定；法律没有规定的，按照充分发挥物的效用以及保护无过错当事人的原则确定。因一方当事人的过错或者确定物的归属造成另一方当事人损害的，应当给予赔偿或者补偿。"添附在性质上属于所有权的原始取得，若抵押人对添附后的物享有所有权，则物的所有权只存在一个，此时抵押权的效力自然及于附合物、混合物、加工物。

《民法典担保制度解释》于本条第2款规定："抵押权依法设立后，抵押财产被添附，抵押人对添附物享有所有权，抵押权人主张抵押权的效力及于添附物的，人民法院应予支持，但是添附导致抵押财产价值增加的，抵押权的效力不及于增加的价值部分。"由此可见，即使抵押财产的价值因添附而增加，抵押权效力也不及于增加部分。其理由在于：原本数个物上存在多个所有权，因添附的发生而变为一个所有权，抵押权自然及于新物的全部，但抵押人不应因此承担更多责任，所以仍以原来的担保责任范围为限。

二、第三人对添附后的物享有所有权或者共有权的情形

《民法典担保制度解释》于本条第 1 款规定："抵押权依法设立后，抵押财产被添附，添附物归第三人所有，抵押权人主张抵押权效力及于补偿金的，人民法院应予支持。"这一规则与《民法典》第 390 条物上代位规则相一致。该条规定："担保期间，担保财产毁损、灭失或者被征收等，担保物权人可以就获得的保险金、赔偿金或者补偿金等优先受偿。被担保债权的履行期限未届满的，也可以提存该保险金、赔偿金或者补偿金等。"在解释上，抵押人因抵押财产被添附而丧失所有权的法律后果，与"担保财产毁损、灭失或者被征收"而丧失所有权的后果相同。

《民法典担保制度解释》于本条第 3 款规定："抵押权依法设立后，抵押人与第三人因添附成为添附物的共有人，抵押权人主张抵押权的效力及于抵押人对共有物享有的份额的，人民法院应予支持。"动产与动产的附合结果可能是各动产所有人的按份共有，混合亦同，此时抵押权效力及于抵押人的共有份额。

第四十二条　抵押权依法设立后，抵押财产毁损、灭失或者被征收等，抵押权人请求按照原抵押权的顺位就保险金、赔偿金或者补偿金等优先受偿的，人民法院应予支持。

给付义务人已经向抵押人给付了保险金、赔偿金或者补偿金，抵押权人请求给付义务人向其给付保险金、赔偿金或者补偿金的，人民法院不予支持，但是给付义务人接到抵押权人要求向其给付的通知后仍然向抵押人给付的除外。

抵押权人请求给付义务人向其给付保险金、赔偿金或者补偿金的，人民法院可以通知抵押人作为第三人参加诉讼。

【条文主旨】

本条是关于抵押权的物上代位效力的规定，系对《民法典》第 390 条的解释。

【规则变迁】

《物权法》第 174 条规定："担保期间，担保财产毁损、灭失或者被征收等，担保物权人可以就获得的保险金、赔偿金或者补偿金等优先受偿。被担保债权的履行期未届满的，也可以提存该保险金、赔偿金或者补偿金等。"《担保法解释》第 80 条规定："在抵押物灭失、毁损或者被征用的情况下，抵押权人可以就该抵押物的保险金、赔偿金或者补偿金优先受偿。抵押物灭失、毁损或者被征用的情

况下，抵押权所担保的债权未届清偿期的，抵押权人可以请求人民法院对保险金、赔偿金或补偿金等采取保全措施。”

《民法典》第390条规定：“担保期间，担保财产毁损、灭失或者被征收等，担保物权人可以就获得的保险金、赔偿金或者补偿金等优先受偿。被担保债权的履行期限未届满的，也可以提存该保险金、赔偿金或者补偿金等。”

但是，上述规则均未明确规定物上代位权的顺位以及给付义务人的义务。《民法典担保制度解释》于本条予以明确。

【理解与适用】

一、担保物权物上代位的性质

担保物权的物上代位性，是指当担保物毁损、灭失或被征收而获得赔偿时，担保物权的效力及于担保物的代位物，[①] 担保物权人可就该代位物行使其权利。[②] 对此，《民法典》第390条及《担保制度解释》第42条予以明确，但实定法将担保物权物上代位的效力描述为“就保险金、赔偿金或者补偿金等优先受偿”，并没有就担保物权及于代位物的效力进行准确的定性，因此在解释上存在两个方面的疑问。首先，按照法条文义解释，由于将担保物权物上代位的效力及于的客体限制于保险金、赔偿金或者补偿金等，担保物权客体类型未发生改变，因此有观点将该效力定性为原担保物权的效力延续。[③] 但是担保财产毁损、灭失或者被征收等之后，给付义务人支付保险金、赔偿金或者补偿金之前，担保人取得的仅为保险金、赔偿金或者补偿金的给付请求权，此时如果原担保物权为抵押权，将很难认为抵押权存在于债权请求权之上，因此便有观点认为担保物权人的物上代位权为法定债权质权。其次，按照担保物权的物上代位性是否适用于担保财产相对灭失的情形，存在担保物权追及效力与物上代位效力是否能够同时发挥作用的争议，进而影响担保物权效力所及的标的物的范围。

关于担保物权物上代位的定性，存在两种不同的法律构造，分别是担保物权延续说和法定债权质权说。正如前文所述，《民法典》第390条存在物上代位发生时点上的漏洞，即在担保财产毁损灭失时，保险金、赔偿金或补偿金并不会即

---

① 实践和学理中，法官和学者在物上代位情形下使用“替代物”或“代位物”两种不同的说法，本书为与《民法典》中“可替代物”概念区别，统一使用“代位物”这一说法。

② 参见梁慧星、陈华彬：《物权法》，法律出版社2020年版，第317页；高圣平：《担保法论》，法律出版社2009年版，第243页；尹田：《物权法》，北京大学出版社2017年版，第474页。

③ 参见最高人民法院民法典贯彻实施工作领导小组主编：《中华人民共和国民法典物权编理解与适用（下）》，人民法院出版社2020年版，第1007页。

时产生，首先产生的是债权请求权，其次给付义务人会将保险金、赔偿金或补偿金支付给担保人或者担保物权人，此时担保物权会发生两次物上代位，第一次物上代位发生于债权请求权，第二次发生于保险金、赔偿金或者补偿金，《民法典》第390条的规定忽视了第一次物上代位的发生，因此没有法定债权质权说的解释余地。而欠缺第一次物上代位的发生，则会遭遇以下困境：担保人取得该债权时进入破产程序或者该债权被扣押，则该债权进入破产财产，或者担保物权人不能获得无负担的债权。因此必须对《民法典》第390条进行漏洞填补，承认担保财产毁损灭失以后，担保物权物上代位首先发生于债权请求权，而承认第一次物上代位的发生，在中国法的语境下，才会存在担保物权延续说和法定债权质权说的争议，即原担保物权是否能够延续至作为代位物的债权之上。

担保物权延续说认为，担保财产转为代位物后，原担保物权继续存在于代位物请求权之上。《日本民法典》第304条第1款规定："先取特权，对于债务人因其标的物的变卖、出租、灭失或毁损而所得的金钱或其他物品，亦可以行使。但先取特权人须在其支付或交付以前实行扣押。"一般认为，该条款中所述的所得的金钱或其他物品不是指现物本身，而是指对于其物的请求权，即先取特权等担保物权的物上代位的效力并非及于担保物因变卖、出租、灭失、毁损而发生的现实存在的金钱之上，而是基于保险金、损害赔偿金的请求权之上。① 即便担保物权为抵押权，其物上代位的效力及于抵押财产灭失产生保险金赔偿请求权。

法定债权质权说认为，担保物权的物上代位权实质上为法定的债权质权，在担保财产毁损灭失以后，债权请求权作为代位物成为担保物权的客体，而原担保物权由于客体的改变转化为债权质权。② 由此可知，一方面，因为抵押物等担保物的灭失，抵押权等担保物权归于消灭；另一方面，为了强化担保物权的担保效力，法律上特别赋予原担保物权人依法享有针对赔偿给付请求权的权利质权。"该权利质权虽为嗣后发生，但基于抵押权物上代位之法理，该质权乃抵押权之代替，故其次序应与原抵押权相同。"③ 采取法定债权质权说的法律构造，原因在于：（1）在物权法定的原则下，特定客体所能够承载的物权类型和内容具有强制性，无论代位物与原物非属同一类型的客体，则物权类型与内容必然发生改变。如果原担保物权为抵押权，担保财产的代位物为债权请求权，其所设定的担保物权无法解释为原抵押权。（2）能够使当事人与第三债务人之间的权利义务关系明

① 〔日〕我妻荣：《新订担保物权法》，申政武、封涛、郑芙蓉译，中国法制出版社2008年版，第264页。

② 参见程啸：《担保物权人物上代位权实现程序的建构》，载《比较法研究》2015年第2期。

③ 郑冠宇：《民法物权（第二版）》，新学林出版股份有限公司2011年版，第458页。

确化，使得抵押权发生物上代位以后，担保物权人行使权利的方法能够有章可循。[①] 当然，支持该法律构造的观点认为，在代位物为保险金、赔偿金或补偿金时，如果代位物给付义务人将补偿金等代位物直接支付给了担保人后，这些金钱势必混入担保人的一般财产中，无法被特定化，从而导致担保物权客体因失去特定性而消灭，法院不再支持担保物权人对代位物有优先受偿权。只有采取法定债权质权说，才能够控制给付义务人的支付行为，避免担保物权人的合法权益受到损害。[②]

《民法典担保制度解释》第 42 条第 2 款规定：“给付义务人已经向抵押人给付了保险金、赔偿金或者补偿金，抵押权人请求给付义务人向其给付保险金、赔偿金或者补偿金的，人民法院不予支持，但是给付义务人接到抵押权人要求向其给付的通知后仍然向抵押人给付的除外。”将该条司法解释与《民法典担保制度解释》第 61 条第 3 款对比发现，条文内容与结构基本保持一致，因此基本可以认为现行法认可了第一次物上代位的发生，且担保财产毁损灭失以后，担保物权人对在保险金、赔偿金和补偿金的给付请求权之上取得质权。但是给付义务人向担保人的给付行为对担保物权人不发生效力的前提是担保物权人的通知，而在担保物权为抵押权的情形，抵押权的成立不以转移抵押财产的占有为必要，在抵押人继续占有、使用抵押财产的时候，抵押权人通常无法知悉抵押财产是否灭失、毁损或者将要被征收，当然无从通知。同样的，给付义务人也没有义务查询抵押财产上的权利负担状况，在现行法没有规定抵押人或者给付义务人具有向抵押权人通知物上代位发生情形通知义务的情形下，即便采取法定债权质权说也无法解决担保物权可能因给付义务人向担保人清偿而消灭的弊端。

综上所述，担保财产毁损灭失以后，担保物权的物上代位发生于债权请求权之上，依据现行法，无论采取担保物权延续说还是法定债权质权说，均无法有效地保护担保物权人的利益。即便采取法定债权质权说的法律构造，实益可能仅在于明晰担保物权的类型而已。[③] 问题的关键在于，担保物权人如何及时地知悉担保财产发生毁损灭失的事实，进而能够通知给付义务人保全债权。无论是采取哪种物上代位的法律构造，均不能直接解决此项问题。但《民法典》第 406 条第 2 款第 1 句规定“抵押人转让抵押财产的，应当及时通知抵押权人”之所以在此规定抵押人负有通知义务，一方面是便于抵押权人决定是否请求抵押人提前清偿债务或者提存，抵押权人只有在接到通知后，才能够去举证证明该转让行为是否损害其抵押权，并据此决定是否请求抵押人提前清偿债务或者提存。另一方面，只

---

① 参见谢在全：《民法物权论（修订七版）》（下册），新学林出版股份有限公司 2020 年版，第 196 ~ 197 页。

② 参见程啸：《担保物权人物上代位权实现程序的建构》，载《比较法研究》2015 年第 2 期。

③ 参见庄加园：《动产担保物权的默示延伸》，载《法学研究》2021 年第 2 期。

有在抵押人将抵押财产转让的事实通知抵押权人后，抵押权人才能够向受让人主张抵押权。[①] 根据举轻以明重的法律解释方法，抵押财产毁损灭失对抵押权的影响更甚，抵押人更应当有义务通知抵押权人这一法律事实的发生，在抵押人对抵押权人进行通知以后，抵押权人才能够向给付义务人主张优先受偿权。如果抵押人在抵押财产毁损灭失时没有及时通知抵押权人，从而导致抵押权消灭，抵押人应该承担赔偿责任。[②]

二、担保物权物上代位物的范围

在讨论该问题之前，需要说明的一点是，尽管《民法典》第390条没有明确将担保财产毁损灭失时发生的债权请求权规定为代位物，但是，担保财产的代位物，在赔偿或其他给付义务人未给付之前，担保物权人对该义务人仅有给付请求权，因此严格意义上来讲，该债权请求权应属于第一层次意义上的代位物，即便担保财产为特定的动产或不动产时，如房屋被征收时，被征收人选择的不是货币补偿而是房屋产权调换，物上代位也首先发生于给付不动产的债权请求权之上。但鉴于债权请求权内容较为模糊，因此明确了第二次物上代位所及的标的物范围。根据《民法典》第390条的规定，可以充当代位物的分别为赔偿金、保险金和补偿金等，易使人误解为担保财产之代位物仅限于金钱，从法工委释义书中大抵可以得出这一结论。但是，给付物并不特定，金钱、动产、不动产或其他财产权均有可能。在解释上，担保物权人可以获得的或者可得的保险金、赔偿金、补偿金或者其他利益，均在物上代位的范畴之内。

依据《民法典》第390条的规定，可以充当代位物的有以下几种：第一，赔偿金。因第三人的侵权行为致使担保财产毁损、灭失的，担保物权的效力及于该侵权损害赔偿金。但是，如果担保财产是由于债权人的原因而毁损灭失的，根据《民法典》第432条、第451条的规定，质权人、留置权人负有妥善保管质押财产、留置财产的义务；若因保管不善导致质押财产或者留置财产毁损灭失的，应当承担赔偿责任，质权人、留置权人向出质人或者债务人支付的损害赔偿金不能够作为担保财产的代位物。[③] 第二，保险金。担保人为担保财产投保，因保险事故的发生导致担保财产毁损灭失，担保人可以请求保险人支付保险金，该保险金自然可以作为代位物。第三，补偿金。作为代位物的补偿金，主要是指担保财产被征收后所得到的补偿金。《民法典》第117条规定："为了公共利益的需要，依照法律规定的权限和程序征收、征用不动产或者动产的，应当给予公平、合理的

① 参见最高人民法院民法典贯彻实施工作领导小组主编：《中华人民共和国民法典物权编理解与适用》，人民法院出版社2020年版，第1093~1094页。

② 参见黄薇：《中华人民共和国民法典物权编释义》，法律出版社2020年版，第512页。

③ 参见黄薇：《中华人民共和国民法典物权编释义》，法律出版社2020年版，第464页。

补偿。”第 243 条第 3 款也规定：“征收组织、个人的房屋以及其他不动产，应当依法给予征收补偿，维护被征收人的合法权益；征收个人住宅的，还应当保障被征收人的居住条件。”第四，其他代位物。除了法律明确列举的保险金、赔偿金或者补偿金以外，还有其他类型的代位物。虽然法律列举的代位物都是金钱的形式，但代位物也可以是金钱以外的物。例如，设有抵押权的房屋拆迁时，《国有土地上房屋征收与补偿条例》第 21 条规定：“被征收人可以选择货币补偿，也可以选择房屋产权调换。被征收人选择房屋产权调换的，市、县级人民政府应当提供用于产权调换的房屋，并与被征收人计算、结清被征收房屋价值与用于产权调换房屋价值的差价。因旧城区改建征收个人住宅，被征收人选择在改建地段进行房屋产权调换的，作出房屋征收决定的市、县级人民政府应当提供改建地段或者就近地段的房屋。”此时，代位物即为调换的房屋。因此，代位物不限于金钱，也可以是其他利益。①

需要说明的是，保险金、赔偿金或者补偿金等金钱代位物与特定动产或者不动产不同，后者尽管由给付义务人交付给担保人，由于客体特定，担保物权的优先受偿效力可以延伸至特定动产和不动产之上，但是如果给付义务人将金钱代位物支付给担保人，则会与担保人的一般财产混同而导致担保物权消灭，如在“某资产管理公司哈尔滨办事处与某建设投资集团有限公司等借款合同纠纷案”中，一审法院认为：由于拆迁办已经将拆迁补偿金支付给了抵押财产的所有权人，故此失去了特定性，抵押权人对拆迁补偿金的优先受偿权已经无法实现，因此抵押权人不能主张物上代位权。作为二审法院的最高人民法院明确肯定了一审法院的观点并认为：“因大地公司享有土地使用权项下的土地被征收、地上房屋被拆迁，拆迁补偿金即成为抵押物的代位物。根据《担保法解释》第 80 条第 1 款关于在抵押物灭失、毁损或者被征用的情况下，抵押权人可以就该抵押物的保险金、赔偿金或者补偿金优先受偿之规定，某公司哈尔滨办事处有权对拆迁补偿金行使优先受偿权。但由于该项补偿金已经支付给抵押人，且其中绝大部分补偿金已被抵押人转移，从而失去了行使担保物权所必需的财产的特定性，抵押权人对拆迁补偿金行使优先受偿权，客观上已无实现的可能。因此，原审法院驳回某公司哈尔滨办事处对拆迁补偿金行使优先受偿权的主张，并无不当。”②

基于《民法典担保制度解释》第 61 条第 2 款承认的应收账款质权人直接收取权，在代位物产生时，被担保债权届期未受清偿或者发生当事人约定的实现担保物权的情形，担保物权人可以就代位物直接行使优先受偿的权利；若代位物为

① 参见最高人民法院民法典贯彻实施工作领导小组主编：《中华人民共和国民法典物权编理解与适用》（下），人民法院出版社 2020 年版，第 1009 页。

② 最高人民法院民事审判第二庭编：《担保案件审判指导》，法律出版社 2014 年版，第 391 页。

金钱给付的债权，则担保物权人可以直接行使代位物抵充被担保债权；若为非金钱给付债权，担保物权人应当请求代位物给付义务人向自己为给付，并将所受给付依法变价优先受偿。① 如果代位物产生时，被担保债权未届清偿期，则担保物权人可以请求代位物给付义务人向提存机关申请提存代位物，从而实现担保物权对代位物的支配。

关于物上代位物的范围，一直存在争议的是，担保财产转让而应当收取的价金收益能否成为担保物权的代位物，即担保物权的物上代位是否仅发生于担保财产绝对灭失的情形，还是对担保财产相对灭失的情形同样适用。否定说认为，传统民法中发生物上代位时的“灭失”原则上仅指担保财产因事实或法律原因“绝对灭失”，② 如果担保财产相对灭失，原则上通过物权的追及效力解决，担保物权人能够追及物权客体的，不能主张物上代位，即物上代位补充说。该说认为，《民法典》第390条的适用前提为物的消灭并非基于所有权人的意思，其适用范围在于担保关系以外的第三人造成担保财产毁损、灭失或被征收的情形，并不及于抵押权人同意转让的范围。③ 在承认物权的追及效力时又承认物上代位，属于对担保物权人的“过度保护”。④ 而肯定说认为，担保物权的物上代位性，不应该与担保物权的追及效力、担保物权的消灭绑定，担保物权具有追及效力，不影响担保物权的物上代位；担保物权的物上代位，也不以担保物权的消灭为条件。⑤《日本民法典》第372条规定，抵押权可以准用第304条规定的先取特权对担保财产的转让价金之物上代位的规定，即在担保财产转让的情形下，先取特权具有物上代位的效力，与其追及效力可以并存。⑥

本书认为担保物权的物上代位效力不及于担保财产转让而应当收取的价金收益。《民法典》第406条规定：“抵押期间，抵押人可以转让抵押财产。当事人另有约定的，按照其约定。抵押财产转让的，抵押权不受影响。抵押人转让抵押财产的，应当及时通知抵押权人。抵押权人能够证明抵押财产转让可能损害抵押权的，可以请求抵押人将转让所得的价款向抵押权人提前清偿债务或者提存。转让的价款超过债权数额的部分归抵押人所有，不足部分由债务人清偿。”该条在承认抵押权追及效力的同时，也承认抵押权人的价金物上代位，但将价金物上代位

---

① 参见孙宪忠、朱广新主编：《民法典评注·物权编》，中国法制出版社2020年版，第40页。
② 郑冠宇：《民法物权》，新学林出版股份有限公司2017年版，第484页。
③ 参见王利明：《物权法研究》（下卷），中国人民大学出版社版2016年版，第1220~1221页。
④ 参见［日］近江幸治：《担保物权法》，祝娅等译，法律出版社2000年版，第42页。
⑤ 参见孙宪忠、朱广新主编：《民法典评注·物权编》，中国法制出版社2020年版，第41页。
⑥ 参见［日］近江幸治：《担保物权法》，祝娅等译，法律出版社2000年版，第41~42页。

仅适用于“抵押权人能够证明抵押财产转让可能损害抵押权的”情形。[①] 也有观点认为应对第406条第2款进行限缩解释，仅能适用于抵押权人因财产转让而丧失追及权的情形,[②] 而追及效力排除了物上代位的必要性和遭受损害的可能性。[③] 尽管担保物权的物上代位效力不发生于担保财产相对灭失的情形，但是有观点认为担保物权可以自动附着于收益，且将这种自动延伸归于当事人可推知的意思。[④] 反对观点认为物上代位方案和上述基于默示合意的自动延伸方案，均是担保权自动延伸到收益上，效果上并无实质差别。而且，默示自动延伸方案的依据之一也是解释《民法典》第390条中的“等”字。[⑤] 本书同样认为，在现行法体系下，将担保物权的效力自动及于担保财产的转让收益无法绕过担保物权物上代位的解释方案，因此在物上代位所及标的范围不包括担保财产转让财产所得收益的情形下，不能将该收益纳入担保物权所及的标的物的范围。

应当注意的是，担保财产毁损时，同时有《民法典》第390条规定的物上代位权以及第408条所规定的增担保请求权，发生请求权竞合，由担保物权人择一行使。

三、物上代位权的顺位

担保财产毁损、灭失或者被征收的，如担保物权人可以获得保险金、赔偿金、补偿金或者其他利益，担保物权人所得行使的权利并不当然消灭，担保物权的效力及于保险金请求权、赔偿金请求权、补偿金请求权，但因此效力系嗣后发生，难免和担保财产上的其他权利发生竞存。为避免疑义，基于担保物权的物上代位性，其受偿顺位不受影响，各担保物权人依照其对担保财产的受偿顺位对代位物行使权利。[⑥]

《民法典担保制度解释》第42条第1款规定：“抵押权依法设立后，抵押财产毁损、灭失或者被征收等，抵押权人请求按照原抵押权的顺位就保险金、赔偿金或者补偿金等优先受偿的，人民法院应予支持。”这里明确了物上代位权的顺位。

---

① 参见高圣平、罗帅：《〈民法典〉不动产抵押权追及效力规则的解释论》，载《社会科学研究》2020年第5期。

② 参见张静：《物上代位的体系整合与教义学结构》，载《环球法律评论》2021年第4期。

③ 参见最高人民法院民法典贯彻实施工作领导小组主编：《中华人民共和国民法典物权编理解与适用》（下），人民法院出版社2020年版，第1093页。

④ 参见庄加园：《动产担保物权的默示延伸》，载《法学研究》2021年第2期。

⑤ 参见纪海龙：《动产担保权益延伸的合意路径》，载《现代法学》2022年第3期。

⑥ 参见黄薇主编：《中华人民共和国民法典解读·物权编》，中国法制出版社2020年版，第574页。

四、给付义务人的义务

《民法典担保制度解释》第42条第2款规定："给付义务人已经向抵押人给付了保险金、赔偿金或者补偿金，抵押权人请求给付义务人向其给付保险金、赔偿金或者补偿金的，人民法院不予支持，但是给付义务人接到抵押权人要求向其给付的通知后仍然向抵押人给付的除外。"担保财产毁损、灭失或者被征收时，依《民法典》第390条规定的意旨，负赔偿、补偿或其他给付义务的给付义务人应向担保物权人给付。但是，给付义务人向担保物权人给付，以担保物权人向其发出给付通知为前提。因此，给付义务人如因故意或重大过失向担保人给付的，对担保物权人不生效力。也就是说，担保物权人如向给付义务人请求给付，给付义务人仍负给付义务。

《民法典担保制度解释》第42条第3款规定："抵押权人请求给付义务人向其给付保险金、赔偿金或者补偿金的，人民法院可以通知抵押人作为第三人参加诉讼。"担保物权人与给付义务人诉讼案件的处理结果与担保人存在法律上的利害关系，即担保人是否有权受领并保有保险金、赔偿金或补偿金这一权利将受到担保物权人和给付义务人之间诉讼结果的影响[①]，因此，担保物人在该诉讼中属于无独立请求权第三人。

第四十三条　当事人约定禁止或者限制转让抵押财产但是未将约定登记，抵押人违反约定转让抵押财产，抵押权人请求确认转让合同无效的，人民法院不予支持；抵押财产已经交付或者登记，抵押权人请求确认转让不发生物权效力的，人民法院不予支持，但是抵押权人有证据证明受让人知道的除外；抵押权人请求抵押人承担违约责任的，人民法院依法予以支持。

当事人约定禁止或者限制转让抵押财产且已经将约定登记，抵押人违反约定转让抵押财产，抵押权人请求确认转让合同无效的，人民法院不予支持；抵押财产已经交付或者登记，抵押权人主张转让不发生物权效力的，人民法院应予支持，但是因受让人代替债务人清偿债务导致抵押权消灭的除外。

【条文主旨】

本条是关于禁止或者限制转让抵押财产约定的效力的规定，解释《民法典》第406条。

---

① 参见张卫平：《民事诉讼法（第五版）》，法律出版社2019年版，第166页。

【规则变迁】

《物权法》第191条规定：“抵押期间，抵押人经抵押权人同意转让抵押财产的，应当将转让所得的价款向抵押权人提前清偿债务或者提存。转让的价款超过债权数额的部分归抵押人所有，不足部分由债务人清偿。抵押期间，抵押人未经抵押权人同意，不得转让抵押财产，但受让人代为清偿债务消灭抵押权的除外。”这一规则的规范意旨在于，通过严格限制抵押财产的转让，维护抵押权人和抵押财产第三取得人的利益。[①] 依此规则，抵押财产的转让以注销其上抵押负担为前提，第三取得人所取得的是没有物上负担的财产，自无所谓抵押权的追及效力问题。[②] 裁判的发展表明，抵押人未经抵押权人同意而转让抵押财产，转让合同的效力虽不受影响，但第三取得人尚无法取得抵押财产的所有权。[③]

《民法典》第406条规定：“抵押期间，抵押人可以转让抵押财产。当事人另有约定的，按照其约定。抵押财产转让的，抵押权不受影响。抵押人转让抵押财产的，应当及时通知抵押权人。抵押权人能够证明抵押财产转让可能损害抵押权的，可以请求抵押人将转让所得的价款向抵押权人提前清偿债务或者提存。转让的价款超过债权数额的部分归抵押人所有，不足部分由债务人清偿。”所谓“抵押财产转让的，抵押权不受影响”，是指抵押权不因抵押财产的转让而受损害[④]，亦即抵押人在抵押权设定后，将抵押财产的所有权让与第三人，其原设定的抵押权，仍随抵押财产之所在而存在，抵押权人于债务人不履行到期债务或者发生当事人约定的实现抵押权的情形时，仍得追及至抵押财产所在而行使抵押权，依《民法典》第410条之规定就抵押财产优先受偿。[⑤] 由此可见，《民法典》明确承认了抵押权的追及效力，对《物权法》第191条限制抵押财产转让规则作了全面修整。

本条为新增条款。

---

① 参见全国人大常委会法制工作委员会民法室：《中华人民共和国物权法条文说明、立法理由及相关规定（第二版）》，北京大学出版社2017年版，第397页。

② 参见全国人大常委会法制工作委员会民法室：《中华人民共和国物权法条文说明、立法理由及相关规定（第二版）》，北京大学出版社2017年版，第396页。

③ 《第八次全国法院民事商事审判工作会议纪要》第14条规定：“物权法第一百九十一条第二款并非针对抵押财产转让合同的效力性强制性规定，当事人仅以转让抵押房地产未经抵押权人同意为由，请求确认转让合同无效的，不予支持。受让人在抵押登记未涂销时要求办理过户登记的，不予支持。”

④ 参见郑玉波：《民法物权（修订十八版）》，黄宗乐修订，我国台湾地区三民书局股份有限公司2012年版，第326页。

⑤ 参见刘春堂：《判解民法物权（修订七版）》，我国台湾地区三民书局股份有限公司2010年版，第461页；谢在全：《民法物权论（修订五版）》（中册），中国政法大学出版社2011年版，第701页。

【理解与适用】

一、当事人约定抵押人不得转让抵押财产的法律效果

《民法典》第 406 条第 1 款规定："抵押期间，抵押人可以转让抵押财产。当事人另有约定的，按照其约定。抵押财产转让的，抵押权不受影响。"结合前句，"当事人另有约定"应指抵押人不得转让抵押财产的约定。在解释上，抵押人仅得附条件地转让抵押财产，亦应包括在内。如当事人之间约定，未经抵押权人同意不得转让抵押财产；抵押财产的转让价格不低于公开市场的平均交易价格；抵押人转让抵押财产以抵押人清偿主债务为前提。从"当事人另有约定的，按照其约定"的位置来看，当事人之间关于禁止或附条件转让抵押财产的约定，仅在抵押合同当事人之间发生效力。抵押财产转让的，抵押权仍具追及效力。这一解释结论，与《民法典》第 545 条第 2 款"当事人约定非金钱债权不得转让的，不得对抗善意第三人。当事人约定金钱债权不得转让的，不得对抗第三人"的规范意旨相一致。但尚存疑问的是，当事人之间关于禁止或附条件转让抵押财产的约定，是否可以对抗受让人，以受让人是否善意为前提。似乎是，如类推适用《民法典》第 545 条第 2 款，应以受让人善意为其构成，但如仅依《民法典》第 406 条第 1 款，则不考虑受让人是否善意，抵押权人均可就抵押财产主张优先受偿权。

当事人之间关于禁止或者限制转让抵押财产的约定，是否可以对抗受让人的问题，解决的仅仅只是受让人是否可以取得抵押财产的所有权，对于抵押权的行使并不发生实际影响。亦即，无论抵押财产的受让人是否善意，抵押权均不受影响。受让人为善意时，取得抵押财产的所有权，抵押权人可基于追及效力规则对其行使抵押权；受让人为恶意时，不能取得抵押财产的所有权，抵押权人自可直接对抵押人行使抵押权。

我国现行不动产登记制度在奉行权利登记制之下植入了契据登记制的合理元素，当事人在法定内容之外的约定内容，经由登记而对第三人发生效力。例如，《民法典》就地役权的利用用途没有作出直接规定，在解释上，除了建造并保有建筑物、农业生产、生活居住等用途之外均属之。由此可见，地役权中的利用用途本属当事人约定范畴，当事人约定的利用用途自可拘束当事人，但经由登记即可对抗第三人，地役权的受让人自应受其约束。当事人之间关于禁止或者限制抵押财产的约定，亦可借助契据登记制记载于不动产登记簿。经由登记，该约定即对第三人产生效力。相应地，受让人经查询不动产登记簿，即可知悉该约定，或者受让人怠于查询不动产登记簿而不知该约定，均无法主张其受让抵押财产时的善意。如此，《民法典》第 545 条第 2 款也就有了类推适用的空间。值得注意的

是，对于抵押财产非基于法律行为而发生移转时，第三取得人自无查询不动产登记簿，其取得抵押财产当属善意。不过，我国《不动产登记法》尚在草拟之中，就当事人之间关于禁止或附条件转让抵押财产的约定是否具有登记能力，不得而知。仅就目前的不动产登记规则而言，尚无法登记当事人之间的此类约定。解释上可以认为，抵押财产的受让人此际无法经由不动产登记簿的查询来证明其善意或者恶意，但其他事实证明受让人知道抵押当事人之间有此类约定的，受让人无法取得抵押财产的所有权。

基于此，《民法典担保制度解释》于本条分两款区分当事人之间关于禁止或者限制转让抵押财产的约定是否登记，规定了两种不同的法律效果。

当事人之间关于禁止或者限制转让抵押财产的约定没有登记的，抵押人违反约定转让抵押财产，抵押财产转让合同并不因此而无效，抵押权人仅得请求抵押人承担违约责任；抵押财产已经交付或者登记，发生物权变动的效力，但是抵押权人有证据证明受让人知道的除外。

当事人之间关于禁止或者限制转让抵押财产的约定已经登记的，抵押人违反约定转让抵押财产，抵押财产转让合同并不因此而无效；抵押财产已经交付或者登记，抵押权人主张转让不发生物权效力的，人民法院应予支持，但是因受让人代替债务人清偿债务导致抵押权消灭的除外。

二、抵押权的涤除

（一）“受让人代为清偿债务消灭抵押权”的性质

《民法典担保制度解释》于本条第2款后段规定：“抵押财产已经交付或者登记，抵押权人主张转让不发生物权效力的，人民法院应予支持，但是因受让人代替债务人清偿债务导致抵押权消灭的除外。”其中，“因受让人代替债务人清偿债务导致抵押权消灭”通常被认为系受让人的抵押权涤除权，存在于《物权法》第191条第2款，但未见于《民法典》第406条。但在解释上，虽然《民法典》第406条承认了抵押权的追及效力，但受让人仍然享有涤除权。《民法典》第524条规定：“债务人不履行债务，第三人对履行该债务具有合法利益的，第三人有权向债权人代为履行；但是，根据债务性质、按照当事人约定或者依照法律规定只能由债务人履行的除外。债权人接受第三人履行后，其对债务人的债权转让给第三人，但是债务人和第三人另有约定的除外。”在解释上，受让人承受抵押权负担之后，自然对履行抵押权所担保的债务具有合法利益。

就“受让人代为清偿债务消灭抵押权”的性质，有观点认为是受让人的一种权利，受让人的清偿行为仅是法律赋予抵押物受让人可以行使的涤除权，并非抵押物受让人须向抵押权人履行的法定义务。也有观点认为，代为清偿债务尚需受让人与抵押权人协商一致。

（二）房屋转按揭的特殊情形

在房屋转按揭场合，实际上将代位清偿认定为一种权利，并不需要抵押权人的同意。只要受让人承担了涉案房产抵押权负担的义务（即偿还按揭贷款），将涉案房屋办理房地产转移登记的法律障碍消除，就应当办理抵押物所有权移转手续。即使涉案房屋被法院查封，买受人依然可以排除强制执行。

（三）行使涤除权受让人是否需要清偿全部债务

一种观点认为，行使涤除权，受让人应向抵押权人清偿全部债务。另一种观点认为，受让人行使涤除权，代为清偿债务人的债务应当以抵押物价值为限，无需清偿全部债务。抵押物受让人因受让抵押物而负有在受让款范围内替原抵押人代为清偿的义务。抵押物所担保债权系多笔时，受让人对各债权负有比例清偿的义务

三、通知抵押权人的法律意义

《民法典》第 406 条第 2 款规定："抵押人转让抵押财产的，应当及时通知抵押权人。抵押权人能够证明抵押财产转让可能损害抵押权的，可以请求抵押人将转让所得的价款向抵押权人提前清偿债务或者提存。转让的价款超过债权数额的部分归抵押人所有，不足部分由债务人清偿。"与《物权法》第 191 条仅承认抵押权人的价金物上代位不同的是，《民法典》第 406 条在承认抵押权追及效力的同时，也承认抵押权人的价金物上代位，但将价金物上代位仅适用于"抵押权人能够证明抵押财产转让可能损害抵押权的"情形。

通知抵押权人的作用之一，在于保障抵押权人在抵押财产的转让可能损及抵押权时据以判断主张价金物上代位的必要性。通知义务本身并不是要取得抵押权人的同意，即使抵押人提前告知，抵押权人也无权阻止抵押人转让抵押财产。抵押财产的转让一般不会导致抵押财产价值的减少，《民法典》第 408 条所规定的抵押权保全请求权自无适用余地。因市场原因导致抵押财产交换价值的减损，不因抵押财产是否转让而发生影响，且在当事人预期范围之内。也就是说，抵押财产的转让不属于抵押财产价值减损的考量因素。《民法典》并未就抵押人违反通知义务的法律后果作出规定。如将通知义务解释为附随义务，抵押人违反附随义务的赔偿责任范围较小，偏离抵押权人应当救济其价金物上代位的重心，反增诉累。由于违反通知义务的后果轻微，抵押人将面临商业道德与获得利益之间的纠结。在抵押权追及效力下，履行通知义务的抵押人可能面临须将价款提前清偿债务或者提存，而未履行通知义务的抵押人尚能保有已经收取的转让价款。[①] 抵押

---

① 参见孙鹏主编：《最高人民法院担保法司法解释精释精解》，中国法制出版社 2016 年版，第 276 页。

人的通知义务可能使其遭受不利，理性的抵押人自会选择不通知抵押权人。更何况，“抵押财产转让可能损害抵押权”的证明难度较大，相比强化抵押人转让抵押财产时的通知义务，不如强化价金物上代位具有债权质权效力[①]，后者对抵押权人利益的保护更为有利。

通知抵押权人的作用之二，在于使抵押权人知晓抵押财产的归属，以便其行使追及权。不动产抵押权虽属权利人对特定的不动产所享有的直接支配和排他的权利（《民法典》第114条第2款），但其实行却是针对特定的抵押人。在诉讼结构上，抵押权人作为原告或申请人，尚须以明确的抵押人为被告或被申请人。在抵押财产发生转让的情形之下，原抵押人即脱离抵押关系，抵押权人本于追及其物之效力实行抵押权，受让抵押财产的第三取得人即成为抵押人，并作为适格的被告或被申请人。此际，将抵押财产转让的事实通知抵押权人也就有了意义。在抵押人未履行通知义务之时，由于抵押财产所有权的移转在不动产登记簿上得以明确的记载，不动产抵押权人作为权利人经由查询登记簿即可便捷地获取相应的信息，查询证书即可作为其提起诉讼、申请仲裁、申请启动实现担保物权案件特别程序的表面证据。此时，相关查询费用的支出，即为抵押人未履行通知义务时抵押权人所受损失，自应由抵押人赔偿。如抵押人未履行通知义务，抵押权人以其持有的不动产权利证书（抵押权）为表面证据，向原抵押人启动诉讼程序、仲裁程序或实现担保物权案件特别程序，在程序进行过程中发现抵押财产已经发生转让时，可以通过变更被告或被申请人加以解决。抵押权人因此而支出的费用，应由抵押人赔偿。

《民法典》第406条第2款设置了抵押人应当通知抵押权人的行为模式，但未规定违反该义务的法律后果，反而增加抵押人所获价款提前用于清偿债务的风险。从规则设立的激励机制角度，理性人必然不会履行该义务，将该义务作为主合同义务，必然引发大量违约问题。由此可见，《民法典》第406条第2款虽使用“当为”字眼，但实属于倡导性规范。从该款文义来看，通知义务仅在抵押财产转让可能害及抵押权的行使且存在可供抵押权人物上代位的价金的场合才有必要。

应当注意的是，抵押人转让抵押财产，涵盖抵押财产非基于法律行为而发生物权移转的情形。非基于法律行为导致抵押财产移转时，应依相应的特殊变动规则处理，非以登记为物权变动的生效要件。此际，抵押人并无“通知抵押权人”的义务，甚或不可能通知抵押权人，如抵押人死亡，由继承人取得抵押财产，即无法通知抵押权人。在未发生抵押财产消灭事由，也未注销抵押权登记的情形下，不动产抵押权依然有效，抵押权人有权依法定方式实现抵押权。至于此时抵

① 参见程啸：《民法典物权编担保物权制度的完善》，载《比较法研究》2018年第2期。

押财产的权利主体变更，非为抵押权人所知悉，至抵押权人在相关程序中知悉抵押财产权利主体变更事实时，由其申请变更被告或被申请人即可。

第四十四条　主债权诉讼时效期间届满后，抵押权人主张行使抵押权的，人民法院不予支持；抵押人以主债权诉讼时效期间届满为由，主张不承担担保责任的，人民法院应予支持。主债权诉讼时效期间届满前，债权人仅对债务人提起诉讼，经人民法院判决或者调解后未在民事诉讼法规定的申请执行时效期间内对债务人申请强制执行，其向抵押人主张行使抵押权的，人民法院不予支持。

主债权诉讼时效期间届满后，财产被留置的债务人或者对留置财产享有所有权的第三人请求债权人返还留置财产的，人民法院不予支持；债务人或者第三人请求拍卖、变卖留置财产并以所得价款清偿债务的，人民法院应予支持。

主债权诉讼时效期间届满的法律后果，以登记作为公示方式的权利质权，参照适用第一款的规定；动产质权、以交付权利凭证作为公示方式的权利质权，参照适用第二款的规定。

【条文主旨】

本条是关于主债权诉讼时效届满对担保物权行使影响的规定，解释《民法典》第419条。

【规则变迁】

《担保法解释》第12条规定："当事人约定或者登记部门要求登记的担保期间，对担保物权的存续不具有法律约束力。担保物权所担保的债权的诉讼时效结束后，担保权人在诉讼时效结束后的二年内行使担保物权的，人民法院应当予以支持。"

《物权法》第202条修订了《担保法解释》第12条所确立的规则，规定："抵押权人应当在主债权诉讼时效期间行使抵押权；未行使的，人民法院不予保护。"但并未明确主债权诉讼时效期间届满后抵押权的效力状态。就此，一种观点认为抵押权并未消灭，抵押人取得诉讼时效抗辩，由于抵押权未消灭，抵押人无权请求涂销登记。另一种观点认为，抵押权因除斥期间经过而消灭，抵押权人可以请求涂销登记。

《民商事审判会议纪要》第59条采纳了后一种观点，其中指出："抵押权人应当在主债权的诉讼时效期间内行使抵押权。抵押权人在主债权诉讼时效届满前未行使抵押权，抵押人在主债权诉讼时效届满后请求涂销抵押权登记的，人民法院依法予以支持。以登记作为公示方法的权利质权，参照适用前款规定。”

《民法典》第419条沿用了《物权法》第202条的规定，未予修改。《民法典担保制度解释》于本条区分登记型担保物权和非登记型担保物权，分别规定了主债权诉讼时效对担保物权的行使的影响，改变了《民商事审判会议纪要》第59条的司法态度。

【理解与适用】

一、《民法典》第419条中“主债权诉讼时效期间”的性质与计算

《民法典》第419条的解释分歧既涉及其中“主债权诉讼时效期间”的性质，也关乎“人民法院不予保护”之法律效果。既有的研究多将两者之间直接关联，如主张“主债权诉讼时效期间”属于抵押权的除斥期间，则“人民法院不予保护”就意味着抵押权的消灭；如认为“主债权诉讼时效期间”属于抵押权的从属性在时间意义上的一种体现，则“人民法院不予保护”就意味着在抵押人援引时效抗辩权的情形下不支持抵押权人的权利主张，抵押权并不消灭。但《民法典》实施之后的裁判实践显示，两者之间并无必然关联。如人民法院判令抵押权消灭，其对“主债权诉讼时效期间”属性的认识，既可以是除斥期间、失权期间，也可以是抵押权诉讼时效、主债权受保护的期间。如此，将两者分别讨论更有利于厘清争议。

（一）抵押权行使期间的裁判分歧

实践中就《民法典》第419条中“主债权诉讼时效期间”的性质存在不同的认识。

第一种观点认为，抵押权的行使期间在性质上属于除斥期间。这一观点深受《担保法解释》第12条第2款的影响。如该观点认为，该款中“诉讼时效结束后的二年”属于一个固定的不变期间，具有除斥期间的性质。尽管该条司法解释未被《物权法》采纳，但与《物权法》第202条的规定相比，仅仅只是缩短了抵押权行使期间、取消了二年的宽限期，这说明对抵押权行使期间的要求更加严格，并未改变其除斥期间属性。此类观点对于“除斥期间说”并未进行充分论证，更像是在预设了“抵押权应归于消灭”的结果之后，倒推出抵押权行使期间在性质上属于除斥期间。

第二种观点认为，抵押权的行使期间在性质上属于抵押权的诉讼时效期间。这一观点系在否认“除斥期间说”的基础上而形成。“该条款（《物权法》第202条）明确规定了抵押权人行使抵押权的期间限制为主债权诉讼时效内，诉讼时效

并非除斥期间，存在中止、中断事由的，可以中止、中断计算，即本条规定中所述的抵押权行使期间适用主债权诉讼时效的中止、中断情形”。

第三种观点认为，抵押权的行使期间在性质上属于抵押权的失权期间。抵押权“既不能成为诉讼时效的客体，亦不能成为除斥期间的客体，虽然就行使期间而言，抵押权受到主债权诉讼时效期间的限制，但抵押权本身并非因诉讼时效而消灭，而是适用权利失效原则。权利失效原则即权利者在相当期间内不行使其权利，依特别情事足以使义务人正当信任债权人不欲其履行义务者，基于诚信原则不得再为主张。”“该条（《物权法》第 202 条）仅仅规定了人民法院不予保护抵押权人诉讼权，抵押权本身并没有消灭，只是成为自然权利（相对于抵押人为自然债务）”。

第四种观点认为，抵押权的行使期间不是一种独立的期间制度，仅仅只是抵押权从属性的一种体现，在主债权因罹于时效而无法获得人民法院保护时，抵押权也不再受人民法院的保护。《物权法》第 202 条、《民法典》第 419 条将抵押权的行使期间与主债权的诉讼时效期间挂钩，“实质在于明确抵押权人应在主债权受到法律保护的期间内行使抵押权”。“该行使期间与主债权诉讼时效期间相同，随着主债权诉讼时效中断、中止而变化。也就是说，抵押权行使期间只是以主债权诉讼时效期间为参照来计算，并不等于对抵押权也要适用诉讼时效制度”。

上述观点分歧体现了对于《物权法》第 202 条和《民法典》第 419 条规范目的、文义、体系等方面的不同理解。无论是《物权法》第 202 条，还是《民法典》第 419 条，立法者所欲规范的目标均体现为，督促抵押权人积极行使权利，避免抵押权的永续存在害及抵押财产的流转，借由抵押财产经济效用的充分发挥促进经济发展。[①] 如此，抵押权的行使即有了期间限制。在体系解释上，抵押权属于物权之一种，《民法典》总则编诉讼时效的适用范围尚不包括抵押权人行使抵押权的情形，因此，抵押权并无诉讼时效制度的适用；抵押权也非与撤销权、解除权等一样同属形成权，抵押权行使期间可因主债权诉讼时效期间的中止、中断而发生变化，因此，抵押权亦无《民法典》第 199 条除斥期间的适用。如此，前述第一、二种观点即不足采。虽然在学说上，失权期间对请求权和支配权均有适用余地，且不受固定期限的限制[②]，但权利失效理论尚无实定法依据，且失权期间经过的法律效果本身即存有权利消灭抑或抗辩权产生的争议，在不同情形下

---

① 参见全国人大会常委会法制工作委员会民法室：《中华人民共和国物权法条文说明、立法理由及相关规定（第二版）》，北京大学出版社 2017 年版，第 414 页；黄薇主编：《中华人民共和国民法典物权编释义》，法律出版社 2020 年版，第 546 页。

② 参见王泽鉴：《民法学说与判例研究》（第一册），北京大学出版社 2009 年版，第 157 页；张永：《抵押权法定存续期间效力及性质的二重性分析——以〈物权法〉第 202 条为中心》，载《政治与法律》2014 年第 2 期。

结论迥异。[①] 由此，第三种观点失权期间说难以为抵押权行使期间的定性提供理论支撑。

《民法典》第388条中规定："担保合同是主债权债务合同的从合同"；第393条第1项、第2项规定："主债权消灭""担保物权消灭"。由此可见，抵押权从属于主债权，抵押权的范围和强度也就不能高于主债权。依据《民法典》第192条的规定，主债权罹于时效，主债务人取得时效抗辩权，主债务人自可据此提出拒绝履行的抗辩以对抗债权人的履行请求。主债权罹于时效并不产生主债权消灭的法律后果，主债务人同意履行的，不得以诉讼时效期间届满为由抗辩；主债务人已经自愿履行的，不得请求返还。抵押权作为物权的一种，本身原则上并无诉讼时效期间或者除斥期间的适用，但在抵押权的从属性之下，如主债权因罹于时效而效力减损时，抵押权自然也不能再维持其本来的效力状态。如此看来，第四种观点更为可取。

（二）"主债权诉讼时效期间"的计算与文义扩张

1. 普通诉讼时效期间的计算

在抵押权支配性和从属性之下，《民法典》第419条中的"主债权诉讼时效期间"既不是抵押权的诉讼时效，也不是抵押权的除斥期间、失权期间。"主债权诉讼时效期间"即应依主债权债务关系的情况而判断其是否届满。由于主债权诉讼时效期间因中止、中断事由的出现而继续计算或者重新计算，主债权诉讼时效期间也就不是一段固定期间。[②] 在《民法典担保制度解释》进一步强化担保从属性的背景下[③]，主债权诉讼时效期间因特定事由的出现发生中止或者中断，只要尚未届满，对抵押权的行使均不发生影响。

基于相对性，主债权诉讼时效期间的进行通常仅与债权人和主债务人的行为相关，但在解释上，如抵押权人仅在主债权诉讼时效期间内申请启动实现担保物权案件特别程序，并未向主债务人提起诉讼或者以其他方式主张权利，由于抵押权人实现抵押权的目的在于就主债权获得清偿，基于抵押权的从属性，抵押权人申请启动特别程序具有中断主债权诉讼时效期间计算的效力。[④] 不过，此际抵押权人已经在主债权诉讼时效期间内行使了抵押权，《民法典》第419条原则上已

---

① 参见蒋言：《论权利失效的立法》，载《政治与法律》2018年第2期。

② 参见吉林省吉林市中级人民法院（2021）吉02民终1552号民事判决书；黑龙江省齐齐哈尔市中级人民法院（2021）黑02民终3199号民事判决书；河南省信阳市中级人民法院（2021）豫15民终5347号民事判决书，等等。

③ 参见刘贵祥：《担保制度一般规则的新发展及其适用——以民法典担保制度解释为中心》，载《比较法研究》2021年第5期。

④ 参见最高人民法院民事审判第二庭编：《最高人民法院关于民事案件诉讼时效司法解释理解与适用》，人民法院出版社2008年版，第260~261页。

无适用余地，主债权亦罹于执行时效的除外。

2. 最长诉讼时效期间的适用

依据《民法典》第 188 条第 2 款的规定，普通和特殊时效期间的计算须受 20 年期间限制，即起算、中止、中断均须发生于 20 年期间之内。[①] 但这并不表明主债权诉讼时效期间即为 20 年，而仅仅只是指主债权诉讼时效期间即使经不断中断，也不能超过 20 年[②]，20 年期间是对权利的最长保护期间[③]，原则上属于不变期间，不适用中止、中断规则，仅于特殊场合下可以延长。[④] 20 年期间届满效力亦采“抗辩权发生主义”，即由义务人取得抗辩权，而非实体权利消灭。《民法典》第 192 条（时效届满的效力）和第 193 条（职权禁用规则）亦适用于 20 年期间。[⑤] 抵押权人未在自主债务履行期限届满之日 20 年期间内行使抵押权，即有《民法典》第 419 条之适用[⑥]，抵押人可以援引主债务人的时效抗辩权对抗抵押权人的权利主张。

3. 执行时效期间的适用或者准用

就抵押权实现的公力程序供给而言，《民法典》第 410 条第 2 款规定了非讼程序，抵押权人可以请求人民法院拍卖、变卖抵押财产。但这一规定并不排斥抵押权人以提起诉讼的方式实现其抵押权。[⑦] 此际，《民法典担保制度解释》第 45 条第 3 款要求债权人（抵押权人）应当以主债务人和抵押人为共同被告提起诉讼，旨在查明抵押权基于其从属性地位的效力及其就抵押财产的优先受偿范围，以合于诉讼经济原则，并避免就主债权和抵押权分别作出相冲突的裁判。但这并不意味着债权人在起诉主债务人时，必须一并起诉抵押人。如债权人单独起诉主债务人，并不影响其此后单独向抵押人主张抵押权。[⑧] 此际，债权人就主债务人取得胜诉裁判之后，其就抵押权的行使是否受到《民法典》第 419 条规定的期间

---

① 参见杨巍：《〈民法典〉第 188 条第 2 款第 3 句（最长时效期间及其延长）评注》，载《南京大学学报（哲学·人文科学·社会科学）》2022 年第 2 期。

② 参见陕西省西安市中级人民法院（2021）陕 01 民终 12771 号民事判决书。

③ 参见黄薇主编：《中华人民共和国民法典总则编释义》，法律出版社 2020 年版，第 504 页。

④ 参见王利明：《民法总则（第三版）》，中国人民大学出版社 2022 年版，第 468 ~ 469 页；最高人民法院民法典贯彻实施工作领导小组主编：《最高人民法院民法典总则编司法解释理解与适用》，人民法院出版社 2022 年版，第 497 页。

⑤ 参见杨巍：《〈民法典〉第 188 条第 2 款第 3 句（最长时效期间及其延长）评注》，载《南京大学学报（哲学·人文科学·社会科学）》2022 年第 2 期。

⑥ 参见湖南省岳阳市中级人民法院（2021）湘 06 民终 4913 号民事判决书；辽宁省丹东市中级人民法院（2022）辽 06 民终 1409 号民事判决书。

⑦ 参见高圣平：《民法典担保制度及其配套司法解释理解与适用》（下），中国法制出版社 2021 年版，第 688 页。

⑧ 参见贺小荣主编：《最高人民法院第二巡回法庭法官会议纪要（第三辑）》，人民法院出版社 2022 年版，第 351 页。

限制，不无解释上的疑问。

依据《民事诉讼法》第250条第1款的规定，“申请执行的期间为二年。申请执行时效的中止、中断，适用法律有关诉讼时效中止、中断的规定”。这就意味着，债权人就主债务人的胜诉裁判中的权利实现受到执行时效的约束。就诉讼时效与执行时效的关系，学说上素有争议，也直接影响到了前述疑问的解决。

第一种观点认为，诉讼时效与执行时效是两种不同的制度，分别适用于诉讼阶段和执行阶段。在债权人就主债务人提起诉讼并获得生效判决的情况下，基于“一事不再理”原则，债权人不能再就同一事项向人民法院提起诉讼，也就不存在诉讼时效期间重新计算的问题。《民法典》第195条所谓“权利人提起诉讼或者申请仲裁”“诉讼时效中断，从中断、有关程序终结时起，诉讼时效期间重新计算”，系专门针对债权人撤诉等情形。参照《民法典》第419条规定精神，只要在主债权受到保护的法定期间内行使，抵押权即应受到保护。①“在主债权经生效裁判确认后，此时的主债权受到法律保护的期间不再是诉讼时效期间，而是申请执行期间。同理，在债务人破产的情况下，此时的主债权受到法律保护的期间就是法律规定的申报债权期间”②。只要当事人在前述的保护期间内依法行使权利，抵押权就应受到保护。③

第二种观点认为，虽然现行法采取诉讼时效与执行时效分别规定的“二元模式”，但《民事诉讼法》以及《最高人民法院关于适用〈中华人民共和国民事诉讼法〉的解释》（以下简称《民事诉讼法解释》）的相关规定已使两种时效的性质趋同化。诉讼时效与执行时效之间在时效届满效力、法院不得主动适用、中止中断规则的适用等方面保持了一致，仅在期间长短、最长20年期间的适用等方面上存在差异：执行时效为2年；执行时效不适用最长20年期间。④ 诉讼时效并非仅与“诉讼”有关，将其仅适用于诉讼程序是对诉讼时效制度的误解。⑤ 执行时效在解释上即为诉讼时效在执行程序中的适用。如此，债权人就主债务人提起诉

① 参见贺小荣主编：《最高人民法院第二巡回法庭法官会议纪要（第三辑）》，人民法院出版社2022年版，第351～352页。

② 参见最高人民法院（2021）最高法民再154号民事判决书。同旨参见广东省深圳市中级人民法院（2021）粤03民终24902号民事判决书；广东省广州市中级人民法院（2022）粤01民终7461号民事判决书；江苏省泰州市中级人民法院（2022）苏12民终532号民事判决书；安徽省滁州市中级人民法院（2022）皖11民终188号民事判决书。

③ 参见贺小荣主编：《最高人民法院第二巡回法庭法官会议纪要（第三辑）》，人民法院出版社2022年版，第353页。

④ 参见杨巍：《中国民法典评注·规范集注（第1辑）：诉讼时效·期间计算》，中国民主法制出版社2022年版，第13页。

⑤ 参见杨巍：《〈民法典〉第192条、第193条（诉讼时效届满效力、职权禁用规则）评注》，载《法学家》2020年第6期。

讼的，诉讼时效中断，《民法典》第 195 条规定的“从中断、有关程序终结时起，诉讼时效期间重新计算”之中，重新计算的诉讼时效期间，即为执行时效期间。《民法典》第 419 条规定的“主债权诉讼时效期间”也就包括了执行时效期间，债权人在就主债务人取得胜诉裁判后，未在执行时效期间内行使抵押权的，抵押人同样取得时效抗辩权。①

笔者认为，随着理论研究的深入和 2007 年《民事诉讼法》的修正，学说和实务中对于执行时效的认识已经渐趋一致，即执行时效仅为诉讼时效在执行程序中的反映。② 即使债权人的请求权经过生效裁判所确认，但仍然属于实体法上的请求权，仍然有请求人民法院保护的必要，只不过，此时保护的程序是强制执行程序。如此，《民法典》第 188 条第 1 款中“向人民法院请求保护民事权利的诉讼时效期间为三年”，既包括在诉讼程序、非讼程序中请求人民法院保护，也包括在强制执行程序中请求人民法院保护。《民事诉讼法》第 246 条第 1 款对“二年”执行时效期间的规定，属于《民法典》第 188 条第 1 款中“法律另有规定的”情形，自应优先适用。在此前提之下，《民法典》和最高人民法院司法解释中一系列规定才能得到合理的解释。

其一，《民法典》第 195 条“权利人提起诉讼或者申请仲裁”是诉讼时效的中断事由，而诉讼时效中断的法律后果自然涉及诉讼时效期间的重新计算，从有关程序终结时起重新计算的执行时效，只有定性为诉讼时效才具有正当性。也只有在这一解释论的前提之下，《最高人民法院关于审理民事案件适用诉讼时效制度若干问题的规定》（以下简称《诉讼时效规定》）第 11 条第 5 项才将“申请强制执行”作为“与提起诉讼具有同等诉讼时效中断的效力”的事由之一加以明确。该规定的理由在于，“诉讼时效的效力在于诉讼时效期间内，债权人的债权受法院强制力保护，该法院强制力保护，既包括法院依法进行裁判，也包括判决后法院予以强制执行。因此，即使是债权已经法院生效判决、仲裁生效裁决确认，但诉讼时效的效力并未完结，其还在强制执行过程中继续存在”③。

---

① 参见高圣平：《担保法前沿问题与判解研究（第五卷）：最高人民法院新担保制度司法解释条文释评》，人民法院出版社 2021 年版，第 302～303 页；杨巍：《〈民法典〉第 195 条评注之二（起诉、其他中断事由）》，载《法学家》2021 年第 5 期。

② 参见刘学在：《论执行时效制度之理解误区及其矫正》，载《北方法学》2014 年第 4 期；金印：《执行时效的体系地位及其规制方式——民法典编纂背景下执行时效制度的未来》，载《法律科学（西北政法大学学报）》2017 年第 5 期；杨巍：《〈民法典〉第 195 条评注之二（起诉、其他中断事由）》，载《法学家》2021 年第 5 期；孙超：《执行时效的制度变革、规则适用与立法展望》，载《法律适用》2022 年第 7 期；最高人民法院民法典贯彻实施工作领导小组主编：《最高人民法院新民事诉讼法司法解释理解与适用》，人民法院出版社 2022 年版，第 1080 页。

③ 最高人民法院民事审判第二庭编：《最高人民法院关于民事案件诉讼时效司法解释理解与适用》，人民法院出版社 2008 年版，第 252 页。

其二，《民事诉讼法解释》第 219 条规定："当事人超过诉讼时效期间起诉的，人民法院应予受理。受理后对方当事人提出诉讼时效抗辩，人民法院经审理认为抗辩事由成立的，判决驳回原告的诉讼请求。"这一程序法上的处理契合《民法典》上诉讼时效期间届满即抗辩权发生的效力规则。①《民事诉讼法解释》第 481 条第 1 款规定："申请执行人超过申请执行时效期间向人民法院申请强制执行的，人民法院应予受理。被执行人对申请执行时效期间提出异议，人民法院经审查异议成立的，裁定不予执行。"这里改变了此前将申请执行期间理解为公法上强制执行申请权期间的观点，将《民事诉讼法》第 246 条第 1 款所定期间界定为执行依据所载之请求权的强制保护的期间，如此，正如当事人行使起诉权并无期间的限制，债权人获得胜诉裁判之后，其享有的强制执行申请权这种公法上的司法救济权同样没有期间的限制。② 申请执行人向人民法院申请强制执行，人民法院不能以超过执行时效期间为由拒绝受理，也不得主动审查执行时效期间是否经过。在强制执行程序中，被执行人的时效抗辩权以异议的形式提出。即使执行时效期间已经经过，只要被执行人不就此提出异议，法院仍应予以强制执行。被执行人履行全部或者部分义务后，不得以不知道申请执行时效期间届满为由请求执行回转。

综上，前述第二种解释路径更为可取。《民法典担保制度解释》第 44 条第 1 款第 2 句规定："主债权诉讼时效期间届满前，债权人仅对债务人提起诉讼，经人民法院判决或者调解后未在民事诉讼法规定的申请执行时效期间内对债务人申请强制执行，其向抵押人主张行使抵押权的，人民法院不予支持。"这也意味着，只要主债权执行时效未届满（包括因中断情形），债权人向抵押人主张行使抵押权的，人民法院应予支持。与本款第 1 句前段一样，本句所谓"人民法院不予支持"同样以抵押人援引时效抗辩权为前提（容后详述）。抵押权人在诉讼时效期间内起诉主债务人，即生主债权诉讼时效中断的效果③，只要抵押权人未在申请执行期间届满前行使抵押权，抵押人即可以主债权诉讼时效期间经过为由主张抗辩。这一规定，实际是为了配合我国现行法对申请执行期间所进行的时效化改

① 参见最高人民法院民法典贯彻实施工作领导小组主编：《最高人民法院新民事诉讼法司法解释理解与适用》，人民法院出版社 2022 年版，第 468 页。

② 参见刘学在：《论执行时效制度之理解误区及其矫正》，载《北方法学》2014 年第 4 期；金印：《执行时效的体系地位及其规制方式——民法典编撰背景下执行时效制度的未来》，载《法律科学（西北政法大学学报）》2017 年第 5 期。

③ 参见周家开：《执行异议之诉中抵押权实现的相关问题探析——以〈民法典〉第 419 条为视角》，载《法律适用》2021 年第 5 期。

造[①]，并将诉讼时效扩展于执行时效。[②]

在解释上，债权人对债务人申请仲裁、申请支付令、申请作出公证债权文书等，与《民法典担保制度解释》第 44 条第 1 款第二句中“债权人仅对债务人提起诉讼”的功用相同，均为取得执行依据，亦有本款规定之适用。本款中“对债务人申请强制执行”，也仅为对中断事由的不完全列举，请求履行、主张抵销等亦属文义涵摄范围。[③]

申请执行人在执行时效期间内申请执行，引起执行时效中断。“案涉主债权进入强制执行程序且执行程序尚未终结，意味着案涉主债权仍有强制执行力，正处于强制实现过程之中。法律对于具有强制执行可能性的主债权（即诉讼时效期间内的主债权），都支持债权人行使与之相关的抵押权。举重以明轻，对正处于现实的强制执行中的主债权，更应支持债权人行使与之相关的抵押权。”[④] 在强制执行程序中，执行时效的中断事由具有特殊性。一是，执行和解协议。达成执行中的和解协议引起执行时效中断，执行时效期间自和解协议约定履行期限的最后一日起重新计算。[⑤] 二是，中止执行裁定。[⑥] 在出现《民事诉讼法》第 263 条所规定的情形时，执行法院应当裁定中止执行，此时执行时效中断。中止执行的情形一旦消失即应恢复执行，无须重新立案或者另行制作恢复执行裁定或者撤销中止裁定。当事人申请恢复执行并无期限限制[⑦]，但自中止的情形消失、恢复执行之时重新计算执行时效。三是，终结本次执行裁定。经过财产调查未发现可供执行的财产，执行法院可以裁定终结本次执行程序。债权人发现被执行人有其他财产的，可以随时请求人民法院执行。《民事诉讼法解释》第 515 条规定：“债权人根据民事诉讼法第二百六十一条规定请求人民法院继续执行的，不受民事诉讼法第二百四十六条规定申请执行时效期间的限制。”第 517 条第 2 款也规定：“依照前款规定终结执行后，申请执行人发现被执行人有可供执行财产的，可以再次申请执行。再次申请不受申请执行时效期间的限制。”由此可见，终结本次执行裁定并非债务消灭意义上的终结执行，其法律效果相当于中止执行，执行法律关系并

---

① 参见最高人民法院民事审判第二庭编：《最高人民法院民法典担保制度司法解释理解与适用》，人民法院出版社 2021 年版，第 395 页。

② 参见孙超：《执行时效的制度变革、规则适用与立法展望》，载《法律适用》2022 年第 7 期。

③ 参见杨巍：《〈民法典〉第 195 条评注之一（诉讼外请求、义务承认）》，载《法学家》2021 年第 4 期。

④ 广东省广州市中级人民法院（2022）粤 01 民终 7461 号民事判决书。

⑤ 参见山东省东营市中级人民法院（2021）鲁 05 民终 2111 号民事判决书。

⑥ 参见湖南省湘西土家族苗族自治州中级人民法院（2021）湘 31 民终 1645 号民事判决书。

⑦ 参见丁亮华：《民事执行程序注释书（第二版）》，中国民主法制出版社 2022 年版，第 1061 页。

未终结，在符合条件时债权人可随时请求法院恢复执行。[①] 这里的“不受申请执行时效期间的限制”并非指“执行依据所载请求权”成为不适用执行时效的权利，而是指债权人的恢复执行请求不构成中断事由，亦不受时效限制，执行法律关系消灭前时效停止计算。[②]

二、《民法典》第419条中“人民法院不予保护”的法律意义

在明确《民法典》第419条所定仅为主债权诉讼时效期间的经过对于抵押权行使影响的前提之下，该条中“人民法院不予保护”采用极具司法解释风格之表述[③]，尚存在“抵押权存在，但不予保护”“抵押权消灭（或不存在），不予保护”等两种文义解释空间。[④] 其究为何指，即为法释义学上的解释争论焦点。[⑤]

（一）“人民法院不予保护”的观点分歧

就此而言，存在以下观点：

第一种观点“不予保护说”认为，抵押权人未在主债权诉讼时效期间行使抵押权的，不予保护，即意味着抵押权人行使抵押权的诉讼请求无法得到支持。有的观点进一步判令抵押权人协助抵押人办理注销（涂销）抵押登记手续。

第二种观点“胜诉权消灭说”认为，抵押权人未在主债权诉讼时效期间行使抵押权的，即丧失抵押权受人民法院保护的权利，亦即所谓胜诉权消灭。不过，抵押权“自然存在”的状态也并非意味着抵押权应当永续存在，否则，将不利于抵押财产交易价值的发现和担保秩序的稳定，反而可能会助长抵押权人滥用因物之担保而取得的优势地位，胁迫抵押人在抵押权行使期间结束后仍然承担担保“义务”。“抵押权人未在抵押权诉讼时效期间行使的，丧失胜诉权，但抵押人自愿履行的除外；抵押人在抵押权人胜诉权丧失后，得请求人民法院解除抵押登记”。

第三种观点“抵押权消灭说”认为，抵押权人未在主债权诉讼时效期间行使

① 参见杨巍：《〈民法典〉第196条（不适用诉讼时效的请求权）评注》，载《南大法学》2022年第2期。

② 参见杨巍：《〈民法典〉第195条评注之一（诉讼外请求、义务承认）》，载《法学家》2021年第4期。

③ 参见王闯：《冲突与创新———以物权法与担保法及其解释的比较为中心而展开》，载梁慧星主编：《民商法论丛》第40卷，法律出版社2008年版，第295页。

④ 参见戴永盛：《论债权之罹于时效与担保物权之存续》，载《法律科学（西北政法大学学报）》2014年第3期；罗帅：《目的论下抵押权期间规则的解释——以〈民法典〉第419条为中心》，载《山东大学学报（哲学社会科学版）》2020年第6期。

⑤ 参见孙超、杨留强：《法律解释方法在民法中的应用分析——以〈物权法〉第202条为对象》，载《湖北社会科学》2010年第9期；郑永宽：《论抵押期间的性质与效力》，载《法学家》2022年第3期。

抵押权的，抵押权消灭，或者免除抵押人的抵押担保责任。其主要理由在于：其一，抵押权行使期间制度的规范目的之一在于督促抵押权人积极地行使抵押权，迅速了结债权债务关系，维系社会经济秩序的稳定。如在主债权罹于时效且主债务人因此取得抗辩权之后，债权人仍可从抵押人处受偿，将使抵押人追偿权的行使与主债务人的诉讼时效抗辩置于两难境地。其二，既然主债权因诉讼时效经过而失去了国家强制力的保护，依附于该债权的抵押权也失去了国家强制力的保护，继续维持抵押登记的存在，就丧失了合法的依据，此时只有令抵押权消灭方能更好地发挥抵押财产的效用。如此，在法律已经规定抵押权的行使期间的情形之下，抵押权人仍长期怠于行使权利，亦无特别加以保护的必要，应使抵押权消灭。有些观点并未认定抵押权消灭，但基于《民商事审判会议纪要》的精神，判决支持抵押人涂销（注销）抵押登记的诉讼请求。

第四种观点“时效抗辩发生说”认为，抵押权人未在主债权诉讼时效期间行使抵押权的，抵押人取得诉讼时效抗辩权，抵押权本身并未消灭。如抵押人自愿履行担保义务或者债权人私力救济成功的，抵押权人仍然可以行使抵押权。《民法典》第419条并未采纳《民商事审判会议纪要》的观点，即表明“全国人大立法时对于此类法律问题是否采取涂销抵押登记选择了谨慎的态度，人民法院更不应在裁判时扩大解释”。抵押人在一审庭审中仍同意以该抵押物抵偿债务，并未提出诉讼时效抗辩，因此并未发生超过诉讼时效期间对抵押权不予保护的情形，抵押权并未消灭。

笔者认为，在将《民法典》第419条所定期间的性质界定为主债权诉讼时效期间的经过对抵押权行使影响的情形之下，诉讼时效期间经过的法律效果，对于“人民法院不予保护”的解释论展开即深具意义。《民法典》第188条第1款虽然维系了《民法通则》第135条就诉讼时效期间的法律意义的表述——“向人民法院请求保护民事权利的诉讼时效期间”，但是，就诉讼时效期间届满的法律效果却发生了重大的转变。结合《民法通则》第138条的规定，通说上认为，《民法通则》采取的是胜诉权消灭主义，即权利人实体意义上的诉权（胜诉权）消灭，而形式意义上的诉权（起诉权）和实体权利并不消灭。无论当事人是否了解诉讼时效的规定或者是否援引时效抗辩权，人民法院均须依职权主动查明诉讼时效期间是否已经经过。① 结合《民法典》第192条、第193条的规定，《民法典》采取的是抗辩权发生主义，诉讼时效期间届满并不导致实体权利消灭，仅发生义务人取得拒绝履行的抗辩权的效果。该抗辩权尚须由义务人援引，法院不得依职权主

① 参见江平、张佩霖：《民法教程》，中国政法大学出版社1986年版，第144页；孙亚明主编：《民法通则要论》，法律出版社1991年版，第253~254页；佟柔主编：《中国民法学·民法总则（修订版）》，人民法院出版社2008年版，第233页；谢怀栻：《民法总则讲要》，北京大学出版社2007年版，第201~202页。

动适用，且在诉讼过程中不得释明。[①] 这一解释论的转向带来的后果是，《民法典》第188条第1款不再构成诉讼时效期间届满的法律效果规则，而仅为普通诉讼时效的期间规范。换言之，诉讼时效期间届满的法律效果并非当然的是“人民法院不予保护”，尚须结合义务人是否援引时效抗辩权而判断[②]，如义务人不援引时效抗辩权，人民法院应当判决权利人胜诉。[③] 如此，《民法典》第419条所规定的“人民法院不予保护”亦应作同一解释。第一种观点“不予保护说”并未就《民法典》第419条“人民法院不予保护”的法律效果明确其态度，且未就“人民法院不予保护”与“注销抵押登记”之间的关系展开说理，不足可采。第二种观点“胜诉权消灭说”尚未关注上述制度变迁，亦不足采。实践中，这两种观点均为少数说。

在第三种观点“抵押权消灭说”和第四种观点“时效抗辩发生说”之间，“抵押权消灭说”是目前实践中的主流观点，明显受到《民商事审判会议纪要》以及《最高人民法院公报》上刊载的“王某诉李某抵押合同纠纷上诉案”[④] 的影响。但是，《民法典担保制度解释》已经否定了《民商事审判会议纪要》所持司法态度。《民法典担保制度解释》第44条第1款将《民法典担保制度解释（征求意见稿）》第43条第1款中的“抵押人在主债权诉讼时效届满后请求注销抵押权登记的，人民法院应予支持”，修改为“抵押人以主债权诉讼时效期间届满为由，主张不承担担保责任的，人民法院应予支持”。其理由在于，“考虑到除斥期间经过说确实不完全符合《民法典》第393条有关担保物权从属性的规定，尤其是立法机关明确反对，登记主管机关也表示办理此种注销登记缺乏明确依据，最终该司法解释未采纳除斥期间经过说，未对抵押人请求办理注销抵押登记作出规定”[⑤]。因此，“抵押权人未在主债权诉讼时效期间行使抵押权，抵押人请求办理抵押权注销登记的，人民法院不予支持”[⑥]。

笔者赞成“时效抗辩发生说”。抵押权作为担保物权之一种，本无期间限制，

---

① 参见黄薇主编：《中华人民共和国民法典总则编释义》，法律出版社2020年版，第515页；王利明：《民法总则（第三版）》，中国人民大学出版社2022年版，第488～489页；梁慧星：《民法总论（第六版）》，法律出版社2021年版，第259～260页。

② 参见杨巍：《〈民法典〉第192条、第193条（诉讼时效届满效力、职权禁用规则）评注》，载《法学家》2020年第6期。

③ 参见朱庆育：《民法总论（第二版）》，北京大学出版社2016年版，第543页；杨代雄：《民法总论》，北京大学出版社2022年版，第517页。

④ 参见“王某诉李某抵押合同纠纷上诉案”，载《中华人民共和国最高人民法院公报》2017年第7期。

⑤ 贺小荣主编：《最高人民法院第二巡回法庭法官会议纪要（第三辑）》，人民法院出版社2022年版，第354页。

⑥ 贺小荣主编：《最高人民法院第二巡回法庭法官会议纪要（第三辑）》，人民法院出版社2022年版，第354页。

但基于其从属于主债权的特性，主债权因罹于时效而效力减弱，自当对抵押权的行使产生影响，已如前述。依据《民法典担保制度解释》第 20 条规定，《民法典》第 701 条关于保证人可得援引主债务人对债权人抗辩的规定，亦得适用于物上保证人。如此，在主债权罹于时效之后，抵押人自得援引主债务人对债权人的时效抗辩权，拒绝抵押权人实现抵押权的请求。① 值得注意的是，有观点认为，时效抗辩权对抗的是债权人的给付请求权，抵押权在性质上是否属于物权，抵押权人行使抵押权时，抵押人自无法援引主债权诉讼时效经过抗辩权。② 不过，与具有独立性的用益物权不一样的是，包括抵押权在内的担保物权从属于主债权，如此，所谓担保物权的实现或者行使，均在于使得主债权得以优先受偿。据此，在抵押权人向抵押人行使抵押权时，抵押人自可就主债权的具体数额、效力状态等援引主债务人对债权人的抗辩，以此确定抵押权是否可得行使以及其优先受偿范围。但时效抗辩权的援引并不具备消灭请求权的效力，更无法发生使具有从属性的抵押权归于消灭的效果。③ 抵押权人未在主债权诉讼时效期间内行使抵押权，并不属于《民法典》第 393 条所明定的担保物权的消灭情形，在法律未就此作出明确规定的情形之下，亦不宜将其解释为该条第 4 项“法律规定担保物权消灭的其他情形”之一。④ 就此而言，《民法典担保制度解释》第 44 条第 1 款前句后段已予明定，“抵押人以主债权诉讼时效期间届满为由，主张不承担担保责任的，人民法院应予支持”。至于本书前述《民法典担保制度解释》第 44 条第 1 款前句中所出现的解释冲突，可以认为，第 1 款前句前后段系“从正反两面揭示《民法典》第 419 条的文义和适用范围”⑤，所欲表达的均为“时效抗辩发生说”的观点。

在主债权已经罹于时效的情形下，主债务人自可放弃时效抗辩权，此时对抵押权的行使造成何种影响，不无疑问。这里存在完全相反的两种结论：一是主债务人放弃时效抗辩权，重新确认主债务，构成主债权诉讼时效中断的法定事由，亦对抵押人产生法律拘束力。在执行时效期间已经经过的情形下，被执行人同意

---

① 参见崔建远：《物权：规范与学说——以中国物权法的解释论为中心（第二版）》（下册），清华大学出版社 2021 年版，第 475 页；杨巍：《行使抵押权与主债权诉讼时效之关联——以〈民法典〉第 419 条和司法解释新规定为视角》，载《北方法学》2021 年第 6 期。

② 参见程啸：《论担保物权之存续期限》，载《财经法学》2015 年第 1 期。

③ 参见申海恩：《抗辩权效力的体系构成》，载《环球法律评论》2020 年第 4 期；杨巍：《行使抵押权与主债权诉讼时效之关联——以〈民法典〉第 419 条和司法解释新规定为视角》，载《北方法学》2021 年第 6 期。

④ 相反观点，参见张永：《抵押权法定存续期间效力及性质的二重性分析——以〈物权法〉第 202 条为中心》，载《政治与法律》2014 年第 2 期。

⑤ 崔建远：《物权：规范与学说——以中国物权法的解释论为中心（第二版）》（下册），清华大学出版社 2021 年版，第 475 页。

偿还，构成执行时效的中断。在重新计算的执行时效期间内，抵押权人自可行使抵押权。二是，主债务人放弃时效抗辩权，重新确认主债务，主债权诉讼时效重新起算，但其效力不及于抵押人。笔者认为，当事人双方就原债务达成新的协议、主债务人在催款通知单上签章等行为构成主债务人对时效抗辩权的放弃。此类债务重新确认的后果是债务人不得再主张原时效抗辩权，诉讼时效重新起算，并非原诉讼时效的中断。① 在解释上，主债权时效抗辩权非属主债务人专有，在债权人和主债务人之外的第三人充任抵押人的情形中，抵押人并非代主债务人主张，而系基于抵押人之地位以自己名义独立主张该抗辩权。因此，即使主债务人放弃该时效抗辩权，抵押人仍然有权主张。② 如主债务人自己充任抵押人之时，主债务人放弃时效抗辩权同样导致主债权诉讼时效重新起算。不过，新起算的诉讼时效仍属于《民法典》第419条之“主债权诉讼时效期间”，债权人自可在该期间内行使抵押权。③

至于“抵押权消灭说”所关注的抵押人的追偿问题，在第三人提供抵押的情形，主债权因罹于时效而效力减损，主债务人因此取得时效抗辩权。若此时抵押人仍须承担担保责任，其承担担保责任之后自应有权向主债务人追偿④，主债务人因时间的经过而本已获得的时效利益即丧失殆尽。⑤ 采纳“时效抗辩发生说”与“抵押权消灭说”，均可解决抵押人的追偿困境问题，但“抵押权消灭说”无法解释的是，抵押人自愿承担担保责任时，抵押权人基于何种理由保有其已受领的利益。而在“时效抗辩发生说”之下，既属权利，抵押人自可放弃援引该抗辩权，自愿承受抵押权人行使抵押权、变卖抵押财产的结果。⑥ 例如，在主债权已经罹于时效的情形之下，抵押人与抵押权人仍然可以达成实现抵押权的协议，抵押权人仍可据此实现抵押权。⑦ 不过，抵押人知道或者应当知道主债权已经罹于时效而仍然承担担保责任，又以诉讼时效期间届满为由请求返还财产的，人民法

① 参见杨巍：《行使抵押权与主债权诉讼时效之关联——以〈民法典〉第419条和司法解释新规定为视角》，载《北方法学》2021年第6期。

② 参见罗帅：《目的论下抵押权期间规则的解释——以〈民法典〉第419条为中心》，载《山东大学学报（哲学社会科学版）》2020年第6期；曹明哲：《民法典保证人抗辩规则的再体系化》，载《东方法学》2023年第1期。

③ 参见杨巍：《行使抵押权与主债权诉讼时效之关联——以〈民法典〉第419条和司法解释新规定为视角》，载《北方法学》2021年第6期。

④ 在承认物上保证人的清偿承受权的情形下，该清偿承受权系于主债权，并非新生的权利，自应与主债权适用相同的诉讼时效。参见李潇洋：《论保证人清偿后对主债权的承受》，载《东方法学》2023年第1期。

⑤ 参见高圣平：《论担保物权“一般规定”的修改》，载《现代法学》2017年第6期。

⑥ 参见崔建远：《物权：规范与学说——以中国物权法的解释论为中心（第二版）》（下册），清华大学出版社2021年版，第475页。

⑦ 参见杨代雄：《民法总论》，北京大学出版社2022年版，第520页。

院不予支持；抵押人承担担保责任后向主债务人追偿的，人民法院不予支持，但是主债务人放弃诉讼时效抗辩的除外。如此，“时效抗辩发生说”在保护主债务人的时效利益与尊重抵押人意思自由之间均能得到合理解释。

（二）“时效抗辩发生说”之下的注销登记请求权

“时效抗辩发生说”之下，抵押权人未在主债权诉讼时效期间行使抵押权的，抵押权并未消灭。如此，标的财产之上的抵押负担仍然存在，已经办理的抵押登记如无从注销，势必影响抵押财产流转，“抵押权消灭说”所关注的抵押财产的效用发挥问题仍然存在。虽然《民法典》第406条明确承认了抵押权的追及效力，改变了《物权法》第191条限制抵押财产转让的立法态度①，但是，《民法典担保制度解释》第43条和《自然资源部关于做好不动产抵押权登记工作的通知》（自然资发〔2021〕54号）赋予禁止或者限制转让抵押财产的约定以登记能力，如此类约定已行登记，虽然抵押财产转让合同并不因此受到影响，但抵押财产的转让并不发生物权变动的效力；如不存在此类约定或者此类约定尚未登记，虽然抵押财产转让的合同效力和物权变动效力均不受影响，但抵押权的追及效力决定着抵押权人可就第三人受让取得的抵押财产主张权利。如此，在正常的商事背景之下，《民法典》对于抵押财产转让的限制甚至强于《物权法》。抵押登记如不注销，即使主债权已罹于时效，（潜在的）交易相对人亦须在登记外观之外履行尽职调查义务，直接影响着交易相对人就抵押财产的交易意愿和交易价格，不合理地提高了交易的风险与成本，严重限制了抵押财产的转让、出租与再融资。②“解决这样的问题，不妨在《民法典》第419条的基础上，再设置抵押权最长的存续期间，该期间届满，抵押权便彻底消灭，即使担保债权仍在，也是如此”③。不过，这是立法论视角的观察。“时效抗辩发生说”之下抵押人是否可得请求注销抵押登记，仍然是解释论上的一大难题。

学说和裁判上主要存在以下几种解释路径：其一，“交由当事人自行协商，

---

① 参见黄薇主编：《中华人民共和国民法典物权编释义》，法律出版社2020年版，第510～511页；高圣平：《民法典担保制度及其配套司法解释理解与适用》（下），中国法制出版社2021年版，第765页。

② 参见周中举、王明成：《主债权诉讼时效届满，担保物权消灭吗?》，载刘云生主编：《中国不动产法研究》（第1卷），法律出版社2006年版，第339页；孙超、杨留强：《法律解释方法在民法中的应用分析——以〈物权法〉第202条为对象》，载《湖北社会科学》2010年第9期；景光强：《抵押权行使期间的性质和效力》，载《人民司法（案例）》2017年第29期；高圣平：《论担保物权“一般规定”的修改》，载《现代法学》2017年第6期；杨秋宇：《论担保物权存续期限的制度构造——兼评〈中华人民共和国民法典（草案）〉第419条》，载《东北大学学报（社会科学版）》2020年第2期。

③ 崔建远：《物权：规范与学说——以中国物权法的解释论为中心（第二版）》（下册），清华大学出版社2021年版，第478页。

以兼顾双方利益平衡”。[①] 但在抵押人本可基于时效抗辩权拒绝承担抵押担保责任的情形之下，当事人之间是否可就抵押登记的注销达成协议，尚存疑问。其二，抵押权人因不能请求人民法院保护抵押权，也不能再使抵押登记的存在阻碍抵押人对标的物的利用。抵押人此际自可请求注销抵押登记，其法律依据是《民法典》第220条第1款规定的更正登记：一旦抵押权因主债权诉讼时效期间届满而不再受人民法院保护，即构成登记错误，抵押人自可获得更正登记请求权，请求抵押权人协助办理注销登记。[②] 这里，抵押权不再受人民法院保护，并非仅仅基于抵押权人未在主债权诉讼时效期间内行使抵押权的事实，尚须抵押人援引时效抗辩权。其三，在债权人主张行使抵押权之时，抵押人援引主债务人的时效抗辩权予以拒绝，其基本效力是永久地阻止法院执行抵押财产。[③] 此际，“抵押人请求注销抵押登记，不仅包含了援引时效抗辩权意思的延伸，亦是使排除强制执行效力具备公示性的具体路径”。如抵押人放弃时效抗辩权，转而配合债权人完成了行使抵押权的行为，则抵押权仍具强制执行效力，抵押人自无注销抵押登记请求权可言。[④] 其四，抵押权作为物权的一种，具有直接支配性和排他性，由此而决定，抵押权不可能像债权一样，在失去法律强制保护的情况下作为自然债权而存在，同时不妨害他人权利的行使。依据《民法典》第236条“妨害物权或者可能妨害物权的，权利人可以请求排除妨害或者消除危险”之规定，法律上已经不能实现的抵押权会对物的权利人（抵押人）行使物权造成妨害，抵押人有权请求抵押权人注销抵押登记以排除妨害。[⑤]

笔者认为，基于《民法典》物权编“物尽其用”“物畅其流”的法政策目标，即使在“时效抗辩发生说”之下，亦可承认抵押人注销抵押登记的请求权。[⑥] 抵押权的从属性并不表明其效力范围或者强度与主债权完全相同，而仅仅只是强调抵押权的效力范围或者强度不得高于主债权，如此，承认抵押人的注销抵押登记请求权，并不构成对抵押权从属性的违反。不过，抵押人请求注销抵押登记，并非基于抵押权消灭或者主债权罹于时效的法律事实，而是固化抵押人援引时效

---

① 申海恩：《抗辩权效力的体系构成》，载《环球法律评论》2020年第4期。

② 参见最高人民法院民事审判第二庭编：《最高人民法院民法典担保制度司法解释理解与适用》，人民法院出版社2021年版，第400～401页。

③ 参见申海恩：《抗辩权效力的体系构成》，载《环球法律评论》2020年第4期；杨巍：《行使抵押权与主债权诉讼时效之关联——以〈民法典〉第419条和司法解释新规定为视角》，载《北方法学》2021年第6期。

④ 参见杨巍：《行使抵押权与主债权诉讼时效之关联——以〈民法典〉第419条和司法解释新规定为视角》，载《北方法学》2021年第6期。

⑤ 参见四川省成都市中级人民法院（2021）川01民终878号民事判决书。

⑥ 参见最高人民法院民事审判第二庭编：《最高人民法院民法典担保制度司法解释理解与适用》，人民法院出版社2021年版，第400页。

抗辩权的效果——永久地阻止人民法院执行抵押财产。如此，抵押人请求注销抵押登记，以其援引时效抗辩权为前提。作为防御性的权利，时效抗辩权的援引尚须以抵押权人主张行使抵押权为前提。由此出现的解释上的疑问在于，在抵押权人尚未主张行使抵押权的情形下，抵押人是否可得主动请求注销抵押登记。① 如抵押人以诉讼或者仲裁的方式请求注销抵押登记，抵押权人通常会就抵押权的有效存续或者行使提起反诉（反请求）或者抗辩，此际，抵押人即可援引时效抗辩权，并依其效力请求抵押权人协助注销抵押登记。在学说上，时效抗辩权的援引对请求权可实现永久性排除，并不限于对行使请求权本身的拒绝，亦可指向请求权之替代实现手段。② 由于作为请求权替代实现手段的抵押权借助登记强化了其对世性，即使抵押权人尚未行使权利，该对世性对抵押人亦产生某种拘束力，在《民法典担保制度解释》允许抵押人援引主债务人的时效抗辩权对抗抵押权的前提下，承认抵押人可于抵押权人尚未行使抵押权时“提前”促成抗辩效力发生具有合理性。③

三、《民法典》第 419 条的类推适用

《民法典》第 419 条将调整对象限于抵押权，该条所反映的仅仅只是主债权罹于时效对抵押权的影响。但质权、留置权等其他担保物权同样从属于主债权，主债权罹于时效对质权、留置权产生何种影响，不无疑问。学界就《民法典》第 419 条能否类推适用于其他担保物权存在争议。《民法典担保制度解释》第 44 条第 2 款和第 3 款在区分登记型担保物权和非登记型担保物权的基础上，分别规定主债权罹于时效的不同法律效果，但此种规定对于性质共通的担保物权而言，并无裨益。④

（一）《民法典》第 419 条类推适用的学说争议

第一种观点认为，质权和留置权既不会因主债权罹于时效而受到影响，也不受其他法定存续期间的限制，亦即《民法典》第 419 条不能类推适用于其他担保物权。理由在于，动产质权与留置权均属转移占有型担保物权，即使主债权罹于

---

① 裁判实践中即有在债权人（抵押权人）既未向主债务人主张主债权，又未向抵押人行使抵押权的情形下，抵押人无从先行援引时效抗辩权的观点。参见河南省信阳市中级人民法院（2021）豫 15 民终 4322 号民事判决书。

② 参见申海恩：《抗辩权效力的体系构成》，载《环球法律评论》2020 年第 4 期。

③ 参见杨巍：《行使抵押权与主债权诉讼时效之关联——以〈民法典〉第 419 条和司法解释新规定为视角》，载《北方法学》2021 年第 6 期。

④ 自《民商事审判会议纪要》发布以来，就以登记作为公示方法的权利质权准用《物权法》第 202 条或者《民法典》第 419 条，学说和裁判中并无争议。准此，本书以下不讨论以登记作为公示方法的权利质权类推适用《民法典》第 419 条的问题。

时效，担保财产仍处于担保物权人实际控制之下，权利人此时仍可凭占有处分担保财产以实现优先受偿。[①] 因此，规定这两类担保物权因主债权诉讼时效届满而消灭，不但对担保物权人不公，甚至还与债务人不得对超过诉讼时效期间所为的履行请求返还的民法基本理论相悖。[②] 况且，有关质权、留置权的行使期间问题，《民法典》已根据各自权利的特点，分别于第437条和第454条作出规定。[③] 这些条款实为对《民法典》没有规定主债权诉讼时效对质权、留置权的影响所可能带来的消极后果而采取的另类解决措施。[④]

第二种观点认为，动产质权与留置权等转移占有型担保物权与抵押权同属担保物权，《民法典》第419条自可类推适用。[⑤] 理由在于，一是债权人对担保物的占有，不意味着将来必然有权处分，还需满足质权或是留置权的实现条件；[⑥] 二是主债权诉讼时效届满，债权人占有担保财产并不意味着债务人放弃时效利益而向债权人清偿；[⑦] 三是占有（交付）和登记同为担保物权的公示方法，二者在效力上不存在高下之分；[⑧] 四是在债务人以自己之物提供担保时，债权人能够向债务人主张实现担保物权，无异于否定了主债权诉讼时效完成的法律效果。[⑨]

（二）对《民法典担保制度解释》第44条第2款、第3款的评价

《民法典担保制度解释》在《民商事审判会议纪要》第59条的基础上，于第44条区分了登记型担保物权和非登记型担保物权，分别在第2款和第3款就主债权诉讼时效期间届满对留置权和质权的影响作出了规定。主债权诉讼时效期间经过对于留置权、动产质权和以交付权利凭证作为公示方式的权利质权的行使不发

---

① 参见最高人民法院民事审判第二庭编：《最高人民法院民法典担保制度司法解释理解与适用》，人民法院出版社2021年版，第398页。

② 参见全国人民代表大会常务委员会法制工作委员民法室编：《物权法立法背景与观点全集》，法律出版社2007年版，第661页；李永锋：《主债权诉讼时效完成后担保物权的效力》，载《人民法院报》2007年5月16日，第6版。

③ 参见黄薇主编：《中华人民共和国民法典物权编解读》，中国法制出版社2020年版，第727页。

④ 参见刘贵祥：《〈物权法〉关于担保物权的创新及审判实务面临的问题》（下），载《法律适用》2007年第9期。

⑤ 参见尹田：《物权法（第三版）》，北京大学出版社2022年版，第474页；高圣平：《担保物权的行使期间研究——以〈物权法〉第202条为分析对象》，载《华东政法大学学报》2009年第1期。

⑥ 参见孙鹏：《论担保物权的实行期间》，载《现代法学》2007年第6期。

⑦ 参见张永：《抵押权法定存续期间效力及性质的二重性分析——以〈物权法〉第202条为中心》，载《政治与法律》2014年第2期；杨秋宇：《论担保物权存续期限的制度构造——兼评〈中华人民共和国民法典（草案）〉第419条》，载《东北大学学报（社会科学版）》2020年第2期。

⑧ 参见孙鹏：《论担保物权的实行期间》，载《现代法学》2007年第6期；杨秋宇：《论担保物权存续期限的制度构造——兼评〈中华人民共和国民法典（草案）〉第419条》，载《东北大学学报（社会科学版）》2020年第2期。

⑨ 参见孙鹏：《论担保物权的实行期间》，载《现代法学》2007年第6期。

生影响，占有担保财产或者权利凭证的债权人有权继续占有，但是财产被留置的债务人或者所有权人以及出质人有权依据《民法典》第437条和第454条的规定，请求留置权人、质权人及时行使留置权或质权。

笔者对《民法典担保制度解释》第44条第2款、第3款的规定持否定态度，应将《民法典》第419条的规定一并类推适用于其他担保物权。质权和留置权与抵押权同属担保物权，同样具有从属性，亦一同受主债权诉讼时效的影响。[①] 主要理由在于：

第一，《民法典》第437条第1款规定："出质人可以请求质权人在债务履行期限届满后及时行使质权；质权人不行使的，出质人可以请求人民法院拍卖、变卖质押财产。"第454条规定："债务人可以请求留置权人在债务履行期限届满后行使留置权；留置权人不行使的，债务人可以请求人民法院拍卖、变卖留置财产。"其中，"债务履行期限届满后"在解释上系指质权和留置权的实现条件已经成就。[②] 但"债务履行期限届满后"在文义上是否涵盖"主债权诉讼时效届满后"尚存疑问。在体系解释上，《民法典》第388条"担保合同是主债权债务合同的从合同"所揭示的担保物权的从属性，自然包括质权和留置权。如此，主债权因罹于时效而效力减损，作为从权利的质权和留置权，亦当效力减损。上述条款中"债务履行期限届满后"应限缩解释为"债务履行期限届满之后、主债权诉讼时效届满之前"。对于非以登记为公示手段的质权以及留置权而言，主债权罹于时效，物上保证人既不能主张返还担保财产，又不能主张时效抗辩权，其所承担的担保责任甚至重于主债务人，有违担保物权的从属性。

第二，主债权诉讼时效期间届满对担保物权的影响，不应以公示方法的不同而分别规定不同的法律效果。《民法典》就登记和交付等两种公示方法维持价值中立的立场，并不赋予某一登记方法更为优先的效力。例如，同一动产之上抵押权和质权竞存之时，依《民法典》第415条之规定，效力上并不以登记为尊，而是将登记与交付等量齐观。有观点认为，《民法典》第437条第1款和第454条的规定基于质权人和留置权人占有标的财产的事实，容忍债权人不及时行使质权和留置权，如规定债权人未在主债权诉讼时效期间内行使质权和留置权则人民法院不予保护，出质人和债务人据此取回标的财产，对于质权人和留置权人而言有失

① 参见高圣平：《担保法前沿问题与判解研究（第四卷）》，人民法院出版社2019年版，第169页。

② 参见黄薇主编：《中华人民共和国民法典物权编释义》，法律出版社2020年版，第578页、第619～620页；最高人民法院民法典贯彻实施工作领导小组主编：《中华人民共和国民法典物权编理解与适用》（下），人民法院出版社2020年版，第1220页、第1307页。

公允。[①] 依据《民法典》的规定，债权人占有标的财产，既是质权和留置权发生物权变动效力的生效要件，也是债权人维系其就标的财产的质权或者留置权效力的要件。在主债权罹于时效时，债权人虽然在物上担保人放弃其时效抗辩权时有权保有物上担保人的履行利益，但债权人继续占有标的财产的事实并不意味着物上担保人放弃其时效利益，也不意味着物上担保人对债务的履行或者对担保责任的承担。[②] 债权人怠于行使其担保物权，自应承受相应的不利后果，此时令出质人或者债务人行使所有物返还请求权，自无所谓有失公允问题。出质人请求债权得不到实现的质权人返还质物，与抵押人请求债权同样得不到实现的抵押权人配合注销抵押登记，两者在法政策上应作相同评价。由此，《民法典担保制度解释》第 44 条第 3 款将非登记型担保物权排除在参照适用抵押权行使期间的规定之外，不具有正当性。

第三，在债务人交付自己之物以为出质或者留置的情形，主债权罹于时效，出质人或者财产被留置的债务人作为主债务人自可援引时效抗辩权，但作为物上担保人却不享有时效抗辩权。这实际上否定了债务人因主债权罹于时效本已获得的时效利益。在就同一债权既有第三人提供的不动产抵押又有第三人提供的动产质押的情形之下，主债权罹于时效之时，抵押人可以行使注销登记请求权，但出质人却须向债权人请求行使质权，债权人不行使的，还须请求法院拍卖、变卖质押财产，并不享有时效利益。如此即出现评价冲突。

第四，非登记型担保物权作为物权，在其内容存在漏洞时，只要不违反效力性强制性规定及担保物权本身的性质，对于物权的内容可以按照法律所规定的内容进行类推解释。[③] 在我国《民法典》就担保物权的体系化整合不足以及立法简约的态势之下，担保物权规则之间的类推适用绝非少数。例如，为及时清结法律关系，并防免担保财产的价值贬损，《民法典》第 437 条第 1 款和第 454 条规定，出质人、财产被留置的债务人或者所有权人，有权请求债权人及时行使质权或者留置权，在债权人不行使时，还有权请求人民法院拍卖、变卖担保财产。但《民法典》并未明定抵押人亦享有如上权利。“若债务履行期届满后债务人无力清偿债务，抵押权人又不对抵押物进行变现，则可能导致债务人承担高额的逾期利息，而且抵押物的变现价格也受到市场影响，因此，为了平衡抵押人和抵押权人

① 参见黄薇主编：《中华人民共和国民法典物权编释义》，法律出版社 2020 年版，第 578 页、第 619～620 页；最高人民法院民法典贯彻实施工作领导小组主编：《中华人民共和国民法典物权编理解与适用》（下），人民法院出版社 2020 年版，第 1221 页；林文学、杨永清、麻锦亮、吴光荣：《〈关于适用民法典有关担保制度的解释〉的理解和适用》，载《人民司法·应用》2021 年第 4 期。

② 参见张永：《抵押权法定存续期间效力及性质的二重性分析——以〈物权法〉第 202 条为中心》，载《政治与法律》2014 年第 2 期。

③ 参见孙宪忠：《中国物权法原理》，法律出版社 2004 年版，第 145 页。

之间的利益关系，应当允许抵押人基于对自身利益的判断，当其就抵押物的变现无法与抵押权人协商一致时，请求人民法院拍卖、变卖抵押财产”①。据此，《民事诉讼法解释》第 359 条将《民事诉讼法》第 203 条规定的“其他有权请求实现担保物权的人”，解释为“包括抵押人、出质人、财产被留置的债务人或者所有权人等”，是为类推适用的明证。有鉴于此，《民法典》第 437 条第 1 款和第 454 条的规定是可得适用于所有担保物权的担保人权利保全规则，不宜将其解读为仅适用于所谓因不受主债权诉讼时效影响的质权和留置权的规则。如此，以《民法典》已就质权和留置权设定了专门的担保人权利保全规则为由而否定其再受主债权诉讼时效的影响的观点，即无正当性。

准此以解，质权和留置权是否受主债权诉讼时效的影响，即可类推适用《民法典》第 419 条的规定，即质权人、留置权人应当在主债权诉讼时效期间行使质权、留置权；未行使的，出质人、财产被留置的债务人或者所有权人可以拒绝质权人、留置权人行使担保物权的请求。为固化物上担保人援引时效抗辩权的效果，物上担保人自可行使所有物返还请求权。

第四十五条　当事人约定当债务人不履行到期债务或者发生当事人约定的实现担保物权的情形，担保物权人有权将担保财产自行拍卖、变卖并就所得的价款优先受偿的，该约定有效。因担保人的原因导致担保物权人无法自行对担保财产进行拍卖、变卖，担保物权人请求担保人承担因此增加的费用的，人民法院应予支持。

当事人依照民事诉讼法有关“实现担保物权案件”的规定，申请拍卖、变卖担保财产，被申请人以担保合同约定仲裁条款为由主张驳回申请的，人民法院经审查后，应当按照以下情形分别处理：

（一）当事人对担保物权无实质性争议且实现担保物权条件已经成就的，应当裁定准许拍卖、变卖担保财产；

（二）当事人对实现担保物权有部分实质性争议的，可以就无争议的部分裁定准许拍卖、变卖担保财产，并告知可以就有争议的部分申请仲裁；

（三）当事人对实现担保物权有实质性争议的，裁定驳回申请，并告知可以向仲裁机构申请仲裁。

债权人以诉讼方式行使担保物权的，应当以债务人和担保人作为共同被告。

---

① 最高人民法院民法典贯彻实施工作领导小组主编：《最高人民法院新民事诉讼法司法解释理解与适用》，人民法院出版社 2022 年版，第 793 ~ 794 页。

【条文主旨】

本条是关于担保物权实现途径的规定，解释《民法典》第410条。

【规则变迁】

关于担保物权的实现途径，《担保法》第53条规定："债务履行期届满抵押权人未受清偿的，可以与抵押人协议以抵押物折价或者以拍卖、变卖该抵押物所得的价款受偿；协议不成的，抵押权人可以向人民法院提起诉讼。抵押物折价或者拍卖、变卖后，其价款超过债权数额的部分归抵押人所有，不足部分由债务人清偿。"第71条规定："债务履行期届满债务人履行债务的，或者出质人提前清偿所担保的债权的，质权人应当返还质物。债务履行期届满质权人未受清偿的，可以与出质人协议以质物折价，也可以依法拍卖、变卖质物。质物折价或者拍卖、变卖后，其价款超过债权数额的部分归出质人所有，不足部分由债务人清偿。"第87条规定："债权人与债务人应当在合同中约定，债权人留置财产后，债务人应当在不少于两个月的期限内履行债务。债权人与债务人在合同中未约定的，债权人留置债务人财产后，应当确定两个月以上的期限，通知债务人在该期限内履行债务。债务人逾期仍不履行的，债权人可以与债务人协议以留置物折价，也可以依法拍卖、变卖留置物。留置物折价或者拍卖、变卖后，其价款超过债权数额的部分归债务人所有，不足部分由债务人清偿。"由这些规定可以看出，《担保法》上除了协议实现之外，担保物权的公力实现途径仅有"向人民法院提起诉讼"一途，在解释上，"申请仲裁"亦为其中可供选择的方案。

《物权法》第195条规定："债务人不履行到期债务或者发生当事人约定的实现抵押权的情形，抵押权人可以与抵押人协议以抵押财产折价或者以拍卖、变卖该抵押财产所得的价款优先受偿。协议损害其他债权人利益的，其他债权人可以在知道或者应当知道撤销事由之日起一年内请求人民法院撤销该协议。抵押权人与抵押人未就抵押权实现方式达成协议的，抵押权人可以请求人民法院拍卖、变卖抵押财产。抵押财产折价或者变卖的，应当参照市场价格。"这里修改了《担保法》"向人民法院提起诉讼"的规定，这一修改明确了直接申请拍卖、变卖和提起民事诉讼之间的关系。与《担保法》相比，《物权法》更加关注担保物权实行的便捷，意在降低担保物权的实行成本，应值肯定。①《民事诉讼法》2012年修正之时，即在"特别程序"一章中增加了"实现担保物权案件"，以从程序法

① 参见梅夏英、高圣平：《物权法教程》，中国人民大学出版社2007年版，第405页。

上配合《物权法》的实施。

《物权法》第219条规定："债务人履行债务或者出质人提前清偿所担保的债权的，质权人应当返还质押财产。债务人不履行到期债务或者发生当事人约定的实现质权的情形，质权人可以与出质人协议以质押财产折价，也可以就拍卖、变卖质押财产所得的价款优先受偿。质押财产折价或者变卖的，应当参照市场价格。"第236条规定："留置权人与债务人应当约定留置财产后的债务履行期间；没有约定或者约定不明确的，留置权人应当给债务人两个月以上履行债务的期间，但鲜活易腐等不易保管的动产除外。债务人逾期未履行的，留置权人可以与债务人协议以留置财产折价，也可以就拍卖、变卖留置财产所得的价款优先受偿。留置财产折价或者变卖的，应当参照市场价格。"这两条基本维持了《担保法》的规定，在解释上的疑问是，质权人或者留置权人是否可以直接"请求人民法院拍卖、变卖担保财产"？好在《民事诉讼法》2012年修正之时解决了这一疑问。《民事诉讼法》第207条规定："申请实现担保物权，由担保物权人以及其他有权请求实现担保物权的人依照民法典等法律，向担保财产所在地或者担保物权登记地基层人民法院提出。"这里，将"实现担保物权案件"的适格申请人，界定为"担保物权人以及其他有权请求实现担保物权的人"，《民事诉讼法解释》第359条将其解释为："民事诉讼法第二百零三条规定的担保物权人，包括抵押权人、质权人、留置权人；其他有权请求实现担保物权的人，包括抵押人、出质人、财产被留置的债务人或者所有权人等。"如此，质权人、留置权人、出质人、财产被留置的债务人或者所有权人均可直接"请求人民法院拍卖、变卖担保财产"。

《民法典》第410条规定："债务人不履行到期债务或者发生当事人约定的实现抵押权的情形，抵押权人可以与抵押人协议以抵押财产折价或者以拍卖、变卖该抵押财产所得的价款优先受偿。协议损害其他债权人利益的，其他债权人可以请求人民法院撤销该协议。抵押权人与抵押人未就抵押权实现方式达成协议的，抵押权人可以请求人民法院拍卖、变卖抵押财产。抵押财产折价或者变卖的，应当参照市场价格。"与《物权法》第195条相比，《民法典》第410条未作实质性修改，仅删去其他债权人可以"在知道或者应当知道撤销事由之日起一年内"请求人民法院撤销该协议的时间限制，原因在于《民法典》合同编已就债权人的撤销权进行了详尽规定，避免法条之间语意的重复。由此发生疑问：应否允许当事人自行拍卖、变卖担保财产。

对此，《民法典担保制度解释》于本条第1款对上述问题给出了肯定的司法意见，允许当事人事先约定担保物权人可以将担保财产折价或者自行拍卖、变卖并就所得价款优先受偿。同时，为便捷担保财产的处置、使担保权人更为高效地实现权利，本条第2款规定，在担保合同约定了仲裁条款但双方无实质争议的情形下，可直接申请法院启动担保物权实现程序。

【理解与适用】

实现担保物权是担保物权人行使担保物权的基本方式。所谓担保物权的实现，是指债务人不履行到期债务或者发生当事人约定的实现担保物权的情形时，担保物权人处分担保财产并以其变价款优先受偿的行为。担保物权的实现，通常又被称为担保物权的实行。

一、《民法典》上担保物权人实现担保物权的途径

担保物权的实现是担保物权最重要的效力，也是担保物权人最主要的权利。在主债务履行期限届满债权人未受清偿或发生当事人约定的实现担保物权的情形的情况下，担保物权人通过什么途径来实现担保物权，不仅关系到担保物权人的利益，而且关系到抵押担保交易的正常运行。不合理的制度设计往往徒增抵押担保交易的成本，使抵押制度之功能不能充分发挥。

以抵押权为例。《民法典》第410条规定："债务人不履行到期债务或者发生当事人约定的实现抵押权的情形，抵押权人可以与抵押人协议以抵押财产折价或者以拍卖、变卖该抵押财产所得的价款优先受偿。协议损害其他债权人利益的，其他债权人可以请求人民法院撤销该协议。抵押权人与抵押人未就抵押权实现方式达成协议的，抵押权人可以请求人民法院拍卖、变卖抵押财产。抵押财产折价或者变卖的，应当参照市场价格。"这里规定了抵押权实现的两种途径：协议实现和公力实现。

（一）抵押权的协议实现

《民法典》第410条第1款规定："债务人不履行到期债务或者发生当事人约定的实现抵押权的情形，抵押权人可以与抵押人协议以抵押财产折价或者以拍卖、变卖该抵押财产所得的价款优先受偿。协议损害其他债权人利益的，其他债权人可以请求人民法院撤销该协议。"在抵押权可得实行之时，由当事人协议实现抵押权，一方面，有助于尊重当事人的意志。抵押权的实现关系到当事人双方的利益，通过协议实现抵押权，最大限度地尊重了当事人的意愿；另一方面，有利于降低抵押权的实现成本、减少诉讼成本，并可以减轻法院的负担。① 值得注意的是，有观点认为，协议实现抵押权是抵押权人请求法院实现抵押权的一个必经程序。也就是说，只有在未达成协议或协议规定不明确的情况下才能请求人民法院拍卖、变卖抵押财产。② 笔者认为，在抵押权可得实行之时，是采取协议实

---

① 参见王利明：《合同法研究（第四卷）（第二版）》，中国人民大学出版社2018年版，第501页。

② 参见王利明：《合同法研究（第四卷）（第二版）》，中国人民大学出版社2018年版，第501页。

现的方式，还是采取请求法院拍卖、变卖的方式，应由抵押权人自行选择。在解释上，如抵押权人径行请求人民法院拍卖、变卖抵押财产的，可认为其与抵押人未就抵押权实现方式达成协议。

（二）抵押权的公力实现

《民法典》第410条第2款规定："抵押权人与抵押人未就抵押权实现方式达成协议的，抵押权人可以请求人民法院拍卖、变卖抵押财产。""抵押权人可以请求人民法院拍卖、变卖抵押财产"在程序法上的供给即为《民事诉讼法》上增设的"实现担保物权案件"这一特别程序。这是否意味着，在公力救济路径上，抵押权人仅得申请启动实现担保物权案件程序以实现抵押权？

"抵押权人与抵押人未就抵押权实现方式达成协议"，主要涉及两种情形：一是双方就债务履行期限届满债权未受清偿的事实没有异议，只是就采用何种方式实现抵押权的问题没有达成一致意见；二是双方在债务是否已经履行以及抵押权本身的效力问题上存在争议。就第一种情形，抵押权人与抵押人均可申请启动实现担保物权案件程序；就第二种情形，抵押权人仍应采取提起诉讼或者申请仲裁的方式解决。即使是第一种情形，当事人为增加确定性，亦不排斥采取提起诉讼或者申请仲裁的方式。

二、担保物权的庭外实现

（一）庭外实现与担保物权的协议实现和自力实现的差异

《民法典担保制度解释》于本条第1款规定："当事人约定当债务人不履行到期债务或者发生当事人约定的实现担保物权的情形，担保物权人有权将担保财产自行拍卖、变卖并就所得的价款优先受偿的，该约定有效。因担保人的原因导致担保物权人无法自行对担保财产进行拍卖、变卖，担保物权人请求担保人承担因此增加的费用的，人民法院应予支持。"这是《民法典担保制度解释》增设的一个实现担保物权的途径，体现《民法典担保制度解释》建立高效的担保权执行程序，优化营商环境的追求。① 世界营商环境调查中的合法权利保护力度指数将当事人在协议中约定可庭外实现作为营商环境指数之一，以鼓励抵押权人与抵押人事先在合同中约定庭外实现方式，当事人就此已作约定时，其并不违法悖俗，同时亦有利于提升我国的营商环境指数得分，应允许当事人在合同中作出约定②，《民法典担保制度解释》第45条第1款对此予以明确。但是，在当事人事先并未

① 参见最高人民法院民事审判第二庭编：《最高人民法院民法典担保制度司法解释理解与适用》，人民法院出版社2021年版，第38～39页。

② 参见纪海龙：《世行营商环境调查背景下的中国动产担保交易法》，载《法学杂志》2020年第2期。

就此作出约定时，由于抵押人占有抵押物，若认可抵押权人可诉诸庭外实现等类似自力救济的方式，不利于维护社会和经济秩序，按照体系解释，《民法典》第1177条严格限定自力救济的适用范围，若当事人在就是否允许抵押权人实行自力救济措施未作约定的背景下，赋予抵押权人实行自力救济的权利，在体系上与《民法典》第1177条相悖。在当事人未事先作约定的背景下，应否认当事人诉诸庭外实现等类似自力救济的可能性。①

《民法典担保制度解释》本条第1款规定的实现担保物权途径，与担保物权的协议实现存在差异。根据《民法典》第410条第1款的规定，实现担保物权的协议仅能在债务人不履行到期债务或者发生当事人约定的实现担保物权的情形之后才能达成。至于担保合同中有关实现担保物权途径的约定，不由该款文义所能涵盖。对于此类约定的效力，学说和实务中多持否定态度。《民法典担保制度解释》本条第1款规定的有关实现担保物权途径的约定，是在债务人不履行到期债务或者发生当事人约定的实现担保物权的情形之前所作出，既可以约定于担保合同之中，也可以约定于担保合同之外的单独合同之中。此与《民法典》上缓和流抵、流质契约的效力有关。

《民法典担保制度解释》本条第1款规定的实现担保物权途径，也不是学说和实务中所说的担保物权的自力救济。所谓自力救济，是指权利人依靠自己的力量强制侵害人，以捍卫受到侵犯的权利保护制度。自力救济是人类早期盛行的权利保护方式，由于其容易滋生暴力事件，且当事人仅凭一己之判断去强制他人，难免感情用事，有失公允，文明社会原则上禁止自力救济。但自力救济有迅捷及时的优势，有些国家例外地认可其适用于特定情事。② 自力救济在保护抵押权方面应有适用空间，因为其强调交易便捷，能更好地保护抵押权人的利益，与抵押权的设定目的相合。德国、日本实务上发展起来的让与担保制度，旨在规避法定的繁杂的设定和实现方式，降低担保交易成本。其中，让与担保在实现途径上多采自力救济。但自力救济的制度缺陷也相当明显，仅依抵押权人的意思就可占有、处分抵押财产，对于债务人和第三人而言往往保护不周。在采行自力救济途径实现抵押权时，应为抵押权人设定相应义务以保护债务人的权利，如制度设计合理，则对双方当事人均为有利。

《民法典担保制度解释》本条第1款虽然没有承认担保物权的自力实现，但是，承认当事人之间关于"当债务人不履行到期债务或者发生当事人约定的实现担保物权的情形，担保物权人有权将担保财产自行拍卖、变卖并就所得的价款优先受偿"的约定的效力，对于提高担保物权的实现效率，并将实现担保物权的方

---

① 参见武亦文：《〈民法典〉第410条（抵押权的实现）评注》，载《法学家》2022年第3期。

② 参见张俊浩主编：《民法学原理（修订第三版）》，中国政法大学出版社2000年版，第87页。

式限定于拍卖、变卖，排除折价，在程序上关注债务人和第三人利益的保护，以达到担保物权人与债务人间利益的衡平。

（二）担保物权庭外实现规则的建构

虽然借由非典型担保交易的权利实现规则以及担保功能主义，可以扩展其适用范围，不过，由前述比较法规则可以看出，担保物权的庭外实现是一个颇为复杂的过程，为了节约当事人成本，实现担保物权高效担保债权的目的，法律应当为此提供较为充足的制度供给，担保物权的庭外实现并不意味着就是当事人自治的“自留地”，相反，需要法律明确庭外实现的条件与法律效果，否则担保物权的庭外实现就是“纸上谈兵”，更不会为当事人所利用，即便利用也只是在原有基础交易争议之上徒增更多争议。或许正是考虑到这一制度规则的复杂性，《民法典》未对此作出规定，不过更为妥当的做法或许是为担保物权私力救济制度作出原则性规定，为后续细化规定留下空间。就此来看，《民法典担保制度解释》第45条第1款“当事人约定当债务人不履行到期债务或者发生当事人约定的实现担保物权的情形，担保物权人有权将担保财产自行拍卖、变卖并就所得的价款优先受偿的，该约定有效。因担保人的原因导致担保物权人无法自行对担保财产进行拍卖、变卖，担保物权人请求担保人承担因此增加的费用的，人民法院应予支持”的规定，弥补了《民法典》的前述缺漏。不过，《民法典担保制度解释》第45第1款的规定也只解决了担保物权私力救济最为基础的问题，其中的诸多细节亦无法在司法解释中作出更多规定。综合前述比较法规则，未来构建我国担保物权庭外实现制度，应置重于如下问题的完善，如担保权人如何取得对担保物的占有；担保权人自行处分担保物可采取何种方式；如何认定担保财产处分方式的合理性；担保财产处分后有何种法律效果以及处分前应如何为有效通知；为避免收益分配对担保物上其他竞存权利人的损害，应如何进行担保财产处分收益的分配，收益应交何机关保管等。前述比较法规则在不同问题上均已提出相同亦或细节不同的方案。结合我国法，笔者提出以下建议。

第一，明确担保权人取得担保物占有的规则。就此，前述比较法规则存在不同的规制模式，《欧洲示范民法典草案》和《动产担保交易立法指南》均要求当事人约定担保权人行使这一权利时取得担保人同意；而《美国统一商法典》未就此作出要求。笔者认为，在我国交易背景下，非移转占有型担保物权中，担保人多数不会同意担保权人取得占有，若采用《欧洲示范民法典草案》的模式，担保物权庭外实现恐难有适用余地，因此，《美国统一商法典》的模式更为可取。

第二，完善担保权人自行处分担保物可采取的具体方式。担保权人可自行处分担保物的方式有自行拍卖、变卖以及以物抵债，这些方式为《民法典》第410条所明文规定，担保权人并不陌生。不过，拍卖、变卖、折价这三种方式显然不敷适用，结合前述比较法如《移动设备国际利益公约》《欧洲示范民法典草案》，我国法应明确增加担保物出租、许可使用、强制管理、收取等处分行使，以适应不同担保物特征、不同交易背景的需要。目前，强制管理已在土地承包经营权抵押实现中有所适用；最高人民法院《福建海峡银行股份有限公司福州五一支行诉长乐亚新污水处理有限公司、福州市政工程有限公司金融借款合同纠纷案》（指导案例53号）确定的裁判规则明确了质权人可以请求应收账款债务人直接向其履行债务，明确了收取这一实现方式。

第三，明确担保权人的通知义务。从比较法规则可以看出，无论是担保权人取得占有、处分担保物之前还是意采取以物抵债实现担保权，担保权人均应通知相关利害关系人。我国《民法典》于多处具有通知的具体要求，理论上多将通知作为准法律行为，因此，通知的方式、时间甚至无需通知的情形，均可参照现有《民法典》相关规定与解释结论。规则应侧重明确通知的对象与内容，在担保权人取得担保物占有时，应通知担保人、担保物的实际控制人，在担保物权的处分程序中，应通知担保人、债务人、担保物的实际控制人、其他担保权人等。就内容而言，包括拟处分担保物的时间和地点，拟处分的担保财产的合理描述，处分担保财产的最低价格以及支付条款，担保人和其他利害关系人享有回赎的权利等。

第四，明确以物抵债适用的条件。目前，实践中虽有不少以物抵债情形，但是以物抵债的相关争议仍然不小，且欠缺相应规则。庭外实现中的以物抵债必须受到严格限制，否则将成为担保权人压榨担保人的方式。前述比较法均明确了以物抵债的适用必须向担保人等利害关系人发出通知，且应明确指拟通过取得担保资产而得以清偿的债务数额，如果无法获得担保人等利害关系人的同意，则无法实施以物抵债，我国法应予以借鉴。

第五，明确担保财产收益的分配。即便是司法拍卖，以及司法实践中的执行财产分配，也存在不少争议，而担保财产上有多个权利人的情形已成常态，担保权人可能无法知悉担保财产的其他权利人，甚至出现担保权人恶意不通知其他权利人，私吞变价款的情形，因此，规则规制的重点在于避免担保权人有意或无意的此类行为。就此，《动产担保交易立法指南》的相关建议更为可取，担保权人可将处分收益交给法院或其他主管机关保存，我国法可借助既有的提存制度实现这一制度目的。

第六，完善担保物权公力救济规则。从比较法中可以看到，担保物权的公力救济与庭外实现是密不可分的，担保物权的庭外实现如若运行不畅，可以顺利过渡至公力救济，而且在拍卖的法律效果、收益分配的顺序、财产处分的方式等方面，担保物权的公力救济与庭外实现的规则是共通的。因此，在建立完整的担保物权庭外救济规则之前，担保物权公力救济规则的完善也可以为庭外实现奠定坚实的基础，提供规则设计的参考。当前，《民事强制执行法》已在制定中，且已经向社会公布草案征求意见，担保物权公力救济规则的完善已在眼前，庭外实现制度也指日可待。

（三）担保人承担实现担保物权的增加费用

《民法典担保制度解释》于本条第1款后句规定："因担保人的原因导致担保物权人无法自行对担保财产进行拍卖、变卖，担保物权人请求担保人承担因此增加的费用的，人民法院应予支持。"由此可见，因担保人的原因导致担保物权人无法自行对担保财产进行折价或者拍卖、变卖，担保人应当承担因此增加的费用。

三、担保物权的非讼实现

对于抵押权的行使，抵押权人原则上可以直接申请法院作出许可拍卖、变卖担保财产的裁定，理由是：抵押权作为一种物权，权利人可直接对物的价值加以支配并排除其他一切人的干涉，而不需借助义务人的给付行为，即使不占有担保财产的抵押权，抵押权人也是以控制抵押物的价值并得以从中优先受偿为目的的。抵押权人请求法院以拍卖抵押财产行使权利，正是将物权转化为法院对抵押财产实施的强制执行行为，仍然属于抵押权人依抵押财产价值直接取偿的一种表现，而无需依靠义务人来实施某种行为。法院作出的许可拍卖、出卖担保财产的裁定即为执行根据。①

在我国，将申请拍卖、变卖担保财产作为非讼案件，在《民事诉讼法》中增设"实现担保物权案件"，将其单列为一案件类型，充分发挥非讼程序迅捷、经济地解决纠纷的职能，在一定程度上缓解了信贷实践中广受诟病的担保物权实行问题。但"实现担保物权案件"与一般非讼案件不同，在制度设计上也有不同于一般非讼程序的特点。

（一）"实现担保物权案件"的启动

"实现担保物权案件"虽为非讼案件之一种，但非为职权事件，法院无法依其职权而启动，而属申请事件，依申请人的申请而启动。根据《民事诉讼法》和《民事诉讼法解释》的规定，"实现担保物权案件"的申请人包括"担保物权人"以及"其他有权请求实现担保物权的人"，前者包括抵押权人、质权人、留置权人；后者包括抵押人、出质人、财产被留置的债务人或者所有权人等。与一般非讼案件中的申请事件不同，"实现担保物权案件"可因担保人（出质人或债务人）的申请而启动，这主要是基于《民法典》第437条、第454条关于担保人督促担

① 参见江伟：《民事诉讼法专论》，中国人民大学出版社2005年版，第510页。

保物权人及时行使担保物权的实体规定。① 但申请事件的申请人原则上应对程序的对象有处分权或支配权②，而担保人（出质人或债务人）申请实现担保物权时担保人（出质人或债务人）在担保物权设立后是否仍然对担保财产具有处分权或支配权，颇值研究。

质权人、留置权人或者债务人是否可以申请人民法院拍卖、变卖担保财产？对此，《民法典》关于质权和留置权实行的规定与上引抵押权实行的规定并不完全相同。其中，第436条第2款规定："债务人不履行到期债务或者发生当事人约定的实现质权的情形，质权人可以与出质人协议以质押财产折价，也可以就拍卖、变卖质押财产所得的价款优先受偿。"第453条第1款规定："留置权人与债务人应当约定留置财产后的债务履行期限；没有约定或者约定不明确的，留置权人应当给债务人六十日以上履行债务的期限，但是鲜活易腐等不易保管的动产除外。债务人逾期未履行的，留置权人可以与债务人协议以留置财产折价，也可以就拍卖、变卖留置财产所得的价款优先受偿。"此两规定与《民法典》第410条第1款规定相当，该款规定："债务人不履行到期债务或者发生当事人约定的实现抵押权的情形，抵押权人可以与抵押人协议以抵押财产折价或者以拍卖、变卖该抵押财产所得的价款优先受偿。协议损害其他债权人利益的，其他债权人可以请求人民法院撤销该协议。"但关于质权和留置权的实行规定中并无类似《民法典》第410条第2款规定"抵押权人与抵押人未就抵押权实现方式达成协议的，抵押权人可以请求人民法院拍卖、变卖抵押财产"。

笔者认为，质权、留置权与抵押权同属担保物权，本着同一事件作同一处理的法适用原理，质权、留置权的实行应与抵押权的实行作同一解释。③ 这些规定在解释上可以有两种理解：第一，《民法典》第410条第1款、第436条第2款、第453条第1款均为协议实行担保物权的规定，第410条第2款为抵押权公力救济途径的规定，对此，《民法典》关于质权、留置权的相应规定中未对质权、留置权公力救济途径作出规定，类推适用《民法典》第410条第2款抵押权公力救济途径的规定。第二，《民法典》第436条第2款、第453条第1款中"也可以变

---

① 《民法典》为督促担保物权人及时行使物权，稳定交易秩序，对于质权、留置权的实行规定了出质人或债务人申请强制执行担保财产的权利。其中，第437条第1款规定："出质人可以请求质权人在债务履行期限届满后及时行使质权；质权人不行使的，出质人可以请求人民法院拍卖、变卖质押财产。"第454条规定："债务人可以请求留置权人在债务履行期限届满后行使留置权；留置权人不行使的，债务人可以请求人民法院拍卖、变卖留置财产。"

② 参见邱联恭：《诉讼法理与非讼法理之交错适用》，载民事诉讼法研究会：《民事诉讼法之研讨》（二），中国台湾地区三民书局1990年版，第436页。

③ 质权、抵押权同属约定担保物权，作同一处理应无问题。虽然留置权属于法定担保物权，但同属法定担保物权的建设工程价款优先受偿权（前述原《合同法》第286条）的实行规则亦与抵押权的实行规则相同。因此，可以认为，留置权的实行亦应与抵押权的实行作同一解释。

拍卖、变卖质押（留置）财产所得的价款优先受偿”，既包括了申请人民法院拍卖、变卖质押（留置）财产，又包括了担保物权与担保人协议不经过人民法院直接拍卖、变卖、质押（留置）财产。准此以解，前一种情形与《民法典》第410条第2款相当，后一种情形在《物权法》第195条第1款相当。亦即，无论依上述哪种解释，质权人、留置权人均可直接申请人民法院拍卖、变卖担保财产。

根据《民事诉讼法》和《民事诉讼法解释》的规定，申请实现担保物权，由担保财产所在地或者担保物权登记地基层人民法院管辖。实现票据、仓单、提单等有权利凭证的权利质权案件，可以由权利凭证持有人住所地人民法院管辖；无权利凭证的权利质权，由出质登记地人民法院管辖。实现担保物权案件属于海事法院等专门人民法院管辖的，由专门人民法院管辖。同一债权的担保物有多个且所在地不同，申请人分别向有管辖权的人民法院申请实现担保物权的，人民法院应当依法受理。同一财产上设立多个担保物权，登记在先的担保物权尚未实现的，不影响后顺位的担保物权人向人民法院申请实现担保物权。

申请实现担保物权，应当提交下列材料：（1）申请书。申请书应当记明申请人、被申请人的姓名或者名称、联系方式等基本信息，具体的请求和事实、理由；（2）证明担保物权存在的材料，包括主合同、担保合同、抵押登记证明或者他项权利证书，权利质权的权利凭证或者质权出质登记证明等；（3）证明实现担保物权条件成就的材料；（4）担保财产现状的说明；（5）人民法院认为需要提交的其他材料。

值得注意的是，申请人申请实现担保物权时是否有举证说明其权利存在的义务？笔者认为，虽然通说认为非讼裁定多属形成裁定，没有既判力，但形成裁定对形成要件之存否作出的判断，应有既判力，同时，形成给付裁定①的给付部分仍然属于笔关系人应为一定之给付，具有执行力，可以作为执行根据。② 但非讼程序中法院仍得在一定事实基础上作出是否许可强制执行的裁定。依非讼程序的一般规则，在不采取辩论主义的情况下，法院应依当事人主张的事实及证据资料，援用当事人没有争议的事实作为裁定的基础，同时，法院采职权探知主义，当事人未主张的事实及证据，得依职权探知，如询问当事人、命令当事人提交相关资料等。因此，笔者主张，就实现担保物权案件，应由申请人就担保物权是否依法公示（依法成立）以及是否已经达到担保物权的实行条件负举证责任，在其提出申请时即提交相关资料据以佐证，以便法院便捷地作出非讼裁定。担保物权种类不同，相应的生效要件及实行条件亦不同。如不动产抵押权以登记为生效条

① 形成给付裁定即指通过形成裁定，创设新的给付义务关系，进而命义务人为给付的裁定。

② ［日］伊东乾·三井哲夫：《注解非讼事件手续法》，我国台湾地区青林书院1995年版，第211页，转引自魏大亮：《新非讼案件法总则问题解析》，载《月旦法学杂志》2005年第123期。

件，以主债务届期未获清偿或发生当事人约定实行抵押权的情形为实行条件，此际，申请人（抵押权人）应就不动产抵押登记及主债务期未获清偿或发生当事人约定的实行抵押权的情形负举证责任；而留置权以占有留置财产为生效要件，以债务人逾期不履行债务为实行条件，此际，申请人（留置权人或债务人）应就留置权人占有留置财产和债务人逾期不履行债务负举证责任。

（二）担保人之程序保障

实现担保物权案件为非讼案件，人民法院仅对申请人的申请进行形式审查①，即仅从程序上审查应否许可强制执行，而无需在公开开庭时进行言辞辩论。形式审查的内容包括担保物权有无依法公示及是否已经达到担保物权的实行条件。

根据《民事诉讼法》和《民事诉讼法解释》的规定，人民法院受理申请后，应当在5日内向被申请人送达申请书副本、异议权利告知书等文书。被申请人有异议的，应当在收到人民法院通知后的5日内向人民法院提出，同时说明理由并提供相应的证据材料。实现担保物权案件可以由审判员一人独任审查。担保财产标的额超过基层人民法院管辖范围的，应当组成合议庭进行审查。人民法院审查实现担保物权案件，可以询问申请人、被申请人、利害关系人，必要时可以依职权调查相关事实。人民法院应当就主合同的效力、期限、履行情况，担保物权是否有效设立、担保财产的范围、被担保的债权范围、被担保的债权是否已届清偿期等担保物权实现的条件，以及是否损害他人合法权益等内容进行审查。被申请人或者利害关系人提出异议的，人民法院应当一并审查。

人民法院审查后，按下列情形分别处理：当事人对实现担保物权无实质性争议且实现担保物权条件成就的，裁定准许拍卖、变卖担保财产；当事人对实现担保物权有部分实质性争议的，可以就无争议部分裁定准许拍卖、变卖担保财产；当事人对实现担保物权有实质性争议的，裁定驳回申请，并告知申请人向人民法院提起诉讼。

对人民法院作出的准许实现担保物权的裁定，当事人有异议的，应当自收到裁定之日起15日内提出；利害关系人有异议的，自知道或者应当知道其民事权益受到侵害之日起6个月内提出。人民法院经审查，异议成立或者部分成立的，作出新的判决、裁定撤销或者改变原判决、裁定；异议不成立的，裁定驳回。

就实现担保物权案件，如果关系人对担保物权的存在与否及担保债权范围和

① 非讼程序中的形式审查论包括：（1）在非讼程序，法院仅能进行形式审查，而不能依职权审查实质事项；（2）即使在非讼程序进行过程中，当事人就实质事项有所争执而提出主张、抗辩，法院亦不得审理；（3）关于私法上权利之瑕疵等实质问题，应由有争执的当事人另行在非讼程序之外提起民事诉讼，依民事诉讼程序审理、判决；（4）法院所作的非讼裁定没有确定实体上法律关系存否的效力，即无既判力。参见许士宦：《非讼事件法修正后程序保障之新课题》，载《月旦法学杂志》2005年第125期。

数额存在争议，应作何处理？对此，存在两种截然不同的主张：一种主张认为，依诉讼非讼二元论模式，担保物权存在与否及担保债权范围和数额的争议属于实质问题的争议，应由当事人在非讼程序之外另行提起民事诉讼，依诉讼法理予以解决；另一种意见认为，诉讼非讼二元论模式本身有其缺陷，在当事人之间关于实质事项的争议已经发生的情况下，仍要求其另行启动诉讼程序，对法院及当事人将造成人力、时间和费用上的额外负担，有违程序经济原则及程序利益保护原则，无端放弃了扩大程序制度解决争议的功能，未能一并利用非讼程序以避免不应发生的执行根据，并减少执行程序的困扰。如果在非讼程序中，已有适合于该争执的诉讼法理之适用及程序保障之践行，应当承认非讼裁定具有相当于法院依诉讼法理就同一争执所作的判决的效力。从上述程序法理交错适用论而言，非讼裁定中就某实质事项的判断部分，是否对关系人就某项私权之存否具有既判力或其他拘束力，取决于该裁定的形成过程（审理过程）对该人就该私权之存否有关资料的提出有没有造成突袭性裁判，即有没有赋予相当的程序保障。易言之，关于实质事项的判断，对当事人已赋予充分的程序保障，亦可承认裁定具有更大的效力以约束后诉讼（后程序）的法院及当事人。问题解决的关键在于程序保障之有无及可否评价为相应于实质的诉讼程序上的程序保障。①

对此，《民事诉讼法解释》采取了第二种观点，其第370条规定："人民法院审查后，按下列情形分别处理：（一）当事人对实现担保物权无实质性争议且实现担保物权条件成就的，裁定准许拍卖、变卖担保财产；（二）当事人对实现担保物权有部分实质性争议的，可以就无争议部分裁定准许拍卖、变卖担保财产；（三）当事人对实现担保物权有实质性争议的，裁定驳回申请，并告知申请人向人民法院提起诉讼。"

《民法典担保制度解释》于本条第2款在《民事诉讼法解释》的基础上就担保合同约定仲裁条款的情形作了特别规定，也采取了上述第二种观点，其中指出："当事人依照民事诉讼法有关'实现担保物权案件'的规定，申请拍卖、变卖担保财产，被申请人以担保合同约定仲裁条款为由主张驳回申请的，人民法院经审查后，应当按照以下情形分别处理：（一）当事人对担保物权无实质性争议且实现担保物权条件已经成就的，应当裁定准许拍卖、变卖担保财产；（二）当事人对实现担保物权有部分实质性争议的，可以就无争议的部分裁定准许拍卖、变卖担保财产，并告知可以就有争议的部分申请仲裁；（三）当事人对实现担保物权有实质性争议的，裁定驳回申请，并告知可以向仲裁机构申请仲裁。"

① 参见邱联恭：《申请拍卖抵押物及本票执行事件之非讼化处理》，载《民事法律专题研究（四）》，司法周刊杂志社1987年版，第38页以下；《诉讼法理与非讼法理之交错适用》，载民事诉讼法研究会：《民事诉讼法之研讨》（二），1987年版，第427页以下；许士宦：《非讼事件法修正后程序保障之新课题》，载《月旦法学杂志》2005年第125期。

就实现担保物权案件而言，有关担保物权存在与否及担保债权范围和数额等实体的问题，应尽可能在非讼裁定形成过程中一并予以解决。由于担保物权存在与否及担保物权范围和数额等实体上的争议对立色彩浓厚，为配合其争讼性及对立性的程序保障需求，法院应求诸诉讼法理，如处分权主义、辩论主义、举证责任分配、言辞辩论等，尽可能地赋予当事人参与裁判过程和辩论的机会。至于就其他非实质争议部分，法院则应置重于迅速、经济需求而适用非讼法理予以审理。[①] 果若如此，就同一申请拍卖、变卖担保财产案件的审理，可兼顾各种不同的程序上的基本要求，迅速、经济地解决纠纷。

四、担保物权的诉讼实现

《民法典担保制度解释》于本条第 3 款规定："债权人以诉讼方式行使担保物权的，应当以债务人和担保人作为共同被告。"这一规定解决了《民法典》第 410 条之下是否可以以诉讼方式实现担保物权的疑问。正如前述，《民法典》第 410 条的文义之下，实现抵押权的途径仅限于事后达成实现抵押权的协议以及向人民法院请求拍卖、变卖抵押财产。但在解释上，抵押权人向人民法院提起抵押权诉讼也是其行使抵押权的方式之一，并不一定以"请求人民法院拍卖、变卖抵押财产"为唯一方式。亦有法院认为，根据物权法定原则，抵押权人行使抵押权应当遵循《民法典》规定，而不存在其他选择。[②]

《民法典担保制度解释》于本条第 3 款规定："债权人以诉讼方式行使担保物权的，应当以债务人和担保人作为共同被告。"但是，在解释上，物上担保人与主债务人之间并无责任顺序的差异，在主债务人不履行到期债务或者发生当事人约定的实现担保物权的情形时，债权人既可以请求主债务人履行主债务，也可以向担保人主张担保物权。如此，究竟如何确定被告，应由债权人自主选择。《民法典担保制度解释》就连带责任保证的情形，就采纳了选择主义的立场，其第 21 条规定："主合同或者担保合同约定了仲裁条款的，人民法院对约定仲裁条款的合同当事人之间的纠纷无管辖权。债权人一并起诉债务人和担保人的，应当根据主合同确定管辖法院。债权人依法可以单独起诉担保人且仅起诉担保人的，应当根据担保合同确定管辖法院。"这里第 3 款即为连带责任保证纠纷中的一种诉讼结构。《民法典担保制度解释》于本条第 3 款作共同诉讼的政策选择，唯一的正当性在于方便查明担保物权的义务人，以提高诉讼效率。但在同属公力救济途径的"实现担保物权案件"特别程序中，被申请人却仅有担保人，而主债务人既不属于被申请人，也不属于第三人。

---

① 参见许士宦：《非讼事件法修正后程序保障之新课题》，载《月旦法学杂志》2005 年第 125 期。

② 河南省郑州市中级人民法院（2020）豫 01 民终 6042 号民事判决书。

（二）不动产抵押

第四十六条　不动产抵押合同生效后未办理抵押登记手续，债权人请求抵押人办理抵押登记手续的，人民法院应予支持。

抵押财产因不可归责于抵押人自身的原因灭失或者被征收等导致不能办理抵押登记，债权人请求抵押人在约定的担保范围内承担责任的，人民法院不予支持；但是抵押人已经获得保险金、赔偿金或者补偿金等，债权人请求抵押人在其所获金额范围内承担赔偿责任的，人民法院依法予以支持。

因抵押人转让抵押财产或者其他可归责于抵押人自身的原因导致不能办理抵押登记，债权人请求抵押人在约定的担保范围内承担责任的，人民法院依法予以支持，但是不得超过抵押权能够设立时抵押人应当承担的责任范围。

【条文主旨】

本条是关于未登记的不动产抵押合同的效力的规定，系结合《民法典》第402条对第577条、第580条、第584条的解释。

【规则变迁】

《民商事审判会议纪要》第60条规定："不动产抵押合同依法成立，但未办理抵押登记手续，债权人请求抵押人办理抵押登记手续的，人民法院依法予以支持。因抵押物灭失以及抵押物转让他人等原因不能办理抵押登记，债权人请求抵押人以抵押物的价值为限承担责任的，人民法院依法予以支持，但其范围不得超过抵押权有效设立时抵押人所应当承担的责任。"

本条第1款基本沿用了该规定，但区分无法办理抵押登记的原因采取了不同的司法态度。因不可归责于抵押人自身的原因灭失或者被征收等导致不能办理抵押登记，债权人仅能请求抵押人在其所获金额范围内承担赔偿责任；因抵押人转让抵押财产或者其他可归责于抵押人自身的原因导致不能办理抵押登记，债权人可以请求抵押人在约定的担保范围内承担责任，但不得超过抵押权能够设立时抵押人应当承担的责任范围。

【理解与适用】

一、不动产抵押合同有效之下的救济路径

在《民法典》之下，物权变动的原因和结果相区分，是否登记仅涉及不动产抵押权是否设立，抵押合同的效力并不因此受到影响。如无其他令其无效的事由，抵押合同自属有效。在不动产抵押权未设定但抵押合同却为有效的前提下，债权人自无权行使不动产抵押权并就抵押财产优先受偿。债权人在向主债务人请求履行主债务之外，是否可得基于抵押合同向抵押人主张权利，主张何种权利，如何主张权利，学说和实务中均存不同观点。

第一种观点“无责任说”认为，不动产抵押权因未登记而不生效力，抵押权人就抵押财产并无优先受偿权，抵押人无须承担责任。这一观点无法说明的是，虽然不动产抵押权未设定，但抵押合同有效，此际抵押权人和抵押人如何分配抵押合同中约定的权利和义务？这一观点逐渐成为少数说，实不足采。

第二种观点“缔约责任说”认为，抵押合同因不动产抵押权未登记而不生效力，抵押权人与抵押人没有依照法律规定或合同约定申请办理抵押登记，属于“违背诚实信用原则的行为”，应当承担缔约过失责任。在抵押权人与抵押人都不能举证证明自己已经申请不动产抵押登记的情况下，双方均存在过错，应各自承担相应的赔偿责任。

第三种观点“担保责任说”认为，在《民法典》第215条区分原则之下，债权人即可依据有效之抵押合同请求抵押人承担抵押合同上的担保义务。基于无效法律行为转换理论，如果当事人在订立担保合同之时就知道不办理抵押登记并不能使抵押权产生法律效力，双方会选择由抵押人提供保证这一合法有效的担保方式。相反，若仅机械适用法律，认定不动产抵押权因未登记就不发生任何法律效力，抵押人无须承担担保责任，将会明显背离一般社会大众的公平认知，亦显然有违诚信原则。因此，应将抵押合同转换为连带责任保证合同，以抵押财产的价值为限承担有限责任。

第四种观点“违约责任说”认为，抵押合同的订立和不动产抵押权的设定是两个不同的法律事实，不动产抵押权因未登记而未设立，并不影响抵押合同的法律约束力。登记义务人未履行其义务，导致抵押权人订立抵押合同的目的不能实现，构成违反抵押合同的情形，自应承担相应的违约责任，包括继续办理抵押登记以及不能办理抵押登记情况下的损害赔偿责任。

笔者赞同违约责任说，理由如下：

第一，在是否登记不影响抵押合同效力的情形之下，抵押人基于有效的抵押

合同无须承担任何民事责任，就意味着有效的抵押合同没有任何拘束力，其效力还不若无效或未生效的抵押合同，因为在后一情形，当事人尚须承担缔约过失责任。同时，抵押合同并不属于“依照法律、行政法规的规定经批准或者登记才能生效的合同”，自无上述规定适用之空间。[①] 在《物权法》实施之后，“缔约过失责任说”尚属少见。既然不动产抵押合同不因抵押权未登记而发生影响，自无缔约过失责任发生的可能。

第二，无效法律行为转换理论以存在一个无效法律行为为前提，但在我国《民法典》之下，不动产抵押权未经登记对抵押合同的效力并不发生影响，如无令其无效的事由，抵押合同有效，自无转换成其他法律行为的必要。[②] 最高人民法院（2015）民申字第2354号民事裁定书，系以案涉法律行为发生于《物权法》之前为基础，在《担保法》之下，不动产抵押权未经登记，抵押合同不生效或无效，才有必要转换成另一法律行为——连带责任保证。此际借由传统民法理论得出妥适的解释结论，值得赞同。在《民法典》之下，这一理论的适用即值怀疑。即使认为抵押人提供担保的意思表示明确，将其转换成连带责任保证也不违反当事人的真实意思，但以连带责任保证界定抵押人的义务，明显加重了抵押人的负担，也不合该理论的适用要件。连带责任保证所及的是抵押人的全部责任财产，抵押人所承担的是无限责任，而即使办理了抵押登记，抵押人的担保责任也仅以抵押财产价值为限承担有限责任。在抵押财产的价值远超主债权数额的情形之下，因为抵押财产意外毁损灭失的风险由作为保证人的抵押人负担，也不能据此认为未加重抵押人的负担。[③] 至于有学者在理论上的肯定主张[④]，明显系以承认债权行为和物权行为的区分为前提，不动产抵押权未经登记，物权行为无效，将其转换为有效的债权行为。姑且不论债权行为和物权行为的区分尚未成为主流学说，即使在此学说之下，不动产抵押权未经登记也仅仅只是物权行为不生效力，尚不具备法律行为转换的前提。[⑤] 而在物权变动的原因和结果相区分原则之下，合同的效力不因是否登记而受到影响，在解释上更具说服力。由此可见，这一观点“不仅于法无据，理论上也过于迂回曲折，法官解释色彩过浓”。[⑥]

第三，在抵押合同有效的前提之下，基于违反登记义务的事实，确定当事人

---

① 参见倪龙燕：《不动产抵押合同的效力探析——以实务中法律救济裁判路径为出发点》，载《法治研究》2019年第1期。

② 参见倪龙燕：《不动产抵押合同的效力探析——以实务中法律救济裁判路径为出发点》，载《法治研究》2019年第1期。

③ 参见杨代雄：《抵押合同作为负担行为的双重效果》，载《中外法学》2019年第3期。

④ 参见徐蓓：《不动产抵押未经登记之“无效”转换的适用探析》，载《河北法学》2018年第5期。

⑤ 参见杨代雄：《抵押合同作为负担行为的双重效果》，载《中外法学》2019年第3期。

⑥ 葛洪涛：《未办理登记的不动产抵押合同的效力》，载贺小荣主编：《最高人民法院民事审判第二庭法官会议纪要：追寻裁判背后的法理》，人民法院出版社2018年版，第243页。

的违约责任，在原《合同法》上寻找规范基础，符合物债两分的体系要求，是为妥适的解释路径。基于抵押合同的相对独立性，违反登记义务导致不动产抵押权未设立，抵押权人就抵押财产的优先受偿权已然丧失，其损失（违约后果）可得确定，自可由违约方负担。有学者认为，“违约责任说”“实际上将当事人的利益回复至合同订立之前的状态，而当事人要想实现原本意欲通过不动产抵押行为获得的利益，则需要再进行协商以重新达成新的法律行为”，进而认为，在贯彻当事人意思自治和节约交易成本方面相较“担保责任说”要逊色得多。① 这一观点仍然是以登记行为系物权行为为出发点，但此时，当事人之间设定不动产抵押权的物权合意已经体现在有效的抵押合同之中，只需履行物权合同办理抵押登记即可，而无需进一步协商达成新的物权合意。在不承认物权行为的背景之下，不动产抵押权因未登记而不设立，并不导致“将当事人的利益回复至合同订立之前的状态”，相反，抵押权人因有效抵押合同的违反所受的损失经由违约责任请求权得以填补。因此，“违约责任说”可谓“简洁明快，且既有合同依据又有法理依据”。②

二、不动产抵押合同违约责任的具体认定

“违约责任说”是目前学说和实务中的主流观点，在我国未就抵押合同的违约责任作出专门规定的情形下，作为一般法的合同法规则就有了规范基础上的意义。但无论是违约行为的判断、还是违约责任的承担方式，都存在重大争议，尚须结合实定法规范予以明确。

（一）不动产抵押权未登记时违约行为的判断

根据《民法典》第577条的规定，违约责任的承担以“当事人一方不履行合同义务或者履行合同义务不符合约定”为前提。“违约责任说”首先要回答的是，办理不动产抵押登记的义务是不是合同义务？

抵押合同以设定不动产抵押权为缔约目的，而办理抵押登记是实现这一缔约目的的手段。由此，登记义务是抵押合同的当然内容，不以当事人明确约定为前提。即使当事人没有在抵押合同中约定登记义务，因其选择了“抵押合同”这一有名合同，登记义务也构成抵押合同的默示内容。③ 准此，不动产抵押权未登记即构成了“不履行合同义务或者履行合同义务不符合约定”。尚存疑问的是，在《不动产登记暂行条例》就不动产抵押登记采行当事人双方共同申请（第14条第1款）的前提下，未办理抵押登记是谁在“不履行合同义务或者履行合同义务不

① 参见徐蓓：《不动产抵押未经登记之“无效”转换的适用探析》，载《河北法学》2018年第5期。

② 葛洪涛：《未办理登记的不动产抵押合同的效力》，载贺小荣主编：《最高人民法院民事审判第二庭法官会议纪要：追寻裁判背后的法理》，人民法院出版社2018年版，第243页。

③ 参见倪龙燕：《不动产抵押合同的效力探析——以实务中法律救济裁判路径为出发点》，载《法治研究》2019年第1期。

符合约定”？

在抵押合同中已经明确约定由抵押人办理登记的情形之下，较多的观点认为应由抵押人承担违约责任。也有观点认为在共同申请登记主义之下，抵押人亦负有催促及协助办理抵押登记的义务，应依当事人的过错程度分担抵押权人的损失。

在抵押合同没有明确约定抵押登记的情形之下，有三种观点：第一种观点认为，抵押权人和抵押人均有登记义务，就未办理抵押登记过错相当。抵押人有办理抵押登记的义务，抵押权人亦有积极请求抵押人配合办理抵押登记的义务。第二种观点认为，抵押权人和抵押人均有登记义务，但就未办理抵押登记，抵押权人的过错更重。就未办理不动产抵押登记，当事人均存在过错，但相对而言，抵押人在办理抵押登记过程中处于被催促的地位，对未办理抵押登记应当承担次要责任。第三种观点认为，抵押人负担登记义务。抵押合同中虽未明示约定抵押人的登记义务，但抵押人办理抵押登记以使抵押权有效设立，是其依据诚实信用原则应当履行的合同义务，抵押人未履行抵押登记义务导致抵押权未设立，构成违约，其应当承担违约责任。

依申请而登记是不动产登记的基本原则。① 在现行登记规则之下，不动产抵押登记采行共同申请原则，这主要是因为抵押权是不动产上的权利负担，且具有限制抵押人处分抵押财产的作用，登记部门自得详加审查，确保抵押权设立登记符合当事人间的真实意思表示，并确保不动产登记簿登记的真实与准确，以免损及当事人及第三人的权利。② 由当事人共同提出抵押登记申请，在一定程度上可以减轻登记部门的审查负担，如允许当事人单方提出登记申请，登记机构还须审查当事人、主合同和抵押合同等是否真实，这无疑延缓了登记程序，增加了登记错误的可能性。然而，登记程序法上的共同申请原则并不意味着当事人在实体法上均有登记义务。

就不动产抵押登记而言，抵押权人和抵押人并不处于完全相同之地位。抵押权人是否依抵押合同就标的物取得抵押权，端赖于是否登记，而不动产抵押登记是抵押财产上的权利负担，作为抵押财产权利人的抵押人是否办理登记，在实现抵押合同缔约目的上起着决定性作用。因此，抵押合同的生效在抵押权人与抵押人之间产生了约束力——抵押人负有办理抵押登记并最终使抵押权得以设立的义

① 参见孙宪忠：《不动产登记基本范畴解析》，载《法学家》2014 年第 6 期。

② 参见国土资源部政策法规司、国土资源部不动产登记中心：《不动产登记暂行条例释义》，中国法制出版社 2015 年版，第 120 页；程啸：《不动产登记法研究（第二版）》，法律出版社 2018 年版，第 389 页。

务①，登记义务是抵押合同中作为债务人的抵押人的主给付义务，共同申请原则仅表明抵押权人在抵押登记中亦应配合，即所谓的受领给付。②

正如不动产买卖合同所生的移转登记，虽亦采共同申请原则，但办理移转登记并使买受人取得标的物所有权，是出卖人的主给付义务；该给付义务的履行仍然有赖于买受人的协力（配合办理移转登记），但买受人仅为受领给付，不能据此认为买受人也有登记义务；出卖人未履行移转登记义务的，买受人的缔约目的无法实现，出卖人自应承担违约责任。

就不动产抵押权设立登记而言，抵押权人不配合办理登记，仅仅使得其无法取得抵押权，抵押人并无损失，抵押人也无针对抵押权人的独立诉权。因此，抵押权人的配合既不是给付义务，也不是附随义务，仅为不真正义务。③ 抵押人未积极履行登记义务，未向抵押权人提出履行主张，或在抵押权人请求办理登记时不予积极回应，导致不能共同申请抵押登记的，抵押人构成违约。当然，在确定抵押人违约损害赔偿的具体数额之时，还应考虑抵押权人的受领因素。抵押人积极履行登记义务，向抵押权人提出主张，但抵押权人迟延受领，不配合申请的，不构成违约，而应适用受领迟延规则，须自己承担不利后果，④ 亦即减轻或免除抵押人的责任。因此，同为配合办理登记，但抵押权人和抵押人在性质上有根本的区别。⑤ 即使主张受领给付既是债权人的权利，也是债权人的义务，在解释结论上亦无实质上的差异。

至于当事人在抵押合同中合意不登记，这显然已改变抵押合同的经典设计。虽在契约自由原则之下，这一排除抵押登记的约定自属有效，但当事人之间的关系已非属抵押合同关系。就此类纠纷，应依当事人在合同中约定的具体权利义务加以判断。

（二）不动产抵押权未登记时违约责任的具体承担

不动产抵押权未登记时，抵押人自应承担违约责任。在当事人已在抵押合同中约定未办理抵押登记的违约责任的情形之下，约定优先，抵押人应依约定承担

---

① 参见杨洁、李洁：《不动产的抵押登记与抵押合同之关系——兼评〈担保法〉第41条》，载《现代法学》2002年第6期。

② 参见倪龙燕：《不动产抵押合同的效力探析——以实务中法律救济裁判路径为出发点》，载《法治研究》2019年第1期；杨代雄：《抵押合同作为负担行为的双重效果》，载《中外法学》2019年第3期。

③ 参见倪龙燕：《不动产抵押合同的效力探析——以实务中法律救济裁判路径为出发点》，载《法治研究》2019年第1期。

④ 参见王利明：《合同法研究（第二卷）》（第三版），中国人民大学出版社2018年版，第474页；杨代雄：《抵押合同作为负担行为的双重效果》，载《中外法学》2019年第3期。

⑤ 参见倪龙燕：《不动产抵押合同的效力探析——以实务中法律救济裁判路径为出发点》，载《法治研究》2019年第1期。

违约责任。在当事人未作约定的情形之下，自应在合同法之下展开具体分析。

1. 抵押权人在继续履行和赔偿损失之间是否享有选择权

如无约定，抵押人违约责任的承担方式自应依《民法典》第577条后段“继续履行、采取补救措施或者赔偿损失”予以确定。其中，“采取补救措施”，在我国实定法上是“修理、更换、重作”的统称①，学说上多认为系继续履行的特殊形式②，自不应适用于抵押人违约责任的承担。如此，《民法典》第577条在抵押人违约责任的讨论中，有意义的承担方式在于“继续履行”和“赔偿损失”。

学说上就“继续履行”和“赔偿损失”的适用顺序，一直存在争议。有观点认为，债权人可以选择适用，不能以法律规定的先后顺序而当然认定在适用上有先后次序；③ 也有观点认为，继续履行的规范目的在于严守合同，债权人亦应附有努力使合同存续并获得合同上所负担之给付的义务，继续履行请求权也就有必要取得优先顺位。④

在债权构成和合同构成之间，我国《民法典》上选择了后者，继续履行也就不再只是债权的效力，而是与赔偿损失等相并列的违约救济方式，不再具有优先适用的效力。⑤ 这一观点得到了支持。绝大多数观点认为，在继续履行和赔偿损失之间，抵押权人享有选择权。抵押权人自可选择主张继续履行抵押合同，诉请抵押人履行抵押登记义务。也有观点认为可选择主张赔偿损失，诉请抵押人承担违约损害赔偿责任。不过，在《民法典》第580条但书规定之下，“法律上或者事实上不能履行”“债务的标的不适于强制履行或者履行费用过高”“债权人在合理期限内未请求履行”等几种情形下，排除继续履行的救济路径。例如，有观点即认为，因主债务履行期已经届至，继续履行抵押合同办理不动产抵押权设立登记，已无必要。

但这一观点值得商榷。虽然主债务履行期届至而未获清偿，此时抵押合同约定的条件成就，但抵押权人就抵押财产因未登记而无法取得优先受偿权。如抵押权人主张继续履行抵押合同，就抵押财产办理抵押登记，使得抵押权人的权利优先，自有其积极意义。至于抵押权人未在主债权诉讼时效期间内请求办理不动产抵押登记的，应属“债权人在合理期限内未要求履行”的情形，因为即使抵押权

---

① 参见王利明：《合同法研究（第二卷）（第三版）》，中国人民大学出版社2018年版，第567~568页。

② 参见谢鸿飞：《合同法学的新发展》，中国社会科学出版社2014年版，第467页。

③ 参见王利明：《合同法研究（第二卷）（第三版）》，中国人民大学出版社2018年版，第566页；崔建远：《合同法学》，法律出版社2015年版，第274页；韩世远：《合同法总论（第四版）》，法律出版社2018年版，第774页。

④ 参见王洪亮：《债法总论》，北京大学出版社2016年版，第265页。

⑤ 参见谢鸿飞：《合同法学的新发展》，中国社会科学出版社2014年版，第467页。

已经办理设立登记，此际抵押权亦不受保护。在解释上，抵押财产已经毁损灭失或被转让、被查封的，或者抵押合同因主合同消灭而消灭的，属于“法律上或者事实上不能履行”，自无法寻求继续履行的救济路径。

亦有观点认为，在抵押权人诉请抵押人办理不动产抵押登记，但抵押人当庭明确表示不同意继续办理的，应驳回抵押权人的诉讼请求。就此，只要符合继续履行的构成要件，法院自应作出胜诉裁判，而不待抵押人同意。在抵押权人请求抵押人继续履行抵押合同、办理不动产抵押登记，并得到胜诉裁判的情形之下，如抵押人拒不执行生效裁判，抵押权人自得以胜诉裁判为依据，直接请求登记部门办理抵押登记手续。①

从《民法典担保制度解释》本条3款之间的关系来看，债权人首先应请求抵押人办理抵押登记手续，只是在不能办理抵押登记时，债权人才能请求抵押人承担赔偿责任。这里明显是将“继续履行”和“赔偿损失”之间设定了先后顺序。可能的解释基础还在于，本条第2款、第3款并不是以违约责任为解释基础，而是以无效法律行为转换理论为解释前提。果若如此，本条的解释前提在各款之间就存在不一致：第1款是基于违约责任，第2款、第3款是基于无效法律行为转换理论，正当性不足。

2. 抵押权人的损失是主债务未受清偿的部分还是不能清偿的部分

在主从关系的原理之下，抵押合同为担保主债务清偿的工具。《民法典》第584条第1款前段“当事人一方不履行合同义务或者履行合同义务不符合约定，造成对方损失的”中的“损失”，应考虑主债务的履行情况。就此形成两种不同的观点：一种观点认为，这里的“损失”系指主债务未受清偿的部分。“债权人选择通过诉讼的方式维护自身的权利，主债务人到期不履行生效判决确定的债务时，债权人即可要求抵押人以抵押物的价值为限，在债务人未履行部分的范围内承担损害赔偿责任，并不需以人民法院对债务人的财产进行强制执行为前提”。另一种观点认为，这里的“损失”系指主债务不能清偿的部分。“抵押人承担的是抵押权损失赔偿责任，应当以主债务人不能清偿的部分为限”。

在《民法典》第584条第1款之下，抵押人未履行登记义务，自属违约，但因此给抵押权人造成的损失，尚无法仅依抵押合同加以判断。因为，就抵押合同而言，抵押人未履行登记义务仅使抵押权人丧失就抵押财产的优先受偿权。不动产抵押权未设定时抵押权人损失的认定，可类推适用担保无效之时，担保权人的损失认定规则。就此，《民法典担保制度解释》第17条第1款规定：“主合同有

① 参见尹田：《物权法》（第二版），北京大学出版社2017年版，第521页；倪龙燕：《不动产抵押合同的效力探析——以实务中法律救济裁判路径为出发点》，载《法治研究》2019年第1期；范小华：《未办理抵押登记的不动产抵押合同中抵押人责任研究》，载《法律适用》2015年第4期。

效而第三人提供的担保合同无效，人民法院应当区分不同情形确定担保人的赔偿责任：（一）债权人与担保人均有过错的，担保人承担的赔偿责任不应超过债务人不能清偿部分的二分之一；（二）担保人有过错而债权人无过错的，担保人对债务人不能清偿的部分承担赔偿责任；（三）债权人有过错而担保人无过错的，担保人不承担赔偿责任。”这里，明显是以“债务人不能清偿部分”作为债权人的损失，抵押权人的损失也就应体现为就主债务人方便执行的责任财产强制执行仍然未受清偿的部分，亦即主债务不能清偿的部分。同时，基于抵押合同的从属性，抵押合同中就担保范围有特别约定的（仅提供有限抵押的），尚须在“主债务不能清偿的部分”与抵押担保范围之间进行比较，以其中较小者作为抵押人的违约损害赔偿范围。

3. 抵押人相对于主债务而言是补充责任还是连带责任

如不动产抵押登记依约办理完毕，在抵押权实现条件成就之时，抵押权人自可选择向主债务人主张主债权，亦可选择向抵押人行使抵押权。此际，抵押人并无顺序利益，不得以抵押权人应先向主债务人主张主债权而为抗辩。在不动产抵押权因未登记而未设定、抵押合同仍然有效的情形之下，抵押人对于主债务人而言是否存在顺序利益，亦即抵押人的违约损害赔偿责任相对于主债务的履行责任而言是补充责任还是连带责任，不无疑问。

这里呈现出两种不同的观点：一种观点认为，抵押人应在抵押财产价值范围内对案涉债务承担连带清偿责任；另一种观点认为，抵押人应在抵押财产价值范围内承担补充赔偿责任。还有裁判认为，“债权人要求主债务人履行还款义务与债权人依据《抵押反担保合同》要求抵押人承担损害赔偿的违约责任系基于不同的请求权基础，主债务人对债权人的还款责任与抵押人对债权人承担的损害赔偿责任并不构成连带责任”。

对本论题的回答与上一论题一脉相承。既然抵押权人的损失是主债务不能清偿的部分，抵押人对于主债务人而言即享有顺序利益，仅在主债务人不能清偿主债务时承担补充责任。不过，在解释上亦可认为，即使认为抵押人仅在主债务人不能清偿主债务时承担违约损害赔偿责任，也不妨认定抵押人与主债务人承担连带责任，但此时令主债务人承担连带清偿责任，已无实际意义。主张抵押人承担连带责任的主要理由在于，“抵押人承担的类似于保证责任的非典型担保责任，则根据我国《担保法》以连带保证为原则的法理，抵押人自然应当与债务人承担连带责任，只不过其责任范围并不以主债务为限，而是以抵押物的价值为限罢了”[①]。依《民法典》第 178 条第 3 款的规定，连带责任的承担以法律的直接规定

① 葛洪涛：《未办理登记的不动产抵押合同的效力》，载贺小荣主编：《最高人民法院民事审判第二庭法官会议纪要：追寻裁判背后的法理》，人民法院出版社 2018 年版，第 244 页。

或者当事人的明确约定为前提。就不动产抵押权未登记之时抵押人和主债务人之间的关系，法律上并无连带责任的直接规定，在解释上即可认为，如当事人之间并无此时抵押人与主债务人之间承担连带责任的明确约定，抵押人所承担的应是具有补充性的违约损害赔偿责任，判令抵押人承担连带责任“既超出抵押合同约定范围，也不符合违约损害赔偿责任的法理”[①]。

4. 抵押人承担违约损害赔偿责任的财产范围

抵押人的违约损害赔偿责任范围的判定，自应适用《民法典》第584条第1款。抵押合同履行后，抵押权人的利益体现为就抵押财产优先受偿，抵押合同尚未履行时，抵押人可预见的给抵押权人造成的损失，也就是就抵押财产无法取得优先受偿权。如此，抵押人的违约损害赔偿责任也就应以抵押财产的价值为限，否则，如抵押人承担违约损害赔偿责任的财产范围超过抵押财产的价值，即与《民法典》第584条第1款所定可预见规则相违。正如有裁判中主张的那样，“债权人与抵押人、质押人签订物的担保合同时，对于其只能在担保物价值范围内享有优先受偿权有着明确的预见，抵押人、质押人未办理房产抵押登记以及股权质押登记，给债权人所造成的损失应当限于本应抵押的房产、本应质押的股权价值范围内。至于担保物价值嗣后的变动，属于当事人在订立合同时应当预见的正常风险”[②]。

有观点认为，抵押人“承担主合同债务人同等义务的赔偿责任”，将抵押人的违约损害赔偿责任认定或类推为保证责任，忽略了保证责任与抵押合同责任的区分。保证责任的效力及于保证人的全部责任财产，但抵押合同责任的效力仅及于抵押人的抵押财产。从这个角度讲，抵押人的违约损害赔偿责任“类似于有限保证，本质上属于非典型担保的一种”。[③] 由此，绝大多数的裁判将抵押人的违约损害赔偿责任限定在抵押财产的价值范围内，值得赞同。

至于抵押财产价值的认定时点，在抵押财产仍然现实存在且处分权没有限制的情形之下，抵押权人自可就抵押财产请求变价，并以变价款填补其因主债务不能清偿所受损失，只不过没有优先受偿权。在解释上，抵押人承担违约损害赔偿责任的财产范围自是抵押权人权利实现之时抵押财产的价值。“至于担保物价值嗣后的变动，属于当事人在订立合同时应当预见的正常风险”[④]。不过，在因抵押人的原因导致抵押财产毁损灭失或被转让、查封的情况下，抵押权人就抵押财产的变价款受偿的请求即不能实现，此时，应以抵押合同成立时抵押财产的价值为

① 最高人民法院（2017）最高法民终718号民事判决书。

② 最高人民法院（2017）最高法民终934号民事判决书。

③ 葛洪涛：《未办理登记的不动产抵押合同的效力》，载贺小荣主编：《最高人民法院民事审判第二庭法官会议纪要：追寻裁判背后的法理》，人民法院出版社2018年版，第243页。

④ 最高人民法院（2017）最高法民终934号民事判决书。

限就抵押人的其他责任财产求偿。

5. 过错在抵押人违约损害赔偿中的意义

在抵押人违约损害赔偿责任的归责原则上，还存在着过错责任与严格责任的认识分歧。① 如有观点认为，“由于抵押人与抵押权人存在同等程度的违约行为，负有同等违约责任，抵押人赔偿损失的范围应为抵押物价值的二分之一，而非抵押物价值的全部”。这里明确了过错（过失）在认定抵押人违约损害赔偿责任中的意义。

就《民法典》第577条违约责任的一般规定，多数学者认为，我国法上违约责任以严格责任（无过错责任）为一般归责原则；例外地也承认特殊情形之下以过错责任为特殊的归责原则。② 即使主张《民法典》第577条不是为了确立各种违约责任方式适用条件的学者，也认为违反结果性义务的违约损害赔偿责任系采严格责任，不考虑违约方的主观状态。③ 抵押合同下的登记义务，是为了产生一个约定的结果——使不动产抵押权得以设定，而不是要求践行合理的注意与技能。由此，登记义务是结果性义务，而非方式性义务，如抵押人届期未使抵押权人获得约定的结果，除违约因不可抗力免责外，不管抵押人的主观状态如何，均应承担损害赔偿责任。

前述“不动产抵押权未登记时违约行为的判断”部分所引关于抵押人和抵押权人对于不动产抵押权未登记均有过错的观点，系以《民法典》第592条关于双方违约规则为规范基础，判令由抵押人和抵押权人各自承担相应的责任。但正如前述，办理不动产抵押权设立登记仅为抵押人的义务，抵押权人未协助配合办理登记在性质上属于受领迟延，并不构成抵押权人的违约，自无《民法典》第592条双方违约规则的适用。为设定不动产抵押权，需要抵押权人在办理抵押登记时予以配合，抵押权人的协助与配合属于债务履行的受领。学说上认为，受领并非债权人的义务，相反，是债权人享有的权利（给付受领权），其行使与否，当属债权人的自由。④ 在抵押人已经向抵押权人提出协助办理抵押登记的请求，而抵押权人未予以协助的，构成受领迟延。受领迟延责任不属于违约责任的范畴，不以抵押权人的主观状态为前提，其法律效果大多体现为抵押人责任的减轻或者

---

① 参见葛洪涛：《未办理登记的不动产抵押合同的效力》，载贺小荣主编：《最高人民法院民事审判第二庭法官会议纪要：追寻裁判背后的法理》，人民法院出版社2018年版，第243页。

② 参见王利明：《合同法研究（第二卷）（第三版）》，中国人民大学出版社2018年版，第435～437页；梁慧星：《从过错责任到严格责任》，载梁慧星主编：《民商法论丛》（第8卷），法律出版社1997年版，第1页以下；崔建远：《合同法学》，法律出版社2015年版，第250～251页；韩世远：《合同法总论（第四版）》，法律出版社2018年版，第748页。

③ 参见朱广新：《合同法总则研究》（下册），中国人民大学出版社2018年版，第669～670页。

④ 参见朱广新：《合同法总则研究》（下册），中国人民大学出版社2018年版，第764页。

免除。

《民法典担保制度解释》于本条第 2 款、第 3 款分别规定了两种不同情形下的违约损害赔偿责任范围：其一，抵押财产因不可归责于抵押人自身的原因灭失或者被征收等导致不能办理抵押登记的，债权人不能请求抵押人在约定的担保范围内承担责任，但如抵押人已经获得保险金、赔偿金或者补偿金等，债权人可以请求抵押人在其所获金额范围内承担赔偿责任；其二，因抵押人转让抵押财产或者其他可归责于抵押人自身的原因导致不能办理抵押登记，债权人可以请求抵押人在约定的担保范围内承担责任，但是不得超过抵押权能够设立时抵押人应当承担的责任范围。

第四十七条　不动产登记簿就抵押财产、被担保的债权范围等所作的记载与抵押合同约定不一致的，人民法院应当根据登记簿的记载确定抵押财产、被担保的债权范围等事项。

【条文主旨】

本条是关于不动产登记簿效力的规定，是对《民法典》第216 条、第389 条、第400 条的解释。

【规则变迁】

《担保法解释》第 61 条规定："抵押物登记记载的内容与抵押合同约定的内容不一致的，以登记记载的内容为准。"《物权法》第 16 条规定："不动产登记簿是物权归属和内容的根据。不动产登记簿由登记机构管理。"《物权法》第 17 条规定："不动产权属证书是权利人享有该不动产物权的证明。不动产权属证书记载的事项，应当与不动产登记簿一致；记载不一致的，除有证据证明不动产登记簿确有错误外，以不动产登记簿为准。"这些规定都确立了不动产登记簿的权利正确性推定效力。在解释上，不动产登记簿登记的内容与合同约定的内容不一致时，应以不动产登记簿记载的内容为准。

原国土资源部发布的《不动产登记簿证样式（试行）》中"抵押权登记信息"中仅设计了"被担保主债权数额"，并没有其他担保范围的登记栏目。这一设计与《物权法》的规定并不一致，直接导致当事人提出的关于担保范围的登记申请无法在不动产登记簿上予以记载。如坚持以不动产登记簿记载的内容确定不动产抵押权优先受偿的范围，让无辜的债权人承担因此导致的损失，至为不公。基于登记实践的考虑，出于利益平衡的需要，《民商事审判会议纪要》区分不动产登记的具体情形采取了不同的解释论。①

《民商事审判会议纪要》第 58 条规定："以登记作为公示方式的不动产担保物权的担保范围，一般应当以登记的范围为准。但是，我国目前不动产担保物权登记，不同地区的系统设置及登记规则并不一致，人民法院在审理案件时应当充分注意制度设计上的差别，作出符合实际的判断：一是多数省区市的登记系统未设置'担保范围'栏目，仅有'被担保主债权数额（最高债权数额）'的表述，且只能填写固定数字。而当事人在合同中又往往约定担保物权的担保范围包括主债权及其利息、违约金等附属债权，致使合同约定的担保范围与登记不一致。显然，这种不一致是由于该地区登记系统设置及登记规则造成的该地区的普遍现象。人民法院以合同约定认定担保物权的担保范围，是符合实际的妥当选择。二是一些省区市不动产登记系统设置与登记规则比较规范，担保物权登记范围与合同约定一致在该地区是常态或者普遍现象，人民法院在审理案件时，应当以登记的担保范围为准。"

《民法典》第 216 条规定："不动产登记簿是物权归属和内容的根据。不动产登记簿由登记机构管理。"这一规定维系了《物权法》第 16 条的规定。自然资源部已经启动了对《不动产登记簿证样式（试行）》的修订工作，其中将担保范围纳入登记事项。基于此，《民商事审判会议纪要》第 58 条所持司法态度应予改变。本条坚持了不动产登记簿的公示公信力，同时规定了不动产登记簿就抵押财产、被担保的债权范围等所作的记载与抵押合同的约定不一致，以不动产登记簿的记载为准。在解释上，除了"抵押财产、被担保的债权范围"之外的其他事项，不动产登记簿的记载与抵押合同的约定不一致的，亦应以不动产登记簿的记载为准。

【理解与适用】

一、不动产登记簿就抵押财产的记载与抵押合同的约定不一致时的处理

（一）物权特定性原则与抵押财产的特定化

《民法典》第 114 条第 2 款规定："物权是权利人依法对特定的物享有直接支配和排他的权利，包括所有权、用益物权和担保物权。"不动产抵押权作为一种物权，具有绝对性，其支配对象亦应是"特定的物"，《民法典》第 394 条第 1 款

① 参见最高人民法院民事审判第二庭编：《〈全国法院民商事审判工作会议纪要〉理解与适用》，人民法院出版社 2019 年版，第 357～358 页。

即体现了这一点，该款规定："为担保债务的履行，债务人或者第三人不转移财产的占有，将该财产抵押给债权人的，债务人不履行到期债务或者发生当事人约定的实现抵押权的情形，债权人有权就该财产优先受偿。"

不动产抵押权所支配的对象首先由抵押合同加以约定。《民法典》第400条规定："设立抵押权，当事人应当采用书面形式订立抵押合同。抵押合同一般包括下列条款：（一）被担保债权的种类和数额；（二）债务人履行债务的期限；（三）抵押财产的名称、数量等情况；（四）担保的范围。"在解释上，"抵押财产"属于抵押合同的必备条款，缺之将导致抵押合同不成立。以不特定的资产作抵押为债权提供担保，与抵押权的本性不符。①有观点明确指出，"以不特定的个人资产作抵押为债权提供担保属于保证"，"信用担保，也就是保证，是债务人以外的第三人以其信用担保债务人履行债务的担保方式，保证不以保证人的特定财产作为履行被担保债权的基础，而是以其全部资产作为履行保证债务的担保，其资产处于浮动状态中，保证人的信用是债权实现的关键。本案约定的担保条款并未将个人资产予以固化，使得个人资产状况处于不断变动中，只有在因担保权的实行、债务人违约、约定事件、企业合并破产等确定事由才发生转换为特定担保，且在担保事由发生前，担保权人对张某彪随意处置个人资产的行为并无约束力，对于所担保的债权而言，最后担保权的真正实现取决于张某彪的个人信用能力，而个人资产的交换价值则在其次，这显然更加符合保证的核心要素"②。

（二）抵押合同的约定与不动产登记簿记载的关系

在《民法典》明确区分物权变动合同的效力和物权变动结果的情形之下，仅抵押合同的约定并不当然产生物权效力。也就是说，虽然抵押合同约定了抵押财产的名称、数量等情况，但并不表明这一约定无须登记即可对第三人主张。我国《民法典》坚持了基于法律行为所引起的物权变动的公示原则，其第209条第1款规定："不动产物权的设立、变更、转让和消灭，经依法登记，发生效力；未经登记，不发生效力，但是法律另有规定的除外。"由此可见，抵押合同约定的抵押财产只有经由登记，不动产抵押权才在其上设立。

不动产登记簿的记载具有公信力。《民法典》第216条第1款规定："不动产登记簿是物权归属和内容的根据。"因此，如不动产登记簿就抵押财产的记载与抵押合同的约定不一致时，应以不动产登记簿的记载为准。抵押合同的约定在前，不动产抵押登记在后，在解释上可以认为，此时当事人就抵押财产作了合意

---

① 江苏省无锡市中级人民法院（2012）锡商终字第0169号民事判决书。类似判决还有：湖北省咸宁市中级人民法院（2014）鄂咸宁中民再终字第11号民事判决书；江苏省苏州市中级人民法院（2016）苏05民终4966号民事判决书。

② 牛兆祥、姜丽丽：《以不特定的个人资产作抵押为债权提供担保属于保证》，载《人民司法·案例》2012年第16期。

变更，抵押权人在登记的抵押财产之外，既不得就抵押合同约定的抵押财产实行抵押权，也不得就抵押合同约定的抵押财产主张违约责任或其他责任。

这一解释论与不动产登记簿就被担保债权范围的记载与抵押合同的约定不一致时尚有区别。抵押合同约定的部分被担保债权范围未在不动产登记簿上登记的，仅仅只是不发生物权效力（即优先受偿效力），但仍然具有债权效力，只是不能就抵押财产的变价款优先受偿而已。如抵押合同中约定违约金亦为被担保债权范围，但不动产登记簿记载的被担保债权范围并无此项，则抵押权人不能就违约金请求就抵押财产的变价款优先受偿，但仍可就此请求就抵押财产的变价款受偿。不过，如就被担保债权的同一范围，抵押合同的约定和不动产登记簿的记载不一致的，亦应视为当事人就该项内容作了合意变更。如抵押合同约定的利息计算标准为利率15%，但登记的被担保债权范围中利率为20%，抵押权人即可就抵押财产的变价款主张20%利息的优先受偿。

二、不动产登记簿就被担保债权范围的记载与抵押合同的约定不一致时的处理

（一）物权公示原则之下的解释论

在物权法定原则之下，不动产抵押权属于《民法典》所定“担保物权”（上位阶物权种类）中“抵押权”（中位阶物权种类）的“一般抵押权”（下位阶物权种类）的亚类型（其他包括动产抵押权、浮动抵押权等）[①]，符合种类法定（类型强制）的要求；不动产抵押权的内容体现为就特定财产的变价款在特定范围内优先受偿，就此，《民法典》第394条、第410条定有明文。由于不动产抵押权作为一种物权，具有绝对性，其支配对象及范围都应相对明确，以使物权法律关系更为确定。[②] 依不动产物权登记公示法理，不动产抵押权的优先受偿范围当属抵押权的内容，依法应经登记，才能取得物权效力。不动产抵押权人仅能依登记的内容行使其权利，“为使此项约定（即当事人间关于担保范围的约定）构成抵押权的内容，自应于抵押权设定登记时一并登记，始生物权之效力”[③]。应当注意的是，不能仅因《民法典》第389条就担保范围作了规定，就认为抵押权人可就抵押财产的变价款在该范围内享有优先受偿权。该条规定实际上是抵押合同中的一个条款，在《民法典》明确区分合同效力和物权变动的情形之下，仅仅抵押合同的约定并不当然产生物权效力。亦即，虽然法律上规定了当事人之间就担保

---

① 本处的分析采纳了常鹏翱教授关于物权种类层级的观点，参见常鹏翱：《物权法定原则的适用对象》，载《法学》2014年第3期。

② 参见郑冠宇：《民法物权》，我国台湾地区新学林出版股份有限公司2014年版，第17页。

③ 谢在全：《民法物权论（修订五版）》（中册），中国政法大学出版社2011年版，第660页。

范围未作约定时的缺省规则，但并不表明这些从属债权无须登记即为抵押权效力之所及。[①] 无论是法定的担保范围，还是约定的担保范围，欲使后顺位物权人以及无担保债权人可得知晓，皆应通过登记的办法对不动产抵押权的优先受偿范围予以明确公示。

（二）不动产抵押登记的现状

《物权法》实施之后，2008 年《房屋登记簿管理试行办法》[②] 第 9 条规定登记簿应当记载主债权数额和担保范围。《房屋登记簿记载内容说明》对于担保范围也作了解释，即“担保范围：记载抵押合同中约定的担保范围，可以是主债权及利息、违约金、损害赔偿金、保管担保财产和实现抵押权的费用等；抵押合同未约定的，记载未约定事实”。但统一不动产登记之后，《国土资源部关于启用不动产登记簿证样式（试行）的通知》（国土资发〔2015〕25 号）中，“抵押权登记信息”并无独立的“担保范围”栏目，只登记被担保主债权数额，直接导致抵押合同的约定和不动产登记簿的记载不一致，但各地采取了不同的做法。

不动产抵押登记实践中，存在两种不同的做法。一是多数省区市的登记系统直接使用原国土资源部发布的《不动产登记簿证样式（试行）》，未设置“担保范围”栏目，仅有“被担保主债权数额（最高债权数额）”的表述，且只能填写固定数字。在当事人约定了担保范围包括主债权及其利息、违约金等附属债权的情形之下，合同约定的担保范围与登记不一致。二是部分省区市不动产登记系统设置与登记规则比较规范，担保物权登记范围与合同约定一致在该地区是常态或者普遍现象。针对这一实际情况，《民商事审判会议纪要》指出，人民法院在审理案件时应当充分注意制度设计上的差别，作出符合实际的判断：就第一种情形，法院应以合同约定认定担保物权的担保范围；就第二种情形，人民法院应以登记的担保范围为准。

不动产抵押登记实践中，抵押权人不登记记载“利息、违约金、损害赔偿金”等附属债权，主要是不动产登记簿的设计造成的。《不动产登记暂行条例》及其实施细则就不动产抵押权设立登记时登记簿的记载事项并未作出明文规定。但从《不动产登记暂行条例实施细则》第 68 条第 2 款“因被担保债权主债权的种类及数额、担保范围、债务履行期限、抵押权顺位发生变更申请抵押权变更登记时，如果该抵押权的变更将对其他抵押权人产生不利影响的，还应当提交其他抵押权人书面同意的材料与身份证或者户口簿等材料”的规定可以看出，担保范

① 参见谢在全：《民法物权论（修订五版）》（中册），中国政法大学出版社 2011 年版，第 662 页。

② 已失效。

围应属不动产抵押权设立登记时的登记事项，否则无从变更登记。[①] 但随后发布的《国土资源部关于启用不动产登记簿证样式（试行）的通知》[②]（国土资发〔2015〕25号）中指出，不管是以“土地”单独抵押，还是以“土地和房屋”“林地和林木”或“土地和在建建筑物”一体抵押，均应在不动产登记簿中的“抵押权登记信息”中记载“被担保主债权数额（最高债权数额）（万元）”。在体系解释上，这里的“主债权”即为《不动产登记暂行条例实施细则》第68条所称的与“担保范围”相并而称的“主债权”（原债权、本金），非指抵押权所担保的全部债权。作为该通知附件同时发布的“不动产登记簿使用和填写说明”中指出：“被担保主债权数额（最高债权数额）填写被担保的主债权金额”。这样，登记簿上的登记信息中只有“被担保主债权数额”，没有其他担保范围的记载空间。

不动产登记簿对于需要进行登记的利息、违约金、损害赔偿金等附属债权没有设计登记栏目。登记实践中不动产登记簿的这一设计缺陷，将产生以下问题：第一，不符合不动产登记的精确性原则，从而影响不动产登记簿的公信力。《不动产登记暂行条例》第10条第一句明确规定“不动产登记机构应当依法将各类登记事项准确、完整、清晰地记载于不动产登记簿。”对涉及的登记事项必须使用确切的文字表述，比如不动产抵押交易中确定的金额必须清晰、明确、肯定。[③] 当登记簿的设计影响权利登记，导致登记簿记载与权利状态不一致时，登记簿作为证据的客观性即受质疑。第二，有不当干预当事人意思自治之嫌。“不动产登记机关对抵押担保范围登记的规定违反抵押人与抵押权人对抵押物担保范围的约定，属行政行为对民事主体合法行使民事权利自由的不当干预，并对抵押权人的利益保护造成不利后果”[④]。

准此，不动产登记簿上应对不动产抵押登记进行更为精细的设计。统一不动产登记后，相关规范性文件以及不动产登记实务中并未给出解决办法。从根本上看，“统一不动产登记制度中应当细化规定不动产抵押权担保范围的登记，并科

---

① 《国土资源部关于印发〈不动产登记操作规范（试行）〉的通知》（国土资规〔2016〕6号）之“14.2.3 申请材料”中进一步指出：“担保范围、抵押权顺位、被担保债权种类或者数额、债务履行期限、最高债权额、债权确定期间等发生变更的，提交抵押人与抵押权人约定相关变更内容的协议”；“因抵押权顺位、被担保债权数额、最高债权额、担保范围、债务履行期限发生变更等，对其他抵押权人产生不利影响的，还应当提交其他抵押权人的书面同意文件和身份证明文件”。

② 已失效。

③ 参见孙宪忠：《中国物权法总论》，法律出版社2014年版，第376页。

④ 何小勇、余蓉：《抵押担保范围登记的规定及司法适用的评判》，载《山西省政法管理干部学院学报》2015年第1期。

学设计不动产登记簿相应的登记栏目”①。在重新设计不动产登记簿的登记事项之时，“抵押登记信息”中，除了“被担保主债权数额”外，应当增加一个“附属债权范围”栏目，依次设计“利息”“违约金”“损害赔偿金”“实现抵押权的费用”“保全抵押财产的费用”“其他费用”这几个可勾选的选项，同时在“利息”“违约金”“其他费用”字后留有横线，便于记载利率、具体数额或计算方式等。“实现抵押权的费用”、“保全抵押财产的费用”，属于未进行登记依然可予优先受偿的范围，在不动产登记簿中记载，主要在于提醒后顺位权利人以及起到证据证明作用。如此，当事人对于附属债权的具体约定可以在不动产登记簿上进行正确反映。对于法定担保范围，只需要将各可选项全部勾选即可，或者设置单独可勾选的“法定的担保债权范围”选项。

《自然资源部关于做好与〈民法典〉实施相关不动产登记工作的通知》中指出，“明确记载担保范围。当事人在抵押合同中约定抵押担保范围的，不动产登记机构应当根据申请在不动产登记簿予以记载；没有约定担保范围或者没有提出申请的，不动产登记簿上的担保范围栏填写‘/’”。如此，困扰裁判实践多年的被担保债权范围登记的问题即已解决。

（三）《民商事审判会议纪要》的司法态度及《民法典担保制度解释》的转向

《民商事审判会议纪要》指出，以登记作为公示方式的不动产担保物权的担保范围，一般应当以登记的范围为准。依据登记簿的记载来确定优先受偿范围的正当性，来源于物权公示公信原则以及不动产登记簿的公示公信效力。发生物权变动时，须将物权变动的事实通过一定的公示方法向不特定的多数人公开，即使依公示方法表现出来的物权不存在或有瑕疵，对于信赖该表征并已从事了物权交易的人，法律也仍然承认其与真实存在的物权具有相同的法律效果，以保护交易安全。②《民法典》第402条确立了不动产抵押权的登记生效模式，即登记也是确立不动产抵押权人优先受偿范围的生效条件。因此，无论法定的担保范围、约定的担保范围，原则上都应当进行登记，否则不动产抵押权人不能享有优先受偿权。准以此解，当事人之间的抵押合同仅在彼此之间发生效力（债权的对人性），欲发生对抗合同以外第三人的效力（物权的对世性），必须以一种可靠的公示方法使第三人知晓。通过对当事人抵押合同内容予以登记，使得抵押合同内容由债权效力上升为物权效力，抵押权人从而获得优先于后顺位物权人和无担保的一般

---

① 高圣平、申晨：《不动产抵押登记若干问题探讨——从不动产统一登记条例出发》，载《社会科学》2014年第5期。

② 参见王利明：《物权法研究》（上卷），中国人民大学出版社2018年版，第163～165页；崔建远：《物权法》，中国人民大学出版社2014年版，第50～53页；谢在全：《民法物权论（修订五版）》（上册），中国政法大学出版社2011年版，第46～49页。

债权人而受偿的权利。

我国实定法坚持了不动产登记簿的公信力，《民法典》第216条、第217条均为法律上对不动产登记簿公信力的肯定，不动产登记的公示公信最终通过不动产登记簿而得以彰显。[①]《民法典物权编解释（一）》第2条虽从反面进行规定“当事人有证据证明不动产登记簿的记载与真实权利状态不符、其为该不动产物权的真实权利人，请求确认其享有物权的，应予支持”，但其立论基础也是不动产登记簿的公信力。由于不动产登记簿记载的债权数额为主债权（原债权、本金）数额，不包括违约金、利息、损害赔偿金以及实现抵押权费用等附属债权，其公示出来的数额必然会使后顺位物权人或无担保的一般债权人形成信赖。法院最终判决抵押权人优先受偿范围以合同约定为准，超出了登记记载的主债权数额，显然有损后顺位物权人或一般债权人债权的实现。

实际上，《民法典物权编解释（一）》第2条不仅进一步认可了不动产登记簿的公信力，还为解决不动产抵押权优先受偿范围的问题提供一个解决思路。在现有登记操作实践中，不动产登记簿所记载的担保范围缩小了不动产抵押权的优先受偿权范围，从属债权未予登记，与约定的事实不符时，应允许抵押权人通过异议登记、更正登记以及《民法典物权编解释（一）》第2条规定的起诉方式对其真实权利进行救济。相应地，法院应依据有效的抵押合同关于担保范围的约定，释明抵押权人可以依据合同约定至登记机关办理变更登记手续，如抵押人拒绝，应判决抵押人协助抵押权人至登记机关办理抵押变更登记手续。[②] 但是，该救济途径至少存在两个难题：一是未从根本上解决不动产抵押登记问题，一定程度上将后顺位物权人以及无担保的一般债权人利益置于不顾。在有后顺位物权人的情形下，依不动产登记簿公信法理，还需征求后顺位物权人的同意；二是在抵押合同中就附属债权未作约定时，抵押权人尽管依据《民法典》第389条确立法定的担保范围，但由于抵押合同中未作明确约定，从而引发举证困难，最终导致权利主张不成立。

以抵押合同约定的担保范围确定不动产抵押权的优先受偿范围，实际上是采纳了债权意思主义国家的观点，使得我国实定法所确立的不动产抵押权登记生效模式名存实亡，击破了物权与债权区分的法律逻辑。物权与债权的区分在于公示（登记、占有）使仅有相对性的债权产生对抗第三人效力，赋予未经登记的抵押权内容以物权效力（优先受偿效力），与此有违。同时，抵押合同的约定优于登记簿的公示公信效力，使得当事人之间有机会恶意串通更改抵押合同内容，损害

① 参见杜万华主编：《最高人民法院物权法司法解释（一）理解与适用》，人民法院出版社2016年版，第60页。

② 参见孙天、彭晓莉：《不动产抵押担保范围的登记司法适用》，载董学立主编：《担保法理论与实践》，中国法制出版社2016年版，第312页。

后顺位抵押权人的利益[1]，容易滋生道德风险。

完善不动产抵押登记制度，是解决不动产抵押权优先受偿范围的唯一路径。正在起草的《不动产登记法草案》明确将担保范围作为不动产抵押权的登记事项和登记内容，果若如此，上述解释冲突即可迎刃而解。在登记制度得以完备的前提下，就不动产抵押交易而言，当事人之间约定的担保范围仅产生债法上的效力，司法实践中如仅以《民法典》第389条为依据判定不动产抵押权的优先受偿范围，有失偏颇。不动产抵押权的优先受偿范围端赖于不动产登记簿的记载，但又不局限于不动产登记簿的记载。可以说，不动产抵押权优先受偿范围必然与登记范围不一致，但后者影响甚至决定前者的范围。法定的担保范围和约定的担保范围均须登记，未在登记簿上记载的，视为就从属债权并无优先受偿权，抵押权人仅能就登记的主债权数额优先受偿；利息、违约金、损害赔偿金均应登载于登记簿，但就其中超过规定限制的部分，债权人不仅不享有债权请求权，更无优先受偿权。应当注意的是，不宜因从属债权事先不能确定就否认其登记可能性。不动产抵押权优先受偿范围的登记并不是具体数额的登记，可能只是计算方法的登记（如利率、违约金的具体计算方法），也可能只是具体事项的登记［如只是（勾选）登记“损害赔偿金”栏目）］。

由于不动产登记簿记载的债权数额为主债权（原本债权、本金）数额，不包括违约金、利息、损害赔偿金以及实现抵押权费用等从属债权，其公示出来的数额必然会使后顺位物权人或无担保的一般债权人形成信赖。法院最终判决抵押权人优先受偿范围以合同约定为准，超出了登记记载的主债权数额，显然有损后顺位物权人或一般债权人债权的实现。基于此，《民商事审判会议纪要》指出，以登记作为公示方式的不动产担保物权的担保范围，一般应当以登记的范围为准。

在《民法典》实施之后，自然资源部已经按照《民法典》的要求将“被担保债权”纳入不动产抵押登记信息之中。因此，《民法典担保制度解释》于本条明确：“不动产登记簿就抵押财产、被担保的债权范围等所作的记载与抵押合同约定不一致的，人民法院应当根据登记簿的记载确定抵押财产、被担保的债权范围等事项。”对于《民法典》实施之后发生的不动产抵押关系，自应适用本条规定，以不动产登记簿的记载来确定不动产抵押权优先受偿的范围，《民商事审判会议纪要》就此的司法态度应当发生改变。

第四十八条　当事人申请办理抵押登记手续时，因登记机构的过错致使其不能办理抵押登记，当事人请求登记机构承担赔偿责任的，人民法院依法予以支持。

---

① 参见马俊驹、陈本寒主编：《物权法（第二版）》，复旦大学出版社2014年版，第306页。

【条文主旨】

本条是关于因登记机构的过错导致不能办理登记的后果的规定，解释《民法典》第 222 条。

【规则变迁】

《担保法解释》第 59 条规定："当事人办理抵押物登记手续时，因登记部门的原因致使其无法办理抵押物登记，抵押人向债权人交付权利凭证的，可以认定债权人对该财产有优先受偿权。但是，未办理抵押物登记的，不得对抗第三人。"《物权法》第 21 条第 2 款规定："因登记错误，给他人造成损害的，登记机构应当承担赔偿责任。登记机构赔偿后，可以向造成登记错误的人追偿。"

《民法典》第 222 条第 2 款："因登记错误，造成他人损害的，登记机构应当承担赔偿责任。登记机构赔偿后，可以向造成登记错误的人追偿。"这里，对登记机构登记错误的赔偿责任作出了原则性规定。

《民法典担保制度解释》于本条改变了《担保法解释》第 59 条的解释论，不再承认登记生效主义之下未登记的抵押权具有物权效力，而是规定因登记机构的过错致使当事人无法办理抵押登记，登记机构应承担赔偿责任。值得注意的是，《民法典担保制度解释》于本条对于登记机构的赔偿责任加上了过错要件。

【理解与适用】

在《民法典》第 402 条之下，未登记不动产抵押权的法效果至为明确，即不动产抵押权不设立，在解释上自无物权效力，债权人不得就抵押财产优先受偿。但我国登记制度尚不健全，法律上明定的登记部门并未践行其登记职责的，不在少数。如此，将不动产抵押权因未登记所生风险全部分配给抵押权人，有失公允。"当事人有充分的证据证明进行了抵押登记，因登记部门的原因致使当事人无法办理抵押权登记的，不能据此认定抵押合同无效"①，《担保法解释》第 59 条对此作出了回应，即因登记部门的原因致使当事人无法办理抵押物登记是抵押未登记的特殊情形，若抵押人向债权人交付了权利凭证，人民法院可以基于抵押当

① 李国光等：《最高人民法院〈关于适用《中华人民共和国担保法》若干问题的解释〉的理解与适用》，吉林人民出版社 2000 年版，第 230 页。这里的"抵押合同无效"，在物权法之下，实为"不动产抵押权未设立"。

事人的真实意思认定该抵押合同对抵押权人和抵押人有效，但此种抵押对抵押当事人之外的第三人不具有法律效力。但是，《民法典》第402条已明定不动产抵押权采登记生效主义，抵押权人不得再以《担保法解释》第59条为据享有优先受偿权，此时，明确登记部门的赔偿责任以救济抵押权人实为必要。

《不动产登记暂行条例》及其实施细则实施之后，我国登记制度渐趋健全，但因登记部门的原因导致当事人无法办理抵押权登记的，仍非鲜见。例如，根据《国土资源部关于规范土地登记的意见》①（国土资发〔2012〕134号）的规定，“依据相关法律、法规规定，经中国银行业监督管理委员会批准取得《金融许可证》的金融机构、经省级人民政府主管部门批准设立的小额贷款公司等可以作为放贷人申请土地抵押登记。”各不动产登记部门大多根据国土资发〔2012〕134号文，排除上述放贷人之外的债权人所提出的抵押权登记申请。

从不动产登记实践来看，因登记部门的原因导致无法办理不动产抵押权设立登记的，主要集中于抵押权人非为金融机构的情形。应当注意的是，《民法典》上并未就抵押权人作身份性的限制。在解释上，为保障自身债权的实现，任何民事主体均可作为抵押权人，举凡诸如自然人、法人或者非法人组织，均无不可。《不动产登记暂行条例》将不动产抵押权登记的申请人规定为“当事人”（第14条），不动产登记暂行条例实施细则进一步将抵押权人界定为“自然人、法人或者其他组织”（第68条），均未将抵押权人限定为金融机构。前述国土资发〔2012〕134号等规范性文件的限定即无上位法支撑。《国务院办公厅关于完善建设用地使用权转让、出租、抵押二级市场的指导意见》（国办发〔2019〕34号）明确要求，“放宽对抵押权人的限制。自然人、企业均可作为抵押权人申请以建设用地使用权及其地上建筑物、其他附着物所有权办理不动产抵押相关手续，涉及企业之间债权债务合同的须符合有关法律法规的规定”。

在现行规则之下，当事人提出不动产抵押权登记申请，登记部门不予受理登记的，应书面告知申请人不予受理；申请人可以据此向人民法院提起行政诉讼以为救济。② 如这一救济程序运转正常，应维系登记对于不动产抵押权的法律意义，未经登记者，不动产抵押权不设立，《担保法解释》第59条大可废止。但现有的登记实践显示，为防免行政诉讼，登记部门书面告知申请人不予受理的情形尚属少数，申请人就登记部门的不作为提起行政诉讼即缺乏表面证据，由此可能引发的行政诉讼无法顺畅地展开。同时，抵押权人借由行政诉讼保护自己的权利，还面临着冗长的诉讼程序和诉讼结果不确定的风险。如“某物流股份有限公司与某

---

① 已失效。

② 《最高人民法院关于审理房屋登记案件若干问题的规定》第1条即规定：“公民、法人或者其他组织对房屋登记机构的房屋登记行为以及与查询、复制登记资料等事项相关的行政行为或者相应的不作为不服，提起行政诉讼的，人民法院应当依法受理。”

北方钢铁贸易有限公司等合同纠纷上诉案”① 中揭示，在抵押登记因国土局无登记专用章、无权办理抵押登记手续为由予以拒绝的情形下，抵押权人提起行政诉讼并取得了胜诉裁判，但国土局在履行行政判决确定的登记职责时，仍然以上引国土资发〔2012〕134 号文以及登记申请后抵押财产已被查封为由拒绝办理抵押登记。

《民法典担保制度解释》于本条规定：“当事人申请办理抵押登记手续时，因登记机构的过错致使其不能办理抵押登记，当事人请求登记机构承担赔偿责任的，人民法院依法予以支持。”在一定程度上可以遏制上述情形。由本条规定可见，登记机构承担的赔偿责任属于过错责任。第一，可以将“登记机构未尽到合理审慎的审查义务”作为是否能认定为登记机构过错的内容之一。② 第二，可以将“登记机构工作人员与第三人恶意串通违法登记”作为是否能认定为登记机构过错的内容之一。③ 第三，当事人未向登记机构申请办理抵押登记导致无法办理抵押登记的，不能认定为登记机关的过错。④

第四十九条　以违法的建筑物抵押的，抵押合同无效，但是一审法庭辩论终结前已经办理合法手续的除外。抵押合同无效的法律后果，依照本解释第十七条的有关规定处理。

当事人以建设用地使用权依法设立抵押，抵押人以土地上存在违法的建筑物为由主张抵押合同无效的，人民法院不予支持。

【条文主旨】

本条是关于以违法建筑物抵押效力的规定，是对《民法典》第 153 条第 1 款、第 397 条的解释。

【规则变迁】

《担保法解释》第 48 条规定：“以法定程序确认为违法、违章的建筑物抵押的，抵押无效。”第 49 条规定：“以尚未办理权属证书的财产抵押的，在第一审法庭辩论终结前能够提供权利证书或者补办登记手续的，可以认定抵押有效。当事人未办理抵押物登记手续的，不得对抗第三人。”

---

① 最高人民法院（2018）最高法民终 252 号民事判决书。

② 参见甘肃省金昌市中级人民法院（2019）甘 03 行赔终 1 号行政判决书。

③ 参见吉林省高级人民法院（2017）吉行申 624 号行政裁定书。

④ 参见云南省陆良县人民法院（2017）云 0322 民再 2 号民事判决书。

《民法典担保制度解释》本条沿用了前述两条的规定。《民法典》第 153 条第 1 款规定：“违反法律、行政法规的强制性规定的民事法律行为无效。但是，该强制性规定不导致该民事法律行为无效的除外。”违反《土地管理法》《城乡规划法》《村庄和集镇规划建设管理条例》等相关法律法规的规定，在城市规划区内，未取得建设工程规划许可证或者违反建设工程许可证的规定建设，自应不予承认。

《民法典担保制度解释》于本条对抵押合同无效的法律后果作出了规定，即依据本解释第 17 条的规定按过错承担责任。

【理解与适用】

《民法典》第 395 条之“建筑物”作为抵押财产，应指的是经合法建造并已经取得所有权的建筑物，违法建筑或者尚未取得所有权的建筑物，原则上不能作为抵押财产。[①] 以法定程序确认为违法、违章的建筑物抵押的，抵押合同无效。违法建筑是指违反《土地管理法》《城乡规划法》《村庄和集镇规划建设管理条例》等相关法律法规的规定，在城市规划区内，未取得建设工程规划许可证或者违反建设工程规划许可证的规定建设，严重影响城市规划的建筑。

一、以违法建筑抵押的，抵押合同原则上无效

违法建筑有程序违建和实质违建的区分。在某些情况下，违法建筑可以通过补办手续的方法，从而取得合法的权利。但某个建筑物或构筑物是否为违法建筑，需要由国家机关依据法定程序认定，人民法院不宜代替有关国家机关作出判断。[②]

根据《民法典担保制度解释》本条第 1 款的规定，“以违法的建筑物抵押的，抵押合同无效，但是一审法庭辩论终结前已经办理合法手续的除外。”也就是说，一审法庭辩论终结前尚未办理合法手续的，抵押合同仍应认定无效。此前，也有判决认为，抵押物在抵押时，未办理权属证书，亦未办理抵押登记，至一审开庭结束时，仍未能办理权利证书上应予补办的登记手续，该抵押合同未生效，抵押权并未设立。[③] 抵押物经行政机关认定为违法建筑，属于不得抵押的财产，抵押

① 参见最高人民法院民法典贯彻实施工作领导小组主编：《中华人民共和国民法典物权编理解与适用》（下），人民法院出版社 2020 年版，第 1041 页。

② 参见四川省成都市中级人民法院（2019）川 01 民终 7999 号民事判决书。

③ 参见辽宁省高级人民法院（2016）辽民再 255 号民事判决书。

合同因违反了法律强制性规定，应属无效。[①]《民法典担保制度解释》于本条第1款规定，抵押合同因此无效的后果，应由各方依本解释第17条的规定按过错承担责任。

二、土地上违法建筑的存在不影响建设用地使用权抵押合同的效力

就抵押的土地上存在的未办理登记的建筑物、构筑物和其他附着物是否为建设用地使用权抵押权效力之所及，存在不同认识：一种观点认为，案涉抵押建设用地使用权上无产权证的建筑物和构筑物及其他辅助设施不属于抵押财产，抵押权人对该部分财产变价款不享有优先受偿权。另一种观点认为，案涉建设用地使用权抵押权的效力及于其上无产权证的建筑物和构筑物及其他辅助设施。

在解释上，《民法典》第397条第1款前段"以建筑物抵押的，该建筑物占用范围内的建设用地使用权一并抵押"系以建筑物抵押权有效设立为前提，如以违法建筑物设定抵押，抵押合同无效，自不发生建筑物抵押权有效设立的法律后果，未设立抵押的建设用地使用权上的法定抵押权也就无由发生。违法建筑物抵押合同被认定无效，并不意味着抵押人不承担任何法律责任[②]，此时，由各方依《民法典担保制度解释》第17条的规定按过错承担责任。[③]

综上，一方面，当事人以违法建筑物抵押而签订的抵押合同无效；另一方面，当事人在一审法庭辩论终结前已经办理合法手续的，法院不能认定抵押合同无效。另外，如果当事人以合法途径取得的建设用地使用权抵押，再根据房地一体关系又以该建设用地上的建筑物系违法建筑物为由主张抵押合同无效的，人民法院不予支持。[④] 如此规定是因为，当事人所取得的建设用地使用权属于合法可抵押的财产，即使该土地上存在违法建筑物，不会导致其失去建设用地使用权，更不会导致抵押合同无效。

第五十条　抵押人以划拨建设用地上的建筑物抵押，当事人以该建设用地使用权不能抵押或者未办理批准手续为由主张抵押合同无效或者不生效的，人民法

---

① 参见山东省滨州市中级人民法院（2014）滨中商初字第209号民事判决书。类似案件可见重庆市忠县人民法院（2016）渝0233民初2717号民事判决书；湖南省邵阳市中级人民法院（2020）湘05民终2250号民事判决书。

② 参见最高人民法院民事审判第二庭编：《最高人民法院民法典担保制度司法解释理解与适用》，人民法院出版社2021年版，第430页。

③ 参见江苏省连云港市中级人民法院（2015）连民终字第02397号民事判决书。

④ 参见最高人民法院民事审判第二庭编：《最高人民法院民法典担保制度司法解释理解与适用》，人民法院出版社2021年版，第428页。

院不予支持。抵押权依法实现时，拍卖、变卖建筑物所得的价款，应当优先用于补缴建设用地使用权出让金。

当事人以划拨方式取得的建设用地使用权抵押，抵押人以未办理批准手续为由主张抵押合同无效或者不生效的，人民法院不予支持。已经依法办理抵押登记，抵押权人主张行使抵押权的，人民法院应予支持。抵押权依法实现时所得的价款，参照前款有关规定处理。

【条文主旨】

本条是关于划拨建设用地使用权抵押的效力的规定，解释《民法典》第395条。

【规则变迁】

原《担保法》第56条规定：“拍卖划拨的国有土地使用权所得的价款，在依法缴纳相当于应缴纳的土地使用权出让金的款额后，抵押权人有优先受偿权。”《城市房地产管理法》第51条规定：“设定房地产抵押权的土地使用权是以划拨方式取得的，依法拍卖该房地产后，应当从拍卖所得的价款中缴纳相当于应缴纳的土地使用权出让金的款额后，抵押权人方可优先受偿。”

本条沿袭了前两者的规定，明确了划拨建设用地使用权、划拨土地上的抵押房屋未经批准不影响合同效力，并强调了拍卖、变卖建筑物所得的价款，应当优先用于补缴建设用地使用权出让金。

【理解与适用】

一、未经批准的划拨建设用地使用权抵押的效力

建设用地使用权划拨，是指县级以上人民政府依法批准，在土地使用者缴纳补偿、安置等费用后，将该幅土地交付其使用，或者将建设用地使用权无偿交付给土地使用者使用的行为。除《民法典》之外，《城市房地产管理法》和《城镇国有土地使用权出让和转让暂行条例》等法律、行政法规均涉及划拨建设用地使

用权。[1]

划拨建设用地使用权的处分在我国实定法上较受限制，经历了从“需要经过审批”到“登记视同审批”，再到“无需审批”三个阶段。[2] 首先，《城镇国有土地使用权出让和转让暂行条例》第44条与《划拨土地使用权管理暂行办法》第5条均规定划拨建设用地抵押的，需经依法批准。基于此，早期的裁判实践尊重了行政监管的需要，大多判令相应抵押合同因违反强制性规定而无效。[3] 或因未经有审批权限的土地管理部门批准并未办理抵押登记而无效。[4] 其后，划拨建设用地的监管政策发生了改变。2004年国土资源部发布的《关于国有划拨土地使用权抵押登记有关问题的通知》[5] 规定：“以国有划拨土地使用权为标的物设定抵押，土地行政管理部门依法办理抵押登记手续，即视同已经具有审批权限的土地行政管理部门批准，不必再另行办理土地使用权抵押的审批手续”。如此，就划拨建设用地使用权的抵押进入到第二个阶段，不再将事前审批作绝对化的理解。相应的司法态度亦日益缓和。这主要体现在，司法实践中不再坚持“房地一体处分原则”之下划拨建设用地使用权和建筑物抵押权连同无效的司法观点，仅以划拨建设用地上的建筑物设定抵押的，建筑物抵押权因建筑物抵押登记而有效。现今，因2010年《国务院关于第五批取消和下放管理层级行政审批项目的决定》的发布，取消了基于《城镇国有土地使用权出让和转让暂行条例》第45条所设定的国有划拨土地使用权抵押审批；根据《国务院办公厅关于做好行政法规部门规章和文件清理工作有关事项的通知》（国办发（2016）12号）的有关要求，原国土资源部开展了规范性文件清理工作，《国土资源部关于公布已废止或者失效的规

---

① 相关规范性文件中均称划拨土地使用权，《物权法》和《民法典》厘清了土地使用法律关系，对其中涉及利用土地建造建筑物、构筑物及其附属设施的权利统称为建设用地使用权。相关分析参见高圣平、刘守英：《〈物权法〉视野下的〈土地管理法〉修改》，载《中国土地科学》2008年第7期。

② 参见最高人民法院民事审判第二庭编：《最高人民法院民法典担保制度司法解释理解与适用》，人民法院出版社2021年版，第435页。

③ 《最高人民法院关于破产企业国有划拨土地使用权应否列入破产财产等问题的批复》原第2条前句规定：“企业对其以划拨方式取得的国有土地使用权无处分权，以该土地使用权为标的物设定抵押，除依法办理抵押登记手续外，还应经具有审批权限的人民政府或土地行政管理部门批准。否则，应认定抵押无效。如果企业对以划拨方式取得的国有土地使用权设定抵押时，履行了法定的审批手续，并依法办理了抵押登记，应认定抵押有效。”原第3条第2款规定：“国有企业以建筑物设定抵押的效力问题，应区分两种情况处理：如果建筑物附着于以划拨方式取得的国有土地使用权之上，将该建筑物与土地使用权一并设定抵押的，对土地使用权的抵押需履行法定的审批手续，否则，应认定抵押无效；如果建筑物附着于以出让、转让方式取得的国有土地使用权之上，将该建筑物与土地使用权一并设定抵押的，即使未经有关主管部门批准，亦应认定抵押有效。”《最高人民法院关于修改〈最高人民法院关于破产企业国有划拨土地使用权应否列入破产财产等问题的批复〉等二十九件商事类司法解释的决定》（法释〔2020〕18号）已经修改了前者，删去了后者。

④ 参见贵州省兴仁县人民法院（2017）黔2322民初1590号民事判决书。

⑤ 已失效。

范性文件目录的公告》（国土资源部公告 2016 年第 10 号）废止了《国土资源部关于国有划拨土地使用权抵押登记有关问题的通知》，划拨建设用地使用权抵押登记不再需要当事人提交相关审批文件。至此，划拨土地使用权抵押无需经过审批。

但就抵押权人的优先受偿而言，《城市房地产管理法》第 40 条第 1 款规定："以划拨方式取得土地使用权的，转让房地产时，应当按照国务院规定，报有批准权的人民政府审批。有批准权的人民政府准予转让的，应当由受让方办理土地使用权出让手续，并依照国家有关规定缴纳土地使用权出让金。"由此可见，抵押人作为土地使用者，转让划拨建设用地使用权必须依照国家有关规定缴纳土地出让金，此为法定义务。当划拨建设用地使用权的建筑物被拍卖，抵押权人足额缴纳相当于应缴纳的土地使用权出让金的款项，否则，其抵押权不得实现。只有依法缴纳土地出让金以后，抵押权人在其余额内才能优先受偿。因划拨建设用地使用权的抵押最终可能导致划拨建设用地使用权的转让，《城市房地产管理法》的这一规则自应适用于或至少在抵押权实现时应适用于划拨建设用地使用权的抵押。《城镇国有土地使用权出让和转让暂行条例》第 45 条更是明确指出，对于符合条件的房地产，"经市、县人民政府土地管理部门和房产管理部门批准，其划拨土地使用权和地上建筑物、其他附着物所有权可以转让、出租、抵押"①。

在此基础之上，《民法典担保制度解释》第 50 条分两款规定了建筑物单独抵押和划拨建设用地使用权单独抵押的效力。

二、划拨建设用地上的建筑物单独抵押的效力

《民法典担保制度解释》第 50 条第 1 款规定："抵押人以划拨建设用地上的建筑物抵押，当事人以该建设用地使用权不能抵押或者未办理批准手续为由主张抵押合同无效或者不生效的，人民法院不予支持。抵押权依法实现时，拍卖、变卖建筑物所得的价款，应当优先用于补缴建设用地使用权出让金。"这里坚持了最高人民法院（2007）民二终字第 183 号民事判决以来的司法态度，即使划拨建设用地使用权未经批准不得抵押，但并不影响其上建筑物抵押权的效力。但在变价处分之时，仍然应遵循《民法典》第 357 条所确立的"地随房走"的基本规则，就建筑物及其占用范围内的划拨建设用地使用权一体变价。就变价款的分配，适用《城市房地产管理法》的规定。《城市房地产管理法》第 51 条规定："设定房地产抵押权的土地使用权是以划拨方式取得的，依法拍卖该房地产后，

---

① 业已失效的《划拨土地使用权管理暂行办法》第 5 条规定："未经市、县人民政府土地管理部门批准并办理土地使用权出让手续，交付土地使用权出让金的土地使用者，不得转让、出租、抵押土地使用权。"

应当从拍卖所得的价款中缴纳相当于应缴纳的土地使用权出让金的款额后，抵押权人方可优先受偿。”如此，就建筑物及其占用范围内的划拨建设用地使用权一体变价之后，应优先补缴建设用地使用权出让金，抵押权人仅得就剩余款项优先受偿。

值得注意的是，《民法典担保制度解释》第50条第1款后句“抵押权依法实现时，拍卖、变卖建筑物所得的价款，应当优先用于补缴建设用地使用权出让金”的文义，似乎意味着抵押权人仅得就建筑物进行变价。① 但这一规定与现行法不大吻合。一则有违《民法典》第357条和第397条所确立的“地随房走”规则，可能造成建筑物及其占用范围内的建设用地使用权在归属上异其主体；二则有违《城市房地产管理法》第51条所确立的“房地产一体拍卖”的规则。同时，该规定可能损及抵押权人的利益，仅就建筑物变价，为何还要补缴建设用地使用权出让金？基于此，即使划拨建设用地使用权抵押未经批准，在建筑物单独抵押或者建筑物与划拨建设用地使用权一并抵押的情形，也应就房地一并变价。虽然同样属于房地一体变价，但实际上是以建筑物的变价款实现抵押权，因为，一般情况下，拍卖价金中应缴纳的土地出让金即为划拨建设用地使用权的变价款。这一制度的设计与划拨建设用地使用权的无偿性相关联，具有其合理性。在《城市房地产管理法》第40条和第51条之下，抵押财产变价之后补缴建设用地使用权出让金为法定义务。

此外，《民法典担保制度解释》第50条第1款在文义上仅及于划拨建设用地使用权上的建筑物单独抵押的情形，在解释上同样适用于建筑物与划拨建设用地使用权一并抵押的情形。

三、划拨建设用地使用权单独抵押的效力

《民法典担保制度解释》第50条第2款规定：“当事人以划拨方式取得的建设用地使用权抵押，抵押人以未办理批准手续为由主张抵押合同无效或者不生效的，人民法院不予支持。已经依法办理抵押登记，抵押权人主张行使抵押权的，人民法院应予支持。抵押权依法实现时所得的价款，参照前款有关规定处理。”本款涉及划拨建设用地使用权单独抵押的情形，与现有划拨建设用地使用权的监管政策相一致。在解释上，划拨建设用地使用权抵押权未经登记，自是不设定，债权人不得主张行使抵押权。

值得注意的是，《民法典》第502条第2款规定：“依照法律、行政法规的规定，合同应当办理批准等手续的，依照其规定。未办理批准等手续影响合同生效

① 参见最高人民法院民事审判第二庭编：《最高人民法院民法典担保制度司法解释理解与适用》，人民法院出版社2021年版，第434～435页。

的，不影响合同中履行报批等义务条款以及相关条款的效力。应当办理申请批准等手续的当事人未履行义务的，对方可以请求其承担违反该义务的责任。”解释论上，未办理批准手续即合同不生效力。[①] 划拨建设用地使用权抵押合同，属于《城镇国有土地使用权出让和转让暂行条例》第45条规定应当办理批准手续的情形，应自批准之日起生效。《民法典担保制度解释》曾经有一稿基于此规定：“当事人以不符合《中华人民共和国城镇国有土地使用权出让和转让暂行条例》第45条规定的划拨土地使用权或该土地上的房屋抵押的，人民法院应当认定抵押合同无效；当事人以符合该条例第45条规定的划拨土地使用权或该土地上的房屋抵押的，在办理批准手续前，人民法院应当认定抵押合同未生效。”但在国务院已经取消划拨建设用地使用权抵押审批的情形之下，划拨建设用地使用权抵押合同即不再属于《民法典》第502条第2款所规定的须经批准而生效的合同。《民法典担保制度解释》最终没有采纳上述观点。

在《民法典担保制度解释》第50条第2款之下，存在两种情形的类型化区分。其一，已经划拨建设用地使用权抵押权设立登记的，自应认定划拨建设用地使用权抵押权业已有效设立。在抵押权可得实现之时，仍应基于《城市房地产管理法》第40条第1款的规定办理转让审批。经审批，抵押权人可以申请拍卖、变卖划拨建设用地使用权抵押权，但变价款应当优先用于补缴建设用地使用权出让金。其二，尚未办理划拨建设用地使用权抵押权设立登记的，如无其他无效事由的存在，抵押合同不因未办理批准手续或登记手续而无效。在抵押合同有效的情形之下，适用《民法典担保制度解释》第46条关于不动产抵押合同生效后未办理抵押登记手续的相关规则予以处理。债权人可以基于有效的抵押合同请求抵押人办理抵押登记手续。如登记无法办理，抵押人的过错较为明显。此时，适用《民法典担保制度解释》第46条第3款，债权人可以请求抵押人在约定的担保范围内承担违约责任，但是不得超过抵押权能够设立时抵押人应当承担的责任范围。此时，如就划拨建设用地使用权的变价款，仍得在优先补缴建设用地使用权出让金之后，用于承担抵押人的违约责任。

应当注意的是，与《民法典担保制度解释》同时实施的《最高人民法院关于破产企业国有划拨土地使用权应否列入破产财产等问题的批复》（修正）第2条前句规定：“企业对其以划拨方式取得的国有土地使用权无处分权，以该土地使用权设定抵押，未经有审批权限的人民政府或土地行政管理部门批准的，不影响抵押合同效力；履行了法定的审批手续，并依法办理抵押登记的，抵押权自登记时设立。”这里虽然坚持未经审批并不影响划拨建设用地使用权抵押合同的效力，但将划拨建设用地使用权抵押权的设立系于法定审批手续的完成，既与目前划拨

① 参见王利明主编：《中国民法典释评合同编·通则》，中国人民大学出版社2020年版，第179页。

建设用地使用权的监管规定和抵押登记规则不符，也与《民法典担保制度解释》第 50 条所体现的司法态度不一致。

第五十一条　当事人仅以建设用地使用权抵押，债权人主张抵押权的效力及于土地上已有的建筑物以及正在建造的建筑物已完成部分的，人民法院应予支持。债权人主张抵押权的效力及于正在建造的建筑物的续建部分以及新增建筑物的，人民法院不予支持。

当事人以正在建造的建筑物抵押，抵押权的效力范围限于已办理抵押登记的部分。当事人按照担保合同的约定，主张抵押权的效力及于续建部分、新增建筑物以及规划中尚未建造的建筑物的，人民法院不予支持。

抵押人将建设用地使用权、土地上的建筑物或者正在建造的建筑物分别抵押给不同债权人的，人民法院应当根据抵押登记的时间先后确定清偿顺序。

【条文主旨】

本条是关于房地一体抵押的规定，解释《民法典》第 397 条、第 417 条。

【规则变迁】

我国实行“房地一体处分”原则，原《担保法》第 36 条、《物权法》第 182 条、以及《民法典》第 397 条均规定了房地一体抵押。针对裁判实践中的争议问题，《民商事审判会议纪要》第 61 条指出：“根据《物权法》第 182 条[①]之规定，仅以建筑物设定抵押的，抵押权的效力及于占用范围内的土地；仅以建设用地使用权抵押的，抵押权的效力亦及于其上的建筑物。在房地分别抵押，即建设用地使用权抵押给一个债权人，而其上的建筑物又抵押给另一个人的情况下，可能产生两个抵押权的冲突问题。基于《房地一体》规则，此时应当将建筑物和建设用地使用权视为同一财产，从而依照《物权法》第 199[②] 条的规定确定清偿顺序：登记在先的先清偿；同时登记的，按照债权比例清偿。同一天登记的，视为同时登记。应予注意的是，根据《物权法》第 200 条[③]的规定，建设用地使用权抵押后，该土地上新增的建筑物不属于抵押财产。”

《民商事审判会议纪要》第 61 条明确了以下几点：其一，以建筑物设定抵押

---

① 对应《民法典》第 397 条。

② 对应《民法典》第 414 条。

③ 对应《民法典》第 417 条。

权、未以建设用地使用权设定抵押权的，未抵押的建设用地使用权视为一并抵押，建筑物抵押权就未抵押的建设用地使用权成立法定抵押权，且其设立时间与建筑物抵押权的设立时间相一致。其二，建设用地使用权抵押权不及于其设立后新增的建筑物，如此，“以建设用地使用权抵押的，该土地上的建筑物一并抵押”中所述“建筑物”，仅限于建设用地使用权抵押权设立之时既存的建筑物。其三，以建设用地使用权设定抵押权、未以既存的建筑物设定抵押权的，未抵押的既存建筑物视为一并抵押，建设用地使用权抵押权就未抵押的既存建筑物成立法定抵押权，且其设立时间与建设用地使用权抵押权的设立时间相一致。其四，建筑物或者建设用地使用权分别抵押给两个不同的债权人的，两个抵押权均属合法有效，其效力均及于建筑物和建设用地使用权之全部。两个效力均及于建筑物和建设用地使用权的抵押权，构成抵押权的竞存，依登记的先后确定两个抵押权之间的优先顺位。

《民法典担保制度解释》于本条在《民商事审判会议纪要》的基础上，增加了两个方面的内容。其一，建设用地使用权抵押权的效力及于正在建造的建筑物已完成部分；其二，以正在建造的建筑物抵押，抵押权的效力范围限于已办理抵押登记的部分。

【理解与适用】

一、《民法典》第397条的规范性质

（一）《民法典》第397条第1款的规范属性与房地单独抵押、房地分别抵押的效力

在“房地一体”处分原则之下，抵押人仅就建筑物或其占用范围内的建设用地使用权设定抵押（房地单独抵押），或者分别就建筑物及其占用范围内的建设用地使用权为不同的抵押权人设定抵押（房地分别抵押），均属于当事人之间未就建筑物及其占用范围内的建设用地使用权一并抵押的情形，违反了《民法典》第397条第1款的规定。由此带来的问题是，相应的抵押合同是否有效？相关的抵押权是否有效设立？这涉及第397条第1款的规范属性。

就《民法典》第397条第1款（《物权法》第182条第1款）的规范性质，学说和裁判中存在不同认识。一种观点认为，该款属于倡导性规范。“房地一体”处分原则并非法律的禁止性规定，只是法律倡导的通常规则。在不存在权利冲突的情况下，以建设用地使用权抵押的，只有在地上建筑物未专门设立抵押权的情况下，未抵押的建筑物才视为与建设用地使用权一并抵押。另一种观点则认为，该款属于强制性规范。现行法坚持“房地一体”处分原则，在抵押权设定之时，

法律将建筑物及其占用范围内的建设用地使用权视为一个整体，不允许将之分别抵押。分别抵押的，抵押合同无效。[①] 抵押人以建筑物设定抵押之后，再以建设用地使用权设定抵押的，即使办理了建设用地使用权抵押登记，亦应认定无效，建设用地使用权抵押登记即应予以撤销。

就交易关系背景下物权法规范的配置，如仅涉及交易当事人之间的利益和冲突，则以任意性规范和倡导性规范为主；如涉及交易当事人与交易关系以外特定第三人之间的利益和冲突，就以授权第三人规范为主；如涉及民事主体的利益与公共利益之间的关系，则主要依赖强行性规范。[②]《民法典》第 397 条第 1 款明显调整的是交易背景下的法律关系，同时，其调整的又不仅限于当事人之间。抵押权的设立与实现涉及抵押人的债权人的利益，难以认定建筑物抵押权与建设用地使用权抵押权之间的关系仅涉及双方当事人。基于此，笔者主张《民法典》第 397 条第 1 款应属强制性规范，但仅属于“管理性强制性规范”或“取缔性强制性规范”，违之并不当然导致交易关系无效。

从法律规范出发，《民法典》第 153 条第 1 款规定了违反法律、行政法规的强制性规范的民事法律行为无效，同时又将强制性规范不导致民事法律行为无效的情形排除在外。可见，该款将强制性规范区分为效力性规范和管理性规范。此种分类实际上弱化了民法之外的规范对私权交易效力的影响，但关于具体如何划分和认定并无定论。学界对于效力性规范与管理性规范的区分存在“公共利益”“立法目的”“行为客体”“所涉主体”等标准。效力性规范和管理性规范本身并无标准，不具备判断民事法律行为效力的功能。笔者认同“效力规范是判决结果而不是原因”[③] 的观点。循此逻辑，强制性规定的类型应综合法律法规的意旨，权衡相互冲突的权益，诸如权益的种类、交易安全以及其所规制的对象等加以综合认定。法律、行政法规虽未明确规定违反强制性规定将导致民事法律行为无效，但如认定该行为有效将损害国家利益和社会公共利益的，应当认为该规范属于效力性规范；同样地，如认定该行为有效只是损害当事人利益的，该规范就不应属于效力性规范，而是管理性规范。[④] 在房地单独抵押、房地分别抵押违反《民法典》第 397 条第 1 款的规定但相关抵押合同均有效的情况下，抵押权实现时对建筑物及其占用范围内的建设用地使用权的一起变价，并不会损害国家利益和社会公共利益。此时一起变价仅可能损害到抵押关系当事人的期限利益、变现

① 参见张斐：《土地使用权与房屋分别抵押时的效力》，载刘保玉主编：《担保法疑难问题研究与立法完善》，法律出版社 2006 年版，第 190 页。

② 参见王轶：《论物权法的规范配置》，载《中国法学》2007 年第 6 期。

③ 耿林：《强制规范与合同效力——以合同法第 52 条第 5 项为中心》，中国民主法制出版社 2009 年版，第 87 页。

④ 参见《最高人民法院关于当前形势下审理民商事合同纠纷案件若干问题的指导意见》第 16 条。

利益等。准此，《民法典》第 397 条第 1 款并非效力性规范，而应属于管理性规范。同时，从手段——目的平衡的角度言，欲实现《民法典》第 397 条的规范目的——既充分发挥物的效用，又避免不动产法律关系的复杂化，并无须在房地单独抵押、房地分别抵押时令相关抵押合同无效，只须在抵押权可得实现之时就建筑物及其占用范围内的建设用地使用权一体变价，即可确保房地权利归属上的一致性。

即使在“房地一体”处分原则之下，房地单独抵押、房地分别抵押也不会因当事人未一并就房地合意设定抵押而无效。其理由在于：

第一，在我国现行法之下，建筑物和建设用地使用权互为独立的不动产客体，并有其独立的交换价值。《民法典》更是将两者分别规定为不同的抵押财产（第 395 条第 1 款第 1 项、第 2 项），且已承认建设用地使用权和地上新增建筑物可单独设立抵押权（第 417 条）。[①] “将房地产分别设定抵押，是当事人签订抵押合同时真实的意思表示。因两个抵押合同均未违反物权法定原则，故法律没有理由强行干预并认定其中一个抵押权为无效”[②]。在建筑物与其占用范围内的建设用地使用权之上所设定的抵押权自应是两项抵押权，一项为建筑物抵押权，另一项为建设用地使用权抵押权。两项抵押权之间构成共同抵押[③]，与普通共同抵押不同之处仅在于，本条所定共同抵押不可由抵押权人选择就建设用地使用权或建筑物实现抵押权。而就普通共同抵押而言，如未约定各个抵押财产所负担的份额，则为连带共同抵押，“抵押权人于实现抵押权时得就各个抵押财产同时行使权利，也可以任意就其中的某一财产行使权利”。[④]

第二，房地单独抵押、房地分别抵押并不意味着房地分别转让而异其权利主体。《民法典》第 356 条、第 357 条、第 397 条的规范意旨主要在于防止房地权利分离，避免不动产交易的权利冲突。[⑤]《民法典》第 356 条、第 357 条所列明的四种行为——转让、互换、出资、赠与均是移转权利（建筑物所有权或者建设用地

---

① 参见房绍坤：《物权法用益物权编》，中国人民大学出版社 2007 年版，第 194 页。

② 王闯：《规则冲突与制度创新（中）——以物权法与担保法及其解释的比较为中心而展开》，载《人民法院报》2007 年 6 月 27 日，第 6 版。

③ 在解释论上亦有观点认为，当事人所使用的表述仅是处分建筑物或者建设用地使用权，但在法律上观察，其处分行为之客体，仍强制性地及于包括建设用地使用权与建筑物之整体。及至房地一体抵押的情形，应仅成立一个以房地为整体的抵押权。论者认为，“共同抵押”说无论是采取“拟制”方式，还是采取“直接法定式”，在抵押权设立行为之构造上，均难以圆通，问题的根本不在于抵押权设立行为问题，而在于抵押客体彼此间的不可分的结合。参见张双根：《论房地关系与统一不动产登记簿册兼及不动产物权实体法与程序法间的交织关系》，载《中外法学》2014 年第 4 期。但在我国对于集合物或者聚合物尚未明确定位的情形之下，此说尚值怀疑。

④ 郭明瑞：《担保法》，法律出版社 2010 年版，第 142 页。

⑤ 参见常鹏翱：《〈民法典〉“房随地走、地随房走”的规范要义》，载《中国高校社会科学》2021 年第 4 期。

使用权）的行为，其法律效果就是权利主体的变更；而《民法典》第397条所定抵押行为虽与转让等行为一样均属处分行为，但其产生的法律效果并非导致权利主体的变更，而是在抵押财产之上设定权利负担。“房地一体”处分原则所置重者在于建筑物所有权与建设用地使用权不得异其权利主体。仅就房地单独抵押、房地分别抵押本身，抵押权人所取得的并非是建筑物所有权或建设用地使用权，而仅是建筑物所有权或建设用地使用权之上的就其交换价值的定限物权。如抵押权实现条件成就而应就抵押财产变价之时，即应适用《民法典》第356条、第357条的规定，对建筑物及其占用范围内的建设用地使用权一并进行变价。因为，在解释上，法院的强制变价亦属《民法典》第356条、第357条所规定的“转让”之列，此时不会出现房地权利主体不一致的问题。准此，房地单独抵押、房地分别抵押时并未导致建筑物所有权与建设用地使用权异其权利主体，其与《民法典》第356条、第357条、第397条第1款的规范意旨并无不合。

《民商事审判会议纪要》所持司法态度是，“房随地走、地随房走”是我国实定法上的基本规则。但实践中，建筑物和建设用地使用权分离抵押的情形也不鲜见，主要包括建筑物或者建设用地使用权仅一项财产设定抵押，以及建筑物或者建设用地使用权分别抵押给两个不同的债权人两种情形。此时，两个抵押权均为有效。①《民法典担保制度解释》第51条第3款规定：“抵押人将建设用地使用权、土地上的建筑物或者正在建造的建筑物分别抵押给不同债权人的，人民法院应当根据抵押登记的时间先后确定清偿顺序。”这里虽然没有明确规定两个抵押权均为有效，但是，该款规定抵押权彼此之间的顺位关系，即承认了两个抵押权的效力。

（二）《民法典》第397条第2款所生抵押权的权利性质与当事人相反合意的排除

根据《民法典》第397条第2款的规定，抵押人未就建筑物及其占用范围内的建设用地使用权一并抵押的，未抵押的财产视为一并抵押。此际，这一抵押权在性质上如何界定？值得讨论。

“视为一并抵押”的涵义为，“推定建筑物及其所占用范围内的建设用地使用权构成一个统一的抵押标的物，只要其中的建筑物或建设用地使用权一项通过抵押登记的方式设立抵押权，即应认定已设立土地及其上建筑物的一体抵押权。单独抵押设立的公示及公信效力及于一体抵押物中的其他部分。在债务人不能清偿被担保的债权时，抵押权人可一并要求拍卖或变卖抵押的地上建筑物及其占用范围内的建设用地使用权，并以拍卖或变卖金额担保债权的受偿。”②

---

① 参见最高人民法院（2015）民一终字第269号民事判决书。

② 参见江苏省高级人民法院（2015）苏商终字第00265号民事判决书。

就此抵押权的性质，学者间尚存争议。一种观点认为，“视为一并抵押”所产生的抵押权，非基于当事人之间的合意而生，而是基于法律直接规定而成立，在性质上属于法定抵押权。[①] 另一种观点认为，“视为一并抵押”是指依法推定抵押权人对未抵押的财产作出法律拟制的意思表示，一并设立抵押权。论者同时认为，“视为一并抵押”拟制的是“一并抵押的意思表示，既然是意思表示，就仍然属于法律行为而生之抵押权的范畴。这与法定抵押权不需要当事人约定而根据法律规定直接产生的特点具有根本区别。换言之，拟制的抵押权并非独立的抵押权形态，只不过其意思表示由法律推定产生而已。”[②]

笔者以为，在房地单独抵押时，抵押权人依《民法典》第397条第2款就未抵押财产所取得的抵押权，属于非依法律行为而取得的抵押权，当属法定抵押权，无需登记即成立。不过，笔者同时认为，称谓上的差异不是最主要的，“法定抵押权”也好，“拟制抵押权”也罢，只要能说明其无需登记即为成立即可。[③]

所谓法定抵押权，是指基于法律规定而产生的抵押权。此种抵押不待登记，即生效力，与因当事人合意而设定、需经登记而生效力的普通不动产抵押权不同，在性质上属于特殊抵押权。[④] 因此，在仅以建筑物设定抵押的情形，这一法定抵押权不以建设用地使用权抵押权登记为前提。[⑤] 即使当事人只办理了建筑物抵押登记，没有办理建设用地使用权抵押登记，在其实现抵押权时，也应将建设用地使用权一并作为抵押财产[⑥]，且建设用地使用权的设立时间与建筑物抵押权的设立时间相一致。相应地，仅以建设用地使用权设定抵押的情形，对于建筑物抵押权而言，亦应作相同解释。“房地一体”抵押的规定旨在重申“房地一体”处分原则，防止引发抵押权实现导致损害债权人利益的困境。“视为一并抵押”即意味着建设用地使用权和其附着的建筑物之一项办理了抵押登记，即使另外一项没有办理抵押登记，亦依法推定为两者一并抵押。从市场交易风险防控的角度来看，参与或从事房地产抵押实践的市场主体应当知悉“房地一体”抵押的规定。其在设立建设用地使用权抵押权时，对该土地上所附着的建筑物是否已设立抵押权负有注意义务，并应积极向登记机关进行查询，以避免可能出现的交易风险，反之亦然。市场主体如未尽到上述注意义务而遭受风险的，应由其自行承担

---

① 参见崔建远：《物权法（第五版）》，中国人民大学出版社2021年版，第439页；崔建远：《中国民法典释评·物权编（下卷）（第二版）》，中国人民大学出版社2021年版，第390页。

② 参见朱晓喆：《房、地分离抵押的法律效果——〈物权法〉第一百八十二条的法律教义学分析》，载《华东政法大学学报》2010年第1期。

③ 参见高圣平：《民法典担保制度及其配套司法解释理解与适用》（上），中国法制出版社2021年版，第470页。

④ 参见谢在全：《民法物权论（修订五版）》，中国政法大学出版社2011年版，第652页。

⑤ 最高人民法院（2017）最高法民终40号民事判决书。

⑥ 参见黄薇主编：《中华人民共和国民法典解读·物权编》，中国法制出版社2020年版，第601页。

损失。[①]

既属法定抵押权，即在法律规定存在某种关系时当然发生，而无须当事人设定。[②] 该抵押权也不以抵押合同中明确约定以建筑物及其占用范围内的建设用地使用权一并抵押为前提[③]，甚至当事人明确约定排除建设用地使用权抵押的，亦无不然。《民法典》第 397 条第 2 款亦为为强制性规范，无容自治空间。[④]

有观点认为，当事人明确约定仅以建设用地使用权抵押，并不包括其上建筑物的，抵押权的效力仅及于建设用地使用权；当事人明确约定仅以建筑物抵押权，并不包括建设用地使用权的，抵押权的效力仅及于建筑物。其主要理由在于，《民法典》第 397 条属于补充性任意规范，应允许当事人依约定而排除适用。此际，只需在实现抵押权时就建设用地使用权与建筑物一体变价即可。[⑤] 这一观点不无道理，但将造成与《民法典担保制度解释》已作出的既有政策选择之间的评价产生冲突。根据该解释第 51 条第 3 款的规定，“抵押人将建设用地使用权、土地上的建筑物或者正在建造的建筑物分别抵押给不同债权人的，人民法院应当根据抵押登记的时间先后确定清偿顺序”。这里解释的基础在于：抵押人仅以建设用地使用权设定抵押权时，其效力当然及于地上建筑物；抵押人仅以建筑物设定抵押权时，其效力也当然及于建设用地使用权。如此，两个抵押权所及的标的财产均为建筑物和建设用地使用权（同一财产），据此即可直接适用《民法典》第 414 条第 1 款第 1 项，依登记先后确定其优先顺位。在这里，当事人同样是明确排除了其中之一不纳入抵押财产范围，但第 51 条第 3 款并未采取前述观点。否则，各抵押权人应仅就其享有抵押权的部分主张权利，两个抵押权效力所及的标的财产范围并不同一，《民法典》第 414 条自无适用空间。因此，解释上可以认为，《民法典担保制度解释》已经排除了当事人此际的合意空间。“视为”是由法律直接作出的不允许推翻的认定。[⑥] 因此，建筑物与建设用地使用权一并抵押不得依合同约定而加以改变。

值得注意的是，这一解释结论系以建筑物及其占用范围内的建设用地使用权的权利主体相同为前提。《民法典》第 352 条规定：“建设用地使用权人建造的建

---

① 参见江西省高级人民法院（2017）赣民终 577 号民事判决书；浙江省高级人民法院（2019）浙民再 20 号民事判决书。

② 参见郭明瑞：《担保法》，法律出版社 2010 年版，第 93 ~ 94 页。

③ 参见北京市高级人民法院（2016）京民终 272 号民事判决书。

④ 参见张双根：《论房地关系与统一不动产登记簿册兼及不动产物权实体法与程序法间的交织关系》，载《中外法学》2014 年第 4 期。

⑤ 参见最高人民法院民法典贯彻实施工作领导小组主编：《中华人民共和国民法典物权编理解与适用》（下），人民法院出版社 2020 年版，第 1053 页。

⑥ 参见江平：《民法中的视为、推定与举证责任》，载《政法论坛》1987 年第 4 期；孙宪忠、朱广新主编：《民法典评注 · 物权编》（4），中国法制出版社 2020 年版，第 97 页（董学立执笔）。

筑物、构筑物及其附属设施的所有权属于建设用地使用权人，但是有相反证据证明的除外。”无论如何解释此处的但书规定①，建设用地使用权与地上建筑物所有权存在异其主体的可能。实践中，建筑物所有权人与建设用地使用权人不一致的情形不在少数，尤其是在房地分别登记的时代，更是如此。抵押人以其建筑物设定抵押，同时一并将该建筑物占用范围内的他人建设用地使用权设定抵押的，从维护不动产登记簿公信力和保护善意相对人的角度出发，应确认抵押权人就建筑物取得抵押权。在实现其抵押权时，应就建筑物与建设用地使用权一并变价，但抵押权人仅就其中建筑物的变价款部分享有优先受偿权。

二、建设用地使用权抵押权的效力范围

《民法典》第397条第1款后段规定：“以建设用地使用权抵押的，该土地上的建筑物一并抵押。”在解释上，这里的“建设用地使用权”自应排除“乡镇、村企业的建设用地使用权”。因为在《民法典》第398条之下，乡镇、村企业的建设用地使用权不能单独设定抵押。就乡镇、村企业的建设用地使用权与其地上建筑物一起设定抵押的，自无第397条适用的必要。本段的“土地上的建筑物”，是指以该建设用地使用权为基础而建造的建筑物。② 尚存疑问的是，建设用地使用权抵押权效力所及的“建筑物”的范围是否包括“构筑物”“附属设施”？是否及于抵押权设立之时正在建造的建筑物？是否以该建筑物已行登记为前提？是否要求取得建设工程规划许可？土地上违法建筑的存在是否影响建设用地使用权抵押合同效力？

（一）建设用地使用权抵押权效力所及的“建筑物”范围

就“房地一体”处分原则而言，《民法典》中相关规定的表述并不一致。在规定一并“转让、互换、出资或者赠与”时，条文界定的范围是“建筑物、构筑物及其附属设施”（第356条、第357条），但在规定一并“抵押”时，条文界定的范围仅是“建筑物”（第397条）。就建设用地使用权的设立目的——利用他人土地“建造建筑物、构筑物及其附属设施”（第344条）而言，在“房地一体”处分原则之下，自应追求建设用地使用权与该土地之上“建筑物、构筑物及其附属设施”的权利主体一致，在“转让、互换、出资或者赠与”时是如此，在“抵押”时亦是如此。

在《民法典》第353条、第397条、第398条之下，“建筑物主要是指住宅、写字楼、厂房等；构筑物主要是指不具有居住或者生产经营功能的人工建造物，

① 详细分析参见最高人民法院民法典贯彻实施工作领导小组主编：《中华人民共和国民法典物权编理解与适用》（下），人民法院出版社2020年版，第782~784页。

② 王利明：《物权法研究（下卷）（第四版）》，中国人民大学出版社2018年版，第27页。

比如道路、桥梁、隧道、水池、水塔、纪念碑等；附属设施主要是指附属于建筑物、构筑物的一些设施”[①]。只不过，就抵押财产的类型，《民法典》第395条第1款第1项使用的是“建筑物和其他土地附着物”。这里的“其他土地附着物”指“附着于土地之上的除房屋之外的不动产，包括桥梁、隧道、大坝、道路等构筑物，以及林木、庄稼等”[②]，不仅包括其土地权源是建设用地使用权的“建筑物”，而且包括其土地权源是宅基地使用权的建筑物、其土地权源是土地承包经营权的农作物等。此外，因为第395条中仅正面列举了“建筑物和其他土地附着物”作为抵押财产的原因，第397条贯彻“房地一体”处分原则时出现了“建筑物与其占用范围内的建设用地使用权一并抵押”的情形。本于“同一事物应作相同处理”的法律解释方法，第397条第1款中所规定的“建筑物”自应包括“构筑物及其附属设施”在内。对此，学者以为，本条中仅规定“建筑物”，应属法律漏洞，可通过类推适用加以弥补。[③] 同时，基于立法目的的解释，这里的“建筑物”亦应包括在建工程在内。[④]

同时，《民法典》第395条已明定“正在建造的建筑物”亦属抵押财产的范围，基于相同的规范目的，第397条第1款中的“建筑物”亦应作扩大解释而包括“正在建造的建筑物”在内，当无疑义。[⑤]《民法典担保制度解释》第51条第1款前句规定：“当事人仅以建设用地使用权抵押，债权人主张抵押权的效力及于土地上已有的建筑物以及正在建造的建筑物已完成部分的，人民法院应予支持。”该规定采纳了这一观点，并明确建设用地使用权抵押权的效力仅及于“正在建造的建筑物已完成部分”，符合《民法典》第417条体系解释的要求。

（二）建设用地使用权抵押权效力是否及于未登记建筑物

就设押的建设用地使用权上存在的未办理登记的建筑物、构筑物和其他附着物是否为建设用地使用权抵押权效力之所及，存在不同认识：一种观点认为，案涉建设用地使用权上无产权证的建筑物和构筑物及其他辅助设施不属于抵押财产，抵押权人对该部分财产变价款不享有优先受偿权另一种观点认为，案涉建设用地使用权抵押权的效力及于其上无产权证的建筑物和构筑物及其他辅助设施。

---

① 黄薇主编：《中华人民共和国民法典解读·物权编》，中国法制出版社2020年版，第445页。

② 黄薇主编：《中华人民共和国民法典解读·物权编》（精装珍藏版），中国法制出版社2020年版，第590页。

③ 参见王利明：《物权法研究（下卷）（第四版）》，中国人民大学出版社2018年版，第428页。

④ 参见高圣平：《民法典担保制度及其配套司法解释理解与适用》，中国法制出版社2021年版，第461页。

⑤ 参见王利明：《物权法研究（下卷）（第四版）》，中国人民大学出版社2018年版，第428页；高圣平、严之：《房地单独抵押、房地分别抵押的效力——以〈物权法〉第182条为分析对象》，载《烟台大学学报（哲学社会科学版）》2012年第1期。

同时，就建造行为是否取得建设工程规划许可，多数观点认为，对于未取得建设工程规划许可的“违法建筑”不能适用《民法典》第397条的法定抵押权。《民法典》第231条规定：“因合法建造、拆除房屋等事实行为设立或者消灭物权的，自事实行为成就时发生效力。”因事实行为所引起的不动产物权变动，不以登记为前提，但该条“合法建造”，在《建筑法》之下，即意味着应取得建设工程规划许可。这是多数法院的裁判逻辑。不过，违法建筑在拆除之前的财产价值却得到了许多裁判的支持，诸如违法建筑的租赁合同所生“租金”给付义务等。

就建设用地使用权是否及于未设立抵押权的建筑物，存在争议。有观点指出，“房随地走，地随房走”的原则并非法律的禁止性规定，只是法律倡导的通常规则，在不存在权利冲突的情况下，以建设用地使用权抵押的，只有在地上建筑物未专门设立抵押的情况下，未抵押的建筑物才视为与建设用地使用权一并抵押同时，有观点认为，受“房地一体”规范的约束，不能出现仅其中一种权利抵押登记，另一种权利未抵押登记的情形。[①] 但大部分观点指出，建设用地使用权抵押权的效力及于未设定抵押的建筑物，不以抵押合同中明确约定以建筑物及建设用地使用权一并抵押为前提，也不以建筑物抵押权登记为前提。即使只办理了建设用地使用权抵押登记，没有办理建筑物抵押登记的，实现建设用地使用权的抵押权时，建筑物也一并作为抵押财产。[②] 既然《民法典》第397条第1款中的“建筑物”包括“正在建造的建筑物”在内，建筑物是否已行登记，并不会对法定抵押权的设立产生影响。

（三）建设用地使用权抵押权效力不及于新增建筑物

《民法典》第417条规定：“建设用地使用权抵押后，该土地上新增的建筑物不属于抵押财产。该建设用地使用权实现抵押权时，应当将该土地上新增的建筑物与建设用地使用权一并处分，但新增建筑物所得的价款，抵押权人无权优先受偿。”由此可见，《民法典》第397条第1款后段“以建设用地使用权抵押的，该土地上的建筑物一并抵押”中的“建筑物”应作限缩解释，仅限于建设用地使用权抵押权设立之时既存的建筑物，将新增建筑物排除于建设用地使用权抵押权效力之所及的标的财产之外。

在《民法典》第417条所确立的规则之下，执行程序中应将案涉建设用地使用权和建筑物分别评估，抵押权人仅就建设用地使用权的变价款部分享有优先受偿权。不过，为达到《民法典》第356条、第357条“房地一体”处分的规范目

---

① 参见常鹏翱：《〈民法典〉“房随地走、地随房走”的规范要义》，载《中国高校社会科学》2021年第4期。

② 参见黄薇主编：《中华人民共和国民法典解读·物权编》（精装珍藏版），中国法制出版社2020年版，第601页。

的，“应当将该土地上新增的建筑物与建设用地使用权一并处分”。此为“拍卖抵押财产的扩张”，“将不在抵押权效力范围内的财产一并拍卖”。[①] 这就意味着，抵押权人虽然仅能就建设用地使用权主张权利，但并不排除将建设用地使用权和新增建筑物一并查封、变价。[②]《最高人民法院关于人民法院民事执行中查封、扣押、冻结财产的规定》第 21 条第 1 款也规定：“查封地上建筑物的效力及于该地上建筑物使用范围内的土地使用权，查封土地使用权的效力及于地上建筑物，但土地使用权与地上建筑物的所有权分属被执行人与他人的除外。”

《民法典》第 417 条所称“新增建筑物”，在解释上包括正在建造的建筑物的续建部分。《民法典担保制度解释》第 51 条第 1 款后句因此规定：“债权人主张抵押权的效力及于正在建造的建筑物的续建部分以及新增建筑物的，人民法院不予支持。”至于是否属于“新增建筑物”，尚须结合建设用地使用权抵押权设立登记的时间与建筑物形成的时间进行比较判断。[③] 如既有建设用地使用权抵押权设立之前已经存在的建筑物，又有建设用地使用权抵押权设立之后新增的建筑物的，应在事实上进行区分，并分别适用法律。[④]

准此，以建设用地使用权设定抵押权、未以既存的建筑物设定抵押权的，依据《民法典》第 397 条第 2 款的规定，未抵押的既存建筑物视为一并抵押，建设用地使用权抵押权就未抵押的既存建筑物成立法定抵押权，且其设立时间与建设用地使用权抵押权的设立时间相一致。此时，不以抵押合同中是否明确约定建筑物和建设用地使用权一并抵押为前提；当事人在抵押合同中约定仅以建设用地使用权设定抵押权的，就未约定抵押的既存建筑物亦构成法定抵押权；当事人在抵押合同中排除既存建筑物抵押的，亦无不然。在《民法典》第 397 条和第 417 条的体系解释之下，建设用地使用权抵押权不及于其设立后新增的建筑物，如此，《民法典》第 397 条第 1 款后段“以建设用地使用权抵押的，该土地上的建筑物一并抵押”中所述“建筑物”，仅限于建设用地使用权抵押权设立之时既存的建筑物。这里的“建筑物”，应包括在建工程在内。

三、在建建筑物抵押权的效力范围

在建建筑物，是指正在建造、尚未办理所有权首次登记的建筑物。在建建筑物抵押，在不同的规范性文件中称谓不一。《城市房地产抵押管理办法》称之为“在建工程抵押”；《不动产登记暂行条例实施细则》称之为“在建建筑物抵押”。

---

① 郭明瑞：《担保法》，法律出版社 2010 年版，第 133 页。

② 参见最高人民法院（2019）最高法民申 6744 号民事裁定书。

③ 参见四川省成都铁路运输中级法院（2017）川 71 执复 15 号执行裁定书；江苏省南通市中级人民法院（2020）苏 06 民终 4260 号民事判决书。

④ 参见四川省广安市中级人民法院（2017）川 16 民终 1018 号民事判决书。

从《民法典》的规定来看，以“在建建筑物抵押”指称以“正在建造的建筑物”所设立的抵押（第395条第1款第5项），更符合法典文义。如此，在建建筑物抵押权，就成了债务人或者第三人以其合法拥有的“正在建造的建筑物”为债权人所设定的抵押权。在建建筑物虽然尚未取得据以表征所有权的不动产权利证书，但其权利人已就其投入建设资金、建筑材料和人力，其交换价值至为明显，具有不动产的自然属性。因此，在建建筑物作为担保财产从经济层面上并无障碍。但在建建筑物在客观的交易观念上并不具备现实性与特定性，在性质上属于未来的建筑物[①]，在物权客体特定原则之下，无从满足物权之现实的对物支配性的内容。因此，其上设立抵押权存在构造上的疑问。有观点认为，因建筑物尚未形成，故其上无法成立已建建筑物意义上的建筑物所有权，也无法设立现实的建筑物抵押权。[②] 笔者认为，基于抵押权的变价权和价值权属性，抵押权的支配性体现为，在抵押权可得实现之时就抵押财产交换价值的支配。如此，物权客体特定原则在抵押权领域，即可缓和地解释为在抵押权可得实现之时抵押财产应具有特定性。正是基于此，未来财产的抵押权才具有了民法教义学上构造的可能。因此，当事人自可以在建建筑物设定抵押。同时，依据《民法典担保制度解释》第51条的规定，抵押权的效力限于已办理抵押登记的部分。[③]

（一）在建建筑物抵押权的效力是否及于嗣后续建的部分

就在建建筑物抵押权的效力是否及于嗣后续建的部分问题而言，若将《民法典》第417条中的“新增建筑物”解释为包括正建建筑物的续建部分在内之后，由此带来的体系效应即为，在建建筑物抵押权的效力是否及于嗣后续建部分，以及相关司法态度的转变。《民法典担保制度解释》第51条第2款规定：“当事人以正在建造的建筑物抵押，抵押权的效力范围限于已办理抵押登记的部分。当事人按照担保合同的约定，主张抵押权的效力及于续建部分、新增建筑物以及规划中尚未建造的建筑物的，人民法院不予支持。”这一规则也与既有的监管政策相一致。《城市房地产抵押管理办法》第11条规定：“以在建工程已完工部分抵押的，其土地使用权随之抵押。”解释上倾向于认为，仅有“在建工程已完工部分”才能设定抵押。

关于在建建筑物抵押权的效力是否及于嗣后续建的部分，存在争议。多数观点认为，所谓在建工程，是在一个总体设计范围内，由一个或者几个单项工程所组成，经济上实行统一核算，行政上实行统一管理的建设单位。作为一个建设项

① 参见王荣珍：《论在建建筑物抵押登记的性质与效力》，载《学术研究》2011年第11期。

② 参见张双根：《论房地关系与统一不动产登记簿册兼及不动产物权实体法与程序法间的交织关系》，载《中外法学》2014年第4期。

③ 参见最高人民法院民事审判第二庭编：《最高人民法院民法典担保制度司法解释理解与适用》，人民法院出版社2021年版，第443页。

目，不应仅仅包括已完工部分。而在建工程抵押，是指以正在建造且未来一定存在的财产作为抵押财产而设定的抵押。因此，在建工程抵押权的效力及于嗣后续建的部分。当事人在合同中明确约定设定抵押权的在建建筑物包括尚未建造部分的，应从其约定。在建建筑物抵押权作为一种单独的抵押权类型，除当事人在抵押合同中另有约定外，其抵押财产范围包括规划许可范围内已经建造的和尚未建造的建筑物。《民法典担保制度解释》第51条第2款改变了这一司法态度。在建建筑物抵押权的效力范围限于已办理抵押登记的部分。即使担保合同中约定抵押权的效力及于续建部分、新增建筑物以及规划中尚未建造的建筑物，也仅具有债法上的效力。抵押权人不得就这些部分的变价款主张享有优先受偿权。在登记实务中，当事人可以就不断续建的部分办理抵押权变更登记。

登记实务中，有观点认为，在建建筑物大多数情况下一直处于建设过程中，具体状态在不断变动，但在建建筑物只要未经竣工验收，均应作为一个独立物来登记，与建设了几层无关。此时，在建建筑物抵押登记，既包括抵押时的建筑状态，也包括其后不断地添砖加瓦建设的楼层。抵押后在建建筑物的续建部分没有独立性，也应视为在建建筑物的一部分。因此，在建建筑物抵押权及于抵押在建建筑物的续建部分，抵押权人在实现抵押权时自可一并拍卖、变卖，并以其变价款优先受偿。[①] 笔者对此不敢苟同。

《不动产登记暂行条例实施细则》第76条[②]规定："申请在建建筑物抵押权首次登记的，当事人应当提交下列材料：(一) 抵押合同与主债权合同；(二) 享有建设用地使用权的不动产权属证书；(三) 建设工程规划许可证；(四) 其他必要材料。"第77条[③]规定："在建建筑物抵押权变更、转移或者消灭的，当事人应当提交下列材料，申请变更登记、转移登记、注销登记：(一) 不动产登记证明；(二) 在建建筑物抵押权发生变更、转移或者消灭的材料；(三) 其他必要材料。在建建筑物竣工，办理建筑物所有权首次登记时，当事人应当申请将在建建筑物抵押权登记转为建筑物抵押权登记。"同时，《不动产登记操作规范（试行）》第14.1.6条关于审查要点的规定强调，"在建建筑物抵押，应当实地查看的，是否已实地查看"。《不动产登记暂行条例实施细则》第16条第2项[④]规定："不动产登记机构进行实地查看，重点查看下列情况："在建建筑物抵押权登记，查看抵押的在建建筑物坐落及其建造等情况"。这里的建造情况，明显包括在建建筑物的建造楼层等情况。

---

① 参见石晨谊：《能否将在建建筑物未建部分作为抵押物进行登记》，载《中国不动产》2020年第11期。

② 对应《不动产登记暂行条例实施细则》(2024年修正) 第76条。

③ 对应《不动产登记暂行条例实施细则》(2024年修正) 第77条。

④ 对应《不动产登记暂行条例实施细则》(2024年修正) 第16条第2项。

（二）在建建筑物抵押权的效力是否及于建设用地使用权

在“房地一体”抵押规则之下，以正在建造的建筑物设定抵押的，当事人可以申请建设用地使用权及在建建筑物抵押权首次登记。① 实践中就在建建筑物抵押权的效力是否及于建设用地使用权，存在争议：一种观点认为，因房地分离抵押是当事人之间基于意思自治而作出的选择，而债权人在提供借款时仅以在建建筑物作为抵押财产，其判断依据以抵押物现有的交换价值担保债务的履行，故应认定债权人在缔约时已有明确的法律预期，即是以办理在建建筑物抵押登记时的标的财产享有优先受偿权，如无相反约定，在建建筑物抵押权的效力不及于建设用地使用权。另一种观点认为，根据“以建筑物抵押的，该建筑物占用范围内的建设用地使用权一并抵押。以建设用地使用权抵押的，该土地上的建筑物一并抵押。抵押人未依照前款规定一并抵押的，未抵押的财产视为一并抵押”规定，如无明确约定，在建建筑物抵押权的效力及于建设用地使用权。

笔者认为，在建建筑物抵押权的效力范围应同于建筑物抵押权，《民法典》第 397 条第 2 款自有适用空间。在就在建建筑物设定抵押但未就其占用范围内的建设用地使用权设定抵押的情形之下，在建建筑物抵押权的效力及于建设用地使用权，即使当事人之间存在相反约定，亦无不然。在就在建建筑物设定抵押之前，已就其占用范围内的建设用地使用权设定抵押的情形之下，两个抵押权均为有效。建设用地使用权抵押权的效力仅及于建设用地使用权（在建建筑物属于建设用地使用权抵押权设立后的新增建筑物），在建建筑物抵押权的效力也及于建设用地使用权，但其顺位劣后于建设用地使用权抵押权。

四、房地分别抵押之时各抵押权的实现规则

抵押人分别就建筑物及其占用范围内的建设用地使用权为不同的抵押权人设定抵押，并分别践行各自的抵押权设立登记手续，在认可两个抵押权均有效的前提之下，两个抵押权之间如何确立其受偿顺序和范围？学说和裁判中争议较大。

第一种观点“重复抵押说”认为，房地分别抵押时建筑物抵押权和建设用地使用权抵押权的效力均及于建筑物及其占用范围的建设用地使用权，两项抵押权之间依其登记先后定其顺位。抵押人将其建筑物为甲抵押权人设定抵押，经登记，甲抵押权人取得建筑物抵押权，同时就建筑物占用范围内的建设用地使用权取得法定抵押权。其后，抵押人又将其建设用地使用权为乙抵押权人设定抵押，经登记，乙抵押权人取得建设用地使用权抵押权，同时就该土地之上的建筑物取得法定抵押权。就建筑物及其占用范围内的建设用地使用权而言，甲抵押权人取

---

① 《不动产登记暂行条例实施细则》（2024 年修正）第 75 条、《不动产登记操作规范（试行）》第 14. 1. 1 条。

得第一顺位抵押权，乙抵押权人取得第二顺位抵押权。[①]

第二种观点“分别受偿说”认为，房地分别抵押仅产生建筑物、建设用地使用权之上的各别抵押权，各抵押权的效力及于其设定抵押权的抵押财产（建筑物或者建设用地使用权），并不及于其未设定抵押权的抵押财产。只不过，在抵押权实现时建筑物、建设用地使用权分别计价，一并处分，确保“房地一体”处分原则在抵押领域里的贯彻。此种做法的实质在于对建筑物所有权和建设用地使用权进行价值分割，虽然抵押权设定时交换价值分属于不同主体，但在实现时并未最终导致房地权利主体不一致。[②]

两种观点各有其正当性的解释基础和可行的解释路径。《民商事审判会议纪要》最终采纳了第一种观点，即重复抵押说：建筑物或者建设用地使用权分别抵押给两个不同的债权人的，两个抵押权均属合法有效，其效力均及于建筑物和建设用地使用权之全部。两个效力均及于建筑物和建设用地使用权的抵押权，构成抵押权的竞存，根据《物权法》第 199 条第 1 项[③]的规定，依登记的先后确定两个抵押权之间的优先顺位。《民法典担保制度解释》第 51 条第 3 款规定：“抵押人将建设用地使用权、土地上的建筑物或者正在建造的建筑物分别抵押给不同债权人的，人民法院应当根据抵押登记的时间先后确定清偿顺序。”该规定也与《民商事审判会议纪要》所采取的司法态度相同。

至此，我们大抵可以得出房地分别抵押时的相关规则：抵押人以建筑物及其占用范围内的建设用地使用权分别为数抵押权人设定抵押的，并不因违反《民法典》第 397 条第 1 款“一并抵押”的规定而无效。在践行相关抵押权设立登记手续之后，根据《民法典》第 397 条第 2 款的规定，建筑物抵押权的效力及于建设用地使用权，建设用地使用权抵押权的效力及于建筑物。[④] 在抵押权实现时，应依《民法典》第 356 条或第 357 条的规定，一并强制变现建筑物及其占用范围内的建设用地使用权，各抵押权人应当依照《民法典》第 414 条之规定确定清偿顺序，按照抵押登记的先后顺序就变价款依次享有优先受偿权。

---

① 参见朱晓喆：《房、地分离抵押的法律效果——〈物权法〉第一百八十二条的法律教义学分析》，载《华东政法大学学报》2010 年第 1 期。该文对此说的成立作了充分论证。

② 参见杨永清、曹英：《房屋和土地没有同时抵押时抵押登记的效力》，载《人民司法》2002 年第 3 期；陈现杰：《土地使用权与地上建筑物分别抵押的效力问题》，载《人民法院报》2003 年 9 月 16 日，第 7 版；王闯：《规则冲突与制度创新（中）——以物权法与担保法及其解释的比较为中心而展开》，载《人民法院报》2007 年 6 月 27 日，第 6 版；高圣平、严之：《房地单独抵押、房地分别抵押的效力——以〈物权法〉第 182 条为分析对象》，载《烟台大学学报（哲学社会科学版）》2012 年第 1 期。

③ 对应《民法典》第 414 条第 1 项。

④ 参见黄薇主编：《中华人民共和国民法典解读 · 物权编》（精装珍藏版），中国法制出版社 2020 年版，第 601 页。

第五十二条　当事人办理抵押预告登记后，预告登记权利人请求就抵押财产优先受偿，经审查存在尚未办理建筑物所有权首次登记、预告登记的财产与办理建筑物所有权首次登记时的财产不一致、抵押预告登记已经失效等情形，导致不具备办理抵押登记条件的，人民法院不予支持；经审查已经办理建筑物所有权首次登记，且不存在预告登记失效等情形的，人民法院应予支持，并应当认定抵押权自预告登记之日起设立。

当事人办理了抵押预告登记，抵押人破产，经审查抵押财产属于破产财产，预告登记权利人主张就抵押财产优先受偿的，人民法院应当在受理破产申请时抵押财产的价值范围内予以支持，但是在人民法院受理破产申请前一年内，债务人对没有财产担保的债务设立抵押预告登记的除外。

【条文主旨】

本条是关于不动产抵押权预告登记的效力的规定，解释《民法典》第221条。

【规则变迁】

本条是新增规则。

【理解与适用】

预告登记是对以将来不动产物权设立或变动为目的的债权请求权的登记，通过限制相对人向第三人处分预告登记标的物，保障该债权请求权的实现。预告登记制度具有限制物权变动的效果，但不具有本登记的物权效力。《民法典》第221条规定：“当事人签订买卖房屋的协议或者签订其他不动产物权的协议，为保障将来实现物权，按照约定可以向登记机构申请预告登记。预告登记后，未经预告登记的权利人同意，处分该不动产的，不发生物权效力。预告登记后，债权消灭或者自能够进行不动产登记之日起九十日内未申请登记的，预告登记失效。”实践中，不动产抵押权预告登记一般发生在预售商品房抵押的情形。

所谓预售商品房抵押，是指开发商在获得预售许可后，将在建商品房出售给预购人，当预购人在支付首期房屋价款后，由贷款银行代其支付其余的购房款，预购人在没有取得房产所有权的情况下，把将来能够获得的商品房抵押给银行，为贷款提供担保，当预购人到期不能偿还贷款时贷款银行有权将其商品房拍卖，并就所得价款优先受偿债权的行为。《城市房地产抵押管理办法》明确规定了预售商品房抵押权的设定。该办法第3条第4款规定："本办法所称预购商品房贷款抵押，是指购房人在支付首期规定的房价款后，由贷款银行代其支付其余的购房款，将所购商品房抵押给贷款银行作为偿还贷款履行担保的行为。"将预售商品房作为抵押标的，可以很好地缓解房地产市场资金紧张的状况，使商品房买受人可用较少的资金购得房产，银行也愿意在有还款保障的条件下提供住房贷款，有利于更好促进我国住房制度改革，具有积极的社会经济意义。①

一、不动产抵押权预告登记是否具有优先受偿效力

在预售商品房抵押中，贷款发放时商品房尚未竣工交付，通常无法办理抵押登记，只能办理预告登记，因此抵押权人享有的抵押权只是一种期待权，该预告登记并未使银行获得现实的抵押权，而是待房屋建成交付借款人后银行就该房屋设立抵押权的一种预先的排他性保全。实践中常出现权利人基于不动产抵押预告登记请求行使抵押权的情形，不动产抵押权预告登记是否具有优先受偿效力，在实践中存在不同观点。

第一种观点认为，不动产抵押权预告登记在转为本登记之前不具有优先受偿效力。抵押权尚未成立为由，银行不能行使抵押权优先受偿的诉讼请求。由此可知，预告登记并不等同于物权登记，在抵押权登记完成前，抵押权并未真实存在，对银行要求行使房屋抵押权的诉请应不予支持。这就引发了一个问题：实践中，如果在已具备物权登记条件下，购房人拒不办理抵押登记手续，使得商业银行抵押权无法成立，在这样的情况下，商业银行的权利应如何得到保护呢？

第二种观点认为，不动产抵押权预告登记之后，在不动产已具备物权登记条件下，不动产权利人拒不办理抵押登记手续转为本登记的，不动产抵押权预告登记权利人就不动产具有优先受偿效力。

《民法典担保制度解释》于本条第1款规定："当事人办理抵押预告登记后，预告登记权利人请求就抵押财产优先受偿，经审查存在尚未办理建筑物所有权首次登记、预告登记的财产与办理建筑物所有权首次登记时的财产不一致、抵押预告登记已经失效等情形，导致不具备办理抵押登记条件的，人民法院不予支持；经审查已经办理建筑物所有权首次登记，且不存在预告登记失效等情形的，人民法院应予支持，并应当认定抵押权自预告登记之日起设立。"

首先，从抵押预告登记制度的设定看。预告登记系相对于本登记而言，其是在物权登记条件尚未满足时设立的一项制度，目的在于保证预期物权的实现，使不具备登记条件的不动产交易具有物权的效力。《民法典》第221条第1款规定，

① 参见高圣平：《担保法论》，法律出版社2009年版，第308页。

当事人签订买卖房屋的协议或者签订其他不动产物权的协议，为保障将来实现物权，按照约定可以向登记机构申请预告登记。预告登记后，未经预告登记的权利人同意，处分该不动产的，不发生物权效力。从上述规定可知，经过预告登记后，预告登记的权利人，对预告登记的不动产享有排他权，即未经其同意，不动产的所有权人及其他任何第三人，处分该不动产，均不能发生物权变动的效力。换言之，任何处分被预告登记的不动产行为，均需经过权利人的同意。

其次，虽然抵押预告登记赋予了权利人一定的权利，但该权利为一种请求权，即当物权登记条件具备的情况下，可依法办理不动产登记，在不具备登记条件的情况时可以阻止该不动产的变动，以保证今后物权的正常行使，具有准物权的性质，而不是一种现实的物权。对此，我们认为，抵押预告登记尽管不是正式抵押登记，是权利人办理抵押登记的保证，是权利人抵押权设立的前期保障，但任何一种权利均应当具有时效性和现实性，否则便会出现权利的悬空。《民法典》第 221 条第 2 款的规定，预告登记后，债权消灭或者自能够进行不动产登记之日起 90 日内未申请登记的，预告登记失效。也就是说，在已办理预告抵押登记的情况下，除非债权消灭或者能够进行登记而不登记外，预告登记的效力始终存在，其指向的结果为抵押权的设立。债权人为保证其金融债权的安全，在发放贷款前即办理了案涉房产的抵押预告登记，而至诉讼期间仍未办理抵押登记，其原因在于该房产为预售房屋，尚未领取房屋产权证，且所涉整体工程目前已处于停工状态，何时能够办理房屋产权证及抵押权证不能预知。该状况的发生系开发商所致，并非债权人的过错，亦非其主观意愿，若让其承担对之不利的法律后果，既有违法律之精神，也让抵押预告登记失去其功能，与预告登记制度设立的目的不符；同时，若以实现抵押权条件尚未成就为由否定债权人的优先受偿权，待条件成就后再行主张，不仅造成诉累，且鉴于案涉工程处于全面停工状态，该条件能否成就、何时成就变得遥遥无期，债权人基于抵押预告登记所享有的物权排他权、物权请求权将势必成为悬空的权利，亦让案涉房产始终处于权利待定状态。

综上，抵押预告登记虽不是正式的抵押登记，但权利人享有物权的排他权及物权的请求权，应可在一定条件下赋予权利人享有优先受偿权。就此，《民法典担保制度解释》于本条第 1 款确认，当事人办理抵押预告登记后，建筑物所有权首次登记已经办理，且不存在预告登记失效等情形的，预告登记权利人可以请求就抵押财产优先受偿，并应当认定抵押权自预告登记之日起设立。此种情形，对未办理抵押登记并无过错，承认债权人的优先受偿权，既与各方当事人的诉讼利益相符，不损害社会公共利益及其他第三人的合法权利，不违反预告登记制度设立的目的和作用，也维护了合法的金融债权及正常的金融秩序。[①] 但本条第 1 款

① 参见安徽省芜湖市中级人民法院（2014）芜中民二终字第 00465 号民事判决书。

也强调，如尚未办理建筑物所有权首次登记、预告登记的财产与办理建筑物所有权首次登记时的财产不一致、抵押预告登记已经失效等情形，导致不具备办理抵押登记条件的，预告登记权利人并不享有优先受偿权。

二、不动产抵押权预告登记是否可以排除不动产的强制执行

《民法典》第221条中规定："预告登记后，未经预告登记的权利人同意，处分该不动产的，不发生物权效力。"由此可见，预告登记具有限制处分的效力。就标的不动产的强制执行，包括查封、扣押、冻结、拍卖、变卖、以物抵债等，在解释上即为对不动产的处分，由《民法典》第221条的文义所能涵盖。学说上认为，预告登记还有顺位保全的效力，即就案涉不动产而言，如果出现权利冲突，预告登记所保全的权利的顺位依其登记时间而确定。此即表明，就抵押财产的变价款或转让款而言，不动产抵押权预告登记权利人优先于查封债权人，并享有抵押权般的追击效力。因此，可就案涉不动产进行变价，所得变价款按照顺位进行分配。结合《民法典担保制度解释》本条第1款的分析，抵押财产被人民法院查封后拍卖或者变卖，预告登记权利人主张对抵押财产拍卖或者变卖后的价款享有优先受偿权，经审查已经办理建筑物所有权首次登记，且不存在预告登记失效等情形的，人民法院应予支持，并应当认定抵押权自预告登记之日起设立；经审查存在尚未办理建筑物所有权首次登记、预告登记的财产与办理建筑物所有权首次登记时的财产不一致、抵押预告登记已经失效等情形，导致不具备办理抵押登记条件的，人民法院不予支持。

据此，预告登记权利人在特定情形下对变价款享有优先受偿权，不能凭借其预告登记权利人的身份阻却强制执行。抵押权人不能通过案外人执行异议的方式阻却对抵押财产的强制执行，法律地位弱于抵押权人的抵押权预告登记权利人也不能通过案外人执行异议的方式阻却对抵押财产的强制执行。通过确认预告登记权利人在具备办理抵押登记条件时的优先受偿权即可实现对预告登记权利人合法权益的保护。

三、不动产抵押权预告登记在破产情形下的优先受偿效力

结合《民法典担保制度解释》本条第1款的分析，不动产抵押权预告登记权利人在建筑物所有权首次登记已经办理，且不存在预告登记失效等情形时，享有优先于普通债权人的优先受偿权，在破产的情形下亦是如此。

《民法典担保制度解释》于本条第3款规定："当事人办理了抵押预告登记，抵押人破产，经审查抵押财产属于破产财产，预告登记权利人主张就抵押财产优先受偿的，人民法院应当在受理破产申请时抵押财产的价值范围内予以支持，但是在人民法院受理破产申请前1年内，债务人对没有财产担保的债务设立抵押预

告登记的除外。”本款规定比第 1 款就预告登记的顺位保全效力的构成规定得更为宽松。

但预告登记权利人所享有的是期待性的债权请求权，若不加限制地承认预告登记权利人的优先受偿权利，将造成利益失衡的局面。考虑到《企业破产法》第 32 条禁止在人民法院受理破产申请前 6 个月内的个别清偿行为，除非个别清偿使债务人财产受益。如果抵押预告登记在受理破产前 1 年的临界期内办理，并承认预告登记权利人的优先受偿权利，将有损公平清偿原则。因此，抵押预告登记在受理破产前 1 年内办理的，预告登记权利人不得就抵押财产主张优先受偿。①

（三）动产与权利担保

第五十三条　当事人在动产和权利担保合同中对担保财产进行概括描述，该描述能够合理识别担保财产的，人民法院应当认定担保成立。

【条文主旨】

本条是关于担保财产的概括描述的规定，系结合《民法典》第 114 条第 2 款对第 400 条第 2 款、第 427 条第 2 款所作的解释。

【规则变迁】

原《担保法》第 39 条与第 65 条分别规定了抵押合同与质押合同应当包括的内容，如抵押、质押财产的名称、数量、质量、状况、所在地、所有权或使用权属等。《物权法》吸收了原《担保法》的相关内容。

《物权法》第 185 条第 2 款规定：“抵押合同一般包括下列条款：（一）被担保债权的种类和数额；（二）债务人履行债务的期限；（三）抵押财产的名称、数量、质量、状况、所在地、所有权归属或者使用权归属；（四）担保的范围。”第 210 条第 2 款规定：“质权合同一般包括下列条款：（一）被担保债权的种类和数额；（二）债务人履行债务的期限；（三）质押财产的名称、数量、质量、状况；（四）担保的范围；（五）质押财产交付的时间。”

《民法典》第 400 条第 2 款规定：“抵押合同一般包括下列条款：（一）被担保债权的种类和数额；（二）债务人履行债务的期限；（三）抵押财产的名称、数

① 四川省德阳市旌阳区人民法院（2019）川 0603 民初 4122 号民事判决书。

量等情况；（四）担保的范围。”第427条第2款规定：“质押合同一般包括下列条款：（一）被担保债权的种类和数额；（二）债务人履行债务的期限；（三）质押财产的名称、数量等情况；（四）担保的范围；（五）质押财产交付的时间、方式。”这里，删除了《物权法》“质量、状况、所在地、所有权归属或者使用权归属”“质量、状况”的表述，以“等情况”加以取代，不再将担保财产的具体情况进行罗列，而改采概括式描述。

《民法典》第114条第2款规定，物权是权利人依法对特定的物享有的直接支配和排他的权利，即物权客体特定原则。此外，《动产和权利担保统一登记办法》第9条中要求对担保财产的概括性描述应当能够合理识别担保财产。以上规则均要求担保财产特定化，本条规定了担保财产的特定化标准。

【理解与适用】

担保物权在《民法典》上被定位为物权，自是以“特定的物”为其客体。由此，作为物权法结构原则的物权（客体）特定原则[①]，对于物上担保制度的展开具有重要的意义。与其他物权种类不同的是，担保物权的效力体现为，在担保物权可得实现之时，权利人可就“特定的物”进行变价并优先受偿。如此，物权特定原则在物上担保制度中的贯彻也就有了特殊性。在担保物权设立之时，标的物仅须可得特定即可，但在担保物权实现之时，标的物必须是特定的。如此即为未来财产进入融资担保领域提供了理论前提。《民法典》在第396条明确“现有的以及将有的生产设备、原材料、半成品、产品”可以抵押。该条反映了实践中存货融资的基本制度需求，虽然在学说上多被界定为浮动抵押，但与比较法上的相关制度不同的是，该条中的“生产设备”并不具有“存货”的性质（生产设备构成产品的除外）。[②] 这就为未来的生产设备设定动产（固定）抵押权提供了解释基础。为因应未来财产担保化的制度需求，赋予当事人更大的自主权，《民法典》允许担保合同对担保财产只作概括性的描述，将《物权法》规定的抵押合同条款“抵押财产的名称、数量、质量、状况、所在地、所有权归属或者使用权归属”修改为“抵押财产的名称、数量等情况”。[③] 在解释上，《民法典》上关于担保合

---

① 参见王泽鉴：《民法物权（第二版）》，北京大学出版社2009年版，第15页。

② 参见龙俊：《动产抵押对抗规则研究》，载《法学家》2016年第3期；侯国跃：《浮动抵押逸出担保物权体系的理论证成》，载《现代法学》2020年第1期。

③ 参见沈春耀（全国人大宪法和法律委员会副主任委员）：《全国人民代表大会宪法和法律委员会关于〈民法典物权编（草案）〉修改情况的汇报——2019年4月20日在第十三届全国人民代表大会常务委员会第十次会议上》，载《民法典立法背景与观点全集》编写组：《民法典立法背景与观点全集》，法律出版社2020年版，第42页。

同内容的规定仅具有倡导性作用，并不具有强行法效力。

动产和权利担保登记公示的目的在于与债务人就标的物从事交易的第三人据以判断该标的物上是否存在担保负担。因此，登记簿上的信息尚须按照一定标准编制成索引以供查询人检索。不动产登记簿奉行物的编成主义，以不动产单元为编制标准，但大多数动产并不具有特定化的识别要素，不足以支撑物的编成主义的登记与查询。物的编成主义意味着对担保财产的具体描述，这一要求对于在担保人现有和将有的动产（如生产设备、存货、应收账款等）上所设立的担保权的登记程序无法展开。因此，动产和权利担保登记簿主要采取人的编成主义，即以担保人的姓名或名称作为登记簿的编制标准和检索标准。这一编成模式为担保财产的概括描述提供了前提，使得担保人的集合动产（现有和将有的动产）和种类物上的动产担保权经由单一登记即可完成。[①]

根据《民法典担保制度解释》本条的规定，对担保财产的概括性描述应达到“能够合理识别担保财产”的标准。此即表明，担保财产应能与担保人其他财产相互区分，以达到担保权利客体确定的标准，如此方能使第三人清晰地判定据此描述的担保权利登记的范围，使担保权利具有对抗第三人的效力。

一、担保财产不特定时担保不成立

担保权利作为物权的一种，其效力直接指向担保财产，物权特定性原则自有适用空间。有观点认为，担保财产不特定将导致担保合同不成立。也有观点认为，担保财产不特定并不导致抵押合同不成立，仅发生担保权利未有效设定的法律效果。

《民法典担保制度解释》于本条规定，在对动产和权利担保的担保财产作概括性描述时，唯满足“合理识别”标准，动产和权利担保方成立。这表明，动产和权利担保的担保财产在作概括性描述时，即使不满足“合理识别”的标准，其担保合同的效力不受影响。有观点认为，本条中的“担保不成立”，指的是担保合同和担保物权均不成立。[②] 笔者认为，在物权变动的原因与结果相区分原则之下，所谓“担保不成立”是指担保物权不成立，但不影响合同效力。亦即，保理合同中对标的应收账款的概括性描述，即使不满足“合理识别”的标准，保理合同的效力亦不受影响，但是保理人没有取得对标的应收账款的权利，保理人就应收账款的担保物权不成立。

---

① See Ronald C. C. Cuming, Catherine Walsh and Roderick J. Wood, *Personal Property Security Law*, 2nd ed., Toronto, ON: Irwin Law Inc., 2012, p. 330.

② 参见最高人民法院民事审判第二庭编：《最高人民法院民法典担保制度司法解释理解与适用》，人民法院出版社2021年版，第465~466页；谢鸿飞：《担保财产的概括描述及其充分性》，载《法学》2021年第11期。

二、担保财产的“合理识别”标准

一般而言，对担保财产的描述可以分为物理与法律两个面向。通过对担保财产的物理描述，能够在客观上使之与其他的财产相区分，因此应就其物理信息加以列举，如数量、质量等；通过对担保财产的法律描述，能够在权属上使之与其他主体的财产相区分，如所有权、使用权的归属等。

值得注意的是，《民法典》第388条第1款中规定：“设立担保物权，应当依照本法和其他法律的规定订立担保合同。担保合同包括抵押合同、质押合同和其他具有担保功能的合同。”一般认为，《民法典》第641条之所有权保留买卖合同以及第735条之融资租赁合同属于“其他具有担保功能的合同”。所有权保留买卖合同与融资租赁合同具有实质意义上担保价款、租金的功能，亦应适用《民法典担保制度解释》本条的规定。

以融资租赁合同为例，《民法典》第736条第1款规定：“融资租赁合同的内容一般包括租赁物的名称、数量、规格、技术性能、检验方法，租赁期限，租金构成及其支付期限和方式、币种，租赁期限届满租赁物的归属等条款。”租赁物是承租人指令出租人购买的标的物，是合同当事人双方权利和义务指向的对象，是融资租赁合同的必备条款。通常来说，租赁物都是价格较高、使用寿命较长的动产和不动产。大型机器设备、航空器、船舶等都是常见的融资租赁物。[①] 由于租赁物大多涉及专业技术内容，一般只在合同正文中简要提及，另附表详细说明，该附表为合同不可缺少的附件。值得注意的是，融资租赁合同成立之时并不要求租赁物已经现实存在，因此，融资租赁合同中有关租赁物的条款只要达到可得特定（合理识别）的标准即可，对租赁物名称、数量、规格、技术性能、检验方法应作灵活处理。

再以应收账款的合理识别为例。关于对应收账款的描述是否达到特定化的程度，实践中争议较大。应收账款的常素包括：应收账款债权人、应收账款债务人、产生应收账款的基础法律关系、应收账款的发生期间、应收账款的数额等。应收账款的种类不同，这些常素的表现形式也不同。其一，应收账款债权人既是保理合同的当事人，也是应收账款债权债务关系的当事人，自是特定的；其二，对于现有应收账款而言，应收账款债务人是确定的，但就将有应收账款而言，应收账款债务人可能是确定的，可能是不确定的。没有特定的应收账款债务人的，当事人只须载明相对特定的应收账款债务人；其三，产生应收账款的基础法律关系和应收账款的发生期间须为确定，应收账款的发生期间可由应收账款履行期限代替；其四，对于现有应收账款而言，应收账款的数额是确定的或可得确定的，

① 参见魏耀荣等：《中华人民共和国合同法释论（分则）》，法制出版社2000年版，第245页。

但就将有应收账款而言，应收账款的数额可能是不确定的。其中，“应收账款债权人”“产生应收账款的基础法律关系”“应收账款的发生期间”是要素；“应收账款债务人”“应收账款的数额”等属于偶素。

产生应收账款的基础法律关系，包括销售、出租产生的债权，包括销售货物，供应水、电、气、暖，知识产权的许可使用，出租动产或不动产等；提供医疗、教育、旅游等服务或劳务；能源、交通运输、水利、环境保护、市政工程等基础设施和公用事业项目收益权；提供贷款或其他信用活动；其他产生金钱给付内容的合同。① 这些基础法律关系，具体表现为：其一，交易合同（包括未来的交易合同）。具体描述为“应收账款债权人”“应收账款债务人”“合同标的”“合同编号”“应收账款履行期限”“应收账款的数额”“发票号码”（如有）。概括描述为“应收账款债权人”“合同标的”“应收账款的发生期间”“应收账款债务人”（债务人不特定时不指明此项），如“应收账款债权人2022年出租其所有的甲写字楼所产生的租金收入”，仅记载“债权人出租所产生的租金收入”即没有达到合理识别标准。其二，收费许可。概括描述为“应收账款债权人”“收费项目”②“收费许可证编号”“应收账款的发生期间”等，如“应收账款债权人自2022年1月1日至2022年12月31日的收费收入，收费项目为门诊收费、住院收费、治疗收费、药品收费、其他收费项目，收费许可证号为：×××”。其三，特许经营许可。概括描述为“应收账款债权人”“项目具体名称”“收费依据”③“应收账款的发生期间”等，如“应收账款债权人自2022年1月1日至2022年12月31日的高速公路项目的收益权，项目具体名称是×××，收费许可证号为：×××”。值得注意的是，将有应收账款的特定化，并非在保理合同签订之时已经被特定化，而是在将有应收账款实际产生时能够被识别为被之前订立的保理合同所涉及。④

第五十四条　动产抵押合同订立后未办理抵押登记，动产抵押权的效力按照下列情形分别处理：

---

① 参见《动产和权利担保统一登记办法》第3条第2款。不过，就该款中所列举的应收账款类型，学者间存有不同意见。本书就此搁置不论，留待另撰专文探讨。

② 以学校为例：学杂费、学生住宿费等，根据具体情况分别列出；以医院为例：门诊收费、住院收费、治疗收费、药品收费、其他收费项目等。参见《应收账款质押/转让登记财产描述示例》，https://www.zhongdengwang.org.cn/cms/goDetailPage.do?oneTitleKey=yhyd&twoTitleKey=djzy，2022-05-08。

③ 如政府相关部门的批复，与政府签订的购买协议，政府相关文件通知等。参见《应收账款质押/转让登记财产描述示例》，https://www.zhongdengwang.org.cn/cms/goDetailPage.do?oneTitleKey=yhyd&twoTitleKey=djzy，2022-05-08。

④ 黄薇主编：《中华人民共和国民法典合同编释义》，法律出版社2020年版，第602页。

（一）抵押人转让抵押财产，受让人占有抵押财产后，抵押权人向受让人请求行使抵押权的，人民法院不予支持，但是抵押权人能够举证证明受让人知道或者应当知道已经订立抵押合同的除外；

（二）抵押人将抵押财产出租给他人并移转占有，抵押权人行使抵押权的，租赁关系不受影响，但是抵押权人能够举证证明承租人知道或者应当知道已经订立抵押合同的除外；

（三）抵押人的其他债权人向人民法院申请保全或者执行抵押财产，人民法院已经作出财产保全裁定或者采取执行措施，抵押权人主张对抵押财产优先受偿的，人民法院不予支持；

（四）抵押人破产，抵押权人主张对抵押财产优先受偿的，人民法院不予支持。

【条文主旨】

本条是关于未登记动产抵押权的效力的规定，解释《民法典》第403条。因本解释第67条的规定一体适用于所有权保留买卖和融资租赁。

【规则变迁】

原《担保法》第41条至第43条规定，以企业的设备和其他动产抵押的，应当向财产所在地的工商行政管理部门办理抵押登记，抵押合同自登记之日起生效；以其他财产抵押的，抵押合同自签订之日起生效，但未办理抵押登记的，不得对抗第三人。

《物权法》第188条、第189条限制了第三人的范围，规定动产作为抵押财产的，未办理抵押登记的，不得对抗善意第三人。其中，第188条规定：“以本法第180条第1款第4项、第6项规定的财产或者第5项规定的正在建造的船舶、航空器抵押的，抵押权自抵押合同生效时设立；未经登记，不得对抗善意第三人。”第189条规定：“企业、个体工商户、农业生产经营者以本法第181条规定的动产抵押的，应当向抵押人住所地的工商行政管理部门办理登记。抵押权自抵押合同生效时设立；未经登记，不得对抗善意第三人。依照本法第181条规定抵押的，不得对抗正常经营活动中已支付合理价款并取得抵押财产的买受人。”

《民法典》第403条继承了《物权法》第188条和第189条的规范内容，并对两条作了统合规定：“以动产抵押的，抵押权自抵押合同生效时设立；未经登记，不得对抗善意第三人。”

无论是《物权法》第188条、第189条，还是《民法典》第403条，对于未经登记的动产抵押权不得对抗的善意第三人，学说和实务中均存争议。《民法典担保制度解释》于本条对此加以明确。

【理解与适用】

一、未经登记不得对抗善意第三人之“对抗”的理解

《民法典》就动产抵押权采取登记对抗主义，即使未经登记，只要动产抵押合同生效，动产抵押权也亦设立。就文义而言，“对抗”应是指一方对另一方的权利主张予以反驳或排除的权利。如就《民法典》中规定的动产抵押权而言，依上述观念，“对抗”即应指抵押权人对他人（抵押人自不在内）的权利主张予以反驳或排除的权利。对此，王泽鉴先生认为，“就文义言，对抗云者，系以权利依其性质有竞存抗争关系为前提”①。所谓有竞存抗争关系，应指他人权利的存在，对我之权利的行使产生妨碍，若任由他人行使，实现其权利，我之权利必遭损害这样一种关系。②

未经登记的动产抵押权的法律后果，在解释论上，自是不同于未经登记的不动产抵押权。当事人间依合意成立动产抵押权，登记与否对当事人不产生任何影响，对于第三人而言，也并非绝对无效，只是该当事人不得对第三人主张抵押权的效力。当事人间的动产抵押权未经登记，在第三人主张抵押权对其不发生效力时，该当事人不能因抵押权之存在，去排斥或主张享有优先于第三人的权利。此时，若抵押人将抵押财产转移，对于善意取得该物的第三人，抵押权消灭，而抵押权人只得请求抵押人重新提供新的担保或者请求债务人及时履行债务。如经登记，则动产抵押权取得绝对效力，得以对抗第三人，排除第三人的善意取得。

《民法典》第403条所定第三人范围，除了“善意”之外未加其他任何限制，依文义解释，应理解为当事人之外对动产有权利请求的任何人。但如此理解，可能造成不合理、不妥当的结果。就第三人的范围，学者间分歧较大：第一种观点认为，第三人应指对同一标的物享有物权之人，债务人之一般债权人并不包括在内。动产抵押权等若已成立，则无论登记与否，其效力恒优先于债务人之一般债权人。③ 第二种观点认为，第三人是指对于动产有权利要求的任何第三人，包括但不限于该动产的第三取得人，该动产的其他担保权人以及依照合同或者其他债

---

① 王泽鉴：《民法学说与判例研究》（第1册），中国政法大学出版社1998年版，第243页。

② 参见王应富、李登杰：《动产抵押权登记对抗效力论》，载《江西师范大学学报（哲学社会科学版）》2008年第2期。

③ 参见王泽鉴：《民法学说与判例研究》（第1册），中国政法大学出版社1998年版，第243页。

的发生原因而得以对该动产主张权益的人。[①] 第三种观点认为，第三人是指不知道也不应当知道物权发生变动的物权关系相对人。[②] 在动产抵押的情形下，如抵押权未经登记，该抵押权人不能以其抵押权对抗该抵押财产的善意受让人，以及在该抵押财产上设立时间虽晚但就其抵押权进行了登记的抵押权。[③] 第四种观点认为，第三人是指与抵押物有利害关系的人，例如抵押物所有权的受让人、抵押物的承租人、其他担保权人、抵押人的普通债权人等。未办理登记的抵押权，只有债权的效力，不得对抗所有的第三人。《民法典担保制度解释》于本条对此予以明确，以防止解释上的分歧。

二、未经登记的动产抵押权不得对抗善意的受让人

未经登记的动产抵押权不得对抗善意的受让人，后者并非抵押关系的当事人，故对于抵押人与抵押权人而言属于第三人。《民法典担保制度解释》本条第1项规定，动产抵押权设立后未办理登记的，抵押权人不得向取得抵押物所有权的善意受让人主张抵押权。因此，只要抵押权人不能举证证明受让人知道或者应当知道已经订立抵押合同的，抵押权人不能对抗抵押财产的受让人。

我国学说上均认为，标的物的受让人作为动产抵押权未登记而不得对抗的“第三人”时，尚须以受让人的主观“善意”为前提。[④] 这里所谓“善意”，是指不知道标的物上存在动产担保负担，且无重大过失。受让人不知情且存在轻过失者，不在此限，否则无异于强制性地要求所有动产交易的相对人均须注意交易标的物上是否存在动产抵押权，害及大量动产交易的效率和安全。[⑤] 动产抵押权既未登记，第三人亦难以注意到标的物上存在动产抵押权，为贯彻登记对抗制度的规范意旨，应将“善意”限定在重大过失，不强求第三人在登记簿之外再作详尽的调查，以降低交易成本、促进交易效率。这一解释方案也与我国实践中关于善意认定的一般标准相合。[⑥]

值得注意的是，《民法典》第403条中关于登记对抗的规定表述简略。在美国法和加拿大法上，未登记动产担保权对抗买受人的前提条件是：该买受人不知

---

① 参见梁慧星主编：《中国物权法草案建议稿》，社会科学文献出版社2000年版，第615页。

② 参见胡康生主编：《中华人民共和国物权法释义》，法律出版社2007年版，第69页。

③ 参见胡康生主编：《中华人民共和国物权法释义》，法律出版社2007年版，第412页。

④ 参见龙俊：《动产抵押对抗规则研究》，载《法学家》2016年第3期；郭志京：《也论中国物权法上的登记对抗主义》，载《比较法研究》2014年第3期；庄加园：《动产抵押的登记对抗原理》，载《法学研究》2018年第5期。

⑤ 参见刘春堂：《动产担保交易登记之对抗力》，载《物权法之新思与新为——陈荣隆教授六秩华诞祝寿论文集》，我国台湾地区瑞兴图书股份有限公司2016年版，第404页。

⑥ 《物权法解释（一）》第15条第1款即规定：“受让人受让不动产或者动产时，不知道转让人无处分权，且无重大过失的，应当认定受让人为善意。”

道标的物上存在未登记的动产担保权，且有偿取得该财产。[①] 其法律后果是，买受人取得不受动产担保权约束的清洁所有权，标的物上的动产担保权消灭。但我国《民法典》上相关条文的表述仅有“善意”的限制，并无其他条件，由此在解释上是否与美国法和加拿大法作相同理解，亦即，该“第三人”是否以已善意取得标的物的所有权为前提？

《民法典》第406条第1款规定：“抵押期间，抵押人可以转让抵押财产。当事人另有约定的，按照其约定。抵押财产转让的，抵押权不受影响。”由此可见，自《民法典》实施之日起，抵押权人转让抵押财产不再需要抵押权人的同意。在解释上，抵押人并不因抵押权的设定而丧失对抵押财产的处分权，[②] 抵押人未经抵押权人同意转让抵押财产也就不再构成无权处分，《民法典》第311条所定善意取得规则随即没有了适用前提，受让人自无法基于善意取得标的物所有权而主张其上未登记抵押权的消灭。值得注意的是，虽然《民法典》第406条第1款允许当事人就抵押财产的转让作出相反约定，当事人自可约定抵押人未经抵押权人同意不得转让抵押财产，但这一约定对受让人不生效力，抵押权人自不得以这一禁转约定主张受让人为恶意，除非受让人对于这一禁转约定知情且有重大过失。

由此可见，登记对抗规则与善意取得制度之间，分别适用不同的场景，各有其不同的制度功能和体系分工。[③] 未经登记不得对抗的是善意第三人，并不是要求第三人善意取得标的物的所有权，第三人取得标的物上无负担的所有权也无须在善意取得制度之下寻求解释基础。在将未登记动产抵押权不得对抗的第三人的客观范围界定为物权人和特殊债权人的前提之下，受让人是否取得标的物所有权意义重大，但受让人是否取得标的物所有权不是登记对抗规则的任务，自应适用《民法典》上动产物权变动的一般规则。由此可进一步认为，登记对抗规则所涉及的仅仅只是未登记动产抵押权人与第三人之间的关系，并不解决第三人是否取得物权问题。[④]

---

① 《美国统一商法典》第9－317条（b）〔受领交付的买受人〕规定：“除第（e）款另有规定外，有体担保债权凭证、物权凭证、有体动产、票据或者凭证式证券的买受人（担保权人除外），在其上担保权或者农业担保权公示之前，已给付对价并受领担保物之交付，且不知其上该担保权或者农业担保权的负担的，不受担保权或者农业担保权的约束。”美国法上的介绍，参见William H. Lawrence, William H. Henning and R. Wilson Freyermuth, *Understanding Secured Transactions*, 5thed., New Providence, NJ: Matthew Bender & Company, Inc., 2012, p. 258. 加拿大法上的观点，参见Ronald C. C. Cuming, Catherine Walsh and Roderick J. Wood, *Personal Property Security Law*, 2nd ed., Toronto, ON: Irwin Law Inc., 2012, p. 378.

② 参见谢在全：《民法物权论（修订五版）》（中册），中国政法大学出版社2011年版，第700页。

③ 参见郭志京：《也论中国物权法上的登记对抗主义》，载《比较法研究》2014年第3期；尹田：《论物权对抗效力规则的立法完善与法律适用》，载《清华法学》2017年第2期。

④ 参见郭志京：《也论中国物权法上的登记对抗主义》，载《比较法研究》2014年第3期。

在将标的物的受让人纳入“第三人”的客观范围之后，其主观上的善意、恶意分别产生不同的法律后果。以普通动产（担保物）的买卖为例，买受人为善意之时，如该买受人已依《民法典》上一般物权变动规则，受领标的物的交付取得标的物所有权，未登记的动产担保权不得与之对抗，此时，并不以买受人给付合理对价为前提。此际的“不得对抗”宜解释为动产抵押权消灭。虽然动产抵押权已因当事人之间的抵押合同而设立，对抗问题仅仅涉及与第三人的关系，但此时抵押人已经丧失对标的物的所有权，抵押权人亦因没有对抗力而失去对标的物的追及力，作为在已丧失的所有权上的动产抵押权自当消灭。如认为未登记动产抵押权不消灭，买受人取得的标的物所有权上仍然存在担保负担，只是后者的顺位劣后，一则没有实际意义，二则可能危及标的物的进一步流转。买受人为善意之时，如该买受人并未取得标的物所有权，未登记动产抵押权自可对抗之，已如前述。买受人为恶意之时，该买受人亦可依《民法典》上一般物权变动规则，受领标的物的交付而取得标的物所有权。只不过，未登记的动产抵押权可以对抗该买受人，自可依《民法典》第406条第1款关于“抵押财产转让的，抵押权不受影响”的规定，追及至标的物之所在，向买受人主张动产抵押权，就标的物变价并优先受偿。

第三人为受赠人之时，解释结论与上相同。至于担保人低价处分或无偿赠与财产对债权人（未登记动产抵押权人）带来的不利影响，债权人自可依据《民法典》上债权人撤销权规则主张权利。在解释上，虽然未登记动产抵押权已经消灭，但其债权人地位并未消灭；在满足相应要件的情形之下，自可行使债权人撤销权。

三、未经登记的动产抵押权不得对抗善意的承租人

在第三人为承租人之时，同样有主观上善意的要求。我国法上的解释论可以与买卖的情形大致相当。《民法典》第405条规定“抵押不破租赁”的规则，即抵押权设立前，抵押财产已经出租并转移占有的，原租赁关系不受该抵押权的影响。但该条针对的是租赁关系成立在前的情形。租赁关系成立在后时，依据《民法典》第394条以及第402条、第403条的规定，自然不得对抗在先设立的已登记抵押权。针对未登记动产抵押权能否对抗成立在后的租赁关系，《民法典担保制度解释》本条第2项规定，未登记动产抵押权人不得对抗已占有租赁物的善意承租人。若承租人并未实际占有租赁物，则不论承租人是否知晓在先订立的抵押合同，未登记动产抵押权人均可对租赁物主张抵押权。

四、未经登记的动产抵押权与抵押人的无担保债权人之间的对抗关系

（一）未经登记的动产抵押权原则上可以对抗抵押人的无担保债权人

实践中就未经登记的动产抵押权是否可以对抗抵押人的一般债权人的解释并不统一。一种观点认为，未登记的动产抵押权不能对抗一般债权人。另一种观点认为，动产抵押权即使没有登记，也可以对抗一般债权人。

笔者认为，动产抵押权虽未登记，但已因抵押合同生效而设立。既已设立，却不具有优先受偿效力，这一解释结论与《民法典》第403条前句的文义不符。但未登记动产抵押权的对世性不若已经公示的物权，不能对抗善意第三人。[①] 具体裁判中只须在判决主文中写明："债权人有权就本判决主文第一项确定的债权在优先受偿的数额元范围内对抵押人提供抵押的抵押财产折价或者拍卖、变卖的价款优先受偿，但不得对抗善意第三人。"[②]

动产抵押权虽未登记，但亦属物权，只不过效力没有那么完备而已。采行债权意思主义的物权变动模式，未登记动产抵押权的物权效力自不应完全同于基于债权形式主义物权变动模式。与债权形式主义不同的是，债权意思主义下的物权不再限于能有效对抗所有第三人的权利，未经登记的动产担保权是能有效对抗当事人及"某些"第三人的物权，与有效对抗"所有"第三人的物权存在着区别。[③] 有学者即主张，"物权具有优先于债权的效力，在公示对抗主义模式下成了一个值得怀疑的命题。在构建我国的公示对抗主义制度时，我们不能简单地以物权、债权的二元划分作为分析工具，而应该具体分析每一组权利间的优先顺位关系。"[④] 物债两分体系仍然是我国《民法典》的架构基础，在解释论上亦为重要的分析工具。担保人的无担保债权人仅得请求给付，并不能支配作为担保财产的责任财产，与担保权人的变价权和优先受偿权所体现的支配性不在同一层次，在进入强制执行程序和破产清算程序之前，尚无法及于该财产，也不会与动产抵押权人就担保财产发生争夺关系。[⑤] 此时，动产抵押权虽未登记，但亦可对抗无担保

---

① 参见崔建远：《物权：规范与学说——以中国物权法的解释论为中心》，清华大学出版社2011年版，第22~23页。

② 裁判实践中类似的处理，参见广东省佛山市中级人民法院（2017）粤06民终11379号民事判决书；云南省昆明市中级人民法院（2018）云01民终6806号民事判决书。

③ See Ulrich Drobnig and Ole Böger eds., *Proprietary Security in Movable Assets*, Oxford: Oxford University Press, 2015, p.276.

④ 龙俊：《公示对抗下"一般债权"在比较法中的重大误读》，载《甘肃政法学院学报》2014年第4期。

⑤ 参见庄加园：《动产抵押的登记对抗原理》，载《法学研究》2018年第5期。

债权人，无担保债权人也就不属于法律保护的“善意第三人”之列。[①]

就此，我国包括《民法典》在内的法律上并不明确。[②]《民法典物权编解释（一）》第6条规定：“让人转让船舶、航空器和机动车等所有权，受让人已经支付合理价款并取得占有，虽未经登记，但转让人的债权人主张其为民法典第二百二十五条所称的‘善意第三人’的，不予支持，法律另有规定的除外”这里明确，未经登记的物权变动，亦可对抗无担保债权人，其理由在于：“在物权与债权的关系上，根据物权的排他性、优先性特征以及物权与债权的基本性质差异，在一物之上既有物权又有债权时，一般情况下，物权优先于债权。因此，在法律无明确排斥性规定的情况下，如果物权和债权发生冲突，则应当适用这一基本规则。”[③]《民法典担保制度解释》于本条对《民法典物权编解释（一）》第6条进行了限缩，将特定情形下的无担保债权人排除于外。在解释上可以认为，本条规定系特别规定，优先于《民法典物权编解释（一）》第6条而适用。

（二）未经登记的动产抵押权不得对抗抵押人的查封、扣押债权人

未登记动产抵押权这一隐蔽性的权利，基于其物权地位可以对抗无担保债权。有学者主张，这一解释论“可能导致交易信赖基础的丧失和正常预期的破坏，直接损害社会整体的交易安全”[④]，但无担保债权人是否享有主张登记欠缺的正当利益，尚存疑问。无担保债权人以债务人（担保人）的全部责任财产作为求偿基础，一则债务人责任财产变动不居，无担保债权人求偿不能的风险本属其在债权债务关系形成之初即可得预见，[⑤]二则在债务人以其财产为自身债务提供物上担保的情形之下，债务人已取得相应的财产，并不影响其责任财产的总量和偿债能力。[⑥]尽管如此，在法政策上，对无担保债权人的范围进行限缩，降低未登记动产抵押权的隐蔽性可能对交易安全所致损害，应属妥适的方案。

《民法典担保制度解释》于本条对于未经登记的动产抵押权可得对抗的无担保债权人进行了限缩，不得对抗无担保债权人中的查封、扣押债权人和破产债权

---

① 参见王轶：《物权变动论》，中国人民大学出版社2001年版，第132页。

② 参见王洪亮：《动产抵押登记效力规则的独立性解析》，载《法学》2009年第11期。

③ 罗书臻：《进一步提升保障财产权利及市场交易安全与效率的法治化程度——最高人民法院民一庭负责人就物权法司法解释（一）答记者问》，载《人民法院报》2016年2月24日，第2版。值得注意的是，可得对抗债权人的受让人，尚须“已经支付对价并取得占有”。就未支付对价并取得占有的受让人，尚无法得出可以对抗转让人的债权人的结论。

④ 李文涛、龙翼飞：《“不登记不得对抗第三人”规则中“第三人”范围的界定——以对传统民法形式逻辑的检讨为思路》，载《法学杂志》2012年第8期。

⑤ 参见王泽鉴：《民法学说与判例研究：重排合订本》，北京大学出版社2015年版，第1481页。

⑥ 参见王稳：《登记对抗模式下的信赖保护问题研究》，载《江西社会科学》2018年第4期，第184页；最高人民法院民事审判第一庭：《最高人民法院物权法解释（一）理解与适用》，人民法院出版社2016年版，第189页。

人、管理人。在诉讼和执行程序中，第三人对抵押物申请保全或执行时，未登记的抵押权不得对抗法院的扣押、查封；破产程序中，未登记的抵押权不具有优先受偿效力，与一般债权同等受偿。①

《民法典担保制度解释》于本条第 3 项规定："抵押人的其他债权人向人民法院申请保全或者执行抵押财产，人民法院已经作出财产保全裁定或者采取执行措施，抵押权人主张对抵押财产优先受偿的，人民法院不予支持"。由此可见，未经登记的动产抵押权不得对抗查封、扣押债权人。

无担保债权人基于执行名义已经申请启动强制执行程序，且执行法院已就抵押财产采取查封、扣押措施之时，未登记的动产抵押权是否可得对抗之，我国实定法上并无明文规定。就强制执行程序中查封、扣押在私法上的效力，除了限制债务人处分标的物之外，我国法上并未明确查封、扣押债权人是否就标的物取得优先受偿权。在比较法上，德国《民事诉讼法》和法国《民事执行程序法》均规定查封、扣押债权人依照法律的直接规定取得对标的物的扣押质权与保全抵押权、裁判抵押权，并依查封、扣押的时点取得相应的优先顺位。② 在美国法上，根据《美国统一商法典》第 9 - 317 条（a）（2）的规定，未登记的动产担保权劣后于法定担保权人（lien creditor）。这里的"法定担保权人"之中即包括通过查封、扣押或者其他类似程序，对相应财产取得法定担保权（lien）的债权人。③

我国法上虽无类似的明确规定，在解释论上可以认为，无担保债权人已经通过强制执行程序查封、扣押抵押财产的情形之下，其对该抵押财产已经取得了对物的支配权，与抵押权人形成了对物的争夺关系。④ 同时可以认为，无担保债权人此时已取得对该财产的（间接）占有，债权人的胜诉债权就该财产也就取得了担保权（动产质权）。在利益衡量上，无担保债权人在交易时是基于标的物上不存在担保负担的责任财产状态，在债务人的财产被查封、扣押时，债权人即与未登记抵押权人的利益发生实质性冲突，此际，对于未登记抵押权人和无担保债权

---

① 最高人民法院民法典贯彻实施工作领导小组主编：《中华人民共和国民法典物权编理解与适用》（下），人民法院出版社 2020 年版，第 1080 页。

② 参见于海涌：《法国保全性裁判抵押权制度研究——兼论我国不动产查封制度的完善》，载《清华大学学报（哲学社会科学版）》2006 年第 3 期；刘哲玮：《论民事司法查封的效力》，载《国家检察官学院学报》2019 年第 4 期。

③ 值得注意的是，美国法上明确指出，无担保债权人基于查封、扣押等取得法定担保权的时间，由各州具体规定。See Barkley Clark and Barbara Clark, *The Law of Secured Transactions Under the Uniform Commercial Code*, 3rd ed., New York: LexisNexis, 2017, p. 3 - 26.

④ 参见李文涛、龙翼飞：《"不登记不得对抗第三人"规则中"第三人"范围的界定——以对传统民法形式逻辑的检讨为思路》，载《法学杂志》2012 年第 8 期；赵忠丽：《论登记对抗规则下第三人范围的确定》，载《研究生法学》2015 年第 2 期。

人应实行平等保护。①

在解释上，其他与查封或扣押债权人法律地位类同的无担保债权人，未经登记的动产抵押权也不得对抗。上述查封、扣押债权人自当包括在强制执行程序中申请参与分配的债权人。

（三）未经登记的动产抵押权不得对抗抵押人的破产债权人或者管理人

《民法典担保制度解释》于本条第4项规定："抵押人破产，抵押权人主张对抵押财产优先受偿的，人民法院不予支持"。由此可见，未经登记的动产抵押权不得对抗破产债权人或者管理人。破产清算程序在性质上属于对破产债务人的概括执行程序，破产债权人、破产管理人的法律地位亦应与查封、扣押债权人作相同理解。准此，未经登记的动产抵押权，不得对抗查封或扣押债权人、参与分配债权人、破产债权人或破产管理人。

未经登记的动产抵押权是否可以对抗破产管理人，实践中把握不一。

一种观点认为，未经登记的动产抵押权可以对抗破产管理人。在进入破产程序前未登记的抵押权人未依法定程序行使抵押权的，在破产程序中不得作为优先债权享有优先受偿权。同时，如果承认未经登记的动产抵押权在破产程序中的效力，在实际操作中将会对破产程序的进行带来极大的不确定性，甚至会滋生譬如债务人与债权人恶意串通倒签抵押合同损害其他债权人利益的道德风险。未经登记的抵押权仅具有债权效力，只在抵押人与抵押权人间产生约束力，不得对抗善意第三方债权人尤其是已进行查封等财产保全措施的债权人。

另一种观点认为，未经登记的动产抵押权不得对抗破产管理人。优先受偿性是抵押权的本质属性，所谓"未经登记，不得对抗善意第三人"，是指不能对抗抵押人与善意第三人直接针对抵押物的物权处分行为，而非第三人的一般普通债权请求权。未经登记的抵押权亦属物权，能够与相对抗的是动产善意受让人、登记抵押权人、留置权人、质权人等物权人，一般债权人并不包括在内，且一般债权人与债务人交易系信赖债务人之清偿能力，而与抵押人的动产抵押标的物无法律上的直接联系，故应承担不获清偿的风险。实践中亦有支持破产程序中未登记动产抵押权人不得对抗普通破产债权人的观点。

第五十五条　债权人、出质人与监管人订立三方协议，出质人以通过一定数量、品种等概括描述能够确定范围的货物为债务的履行提供担保，当事人有证据证明监管人系受债权人的委托监管并实际控制该货物的，人民法院应当认定质权于监管人实际控制货物之日起设立。监管人违反约定向出质人或者其他人放货、因保管不善导致货物毁损灭失，债权人请求监管人承担违约责任的，人民法院依

① 参见龙俊：《中国物权法上的登记对抗主义》，载《法学研究》2012年第5期。

法予以支持。

在前款规定情形下，当事人有证据证明监管人系受出质人委托监管该货物，或者虽然受债权人委托但是未实际履行监管职责，导致货物仍由出质人实际控制的，人民法院应当认定质权未设立。债权人可以基于质押合同的约定请求出质人承担违约责任，但是不得超过质权有效设立时出质人应当承担的责任范围。监管人未履行监管职责，债权人请求监管人承担责任的，人民法院依法予以支持。

【条文主旨】

本条是关于动态质押与监管人责任的规定，解释《民法典》第429条。

【规则变迁】

原《担保法》第64条第2款规定，质押合同于质物移交给质权人占有时生效；《物权法》第212条进一步规定，质权于质物移交给质权人占有时设立。《担保法解释》明确质物的交付不得以占有改定的方式进行。

《民商事审判会议纪要》第63条指出："在流动质押中，经常由债权人、出质人与监管人订立三方监管协议，此时应当查明监管人究竟是受债权人的委托还是受出质人的委托监管质物，确定质物是否已经交付债权人，从而判断质权是否有效设立。如果监管人系受债权人的委托监管质物，则其是债权人的直接占有人，应当认定完成了质物交付，质权有效设立。监管人违反监管协议约定，违规向出质人放货、因保管不善导致质物毁损灭失，债权人请求监管人承担违约责任的，人民法院依法予以支持。""如果监管人系受出质人委托监管质物，表明质物并未交付债权人，应当认定质权未有效设立。尽管监管协议约定监管人系受债权人的委托监管质物，但有证据证明其并未履行监管职责，质物实际上仍由出质人管领控制的，也应当认定质物并未实际交付，质权未有效设立。此时，债权人可以基于质押合同的约定请求质押人承担违约责任，但其范围不得超过质权有效设立时质押人所应当承担的责任。监管人未履行监管职责的，债权人也可以请求监管人承担违约责任。"这里进一步就流动质押的设立与第三方监管责任作出了专门规定。

《民法典担保制度解释》在《民商事审判会议纪要》第63条的基础上对相关规则作了完善。其中最为重要的变化就是，明确质权于监管人实际控制货物之日起设立。这在一定程度上导致《民法典担保制度解释》第55条仅仅只是解释《民法典》第429条，并未为浮动质权的承认留下空间。

【理解与适用】

一、对于动态质押的基本司法态度

信贷实践中，动态质押（实践中又称为流动质押、浮动质押、滚动质押）多采用第三人监管的模式，即由银行（质权人）委托物流企业原地监管质物，解决质物交付，占有中的运输、管理难题，尽管动态质押可以满足经营与融资的双重需求，但由于质物非由质权人直接占有，故存在虚假出质及质物被出质人等强行出货的风险。且由于法律并未明文规定动态质押，在具体制度上也未发展成熟，实践中无论是贷款方还是监管方都频频陷入诉讼中。

第一，流动质押是金融创新实践中出现的一类新的贸易融资品种，在我国法已经承认就存货可以设定浮动抵押的情形之下，自无禁止流动质押之理。在物权法定主义渐趋缓和的大背景之下，不宜以违反物权法定原则为由否定流动质押的效力。在法学方法上，可以类推适用浮动抵押的相关规则。例如，流动质押的效力不及于已经出卖的动产，但自动及于质押人新取得的动产。

第二，流动质押仅仅只表明了标的财产的特殊性，其设立仍应符合质权设立的生效要件。就标的财产——存货而言，实践中因债权人（通常是银行等金融机构）储存条件的限制，多由第三方仓储企业存管，由此出现《民法典》上观念交付的相关规则的适用问题。《民法典》第429条规定："质权自出质人交付质押财产时设立。"在解释上，这里的"交付"并不仅限于现实交付，简易交付和指示交付亦无不可，但不得采取占有改定的方法。就指示交付而言，质权人就标的财产的占有在性质上属于间接占有，义务人对于标的财产是为质权人抑或出质人而占有，对于流动质权的设立具有实质上的影响。

第三，在第三方监管模式之下，如监管人系受质权人的委托监管质物，则构成质权人对质物的间接占有，应当认定完成了质物的交付，质权有效设立。如监管人系受出质人委托监管质物的，表明质物并未交付质权人，应当认定质权未有效设立。尽管监管协议约定监管人系受债权人的委托监管质物，但有证据证明其并未履行监管职责，质物实际上仍由出质人管领控制的，也应当认定质物并未实际交付，质权未有效设立。此时，债权人可以基于质押合同的约定请求质押人承担违约责任，但其范围不得超过质权有效设立时质押人所应当承担的责任。

第四，监管人违反监管协议约定，违规向出质人放货、因保管不善导致质物毁损灭失的，按照三方监管协议的约定承担违约责任。

二、动态质押中质权的设立

《民法典担保制度解释》本条是对财产处于第三方监管的质权设立的规定。

与传统意义上的静态质押相比，动态质押的特点是在维持最低价值限额的基础上，允许质物出库，同时出质人应当补足、替换质物，即质物的品种、规格、质量、数量处于不断变化中。另外，动态质押仍应满足动产质押的一般设立要件。

第一，本条两款均强调“出质人以特定货物为债务履行提供担保”。质权作为物权，用于质押的动产须是特定化的物。具体到以存货为标的物的动态质押中，质物应当是特定化的种类物，即能与其他的种类物相区分，以期明确质物的权属。①

第二，在动态质押中，质物移转占有的表现形式是出质人将质物移交监管人直接占有与控制，而质权人通过与监管人之间的基础合同关系间接占有质物。因此，对本条第1款作反面解释，若质物未由被委托的监管人实际占有与控制，则质权未有效设立。②

综上，在动态质押中，质权的设立应当满足质物特定化及移交质物的占有的条件。在动态质押这样的三方法律关系中，质权人通过被委托的监管人间接占有质物，因此监管人依约对质物的实际占有与控制是质权人享有质权的关键，亦是动态质押的风险所在。

在动态质押中，经常由质权人、出质人与监管人签订三方监管协议，此时要根据实际的权利义务关系来确定监管人究竟是受质权人的委托还是受出质人的委托来监管质物。本条分情形予以规定：如果监管人系受质权人的委托监管质物，则其是质权人的间接占有人，应当认定完成了质物交付，质权有效设立；监管人违反监管协议约定，违规向出质人放货、因保管不善导致质物毁损灭失的，质权人有权请求监管人承担违约责任；如果监管人系受出质人委托监管质物的，表明质物并未交付质权人，应当认定质权未有效设立；监管合同尽管约定由监管人监管质物，但质物实际上仍由出质人管领控制的，也应当认定质物并未实际交付，质权未有效设立。

三、动态质押中监管协议的性质与违约责任的判定

（一）动态质押中监管协议的性质

《民法典担保制度解释》于本条明确了监管人承担违约责任的情形。对监管协议的性质认定将直接影响当事人的权利义务关系，与监管人违约责任的负担紧密相关。金融机构与监管人和/或出质人签订的监管协议中往往涉及仓储、保管、委托等多种法律关系，但权利义务类型又不限于其中任何一种，实践中对于动态

① 参见最高人民法院（2017）最高法民终891号民事判决书。需注意的是，本案最终认定民生银行盘锦分行不享有对案涉粳稻的质权，原因在于其在性质上属于国务院所有的政策粮。

② 参见最高人民法院（2016）最高法执监86号执行裁定书。

质押中监管协议的定性在认识上并不一致。

第一种观点认为，从行业惯例来看，监管人通常并不实际占有和控制质物，其主要义务在于受质权人的委托监督实际仓储方的仓储保管工作；从合同条款看，监管协议通常约定，监管人受质权人之委托或作为其代理人履行监管职能，故其性质应为委托合同。

第二种观点认为，监管协议中如约定监管人对质物负有妥善保管的义务，监管期间，除不可抗力事件或合同特别约定外，质物毁损灭失或变质、短少、受污染的，监管人应承担赔偿责任，符合保管合同的特征。即使监管协议中出现“监管人作为质权人的代理人，代为监管质物”的表述，也不影响监管协议的性质。

第三种观点认为，保管合同是保管人保管寄存人交付的保管物，并返还该物的合同，而在监管协议中，监管人的义务不限于保管质物，还包括承担验明质物、监管质物等义务，与保管人在保管合同项下承担的义务有所区别，应为混合合同，可以称为监管合同。

有学者主张，基于无名合同的违约责任采无过错责任，而委托合同、保管合同、仓储合同等有名合同的违约责任均以当事人存在过错为构成要件，宜将监管协议定性为有名合同。至于属于哪一类有名合同，尚须结合合同的具体内容加以确定，不宜抽象判断，一概而论。当监管协议里同时约定了监管人负有质物监管义务和保管义务时，监管人的主给付义务自然不以保管义务为限。除保管义务外，监管人此时还负有对动态质押中质物的价值和数量变动情况进行监督报告、对质物进行特殊标识以及质物受侵害时在约定时间内及时通知银行等监督、管理方面的义务。尤其要强调的是，监管人需要承担质物权属审核义务，这是仓储合同中保管人不需要承担的职责。在此种情形之下，认定质物监管协议是质权人概括委托监管人处理与质物保管、监督相关的一切事务的委托合同，而非单纯的仓储合同，更为妥当，更符合当事人的合同目的。当然，如质物监管协议中约定监管人的合同义务仅为保管质物，无其他监督、管理方面的内容，则该合同自应属于仓储合同。① 这一观点符合意思表示的解释规则，实值赞同。

（二）动态质押中监管人的违约责任

《民法典担保制度解释》于本条规定，动态质押中监管人应依监管协议的约定履行监管义务，未尽监管义务者，在没有法定或约定的免责事由之下，应承担违约责任。

首先需明确的是，由于动态质押的质物可被替换，故质物的种类、规格、数量、质量都可能发生变化，监管人义务的核心是监管物的数量还是价值？在动态

---

① 参见王富博、李明卉：《质物监管纠纷中的法律争点及解决路径》，载《人民司法·应用》2019 年第 19 期。

质押的监管合同中，双方常约定监管人将质物控制在最低价值线上，而质物的数量、质量等是衡量价值的标准，故监管人的义务本质是维持质物价值处于最低价值线上，而非使质物数量保持不变。当然，从尊重意思自治的角度出发，当事人对质押财产的控制有特殊约定的，应予尊重。监管人对质物价值的监管责任往往是通过对质物的数量、规格等标准的控制来履行，质言之，被监管质物的价值与数量等外在标准是内容与形式的关系。

其次，本条规定监管人未履行监管职责的，应依其过错承担违约责任。实践中存在着出质人强行出货的情况，此时监管人是否尽到监管义务成为其是否存有过错以及是否应承担法律责任的关键。

最后，监管人未履行监管义务的赔偿范围如何确定？是以质物担保的主债权为限，还是相应质物的价值？在“中国某银行股份有限公司息县支行与某公司保管合同纠纷再审案”① 中，质权人是基于拥有质押物的质权及《质押物监管协议》向质押物监管人主张赔偿的，要求按照质押物约定的价值2640 万元赔偿，本质上属于另一公司向息县支行提供的质物灭失的替代物，但并不等于质权人可以获得超过主债权 1800 万元本金及其利息的不当得利，多余的部分应当归还给出质人。再如在“大连某投资管理有限公司与某储运公司等借款合同纠纷上诉案”② 中，二审法院认为，虚假出质中债权未能实现的首要原因是债务人不清偿债务，而质权未能有效设立的首要原因为出质人的虚假出质和质权人未尽审查义务，故监管人的责任范围应是补充赔偿责任。

四、动态质押中出质人虚假出质的法律责任

在动态质押中，由于质物非由监管人直接占有，故存在监管人未尽监管责任或者与出质人串通而导致虚假出质的风险。《民法典担保制度解释》于本条第 2 款虽仅规定了出质人和监管人的法律责任，但根据法律与合同的约定，出质人、质权人和监管人在质权的设立上各自负有相应的义务，因此在虚假出质中，各方按其过错程度承担责任，在“某银行股份有限公司哈尔滨长江路支行与物流有限公司、哈某实业有限公司等金融借款合同纠纷上诉案”③ 中，从与有过失的角度出发，二审法院认为对涉案质押钢材实际数量与监管下限 27143. 429 吨差额部分质权不能设立给广发银行造成的损失，某实业公司、某银行、某物流公司均存在过错，均应承担相应责任。对于出质人的责任，若其未按约定交付质物时，应当按照其过错承担赔偿责任。

---

① 最高人民法院（2014）民申字第 1490 号民事裁定书。

② 最高人民法院（2016）最高法民终 650 号民事判决书。

③ 最高人民法院（2016）最高法民终 266 号民事判决书。

对于质权人的责任，本条第2款虽无直接规定，但根据《商业银行法》第36条和《民法典》第432条，作为质权人的商业银行应当对质物的权属及价值及质权的可行性进行严格审查，并负有妥善保管质押财产的义务；若未尽相应义务，对虚假出质或不足额出质等情形造成的己方损失也应承担相应责任。对于监管人的责任，作为监管方的物流公司在未尽合同约定的监管义务，导致债权不能或不能完全实现时，应按其过错程度承担违约责任。

第五十六条　买受人在出卖人正常经营活动中通过支付合理对价取得已被设立担保物权的动产，担保物权人请求就该动产优先受偿的，人民法院不予支持，但是有下列情形之一的除外：

（一）购买商品的数量明显超过一般买受人；

（二）购买出卖人的生产设备；

（三）订立买卖合同的目的在于担保出卖人或者第三人履行债务；

（四）买受人与出卖人存在直接或者间接的控制关系；

（五）买受人应当查询抵押登记而未查询的其他情形。

前款所称出卖人正常经营活动，是指出卖人的经营活动属于其营业执照明确记载的经营范围，且出卖人持续销售同类商品。前款所称担保物权人，是指已经办理登记的抵押权人、所有权保留买卖的出卖人、融资租赁合同的出租人。

【条文主旨】

本条是关于正常经营买受人规则的适用的规定，解释《民法典》第404条。

【规则变迁】

《担保法》第49条第1款规定，抵押人在未通知抵押权人或者未告知受让人的情况下转让已办理登记的抵押物的，转让行为无效。该条赋予抵押权较强的效力，严格地限制抵押物的转让。《担保法解释》第67条规定，上述情形中抵押权人仍得行使抵押权，抵押物的受让人可以代替债务人清偿其全部债务，以消灭抵押权，在一定程度上缓和了《担保法》第49条第1款的严格限定。

《物权法》第189条规定："企业、个体工商户、农业生产经营者以本法第一百八十一条规定的动产抵押的，应当向抵押人住所地的工商行政管理部门办理登记。抵押权自抵押合同生效时设立；未经登记，不得对抗善意第三人。""依照本法第一百八十一条规定抵押的，不得对抗正常经营活动中已支付合理价款并取得抵押财产的买受人。"由此可见，动产浮动抵押权人不得对抗正常经营活动中已支付合理价款并取得抵押财产的买受人，在动产浮动抵押领域以“正常经营买受人”阻却了抵押权的追及效力。

《民法典》第404条规定：“以动产抵押的，不得对抗正常经营活动中已经支付合理价款并取得抵押财产的买受人。”这里将正常经营买受人的阻却效力上升为动产抵押领域的一般规定。

《民法典担保制度解释》于本条对《民法典》第404条的规定进行了必要的限制。

【理解与适用】

《民法典》第404条将这一规则上升为动产抵押的一般规则，其中规定：“以动产抵押的，不得对抗正常经营活动中已经支付合理价款并取得抵押财产的买受人。”就此，有学者主张，《民法典》既已承认抵押权的追及效力，且该效力不因抵押财产的种类不同而有所差异，为了买受人的利益而否定动产抵押权的追及效力，虽符合动产买卖交易中信用接受者的基本预期，但也损害了动产买卖之前为了融资或其他交易而设定的担保物权的信用，将会动摇抵押担保制度的存在基础。[①]

根据《民法典》第395条第1款第4项和第396条的规定，“原材料、半成品、产品”既可以设立动产（固定）抵押权，[②]也可以设定浮动抵押权，而这些财产在性质上属于“存货”，且常见于“正常经营活动”之中，如“正常经营活动中的第三人”仅能对抗浮动抵押权人，不能对抗固定抵押权人，就意味着正常经营活动中的所有第三人在交易之前均有查阅担保登记簿的义务。果若如此，将损害交易效率，增加交易成本，也不合交易习惯和市场交易主体的合理商业预期。因此，不应区分固定抵押与浮动抵押，只要是“正常经营活动中的买受人”均适用相同的规则。[③]“如果当事人不再信赖转让人对财产的占有，并且还必须调查相关财产上是否存在着已登记的担保物权或保留所有权交易，则会对日常商业

① 参见邹海林：《论〈民法典各分编（草案）〉“担保物权”的制度完善——以〈民法典各分编（草案）〉第一编物权为分析对象》，载《比较法研究》2019年第2期。

② 在类型化上，浮动抵押权自是动产抵押权之一种。由此，两者之间构成种属关系，其中，动产抵押权是属概念、上位概念；浮动抵押权是种概念、下位概念。在动产抵押权这一属概念之下与浮动抵押权这一种概念相并而称的另一种概念，应是固定抵押权。为行文方便，本书仅在需要与浮动抵押权相对而称时，才括注“固定”。

③ 参见龙俊：《动产抵押对抗规则研究》，载《法学家》2016年第3期。

构成重大障碍。”[①]《民法典》第404条与现代动产担保交易法的发展趋势相吻合：不关注当事人采取的法律构造，只要在事实上起到相同的功能就适用相同的法律。[②]《联合国动产担保立法指南》就正常经营活动中的买受人规则的建议，并不限定于浮动抵押；[③]《欧洲示范民法典草案》亦无不然。[④]

《民法典》第406条规定抵押权的追及效力，抵押权不受抵押物转让的影响，但《民法典》第404条的“正常经营买受人”显然阻却了抵押权的追及效力，构成抵押权追及效力的例外。故正常经营活动中的买受人规则，有比较严格的适用要件。为了防止该规则的滥用，就需要在司法解释中作为一个限制。

一、“正常经营活动”的认定

《民法典担保制度解释》于本条第2款第1句明确规定：“出卖人正常经营活动，是指出卖人的经营活动属于其营业执照明确记载的经营范围，且出卖人持续销售同类商品。”

首先，“正常经营活动”是指担保人的正常经营活动，而非买受人的正常经营活动。[⑤] 其次，该抵押人须以销售与标的物同种类的动产为业。[⑥] 至于从事“正常经营活动”的担保人与《民法典》第312条所称“具有经营资格的经营者”是否为同义语，有学者认为，两者之间没有不同，均指“从事与交易物同种类物品买卖的商人的活动”[⑦]。最后，交易标的物在性质上属于“原材料、半成品、产品”（存货）。基于正常经营活动中的买受人规则的规范目的，交易标的物应属具有市场流通性的种类物（原材料、半成品、产品）。当然，交易标的物是否构成存货，尚须对所销售的标的物与出卖人（担保人）的正常经营范围进行比较，如出卖人是销售洗衣机等家用电器的销售商，则家用电器构成存货，该销售商销售家用电器，即构成正常经营活动，但如其销售家用电器的生产设备，则生产设备不具有存货性质，就不构成正常经营活动。当然，该生产设备对于生产该类生产

---

① Study Group on a European Civil Code and Research Group on EC Private Law (Acquis Group), *Principles, Definitions and Model Rules of European Private Law: Draft Common Frame of Reference, Volume* 6, Munich: Sellier. European Law Publishers GmbH, 2007, pp. 5604 ~ 5605.

② 参见高圣平：《美国动产担保交易法与我国动产担保物权立法》，载《法学家》2006年第5期。

③ See United Nations Commission on International Trade Law, *UNCITRAL Legislative Guide on Secured Transactions*, United Nations, 2010, p. 202.

④ See Study Group on a European Civil Code and Research Group on EC Private Law (Acquis Group), *Principles, Definitions and Model Rules of European Private Law: Draft Common Frame of Reference, Volume* 6. Munich: Sellier. European Law Publishers GmbH, pp. 5604 – 5605.

⑤ 参见董学立：《论“正常经营活动中”的买受人规则》，载《法学论坛》2010年第4期。

⑥ 参见美国法学会、美国统一州法委员会：《美国〈统一商法典〉及其正式评注》（第三卷），高圣平译，中国人民大学出版社2006年版，第212页。

⑦ 董学立：《论“正常经营活动中”的买受人规则》，载《法学论坛》2010年第4期。

设备的制造商来说，就可能构成存货。

《民法典担保制度解释》于本条第 1 款列举了五种正常经营活动中买受人规则适用的限制情形。在解释上，这些情形均不属于正常经营活动。

第一，买受人购买商品的数量明显超过一般买受人的，担保物权人仍得以请求就该动产优先受偿。正常经营活动中的买受人之所以能够阻却动产抵押权的追及效力，是因为一般买受人并不负有查询抵押登记的义务，符合真实的交易习惯，同时满足一般买受人的真实需求。若买受人购买商品的数量明显超出了一般买受人的真实需求，将严重降低买受人的抵押财产价值，损害抵押权人的合法权益。

第二，买受人购买出卖人的生产设备的，担保物权人仍得以请求就该动产优先受偿。出卖人的生产设备是出卖人正常经营的必要动产，对于出卖人未来的生产经营起着关键作用，通常构成出卖人的资产，并不具有存货性质。一概允许买受人取得生产设备并排除抵押权的追及效力，对抵押权人的利益保护而言有失偏颇。需注意的是，此处的“生产设备”并不包括作为存货或商品的生产设备。

第三，订立买卖合同的目的在于担保出卖人或者第三人履行债务的，担保物权人仍得以请求就该动产优先受偿。此时，买受人对出卖人本质上享有的是担保债务履行的利益，亦属担保物权，应按照《民法典》第 414 条的规定确定数个抵押权的清偿顺序。若允许买受人此时取得排除在先动产抵押权的追及效力，无异于承认以此方式规避在先抵押权人的优先受偿权，存在诱发道德风险的可能，损害在先抵押权人的合法权益。

第四，买受人与出卖人存在直接或者间接的控制关系的，担保物权人仍得以请求就该动产优先受偿。买受人与出卖人存在控制关系的，其内部之间的动产转让显然不属于“正常经营活动”，且此种关联交易容易诱发道德风险，有损抵押权人的合法权益。

第五，买受人应当查询抵押登记而未查询的其他情形，担保物权人仍得以请求就该动产优先受偿。一般认为，基于交易效率的保障以及交易成本的控制考虑，正常经营活动中的买受人在交易之前并无查阅担保登记簿的义务，否则将不合市场交易主体的合理预期。但若依交易习惯买受人应当查询抵押物上的抵押权负担时，买受人并无可值特别保护之处，而应适用《民法典》第 403 条之一般规定。

二、“已支付合理对价”的认定

在比较法上，《美国统一商法典》和《联合国动产担保立法指南》均不要求正常经营活动中的买受人规则的适用以买受人已支付合理对价为前提，但《欧洲示范民法典草案》上要求受让人为取得动产已经支付对价。在解释上，该草案第

9—6：102 条第（2）款仅构成第 8—3：102 条第（1）款中所定善意要件具体认定上的补充，正常经营活动中的买受人规则的适用还应满足后者所定其他要件。

我国《民法典》中，登记对抗规则与善意取得制度之间各有其不同的制度功能和体系分工。《民法典》第 404 条与《民法典》第 311 条所定善意取得的构成要件上虽在条文表述上相同，但其基于的政策考量尚存差异。《民法典》第 404 条规定“已支付合理对价”要件，在一定程度上是“为了防止抵押人与他人合谋欺诈抵押权人”。[①] 不过，对“已支付合理对价”这一要件亦应契合商业实践作出灵活解释。同时，“已支付合理对价”不以支付金钱为限，各种替代金钱的方式均在其列。有观点认为，即使买受人与抵押人将作为种类物的抵押物进行互换，也应当认定这种互易行为是一种支付对价的交易行为，买受人取得的抵押物亦不受抵押权人抵押权的追及。

三、正常经营买受人规则的扩张适用

《民法典担保制度解释》于本条第 2 款第 2 句明确指出：“前款所称担保物权人，是指已经办理登记的抵押权人、所有权保留买卖的出卖人、融资租赁合同的出租人。”就文义而言，《民法典》第 404 条的适用范围以动产抵押交易为限。在解释上，结合《民法典》第 388 条来看，所有权保留交易和融资租赁交易具有动产担保的功能，因此与动产抵押交易同属动产担保交易，同样需要面对动产抵押物转让时抵押人、抵押权人与受让人之间的利益平衡问题，故本条将其列入适用范围。

四、是否以买受人的善意为前提

《民法典》第 404 条没有要求正常经营活动中的买受人在主观上须为善意。学说上认为，正常经营活动中的买受人规则在物上存在负担（例如动产抵押权）的场合，也存在善意受让人的保护问题。正常经营活动中的买受人规则本质上是一种特殊的善意取得，自应以买受人的善意为前提。[②] 只不过，此时的善意，并非指受让人不知道也不应当知道其受让的标的物上存在担保负担，而是指受让人不知道也不应当知道担保权人不允许担保人无负担地转让担保财产。因此，受让人虽然对标的物上存在担保权并非善意（尤其是在动产担保权已经登记的情形之下），但可善意信赖担保权人同意担保人可以无负担地处分该物。此即为对处分

① 程啸：《担保物权研究（第二版）》，中国人民大学出版社 2019 年版，第 545 页。

② See Barkley Clark and Barbara Clark, *The Law of Secured Transactions Under the Uniform Commercial Code*, 3rd ed., Newark, NJ: LexisNexis, 2017, p. 3-38.

权限的信赖。[1] 而且，这里的“善意”是推定的。若有证据证明担保权人禁止担保人的特定销售行为且为买受人知悉，则不适用正常经营活动中的买受人规则，担保权人的权利不受影响。例如，制造商在其提供给销售商的存货上设定了动产抵押权，担保合同中明确约定禁止该销售商将存货销售给其他销售商，以免后者打折销售，买受人—销售商知道该项禁止约定，则其权利劣后于制造商的抵押权。[2]

《民法典》第404条并不以买受人主观善意为适用前提，而以“已支付合理价款”作为平衡正常经营活动中的买受人与其他债权人之间利益的工具。从本条第1款列举的“正常经营买受人”规则例外的情形来看，亦不以买受人非善意为由排斥其阻却抵押权追及效力。

第五十七条　担保人在设立动产浮动抵押并办理抵押登记后又购入或者以融资租赁方式承租新的动产，下列权利人为担保价款债权或者租金的实现而订立担保合同，并在该动产交付后十日内办理登记，主张其权利优先于在先设立的浮动抵押权的，人民法院应予支持：

（一）在该动产上设立抵押权或者保留所有权的出卖人；

（二）为价款支付提供融资而在该动产上设立抵押权的债权人；

（三）以融资租赁方式出租该动产的出租人。

买受人取得动产但未付清价款或者承租人以融资租赁方式占有租赁物但是未付清全部租金，又以标的物为他人设立担保物权，前款所列权利人为担保价款债权或者租金的实现而订立担保合同，并在该动产交付后十日内办理登记，主张其权利优先于买受人为他人设立的担保物权的，人民法院应予支持。

同一动产上存在多个价款优先权的，人民法院应当按照登记的时间先后确定清偿顺序。

【条文主旨】

本条是关于购买价金担保权超优先顺位的适用的规定，解释《民法典》第416条。

---

① 参见纪海龙、张玉涛：《〈民法典物权编（草案）〉中的“正常经营买受人规则”》，载《云南社会科学》2019年第5期。

② See Barkley Clark and Barbara Clark, *The Law of Secured Transactions Under the Uniform Commercial Code*, 3rd ed., Newark, NJ: LexisNexis, 2017, p. 3－39.

【规则变迁】

《民法典》第416条新增加购买价金担保权的规则，旨在“针对交易实践中普遍存在的借款人借款购买货物，同时将该货物抵押给贷款人作为价款的担保的情形，草案赋予了该抵押权优先效力，以保护融资人的权利，促进融资”①。《民法典》之前并无相关规则。《民法典担保制度解释》于本条对这一新规则作出了具体的阐释。

【理解与适用】

一、购买价金担保权超优先顺位规则的适用范围

购买价金担保权，又称购置款担保权、购买价金担保权益，② 比较法上多称为“purchase money security interest”（PMSI），是指债权人在动产之上取得的担保因购买该动产所生的价金给付义务的担保权，《联合国动产担保立法指南》将其界定为“一种有体动产（而非可转让票据或可转让单证）担保权，借此为未受清偿的购买价金的付款义务或为使担保人获取该动产而产生的债务或提供的其他信贷的履行提供担保。购买价金担保权不一定如此称呼。在非统一处理处理模式之下，这一术语还包括所有权保留交易中出卖人的权利或融资租赁交易中出租人的权利。”③ 购买价金担保权总是和购买价金融资交易（acquisition financing）联系在一起，既包括赊销有体动产的出卖人对标的物所保留的所有权，也包括应承租人的指令购买租赁物的出租人对标的物所保有的所有权，还包括为购置特定有体动产提供贷款的债权人对标的物享有的抵押权。由此可见，在比较法上，购买价金担保权人既可以是贷款人，也可以是出卖人、出租人。但是，我国《民法典》将所有权保留交易和融资租赁交易没有重构为典型的动产担保交易，基于此，《民法典》在第十七章“抵押权”第一节“一般抵押权”部分规定购买价金抵押权（第416条）。在解释上，这一规则自可准用于所有权保留交易和融资租赁交易。

出卖人或债权人依购买价金融资交易就标的物取得的动产担保权，并不以动

---

① 沈春耀：《关于〈民法典各分编（草案）〉的说明——2018年8月27日在第十三届全国人民代表大会常务委员会第五次会议上》，载《中华人民共和国全国人民代表大会常务委员会公报》2020年特刊。

② 参见董学立：《美国动产担保交易制度研究》，法律出版社2007年版，第147页。

③ See United Nations Commission on International Trade Law, *UNCITRAL Legislative Guide on Secured Transactions*, United Nations, 2010, p.455.

产抵押权为限，所有权保留交易和融资租赁交易中的所有权亦属之如在所有权保留交易中，买受人全额支付购买价款之前，出卖人保留对标的物的所有权，出卖人为买受人购置该标的物提供信用支持。此时，出卖人的权利同样有特殊保护的必要。在解释上，所有权保留交易和融资租赁交易与动产抵押交易同属动产担保交易，自可准用本条规定。这一解释方案，一是赋予所有购买价金融资提供人以同样的法律地位，尽可能同等对待为购买价金提供融资的所有交易，与统一动产担保交易规则的政策目标相合；二是实现了改行登记对抗主义之后出卖人或出租人依传统的所有权保留交易或融资租赁交易本应得到的相同保护。[①]

《民法典担保制度解释》本条系采上述理论的产物。

二、购买价金担保权优先于在先的动产抵押权

在承认未来财产之上的动产担保权依登记时间而确定其优先顺位的情形之下，[②] 为防止所有的新增财产自动“流入”已设定的动产担保权，促进为担保人（债务人）购置资产提供新的信贷支持，拓宽再融资渠道，有必要承认购买价金担保权的超优先顺位。[③] 在我国《民法典》上，动产抵押权、所有权保留交易中出卖人的所有权、融资租赁交易中出租人的所有权都奉行登记对抗主义，且竞存的动产担保权之间依登记先后确定其优先顺位。如债权人在债务人的所有未来财产上已设定浮动抵押权，在解释上，如该浮动抵押权已经登记，即具有优先于后设立的动产担保权的效力。此时，该浮动抵押权已经事实上形成了对其后信用提供者的垄断性权利，甚至构成对债务人经营活动的过度控制。[④] 如债务人就这些未来财产的购置寻求新的融资之时，信用提供者即使在这些财产上设立动产抵押权或保留所有权，因这些权利的登记劣后于在先浮动抵押权的登记而只能屈居第二顺位，如此这些新信用提供者提供购买价金融资的积极性将大为降低。

购买价金担保权超优先顺位的承认对于各方当事人均为有利：新的信用提供者因超优先顺位的保障，无须担心其债权担保落空，从而提高了为债务人提供新

---

① See Ulrich Drobnig and Ole Böger (eds), *Proprietary Security in Movable Assets*, Oxford: Oxford University Press, 2015, p. 569; United Nations Commission on International Trade Law, *UNCITRAL Legislative Guide on Secured Transactions*, United Nations, 2010, p. 336.

② See Thomas H. Jackson and Anthony T. Kronman, Secured Financing and Priorities Among Creditors, 88 Yale Law Journal 1143 (1979), pp. 1164 – 1171.

③ 参见董学立：《浮动抵押的财产变动与效力限制》，载《法学研究》2010 年第 1 期；龙俊：《动产抵押对抗规则研究》，载《法学家》2016 年第 3 期。

④ See William H. Lawrence, William H. Henning and R. Wilson Freyermuth, *Understanding Secured Transactions*, 5th ed., New Providence, NJ: Matthew Bender & Company, Inc., 2012, p. 240; Ronald C. C. Cuming, Catherine Walsh and Roderick J. Wood, *Personal Property Security Law*, 2nd ed., Toronto, ON: Irwin Law Inc., 2012, p. 440.

的信用支持的积极性；债务人因此也可以继续展开正常经营或者扩大再生产，充实其责任财产，增强偿债能力；[①] 原担保权人的信用期待也未受到不利影响，因为担保人责任财产的增加是因新的信用提供者的介入所致，否则担保人将无法取得新的财产，[②] “通过出卖并转移相关财产给买受人，出卖人对买受人最终作为偿债基础的责任财产做出了直接贡献……由于没有出卖人的贡献，买受人的其他担保或非担保的债权人就不会从出卖的财产中获得清偿，出卖人优先于这些财产上的其他所有担保物权的担保权人，似乎更为公平”[③]；不管购买价金担保权人是否具有超优先顺位，只要践行登记手续，所影响的仅仅只是竞存的已登记动产担保权之间的优先顺位，对其他第三人并不发生影响，交易安全亦不会受到威胁。[④]

《民法典》在改变了所有权保留交易和融资租赁交易等非典型动产担保交易的立法方法的情形之下，增设购买价金担保权的超优先顺位规则尤为重要。此前，原《合同法》上就这两类交易并未采行登记对抗主义，所有权保留交易中出卖人所保留的和融资租赁交易中出租人所享有的，都是所有权，无须登记即具有对抗第三人的效力。这一所有权的权能丰满，依《物权法》的规定，并不受其他特别的限制。尤其是在买受人或承租人破产之时，标的物不属于破产财产，出卖人或出租人自得主张取回权。《民法典》就这两类交易改行登记对抗主义，还原其经济上的担保功能，与动产抵押权作一体的处理。所有权保留交易中出卖人所保留的和融资租赁交易中出租人所享有的所有权，自其登记之时，才获得强势保护。如债权人事先已在债务人嗣后取得的财产之上设定了动产担保权（例如浮动抵押权），并已经登记，所有权保留交易中的出卖人和融资租赁交易中的出租人即使登记，也不可能在前述浮动抵押权之前登记，如仍以依登记的先后确定竞存权利之间的优先顺位，其权利必定劣后。因此，如不规定购买价金担保权的超优先顺位规则，所有权保留交易和融资租赁交易的展开必受影响。增设购买价金担保权的超优先顺位规则，作为“先公示者优先”这一一般规则的例外，有利于促进购买价金融资的发展。基于此，《民法典担保制度解释》本条第1款、第2款规定，在先设立并登记的动产抵押权不得对抗购买价金担保权。

---

① 参见谢鸿飞：《民法典担保规则的再体系化——以〈民法典各分编（草案）二审稿〉为分析对象》，载《社会科学研究》2019年第6期。

② See Ronald C. C. Cuming, Catherine Walsh and Roderick J. Wood, *Personal Property Security Law*, 2nd ed., Toronto, ON: Irwin Law Inc., 2012, p. 440.

③ See Ulrich Drobnig and Ole Böger (eds), *Proprietary Security in Movable Assets*, Oxford: Oxford University Press, 2015, p. 568.

④ 参见谢鸿飞：《民法典担保规则的再体系化——以〈民法典各分编（草案）二审稿〉为分析对象》，载《社会科学研究》2019年第6期。

三、购买价金担保权超优先顺位规则的适用限制

购买价金担保权超优先顺位规则奉行“后登记者优先”，虽属一般优先顺位规则的例外，但也破坏了信贷担保规则的既有体系，应予严格使用。根据《民法典》第416条和《民法典担保制度解释》本条的规定，适用购买价金担保权超优先顺位规则，应满足以下条件：

第一，新担保权是为了担保人购置标的物，且在该标的物上设立，旨在担保该标的物全部或部分价款的清偿。该条以为债务人购置标的物而提供贷款为基本交易原型，但并不以借款合同本身记载贷款的用途是为债务人购置标的物为前提，只要其他证据能够证明此贷款用途即可。值得注意的是，购买价金担保权的产生以贷款已经发放为前提，为债务人履行买卖合同而签订借款担保合同，仅产生对债务人的应付款项的，贷款人就该应付款项并未取得购买价金担保权。此外，该笔贷款还必须实际用于债务人购置标的物。至于在债务人取得标的物之前就发放贷款是否构成购买价金担保权，尚须结合具体情形予以认定。如债务人已经自出卖人取得标的物，且并未为出卖人设立担保权；此后债务人从贷款人处取得贷款，为贷款人在该标的物上设定担保权，并将贷款支付予出卖人。此际，贷款人是否取得购买价金担保权的超优先顺位，值得怀疑。关键的判断因素在于，当事人之间是否将购置标的物的买卖交易和贷款交易作为一个交易的两个阶段。

在解释上，出卖人在赊销交易形式下保留标的物的所有权，亦是担保该标的物价款的清偿，应符合本要件。融资租赁交易中出租人的所有权亦是如此，但该条的文义较为明显地排除了售后回租（sale - and - lease - back）的情形，其主要理由在于这种交易形式并未带来债务人责任财产的增加。虽然售后回租也是融资租赁交易的一种特殊形式，出租人取得的所有权亦其担保作用，在性质上也属于非典型动产担保权，但无法取得超优先顺位。售后买回（sale and repurchase）交易也是如此。在此交易模式之中，所有人将标的物出卖给买受人，其后立即依分期付款买卖合同再买回该标的物，同样因为此时并未增加债务人责任财产，该交易并不产生购买价金担保权。①

第二，新担保权人应在标的物交付后10日内办理动产担保登记。这是购买价金担保权取得超优先顺位的程序要件。这一规定与比较法上的处理模式相一致，

---

① See Ronald C. C. Cuming, Catherine Walsh and Roderick J. Wood, *Personal Property Security Law*, 2nd ed., Toronto, ON: Irwin Law Inc., 2012, pp. 441 -442.

只是相比其他国家和地区比较短而已，美国法上是20日；[①] 加拿大法上为15日；[②] 澳大利亚法上为15日；[③] 新西兰法上是10个工作日。[④] 规定宽限期的正当性在于，出卖人不必等到自己或其他购买价金融资提供者登记，即可向买受人交付标的物，从而促进动产的有效流动。[⑤] 在比较法上，承认和规定了购买价金担保权的国家和地区，大多对本要件的适用区分标的物是否构成存货作了不同的处理。宽限期规则一般仅适用于标的物非为存货的情形。在标的物为存货之时，为了保护非购买价金担保权人的利益，大多规定，仅在购买价金担保权人向担保人交付存货之前即已登记，且书面通知了在先登记的非购买价金担保权人的情形之下，购买价金担保权人才能取得优先于非购买价金担保权人的超优先顺位。亦即就存货提供购买价金融资的担保权人并不享有宽限期的恩惠。[⑥] 但《加拿大魁北克民法典》的处理模式并不相同，该法就购买价金担保权登记的宽限期的规定，适用于所有动产标的物，并不仅限于非存货。[⑦]《联合国动产担保立法指南》据此建议各国和地区在动产担保法制改革中可以根据具体情形作出政策选择，在宽限期的适用问题上，既可以区分标的物的类别，也可以不做区分。[⑧] 我国《民法典》对此未作区分，只要对购置款提供融资的担保权人均有宽限期的适用。

在解释上，即使担保权人在标的物交付后10日内办理了动产担保登记，但该

---

① See Keith Meyer, "*Purchase Money Security Interests under the Revised Article Nine of the Uniform Commercial Code*", in Iwan Davies (ed), *Security Interests in Mobile Equipment*, New York: Routledge, 2002, p. 270; James J. White and Robert S. Summers, *Principles of Secured Transactions*, St. Paul, MN: Thomson/West, 2007, p. 165.

② See Ronald C. C. Cuming, Catherine Walsh and Roderick J. Wood, *Personal Property Security Law*, 2nd ed., Toronto, ON: Irwin Law Inc., 2012, p. 446.

③ See Jason Harris and Nicholas Mirzai, *Annoted Personal Property Securities Act*, Sydney: CCH Australia Limited, 2011, p. 242.

④ See Linda Widdup, *Personal Property Securities Act: A Conceptual Approach*, 3rdk ed., Wellington: LexisNexis NZ Limited, 2013, p. 172.

⑤ See William H. Lawrence, William H. Henning and R. Wilson Freyermuth, *Understanding Secured Transactions*, 5th ed., New Providence, NJ: Matthew Bender & Company, Inc., 2012, p. 241; United Nations Commission on International Trade Law, *UNCITRAL Legislative Guide on Secured Transactions*, United Nations, 2010, p. 346.

⑥ See Keith Meyer, "*Purchase Money Security Interests under the Revised Article Nine of the Uniform Commercial Code*", in Iwan Davies (ed), *Security Interests in Mobile Equipment*, New York: Routledge, 2002, pp. 277 – 278; United Nations Commission on International Trade Law, *UNCITRAL Legislative Guide on Secured Transactions*, United Nations, 2010, p. 353.

⑦ See Ronald C. C. Cuming, Catherine Walsh and Roderick J. Wood, *Personal Property Security Law*, 2nd ed., Toronto, ON: Irwin Law Inc., 2012, p. 109.

⑧ See United Nations Commission on International Trade Law, *UNCITRAL Legislative Guide on Secured Transactions*, United Nations, 2010, pp. 353 – 354.

登记因未合理指明标的物、担保人姓名或名称错误等原因而无效的，此程序要件仍视为未满足，但如担保权人在10日宽限期届满之前登记了变更登记书，弥补了前述登记缺陷的，则已满足此程序要件。即使未满足此程序要件，动产担保权的性质也不发生改变。未登记并不意味着动产担保权的丧失，动产担保权仍在当事人之间有效，并具有对抗无担保债权人的效力。如担保权人在宽限期期满后才登记的，该动产担保权人就不构成购买价金担保权，不能依据《民法典》第416条取得超优先顺位。

值得注意的是，《民法典》第416条所称“标的物交付”应限缩解释为移转标的物所有权意义上的交付。如债务人基于试用买卖而受领标的物的交付的，不宜从此时开始计算宽限期。试用买卖的买受人在试用期内可以购买标的物，也可以拒绝购买（《民法典》第638条）。买受人拒绝购买的，自无购买价金担保权发生的空间；在试用期内买受人（债务人）决定购买标的物的，应自该日起计算宽限期；试用期间届满，买受人对是否购买标的物未作表示的，视为购买，此时，从试用期间届满之日起计算宽限期。至于试用期间，自可由试用买卖的当事人约定；没有约定或者约定不明确的，可以协议补充，不能达成补充协议，按照合同有关条款、合同性质、合同目的或者交易习惯仍然不能确定的，由出卖人确定。

第三，同一债务人为他人设立了购买价金担保权和其他竞存的动产担保权。虽然《民法典》第416条并未明确此点，但从购买价金担保权超优先顺位的规范目的出发，不同的债务人在同一财产上为不同的担保权人分别设立购买价金担保权和其他竞存动产担保权的，购买价金担保权即不具有超优先顺位。例如，甲担保权人在丙债务人的财产上设立了动产抵押权，并办理了动产抵押登记。其后，丙债务人将该财产出卖予丁债务人，出卖该财产并未得到甲担保权人的授权，且亦不属于丙债务人的正常经营活动。乙担保权人为丁债务人购置该财产提供贷款，且及时登记从而取得购买价金担保权。此际，竞存的动产担保权并不是由同一债务人所设立，因此，乙担保权人并不能取得足以对抗甲担保权人的购买价金担保权。乙担保权人的购买价金担保权只能对丁债务人在同一财产上为他人设立的其他动产担保权取得超优先顺位。①

四、竞存购买价金担保权之间的优先顺位规则

当前，购买价金融资的需求在不断增加，同时购买价金融资的标的物（如大型成套设备、大宗原材料和存货）的价值也越来越高，单一的出卖人、出租人或贷款人难以满足买受人的所有融资需求，同一标的物上同时存在数个购买价金担

---

① See Ronald C. C. Cuming, Catherine Walsh and Roderick J. Wood, *Personal Property Security Law*, 2nd ed., Toronto, ON: Irwin Law Inc., 2012, pp. 451 -452.

保权就成为可能。此时，针对数个购买价金担保权之间的冲突，《民法典》第416条并无适用空间。如两个商业银行分别为债务人提供部分购置款的贷款；再如贷款人向买受人提供信贷以使买受人得以支付标的物的首付款，出卖人也就该标的物价款的其余部分向买受人提出信用支持。如这些担保权人均在宽限期内登记了动产担保权，彼此之间的优先顺位如何确定？

美国法和加拿大法上规定，出卖人的购买价金担保权优先于贷款人的购买价金担保权；贷款人的购买价金担保权之间地位平等，依优先顺位的一般规则处理，即先登记者优先；① 融资租赁交易中出租人的购买价金担保权的地位同于贷款人的购买价金担保权。② 之所以优先保护出卖人的购买价金担保权，主要原因在于，与贷款人相比，出卖人分配融资损失的能力较弱。③ 归根到底，出卖人所受损失体现在丧失其本来享有所有权的财产，而贷款人所承担的风险则为不能就其并不享有所有权的财产的变价款受偿。两者之间，出卖人更值得同情。④ 这一处理方案也是《联合国动产担保立法指南》的推荐方案之一。⑤

笔者认为，尽可能同等对待信用提供者，已经成为《民法典》的政策选择，就为购置标的物提供融资的所有交易而言，亦应如此。基于此，应对所有的购买价金融资交易平等对待，不区分所有权保留交易、融资租赁交易和动产抵押交易；所有的购买价金担保权之间法律地位平等，无论是出卖人、出租人，还是贷款人，都适用相同的优先顺位规则。尚无压倒性的理由认为出卖人的地位就一定优于贷款人。因此，在《民法典》就竞存的购买价金担保权之间的优先顺位未作特别规定的情形之下，《民法典担保制度解释》于本条第3款规定："同一动产上存在多个价款优先权的，人民法院应当按照登记的时间先后确定清偿顺序。"

这一规范内容与《民法典》第414条第1款的精神一致，即先登记者优先。

---

① See William H. Lawrence, William H. Henning and R. Wilson Freyermuth, *Understanding Secured Transactions*, 5th ed., New Providence, NJ: Matthew Bender & Company, Inc., 2012, p. 242; Ronald C. C. Cuming, Catherine Walsh and Roderick J. Wood, *Personal Property Security Law*, 2nd ed., Toronto, ON: Irwin Law Inc., 2012, p. 465. 不过，加拿大法上就后者并未作出明确规定，是经由解释而得出的结论。

② See Ronald C. C. Cuming, Catherine Walsh and Roderick J. Wood, *Personal Property Security Law*, 2nd ed., Toronto, ON: Irwin Law Inc., 2012, p. 465.

③ See William H. Lawrence, William H. Henning and R. Wilson Freyermuth, *Understanding Secured Transactions*, 5th ed., New Providence, NJ: Matthew Bender & Company, Inc., 2012, p. 242.

④ See Keith Meyer, "*Purchase Money Security Interests under the Revised Article Nine of the Uniform Commercial Code*", in Iwan Davies (ed), *Security Interests in Mobile Equipment*, New York: Routledge, 2002, p. 285; 美国法学会、美国统一州法委员会：《美国〈统一商法典〉及其正式评述（第三卷）》，高圣平译，中国人民大学出版社2006年版，第237页。

⑤ See United Nations Commission on International Trade Law, *UNCITRAL Legislative Guide on Secured Transactions*, United Nations, 2010, pp. 364 – 365.

在解释上，如未在宽限期内登记，即不构成购买价金担保权，自无所谓超优先顺位的问题。如此，一是有利于尽可能简化竞存权利之间的优先顺位规则，达到清晰、简明的目标；二是为所有的信用提供者创造平等的竞争机会，有助于增加信贷提供量，降低信贷成本；三是，买受人基于谈判机会上的平等，可以展开尽可能有利的交易方式以满足其融资需求。①

第五十八条　以汇票出质，当事人以背书记载“质押”字样并在汇票上签章，汇票已经交付质权人的，人民法院应当认定质权自汇票交付质权人时设立。

【条文主旨】

本条是关于汇票质权的规定，解释《民法典》第441条。

【规则变迁】

《担保法》第76条规定，以汇票出质的，应在合同约定期限内将权利凭证交给质权人，质押合同自权利凭证交付之日起生效。《担保法解释》第98条规定：“以汇票、支票、本票出质，出质人与质权人没有背书记载‘质押’字样，以票据出质对抗善意第三人的，人民法院不予支持。”

《物权法》第224条规定：“以汇票、支票、本票、债券、存款单、仓单、提单出质的，当事人应当订立书面合同。质权自权利凭证交付质权人时设立；没有权利凭证的，质权自有关部门办理出质登记时设立。”这里仅要求汇票质权自权利凭证交付质权人时设立。但是，《票据法》第35条第2款规定：“汇票可以设定质押；质押时应当以背书记载‘质押’字样。被背书人依法实现其质权时，可以行使汇票权利。”《票据规定》第54条规定：“依照票据法第三十五条第二款的规定，以汇票设定质押时，出质人在汇票上只记载了‘质押’字样未在票据上签章的，或者出质人未在汇票、粘单上记载‘质押’字样而另行签订质押合同、质押条款的，不构成票据质押。”这里要求票据质权的设立以背书记载“质押”字样并签章为生效要件。如此，《物权法》与《票据法》之间就存在冲突。

《民法典》第441条规定：“以汇票、本票、支票、债券、存款单、仓单、提单出质的，质权自权利凭证交付质权人时设立；没有权利凭证的，质权自办理出质登记时设立。法律另有规定的，依照其规定。”这里修改了《物权法》第224

① See United Nations Commission on International Trade Law, *UNCITRAL Legislative Guide on Secured Transactions*, United Nations, 2010, pp. 331 – 332.

条的规定，在一定程度上消解了规则之间的冲突。

《民法典担保制度解释》于本条综合前述规范，规定以汇票出质的，质权设立应同时具备背书记载“质押”与签章、交付汇票的要件，明确传达了《民法典》的立法态度。

【理解与适用】

《票据法》第19条规定：“汇票是出票人签发的，委托付款人在见票时或者在指定日期无条件支付确定的金额给收款人或者持票人的票据。汇票分为银行汇票和商业汇票。”汇票质权是指在票据法上所称的汇票权利上设立的质权，在性质上属于债权质权。《民法典》与《票据法》对之均有明确的规定。

一、背书“质押”字样的必要性

《票据法》第35条第2款规定：“汇票可以设定质押；质押时应当以背书记载“质押”字样。被背书人依法实现其质权时，可以行使汇票权利。”《票据规定》原第五十五条规定：“依照票据法第三十五条第二款的规定，以汇票设定质押时，出质人在汇票上只记载了‘质押’字样未在票据上签章的，或者出质人未在汇票、粘单上记载‘质押’字样而另行签订质权合同、质押条款的，不构成票据质押。”[①] 由此可见，汇票质权之设定应以背书记载“质押”字样为必要，质押背书是票据质权的生效要件。《物权法》第224条规定：“以汇票、支票、本票、债券、存款单、仓单、提单出质的，当事人应当订立书面合同。质权自权利凭证交付质权人时设立；没有权利凭证的，质权自有关部门办理出质登记时设立。”《担保法解释》第98条明确规定：“以汇票、支票、本票出质，出质人与质权人没有背书记载‘质押’字样，以票据出质对抗善意第三人的，人民法院不予支持。”由此，质押背书是汇票质权的对抗要件。关于汇票质权的设立是否以背书记载“质押”字样为必要这一问题，存在不同观点。

笔者认为，依法律部门划分的基本原理，一部法律中不可能规定与其调整的法律关系相关的所有法律问题，而是在各法律部分存在着相对明晰的分工。就《民法典》“物权编”与《票据法》而言，两者虽都调整票据质权关系，但两者之间也存在明显分工。前者调整票据质权的原因关系，而不调整票据关系。票据关系由《票据法》调整，亦即设质背书如何进行，其效力如何，票据质押与其他票据行为的关系等，非《民法典》所能及，但属《票据法》的分内之责。因此，《票据法》与《物权法》之间就票据质权的设立并不能依新法优于旧法的原则

① 经法释〔2020〕18号修正的《票据规定》第54条的规定与此完全相同。

处理。

设质背书行为作为票据行为，应符合票据行为的一般要件。《票据法》第20条规定："出票是指出票人签发票据并将其交付给收款人的票据行为。"第27条规定："持票人可以将汇票权利转让给他人或者将一定的汇票权利授予他人行使……持票人行使前款规定的权利时，应当背书并交付汇票。"上述条款均将票据交付明确规定为出票、背书等票据行为的构成要件，可见有效的票据行为，除了行为人以书面在票据上记载法定事项并签章之外，还需要将票据交付与相对人。① 通说认为，设质背书应当具备以下要件：（1）记载设质文句；（2）出质人（持票人）签章；（3）交付票据。② 就票据质权的公示而言，依设质背书，第三人即可知晓质权的存在，设质背书因此具有了公示票据上权利负担的作用，而仅依单纯交付票据，第三人无从知晓质权的存在。据此以解，《民法典》上关于票据质权设立中交付的规定，实际上属于设质背书的"交付"，并无独立发挥作用的意义。③

综上，在票据质权中，《票据法》所调整的是设质背书行为之作为与效力的票据关系，而《民法典》所调整的是票据质权的原因关系，两者之间存在明显的分工而非互相取代的关系。故此，《民法典担保制度解释》于本条吸收《担保法解释》第98条、《票据规定》原第55条之规定，强调了汇票质权设立的背书、签章之要件。

二、记载"不得转让"的票据出质的效力

汇票包括汇票上记载有"不得转让"字样的禁转汇票。《票据法》第27条第2款规定："出票人在汇票上记载'不得转让'字样的，汇票不得转让。"《票据法》第34条规定："背书人在汇票上记载'不得转让'字样，其后手再背书转让的，原背书人对后的被背书人不承担保证责任。"由此可见，记载"不得转让"的汇票不得转让，但记载"不得转让"的汇票能否质押，《票据法》和《民法典》未设明文，亦存在争议。

持肯定说者认为，出票人记载"不得转让"的票据出质并不会发生票据权利的实际转让，只有在出质人不履行债务时，质权人才行使票据权利，保全债权，这与出票人禁止票据权利转让的目的并不相悖。而且设质背书是典型的非转让背书，通过设质背书设定票据质押不是将出质人的票据权利转让给质权人。质权人

① 参见于莹：《票据法》，高等教育出版社2004年版，第45页。

② 参见曾世雄、曾陈明汝、曾宛如：《票据法论》，我国台湾地区学林文化事业有限公司2003年版，第148页。

③ 参见高圣平：《设质背书的效力研究——兼及票据法与物权法冲突及其解决》，载《中外法学》2009年第4期。

虽然占有票据，但并非是票据权利受让人，质权人行使票据权利的资格是通过设质背书由《票据法》直接授予的，并非是出质人票据权利转让的结果。所以对出票人记载“不得转让”的票据可以出质。

持否定说者认为，出票人记载“不得转让”的票据出质后，出质人到期不能履行债务，则质权人会主张票据权利以实现质权，这样实际上会发生票据权利由出质人向质权人转让的效果，这与出票人记载“不得转让”的目的相悖。并且，《票据法》第27条第2款规定：“出票人在汇票上记载‘不得转让’字样的，汇票不得转让。”《票据规定》第47条规定：“依照票据法第二十七条的规定，票据的出票人在票据上记载‘不得转让’字样，票据持有人背书转让的，背书行为无效。背书转让后的受让人不得享有票据权利，票据的出票人、承兑人对受让人不承担票据责任。”可见，出票人禁止背书转让的票据会丧失流通性，收款人不得通过转让背书的方式转让票据权利，如果背书的，背书行为无效。通过无效背书取得票据的人不具有票据法上持票人的资格，不能取得票据权利。由于出票人和承兑人不对收款人以外的人承担票据责任，所以质权人不可能通过行使票据权利来实现其质权。而且票据上有明确记载的“不得转让”文句，因而质权人也不可能以善意取得制度主张其权利。由于以出票人记载“不得转让”的票据出质既违背了意思自治原则又使权利人的质权难以实现，因而该类票据不可质押。

出票人在票据上“不得转让”的记载（禁转记载）使该票据绝对丧失流通性、指示性，将票据关系限定在了出票人、付款人和票面上载明的收款人之间，而将其他人排斥在外，即排除了一切于禁转记载后取得票据的债权人。也就是说，禁转背书后，再依背书方式受让票据的人不能取得票据权利，由于出票人禁止票据转让，票据权利的让与不能依背书方式进行，因而即使持票人经交付而取得票据，也并不承认其当然的票据权利人资格。同时，出票人对收款人仍负有担保责任，即出票人担保票据承兑和付款的票据责任并不因禁止背书而得到免除，只是在禁转背书的情况下，其票据担保责任仅限于对收款人而已。

一般而言，出票人禁止记载的目的在于通过限制收款人以背书方式转让票据权利，从而保留出票人对其直接后手的抗辩权，避免对人抗辩切断及防止偿还金额增大，以达到保护其自身利益不因过多的追索而受到影响的目的。从上述禁转背书效力的范围看，其是对汇票流通性及依票据法上的方式转让票据权利作出限制，使该票据恢复为一般的指名债权证券。即使收款人以禁转票据出质，质权人也很难成功。因为出票人基于先期的票据记载而免责，质权人在主债权得不到清偿或出现当事人约定的实现质权的情形出现时，不得向出票人和付款主张票据权利，仍只能向出质人主张权利，主债权实际上并未获得担保，这样的票据质权在法律上是没有意义的。《票据规定》第52条即明确规定：“依照票据法第二十七条的规定，出票人在票据上记载‘不得转让’字样，其后手以此票据进行贴现、质押的，通过贴现、质押取得票据的持票人主张票据权利的，人民法院不予支持。”

从法律后果来看，背书人的禁转记载，并不能影响整个票据的流通性，只是导致禁转背书的背书人依其背书将自己的担保责任限定在直接被背书人的范围以内，对于此后的后手受让人不承担任何担保责任的后果。《票据规定》第53条规定：“依照票据法第三十四条和第三十五条的规定，背书人在票据上记载‘不得转让’字样，其后手以此票据进行贴现、质押的，原背书人对后手的被背书人不承担票据责任。”由此可见，被背书人无视禁转记载转让票据是有效的。被背书人的后手取得票据后成为正当持票人，享有票据权利，还可以继续背书。只是作禁转记载的背书人仅对被背书人承担票据责任，而对被背书人的后手不承担票据责任。若票据被拒绝承兑或拒绝付款，被背书人的后手持票人只能对背书人以外的其他票据债务人主张票据权利。因为背书人已经在票面上明确记载了禁转文句，被背书人的后手明知这一情况仍然接受票据，因此他要承担追索权受限制的后果。被背书人的后手通过设质背书取得票据，同样要受到这种抗辩的约束。因此，上述否定说的理由值得商榷。

三、电子汇票质押的质权设立

随着银行供应链金融业务的拓展，电子商业票据已成为一种市场迫切需求的、重要的新型融资工具。2009年《电子商业汇票业务管理办法》第51条即对电子商业汇票的质押作出了规定，其是指电子商业汇票持票人为了给债权提供担保，在票据到期日前在电子商业汇票系统中进行登记，以该票据为债权人设立质权的票据行为。但该条中的“电子商业汇票系统”未有确指。至2016年，《票据交易管理办法》第30条规定电子商业汇票的质押信息应当通过电子商业汇票系统同步传送至票据市场基础设施，第15条方明确上海票据交易所即为前述“票据市场基础设施”。

依据《电子商业汇票业务管理办法》第51条的规定，电子商业汇票应在系统中进行登记。由此可见，电子汇票进入债权人指定的特定系统时，质权设立。实践中，法院严格遵循上述规则，认定电子汇票质押下质权设立与否应取决于电子商业汇票登记系统的登记。[①] 此外，当事人之间的约定不能对抗电子商业汇票系统中的记载。如在“2018年度上海法院金融商事审判十大案例之五”一案[②]中，甲证券公司、乙保理公司还与戊银行签订《票据服务协议》，约定乙保理公

① 参见江西省高级人民法院（2020）赣民终501号民事判决书；上海金融法院（2019）沪74民终825号民事判决书。

② 上海市高级人民法院（2018）沪民终241号民事判决书。

司将系争汇票出质给甲证券公司，戊银行作为票据服务银行和质权人的代理人，在电子商业汇票系统中持有票据，并提供质押票据的审验、保管和提示付款等服务。在电子商业汇票系统中，质权人登记为戊银行。

对此，审理法院在裁判要旨与裁判意义中认为："各方当事人签订协议，约定电子商业汇票系统中载明的质权人作为实际质权人的代理人在电子商业汇票系统中持有票据。根据票据法的规定，此时应认定质权人为电子商业汇票系统所载明的人，而不是当事人自行约定、未在电子商业汇票系统中载明的人。当事人的约定不能突破票据的文义性特征。""本案涉及当事人约定的票据质权人与电子商业汇票系统中的记载不一致时如何认定的问题。根据票据的文义性特征，票据上的一切权利义务必须严格依照票据上记载的文义而定，文义之外的任何理由及事项均不能作为根据。我国《票据法》中的多个条文即是票据文义性特征的体现，无论是传统纸质票据还是电子票据，在法无特殊规定的情况下均应遵循。虽然电子票据产生于《票据法》制定之后，但其相对传统纸质票据而言是发展而非颠覆，电子商业汇票系统亦在不断发展完善中。本案二审判决重申票据的严格文义性，明确当事人的约定不能对抗电子商业汇票系统中的记载，对于维护票据交易的安全与效率具有重要意义。"

第五十九条　存货人或者仓单持有人在仓单上以背书记载"质押"字样，并经保管人签章，仓单已经交付质权人的，人民法院应当认定质权自仓单交付质权人时设立。没有权利凭证的仓单，依法可以办理出质登记的，仓单质权自办理出质登记时设立。

出质人既以仓单出质，又以仓储物设立担保，按照公示的先后确定清偿顺序；难以确定先后的，按照债权比例清偿。

保管人为同一货物签发多份仓单，出质人在多份仓单上设立多个质权，按照公示的先后确定清偿顺序；难以确定先后的，按照债权比例受偿。

存在第 2 款、第 3 款规定的情形，债权人举证证明其损失系由出质人与保管人的共同行为所致，请求出质人与保管人承担连带赔偿责任的，人民法院应予支持。

【条文主旨】

本条是关于仓单质权的规定，解释《民法典》第 414 条、第 441 条。

【规则变迁】

本条是新增规定。

【理解与适用】

仓单是一种有价证券，行使仓单上记载的权利或对权利进行处分，必须对仓单进行占有，请求保管人交付寄托物，并向保管人交还仓单。根据《民法典》仓储合同章的规定，仓单是提取仓储物的凭证，存货人或者仓单持有人在仓单上背书并经保管人签字或者盖章的，可以转让提取仓储物的权利。这里将仓单定性为债权凭证，但仓单还是有价证券的一种，其性质为记名的物权证券。物权证券是以物权为证券权利内容的证券。仓单是提取仓储物的凭证，也是存货人对仓储物享有所有权的凭证。仓单发生转移，仓储物的所有权也发生转移。①

一、仓单质权的设立

权利质权的设立应当遵循有关权利让与的相关规则，以仓单出质的，出质人应将仓单或提单交付给质权人，仓单质权自仓单交付之日设立。我国《民法典》对仓单采一券主义，仓单既可以依法转让，也可以依法出质。仓单作为有价证券，可以流通。流通的形式有两种：一是转让仓单，即转让仓单项下仓储物的所有权；二是以仓单出质，质权人享有提取仓单项下仓储物的权利。无论是仓单转让还是仓单出质，都应当满足法定的形式才能生效。仓单的转让或者出质，必须由存货人或者仓单持有人在仓单上背书。② 早期司法实践中，最高人民法院在“某银行常州分行与某物产集团公司、某建设发展有限公司、某钢铁集团公司借款担保合同纠纷上诉案”③ 中首先明确了仓单质押关系的成立须有书面质押合同及交付权利凭证。

《民法典》第 910 条规定：“仓单是提取仓储物的凭证。存货人或者仓单持有人在仓单上背书并经保管人签名或者盖章的，可以转让提取仓储物的权利。”有学者认为，仓单质权的设立，不仅要交付仓单，还应由出质人在仓单上背书并经保管人签章。④ 虽然《民法典》第 441 条就仓单质押的背书未作规定，但该条后

① 参见黄薇主编：《中华人民共和国民法典合同编解读》（下册），中国法制出版社 2020 年版，第 1286 页。

② 参见黄薇主编：《中华人民共和国民法典合同编解读》（下册），中国法制出版社 2020 年版，第 1290 页。

③ 王宪森：《关于企业法人的分支机构签订借款合同的效力问题及适用担保法司法解释第三十八条第二款的另一法律情形——某银行常州分行与某物产集团公司、某建设发展有限公司、某钢铁集团公司借款担保合同纠纷上诉案》，载《民商审判指导与参考》2003 年第 1 辑，人民法院出版社 2003 年版，第 314 页。

④ 参见孙鹏、王勤劳、范雪飞：《担保物权法原理》，中国人民大学出版社 2009 年版，第 302 页。

句同时规定："法律另有规定的，依照其规定。"在解释上，可以将《民法典》第910条关于背书的规定理解为"法律另有规定"的情形。

《民法典担保制度解释》于本条第1款规定："存货人或者仓单持有人在仓单上以背书记载'质押'字样，并经保管人签章，仓单已经交付质权人的，人民法院应当认定质权自仓单交付质权人时设立。没有权利凭证的仓单，依法可以办理出质登记的，仓单质权自办理出质登记时设立。"由此可见，以有权利凭证的仓单出质的，仓单质权的设立应满足背书"质押"字样、保管人签名或签章、交付仓单等三个要件；没有权利凭证的仓单，依法可以办理出质登记的，仓单质权自办理出质登记时设立。一般认为，针对电子仓单的特性，自仓单进入债权人指定的特定系统时设立。但是，《国务院关于实施动产和权利担保统一登记的决定》将"存款单、仓单、提单质押"纳入统一登记范围。《民法典》第441条规定："以汇票、本票、支票、债券、存款单、仓单、提单出质的，质权自权利凭证交付质权人时设立；没有权利凭证的，质权自办理出质登记时设立。法律另有规定的，依照其规定。"在解释上，统一的动产和权利担保登记系统所登记的仅为"没有权利凭证的"存款单、仓单、提单出质的情形。但在电子仓单之下，是否存在权利凭证，存在解释上的疑问。

二、仓单出质与仓储物担保的效力与清偿顺位

尽管仓单质权所针对的保管物是动产，但仓单质权却不同于动产质权——仓单质权的标的物是仓单这一物权凭证，而动产质权的标的物是动产，即在仓单质权中，质权人只是占有仓单，并不直接占有仓单项下的动产，该动产由保管人负责保管。①

基于仓单的如上特性，逻辑上存在着同时存在仓单质押与仓储物担保的可能，因此明确二者之间效力与清偿顺位就变得关键。仓储物设定担保包括仓储物抵押权和仓储物质权，但由于仓储物处于保管人的控制之下，出质人无法将仓储物转移至质权人占有，故此处仅指仓储物抵押的情形。《民法典》第415条规定，同一财产上抵押权与质权的清偿顺序按照登记、交付的时间确定。《民法典担保制度解释》于本条第2款规定："出质人既以仓单出质，又以仓储物设立担保，按照公示的先后确定清偿顺序；难以确定先后的，按照债权比例清偿。"《民法典》第414条确认，未登记的抵押权按债权比例清偿，并可适用于其他可登记的担保物权。这是因为未登记的抵押权自抵押合同签订时设立，而设立时间难以确定，若以抵押合同签订时间先后确认清偿顺序容易诱发倒签合同等道德风险，故以债权比例清偿较为公平。因此，《民法典担保制度解释》本条第2款后半句规

① 参见程啸：《担保物权研究》，中国人民大学出版社2017年版，第552页。

定，难以确定仓单质权与仓储物担保物权公示先后的，按照债权比例清偿。

三、同一仓储物的多份仓单上仓单质权的清偿顺位

根据《民法典》有关规定，存货人交付仓储物后，保管人应当出具仓单。仓单是提取仓储物的凭证，仓单持有人可凭借仓单提取仓储物。若保管人就同一货物签发多份仓单，将使多人持有对于同一货物的仓单，造成权利冲突的局面。若仓单持有人以其持有的仓单出质，设定了多个仓单质权，此时判断多个仓单质权的清偿顺位就变得关键。《民法典担保制度解释》本条第3款规定，首先应判断取得仓单的先后顺序，由最先取得仓单的债权人优先受偿；其次，在无法确定取得仓单的先后顺序时，各债权人按照债权比例受偿。

四、同一仓储物的多份仓单上仓单质权的清偿顺位

出质人以仓单出质的同时，在仓储物上设立担保物权的，若出质人在仓储物上设立抵押权，因无需转移仓储物的占有即可设立动产抵押权，保管人在其中并无发现的可能，不存在过错。但出质人为仓储物设立质权的，因质权设立需将质物交付给质权人占有，故而需要保管人配合，允许出质人、质权人或其委托的第三人将仓储物移出保管场所。此时，仓单质权人的质权实现存在降低的风险，因此造成仓单质权人损失的，《民法典担保制度解释》本条第4款规定由出质人与保管人承担连带赔偿责任。

保管人签发仓单后，仓单持有人对保管人即可行使权利，而对取得仓单的原因不负证明责任。仓单持有人无论是否为存货人，都可以行使仓单所代表的权利，也即“认单不认人”原则。为保持仓单、仓储物之间的清晰对应关系，保管人应仅签发一份仓单并交由存货人或存货人指定的第三人。因此，保管人就同一货物签发多份仓单并由出质人设定多个仓单质权的情形中，保管人与出质人均存有过错。此时造成债权人损失的，《民法典担保制度解释》本条第4款规定，出质人与保管人承担连带赔偿责任。

第六十条　在跟单信用证交易中，开证行与开证申请人之间约定以提单作为担保的，人民法院应当依照民法典关于质权的有关规定处理。

在跟单信用证交易中，开证行依据其与开证申请人之间的约定或者跟单信用证的惯例持有提单，开证申请人未按照约定付款赎单，开证行主张对提单项下货物优先受偿的，人民法院应予支持；开证行主张对提单项下货物享有所有权的，人民法院不予支持。

在跟单信用证交易中，开证行依据其与开证申请人之间的约定或者跟单信用证的惯例，通过转让提单或者提单项下货物取得价款，开证申请人请求返还超出

债权部分的，人民法院应予支持。

前三款规定不影响合法持有提单的开证行以提单持有人身份主张运输合同项下的权利。

【条文主旨】

本条是关于提单质权的规定，解释《民法典》第441条、第442条。

【规则变迁】

《担保法》第77条规定，提单质押情形下，若提单兑现或提货日期早于债务履行期，质权人可以在债务履行期前兑现或提货，并与出质人协议将兑现价款或提取的货物用于债务的提前清偿或提存。《物权法》第225条以及《民法典》第442条继承了这一规则。《担保法解释》第102条就提单兑现或提货日期晚于债务履行期的情况作出了规定，即质权人只能在兑现或提货日期届满时兑现款项或提取货物。

《民法典担保制度解释》于本条进一步细化规定，信用证交易情况下开证行仅对提单项下货物享有优先受偿权，而无所有权。

【理解与适用】

一、提单质权的设立

《民法典担保制度解释》于本条第1款规定："在跟单信用证交易中，开证行与开证申请人之间约定以提单作为担保的，人民法院应当依照民法典关于质权的有关规定处理。"提单是指用以证明海上货物运输合同和货物已经由承运人接受或者装船，以及承运人保证据以交付货物的凭证。提单中载明的向记名人交付货物，或者按照指示人的指示交付货物，或者向提单持有人交付货物的条款，构成承运人据以交付货物的凭证。提单分为记名提单、指示提单和不记名提单。根据《海商法》第79条的规定，记名提单不得转让；指示提单经过记名背书或空白背书转让；不记名提单，无须背书，即可转让。因此，记名提单不能成为权利质权的标的权利，仅有指示提单和不记名提单才能作为权利质权的标的权利。

《民法典》第441条规定："以汇票、本票、支票、债券、存款单、仓单、提单出质的，质权自权利凭证交付质权人时设立；没有权利凭证的，质权自办理出质登记时设立。法律另有规定的，依照其规定。"《海商法》第79条自属《民法典》第441条所述“法律另有规定”的情形。如此，在有权利凭证的情形之下，以指示提单出质的，除交付提单之外，尚须作成质押背书；以不记名提单出质的，仅须交付提单即可设立提单质权；在无权利凭证的情形之下，提单质权自办理出质登记时设立。《国务院关于实施动产和权利担保统一登记的决定》将“存款单、仓单、提单质押”纳入统一登记范围。在解释上，统一的动产和权利担保登记系统所登记的仅为“没有权利凭证的”存款单、仓单、提单出质的情形。

二、提单质权的行使

跟单信用证交易模式下，开证行在履行完开证与付款义务后自受益人手中取得相应的提单，作为其对开证申请人债权的担保。开证行占有提单，是开证申请人的质权人；提单是表彰一定物品的交付请求权的证券，又称为“物品证券”，[①]提单持有人在满足特定条件下有权提取提单项下的货物。因此，开证行作为质权人对其持有的提单项下货物究竟享有何种权利，既以提单的法律性质为前提，又与开证行的质权实现保障有关。司法实践中，法院对于提单兼具债权凭证与物权凭证的双重性质有着较为一致的意见。

最高人民法院在“某银行股份有限公司广州荔湾支行与某能源发展有限公司、某电力燃料有限公司等信用证开证纠纷再审案”[②] 中详细论述了提单持有人对提单项下的货物享有何种权利。

提单具有债权凭证与所有权凭证的双重属性。《海商法》第71条规定，提单是指用以证明海上货物运输合同和货物已经由承运人接收或者装船，以及承运人保证据以交付货物的单证。按照这一规定，提单既是证明运输合同成立的证据，也是承运人保证交付货物的单证。又根据《海商法》第78条第1款有关承运人同收货人、提单持有人之间的权利义务关系依据提单确定的规定，提单持有人享有提单载明的债权请求权，亦即提单是提单持有人请求承运人交付货物的债权请求权凭证，从这一意义上而言，提单是债权凭证。与此同时，在海上货物运输合同中，货物所有权人将货物交付给承运人并由承运人实际占有后，并未丧失所有权。既然货物所有权人对货物仍然享有所有权，其当然可以基于对货物的所有权请求承运人返还货物，此为基于所有权产生的原物返还请求权，属于物权请求权的范畴。提单是据以向承运人提取货物的唯一凭证，自然可以表征基于货物所有权所产生的原物返还请求权。从这一意义上说，提单亦系所有权凭证。由此可见，提单具有债权凭证与所有权凭证的双重属性。《最高人民法院关于审理无正

---

① 参见王利明：《物权法研究（第四版）》（下卷），中国人民大学出版社2018年版，第599页。

② 最高人民法院（2015）民提字第126号民事判决书，载《最高人民法院公报》2016年第5期。

本提单交付货物案件适用法律若干问题的规定》第3条第1款规定："承运人因无正本提单交付货物造成正本提单持有人损失的，正本提单持有人可以要求承运人承担违约责任，或者承担侵权责任。"提单持有人之所以可以要求承运人承担违约责任，是基于提单的债权凭证属性，其系享有提单所载权利的债权人；而提单持有人之所以可以要求承运人承担侵权责任，是基于提单的所有权凭证属性，其系提单项下货物的所有权人或基于所有权所设定的他物权人。显然，该司法解释亦认可了提单具有所有权凭证和债权凭证的双重属性。

关于是否持有提单就对提单项下货物享有所有权问题。根据《海商法》第79条之规定，提单分为记名提单、指示提单和不记名提单。记名提单不得转让，而指示提单可以背书转让，不记名提单无需背书即可转让。不可转让的记名提单，只有提单上所记载的人享有交付货物的债权请求权及物权请求权。而可转让的指示提单和无记名提单流转给他人持有时，提单持有人是否当然就享有提单所表征的债权请求权及物权请求权，或者说谁持有提单谁是否当然就对提单项下货物享有所有权，不能一概而论，应区别情况作具体分析。提单本身既表征债权请求权又表征物权请求权，甚至系所有权凭证，这只是说明提单所具有的功能与属性。对承运人而言，一般情况下，提单是承运人决定放货与否的唯一凭证和依据，见单就可以放货，且见单就应该放货。至于提单持有人有无法律上的原因或依据，以及基于何种法律上的原因或依据而持有提单，均无须审查、无须过问。但是，对于提单持有人而言，其依法正当地向承运人行使提单权利，应具有法律上的原因或依据，亦即以一定的法律关系存在为前提。同样是交付提单，既可能是基于委托保管提单关系，亦可能是基于货物买卖关系，还可能是基于设立提单权利质押或提单项下货物动产质押关系，等等。基于不同的法律关系，提单持有人享有不同的权利。如果仅仅是基于委托保管提单的法律关系，提单持有人固然可凭单要求承运人交付货物，但如其主张对货物享有所有权或他物权，则显然不具有合法性和正当性；在基于货物买卖关系的情况下，交付提单，就是转让提单所表征的债权请求权及物权请求权，构成《民法典》第227条所规定的指示交付，产生提单项下货物所有权转移的法律效果；在基于设立提单权利质押关系的情况下，交付提单，产生提单权利质押设立的法律效果。也就是说，虽然提单的交付可以与提单项下货物的交付一样产生提单项下货物物权变动的法律效果，但提单持有人是否就因受领提单的交付而取得物权以及取得何种类型的物权，均取决于其所依据的合同如何约定。其中的道理与动产交付一样，动产占有人受领动产的交付，究竟是享有所有权、动产质权，还是基于合同关系的占有，均取决于当事人之间的合同如何约定。

由此可见，最高人民法院认为，提单持有人对于提单项下的货物具有何种权能，应当关注提单持有人据以主张权利的法律关系。《民法典担保制度解释》于本条吸收了上述意见。在提单质押的情形中，确认跟单信用证交易中开证行得依约定持有提单，并享有提单质权。提单持有人作为质权人，对于所持提单项下货物不享有所有权。因提单系物权凭证，提单项下货物对于提单持有人而言属于质押物，提单持有人对之享有优先受偿权。依《民法典》第 446 条、第 436 条第 2 款与第 3 款的规定，《民法典担保制度解释》本条第 2 款明确规定：“在跟单信用证交易中，开证行依据其与开证申请人之间的约定或者跟单信用证的惯例持有提单，开证申请人未按照约定付款赎单，开证行主张对提单项下货物优先受偿的，人民法院应予支持；开证行主张对提单项下货物享有所有权的，人民法院不予支持。”

一般而言，承运人是否放货的依据是提单。开证行作为提单持有者，可以依据其与开证申请人之间的约定或者跟单信用证的惯例，通过转让提单或者提单项下货物取得价款并优先受偿。故《民法典担保制度解释》本条第 3 款明确规定：“在跟单信用证交易中，开证行依据其与开证申请人之间的约定或者跟单信用证的惯例，通过转让提单或者提单项下货物取得价款，开证申请人请求返还超出债权部分的，人民法院应予支持。”

《民法典担保制度解释》本条第 4 款规定：“前三款规定不影响合法持有提单的开证行以提单持有人身份主张运输合同项下的权利。”《民法典》第 390 条规定，担保物权人有权就担保财产毁损、灭失或者被征收所获得的保险金、赔偿金或者补偿金等优先受偿，是为担保物权之物上代位性。质权作为担保物权之典型，自然具有如此性质。开证行作为质权人得直接行使损害赔偿请求权，可以请求承运人或者其他责任人赔偿提单项下货物损失。

第六十一条　以现有的应收账款出质，应收账款债务人向质权人确认应收账款的真实性后，又以应收账款不存在或者已经消灭为由主张不承担责任的，人民法院不予支持。

以现有的应收账款出质，应收账款债务人未确认应收账款的真实性，质权人以应收账款债务人为被告，请求就应收账款优先受偿，能够举证证明办理出质登记时应收账款真实存在的，人民法院应予支持；质权人不能举证证明办理出质登记时应收账款真实存在，仅以已经办理出质登记为由，请求就应收账款优先受偿的，人民法院不予支持。

以现有的应收账款出质，应收账款债务人已经向应收账款债权人履行了债务，质权人请求应收账款债务人履行债务的，人民法院不予支持，但是应收账款债务人接到质权人要求向其履行的通知后，仍然向应收账款债权人履行的除外。

以基础设施和公用事业项目收益权、提供服务或者劳务产生的债权以及其他将有的应收账款出质，当事人为应收账款设立特定账户，发生法定或者约定的质

权实现事由时，质权人请求就该特定账户内的款项优先受偿的，人民法院应予支持；特定账户内的款项不足以清偿债务或者未设立特定账户，质权人请求折价或者拍卖、变卖项目收益权等将有的应收账款，并以所得的价款优先受偿的，人民法院依法予以支持。

【条文主旨】

本条是关于应收账款质权的规定，解释《民法典》第445条。

【规则变迁】

本条是新增规定。

【理解与适用】

应收账款是一个会计学上的术语。会计学上的应收账款，是债权人基于双务合同已经履行给付义务，但对方尚未履行对待金钱给付义务之时的已经发生的金钱债权。我国法上对应收账款作出明确界定的是《动产和权利担保统一登记办法》。根据该办法第3条第1款的规定，应收账款是指应收账款债权人因提供一定的货物、服务或设施而获得的要求应收账款债务人付款的权利以及依法享有的其他付款请求权，包括现有的以及将有的金钱债权，但不包括因票据或其他有价证券而产生的付款请求权，以及法律、行政法规禁止转让的付款请求权。

一、应收账款债务人对于确认应收账款的真实性的效力

《民法典担保制度解释》本条第1款规定："以现有的应收账款出质，应收账款债务人向质权人确认应收账款的真实性后，又以应收账款不存在或者已经消灭为由主张不承担责任的，人民法院不予支持。"由此可见，应收账款债务人确认应收账款真实性的，事后不得以应收账款不存在或者已经消灭为由主张不承担责任。[①]

确保应收账款的真实性，是应收账款质押融资交易和保理交易中债权人控制交易风险的主要方法。《民法典》第763条规定："应收账款债权人与债务人虚构应收账款作为转让标的，与保理人订立保理合同的，应收账款债务人不得以应收账款不存在为由对抗保理人，但是保理人明知虚构的除外。"这里，"应收账款债

---

① 参见江苏省高级人民法院（2014）苏商终字第0267号民事判决书。

权人与债务人虚构应收账款”将导致基础交易合同不成立或者无效，除非保理人明知应收账款债权人和债务人虚构应收账款，保理合同的效力不因基础交易合同的不成立或者无效而受到影响。①

《民法典》第763条将除外情形界定为“保理人明知虚构”，在一定程度上表明立法者确立的保理人审查标准较低。这里的“明知”，应以一个普通人的常识作为判断标准。亦即，保理人对基础交易合同或者应收账款确认书的审查，应采取形式审查标准，不应苛求保理人对产生应收账款的基础交易关系及所有可能的交易凭证进行实质审查，更不应苛求保理人去实地勘察。②

保理实践中，保理人在尽职调查过程中通常会向应收账款债务人核实应收账款的真实性，由应收账款债务人在征询函或其他文书上确认该应收账款真实存在。此时，应收账款债务人制造了虚假应收账款的外观，对据此产生信赖的保理人应当予以保护。③ 就此时的法律后果，《民法典》第763条并未作出明确规定。“债权转让、应收账款质押以及保理三者具有密切的联系，一般认为，相关制度可以相互准用。”④ 如此，类推适用《民法典担保制度解释》第61条第1款的规定，以现有的应收账款叙做保理业务，应收账款债务人向保理人确认应收账款的真实性后，不得再以应收账款不存在或者已经消灭为由主张不承担责任。不过，应收账款债务人的确认并不能排除保理人对虚构事实的明知，保理人不能仅因应收账款债务人的确认即全然不对应收账款进行任何的调查核实，在保理人完全可以通过成本较低的审核措施就能够发现应收账款不存在的情形之下，即足以认定保理人明知应收账款不存在。⑤

值得注意的是，应收账款债务人在“应收账款转让通知回执”上签章，是否构成应收账款真实性的承认？有观点认为，应收账款债务人在“应收账款转让通知回执”上签章，仅表明其收到了该转让通知，并无承认债务的意思，也就不构成单方承认债务。应收账款债务人单方承认债务，须有向保理人表示愿意清偿应收账款债权的意思。⑥ 笔者以为，此际仍须结合“应收账款转让通知”的内容对应收账款债务人的意思表示进行解释。虽然从保理交易的通常流程来看，保理人

---

① 参见崔建远：《保理合同探微》，载《法律适用》2021年第4期。

② 参见李志刚：《〈民法典〉保理合同章的三维视角：交易实践、规范要旨与审判实务》，载《法律适用》2020年第15期，第42页。

③ 参见黄薇主编：《中华人民共和国民法典合同编释义》，法律出版社2020年版，第602、607～608页。

④ 最高人民法院民事审判第二庭编：《最高人民法院民法典担保制度司法解释理解与适用》，人民法院出版社2021年版，第520页。

⑤ 参见黄薇主编：《中华人民共和国民法典合同编释义》，法律出版社2020年版，第608页。

⑥ 参见朱晓喆、刘剑峰：《虚假应收账款保理交易中保理人的信赖保护》，载《人民司法·应用》2021年第4期。

是先向应收账款债务人征询应收账款的真实性，而后签订保理合同，再通知应收账款债务人，但也不排除保理人在“应收账款转让通知”中一并请求应收账款债务人确认应收账款的真实性。如“应收账款转让通知”中已有此等文义，应收账款债务人在回执上签章即足以表明对应收账款真实存在的确认。此际，至少在解释上可以认为，应收账款债务人不得再主张应收账款并不真实存在的抗辩。

二、应收账款质押中质权人与应收账款债务人的举证责任

由于应收账款质权的标的为一般债权，相比较于以不动产和动产作为担保物，虚假出质的可能性更大，所以法院判决质权人对涉案应收账款享有优先受偿权时，均以该应收账款真实有效作为前提。《民法典担保制度解释》本条第 2 款规定：“以现有的应收账款出质，应收账款债务人未确认应收账款的真实性，质权人以应收账款债务人为被告，请求就应收账款优先受偿，能够举证证明办理出质登记时应收账款真实存在的，人民法院应予支持；质权人不能举证证明办理出质登记时应收账款真实存在，仅以已经办理出质登记为由，请求就应收账款优先受偿的，人民法院不予支持。”由此可见，在应收账款质权人向应收账款债务人主张质权之时，质权人应就现有应收账款的真实性承担举证责任。①

在虚构应收账款的情形下，存在着质权人与出质人虚构应收账款、出质人虚构应收账款以及应收账款债权人与债务人虚构应收账款三种类型。质权人与出质人虚构应收账款的，质权人当然不可就此虚构应收账款享有质权；应收账款债权人与债务人虚构应收账款的，《民法典》第 763 条规定了保理合同中此类情形的处理规则，即只有当质权人明知应收账款虚构时，债务人无需承担责任；在出质人虚构应收账款的情形下，应收账款债务人与质权人难以知晓，二者处于相同地位，就此，质权人应就应收账款真实性承担举证责任。②

三、通知在应收账款质权行使中的法律意义

应收账款在性质上属于一般债权，应收账款出质与应收账款转让在性质上均属权利人处分其应收账款的行为。根据《民法典》第 546 条第 1 款的规定，债权的转让需要通知债务人，否则对债务人不生效力。因此，理论上对于应收账款质权的设立是否需要通知也曾有过激烈的争论。

《民法典担保制度解释》于本条第 3 款规定：“以现有的应收账款出质，应收账款债务人已经向应收账款债权人履行了债务，质权人请求应收账款债务人履行债务的，人民法院不予支持，但是应收账款债务人接到质权人要求向其履行的通

---

① 参见江苏省高级人民法院（2015）苏商终字第 00021 号民事判决书。

② 参见江苏省高级人民法院（2016）苏民终 415 号民事判决书。

知后，仍然向应收账款债权人履行的除外。”质权人在应收账款债务人在接到应收账款质权设立通知后，有权请求应收账款债务人履行。应收账款债务人在接到应收账款质权设立通知前向应收账款债权人的履行得对抗质权人。①

四、在未来应收账款上设立的应收账款质权

《民法典》第440条第6项规定，债务人或者第三人有权处分的“现有的以及将有的应收账款”可以出质。《动产和权利担保统一登记办法》第3条第2款规定：“本办法所称的应收账款包括下列权利：（一）销售、出租产生的债权，包括销售货物，供应水、电、气、暖，知识产权的许可使用，出租动产或不动产等；（二）提供医疗、教育、旅游等服务或劳务产生的债权；（三）能源、交通运输、水利、环境保护、市政工程等基础设施和公用事业项目收益权；（四）提供贷款或其他信用活动产生的债权；（五）其他以合同为基础的具有金钱给付内容的债权。”这里，“提供医疗、教育、旅游等服务或劳务产生的债权”。“能源、交通运输、水利、环境保护、市政工程等基础设施和公用事业项目收益权”明显是针对将有的应收账款。

以下以最高人民法院审判委员会讨论通过，2015年11月19日发布的第53号指导性案例“某银行股份有限公司福州五一支行诉某污水处理有限公司、某市政工程有限公司金融借款合同纠纷案”为中心，探讨未来应收账款质权中的相关问题。

（一）特许经营项目收益权质押的规范及学理

特许经营项目收益权质押的前身是收费权质押，裁判和学说上以收益权取代收费权这一术语，可能的原因有两个：一是消除源自行政干预所可能带来的收费权的不确定性，二是满足金融创新交易中财产独立和便利流通的需要。② 结合现有规范，目前学说中关于特许经营项目收益权质押制度的讨论主要集中在以下方面：

第一，特许经营项目收益权是否可以出质。在《物权法》施行前，学说上曾就收益权是否可以质押产生争议。反对者认为，基础设施及公用事业具有公益性与非营利性，以其收益权质押有悖公益性；③ 同时，收费权具有很强的行政性质，其权利存续具有相当的不确定性，有可能随时被取消。④ 肯定者则认为，收费权

---

① 广东省深圳市中级人民法院（2016）粤03民终19804号民事判决书。

② 参见王乐兵：《“物权编”与“合同编”体系化视角下的应收账款质押制度重构》，载《法学家》2019年第3期。

③ 参见李成：《开展收费权质押业务中的法律问题》，载《当代经理人》2006年第9期。

④ 参见程啸：《物权法·担保物权》，中国法制出版社2005年版，第474页。

是具有一定财产价值的权利，能够作为质押标的，且能解决实践中的融资难问题。[①] 当时的司法解释及行政规章肯定了收益权质押的效力，例如《担保法解释》第97条指出，公路桥梁、公路隧道或者公路渡口等不动产收益权可以出质；计基础〔2000〕198号文则明确批准了农村电网改造工程电费收益权可以出质；国办发〔2001〕73号文则指出要扩大以基础设施项目收益权或收费权为质押发放贷款的范围，农村电网、公路、城市基础设施项目、水利开发项目和环保项目收益权质押等都在鼓励范围之内。

第二，特许经营项目收益权是否属于应收账款。《物权法》施行后，学说上更多的讨论集中在特许经营项目收益权是否属于应收账款。反对者认为，应收账款应指合同已履行或交易已发生、销售的商品已发出或劳务已提供而向购货人或顾客应收而未收取的款项，但公路经营者并不向顾客提供赊销服务，都为实时结算，并不产生金钱债权。[②] 肯定者则认为，应收账款是一个高度技术化、多元化的商事概念，其范围会随着实践而不断发展变化，收益权可以为应收账款的体系所容纳。[③]《动产和权利担保统一登记办法》第3条第2款将能源、交通运输、水利、环境保护、市政工程等基础设施和公用事业项目收益权纳入了应收账款的范围。由此可见，该办法采取了特许经营项目收益权属于应收账款的观点。

第三，特许经营项目收益权出质时的确定性要求。出质人以其未来的特许经营项目收益权进行融资，这就提出了未来债权出质时的确定性问题。关于未来债权的特定性，本案一审法院认为："该收益权因存在特许经营的基础关系，而在一定期限内所产生，且债权金额亦可根据污水处理服务费的价格、提供服务的范围和对象等因素而得以预见，故从其产生原因、期间、债权金额三方面可判断其具备债权的确定性的特征，可成为质押标的物。"由此可见，我国实践中的观点是要求未来债权在出质时就具备特定性的特征，以此降低债权无法实现的风险，此观点也对后续的司法裁判及学说产生了深远影响。

第四，特许经营项目收益权质押如何公示。在早期，收益权的质押公示方式在实践中极不统一，例如计基础〔2000〕198号文规定，电费收益权质押合同自登记之日起生效，渝交委计〔2009〕33号文则规定公路收益权质押应当实行备案管理。学说上则认为，收益权质押应当通过登记的方式加以公示，而备案只是一种行政管理手段，不属于公示方式。[④] 不过，即使是采取登记公示的方式，当时的收益权质押也面临着因登记主管部门不同，而导致登记内容及程序不统一的问

① 参见王利明：《收费权质押的若干问题探讨》，载《法学杂志》2007年第2期。

② 参见高圣平：《担保法论》，法律出版社2009年版，第541页。

③ 参见王乐兵：《"物权编"与"合同编"体系化视角下的应收账款质押制度重构》，载《法学家》2019年第3期。

④ 参见王利明：《收费权质押的若干问题探讨》，载《法学杂志》2007年第2期。

题。因此，《物权法》实行后，更多的观点是将收益权解释为应收账款，以此使收益权质押统一在应收账款质押登记系统进行公示。《应收账款质押登记办法》第二条将收益权涵摄入应收账款的概念中，也就解决了收益权公示方式不确定、不统一的问题。

第五，特许经营项目收益权质权如何实现。关于担保物权实现的方式，现行法规定了折价、变卖、拍卖等方式，但对于收益权这样行政管制色彩浓厚的将来金钱债权而言，采取前述方式实现质权不仅可能难以顺利实现债权，也可能有违公共事业的目的。因此，实践中，收益权质权的实现方式更多的是控制收益权账户，以所收取的费用优先清偿债务，《国家开发银行公路收费权质押贷款管理暂行办法》第10条即对此作出明确规定。计基础〔2000〕198号文第16条则提出贷款人可以根据质押合同的约定，将借款人经营的电网委托其他有资格的单位经营管理，直至收回贷款。不过，收益权质权的实现并不排除变卖、拍卖等方式。

（二）本判决的参考意义及将来的课题

作为指导案例，本判决的参考意义在于：其一，明确特许经营权质押的实质是特许经营收益权质押，且特许经营收益权可以出质，在一定程度上承认了，基础资产不能转让并不表明其收益不能转让；其二，明确了将来债权在出质时应具备的确定性要求，即从其产生原因、期间、债权金额三方面可判断其具备债权的确定性特征；其三，明确特许经营收益权属于应收账款，特许经营收益权担保的公示方式是在应收账款质押登记系统进行登记；其四，明确特许经营收益权质权的实现方式可以是由质权人收取特许经营项目的服务费，而非只有拍卖、变卖特许经营项目收益权的方式。不过，本判决基于讼争污水处理项目的主管部门已知晓并认可该权利质押情况的事实，认定有关利害关系人亦可通过建设局查询了解讼争污水处理厂的有关权利质押的情况，并最终认定案涉质权已具备公示条件的思路仍有待商榷。因为主管部门知晓认可权利质押的情形，不代表质权已经向第三人进行了公示。法院之所以作出前述认定，目的是在应收账款质押采取登记生效主义的背景下，避免出质人借质权未登记公示而逃避担保责任。

《民法典担保制度解释》于本条第4款规定："以基础设施和公用事业项目收益权、提供服务或者劳务产生的债权以及其他将有的应收账款出质，当事人为应收账款设立特定账户，发生法定或者约定的质权实现事由时，质权人请求就该特定账户内的款项优先受偿的，人民法院应予支持；特定账户内的款项不足以清偿债务或者未设立特定账户，质权人请求折价或者拍卖、变卖项目收益权等将有的应收账款，并以所得的价款优先受偿的，人民法院依法予以支持。"若以这些将有的应收账款出质，当事人为应收账款设立特定账户，因特定账户项下是金钱，故不存在一般实现担保物权的拍卖、变卖等问题，质权人可直接对此主张优先受偿权。①

第六十二条　债务人不履行到期债务，债权人因同一法律关系留置合法占有的第三人的动产，并主张就该留置财产优先受偿的，人民法院应予支持。第三人以该留置财产并非债务人的财产为由请求返还的，人民法院不予支持。

企业之间留置的动产与债权并非同一法律关系，债务人以该债权不属于企业持续经营中发生的债权为由请求债权人返还留置财产的，人民法院应予支持。

企业之间留置的动产与债权并非同一法律关系，债权人留置第三人的财产，第三人请求债权人返还留置财产的，人民法院应予支持。

【条文主旨】

本条是关于留置权的适用的规定，解释《民法典》第 447 条第 1 款和第 448 条。

【规则变迁】

《担保法》第 82 条规定，债权人留置的财产为债务人的动产。《物权法》第 230 条第 1 款强调债权人需合法占有债务人的动产，《民法典》第 447 条第 1 款加以保留。《担保法解释》第 108 条规定，善意的债权人可对债务人无处分权的动产享有留置权。

《民法典担保制度解释》于本条第 1 款在此基础上进一步放宽债权人可留置动产的范围，取消了债权人善意的限制。但本条第 2 款、第 3 款规定，企业之间留置动产的，债权人的留置权需以债务人持续经营中发生的债权为基础，且不享有对抗第三人的效力。

【理解与适用】

一、留置财产是否仅限于债务人所有的财产

关于留置财产是否仅限于债务人所有的财产，留置权能否善意取得，学界存

① 参见最高人民法院（2017）最高法民申 3815 号民事裁定书；最高人民法院（2016）最高法民终 341 号民事判决书。另见马乾熙：《承包收益权能否对抗对承包收益权的质押权——青海高院判决青海西宁农村商业银行股份有限公司等执行异议之诉案》，载《人民法院报》2017 年 9 月 28 日。

在争议。有学者认为，根据原《民法典》第311条第3款规定的“当事人善意取得其他物权的，参照适用前两款规定”，可以认定留置权可以适用善意取得。

学者认为留置权可以恶意取得,[①] 原因在于：（1）留置权设立的功能在于担保债权的实现，只要能够实现这一功能，留置物的真正归属可以在所不同。（2）所有权的善意取得本质上是在违背原所有人真实意思的情况下转移标的物的所有权，因其对原所有人的利益有根本性的影响，因此必须强调相对人交易时的“善意”。而留置权的债务人对留置财产进行保管的行为对其所有权归属不产生实际影响，甚至还有利于原所有权人，因此无须要求留置权人“不知”债务人为无权处分。

《民法典担保制度解释》于本条第1款规定：“债务人不履行到期债务，债权人因同一法律关系留置合法占有的第三人的动产，并主张就该留置财产优先受偿的，人民法院应予支持。第三人以该留置财产并非债务人的财产为由请求返还的，人民法院不予支持。”这里明确债权人对非属债务人的动产享有留置权并不以其善意为必要，只要债权人基于同一法律关系合法占有第三人之动产即可就此享有优先受偿权，并排除第三人所有权之返还效力。

二、商事留置权适用的限制

《民法典》第448条规定：“债权人留置的动产，应当与债权属于同一法律关系，但企业之间留置的除外。”这一但书的规定被认为商事留置权在立法上的表达。由于在商业实践中，企业之间相互交易频繁，追求交易效率，讲究商业信用，如果严格要求留置财产必须与债权的发生具有同一法律关系，则有悖交易迅捷和交易安全原则，因此，《民法典》同时规定，企业之间留置的财产，可以不与债权属于同一法律关系，承认了商事留置权。[②] 这样的规定虽然不要求留置动产与债权应具备“同一法律关系”，但是也不是毫无底线的，并不代表不需要任何牵连关系。比较法上的经验表明，商事留置权普遍缓和了债权与留置动产的牵连性，但并非对牵连性全无要求。有学者认为，商事留置权必须是基于营业关系而产生；[③] 也有学者认为，商事留置权当事人双方存在持续经营关系，并在持续经营过程中分别形成了一个债权集合体和返还请求权集合体，这两个集合体因产生于同一持续经营关系而相互牵连。[④]

非因持续经营产生的债权可否适用商事留置权存有争议。否定的观点认为，

---

① 参见陈业龙：《留置权若干问题研究》，山东大学2006年度民商法学硕士论文，第33～34页。

② 参见胡康生主编：《中华人民共和国物权法释义》，法律出版社2007年版，第498～499页。

③ 参见刘凯湘：《比较法视角下的商事留置权制度》，载《暨南学报（哲学社会科学版）》2015年第8期。

④ 参见孙鹏：《完善我国留置权制度的建议》，载《现代法学》2017年第6期。

除了受让债权外，债权人还可能因其他非商事关系而占有债务人的动产，此时不适用商事留置权。肯定的观点认为，受让的债权亦可由商事留置权担保清偿。

《民法典担保制度解释》于本条第2款规定：“企业之间留置的动产与债权并非同一法律关系，债务人以该债权不属于企业持续经营中发生的债权为由请求债权人返还留置财产的，人民法院应予支持。”这里采纳了上述否定说的观点。

四、关于非典型担保

第六十三条　债权人与担保人订立担保合同，约定以法律、行政法规尚未规定可以担保的财产权利设立担保，当事人主张合同无效的，人民法院不予支持。当事人未在法定的登记机构依法进行登记，主张该担保具有物权效力的，人民法院不予支持。

【条文主旨】

本条是关于新类型担保的合同效力和物权效力的规定，系结合《民法典》第215条，对第388条第1款、第395条第1款第7项、第440条第7项的解释。

【规则变迁】

对于新类型担保的合同效力和物权效力的问题，《民商事审判会议纪要》第67条认为：“债权人与担保人订立担保合同，约定以法律、行政法规未禁止抵押或者质押的财产设定以登记作为公示方法的担保，因无法定的登记机构而未能进行登记的，不具有物权效力。当事人请求按照担保合同的约定就该财产折价、变卖或者拍卖所得价款等方式清偿债务的，人民法院依法予以支持，但对其他权利人不具有对抗效力和优先性。”

《民法典担保制度解释》于本条将上述规则进行了文字上的简化。总体而言，两者之间在对“新类型担保的效力”这一问题的处理思路上并无不同。

《民法典》第440条规定：“债务人或者第三人有权处分的下列权利可以出质：（一）汇票、本票、支票；（二）债券、存款单；（三）仓单、提单；（四）可以转让的基金份额、股权；（五）可以转让的注册商标专用权、专利权、著作权等知识产权中的财产权；（六）现有的以及将有的应收账款；（七）法律、行政法规规定可以出质的其他财产权利。”该规定将出质财产权利的范围限缩在法律、行政法规明确规定可以出质的范围内，即本条所指“法律、行政法规尚未规定可以担保的财产权利”。以法律、行政法规尚未规定可以担保的财产权利设立担保，除了可以纳入统一的动产和权利担保登记系统之外，尚无法定的登记机构办理登记。

《民法典》第215条规定："当事人之间订立有关设立、变更、转让和消灭不动产物权的合同，除法律另有规定或者当事人另有约定外，自合同成立时生效；未办理物权登记的，不影响合同效力。"根据区分原则，虽然上述非典型担保因无法定的登记机构办理登记尚不能认可其物权效力，但相关担保合同的效力并不受其影响，即当事人可以请求按照担保合同的约定就该相关财产折价或者拍卖、变卖所得的价款等方式清偿债务，但不得主张对所得的价款优先受偿。

【理解与适用】

一、新类型担保的合同效力

《民法典》第440条第7项规定，债务人或者第三人有权处分的"法律、行政法规规定可以出质的其他财产权利"可以出质。这一封闭式的立法模式在一定程度上限制了金融创新实践的发展。对于实践中出现的以商铺租赁权、出租车经营权、排污权以及信托计划份额、银行理财产品、保单等财产设定的质押，一旦不能归入《民法典》第440条明确列举的权利类型，而法律、行政法规对其又没有规定，就可能带来法律适用上的难题。鉴于这些权利都是实践中不断涌现的新类型权利，理论上将以这些权利作为担保标的担保称为非典型担保中的新类型担保。① 不过，《民法典》第440条第6项规定，债务人或者第三人有权处分的"现有的以及将有的应收账款"可以出质，而"应收账款"的宽泛界定，在一定程度上缓解了上述限制。

（一）可以归入"现有的以及将有的应收账款"的新类型财产权利

应收账款本是一个会计学上的术语。根据《企业会计制度》《企业会计准则》的相关规定，应收账款是指企业因销售商品、提供劳务等经营活动，应向购货单位或接受劳务单位收取的款项。② 我国法上对应收账款作出全面界定的是《动产和权利担保统一登记办法》（中国人民银行令〔2021〕第7号）。根据该办法第3

① 参见最高人民法院民事审判第二庭编：《最高人民法院民法典担保制度司法解释理解与适用》，人民法院出版社2021年版，第533页。

② 参见方新军：《〈民法典〉保理合同适用范围的解释论问题》，载《法制与社会发展》2020年第4期。

条第 1 款的规定，[①] 应收账款是指应收账款债权人因提供一定的货物、服务或设施而获得的要求应收账款债务人付款的权利以及依法享有的其他付款请求权，包括现有的以及将有的金钱债权，但不包括因票据或其他有价证券而产生的付款请求权，[②] 以及法律、行政法规禁止转让的付款请求权。应收账款包括下列权利：（1）销售、出租产生的债权，包括销售货物，供应水、电、气、暖，知识产权的许可使用，出租动产或不动产等；（2）提供医疗、教育、旅游等服务或劳务产生的债权；（3）能源、交通运输、水利、环境保护、市政工程等基础设施和公用事业项目收益权；（4）提供贷款或其他信用活动产生的债权；（5）其他以合同为基础的具有金钱给付内容的债权。

《民法典》第 761 条、第 440 条明确规定："现有的以及将有的应收账款"均可叙做保理交易和权利质押交易。尚存疑问的是，在两者交易之间在应收账款的范围上是否存在差异？在解释上，《民法典》关于应收账款的表述在"保理合同"章和"权利质权"节之间并无区别，且《动产和权利担保统一登记办法》规定的登记范围既包括保理，也包括应收账款质押，又对其中"应收账款"作了统一界定。基于此，保理交易和应收账款质押交易中的应收账款范围应作同一解释。不过，从不同行政规章的视角，《商业银行保理业务管理暂行办法》（中国银监会令 2014 年第 5 号，以下简称《银行保理管理办法》）基于保理交易的贸易融资背景，强调保理交易的标的应收账款主要是基于贸易（提供商品或者服务）而产生。[③] 本书作者认为，在《民法典》就应收账款的范围在保理交易中未作特别限定的背景之下，不宜对其进行限缩解释。一是增加融资渠道，优化营商环境，满足不同市场主体的融资需求。尤其是在应收账款债权人不能达到商业银行借款条件的情形之下，可以借道保理交易"因物称信"的属性获得融资支持。二是秉承"法无禁止，即为允许"的私法自治理念。在后颁布的《动产和权利担保统一登记办法》一体规定应收账款范围的情形之下，在先颁布的监管规章即应作相应修改。

---

① 《动产和权利担保统一登记办法》第 3 条与《应收账款质押登记办法》第 2 条关于应收账款的内涵与外延的界定几近相同，以下基于《应收账款质押登记办法》对于学说和裁判的梳理也就具有了正当性。特此叙明。

② 有学者认为，囿于原《应收账款质押登记办法》的调整范围，因票据或其他有价证券而产生的付款请求权，并无登记公示的必要，证券化本身就是一种公示方法。但不能据此认为，因有价证券所产生的付款请求权，即排除于保理业务范围之外。参见方新军：《〈民法典〉保理合同适用范围的解释论问题》，载《法制与社会发展》2020 年第 4 期。

③ 根据《商务部关于商业保理试点有关工作的通知》（商资函［2012］419 号），天津市和上海市制定的商业保理试点办法中均强调商业保理的贸易融资属性。如《天津市商业保理业试点管理办法》第 2 条规定："本办法所称商业保理，是指销售商（债权人）将其与买方（债务人）订立的货物销售（服务）合同所产生的应收账款转让给商业保理公司，由商业保理公司为其提供贸易融资、应收账款管理与催收等综合性商贸服务。"这里将应收账款的发生依据限于货物销售或服务合同。《银行保理管理办法》第 8 条又扩及至"出租资产"，这实际上已经脱离了贸易融资的范畴。

基于此，《动产和权利担保统一登记办法》所规定的应收账款均可叙做保理业务。《动产和权利担保统一登记办法》第3条第2款第2项、第3项将“提供医疗、教育、旅游等服务或劳务产生的债权”“能源、交通运输、水利、环境保护、市政工程等基础设施和公用事业项目收益权”纳入应收账款的范围。虽然此类基于行政许可所产生的权利在定性上尚存争议，[①] 但在解释上可以认为，此类应收账款是集合债权，是债权人未来与具体的个别债务人之间的服务或劳务合同所可得产生的应收账款之和，具有将有应收账款的属性。与已存在基础法律关系的将有应收账款不同的是，此类应收账款的债务人不确定、具体数额不确定。

《民法典》第761条中，“现有的应收账款”与企业会计制度中的应收账款同其意义，即债权人基于双务合同已经履行其给付义务，但对方尚未履行对待金钱给付义务之时的金钱债权。金钱给付义务的履行期限是否届至，均无不可，[②] 即使履行期限尚未届至的金钱债权，也属于以未来金钱给付为内容的现有应收账款。[③]“将有的应收账款”所谓何指，学说和实务中争议较大。《银行保理管理办法》第13条第2款规定：“未来应收账款是指合同项下卖方义务未履行完毕的预期应收账款。”这一规定的文义涵摄范围较为狭窄，限于“提供商品、服务或者出租资产”等合同。

学说上以为，将有的应收账款包括两类：一是已有基础法律关系的将有应收账款，如附生效条件、附生效期限、继续性合同所产生的将有应收账款，债权人自身的给付行为尚未完成但一旦完成即可产生的应收账款等；二是没有基础法律关系的纯粹的将有应收账款，如未订立合同的买卖、租赁、提供服务等产生的应收账款等。[④]

笔者认为，就将有应收账款签订担保合同的效力与债权人是否可得就该应收账款主张权利是两个不同层次的问题。[⑤] 后者涉及案涉将有应收账款是否特定化及实际发生的问题。就将有应收账款签订担保合同，本属当事人意思自治范畴，将有应收账款是否具有合理可期待性和发生可能性，亦属债权人在从事应收账款担保交易之时的尽职调查范围，法律原则上没有必要予以否定。[⑥]

---

① 参见崔建远：《关于债权质的思考》，载《法学杂志》2019年第7期。

② 参见最高人民法院民事审判第二庭编：《最高人民法院民法典担保制度司法解释理解与适用》，人民法院出版社2021年版，第519页。

③ 参见张静：《将有债权处分的法律构造与顺位安排》，载《法学》2022年第2期。

④ 参见黄立：《民法债编总论》，中国政法大学出版社2002年版，第616～617页；黄薇主编：《中华人民共和国民法典合同编释义》，法律出版社2020年版，第602页。

⑤ 参见包晓丽：《保理项下应收账款转让纠纷的裁判分歧与应然路径》，载《当代法学》2020年第3期。

⑥ 参见庄加园：《〈合同法〉第79条（债权让与）评注》，载《法学家》2017年第3期；张静：《将有债权处分的法律构造与顺位安排》，载《法学》2022年第2期。

“法律、行政法规尚未规定可以担保的财产权利”，只要能解释为“以合同为基础的具有金钱给付内容的债权”，就可以归入“现有的以及将有的应收账款”，应收账款担保合同的合同效力即应承认。

（二）不可归入“现有的以及将有的应收账款”的新类型财产权利

就不可归入“现有的以及将有的应收账款”的新类型财产权利设立担保的情形，尚须结合《民法典》第388条所确立的担保功能化予以分析。

《民法典》第388条第1款中规定：“担保合同包括抵押合同、质押合同和其他具有担保功能的合同”，其意义就是为下一步金融担保创新预留一定空间，鼓励实践中担保交易形式的多样化。《民法典》将已经类型化的担保交易形式固定下来，典型化为担保交易或者其他交易形式，但就实践中已经出现的新的担保交易品种，《民法典》中并未作出规定。例如，让与担保，民法典编纂时就考虑过是否将之成文化的问题。再如浮动质押、以物抵债、买卖性担保、保兑仓以及股票回购式质押融资，都是实践中出现的一些创新品种。这些创新品种是实践的驱动，而金融审判应当为金融创新服务，尊重当事人的自由选择。在这种背景下，本条第1款增加规定担保合同包括具有担保功能的合同，在一定程度上缓和了物权法定主义，具有重大意义。这就表明，当事人可以在这些典型担保类型之外创设新的新类型担保类型。只要不存在《民法典》上规定的法律行为无效事由，非典型担保合同不因违反物权法定原则而无效。“就担保合同效力而言，除非当事人签订的担保合同违反法律、行政法规的强制性规定或者违背公序良俗，当事人不得以法律、行政法规尚未规定该财产权利可以用于提供担保或者未在法定登记机关办理登记为由，请求人民法院认定担保合同无效。”①

对于金融创新中所产生的非典型物上担保的效力应当如何认定，目前通说认为非典型担保不具有创设物权的效力，即就所涉标的物而言，债权人不能取得优先于其他债权人的效力，但这并不影响非典型担保合同在债法上的效力。② 因而，如果在债务人没有其他债权人的情形下，将因交易所产生的权利认定为物权还是债权在实体处理结果上并无差别。因为只要担保合同有效，债权人就物本身执行的法律效果并无不同，是否具备优先性在单一债权人下并无意义。而如果存在其他债权人，则会对债权人的权利实现产生实质影响。此时，非典型担保仅具债法效力，而无创设物权效力，并不因此取得标的物上的优先受偿权。从这个意义上说，虽然仅承认非典型担保在债法上的效力，不利于维护债权人的利益，但对于

---

① 最高人民法院民事审判第二庭编：《最高人民法院民法典担保制度司法解释理解与适用》，人民法院出版社2021年版，第532页。

② 参见曹士兵：《对非典型担保的司法态度》，载《人民法院报》2005年8月31日；刘贵祥：《物权法关于担保物权的创新及审判实务面临的问题》（下），载《法律适用》2007年第9期。

金融创新还是有所保护的。

二、登记对新类型担保之物权效力的影响

新类型担保之效力问题主要涉及担保合同效力及担保物权效力两个方面，基于《民法典》第215条所规定的“区分原则”，新类型担保合同之效力仅受《民法典》总则编、合同编关于合同效力判断规则的制约，而不受是否登记的影响，就此自无争议。《民法典担保制度解释》于本条指出：“债权人与担保人订立担保合同，约定以法律、行政法规尚未规定可以担保的财产权利设立担保，当事人主张合同无效的，人民法院不予支持。当事人未在法定的登记机构依法进行登记，主张该担保具有物权效力的，人民法院不予支持。”这里明确了两点：其一，新类型担保合同不因违反物权法定原则而无效，但在物权公示原则之下，如未采取适当的公示手段将标的财产之上的担保负担向不特定的第三人周知，即未满足赋予其物权效力所应具备的公示要求，此际，债权人就标的财产尚未取得物权。其二，未以适当的公示方法就新类型担保权予以公示的，该新类型担保不具有物权效力。但债权人可以基于新类型担保合同的约定请求担保人承担责任，主要体现为债权人可以请求按照担保合同的约定就担保财产折价、变卖或者拍卖所得价款等方式清偿债务。就变价款，债权人并无优先受偿的权利。

新类型担保的物权效力问题，则主要受物权公示原则的制约，即其设立与否主要取决于是否依法进行了登记，由此涉及登记机构认定的问题。《国务院关于实施动产和权利担保统一登记的决定》指出，从2021年1月1日起，对动产和权利担保在全国实行统一登记。原由国家市场监督管理总局承担的生产设备、原材料、半成品、产品抵押登记，改由中国人民银行统一承担，提供基于互联网的7×24小时全天候服务。我国法定的动产和权利担保登记机构为中国人民银行。就可以归入“现有的以及将有的应收账款”的新类型财产权利上设立的担保物权而言，自可直接在动产和权利担保统一登记系统中登记，以满足公示要件，从而取得物权效力。

《国务院关于实施动产和权利担保统一登记的决定》并未明确新类型担保中的各类财产权利应如何确定登记机构。目前有部分部门规章、地方性法规、规章依据交易习惯规定财产权利证书发放机构同时为质押登记机构，[①] 实践中更有基

① 例如银监会发布的《信托登记管理办法》第2条规定：“本办法所称信托登记是指中国信托登记有限责任公司（简称信托登记公司）对信托机构的信托产品及其受益权信息、国务院银行业监督管理机构规定的其他信息及其变动情况予以记录的行为。”即信托登记公司有权登记信托产品及其受益权信息。又如深圳市人民政府发布的《〈深圳经济特区出租小汽车管理条例〉实施细则》第27条规定出租车经营权质押登记机构为公安车辆管理机关。

于商业习惯，由当事人自行约定由第三方进行登记的情形。[①] 对于在此类非法定登记机构进行登记的财产权利能否发生物权效力的问题，存在一定争议。

一种观点认为根据物权法定原则，不动产物权的设立、变更、转让和消灭，经依法登记，发生效力，则须经登记产生对抗效力的权利非经法定程序、法定机构登记公示，不发生物权效力。另一种观点则认可了尚无明确法定登记机构的财产权利在符合商业习惯的机构进行登记的物权效力。

对此，《民法典担保制度解释》明确采取了第一种严格的认定方式，即“当事人未在法定的登记机构依法进行登记，主张该担保具有物权效力的，人民法院不予支持”。笔者认为，公示方式的初衷在于对外显示物权之变动及其变动后的物权现状，[②] 在车辆管理机构、环境监管部门处进行登记的方式完全可以起到此法律效果，更有观点认为商铺租赁权质押中，在出租人这一私主体处登记也可以产生一定的公示效力。在尚无相关立法的情形下，其能否产生物权效力，有待进一步考量。

最高人民法院倾向于认为，根据《民法典》第 10 条关于“处理民事纠纷，应当依照法律；法律没有规定的，可以适用习惯，但是不得违背公序良俗”的规定，在地方性法规或者行政规章对登记机构有规定，且有证据证明相关登记的实践在特定地区或者特定行业已经形成一贯做法，则可以将其认定为习惯，从而赋予已经办理登记的权利质押具有物权效力。不过，为避免各地擅自设立各种物权影响交易安全，防止地方法院随意创设新类型担保物权，还应通过最高人民法院以司法解释、指导性案例、会议纪要等方式将其认定为习惯。至于当事人自创的既缺乏地方性法规或者规章依据，又欠缺法定登记机构的权利质押如商铺租赁权质押，根据举重以明轻的规则，自然不应认可其具有物权效力。[③]

三、实践中主要的新类型担保种类及其效力

（一）商铺租赁权质押

商铺租赁权质押是指商铺承租人以其对所承租的商铺享有的占有、使用、收益权设立的质押担保。根据《民法典》第 716 条的规定，承租人经出租人同意可以将租赁物转租给第三人，即在出租人同意转租的情形下，该商铺租赁权因具有一定财产价值而具有担保性。实践中商铺租赁权质押的基本交易模式为，由贷款人、借款人（商铺承租人）、商铺出租人签订三方协议，以商铺租赁权作为借款

① 例如实践中当事人约定以商铺租赁权质押的，大多选择在商铺出租人处进行登记。

② 参见谢在全：《民法物权论》，中国政法大学出版社 2011 年版，第 46 页。

③ 参见最高人民法院民事审判第二庭编：《最高人民法院民法典担保制度司法解释理解与适用》，人民法院出版社 2021 年版，第 537 页。

人债务的担保，在商铺出租人处办理质押登记，并限制商铺承租人将该商铺租赁权以任何形式转让、转租或再质押，该商铺租赁权的价值由贷款人进行评估、出租人进行确认，若借款人到期不能归还贷款由出租人处置该商铺租赁权，所得价款用于优先清偿商户的欠款。[①] 2011 年《商务部、中国银行业监督管理委员会关于支持商圈融资发展的指导意见》[②] 明确指出，“发展商圈融资是缓解中小商贸企业融资困难的重大举措。要推广适合商圈特点的融资模式，研究推动商铺经营权、租赁权质押融资试点”。但因该租赁权在性质上属于非金钱债权，难以将其解释为“应收账款”进而适用权利质押相关规则。

笔者认为，根据《民法典担保制度解释》于本条所确立的规则，商铺租赁权属于法律、行政法规尚未规定可以出质的财产权利，同时因尚无法定登记机构而无法依法登记产生物权效力，但相关担保合同若无其他导致合同无效的情形，应属有效。贷款人可依据担保合同，要求对案涉商铺租赁权折价、变价、拍卖以清偿债权，但不得要求就相关款项优先受偿。

（二）出租车经营权质押

出租车经营权质押（也称出租车营运证质押）是指出租车运营公司以其名下的出租车经营权出质，向银行申请贷款。其操作模式是出租车营运证持有人将其持有的、车辆运输管理所核发的出租车营运证交由债权人保管，并在车辆管理所进行质押登记，如到期不能偿还债务，由债权人对出租车经营权进行处置，所得款项用于清偿所担保的债权。[③]《行政许可法》第 9 条规定：“依法取得的行政许可，除法律、法规规定依照法定条件和程序可以转让的外，不得转让。”由于出租车经营权属于特许经营权且尚无法律、行政法规对其出质方式进行规范，故对于出租车经营权质押的合同效力及物权效力问题，存在一定争议。

第一种观点认为出租车经营权不属于法定可出质财产权利，相关质押合同因违反物权法定原则而无效，债权人更不具有优先受偿权。第二种观点则认为出租车经营权质押不违反行政法规的效力性强制性规定，担保合同效力不受影响，但因我国法律未对出租车经营权出质登记方式作出规定，当事人在车辆管理所办理质押登记不能产生设立质权的效力。第三种观点则在认可出租车经营权质押合同效力的基础上，进一步认可其质权效力。

---

① 参见最高人民法院民二庭新类型担保调研小组：《关于新类型担保的调研：现象 · 问题 · 思考》，载最高人民法院民事审判第二庭编：《商事审判指导》2012 年第 4 辑（总第 32 辑），人民法院出版社 2018 年版，第 641 页。

② 商秩发〔2011〕253 号。

③ 参见最高人民法院民二庭新类型担保调研小组：《关于新类型担保的调研：现象 · 问题 · 思考》，载最高人民法院民事审判第二庭编：《商事审判指导》2012 年第 4 辑（总第 32 辑），人民法院出版社 2018 年版，第 642 页。

笔者认为，《行政许可法》第 9 条并非禁止行政许可的转让的效力性强制性规定，现行规则所规定的“出租车经营权变更行政许可”主要考察的是受让人是否具备一定的资格，而非审查合同本身，因此，审批不影响合同效力。就此而言，出租车经营权质押合同本身并不因违反行政法规的效力性强制性规定而必然无效。而就其物权效力而言，因交付出租车经营权证并不具有公示作用，出租车经营权质权则应以登记为生效要件，但实践中常见的登记机构——车辆管理所——并非法定登记机构，根据本条解释，非经法定登记机构登记，该质押不发生物权效力，因此，债权人仅得要求根据担保合同请求对出租车经营权变价款受偿，但不得优先受偿。

第六十四条　在所有权保留买卖中，出卖人依法有权取回标的物，但是与买受人协商不成，当事人请求参照民事诉讼法“实现担保物权案件”的有关规定，拍卖、变卖标的物的，人民法院应予准许。

出卖人请求取回标的物，符合民法典第六百四十二条规定的，人民法院应予支持；买受人以抗辩或者反诉的方式主张拍卖、变卖标的物，并在扣除买受人未支付的价款以及必要费用后返还剩余款项的，人民法院应当一并处理。

【条文主旨】

本条是关于所有权保留买卖中取回权的行使的规定，系结合《民法典》第 388 条，对第 642 条的解释。

【规则变迁】

原《合同法》第 134 条规定：“当事人可以在买卖合同中约定买受人未履行支付价款或者其他义务的，标的物的所有权属于出卖人。”原《买卖合同解释》第 35 条规定：“当事人约定所有权保留，在标的物所有权转移前，买受人有下列情形之一，对出卖人造成损害，出卖人主张取回标的物的，人民法院应予支持：（一）未按约定支付价款的；（二）未按约定完成特定条件的；（三）将标的物出卖、出质或者作出其他不当处分的。”“取回的标的物价值显著减少，出卖人要求买受人赔偿损失的，人民法院应予支持。”①

《民法典》第 642 条规定：“当事人约定出卖人保留合同标的物的所有权，在

---

① 《最高人民法院关于修改〈最高人民法院关于在民事审判工作中适用《中华人民共和国工会法》若干问题的解释〉等二十七件民事类司法解释的决定》废止了本条。

标的物所有权转移前，买受人有下列情形之一，造成出卖人损害的，除当事人另有约定外，出卖人有权取回标的物：（一）未按照约定支付价款，经催告后在合理期限内仍未支付；（二）未按照约定完成特定条件；（三）将标的物出卖、出质或者作出其他不当处分。”“出卖人可以与买受人协商取回标的物；协商不成的，可以参照适用担保物权的实现程序。”本条在原《买卖合同解释》第35条的基础上作了如下修改：其一，第1款第（一）项新增“经催告后在合理期限内仍未支付”的规定，给予买受人支付价金的宽限期；其二，将第2款“取回的标的物价值显著减少，出卖人要求买受人赔偿损失的，人民法院应予支持”的表述修改为“出卖人可以与买受人协商取回标的物；协商不成的，可以参照适用担保物权的实现程序”，增加出卖人取回权的行使可适用担保物权的实现程序的规则，进一步明确所有权保留买卖的担保性质。

《民法典担保制度解释》于本条重申了《民法典》第642条所新确立的取回权的行使程序：在出卖人不能自力取回标的物的情形下，其既可通过诉讼请求取回标的物，也可以直接申请法院启动“实现担保物权案件”的特别程序，拍卖、变卖标的物并以变价款优先受偿。同时，本条司法解释明确了可请求启动“实现担保物权案件”特别程序的主体为“当事人”，即除出卖人外，买受人亦可请求参照民事诉讼法“实现担保物权案件”的有关规定，拍卖、变卖标的物。此外，本条司法解释第2款规定：“买受人以抗辩或者反诉的方式主张拍卖、变卖标的物，并在扣除买受人未支付的价款以及必要费用后返还剩余款项的，人民法院应当一并处理。”这里明确了在出卖人以诉讼方式取回标的物时，出卖人仍然负有《民法典》第643条第2款“自行变卖标的物”的情形下对买受人所负的清算义务。

【理解与适用】

我国《民法典》上所确立的“取回—回赎—再出卖—清算”的出卖人权利实现机制，在本质上也是一种担保物权的实现方式。[①]《民法典》在强化出卖人权利的自力救济路径的同时，为买受人和第三人也提供了强制性的保护措施。一则，出卖人的自力取回尚须买受人同意；二则，出卖人取回标的物之后，尚须容许买受人回赎，以继续履行买卖合同；三则，买受人未回赎的，出卖人并不当然保有标的物的剩余价值，尚须履行清算义务，实行“多退少补”。此已与《民法典》

---

① 参见黄薇主编：《中华人民共和国民法典合同编释义》，法律出版社2020年版，第409～413页；王洪亮：《所有权保留制度定性与体系定位——以统一动产担保为背景》，载《法学杂志》2021年第4期。

上相对禁止流抵（质）契约的立法态度相同。[①] 清算法理的贯彻，适用“多退少补”的规则，是为平衡出卖人、买受人及其其他债权人利益的手段之一。从制度变迁史上，《民法典》第642条、第643条系分别修改自原《买卖合同解释》第35条、第37条，我国《民法典》上所确立的出卖人权利实现机制已经是基于完全所有权的救济规则，而更接近于担保物权的实现规则。“既然出卖人保留的所有权属于非典型担保物权，自然可以担保物权的实现方式实现其担保物权。”[②]

一、出卖人取回权的重新定位：就标的物求偿的程序性权利

在形式主义之下，在买受人未依约定给付价金义务或者履行其他义务之时，出卖人基于其就标的物的所有权地位，自可行使取回权。此时的取回权即为所有物返还请求权。[③] 但此论与《民法典》的既定规则之间存在冲突。其一，因《民法典》第643条承认了买受人的回赎权，解释论上的通说认为，第642条所定出卖人取回权的行使并不以解除买卖合同为前提。[④] 据此，买受人占有标的物尚属有权占有，《民法典》第235条所定所有物返还请求权的“无权占有”要件即无法满足，以所有权作为出卖人取回权的权源，正当性不足。其二，即使将出卖人取回权解释为附法定期限解除买卖合同的效果，主张出卖人取回标的物之时，买卖合同并未解除，如买受人在回赎期限内未行使回赎权之时，买卖合同即为解除，[⑤] 但买卖合同解除的法律后果，并不能合理地解释缘何出卖人取回标的物本已实现其权利，但仍须再行出卖标的物并负清算义务。[⑥]

另有观点认为，出卖人取回标的物，可以基于出卖人解除买卖合同，也可以基于《民法典》第642条第1款规定的取回标的物的条件成就。此际，买受人即失去继续占有标的物的法律上的原因，从而成为无权占有人。出卖人对标的物保留的所有权，仅为出卖人回复标的物占有之本权，仅当买受人的占有构成无权占

① 参见王洪亮：《所有权保留制度定性与体系定位——以统一动产担保为背景》，载《法学杂志》2021年第4期，第20页。

② 最高人民法院民事审判第二庭编：《最高人民法院民法典担保制度司法解释理解与适用》，人民法院出版社2021年版，第540～541页。同旨参见谢鸿飞：《〈民法典〉实质担保观的规则适用与冲突化解》，载《法学》2020年第9期。

③ 参见崔建远：《对非典型担保司法解释的解读》，载《法治研究》2021年第4期；周江洪：《所有权保留买卖的体系性反思——担保构成、所有权构成及合同构成的纠葛与梳理》，载《社会科学辑刊》2022年第1期。

④ 参见黄薇主编：《中华人民共和国民法典合同编释义》（上），法律出版社2020年版，第410页；高圣平：《〈民法典〉视野下所有权保留交易的法律结构》，载《中州学刊》2020年第6期；王洪亮：《所有权保留制度定性与体系定位——以统一动产担保为背景》，载《法学杂志》2021年第4期。

⑤ 王利明：《所有权保留制度若干问题探讨——兼评〈买卖合同司法解释〉相关规定》，载《法学评论》2014年第1期。

⑥ 参见纪海龙：《民法典所有权保留之担保权构成》，载《法学研究》2022年第6期

有时，出卖人始可基于其本权（所有权）请求回复标的物的占有。[①] 但此说仍然无法圆满地解释在取回标的物的占有的本权系所有权的情形之下，出卖人取回标的物之后的清算义务。

在《民法典》确立的“取回—回赎—再出卖—清算”的出卖人权利实现机制之中，出卖人取回标的物仅仅只是其试图将标的物货币化的第一步，[②] 一方面是造成买卖人心理上的压力，督促买受人及时清偿价金债务；另一方面是保障出卖人顺利变价标的物，以寻求权利的自力实现，避免再出卖时法律关系过于复杂。[③] 由此而见，出卖人取回制度，“应解释为系出卖人就物求偿价金之特别程序”[④]。其一，从《民法典》第642条、第643条的规范目的来看，出卖人保留所有权的目的，仅在于确保价金债权的受偿，出卖人就标的物的所有权的内容，已经转化或者缩小为对标的物交换价值的支配，实质上仅具有担保物权的作用，已如前述。其二，出卖人取回标的物，只是导致买受人占有的丧失，并不是解除当事人之间的买卖合同，买受人的价金给付义务仍然存在，出卖人仍得就标的物变价，从而使买受人的价金给付义务得以全部或者部分消灭。如此，出卖人取回标的物仅系出卖人就标的物主张实现其价金债权的程序。其三，就所有权保留买卖交易中出卖人的缔约目的而言，出卖人既已出卖标的物予买受人，其所关心者也就在于如何使其价金债权得以足额清偿。如此，出卖人就标的物主张其价金债权的获偿，合于买卖合同系以自己的财产换取他人金钱的本来意旨。[⑤] 至于既然出卖人本属标的物的所有权人，为何还要就自己之物变价受偿之质疑，[⑥] 正是基于《民法典》上就所有权保留买卖交易中出卖人的所有权作出了不同于完全所有权的规定，出卖人取回标的物之后，即不能保有标的物的剩余利益，规定出卖人仅得就标的物优先受偿，更是还原其担保性所有权的本来内容。“只有将保留所有权按照担保权来把握，才能解释出卖人为何需要就‘自己所有之物’进行变价求偿。”[⑦]

与比较立法例置重于自力救济规则的建构不同的是，我国实定法上基于目前

---

① 参见邹海林：《所有权保留的制度结构与解释》，载《法治研究》2022年第6期。

② See Ronald C. C. Cuming, Secured Creditors' Non - Statutory Remedies: Unfinished Business, 91 *Canadian Bar Review* 243, 257 (2013).

③ 参见武腾：《〈民法典〉的权利实现规定与司法程序配置》，载《吉林大学社会科学学报》2022年第1期。

④ 王泽鉴：《民法学说与判例研究》（第七册），北京大学出版社2009年版，第166页。

⑤ 参见王泽鉴：《民法学说与判例研究》（第七册），北京大学出版社2009年版，第220~221页；刘春堂：《动产担保交易法研究（增订版）》，作者1999年自版，第158~159页。

⑥ 参见王泽鉴：《民法学说与判例研究》（第七册），北京大学出版社2009年版，第220~221页。

⑦ 武腾：《〈民法典〉的权利实现规定与司法程序配置》，载《吉林大学社会科学学报》2022年第1期。

的社会信用现状限制了自力救济路径在担保物权实现中的适用。即使在加入《移动设备国际利益公约》之时，我国也对该公约第 54 条第 2 款作出声明：“债权人依据《公约》任何条款可以获得但条款中并未明确要求必须向法院申请的任何救济，必须经过中华人民共和国人民法院同意后方可施行。”这也意味着，在担保物权的实现途径之中排除自力救济的适用。根据我国《民法典》的规定，除了允许在担保物权实现条件成就之后担保物权人与担保人协议实现担保物权（《民法典》第 410 条第 1 款、第 436 条第 2 款、第 453 条第 1 款）之外，《民法典》仅允许担保物权的司法实现，不过在程序选择上，既可以申请启动实现担保物权案件特别程序，也可以提起民事诉讼，在取得许可裁定或者胜诉裁判之后申请执行法院强制执行。就此而言，《民法典》就所有权保留买卖交易中出卖人的权利实现明显体现了私人执行的色彩——出卖人可以自行出卖，已与《民法典》所定典型担保物权的实现规则之间存在差异。[①] 不过，《民法典担保制度解释》第 45 条第 1 款已经增设担保物权的庭外实现路径，为当事人之间约定的自力取回标的物提供了解释空间，动产抵押权的实现也就有了类推适用《民法典》第 642 条取回标的物规定的空间。[②] 如此，在同类交易一视同仁的目标之下，出卖人的权利实现规则与担保物权的实现制度日益趋同，可以提高当事人和法院的确定性和效率，并进而降低交易成本。

我国《民法典》上就所有权保留买卖交易的法政策上的调整，同样也影响着出卖人所保留的所有权在买受人破产清算时的实现机制。由于出卖人就标的物仅享有担保性所有权，并不享有完全所有权，其效力仅限于就标的物优先受偿。由此而决定，在买受人破产清算之时，出卖人仅得主张破产别除权，不得主张破产取回权。[③] 不无遗憾的是，《企业破产法解释二》第 2 条仍然规定所有权保留买卖交易中的标的物不属于债务人财产；第 37 条及第 38 条仍然以破产取回权为基础架构出卖人的权利实现。从与破产财产的关系来看，破产取回权和破产别除权之间最大的区别在于，破产取回权的标的物之剩余利益不属于破产财产。[④] 在所有权保留买卖交易中，标的物的剩余利益并不由出卖人保有，反而归属于买受人及其破产债权人，已如前述。由此可见，出卖人并不享有破产取回权。如此，结合

---

① 参见周江洪：《所有权保留买卖的体系性反思——担保构成、所有权构成及合同构成的纠葛与梳理》，载《社会科学辑刊》2022 年第 1 期。

② 参见武腾：《〈民法典〉的权利实现规定与司法程序配置》，载《吉林大学社会科学学报》2022 年第 1 期。

③ 参见章诗迪：《民法典视阈下所有权保留的体系重构》，载《华东政法大学学报》2022 年第 2 期；李运杨：《〈民法典〉动产担保制度对功能主义的分散式继受》，载《华东政法大学学报》2022 年第 4 期。

④ 参见徐小庆：《论所有权保留中出卖人之破产取回权》，载《上海法学研究》集刊 2021 年第 22 卷，第 127 页。

《民法典》第641条第2款所规定的登记对抗规则，在出卖人所有权已经登记的情形之下，出卖人可以申报有担保债权；在出卖人所有权未经登记的情形之下，出卖人仅得申报无担保债权。

二、出卖人权利的实现条件：第642条第1款的解释分歧

在将出卖人取回权定位为就标的物求偿的程序性权利的情形之下，《民法典》第642条第1款所定出卖人取回权的行使条件实际上即为出卖人担保性所有权的实现条件，与担保物权的实现条件相等同。依据该款的规定，出卖人取回权的行使条件可由当事人另行约定，由此体现着该款的任意法属性。如当事人没有相反的约定，买受人“未按照约定支付价款，经催告后在合理期限内仍未支付”“未按照约定完成特定条件”或者“将标的物出卖、出质或者作出其他不当处分”，造成出卖人损害的，出卖人有权取回标的物。其中，就以下两个方面尚存争议。

第一，就买受人“未按照约定支付价款，经催告后在合理期限内仍未支付”而言，《民法典》第642条第1款本项在原《买卖合同解释》第35条第1款第1项“未按约定支付价款”，增加规定出卖人的催告程序，即出卖人在行使对取回权之时，应先向买受人催告，在催告期满后买受人仍不支付价款的，出卖人才可行使取回权，以保障当事人之间的利益平衡。[①] 原《买卖合同解释》第35条第1款第1项系与原第37条关于买受人回赎权的规定相互配合以平衡当事人之间的利益，但是，《民法典》既在第642条第1款第1项增加出卖人的催告程序，又在第643条同时规定买受人的回赎权，两者之间的功用相同，同时在《民法典》中予以明确规定，似有过度保护自力救济之下买受人利益之嫌，并直接导致出卖人权利行使上的延宕。

值得注意的是，原《买卖合同解释》第36条第1款规定：“买受人已经支付标的物总价款的百分之七十五以上，出卖人主张取回标的物的，人民法院不予支持。”确立这一规则的主要考虑是，“在总价款已支付75%的情形下，买受人的期待利益相对更加重要，取回权的行使也会使该种期待罹于不测。退一步讲，即使具有本司法解释第35条第1款规定的情形，出卖人也可以采取其他救济方式，比如分期付款中的要求支付全部价款、解除合同等，而不必采用取回的方式来保障其权利”[②]。在《民法典》将出卖人就标的物的权利明确为担保性所有权的背景之下，以买受人已给付的价金比例为据否定出卖人取回权的行使，正当性不足，也与《民法典》第416条关于超级优先顺位的规定不相吻合。[③]“所有权保留若是

---

① 参见黄薇主编：《中华人民共和国民法典合同编释义》，法律出版社2020年版，第408页。

② 最高人民法院民事审判第二庭编：《最高人民法院关于买卖合同司法解释理解与适用》，人民法院出版社2012年版，第551页。

③ 参见黄薇主编：《中华人民共和国民法典合同编释义》，法律出版社2020年版，第408页。

担保构成，债务不履行的数额并不会限制担保权的行使”[①]，否则，剩余未受清偿的价金债权即失去标的物的物权保障，从而沦为普通债权。[②] 如此，这一对取回权的限制损害了出卖人的利益，且有违所有权保留约款之目的。[③] 因此，民法典编纂过程中并未采纳这一规则。[④] 在根据《民法典》的规定对既有司法解释进行整理的过程中，《买卖合同解释》第26条仍然保留了合同法时代所确立的这一规则。有学者据此认为，依据《民法典》第642条和《民法典担保制度解释》第64条的规定，出卖人取回权的存在构成了启动担保物权实现程序的前提条件，《买卖合同解释》第26条仍然是担保物权实现的阻却性条款。[⑤]

第二，就买受人“将标的物出卖、出质或者作出其他不当处分”而言，[⑥]“在买卖双方未就出卖人何时可以取回标的物作出约定时，买受人就标的物实施了转卖、出质等行为的，将严重侵害出卖人的所有权，故出卖人依法有权行使取回权”[⑦]。但是，所有权保留买卖交易中买受人不得随意处分标的物的理论基础，在于出卖人为标的物的完全所有权人，未经出卖人授权或者同意，买受人处分标的物即属无权处分。但正如前述，出卖人仅保有对标的物的担保性所有权，买受人才是标的物的实质所有权人，因此，买受人对标的物的处分属于有权处分，已如前述。

即便如此，并不排斥法律规定买受人“将标的物出卖、出质或者作出其他不当处分”为出卖人行使取回权的事由之一。此时，买受人对标的物的处分“造成出卖人损害”之时，才能触发出卖人行使取回权。其一，在买受人在其非正常经营活动中将标的物出卖的情形之下，如出卖人的所有权已然登记，出卖人自可以其所有权对抗恶意的转得人，此时出卖人的利益不受损害；如出卖人的所有权未经登记，出卖人的所有权不得对抗善意的转得人，此时出卖人的利益受到损害。其二，在买受人在其正常经营活动中将标的物出卖的情形之下，不管出卖人的所

---

① 周江洪：《所有权保留买卖的体系性反思——担保构成、所有权构成及合同构成的纠葛与梳理》，载《社会科学辑刊》2022年第1期，第83~84页。

② 参见王洪亮：《所有权保留制度定性与体系定位——以统一动产担保为背景》，载《法学杂志》2021年第4期，第18页；纪海龙：《民法典所有权保留之担保权构成》，载《法学研究》2022年第6期。

③ 参见李永军：《论民法典形式意义与实质意义上的担保物权——形式与实质担保物权冲击下的物权法体系》，载《西北师大学报（哲学社会科学版）》2020年第6期。

④ 参见黄薇主编：《中华人民共和国民法典合同编释义》，法律出版社2020年版，第408页。

⑤ 参见周江洪：《所有权保留买卖的体系性反思——担保构成、所有权构成及合同构成的纠葛与梳理》，载《社会科学辑刊》2022年第1期。

⑥ 这里的“其他不当处分”，除了法律上的不当处分（如以标的物设定抵押权）之外，尚包括事实上的不当处分，如买受人未尽善良管理人之注意义务而使用标的物的情形。参见王泽鉴：《民法学说与判例研究》（第七册），北京大学出版社2009年版，第220~221页。

⑦ 黄薇主编：《中华人民共和国民法典合同编释义》，法律出版社2020年版，第409页。

有权是否登记，出卖人的所有权均不得对抗标的物的转得人，此时出卖人的利益受到损害。其三，在买受人将标的物出抵或者出质的情形之下，结合《民法典》第641条登记对抗规则和《民法典》第414条优先顺位规则的规定，确定出卖人与质权人、抵押权人之间的优先顺位，难谓“造成出卖人损害”。[①]

就买受人对标的物的处分不损害出卖人的利益的情形，《民法典》第642条第1款第3项以及《买卖合同解释》第26条第2款此时即无适用余地；就买受人对标的物的处分损及出卖人的利益的情形，出卖人自可基于《民法典》第642条第1款第3项的规定行使取回权。但在标的物的所有权已由他人取得的情形之下，出卖人的取回权是否可得实现，存在疑问。此时，可以类推适用《民法典》第406条的规定，[②] 请求买受人将其转让所得的价款提前清偿债务或者提存。

三、清算法理的贯彻：《民法典》第642条第2款的解释分歧

在功能主义之下，担保物权效力所及的主债权范围仅限于债权人未受清偿的主债权，由此而决定，债权人就担保财产受偿之时，无论采取何种方式，均须就担保财产的价值与未受清偿的债权之间进行清算，实行“多退少补”。这一规则与其他所有实现规则一起，其规范目的在于保护债务人及其他债权人的利益。[③]《民法典》就所有权保留买卖交易中出卖人就标的物的权利实现即贯彻了这一法理。

（一）当事人之间协商取回之时的清算义务

即使满足《民法典》第642条第1款所规定的取回权的行使条件，出卖人取回标的物尚须买受人的配合。此时，即有了出卖人与买受人协商的必要。这里的协商内容，自是包括取回的时间、地点、方式以及费用的承担等。[④] 在解释上，在出卖人向买受人主张取回权之时，买受人没有异议地交出标的物以使出卖人的自力取回得以实现，亦属协商取回的情形之一。

标的物的协商取回，类似于《民法典》第410条所定“协议实现”，[⑤] 其目的同样是“就物求偿”，以标的物的价值清偿未受清偿的价金债务及其他义务。如

---

① 参见王瑛：《论融资租赁承租人擅自转租租赁物时出租人的法定解除权》，载《法学评论》2021年第6期。

② 参见孙宪忠、朱广新主编：《民法典评注·物权编4》，中国法制出版社2020年版，第237页。

③ See Louise Gullifer, *Quasi-security Interests: Functionalism and the Incidents of Security*, in Iwan Davies ed., *Issues in International Commercial Law*, Taylor & Francis Group, 2005, p.19.

④ 参见武腾：《〈民法典〉的权利实现规定与司法程序配置》，载《吉林大学社会科学学报》2022年第1期。

⑤ 参见李运杨：《〈民法典〉动产担保制度对功能主义的分散式继受》，载《华东政法大学学报》2022年第4期。

当事人之间的取回协议仅约定出卖人取回标的物，但并不及于标的物价值与价金债权之间的清算关系，出卖人尚须在取回标的物之后依据《民法典》第643条的规定履行清算义务。依据《民法典》第643条的规定，买受人有权在合理期限回赎标的物，也有权在放弃回赎权后请求出卖人以合理价格转卖标的物并将超过买受人欠付价金及必要费用的部分予以返还。如出卖人不以合理价格转卖标的物或者不返还标的物价值的超额部分，买受人也仍然有权申请人民法院拍卖、变卖标的物。[①] 如当事人之间的取回协议约定，出卖人取回标的物，保有标的物的剩余价值，同时买受人不再履行剩余价金给付义务或者其他义务，则该协议自是有效，出卖人此时并不负有清算义务。但在该协议损害买受人的其他债权人的利益之时，其他债权人自可行使撤销权。

（二）当事人之间无法协商取回之时的程序供给

当事人之间就标的物的取回无法达成协议的，在解释上属于出租人无法以协议实现的方式实现其权利。由于取回标的物仅为出卖人实现其权利的步骤之一，在程序救济上存在以下两种方案。

第一，既然自力救济受阻，出卖人自可寻求公力救济，就标的物主张优先受偿权。此时即“可以参照适用担保物权的实现程序”。这里“担保物权的实现程序”，在文义上并不仅限于《民事诉讼法》上所规定的“实现担保物权案件”特别程序，尚包括出卖人提起普通民事诉讼程序以实现其权利的情形。《民法典担保制度解释》第64条第1款规定：“在所有权保留买卖中，出卖人依法有权取回标的物，但是与买受人协商不成，当事人请求参照民事诉讼法‘实现担保物权案件’的有关规定，拍卖、变卖标的物的，人民法院应予准许。”这里仅允许“当事人通过非讼程序的方式实现担保物权”[②]，至为可议。如出卖人向买受人提起民事诉讼，同时主张价金债权和就标的物的优先受偿权，自无不许之理。尽管借由实现担保物权案件程序，“出卖人可以省去诉讼环节，直接向法院申请执行，达到降低交易成本、提高效率的目的”[③]，但在我国目前“实现担保物权案件”特别

---

① 参见刘贵祥：《民法典关于担保的几个重大问题》，载《法律适用》2021年第1期；最高人民法院民事审判第二庭编：《最高人民法院民法典担保制度司法解释理解与适用》，人民法院出版社2021年版，第539页；孙超：《民法典体系下所有权保留出卖人权利的实现路径与对抗效力——从实体法与程序法结合的视角》，载《人民司法》2022年第25期。

② 最高人民法院民事审判第二庭编：《最高人民法院民法典担保制度司法解释理解与适用》，人民法院出版社2021年版，第538页。同旨参见黄薇主编：《中华人民共和国民法典合同编释义》，法律出版社2020年版，第409页。

③ 黄薇主编：《中华人民共和国民法典合同编释义》，法律出版社2020年版，第409页。这里的表述尚值商榷。在实现担保物权案件特别程序中，当事人无法直接申请执行。在强制执行的现行执行名义体系之下，当事人尚须首先取得许可拍卖、变卖担保财产的民事裁定书（许可裁定），才能据此向执行法院申请执行。

程序运行不彰的情形之下，承认普通民事诉讼程序的适用至为重要。

有学者认为，《民法典》第 642 条第 2 款所参照的并非担保物权的实体规则，而是担保物权实现的程序规则。亦即，当事人之间不能协商取回标的物之时，出租人对于权利行使程序的“参照适用”以取回标的物，而并非对优先受偿等担保制度实体规则的“参照适用”。[①]“实现担保物权案件”特别程序，本是担保物权人实现其实体权利（就担保财产优先受偿）的程序供给，又如何被用以参照适用于“取回标的物”？这里的“参照适用”，系指出卖人所保留的“所有权”在字面上不是“担保物权”，出卖人所有权的实现也就不能直接适用“担保物权的实现程序”，但基于出卖人的担保性所有权与担保物权之间在权利内容上的高度相似性，“担保物权的实现程序”自然就有了参照适用的余地。所谓“参照适用”，即为对被参照的规则予以适当修改或者变通之后再适用。如此，“担保物权的实现程序”参照适用于所有权保留买卖交易之时，“担保物权”即指出卖人的担保性所有权；“担保物权人”即为出卖人；“担保人”就是买受人；“担保财产”系指所有权保留买卖交易的标的物。

值得注意的是，《民法典》第 642 条第 2 款的规定并不表明“协商取回标的物”是启动“担保物权的实现程序”的前置性程序。出卖人未就标的物的取回与买受人进行协商，而直接请求人民法院拍卖、变卖标的物并优先受偿，即足以表明出卖人放弃自力救济路径，不愿意浪费时间与买受人协商取回标的物，因为协商系在当事人之间展开，如当事人一方不同意协商，也就意味着“协商不成”，出卖人自可直接申请启动“担保物权的实现程序”。

第二，既然自力取回受阻，出卖人自可寻求公力取回，通过诉讼取回标的物。《民法典》第 642 条第 2 款“可以参照适用担保物权的实现程序”中的“可以”不能理解为“只能”。亦即，在当事人之间不能协商取回标的物之时，并非仅有“参照适用担保物权的实现程序”一途，出卖人尚可通过诉讼取回标的物。[②]《民法典担保制度解释》第 64 条第 2 款前段规定：“出卖人请求取回标的物，符合民法典第六百四十二条规定的，人民法院应予支持”，即属此理。在解释上，出卖人通过诉讼取回标的物之后，同样受到《民法典》第 643 条的约束，容忍买受人在回赎期间内回赎标的物，买受人未予回赎的，出卖人再以合理价格将标的物出卖，实行“多退少补”。[③]

---

① 参见周江洪：《所有权保留买卖的体系性反思——担保构成、所有权构成及合同构成的纠葛与梳理》，载《社会科学辑刊》2022 年第 1 期；孙超：《民法典体系下所有权保留出卖人权利的实现路径与对抗效力——从实体法与程序法结合的视角》，载《人民司法》2022 年第 25 期。

② 参见刘贵祥：《民法典关于担保的几个重大问题》，载《法律适用》2021 年第 1 期。

③ 参见最高人民法院民事审判第二庭编：《最高人民法院民法典担保制度司法解释理解与适用》，人民法院出版社 2021 年版，第 539 页。

为避免出卖人诉讼取回标的物之后的再行出卖程序所带来的程序延宕，《民法典担保制度解释》第64条第2款后段提供了在出卖人提起的取回标的物的诉讼中一并清算的程序路径。在出卖人诉讼请求取回标的物之时，如买受人反诉请求出卖人返还标的物价值超过欠付价金及必要费用的部分，或者买受人抗辩标的物的剩余价值超过欠付价金及必要费用，请求人民法院拍卖、变卖标的物，则人民法院对买受人的主张应一并予以处理。[①] 这一程序设计以买受人反诉或者抗辩为前提。

综上，在出卖人就标的物的权利实现规则体系之中，尽管自力救济和公力救济均有适用余地，但均各有利弊。自力救济虽是国际公约和国际软法文件所倡导的方向，但在标的物由买受人占有的情形之下，基于我国目前的信用现状，出卖人取回标的物必将遇到买受人的阻碍，且受制于清算法理的适用，《民法典》所建构的买受人保障措施略为复杂。公力救济虽能更好地保护买受人的权利，但如公力救济的程序冗长且费用高昂，则可能给出卖人带来不适当的负担。如此，充分地利用实现担保物权案件特别程序的简速裁判功能，改变目前该程序在司法实践中运行不彰的现状，应为契合我国国情的不二之选。

第六十五条　在融资租赁合同中，承租人未按照约定支付租金，经催告后在合理期限内仍不支付，出租人请求承租人支付全部剩余租金，并以拍卖、变卖租赁物所得的价款受偿的，人民法院应予支持；当事人请求参照民事诉讼法“实现担保物权案件”的有关规定，以拍卖、变卖租赁物所得价款支付租金的，人民法院应予准许。

出租人请求解除融资租赁合同并收回租赁物，承租人以抗辩或者反诉的方式主张返还租赁物价值超过欠付租金以及其他费用的，人民法院应当一并处理。当事人对租赁物的价值有争议的，应当按照下列规则确定租赁物的价值：

（一）融资租赁合同有约定的，按照其约定；

（二）融资租赁合同未约定或者约定不明的，根据约定的租赁物折旧以及合同到期后租赁物的残值来确定；

（三）根据前两项规定的方法仍然难以确定，或者当事人认为根据前两项规定的方法确定的价值严重偏离租赁物实际价值的，根据当事人的申请委托有资质的机构评估。

---

① 参见最高人民法院民事审判第二庭编：《最高人民法院民法典担保制度司法解释理解与适用》，人民法院出版社2021年版，第538页。

【条文主旨】

本条是关于融资租赁交易中租金未付的救济途径的规定，系结合《民法典》第 388 条对第 752 条、第 758 条的解释。

【规则变迁】

原《合同法》第 248 条规定："承租人应当按照约定支付租金。承租人经催告后在合理期限内仍不支付租金的，出租人可以要求支付全部租金；也可以解除合同，收回租赁物。"第 249 条规定："当事人约定租赁期间届满租赁物归承租人所有，承租人已经支付大部分租金，但无力支付剩余租金，出租人因此解除合同收回租赁物的，收回的租赁物的价值超过承租人欠付的租金以及其他费用的，承租人可以要求部分返还。"

原《融资租赁解释》对上述规则作出了进一步解释。第 12 条规定："有下列情形之一，出租人请求解除融资租赁合同的，人民法院应予支持：……（二）承租人未按照合同约定的期限和数额支付租金，符合合同约定的解除条件，经出租人催告后在合理期限内仍不支付的；（三）合同对于欠付租金解除合同的情形没有明确约定，但承租人欠付租金达到两期以上，或者数额达到全部租金百分之十五以上，经出租人催告后在合理期限内仍不支付的……。"① 第 21 条规定："出租人既请求承租人支付合同约定的全部未付租金又请求解除融资租赁合同的，人民法院应告知其依照合同法第二百四十八条的规定作出选择。出租人请求承租人支付合同约定的全部未付租金，人民法院判决后承租人未予履行，出租人再行起诉请求解除融资租赁合同、收回租赁物的，人民法院应予受理。"② 第 22 条规定：

---

① 《最高人民法院关于修改〈最高人民法院关于在民事审判工作中适用《中华人民共和国工会法》若干问题的解释〉等二十七件民事类司法解释的决定》将本条改为第 5 条，并修改为："有下列情形之一，出租人请求解除融资租赁合同的，人民法院应予支持：（一）承租人未按照合同约定的期限和数额支付租金，符合合同约定的解除条件，经出租人催告后在合理期限内仍不支付的；（二）合同对于欠付租金解除合同的情形没有明确约定，但承租人欠付租金达到两期以上，或者数额达到全部租金百分之十五以上，经出租人催告后在合理期限内仍不支付的；（三）承租人违反合同约定，致使合同目的不能实现的其他情形。"

② 《最高人民法院关于修改〈最高人民法院关于在民事审判工作中适用《中华人民共和国工会法》若干问题的解释〉等二十七件民事类司法解释的决定》将本条改为第 10 条，并修改为："出租人既请求承租人支付合同约定的全部未付租金又请求解除融资租赁合同的，人民法院应告知其依照民法典第七百五十二条的规定作出选择。""出租人请求承租人支付合同约定的全部未付租金，人民法院判决后承租人未予履行，出租人再行起诉请求解除融资租赁合同、收回租赁物的，人民法院应予受理。"

“出租人依照本解释第十二条的规定请求解除融资租赁合同，同时请求收回租赁物并赔偿损失的，人民法院应予支持。”“前款规定的损失赔偿范围为承租人全部未付租金及其他费用与收回租赁物价值的差额。合同约定租赁期间届满后租赁物归出租人所有的，损失赔偿范围还应包括融资租赁合同到期后租赁物的残值。”① 原第 23 条规定：“诉讼期间承租人与出租人对租赁物的价值有争议的，人民法院可以按照融资租赁合同的约定确定租赁物价值；融资租赁合同未约定或者约定不明的，可以参照融资租赁合同约定的租赁物折旧以及合同到期后租赁物的残值确定租赁物价值。”“承租人或者出租人认为依前款确定的价值严重偏离租赁物实际价值的，可以请求人民法院委托有资质的机构评估或者拍卖确定。”②

上述规则较为完整地规定了承租人违反租金给付义务时出租人解除合同后取回租赁物并请求赔偿的权利，其中包括解除合同的约定情形、法定情形、赔偿损失的范围及如何确定租赁物价值。根据上述规则，在《民法典》颁行前，融资租赁交易中，承租人违反租金给付义务经催告仍不按期履行的，剩余全部租金给付义务加速到期，承租人丧失期限利益。同时，若欠付租金达到约定或法定解除条件，出租人可以要求解除合同，因解除合同的法律效果，出租人可以取回租赁物并请求承租人赔偿欠付租金与租赁物价值的差额损失，其中租赁物价值应由约定或专业评估确定。但应当注意的是，上述权利救济规则以填补损失为出发点，故上述两种救济措施，出租人应择一行使，若其已请求承租人给付剩余全部租金，其债权得以实现的，则不得再请求解除合同取回租赁物，反之，若其已请求解除合同、取回租赁物则不可能再请求承租人继续履行租金给付义务。

《民法典》第 752 条规定：“承租人应当按照约定支付租金。承租人经催告后在合理期限内仍不支付租金的，出租人可以请求支付全部租金；也可以解除合同，收回租赁物。”第 758 条规定：“当事人约定租赁期限届满租赁物归承租人所有，承租人已经支付大部分租金，但是无力支付剩余租金，出租人因此解除合同收回租赁物，收回的租赁物的价值超过承租人欠付的租金以及其他费用的，承租人可以请求相应返还。”“当事人约定租赁期限届满租赁物归出租人所有，因租赁物毁损、灭失或者附合、混合于他物致使承租人不能返还的，出租人有权请求承租人给予合理补偿。”与原《合同法》相比，《民法典》只是在第 758 条增加了第

① 《最高人民法院关于修改〈最高人民法院关于在民事审判工作中适用《中华人民共和国工会法》若干问题的解释〉等二十七件民事类司法解释的决定》将本条改为第 11 条，并修改为：“出租人依照本解释第六条的规定请求解除融资租赁合同，同时请求收回租赁物并赔偿损失的，人民法院应予支持。”“前款规定的损失赔偿范围为承租人全部未付租金及其他费用与收回租赁物价值的差额。合同约定租赁期间届满后租赁物归出租人所有的，损失赔偿范围还应包括融资租赁合同到期后租赁物的残值。”

② 《最高人民法院关于修改〈最高人民法院关于在民事审判工作中适用《中华人民共和国工会法》若干问题的解释〉等二十七件民事类司法解释的决定》将本条改为第 12 条，内容未作修改。

2款。

无论是原《合同法》第248条与第249条，还是《民法典》第752条与第758条，均存在置重于融资租赁交易形式主义之下的所有权功能，仅在当事人约定租赁期限届满租赁物归承租人所有之时，才考虑出租人就租赁物的清算义务。在《民法典》第388条所确定的功能主义之下，租赁物在租赁期限届满之时的归属，既不影响融资租赁交易的定性，也不影响当事人就租赁物的清算义务，还原融资租赁交易的融资本性。清算义务的实现，既可借助于"实现担保物权案件"特别程序，也可依循普通民事诉讼程序。

在此思路之下，《民法典担保制度解释》对《民法典》第752条与第758条所确立的租金未付之时出租人救济路径进行了统合。其一，不管当事人约定租赁期限届满租赁物归出租人抑或承租人所有，承租人未按照约定支付租金，经催告后在合理期限内仍不支付，出租人均可主张租金加速到期，并可依普通民事诉讼程序或者"实现担保物权案件"特别程序，就拍卖、变卖租赁物的变价款优先受偿，以此进一步明确融资租赁交易中所有权的担保功能化；其二，不管当事人约定租赁期限届满租赁物归出租人抑或承租人所有，承租人未按照约定支付租金，经催告后在合理期限内仍不支付，出租人均可主张解除融资租赁合同并收回租赁物，并因承租人的反诉或者抗辩而负有清算义务。

【理解与适用】

一、《民法典》第752条："先后请求""择一请求"，抑或"同时请求"

《民法典》第752条承继《合同法》第248条，规定："承租人应当按照约定支付租金。承租人经催告后在合理期限内仍不支付租金的，出租人可以请求支付全部租金；也可以解除合同，收回租赁物。"这一规则与《国际融资租赁公约》相一致，同样是形式主义立法方法的产物。依据《国际融资租赁公约》第7条的规定，承租人违约时，出租人有权请求支付到期未付租金、利息和损害赔偿金；承租人根本违约时，出租人还可以请求支付全部未到期租金，也可以解除融资租赁合同，收回租赁物并请求损害赔偿，使出租人处于承租人按融资租赁合同的约定履行合同时出租人所应处的状态。① 这里尚存疑问的是，"请求支付全部租金"与"解除合同，收回租赁物"两者之间是"先后请求""择一请求"，还是"同

① See Herbert Kronke, Financial Leasing and Its Unification by UNIDROIT - General Report, 16 *Uniform Law Review* 23, 33 (2011).

时请求”？

先后请求说认为，出租人应先请求支付全部租金，在就该请求的胜诉裁判未获清偿之时，才能再次请求解除融资租赁合同，收回租赁物。其主要理由在于：其一，基于融资租赁交易的经济功能，出租人保有所有权的目的在于担保租金债权的实现。“依据担保的一般法理，担保行为发挥的是补充责任功能。”据此，应将出租人对租赁物所有权的主张置于租金加速到期请求权之后。其二，融资租赁合同具备不可解约性，“为保障融资租赁合同的稳定，尊重其融资属性，避免影响承租人生产经营，出租人的解除权也应受到相应限制”。如此其与“请求支付全部租金”亦应存在次序选择关系。①

择一请求说认为，《民法典》第752条“可以”“也可以”的表述表明，出租人在两种救济路径之间享有选择权，但不能同时主张。其主要理由在于：其一，“请求支付全部租金”以承认融资租赁合同有效存在为前提，出租人请求支付全部租金实际上是请求继续履行融资租赁合同，而“解除合同，收回租赁物”以解除融资租赁合同、否定其继续存在为前提，收回租赁物属于解除融资租赁合同的法律后果。如此，两种救济路径之间相互排斥，出租人自不得同时主张。② 其二，“从经济实质来看，未付租金与租赁物在价值上存在对应关系，如果允许出租人要求支付全部租金的同时，允许其取回租赁物，等于出租人获取了双重利益，承租人受到了双重损失，利益保护显然失衡”③。

同时请求说认为，两种救济路径的最终目的均在于使出租人的租金债权得以实现，两者之间并非非此即彼的关系，出租人自可同时行使。其主要理由在于：其一，《民法典》第752条和第766条前句均使用了“可以”“也可以”的表述，通说认为第766条前句在解释上并不限制保理人同时采取两种救济路径，④ 第752条亦应作相同理解。此时，出租人“请求支付全部租金”是主张主债权，“收回租赁物”是主张担保物权。其二，就融资租赁交易的融资属性而言，“收回租赁物”并不以解除融资租赁合同为前提，而是在承认融资租赁合同有效存在的情形之下，借由“收回租赁物”来实现租金债权。对此，《民法典》所规定的功能相当的所有权保留买卖交易中，权利人主张取回标的物，并不以解除相关交易合同

---

① 参见李芷君：《论融资租赁中出租人救济制度的优化》，载《江汉论坛》2021年第6期。

② 参见最高人民法院民事审判第二庭编：《最高人民法院关于融资租赁合同司法解释理解与适用》，人民法院出版社2014年版，第17页。值得注意的是，《民法典》第752条与原《合同法》《融资租赁解释》原有规则相比，并未发生改变。如此，基于后者的讨论仍然参照研究的价值。

③ 雷继平、原爽、李志刚：《交易实践与司法回应：融资租赁合同若干法律问题——〈最高人民法院关于审理融资租赁合同纠纷案件适用法律问题的解释〉解读》，载《法律适用》2013年第9期。

④ 参见何颖来：《〈民法典〉中有追索权保理的法律构造》，载《中州学刊》2020年第6期；潘运华：《民法典中有追索权保理的教义学构造》，载《法商研究》2021年第5期。

为前提。①

《融资租赁解释》第10条（原第21条）采纳了择一请求说的观点，出租人同时请求之时，法院应告知其依照《民法典》第752条的规定择一行使，如出租人坚持同时请求，属于出租人没有明确的诉讼请求，自应驳回出租人的起诉。不过，出租人在驳回起诉以后另行择一请求的，法院仍应受理。如出租人请求承租人支付全部租金，在取得胜诉裁判之后仍然未获清偿的，可以再行起诉请求解除融资租赁合同、收回租赁物。此际，虽然出租人取得了两份胜诉裁判，但后一裁判系基于新的事实而产生，实际已替代了前一裁判；出租人虽可同时基于两份裁判分别申请执行，但承租人亦可对前一裁判提出执行异议，以避免被“双重执行”。②

这一程序设计是偏重于形式主义的解释，在一定程度上忽略了融资租赁交易的功能主义导向。在《民法典》之下，主债务人和担保人在负有物上担保的债权的实现中并不存在顺序利益，前述先后请求说中所谓担保责任的补充性，在物的担保关系中并无适用余地，仅在一般保证关系中有所体现，不足可采。至于择一请求说所持避免出租人双层受偿的理由，在功能主义之下自无问题。在物上担保交易关系中均存在权利人是向主债务人主张主债权还是向担保人主张担保物权的问题，无论是既有的担保物权制度安排，还是裁判实践中的诉讼结构，无不承认债权人（担保物权人）可以同时主张主债权和担保物权，只不过应在判决主文中予以清晰表述，首先判令主债务人履行主债务，其次判令担保人承担担保责任，其中说明债权人就担保财产的变价款优先受偿。此类裁判在执行程序中亦未出现债权人双重受偿问题。功能化的融资租赁交易场景下，自应作相同解释。

择一请求说的政策目标在于“降低出租人的诉讼成本，提高诉讼效率”③。如出租人选择请求承租人支付剩余全部租金，从实务的视角观察，承租人既然经催告仍未给付加速到期的租金，已经构成根本违约，也就不大可能为维持对租赁物的占有而偿付加速到期的租金。④ 如此，出租人尚须承担执行不能的风险和二次

---

① 参见高圣平：《担保法前沿问题与判解研究（第五卷）：最高人民法院新担保制度司法解释条文释评》，人民法院出版社2021年版，第482页。

② 参见雷继平、原爽、李志刚：《交易实践与司法回应：融资租赁合同若干法律问题——〈最高人民法院关于审理融资租赁合同纠纷案件适用法律问题的解释〉解读》，载《法律适用》2013年第9期。

③ 雷继平、原爽、李志刚：《交易实践与司法回应：融资租赁合同若干法律问题——〈最高人民法院关于审理融资租赁合同纠纷案件适用法律问题的解释〉解读》，载《法律适用》2013年第9期。

④ See David A. Levy, Financial Leasing under the UNIDROIT Convention and the Uniform Commercial Code: A Comparative Analysis, 5 *Indiana International & Comparative Law Review* 267, 283 (1995).

诉讼的时间成本。[①] 虽然出租人可以参酌承租人的履约能力在两种救济路径之间作出选择，并不必然导致所谓出租人“两诉”之累，[②] 但承租人的履约能力不仅不易判断，而且随着时间的推移可能不断恶化。即使出租人选择解除融资租赁合同、取回租赁物，但解除条件是否成就、收回之后的租赁物残值清算等，也绝非易事。

在《民法典》第752条维系原有制度安排的情形之下，同时请求说在一定程度上忽视了法条本身的文义，基于两种救济路径发生依据的不同——维系抑或解除融资租赁合同，择一请求说就成了本书以下分析据以展开的基础。

二、租金加速到期路径：担保物权实现规则的准用

在承租人违约之时，如出租人“择一请求”租金加速到期的救济路径，是否同时可得就租赁物主张权利，不无解释上的疑问。至少在文义上，对《民法典》第752条所确立的两种救济路径之间作出非此即彼的解释，主张租金加速到期，就无法主张收回租赁物。因为此时出租人在利益总量上已经收回了其投入的全部成本，“由于全部租金与租赁物在价值上的对应关系，如出租人选择要求支付全部租金，等于其放弃了租赁物”[③]。在《民法典》颁行之前，就出租人能否基于租金给付的胜诉裁判直接申请人民法院拍卖、变卖租赁物，并以租赁物的变价款优先受偿，实践中多持否定观点。其主要理由是：一是租赁物属于出租人所有，出租人尚不能诉请执行自己之物；二是收回租赁物的前提是解除融资租赁合同，是不同于主张租金加速到期的另一个独立的诉，不应在执行程序中解决；三是拍卖、变卖租赁物，并以租赁物的变价款优先受偿，涉及租赁物的清算，尚须以实体裁判为依据。[④] 这一割裂租金债权与租赁物所有权的联系的做法，受到了实务界和学术界的广泛关注。

在《民法典》所确立的担保物权实现规则之中，债权人可以同时主张主债权和担保物权。在融资租赁交易担保功能化的背景之下，如何解读其中的主债权和担保物权，就成了重构出租人权利实现规则的基础。有学者指出，融资租赁交易功能化为担保交易之后，“其担保关系隐含于融资租赁合同本身，交易的当事人

---

① 参见高圣平：《担保法前沿问题与判解研究（第五卷）：最高人民法院新担保制度司法解释条文释评》，人民法院出版社2021年版，第482页。

② 参见最高人民法院民事审判第二庭编：《最高人民法院关于融资租赁合同司法解释理解与适用》，人民法院出版社2014年版，第307页。

③ 最高人民法院民事审判第二庭编：《最高人民法院关于融资租赁合同司法解释理解与适用》，人民法院出版社2014年版，第303页。

④ 参见雷继平、原爽、李志刚：《交易实践与司法回应：融资租赁合同若干法律问题——〈最高人民法院关于审理融资租赁合同纠纷案件适用法律问题的解释〉解读》，载《法律适用》2013年第9期。

既未另外订立一个从属性的担保合同，又未另外成立一个从法律关系。因此，融资租赁中出租人保留的所有权，在担保的功能构造上也是具有特殊性的”[①]。就担保的从属性而言，《民法典》第388条第1款中的表述是“担保合同是主债权债务合同的从合同”。这一脱胎于《担保法》第5条第1款、《物权法》第172条第1款的从属性规则，并未准确传达物上担保的从属性。在物权变动的原因与结果相区分原则之下，就物上担保关系而言，仅有担保合同的成立和生效，尚不足以使担保物权得以设立。其中采行债权形式主义物权变动模式的担保物权，未完成法定的公示手续即意味着担保物权并未设立，此时讨论担保的从属性几无意义。如此，“担保的从属性是指担保权的从属性，而非担保合同的从属性”[②]。“担保合同是主债权债务合同的从合同”更为精准地表达，应是“担保物权从属于主债权”。就融资租赁交易而言，主债权是出租人的租金债权及其他费用（以下简称租金债权或者租金），从权利为出租人就标的物的所有权。准此，出租人的所有权从属于租金债权，融资租赁交易担保权构造之下的从属性，即得以证成和说明。在承租人未履行租金给付这一主债务的情形之下，出租人自可同时主张主债权——租金债权，以及从权利——所有权。在债务人违约之时，债权人是否可就特定财产主张权利，是区分是否构成（物上）担保交易的标志。[③]

为实现其优先受偿权，担保物权应有换价权能，在债权人实现担保物权时，即可将标的物处分变价，以所得价款担保债权之优先受偿。[④] 依据《民法典》的规定，在债务人不履行到期债务或者发生当事人约定的实现担保物权的情形，除了协议实现之外，债权人可得采取的救济路径包括：其一，依普通民事诉讼程序对主债务人和担保人提起民事诉讼，同时主张主债权和担保物权；[⑤] 其二，依实现担保物权案件特别程序对担保人申请拍卖、变卖担保财产。既然融资租赁交易中出租人的所有权已经功能化为担保物权，出租人的权利救济路径亦应作相同理解。

在尊重《民法典》第752条和《融资租赁解释》第10条所确立的“择一请

---

① 参见刘保玉、张炬东：《论动产融资租赁物的所有权登记及其对抗效力》，载《中州学刊》2020年第6期。

② 李运杨：《担保的移转从属性及其例外——以中德比较为视角》，载《中国海商法研究》2020年第2期。

③ See Barkley Clark & Barbara Clark, *The Law of Secured Transactions Under the Uniform Commercial Code*, 3rd ed., A. S. Pratt, 2017, p. 4 – 7.

④ 参见谢在全：《担保物权制度的成长与蜕变》，载《法学家》2019年第1期。

⑤ 《民法典担保制度解释》第45条第3款特别规定：“债权人以诉讼方式行使担保物权的，应当以债务人和担保人作为共同被告。”这里表明，在以诉讼方式实现担保物权之时，债权人应当同时主张主债权和担保物权。其正当性在于方便查明担保物权所担保的主债权，进而确定担保物权的优先受偿的范围，以提高诉讼效率。

求”进路之下，《民法典担保制度解释》第 65 条第 1 款明确规定：“在融资租赁合同中，承租人未按照约定支付租金，经催告后在合理期限内仍不支付，出租人请求承租人支付全部剩余租金，并以拍卖、变卖租赁物所得的价款受偿的，人民法院应予支持；当事人请求参照民事诉讼法‘实现担保物权案件’的有关规定，以拍卖、变卖租赁物所得价款支付租金的，人民法院应予准许。”本款基于租赁物是担保租金债权清偿的担保财产，以担保物权的实现程序明确了租金未付时出租人的救济路径，使之与担保物权的实现路径相统一，体现了融资租赁交易担保功能化的基本思想。① 据此，承租人经催告仍不给付租金的，担保物权的实现条件成就。② 基于《民法典担保制度解释》第 65 条第 1 款的规定，出租人选择租金加速到期路径的，有两种程序可供选择：

第一，依普通民事诉讼程序请求承租人支付全部租金，并请求以拍卖、变卖租赁物所得的价款优先受偿。亦即，出租人可以同时对承租人主张租金债权和租赁物所有权，但所有权的内容仅限于优先受偿权，不包括所有物返还请求权（取回权）。融资租赁交易中，承租人违反租金给付义务经催告仍不按期履行的，剩余全部租金给付义务加速到期，承租人丧失期限利益。《融资租赁解释》第 10 条在出租人选择请求承租人支付全部租金之时，并未明确出租人是否可得同时就租赁物主张权利，《民法典担保制度解释》第 65 条第 1 款基于出租人所有权担保租金债权清偿的功能，增加了可以同时主张“以拍卖、变卖租赁物所得的价款受偿”的协同路径。③

《民法典担保制度解释》之所以规定为“以拍卖、变卖租赁物所得的价款受偿”，而不是“以拍卖、变卖租赁物所得的价款优先受偿”，是基于《民法典》第 745 条的规定。出租人的权利救济并不以其所有权已经办理登记作为前提，登记只是向第三人公示其所有权并保持该所有权的优先顺位的要件。④ 在出租人的所有权未经登记的情形之下，“对于出租人请求以拍卖、变卖租赁物所得价款优先受偿的请求，人民法院不应支持，而仅支持其请求以拍卖、变卖租赁物所得价款受偿的请求”⑤。这一解释结论值得商榷。即使出租人的所有权未经登记，其物权属性仍应肯定，否则即与《民法典》第 114 条第 2 款构成体系冲突。依据《民法

① 参见张家勇：《论融资租赁的担保交易化及其限度》，载《社会科学辑刊》2022 年第 2 期。

② 参见崔建远：《对非典型担保司法解释的解读》，载《法治研究》2021 年第 4 期。

③ 参见最高人民法院民事审判第二庭编：《最高人民法院民法典担保制度司法解释理解与适用》，人民法院出版社 2021 年版，第 546 页。

④ 参见［英］罗伊·古德：《国际航空器融资法律实务——移动设备国际利益公约及航空器设备特定问题议定书正式评述》，高圣平译，法律出版社 2013 年版，第 36 页。

⑤ 最高人民法院民事审判第二庭编：《最高人民法院民法典担保制度司法解释理解与适用》，人民法院出版社 2021 年版，第 546 页。

典》第114条第2款的规定，我国民法上存在可得对所有人主张直接支配和排他的物权与仅得对部分人主张直接支配和排他的物权之分，[①] 但不存在不能对所有人主张直接支配和排他的物权。虽然其所有权未经登记的出租人不能对抗善意受让人、善意承租人、查封扣押债权人、破产管理人（《民法典担保制度解释》第67条、第54条），但是仍得对抗除上述范围之外的无担保债权人。亦即，出租人就租赁物的优先受偿权仍得向这些无担保债权人主张。据此，出租人就租赁物的变价款，无论出租人对租赁物的所有权是否经过登记，均可主张优先受偿，只是在出租人的所有权未登记之时，不得对抗善意第三人而已。[②]

第二，依实现担保物权案件特别程序申请拍卖、变卖租赁物，并以变价款优先支付全部租金。尽管《民法典》没有规定融资租赁交易中出租人的所有权可以参照适用担保物权的实现程序，但出租人对租赁物的所有权已被功能化为担保物权，[③] 亦属实现担保物权案件特别程序中“担保物权”之一种。《民事诉讼法》上“实现担保物权案件”特别程序，即可适用于融资租赁交易。借助于实现担保物权案件特别程序的简速裁判，出租人无须经过冗长的诉讼程序，即可取得准许拍卖、变卖租赁物的民事裁定书，并据此申请强制执行，是为出租人权利救济程序的上选。不过，实现担保物权案件特别程序的适用以当事人之间对于融资租赁合同的有效成立、租赁物的范围、租金加速到期的条件是否成就、欠付租金及其从债权的数额等没有争议为前提，但凡当事人之间就此存在实质争议，即无适用该特别程序的余地，人民法院应当裁定驳回申请，并告知申请人向人民法院提起诉讼。当事人之间仅就欠付租金及其从债权的数额存在争议之时，人民法院可以询问当事人、利害关系人，必要时可以依职权调查相关事实，并可就无争议部分裁定准许拍卖、变卖租赁物。[④] 此外，依《民法典担保制度解释》第65条第1款后段的文义，即使出租人的所有权未经登记，出租人仍得申请启动实现担保物权案件特别程序，只是不能主张优先受偿而已。其失当之处已如前述。

值得讨论的是，依据《民事诉讼法》第203条和《最高人民法院关于适用〈中华人民共和国民事诉讼法〉的解释》第359条的规定，除了担保物权人之外，抵押人、出质人等“其他有权请求实现担保物权的人”亦可申请实现担保物权。

---

① 参见高圣平：《民法典动产担保权登记对抗规则的解释论》，载《中外法学》2020年第4期。

② 参见高圣平：《民法典担保制度及其配套司法解释理解与适用》（下），中国法制出版社2021年版，第1256页。

③ 参见黄薇主编：《中华人民共和国民法典合同编释义》，法律出版社2020年版，第597～598页；最高人民法院民事审判第二庭编：《最高人民法院民法典担保制度司法解释理解与适用》，人民法院出版社2021年版，第544页。

④ 参见《民事诉讼法》第204条、《最高人民法院关于适用〈中华人民共和国民事诉讼法〉的解释》第369、370条。

将占有担保财产的担保人也纳入申请人范围的主要考虑是，在担保物权可得行使之时，如担保物权人怠于主张权利，将导致担保人承担高额的逾期利息，也可能担保财产随着时间的推移或者市场因素的变化存在价值贬损之虞，为平衡担保物权人和担保人之间的利益关系，赋予担保人以实现担保物权案件特别程序的申请启动权，有利于保护担保人的利益。[①] 在赋予出租人以实现担保物权案件特别程序的申请人资格的同时，是否亦应明确承租人的程序启动申请权，《民法典担保制度解释》第65条第1款后段虽然未置明文，但在解释上，“当事人请求参照民事诉讼法‘实现担保物权案件’的有关规定”的表述，并未将程序启动申请权人限定于“出租人”，承租人亦属“当事人”。既然融资租赁交易被功能化为担保交易，占有租赁物的承租人同样面临前述风险，此时自应认为承租人亦属《民事诉讼法》第203条所称之“其他有权请求实现担保物权的人”，具有实现担保物权案件特别程序的申请启动权。

三、解除合同并收回租赁物路径：清算法理的贯彻

即使承认融资租赁交易的担保功能化，也不排斥出租人在承租人经催告仍未偿付租金之时选择“解除合同、收回租赁物”这一救济路径。在出租人援用《民法典》第752条后段的规定之时，承租人无权援用《民法典担保制度解释》第65条第1款的规定对抗出租人的请求。[②] 这一救济路径本质上也是通过实现担保物权使得出租人的租金债权得以受偿。[③] 不过，相较《民法典担保制度解释》第65条第1款所确立的租金加速到期规则，“解除合同、收回租赁物”这一救济路径略显复杂，诸如解除条件是否成就，租赁物的残值如何认定等均为司法实践中的难题，并无制度竞争上的优势。

“解除合同、收回租赁物”这一救济路径体现着形式主义的特色。在功能主义之下，融资租赁交易的融资属性被置重，在承租人不履行主债务的情形之下，出租人并不解除融资租赁合同，而是在承认融资租赁合同有效存续的前提之下，向承租人主张主债权——租金债权的清偿，同时主张从权利——租赁物的所有权，以租赁物折价或者以其变价款优先受偿。一如借款担保交易，在借款人未偿还借款本息的情形之下，贷款人并不解除借款合同，而是在承认借款合同有效存续的前提之下，向借款人主张主债权——借款本息的清偿，同时主张从权利——

① 参见最高人民法院民法典贯彻实施工作领导小组办公室：《最高人民法院新民事诉讼法司法解释理解与适用》（下），人民法院出版社2022年版，第793～794页；江必新主编：《新民事诉讼法条文理解与适用》（下），人民法院出版社2022年版，第936～937页。

② 参见崔建远：《对非典型担保司法解释的解读》，载《法治研究》2021年第4期。

③ 参见黄薇主编：《中华人民共和国民法典合同编释义》（下），法律出版社2020年版，第598页；杨代雄主编：《袖珍民法典评注》，中国民主与法制出版社2022年版，第715页。

担保物权，以担保财产折价或者以其变价款优先受偿。亦即，在功能主义之下，融资租赁合同作为融资合同之一种，具有不可解约性。[①] 但在形式主义之下，出租人的所有权并不从属于其租金债权，由此而决定，出租人主张租金债权之时，则视为放弃租赁物，也就不得同时主张对租赁物的所有权。[②] 出租人如欲主张其对租赁物的所有权，则仅有解除融资租赁合同一途。此时，出租人收回租赁物为解除融资租赁合同的当然效果。在兼采形式主义和功能主义的立法模式之下，“解除合同、收回租赁物”这一形式主义的救济路径也面临着解释论上的变化。

第一，解除融资租赁合同的条件。《民法典》第752条将因承租人违约而解除融资租赁合同的条件界定为“承租人经催告后在合理期限内仍不支付租金”。《融资租赁解释》第5条对这一解除条件的适用进行了限缩，仅限于根本违约的情形。将《民法典》第752条“承租人经催告后在合理期限内仍不支付租金”仅限于融资租赁合同对于因欠付租金而解除合同的情形有明确约定的情形，如融资租赁合同没有明确约定，尚须达到“承租人欠付租金达到两期以上，或者数额达到全部租金百分之十五以上”的标准，出租人才能以“承租人经催告后在合理期限内仍不支付租金”为由而解除融资租赁合同。此外，《融资租赁解释》第5条第3项还增设“承租人违反合同约定，致使合同目的不能实现的其他情形”这一解除条件。

在功能主义之下，上述因承租人违约而解除融资租赁合同的条件，即为担保物权的实现条件。[③] 其体系效应在于，即使出租人主张租金加速到期，并主张就租赁物优先受偿，亦应满足这一条件。《民法典担保制度解释》第65条第1款所规定的出租人救济路径的触发也应做同一理解，而不仅仅只是“承租人未按照约定支付租金，经催告后在合理期限内仍不支付”。依据《民法典》第386条的规定，担保物权的实现条件是“债务人不履行到期债务或者发生当事人约定的实现担保物权的情形”，即主债务人违约。与此不同的是，融资租赁交易中，租金给付义务系分期履行，承租人的违约情形也就具有了特殊性。将出租人就租赁物主张权利限定于根本违约具有正当性。在解释上，承租人轻微违约尚不能触发出租人所有权的实现条件。

第二，收回租赁物时出租人是否负有清算义务。在担保物权实现条件成就之时，债权人自可同时主张主债权和担保物权。无论是就标的物折价，还是就标的物拍卖、变卖，均应贯彻清算法理，债权人无法未经清算而直接取得标的物的所有权。就此而言，《民法典》第752条后段规定的是，出租人享有的是合同解除

---

① 参见韩世远：《合同法学（第二版）》，高等教育出版社2022年版，第445页。

② 参见最高人民法院民事审判第二庭编：《最高人民法院关于融资租赁合同司法解释理解与适用》，人民法院出版社2014年版，第303页。

③ 参见崔建远：《对非典型担保司法解释的解读》，载《法治研究》2021年第4期。

权，而非取回并执行租赁物的权利，此与担保物权实现时的清算法理明显不同。[①]由于融资租赁交易本是功能化的担保交易，出租人收回租赁物以后则应负担清算义务。[②]《融资租赁解释》第11条第1款规定："出租人依照本解释第五条的规定请求解除融资租赁合同，同时请求收回租赁物并赔偿损失的，人民法院应予支持。"这里仅言及"少补"，并未规定"多退"。承租人就被收回租赁物的价值不足租金债权的差额负有清偿义务，但并未规定出租人就收回租赁物价值超过租金债权的部分是否负有返还义务。

就《民法典》第758条第1款的文义而言，出租人的清算义务仅限于"当事人约定租赁期限届满租赁物归承租人所有"，"承租人已经支付大部分租金，但是无力支付剩余租金"，"出租人因此解除合同收回租赁物"，且"收回的租赁物的价值超过承租人欠付的租金以及其他费用"的情形。如此，从体系解释的视角，除此情形之外，出租人基于《民法典》第752条的规定请求解除融资租赁合同、收回租赁物之时，并不负有清算义务。因融资租赁合同解除后的清算及超额返还义务系不同于合同解除通常效果的特别效果，因此，在没有特别规定时，即应遵循一般规定，当事人并无就租赁物价值作特别清算的必要。[③]这些规则的设计，明显置重于融资租赁交易形式主义之下的所有权功能。

从《民法典》物权编担保物权分编的规则来看，清算法理在担保物权实现之时得到了全面的贯彻，例如担保物权实现时的归属清算（协议折价）与变价清算[协议拍（变）卖、司法拍（变）卖]、流质（抵）契约规则的修改等。其中所体现的是平衡债权人和担保人之间利益的需要——在担保物权实现之时均须对担保财产的现值与未受清偿的主债权之间进行清算，实行"多退少补"。在功能主义之下，租赁物在租赁期限届满之时的归属，既不影响融资租赁交易的定性，也不影响当事人就租赁物的清算义务。出租人的所有权具有担保功能，由此而决定，出租人所有权的实现亦应禁止流质（押）情形的发生，[④]无论是基于《民法典》第752条，还是第758条，出租人收回租赁物之时，应就主债权（租金债权）与担保财产（收回的租赁物）的价值之间进行清算，实行"多退少补"，出租人就收回租赁物的价值超过租金债权的部分负有返还予承租人的义务，[⑤]就收

① 参见纪海龙：《民法典动产与权利担保制度的体系展开》，载《法学家》2021年第1期。

② 参见王利明：原《合同法》（下册），中国人民大学出版社2021年版，第168页；冉克平、王萌：《融资租赁回购担保的法律逻辑与风险控制》，载《山东大学学报（哲学社会科学版）》2022年第2期。

③ 参见张家勇：《论融资租赁的担保交易化及其限度》，载《社会科学辑刊》2022年第2期。

④ 参见黄薇主编：《中华人民共和国民法典合同编释义》（下），法律出版社2020年版，第598页；杨代雄主编：《袖珍民法典评注》，中国民主与法制出版社2022年版，第715页。

⑤ 参见黄薇主编：《中华人民共和国民法典合同编释义》，法律出版社2020年版，第598页。

回租赁物的价值不足租金债权的差额有权向承租人继续请求履行，只不过，这一履行请求权已经失去了租赁物的保障而沦为无担保债权。由此可见，即使出租人选择“解除合同，收回租赁物”的救济路径，仍有清算法理的适用。在解释上可以认为，《民法典》第758条第1款仅具描述功能，并未涉及清算义务的构成要件。①

《民法典担保制度解释》第65条第2款即体现了这一思想，将《民法典》第758条第1款的特别效果一般化，据此实现出租人所有权的担保功能化。② 该款前句规定：“出租人请求解除融资租赁合同并收回租赁物，承租人以抗辩或者反诉的方式主张返还租赁物价值超过欠付租金以及其他费用的，人民法院应当一并处理。”这类似于担保物权的折价实现方式以及让与担保的归属清算方式。③ 如承租人提出抗辩或者反诉，人民法院一方面应判决解除融资租赁合同并由出租人收回租赁物，另一方面应同时判决出租人将租赁物价值超过租金债权的部分返还给承租人。④ 这里并未将出租人的清算义务限定于《民法典》第758条第1款规定的情形。如融资租赁合同约定租赁期间届满后租赁物归出租人所有，租金总额为2000万元，同时约定到期后租赁物残值为1000万元，如此出租人的利益为3000万元，如承租人在给付800万租金之后根本违约，出租人选择解除融资租赁合同，取回租赁物，租赁物变价2500万元。此时，出租人额外获益300万，承租人的利益即受损害，出租人仍负清算义务。这一规则的正当性在于，既然承租人已经给付的租金并非使用租赁物的对价，而是出租人购买租赁物的成本及合理利润的对价（的分摊），在出租人收回租赁物的情形之下，租赁物的残值与承租人已经给付的租金之和，如超过了出租人在合同未解除情形之下本可获得的利益，则意味着出租人不当地占有了承租人的利益，有失权衡，将该利益返还予承租人才能实现双方的利益衡平。⑤

不过，也有学者认为，既然将出租人的所有权担保权化，清算法理的适用即属当然，为何《民法典担保制度解释》第65条第2款又将其适用前提界定为“承租人以抗辩或者反诉的方式主张返还租赁物价值超过欠付租金以及其他费用”？⑥ 笔者认为，在当事人已经全部或者部分履行的情形之下，合同解除之后本

---

① 参见杨代雄主编：《袖珍民法典评注》，中国民主与法制出版社2022年版，第716页。

② 参见张家勇：《论融资租赁的担保交易化及其限度》，载《社会科学辑刊》2022年第2期。

③ 参见张家勇：《论融资租赁的担保交易化及其限度》，载《社会科学辑刊》2022年第2期。

④ 参见最高人民法院民事审判第二庭编：《最高人民法院民法典担保制度司法解释理解与适用》，人民法院出版社2021年版，第547页。

⑤ 参见崔建远：《对非典型担保司法解释的解读》，载《法治研究》2021年第4期；最高人民法院民事审判第二庭编：《最高人民法院民法典担保制度司法解释理解与适用》，人民法院出版社2021年版，第546页。

⑥ 参见张家勇：《论融资租赁的担保交易化及其限度》，载《社会科学辑刊》2022年第2期。

应对当事人之间的法律关系进行清算。① 出租人因承租人根本违约请求解除融资租赁合同、收回租赁物之时，可以同时请求赔偿损失。《融资租赁解释》第 11 条第 2 款并将损失赔偿范围界定为“承租人全部未付租金及其他费用与收回租赁物价值的差额”。这里即须对收回的租赁物的价值进行确定，并与承租人租金债权进行比较，本已有清算法理的适用。清算法理不仅仅意味着“少补”，还存在“多退”的情形。在出租人请求解除融资租赁合同、收回租赁物之时，可能的案型包括：其一，出租人同时请求赔偿损失，承租人对于租赁物的价值没有异议。此时无须考虑“多退”问题。其二，出租人同时请求赔偿损失，承租人对于租赁物的价值提出异议，经法院查明，如租赁物价值不足租金债权，不发生“多退”问题；如租赁物价值超过租金债权，发生“多退”问题。其三，出租人没有同时请求赔偿损失，如承租人不提出“多退”，则无须考虑；如承租人提出“多退”，则人民法院应就租赁物价值与租金债权之间进行比较。由此可见，在出租人提出解除融资租赁合同、收回租赁物的请求，承租人未予抗辩或者反诉的情形之下，人民法院不予处理契合了民事诉讼的处分原则。如此，《民法典担保制度解释》第 65 条第 2 款体现了效益原则、意思自治原则和公平合理的精神。②

值得注意的是，有观点认为，在出租人提起的解除融资租赁合同并收回租赁物的诉讼中，虽然承租人可以提出抗辩或者反诉，但不得主张参照适用实现担保物权案件特别程序由人民法院通过拍卖、变卖来确定租赁物的价值，也不得在诉讼程序中请求人民法院对租赁物进行拍卖、变卖来确定租赁物的价值。③ 也就是说，租赁物价值仅得依次经由以下路径而确定：融资租赁合同中的约定、约定的租赁物折旧以及合同到期后租赁物的残值、有资质的机构评估。④ 这在一定程度上再次体现了对出租人权利保护的形式主义进路。出租人收回租赁物为解除融资租赁合同的当然效果，系出租人所有权效力和行使的体现。⑤ 我国参加的《移动设备国际利益公约》尊重各国内国法就融资租赁交易的定性，但无论将其定性为担保交易（如美国、加拿大、新西兰、澳大利亚等），还是将其定性为不同于担保交易的独立交易形态（如传统大陆法系国家），在承租人根本违约之时，出租人均可占有或者控制（即取回）租赁物，既可自力取回，也可通过法院取回。只

① 参见杨代雄主编：《袖珍民法典评注》，中国民主与法制出版社 2022 年版，第 511 页。

② 参见崔建远：《对非典型担保司法解释的解读》，载《法治研究》2021 年第 4 期。

③ 参见最高人民法院民事审判第二庭编：《最高人民法院民法典担保制度司法解释理解与适用》，人民法院出版社 2021 年版，第 547 页；刘贵祥：《民法典关于担保的几个重大问题》，载《法律适用》2021 年第 1 期。

④ 参见王利明：原《合同法》（下册），中国人民大学出版社 2021 年版，第 168 页；崔建远：原《合同法（第四版）》，北京大学出版社 2021 年版，第 534 页。

⑤ 参见崔建远：《对非典型担保司法解释的解读》，载《法治研究》2021 年第 4 期。

不过，在将其定性为担保交易的情形之下，出租人尚须履行清算义务，经由出售或者出租租赁物、收取或者受领因管理租赁物所产生的收益使其债权得以优先受偿；在将其定性为独立交易形态的情形之下，基于出租人保有标的物上的完整权利，其唯一救济路径是解除融资租赁合同，并占有或者控制租赁物。① 我国兼采形式主义与功能主义的立法进路，收回租赁物仅仅只是行使担保物权的一环，是保全租金债权的手段之一，并不能据此认为收回租赁物之后就无须清算，② 只不过，清算方式不同而已。③ 前已述及，《民法典担保制度解释》第 65 条所确立的规则为，不管出租人选择哪种救济方式，均有清算法理之适用。在解释上，即使出租人不积极主张其权利，承租人亦可申请启动实现担保物权案件这一特别程序，以及时清结债务。

第六十六条　同一应收账款同时存在保理、应收账款质押和债权转让，当事人主张参照民法典第七百六十八条的规定确定优先顺序的，人民法院应予支持。

在有追索权的保理中，保理人以应收账款债权人或者应收账款债务人为被告提起诉讼，人民法院应予受理；保理人一并起诉应收账款债权人和应收账款债务人的，人民法院可以受理。

应收账款债权人向保理人返还保理融资款本息或者回购应收账款债权后，请求应收账款债务人向其履行应收账款债务的，人民法院应予支持。

【条文主旨】

本条是关于保理人权利的竞存与实现的规定，是对《民法典》第 766 条和第 768 条的解释。

【规则变迁】

《民法典》第 768 条规定："应收账款债权人就同一应收账款订立多个保理合同，致使多个保理人主张权利的，已经登记的先于未登记的取得应收账款；均已经登记的，按照登记时间的先后顺序取得应收账款；均未登记的，由最先到达应收账款债务人的转让通知中载明的保理人取得应收账款；既未登记也未通知的，

---

① 参见［英］罗伊·古德：《国际航空器融资法律实务——移动设备国际利益公约及航空器设备特定问题议定书正式评述》，高圣平译，法律出版社 2013 年版，第 38～42 页。

② 参见高圣平：《担保法前沿问题与判解研究（第五卷）：最高人民法院新担保制度司法解释条文释评》，人民法院出版社 2021 年版，第 482 页。

③ 参见张家勇：《论融资租赁的担保交易化及其限度》，载《社会科学辑刊》2022 年第 2 期。

按照保理融资款或者服务报酬的比例取得应收账款。”根据这一规定，就同一应收账款订立多个保理合同时的权利优先顺位问题得以解决，但上述规则并未谈及保理、质押及一般债权转让并存时不同类型的权利竞存的顺位问题，本条第1款针对这一问题规定，在保理、质押及一般债权转让并存时，其优先顺位的确定规则与《民法典》第768条的规则相同，即登记在先，顺位优先；均未登记的，通知先到达债务人的优先；既未登记也未通知的，按照保理融资款或者服务报酬的比例取得应收账款。

对于有追索权保理中保理人的追索权问题，《民法典》第766条规定：“当事人约定有追索权保理的，保理人可以向应收账款债权人主张返还保理融资款本息或者回购应收账款债权，也可以向应收账款债务人主张应收账款债权。”司法实践中对于上述“保理人可以向应收账款债权人主张，也可以向应收账款债务人主张”的规定属于“先后请求”“同时请求”还是属于“择一请求”存在不同理解。本条第2款明确了保理人的选择权，既可以以应收账款债权人或者应收账款债务人为被告提起诉讼，也可以一并起诉应收账款债权人和应收账款债务人。

基于有追索权保理的融资担保属性，保理人的追索权及对应收账款债务人的求偿权均限于融资款本息及相关费用，《民法典》第766条规定：“保理人向应收账款债务人主张应收账款债权，在扣除保理融资款本息和相关费用后有剩余的，剩余部分应当返还给应收账款债权人。”本条第3款明确了，应收账款债权人返还保理融资款本息或者回购应收账款债权后，重新取得该应收账款，可以请求应收账款债务人向其履行债务。

【理解与适用】

一、应收账款之上保理与其他交易竞存时的优先顺位规则

由于保理交易通常以架构约款概括界定转让的应收账款的范围，因此在其履行的层次，容易引起应收账款重复转让、保理、出质。此际，如何决定各权利人就标的应收账款的受偿顺序，即成为棘手的问题。①

就同一应收账款存在数个应收账款质权的情形，《民法典》第414条第2款规定，“其他可以登记的担保物权，清偿顺序参照适用前款规定。”应收账款质权即为典型的“其他可以登记的担保物权”，因此，同一应收账款如设立了两个或者两个以上的应收账款质权，即应准用《民法典》第414条第1款第1项“抵押权已经登记的，按照登记的时间先后确定清偿顺序”的规定。在解释上，该款第

① 参见黄茂荣：《论保理合同》，载《法治研究》2021年第3期。

1 款第 2、3 项自无准用余地。应收账款质权采取登记生效主义，如某一应收账款质权没有登记，即该应收账款质权不成立，自不存在与其他应收账款质权竞存的可能。由此可见，应收账款质权竞存之时的优先顺位判断标准仅有一个，即登记的先后。登记者和未登记者之间、未登记者之间不发生竞存关系。

就同一应收账款存在数个保理的情形，《民法典》第 768 条规定保理人之间的优先顺位判断标准包括了登记和通知应收账款债务人。登记在先，顺位优先；均未登记的，转让通知先到达债务人的优先；既未登记也未通知的，顺位平等，彼此之间不发生先后顺序关系，按照保理融资款或者服务报酬的比例取得应收账款。这一规则亦可类推适用于同一应收账款多重转让的情形。[①] 该条中的“取得应收账款”在特定的情形之下，是指取得就应收账款的优先顺位。[②]

由此可见，《民法典》上就不同的应收账款融资交易模式中权利冲突处理规则所作的政策选择并不一致。虽然《民法典》第 768 条规定了应收账款转让登记问题，明确以登记先后作为首要的顺位依据，[③] 但就同一应收账款，同时存在保理、应收账款质押和债权转让的情形，如何确定竞存权利之间的优先顺位？是准用《民法典》第 414 条第 1 款，还是类推适用《民法典》第 768 条？以应收账款质押与保理发生先后为标准，可以分为“质押在先，保理在后”与“保理在先，质押在后”两种情形。[④]

第一种情形，“质押在先，保理在后”。依据《民法典》第 445 条的规定，应收账款质权设立后，未经质权人同意，出质人不得转让该应收账款。由此，司法实践中均认可依法设立的应收账款质权优先于保理人的权利，如应收账款质权依法有效设立且先于应收账款转让发生，应收账款质权人与受让人权利竞存时，根据物权公信和公示原则，质权具有效力上的优先性，质权人先于应收账款受让人享有应收账款项下的权利。但对于《民法典》第 445 条中“应收账款出质后，不得转让”的含义存在不同理解。

第一种观点认为，在应收账款质权依法设立后，未经质权人同意，转让该应收账款的行为因违反实定法上的强制性规定而无效，或者不成立，或者属于无权处分行为（效力待定）。第二种观点认为，应收账款质权设立在先并不影响之后

---

① 值得注意的是，债权转让在《民法典》上并未被赋予登记能力。不过，就交易数额较大的债权让与而言，为保全其权利顺位，防止权利冲突，受让人亦可在动产和权利担保统一登记系统中登记其对应收账款的权利。

② 参见蔡睿：《保理合同中债权让与的公示对抗问题》，载《政治与法律》2021 年第 10 期。

③ 参见李志刚：《〈民法典〉保理合同章的三维视角：交易实践、规范要旨与审判实务》，载《法律适用》2020 年第 15 期。

④ 基于保理交易以应收账款转让为核心的立场，为讨论上的便利，本处仅涉及保理。至于应收账款转让，当可类推适用保理交易相关规则。

签订的保理合同的效力。“应收账款出质后，不得转让”的规定，并非效力性强制性规定。质权设立之后至质权实现期间，出质人享有期限利益，且该质权是否实现有待主债权的履行情况而确定。第三种观点认为，在应收账款质权已经依法登记之后，应收账款债权人仍隐瞒质押事实订立保理合同的，构成欺诈，如保理人不以欺诈为由请求撤销保理合同，该合同有效，但不能发生应收账款转让的效力，保理人不得请求应收账款债务人履行债务，但可以请求应收账款债权人承担违约责任。同时，应收账款债务人明知该应收账款被质押而协助应收账款债权人隐瞒质押事实的，应对该违约责任承担补充赔偿责任。

在《民法典》强调金钱债权流通性价值的背景下，[①] 否定入质应收账款的转让行为的效力，既与《民法典》的法政策选择不一致，也不利于实现应收账款效益的最大化。当保理人认可标的应收账款的价值大于被担保的主债权的事实，且愿意受让该应收账款时，限制标的应收账款的转让，正当性不足。[②] 此外，应收账款出质之后，出质人仍然保有其应收账款债权人地位，尽管《民法典》第445条对出质人转让标的应收账款作出限制，但并未限制出质人就标的应收账款再次出质。如此，秉承《民法典》第414条所确立的允许担保财产重复担保以充分发挥担保财产的金融价值的法政策选择，《民法典》第445条中的“转让”的文义应进行限缩解释，不包括出质在内。在保理交易功能化为担保交易之后，应收账款的转让仅起担保作用。因此，应收账款出质后，自然也就不影响出质人就标的应收账款叙做保理业务。此际，因为应收账款质权登记在先，不管此后保理交易是否登记，应收账款质权人的权利均优先于保理人。

笔者认为，在《民法典》实施之后，即使就标的应收账款签订质押合同，但应收账款质权未经登记即不设立，自然也不得对抗第三人。后继保理人无从自登记簿查知标的应收账款之上的质权负担，在签订保理合同之后及时在先办理了保理登记，此际，保理人就标的应收账款的权利自应优先。

第二种情形，“保理在先，质押在后”。对于在保理合同订立之后，又以同一应收账款设立质权的情形，裁判中就应收账款质权能否设立仍存争议。第一种观点认为，在应收账款已经转让后又以其设立质权的，属于无权处分，[③] 除非质权人善意，应收账款质权未设立；[④] 第二种观点则认为应收账款质权设立，但质权人应在扣除应收账款受让人受偿金额后的范围内优先受偿，即清偿顺位劣后。

---

① 参见黄薇主编：《中华人民共和国民法典合同编释义》，法律出版社2020年版，第191页。

② 参见罗帅：《应收账款质押的权利竞存顺位》，载《甘肃政法学院学报》2020年第3期。

③ 参见严良胜：《论应收账款上的质押和保理之优先权》，载《金融与经济》2009年第11期；田浩为：《保理法律问题研究》，载《法律适用》2015年第5期。

④ 参见江苏省高级人民法院民二庭课题组：《国内保理纠纷相关审判实务问题研究》，载《法律适用》2015年第10期。

笔者认为，在《民法典》第388条第1款将保理合同重构为担保合同之后，保理人就标的应收账款即仅取得担保权利，并未取得其完整权能。此际，即使标的应收账款已经转让予保理人，应收账款债权人也不失其就标的应收账款的剩余权能，也不影响其在同一应收账款上为他人设立质权。由此可见，应收账款债权人在与保理人签订保理合同之后，又以同一应收账款设立质权的，并不构成无权处分。基于《民法典》第414条和第768条所规定的权利竞存顺位确定规则，如在先的保理在应收账款质权之前登记，则保理人的权利优先；如在先的保理在应收账款质权之后登记，或者在先的保理并未登记，则应收账款质权人的权利优先。

尚存争议的是，就在先的保理未登记、在后的质权已登记的情形，如质权人知道标的应收账款已经转让予保理人，基于《民法典》第768条所间接确立的登记对抗规则，未登记的保理人权利可得对抗恶意的应收账款质权人。但从《民法典》第414条和第768条的文义来看，同一应收账款之上的不同担保物权之间优先顺位的确定，并不考虑在后的担保物权人主观上的善恶意。[①] 如此，此际，应收账款质权人的权利优先。

为防止裁判分歧，《民法典担保制度解释》第66条第1款明确规定，同一应收账款既有保理人的权利，又有应收账款质权人的权利，还有受让人的权利，彼此之间顺位的确定，不适用《民法典》第414条，而是准用《民法典》第768条。[②] 这里秉承了依公示的先后确立竞存权利之间优先顺位的一般规则。其一，无论是“质押在先，保理在后”还是“保理在先，质押在后”，应收账款债权人在设立先一权利之后，对后一权利的设立均不构成无权处分，《民法典》上关于无权处分和善意取得的相关规则自无适用余地；其二，相较于登记对抗规则，竞存权利之间的优先顺位规则不考虑在后权利的权利人是否善意。不管在在后权利设立之时，权利人是否善意，均依客观化的公示时间确立其与在先权利之间的顺位关系；其三，在登记可以自主在线便捷完成的情形之下，依登记先后判断竞存权利之间的优先顺位，增加了交易的确定性。当事人在从事应收账款融资交易之时，基于法律规定，自应首先查询动产和权利担保统一登记系统，以探知标的应收账款之上是否存在权利负担，从而控制交易风险。否则，应承担顺位劣后的风险；其四，在竞存权利均未登记的情形之下，将应收账款转让的事实通知应收账款债务人，在一定程度上起着公示的作用。此际，以转让通知到达应收账款债务人的先后确定竞存权利之间的优先顺位，在一定程度上有利于应收账款债务人履行债务；其五，在竞存权利均未登记和通知的情形之下，彼此之间顺位平等，不

---

① 参见高圣平：《民法典动产担保权优先顺位规则的解释论》，载《清华法学》2020年第3期。

② 就《民法典》第768条和《民法典担保制度解释》第66条第1款的批评意见，参见崔建远：《对非典型担保司法解释的解读》，载《法治研究》2021年第4期。

发生对抗关系，按照保理融资款或者服务报酬的比例就应收账款受偿。这一规则与《民法典》第414条第1款第3项规定的抵押权均未登记时按照被担保的债权比例清偿的法政策选择相一致。①

值得注意的是，在适用《民法典担保制度解释》第66条第1款之时，保理和应收账款转让均不以登记为前提，但应收账款质权则以登记为生效要件。应收账款质权未登记的，应收账款质权未设立，自无与保理、应收账款转让之间发生竞存的可能。“参照民法典第七百六十八条的规定”自然不是完全适用，如此，《民法典》第768条第三分句、第四分句关于“均未登记的，由最先到达应收账款债务人的转让通知中载明的保理人取得应收账款；既未登记也未通知的，按照保理融资款或者服务报酬的比例取得应收账款”的规定，不能适用于应收账款质权与其他权利相竞存的情形。② 当然，即使适用《民法典》第768条确定竞存的多数应收账款质权之间的优先顺位，其解释结论也无差异。此时，多数应收账款质权均已登记，第768条中间一句“均已经登记的，按照登记时间的先后顺序取得应收账款”的适用，与适用《民法典》第414条的后果并无二致。

二、保理人权利的实现

《民法典》第766条前句规定了有追索权保理中保理人的两种权利行使方式：“向应收账款债权人主张返还保理融资款本息或者回购应收账款债权”以及“向应收账款债务人主张应收账款债权”。这里未予明确的是，两者之间是“先后请求”“择一请求”，还是“同时请求”？对于保理人之间的权利主张，应收账款债权人和应收账款债务人之间的责任形态是连带责任，还是补充责任？

第一种观点认为，保理人在其融资款债权届期未获受偿的情形下，保理人尚须先向应收账款债务人主张应收账款债权，只有在该主张无法得以实现的情形下，保理人才能向应收账款债权人请求返还融资款。如此，在应收账款债权人和应收账款债务人之间，前者仅对保理人承担补充责任。第二种观点认为，保理人在其融资款债权届期未获受偿的情形下，既可以向应收账款债务人主张应收账款债权，也可以同时请求应收账款债权人一并偿还保理融资款。应收账款债务人对保理融资款负有首要偿还责任，应收账款债权人在应收账款金额范围内承担连带清偿责任、共同清偿责任，但一方的履行导致另一方责任的扣减。第三种观点认为，有追索权的保理属于具有担保债务履行功能的间接给付契约。只有在保理人行使追索权时明确表达出“反转让债权”的意思表示时才发生解除债权转让合同之法效果，保理人进而不得再向债务人主张债权。如保理人在请求债权人返还融

① 参见蔡睿：《保理合同中债权让与的公示对抗问题》，载《政治与法律》2021年第10期。

② 参见崔建远：《对非典型担保司法解释的解读》，载《法治研究》2021年第4期。

资款时并没有反转让债权的意思，而具有希望债权人与债务人一同承担债务的意思，则其行使追索权后仍可以向债务人求偿。第四种观点则认为，追索权即为回购权，保理人行使此权利即丧失对应收账款债务人所享有的应收账款债权，该应收账款的债权人即刻回归为原债权人，保理人不得再向应收账款债务人求偿。

（一）保理人实现其债权时的选择权

《民法典》第766条前句的文义至为明确，在保理合同中约定的保理融资款和服务报酬债权到期之时，如应收账款债务人尚未清偿应收账款，保理人即在"向应收账款债权人主张返还保理融资款本息或者回购应收账款债权"与"向应收账款债务人主张应收账款债权"之间享有选择权。两者之间在适用上并无先后顺序之分。[①]《民法典担保制度解释》第66条第2款前段规定："在有追索权的保理中，保理人以应收账款债权人或者应收账款债务人为被告提起诉讼，人民法院应予受理。"这一规定即准确传达了《民法典》第766条的立法意旨。如此看来，前述第一、三种观点在《民法典》实施之后即无适用余地。

值得注意的是，《银行保理管理办法》第10条将有追索权保理交易中保理人向应收账款债权人主张权利的前提条件界定为"在应收账款到期无法从债务人处收回"；《中国银行业保理业务规范》第5条中指出，"保理融资的第一还款来源为债务人对应收账款的支付"。学说上即有观点认为，保理人应先向应收账款债务人主张应收账款债权。[②]"第一还款来源"之类的表述，表明监管机关和行业协会警示保理人在叙做保理业务之时关注应收账款本身的真实性和确定性，并不能当然得出保理人负有先行收取应收账款的义务的解释结论。[③] 即使将"第一还款来源"之类的表述解释为保理人负有先行收取应收账款的义务，但这些规定在《民法典》实施之后即无上位法的支撑，应予修正。

《民法典》第766条前句"可以""也可以"的条文表达，仅表明保理人可以"择一请求"，但并不能得出保理人可以"同时请求"的确定解释结论。就与保理交易同属非典型担保的融资租赁交易，《民法典》第752条就出租人权利的行使也使用的是"可以""也可以"。《最高人民法院关于审理融资租赁合同纠纷案件适用法律问题的解释》（2020年修正）第10条在承认出租人在"请求支付全部租金"和"解除合同，收回租赁物"之间享有选择权的前提之下，将两者之间解释为"非此即彼"的关系，出租人不得同时主张两种违约救济路径。[④]《民法典》

---

① 参见朱晓喆、刘剑峰：《虚假应收账款保理交易中保理人的信赖保护》，载《人民司法·应用》2021年第4期；潘运华：《民法典中有追索权保理的教义学构造》，载《法商研究》2021年第5期。

② 参见陈辛迪、胡爱民：《有追索权保理法律性质研究》，载《地方财政研究》2020年第7期。

③ 参见李宇：《保理合同立法论》，载《法学》2019年第12期。

④ 就前述融资租赁司法解释的讨论，参见高圣平：《担保法前沿问题与判解研究（第五卷）：最高人民法院新担保制度司法解释条文释评》，人民法院出版社2021年版，第482～483页。

第766条和第752条的表述一样，是否意味着，保理人的违约救济路径亦应作非此即彼的解释？

学说上有观点认为，《民法典》第766条应作相同理解。其主要理由在于：保理人向应收账款债权人主张权利，如不扣减或者放弃对应收账款债务人的债权，将构成“双重受偿”；如保理人向应收账款债权人主张权利，应当返还应收账款债权，而其同时又向应收账款债务人主张应收账款债权，二者本身存有矛盾。①

笔者认为，在有追索权保理的担保功能的视角之下，保理人与应收账款债权人的主债权为保理融资款即服务报酬债权；保理人受让取得的应收账款债权系担保主债权之清偿。在此结构之下，保理人自可同时主张主债权和担保物权，一如应收账款质权人在应收账款质押融资交易之下同时主张主债权和应收账款质权。②由此，有追索权保理中所谓“追索”，实际上是保理人向应收账款债权人主张主债权的清偿。所谓“双层受偿”问题，产生于就保理人对应收账款债权人的追索权及对应收账款债务人的应收账款债权两者之间关系的不同解释。在所有担保交易关系中均存在权利人是向主债务人主张主债权还是向担保人主张担保权利的问题，无论是既有的担保物权制度安排，还是裁判实践中所体现的诉讼结构，无不承认债权人（担保物权人）同时主张主债权和担保物权，只不过须在判决主文中予以清晰表述，首先判令债务人履行主债务，其次判令担保人承担担保责任，其中说明债权人就担保财产的变价款优先受偿。在执行实践中亦未出现“双层受偿”问题。由此可见，两者之间并非“非此即彼”的关系。基于此，《民法典担保制度解释》第66条第2款后段规定：“保理人一并起诉应收账款债权人和应收账款债务人的，人民法院可以受理。”这就意味着，《民法典担保制度解释》作了不同于前述融资租赁司法解释的安排，前述第一、三、四种观点在《民法典》实施之后亦无适用余地。

（二）保理人行使追索权的各种形式之间的关系

保理人行使追索权的各种形式之间的规范意旨相同，均在于使保理融资款得以清偿。《民法典》第766条将保理人可得向应收账款债权人行使追索权的形式界定为，“返还保理融资款本息”或者“回购应收账款债权”；《银行保理管理办法》第10条在此两种形式之外还增加了一种“向债权人反转让应收账款”形式。“回购应收账款债权”和“向债权人反转让应收账款”之间，是“一体两面”的关系：“反转让”相对于“转让”而言，指的是保理人向应收账款债权人转让标

---

① 参见李志刚：《〈民法典〉保理合同章的三维视角：交易实践、规范要旨与审判实务》，载《法律适用》2020年第15期。

② 参见何颖来：《〈民法典〉中有追索权保理的法律构造》，载《中州学刊》2020年第6期。

的应收账款；“回购”是指应收账款债权人向保理人购回标的应收账款。不过，就非融资性保理而言，“反转让”相比“回购”更能表达无须支付对价的含义。

保理人行使追索权的各种形式之间以“或者”相并而称，表明保理人就此享有选择权。无论保理人选择何种行使方式，只要其主张得以实现，保理人对应收账款债权人的保理融资款债权即因此而得以清偿。在应收账款债权人返还保理融资款的情形之下，应收账款债权人先前转让给保理人的应收账款也因此而得以回购或者反转让；在应收账款债权人回购应收账款债权的情形之下，由于“回购应收账款债权”的对价即为保理融资款减去保理人已向应收账款债务人收取的款项，保理人对应收账款债权人的保理融资款债权也因此而得以清偿。通常情况下，回购的效果是撤销保理人对标的应收账款的受让，并使应收账款债权人因未清偿的融资款而对保理人产生债务。这一债务仍由保理人就标的应收账款的担保权作担保，直至应收账款债权人通过向保理人付款、替换可接受的应收账款或以其他方式其他其债务。① 由此可见，“回购应收账款债权”也只是“返还保理融资款本息”的另一种表达方式，②“返还保理融资款本息”和“回购应收账款债权”之间并无本质区别，在解释上，均为保理人主张主债权的方式。③ 前述第三种观点中区分保理人行使追索权的方式而采取不同处理方案的观点，即无依据。

（三）应收账款债权人与债务人对于保理人权利主张的责任形态

保理人的两种权利主张既可以“择一请求”，也可以“同时请求”，仅仅只具有程序法上的意义，并不当然表明应收账款债权人与应收账款债务人对保理人承担连带责任，因为尚有不真正连带责任、补充责任等两种解释选择。《民法典担保制度解释》第 66 条第 2 款后段规定：“保理人一并起诉应收账款债权人和应收账款债务人的，人民法院可以受理。”这里使用的是“可以”。其法政策选择依据在于，有追索权保理“既然具有担保功能，在诉讼中，也应当参照担保的规定处理。根据《民法典担保制度解释》第 26 条的规定，一般保证中，债权人一并起诉债务人和保证人的，人民法院可以受理。参照该规定，保理人一并起诉应收账款债权人和应收账款债务人，人民法院也可以受理”④。这里似乎认为，应收账款债权人对于应收账款债务人而言存在顺序利益，保理人须先向应收账款债务人主张应收账款债权，未获清偿之时才能向应收账款债权人融资款债权，一如一般

---

① See David B Tatge, Jeremy B Tatge and David Flaxman, *American Factoring Law*, BNA books, 2009, p. 242.

② 参见潘运华：《民法典中有追索权保理的教义学构造》，载《法商研究》2021 年第 5 期。

③ 参见魏冉：《保理的概念及其法律性质之明晰》，载《华东政法大学学报》2021 年第 6 期；王聪：《〈民法典〉保理合同的功能主义构造》，载《社会科学》2021 年第 8 期。

④ 最高人民法院民事审判第二庭编：《最高人民法院民法典担保制度司法解释理解与适用》，人民法院出版社 2021 年版，第 557 页。

保证。

学说上也有观点认为，在法律没有直接规定且当事人没有明确约定应收账款债权人与应收账款债务人之间承担连带责任的前提之下，应收账款债权人将标的应收账款转让于保理人之后，应收账款债务人对保理人承担第一顺位还款责任，应收账款债权人仅在应收账款债务人未能清偿的范围内承担补充责任。[①] 这一补充责任又不同于一般保证中保证人的补充责任，“融资申请人（债权人）并不享有先诉抗辩权。债务人不能清偿应当理解为到期后保理商向债务人要求履行而未获清偿这一客观事实，而无需以诉讼等方式提出，也不要求客观不能清偿”[②]。这一解释结论颇值商榷。

第一，在将有追索权保理中保理人就其取得的应收账款的权利功能化为担保物权之后，应收账款债务人并不负担对保理人的第一顺位还款责任，已如前述。此时，保理人的权利实现自应参照担保物权的规定处理，而非参照一般保证的规定。与一般保证交易中保证人对于主债务人存在顺序利益不同，物上担保交易中的物上保证人对于主债务人均无顺序利益可言。《民法典》第 386 条、第 394 条、第 425 条关于担保物权、抵押权、动产质权的定义性法条中，将担保物权的实现条件均界定为“债务人不履行到期债务或者发生当事人约定的实现担保物权（抵押权、质权）的情形”，这里，对于债权人实现其债权，在向主债务人主张主债权和向物上保证人行使担保物权之间，并无顺序上的限制，债权人自可参酌具体情形自由选择。《民法典担保制度解释》第 45 条第 3 款特别规定：“债权人以诉讼方式行使担保物权的，应当以债务人和担保人作为共同被告。”这里表明，在以诉讼方式实现担保物权之时，债权人应当同时主张主债权和担保物权。其正当性在于方便查明担保物权所担保的主债权，进而确定担保物权的优先受偿的范围，以提高诉讼效率。[③] 有追索权保理纠纷中，自应作相同理解。

第二，基于应收账款债务人不清偿债务的事实状态，保理人即可向应收账款债权人主张权利，已经脱离了补充责任的文义。“不能清偿”不同于“不清偿”，指的是就债务人方便执行的责任财产强制执行仍然未获清偿的情形。实际上，应收账款债务人未清偿应收账款，是保理人行使其权利的条件之一。[④] 在此条件已

---

① 参见贺小荣主编：《最高人民法院第二巡回法庭法官会议纪要（第一辑）》，人民法院出版社 2019 年版，第 50 页。

② 包晓丽：《保理项下应收账款转让纠纷的裁判分歧与应然路径》，载《当代法学》2020 年第 3 期。

③ 参见高圣平：《担保法前沿问题与判解研究（第五卷）：最高人民法院新担保制度司法解释条文释评》，人民法院出版社 2021 年版，第 318 页。

④ See Simon Mills and Noel Ruddy, Salinger on Factoring, Sixth Edition, Sweet & Maxwell, 2020, p. 17; David B Tatge, Jeremy B Tatge and David Flaxman, American Factoring Law, BNA books, 2009, p. 183.

经成就的情形之下，仍然强制性地要求保理人再先向应收账款债务人清偿应收账款债权，如应收账款债务人不清偿，才能向应收账款债权人主张权利，应属多余。

第六十七条　在所有权保留买卖、融资租赁等合同中，出卖人、出租人的所有权未经登记不得对抗的“善意第三人”的范围及其效力，参照本解释第五十四条的规定处理。

【条文主旨】

本条是关于所有权保留买卖、融资租赁交易中的登记对抗的规定，系对《民法典》第 641 条第 2 款和第 745 条的解释。

【规则变迁】

就融资租赁合同中出租人享有的所有权的效力，原《合同法》第 242 条规定：“出租人享有租赁物的所有权。承租人破产的，租赁物不属于破产财产。”《民法典》第 745 条将其修改为：“出租人对租赁物享有的所有权，未经登记，不得对抗善意第三人。”两者相较，《民法典》删去了“承租人破产的，租赁物不属于破产财产”的规定，即在承租人破产之时，出租人自不得依其所有权主张破产取回权，而仅得在其所有权已行登记的情形之下向破产管理人主张优先受偿权；如未登记，即不具有对抗善意第三人的效力，也不得对抗破产管理人。①

同样，就所有权保留买卖中出卖人所保留的所有权，原《合同法》第 134 条规定：“当事人可以在买卖合同中约定买受人未履行支付价款或者其他义务的，标的物的所有权属于出卖人。”《民法典》第 641 条第 2 款亦新增规定：“出卖人对标的物保留的所有权，未经登记，不得对抗善意第三人。”

由此可见，《民法典》对于融资租赁合同、所有权保留买卖合同等具有担保功能的合同中的所有权采取了登记对抗主义。

《民法典担保制度解释》第 54 条对未经登记的动产抵押权不得对抗的“善意第三人”的范围及其效力作了解释，本条在此基础上，通过准用性规范，就所有权保留买卖交易和融资租赁交易中未登记的出卖人、出租人的所有权不得对抗的第三人的范围进行了补充规定，即未登记的出卖人、出租人的所有权，不得对抗善意的受让人和善意承租人，不得对抗查封或者扣押债权人，不得对抗破产债权人或者管理人。在解释上，也不得对抗参与分配债权人，不得对抗其他担保物

① 参见高圣平：《民法典动产担保权登记对抗规则的解释论》，载《中外法学》2020 年第 4 期。

权人。

【理解与适用】

一、所有权保留买卖交易的功能化转向

所有权保留买卖交易等以所有权作为担保工具的交易是否应纳入动产担保交易制度中予以统一规范，是国际统一实体法运动中最具争议性的问题之一。我国《民法典》尊重当事人基于自主意愿架构交易结构的合同自由，将所有权保留买卖交易中出卖人就标的物的权利界定为所有权。但是，《民法典》第388条第1款中又规定，“担保合同包括抵押合同、质押合同和其他具有担保功能的合同”。这里的“其他具有担保功能的合同”包括所有权保留买卖合同。[①] 亦即虽然所有权保留买卖合同不是典型的担保合同（抵押合同、质押合同），但基于其具有明显的担保功能，也就被视为担保合同，出卖人所保留的所有权也就被视为担保物权。[②] 如此，我国《民法典》采取了功能性形式主义的立法模式，这也增加了相关规则之间解释上的困难。

笔者认为，尽管《民法典》将所有权保留买卖交易中出卖人保留的权利界定为“所有权”，并非物权法定主义之下“担保物权”，但是这一“所有权”已经不同于通常意义上的完全所有权，已如前述。《民法典》第240条关于所有权的定义性法条为所有权的类型化提供了依据。其中的“依法”表明所有权人行使其所有权并非绝对自由，而须受法律规定的限制。[③] 针对不同类型的所有权，“依法”一语意味着法律上所规定的限制也就不尽相同。如业主行使其所有权不得危及建筑物的安全，不得损害其他业主的合法权益（《民法典》第272条）；处分共有的不动产或者动产以及对共有物，应当经占份额2/3以上的按份共有人或者全体共同共有人同意（《民法典》第301条）。如此，在法律上对所有权保留买卖交易中出卖人所有权的内容作出限制，亦属当然。

---

① 参见王晨：《关于〈中华人民共和国民法典（草案）〉的说明——2020年5月22日在第十三届全国人民代表大会第三次会议上》，载《中华人民共和国全国人民代表大会常务委员会公报》2020年特刊。

② 参见谢鸿飞：《〈民法典〉实质担保观的规则适用与冲突化解》，载《法学》2020年第9期；王利明：《担保制度的现代化：对〈民法典〉第388条第1款的评析》，载《法学家》2021年第1期；李运杨：《〈民法典〉动产担保制度对功能主义的分散式继受》，载《华东政法大学学报》2022年第4期。

③ 参见最高人民法院民法典贯彻实施工作领导小组主编：《中华人民共和国民法典物权编理解与适用》（上），人民法院出版社2020年版，第209页。

《民法典》事实上已经将所有权区分为完全所有权与担保性所有权两种类型,[①] 赋予了两种所有权不同的内容。一如抵押权之下不动产抵押权与动产抵押权的区分、一般抵押权与最高额抵押权的区分，虽然均为抵押权，但其内容上却存在着差异。就所有权保留买卖交易中出卖人的担保性所有权，《民法典》上规定的区别于完全所有权的内容举其要者有：

第一，《民法典》第 641 条第 2 款关于“未经登记，不得对抗善意第三人”的规定，已经表明所有权保留买卖交易中出卖人的所有权并不具有所有权的完整权能。出卖人的所有权在未予登记的情形之下，不得对抗抵押权人、质权人、善意受让人、善意承租人、查封扣押债权人、破产管理人,[②] 亦即此时的所有权并不得对前述权利人就标的物主张直接支配和排他的权利。出卖人的所有权即使已行登记，也不具备占有、使用、收益、处分的权能,[③] 依据《民法典》第 641 条第 1 款，出卖人保留的所有权只为一个目的而存在：确保买受人给付价金或者履行其他义务,[④] 也就体现为出卖人对标的物交换价值的直接支配性和排他性。如此，出卖人除就标的物价值依法享有优先受偿权外，不享有基于完全所有权的其他权能，即出卖人的担保性所有权表现为单面性的“价值权”属性。[⑤]

第二，《民法典》第 642 条、第 643 条所规定的“取回—回赎—再出卖—清算”的出卖人权利救济规则，已经不同于完全所有权。在完全所有权之下，所有权人自可基于《民法典》第 235 条规定的所有物返还请求权而主张取回标的物，如此，所谓取回权仅仅只是所有物返还请求权的代名词，所有权人据此取回标的物之后，并无法定的清算义务。但在所有权保留买卖交易中，买受人未给付价金或者未履行其他义务之时，出卖人取回标的物的，无论依据《民法典》第 642 条第 2 款“参照适用担保物权的实现程序”，还是依据《民法典》第 643 条第 2 款在买受人未回赎之时的另行出卖标的物，均须适用清算法理，即“出卖所得价款扣除买受人未支付的价款以及必要费用后仍有剩余的，应当返还买受人；不足部

---

① 参见张家勇：《体系视角下所有权担保的规范效果》，载《法学》2020 年第 8 期；王立栋：《〈民法典〉第 641 条（所有权保留买卖）评注》，载《法学家》2021 年第 3 期。

② 参见高圣平：《民法典动产担保权登记对抗规则的解释论》，载《中外法学》2020 年第 4 期；王洪亮：《所有权保留制度定性与体系定位——以统一动产担保为背景》，载《法学杂志》2021 年第 4 期。

③ 就处分权能，尚存解释上的分歧。参见周江洪：《所有权保留买卖的体系性反思——担保构成、所有权构成及合同构成的纠葛与梳理》，载《社会科学辑刊》2022 年第 1 期；王立栋：《〈民法典〉第 641 条（所有权保留买卖）评注》，载《法学家》2021 年第 3 期；王洪亮：《所有权保留制度定性与体系定位——以统一动产担保为背景》，载《法学杂志》2021 年第 4 期；纪海龙：《民法典所有权保留之担保权构成》，载《法学研究》2022 年第 6 期。

④ 参见王立栋：《〈民法典〉第 641 条（所有权保留买卖）评注》，载《法学家》2021 年第 3 期。

⑤ 参见张家勇：《体系视角下所有权担保的规范效果》，载《法学》2020 年第 8 期。

分由买受人清偿”。[①] 如此，出卖人据以取回标的物的基础权利——担保性所有权的内容与效力已经不同于完全所有权，出卖人取回权的行使程序及清算义务均清楚地表明出卖人的担保性所有权的价值权属性。

第三，虽然物权变动的公示方法并非物权法定原则的当然内容，[②] 但《民法典》第641条第2款规定的出卖人所有权的登记对抗规则，已与《民法典》第208条和第224条所确立的动产物权变动公示的一般规则不一致。动产所有权的设立和转让，“自交付时发生效力，但是法律另有规定的除外”（《民法典》第224条）。出卖人就标的物的所有权，并非基于所有权保留买卖合同而取得，而是基于此前的生产或者交易而取得，如此，所有权保留买卖交易中在买受人给付价金或者履行其他义务之前并不存在物权变动，也就无须满足物权变动所需的公示要件。[③] 但是，在所有权保留买卖交易成立之时，出卖人原本享有的完全所有权即转化为担保性所有权，由此即受担保物权公示要件的约束。在解释上，登记对抗主义的引入，提高了有关买受人法律地位的信息的透明度，以便潜在债权人及时了解，[④] 但并未改变《民法典》上动产所有权的设立和转让规则，更多的是从担保视角规定担保性所有权的效力及其对抗范围，是为了解决其他债权人保护问题而公示，[⑤] 以利于同一标的物上设立多重担保情形确定彼此之间的优先顺位。在所有权保留买卖交易中，标的物的担保性所有权由出卖人保有，但却由买受人占有、使用，占有标的物的事实状态已经无法起到公示标的物之上的权利负担的作用。如不采取登记公示方法，第三人尚须付出巨大的调查成本以探知标的物上的真实权利现状，势必损害交易安全。[⑥]《民法典》第641条第2款的规定与同属价值权的动产抵押权的登记对抗规则相统一，进一步强化了出卖人的担保性所有权不同于完全所有权的特性。[⑦]

综上，《民法典》已经明确地表达了所有权保留买卖交易中出卖人所有权的

---

① 参见王立栋：《〈民法典〉第641条（所有权保留买卖）评注》，载《法学家》2021年第3期。

② 参见常鹏翱：《物权法定原则的适用对象》，载《法学》2014年第3期；张家勇：《体系视角下所有权担保的规范效果》，载《法学》2020年第8期。

③ 参见张家勇：《体系视角下所有权担保的规范效果》，载《法学》2020年第8期；周江洪：《所有权保留买卖的体系性反思——担保构成、所有权构成及合同构成的纠葛与梳理》，载《社会科学辑刊》2022年第1期；邹海林：《所有权保留的制度结构与解释》，载《法治研究》2022年第6期。

④ See Duncan Sheehan, Registration, Re – Characterisation of Quasi – Security and the Nemo Dat Rules, 7 *Journal of Business Law* 584, 590 (2018).

⑤ 参见刘竞元：《民法动产担保的发展及其法律适用》，载《法学家》2021年第1期。

⑥ 参见黄薇主编：《中华人民共和国民法典合同编释义》，法律出版社2020年版，第405~406页。

⑦ 参见最高人民法院民法典贯彻实施工作领导小组主编：《中华人民共和国民法典合同编理解与适用》（二），人民法院出版社2020年版，第616页；刘保玉：《民法典担保物权制度新规释评》，载《法商研究》2020年第5期；纪海龙：《民法典动产与权利担保制度的体系展开》，载《法学家》2021年第1期。

特定权利内容，从本质上而言，在所有权保留买卖中的所有权，被限定为特定目的的所有权，其更多的是服务于所有权的担保功能，[①] 彰显了其中出卖人所有权的价值权属性和担保物权效力元素，解决了物权法定主义之下完全所有权与担保性所有权之间的龃龉。所有权保留买卖交易中出卖人所有权的特殊内容已由《民法典》明确规定，并不与物权法定原则形成真正的冲突。[②] 这一处理模式尊重了合同自由之下当事人就交易结构的选择，维系了当事人所选择的所有权分配保持不变，同时将所有权保留买卖交易中出卖人的所有权的内容法定地与动产抵押权大致相似，体现着功能性形式主义立法模式的基本特点。[③]

二、融资租赁交易的功能化转向

《民法典》物权编所确立的物权体系，是以所有权为起点推及至用益物权和担保物权，维系着自物权与他物权、完全物权与定限物权的传统区分。担保物权系在“债务人或者第三人”的财产上设立（《民法典》第394条、第425条），属于他物权；其权利内容为“就该财产优先受偿”（《民法典》第386条、第394条、第425条），属于定限物权。融资租赁交易中出租人就租赁物享有的是所有权（第745条前句），虽然其在经济功能上起着担保租金债权清偿的功能，但也无法植入既有的担保物权体系之中。由此而决定：其一，在租赁期间，承租人并不享有租赁物的所有权，未经出租人同意，承租人不得处分租赁物（《民法典》第753条）；其二，在承租人经催告仍未偿付租金的情形之下，出租人收回租赁物以其解除融资租赁合同为前提（《民法典》第752条后句）。但是，融资租赁交易中出租人就租赁物的所有权又明显不同于普通租赁交易，主要体现在：其一，出租人仅负有保证承租人对租赁物的占有和使用的义务（平静占有义务）（《民法典》第748条第1款），并不负担与租赁物相关的瑕疵担保责任、致人损害责任、维修保养义务以及毁损灭失风险（《民法典》第747条、第749条、第750条、第751条）；[④] 其二，融资租赁交易成立之后，出租人既不享有对租赁物的占有、使用、收益权能，也并不享有对租赁物的处分权能（《民法典》第748条第2款、《融资租赁解释》第6条），出租人的处分权体现为对租金债权的处分（《融资租赁解

---

① 参见周江洪：《所有权保留买卖的体系性反思——担保构成、所有权构成及合同构成的纠葛与梳理》，载《社会科学辑刊》2022年第1期。

② 参见张家勇：《体系视角下所有权担保的规范效果》，载《法学》2020年第8期。

③ See Jan Jakob Bornheim, *Property Rights and Bijuralism : Can a Framework for an Efficient Interaction of Common Law and Civil Law Be an Alternative to Uniform Law?* Mohr Siebeck, 2020, pp. 381 - 385.

④ 参见刘保玉、张烜东：《论动产融资租赁物的所有权登记及其对抗效力》，载《中州学刊》2020年第6期。

释》第4条)。[①] 其三，融资租赁合同的租金，并非使用租赁物的对价，而由出租人购买租赁物的成本以及合理利润构成（《民法典》第746条）；其四，融资租赁合同因期限届满而终止的，出租人的所有权并不当然具有回复力，在留购的情形下，租赁物的所有权通常由承租人支付象征性的价款而取得（《民法典》第759条）。

由此可见，我国《民法典》维系着融资租赁交易中当事人之间的形式上的安排，未在担保物权规则体系中采行一体化的担保物权观念，在立法模式上并未采行功能主义进路。与此同时，虽然出租人在融资租赁交易中对于标的物享有所有权，但出租人的这一“所有权”仅具形式意义，实质上并不具有所有权的权能，其真实目的并非借助所有权的回复力重新取回标的物，而是担保租金债权的实现。亦即，与租赁物所有权有关的风险与收益实质上均转移予承租人，出租人的所有权仅具担保的意义。[②] 相较于出租人，承租人更像是标的物的实际所有权人。因此，许多学者将出租人的所有权称为“观念上的所有权”、[③] “名义上的所有权”[④] “形式上的所有权”[⑤] “担保性所有权”[⑥] “功能化的所有权”[⑦] 或者“特殊的担保权”等。[⑧]

有鉴于此，《民法典》第388条第1款通过“其他具有担保功能的合同”的表述将融资租赁交易纳入到担保制度，从而扩张了担保制度的外延。[⑨] 由此，出租人就租赁物的所有权即为承租人清偿租金债权的担保。出租人借助于承租人分期给付的租金收回成本的速度一般高于标的物实际折旧的速度，在允许标的物加速折旧的背景之下，标的物的实际价值通常高于其账面残值。在承租人违约的情况下，出租人就标的物的变价款通常会高于其未收回的投资。基于此，在商业逻

---

① 参见程卫东：《论国际融资租赁物的所有权》，载《中国国际私法与比较法年刊（第3卷）》，法律出版社2000年版，第362～363页。

② 参见黄薇主编：《中华人民共和国民法典合同编释义》（下），法律出版社2020年版，第597～598页。

③ 参见王利明：《合同法研究（第3卷）（第二版）》，中国人民大学出版社2018年版，第350页。

④ 参见程卫东：《论国际融资租赁物的所有权》，载《中国国际私法与比较法年刊》（第3卷），法律出版社2000年版，第362页。

⑤ 参见纪海龙：《民法典动产与权利担保制度的体系展开》，载《法学家》2021年第1期。

⑥ 参见张家勇：《论融资租赁的担保交易化及其限度》，载《社会科学辑刊》2022年第2期。

⑦ 参见高圣平：《动产担保交易的功能主义与形式主义——中国〈民法典〉的处理模式及其影响》，载《国外社会科学》2020年第4期。

⑧ 参见刘保玉、张烜东：《论动产融资租赁物的所有权登记及其对抗效力》，载《中州学刊》2020年第6期。

⑨ 参见高圣平：《动产担保交易的功能主义与形式主义——中国〈民法典〉的处理模式及其影响》，载《国外社会科学》2020年第4期；王利明：《担保制度的现代化：对〈民法典〉第388条第1款的评析》，载《法学家》2021年第1期；吴光荣：《〈民法典〉对担保制度的新发展及其实践影响——兼论〈民法典担保制度司法解释〉的适用范围》，载《法治研究》2021年第4期。

辑上，标的物的所有权足以起到担保租金债权清偿的作用。① 拒绝接受功能化解释方案的学者认为，当事人的意思表示并非在标的物上设立担保物权，而是出租人保有所有权，将该所有权视为担保物权，将承租人视为标的物的所有权人，违背了私法自治原则。② 但这一理由与事实并不相符。我国司法实践中并不反对对当事人表示出来的意思进行重新定性，所谓“名实不副”的交易即属此类。司法实践中的通说认为，当事人之间交易的实质相比其所采取的交易形式更为重要，法院应以交易的法律实质而不是交易形式来确定法律效果。③

《民法典》并在相关规则中体现着功能主义的元素，其中主要是将动产抵押权的公示对抗规则贯彻于融资租赁交易。④ 在融资租赁交易中，出租人就标的物享有所有权，但承租人持续占有、使用标的物的事实对外无法起到公示该标的物属于出租人所有的作用。出租人就标的物所有权的取得依循物权变动的一般规则，在《民法典》实施前后，均采行“买卖合同 + 交付生效”（普通动产）或者“买卖合同 + 交付生效 + 登记对抗”（机动车、船舶、航空器等特殊动产）。标的物所有权的转移产生于出租人与出卖人之间的基础交易合同——买卖合同，而非出租人与承租人之间的融资租赁合同。《民法典》第 745 条改变了形式主义进路下的所有权公示方法，直接规定融资租赁交易中出租人的所有权未经登记不得对抗善意第三人，很明显与《民法典》第 403 条所确立的动产抵押权的登记对抗规则相一致，是融资租赁交易担保功能化的技术工具，体现着功能性形式主义的基本思想。⑤ 其益处在于，公示标的物上的所有权，其他债权人可据以判断标的物

---

① 参见程卫东：《论国际融资租赁物的所有权》，载《中国国际私法与比较法年刊》（第 3 卷），法律出版社 2000 年版，第 361 页。

② See Richard Calnan, *What Makes a Good Law of Security?* in Frederique Dahan ed., *Research Handbook on Secured Financing in Commercial Transactions*, Edward Elgar Publishing, 2015, p. 471；邹海林：《价款债权抵押权的制度价值与解释》，载《北方法学》2021 年第 4 期。

③ 参见最高人民法院民事审判第二庭编：《〈全国法院民商事审判工作会议纪要〉理解与适用》，人民法院出版社 2019 年版，第 5 页；谷昔伟：《穿透式审判思维在民商事案件中的运用与界限》，载《山东法官培训学院学报》2022 年第 4 期；胡正民：《穿透式审判思维的适用规则与界限——基于要件事实理论勾勒三阶七步穿透法》，载《山东法官培训学院学报》2022 年第 4 期；王梓臣：《民商事案件中穿透式审判思维的运用及限制》，载《山东法官培训学院学报》2022 年第 4 期。

④ 参见李运杨：《〈民法典〉动产担保制度对功能主义的分散式继受》，载《华东政法大学学报》2022 年第 4 期。

⑤ 参见谢鸿飞：《民法典担保规则的再体系化》，载《社会科学研究》2019 年第 6 期；最高人民法院民法典贯彻实施工作领导小组主编：《中华人民共和国民法典合同编理解与适用（三）》，人民法院出版社 2020 年版，第 1658 页；张家勇：《论融资租赁的担保交易化及其限度》，载《社会科学辑刊》2022 年第 2 期。不同意见参见邹海林：《价款债权抵押权的制度价值与解释》，载《北方法学》2021 年第 4 期。

上的权利负担，降低尽职调查成本，使查询者的风险规避成本最低。①

综上所述，我国《民法典》采取了功能性形式主义进路。在物债两分体系之下，民事法律关系依其不同性质，分别定位于《民法典》的不同分编。依物权变动的原因和结果相区分原则（《民法典》第215条），物权变动的原因（民事法律行为）主要是合同，属于合同编的调整范围，而是否发生物权变动的结果以及物权的效力与保护，则受物权编的规制。如此，《民法典》合同编融资租赁合同章仅应涉及当事人之间的债权债务关系问题，且其中规则多具任意法属性，得由当事人依约定而排除适用；而《民法典》物权编则为出租人就标的物的所有权予以保护。融资租赁交易的功能化转向，并不涉及融资租赁合同中当事人之间的债权债务关系，仅仅只表明对出租人的物权保护，由所有权转向担保物权，② 其立法意旨在于，规制"手段超过目的"，借由功能化转向，将涉及出租人所有权的相关规则与动产抵押权的相关规则相统合。但是，我国《民法典》就此所做的努力明显不够，仅明确了功能性所有权的登记对抗规则，对于出租人权利的优先顺位规则和实现规则，均缺乏明确规定，增加了功能性形式主义之下的解释困难。③

第六十八条　债务人或者第三人与债权人约定将财产形式上转移至债权人名下，债务人不履行到期债务，债权人有权对财产折价或者以拍卖、变卖该财产所得价款偿还债务的，人民法院应当认定该约定有效。当事人已经完成财产权利变动的公示，债务人不履行到期债务，债权人请求参照民法典关于担保物权的有关规定就该财产优先受偿的，人民法院应予支持。

债务人或者第三人与债权人约定将财产形式上转移至债权人名下，债务人不履行到期债务，财产归债权人所有的，人民法院应当认定该约定无效，但是不影响当事人有关提供担保的意思表示的效力。当事人已经完成财产权利变动的公示，债务人不履行到期债务，债权人请求对该财产享有所有权的，人民法院不予支持；债权人请求参照民法典关于担保物权的规定对财产折价或者以拍卖、变卖该财产所得的价款优先受偿的，人民法院应予支持；债务人履行债务后请求返还财产，或者请求对财产折价或者以拍卖、变卖所得的价款清偿债务的，人民法院应予支持。

债务人与债权人约定将财产转移至债权人名下，在一定期间后再由债务人或者其指定的第三人以交易本金加上溢价款回购，债务人到期不履行回购义务，财

① See Duncan Sheehan, Registration, Re - Characterisation of Quasi - Security and the Nemo Dat Rules, 7 *Journal of Business Law* 584, 591 (2018).

② See World Bank, *Secured Transactions, Collateral Registries and Movable Asset - Based Financing: Knowledge Guide*, World Bank, 2019, p. 16.

③ 参见王乐兵：《动产担保优先顺位的立法构造与适用解释》，载《法学家》2022年第2期。

产归债权人所有的，人民法院应当参照第二款规定处理。回购对象自始不存在的，人民法院应当依照民法典第一百四十六条第二款的规定，按照其实际构成的法律关系处理。

【条文主旨】

本条是关于让与担保的物权效力的规定，系结合《民法典》第388条第1款、第208条、第10条对让与担保的物权效力的解释。

【规则变迁】

就非典型担保的合同效力，《民商事审判会议纪要》第66条指出："当事人订立的具有担保功能的合同，不存在法定无效情形的，应当认定有效。虽然合同约定的权利义务关系不属于物权法规定的典型担保类型，但是其担保功能应予肯定。"《民法典》第388条在此基础上增加规定："担保合同包括抵押合同、质押合同和其他具有担保功能的合同。"其中，所谓"其他具有担保功能的合同"主要包括让与担保、所有权保留、融资租赁以及保理等合同。这里，明确了让与担保合同不会仅因违反物权法定原则而被认定无效。

《民商事审判会议纪要》第71条进一步规定："债务人或者第三人与债权人订立合同，约定将财产形式上转让至债权人名下，债务人到期清偿债务，债权人将该财产返还给债务人或第三人，债务人到期没有清偿债务，债权人可以对财产拍卖、变卖、折价偿还债权的，人民法院应当认定合同有效。合同如果约定债务人到期没有清偿债务，财产归债权人所有的，人民法院应当认定该部分约定无效，但不影响合同其他部分的效力。当事人根据上述合同约定，已经完成财产权利变动的公示方式转让至债权人名下，债务人到期没有清偿债务，债权人请求确认财产归其所有的，人民法院不予支持，但债权人请求参照法律关于担保物权的规定对财产拍卖、变卖、折价优先偿还其债权的，人民法院依法予以支持。债务人因到期没有清偿债务，请求对该财产拍卖、变卖、折价偿还所欠债权人合同项下债务的，人民法院亦应依法予以支持。"由此可见，最高人民法院认为，对于此类具有担保功能的合同，凡是能够通过登记等方式进行公示的，均认可其具有对抗效力。①

《民法典担保制度解释》在《民商事审判会议纪要》第71条的基础上分3款

① 最高人民法院民法典贯彻实施工作领导小组：《中华人民共和国民法典物权编理解与适用》（下），人民法院出版社2020年版，第995页。

将实践中的让与担保形式分别作了规定。

【理解与适用】

让与担保作为我国法上的非典型担保方式，无论是在制度的立法论、解释论，还是在司法实践的裁判方面，都曾引起了不少的争议。①《民商事审判会议纪要》在一定程度上固定了让与担保的相关共识，解决了过去裁判实践中让与担保无法可依的局面；《民法典担保制度解释》第68条在《民商事审判会议纪要》第71条的基础上对让与担保作进一步完善，尤其是将实践中的让与担保案件形态进行描述，其中第1款规定约定了清算义务的让与担保，第2款规定约定了流抵、流质契约的让与担保，第3款规定附回购条款的让与担保。上述三种类型共同构成了司法实践中让与担保的主要案件形态。自此，中国法让与担保的交易和司法实践也步入新的阶段。不过，自《民商事审判会议纪要》第71条和《民法典担保制度解释》第68条实施以来，裁判实践有关让与担保的实施情况如何、裁判实践是否贯彻了制度本意、又有哪些新的问题需要进一步阐释，颇值研究。

一、约定了清算义务的让与担保

《民法典担保制度解释》第68条第1款规定了较为标准的让与担保模式，在让与担保的成立生效要件方面，一则需要有效的让与担保合同，二则需要当事人完成财产权利变动的公示，如此即能发生当事人“参照民法典关于担保物权的有关规定就该财产优先受偿”的法律效果。

（一）让与担保合同有效性的承认

《民商事审判会议纪要》在让与担保合同效力问题上作出明确规定，其第66条指出，“当事人订立的具有担保功能的合同，不存在法定无效情形的，应当认定有效。虽然合同约定的权利义务关系不属于物权法规定的典型担保类型，但是其担保功能应予肯定。”《民法典》第388条在此基础上增加规定：“担保合同包括抵押合同、质押合同和其他具有担保功能的合同。”其中，所谓“其他具有担保功能的合同”除了所有权保留、融资租赁、保理，新类型担保还有让与担保、保兑仓交易、动态质押、寄售买卖等其他形态，这就扩大了担保合同的形态，从而使让与担保等在交易实践中产生的新类型担保有了法律上的名份。②《民法典担

---

① 让与担保立法论相关方面的争议参见高圣平：《动产让与担保的立法论》，载《中外法学》2017年第5期；让与担保在裁判实践中的相关争议参见蔡立东：《股权让与担保纠纷裁判逻辑的实证研究》，载《中国法学》2018年第6期。

② 参见王利明：《担保制度的现代化：对〈民法典〉第388条第1款的评析》，载《法学家》2021年第1期。

保制度司法解释》第68条第1款则直接肯认了让与担保合同的合法性。

本书认为上述规定当属妥当。首先，让与担保合同不违反物权法定原则，让与担保本身并未创设新的物权类型，也未新设物权的内容，与物权法定原则并不冲突。① 物权法定原则至多约束物权效力，却不能对当事人之间自由达成让与担保协议产生效力阻碍。基于《民法典》第215条延续《物权法》第15条的区分原则，让与担保合同本身并无效力瑕疵，在合同效力认定方面，人民法院应依契约自由原则，不宜轻易否定让与担保等非典型担保合同的效力，以此促进非典型担保的顺利发展；② 更何况，所谓物权法定原则亦有缓和之理。③ 其次，让与担保合同非通谋虚伪表示。让与担保当事人以真意进行所有权的让与行为，尽管当事人移转所有权的意思旨在实现担保的经济目的，但该意思确系真正的效果意思，并非欠缺效果意思的通谋虚伪表示。④ 就后者而言，当事人之间故意为不符真意的表示而隐藏他项法律行为，其意思表示无效，当事人仅能主张隐藏的法律行为，并无援用虚假意思表示的余地，由此观之，两者迥然不同。因而，无其他无效事由，让与担保合同本身均无效力瑕疵，在当事人之间产生效力，各方当事人之间的让与担保合同合法有效，违反物权法定、法律或行政法规的强制性规定的理由均无法成立，当前，裁判实践中已几无认定让与担保合同无效的案件。

（二）完成财产权利变动的公示

在物权公示原则之下，让与担保权仅得在满足公示要件的基础上，才具有物权效力。经公示的让与担保中，担保权人取得优先受偿权的基础在于，当事人之间设定的担保权能够借助于一定手段为第三人所知悉，在让与担保合同成立后，当事人间已经办理财产权变动登记的，让与人在名义上已不享有标的物的所有权，让与人的后手交易债权人基于对登记表象的审查，其无理由相信让与人仍为所有权人，主观上难谓善意，即“让与担保成立后，标的物所有权已移转于担保权人，设定人已无处分权，尤其是标的物为不动产时，因登记上之所有人为担保权人，故事实上不可能发生由设定人处分，而由第三人取得所有权或其他物权之问题”，⑤ 而让与人的一般债权人也不会就该标的物价值对实现其债权有期待，自然不可能对标的物有优先顺位。因此，“有效让与担保合同+完成权利公示”的操作模式在客观上就可以实现债权人就特定物上优先受偿的效果，如不动产让与

---

① 参见庄加园：《“买卖型担保”与流押条款的效力——〈民间借贷规定〉第24条的解读》，载《清华法学》2016年第3期。

② 参见王闯：《关于让与担保的司法态度及实务问题之解决》，载《人民司法·案例》2014年第16期。

③ 参见高圣平：《物权法定主义及其当代命运》，载《社会科学研究》2008年第3期。

④ 参见［日］道垣内弘人：《担保物権法》（第3版），有斐閣2013，第300—301页。

⑤ 谢在全：《民法物权论（修订五版）》，中国政法大学出版社2011年版，第1118页。

担保中，若办理了不动产过户登记手续，债权人可以凭借其对标的物形式上的所有权对抗第三人。[①]

让与担保取得物权效力的前提条件是满足物权公示的要件，也与《民法典》消灭隐性担保的立法态度是一致的。《民法典》第208条规定："不动产物权的设立、变更、转让和消灭，应当依照法律规定登记。动产物权的设立和转让，应当依照法律规定交付。"按照目前登记制度发展的整体趋势，不动产登记已经统一，动产和权利担保登记也得到大部分统一。《民法典》第210条第2款规定："国家对不动产实行统一登记制度。"《优化营商环境条例》第47条第2款规定："国家推动建立统一的动产和权利担保登记公示系统，逐步实现市场主体在一个平台上办理动产和权利担保登记。纳入统一登记公示系统的动产和权利范围另行规定。"由于两大登记系统所基于的登记法理存在重大差异，在让与担保中登记的展开也境遇不同。

若让与担保的标的物为不动产（权利），担保登记的展开较受限制。在不动产登记的连续原则之下，不动产担保登记以其基础权利（标的财产）在不动产登记簿上先登记为前提，如担保财产未登记，其上的担保权利亦不能登记。如此，金融担保创新中的新类型不动产担保在登记环节即受限制。《民法典担保制度解释》第63条规定："债权人与担保人订立担保合同，约定以法律、行政法规未禁止抵押或者质押的财产设定以登记作为公示方法的担保，因无法定的登记机构而未能进行登记的，不具有物权效力"。明显采取登记机构法定的方法，即只有在法定的抵押登记机构登记，才能发生物权变动的效力。若让与担保的标的物涉及动产和权利的部分，《民法典》采取了统一动产和权利担保登记的立法态度，《动产和权利担保统一登记办法》明确了纳入动产和权利担保统一登记范围的担保类型，就让与担保中涉及动产和权利的部分，可以在统一的动产和权利担保登记系统中登记。在司法实践中，让与担保的标的物几乎均为不动产房屋与股权，只有极个别案例中普通动产、合伙份额等动产和权利作为让与担保标的物。[②] 因此，在具体的公示方法上，需要作为担保财产的动产需已经交付债权人，作为担保财产的登记动产、不动产、股权等已经进行变更登记。

当然，除上述两个要件外，由于让与担保也是一种担保方式，因此，其也在一定程度上遵循担保的从属性，即必须有被担保的债权存在，如在"某房地产开发有限公司、蔡某东物权确认纠纷上诉案"中，法院即指出，"蔡某东与某房地产开发有限公司之间不存在借贷法律关系，房地产开发有限公司也没有就案涉房

① 参见刘贵祥：《〈物权法〉关于担保物权的创新及审判实务面临的问题》（下），载《法律适用》2007年第9期。

② 以动产、合伙份额为担保财产的案件，参见山西省高级人民法院（2020）晋民再191号民事判决书、广东省高级人民法院（2021）粤民终2536号民事判决书。

屋为蔡某东提供让与担保的真实意思表示，故房地产开发有限公司与蔡某东之间不成立让与担保法律关系”①。

（三）让与担保权的实现

让与担保权的清算实现方法有归属清算与处分清算之分。所谓归属清算，是指在让与担保权可得实现之时，担保权人确定地取得标的物的所有权，但须在标的物估价额与担保债权额之间进行清算；所谓处分清算，是指在让与担保权可得实现之时，担保权人须将标的物变价处分，并以其价款优先受偿。其中，归属清算型还可进一步区分为当然归属清算型和请求归属清算型，前者系指担保权人当然地、确定地取得标的物的所有权，无须先为一定的意思表示，而后者须担保权人请求以标的物充当清偿之后，该标的物才确定地归属于担保权人。

理论上，让与担保权的实现方法究系归属清算还是处分清算，原则上应由当事人约定，未予约定或约定不明的，让与担保权人究以何种实现方法实现其权利，在学说上存在争议。我国有学者认为，让与担保的社会作用之一即在于避免繁琐的标的物变价程序，在归属清算与处分清算之间应以归属清算为原则，但亦有观点认为，处分清算更有利于明确当事人之间的关系，且合于让与担保权担保债务清偿的经济目的。

司法实践中，若当事人约定了清算条款，司法一般都尊重当事人之间的约定。如在“刘某兵、刘某文小额借款合同纠纷上诉案”中，法院指出，“刘某文有权处置上述涉案股权，所得价款优先受偿，并多退少补。可见，《协议书》中约定债权人系享有处置权，且还要视处置价格多退少补，并非约定股权所有权属于债权人刘某文和某小贷公司，不符合流质条款的性质，符合让与担保的法律特征。因此，《协议书》第三条系双方当事人真实意思表示，并非流质条款，合法有效”②。还有的案例中显示，当事人之间约定的是归属清算型，如在“某投资控股有限公司、某有限公司合同纠纷上诉案”中，最高人民法院指出，“《股权转让协议》第2.2.2条、第2.3.3条、第3.1.1条、第3.2.2条约定，若某投资控股有限公司未依约清偿债务、解除条件未满足的，某有限公司稀土公司有权选择实际受让全部或部分目标股权，并指定具备相应资质的资产评估机构对目标股权价值进行评估，从而确定股权转让价款，在比较股权转让价款和某有限公司代偿债务金额的基础上，双方本着多退少补的原则支付差额。上述约定表明，案涉让与担保的实现方式即为归属清算型”③。

《民商事审判会议纪要》第71条与《民法典担保制度解释》第68条虽然未

① 湖南省高级人民法院（2020）湘民终1241号民事判决书。
② 湖南省高级人民法院（2020）湘民终1809号民事判决书。
③ 最高人民法院（2018）最高法民终119号民事判决书。

明确提出采纳归属清算或处分清算，只是规定借助担保物权的实现规则达致当事人间利益平衡，但是在归属清算的情形，需将经清算超出担保债权数额部分的价款归还给担保人，实际上就是优先受偿，因此，《民商事审判会议纪要》第71条与《民法典担保制度解释》第68条仅明确的是处分清算。在处分清算之下，债权人实现让与担保权自可参照《民法典》实现担保物权的相关规定，可以和债务人约定就拍卖、变卖的价款优先受偿，也可以向人民法院提起诉讼，经由审判程序取得胜诉裁判之后，向执行法院申请执行，还可以申请启动《民事诉讼法》上“实现担保物权案”特别程序，在取得许可裁定之后，再向执行法院申请执行。

二、没有约定清算义务的让与担保

无论是从《民商事审判会议纪要》第71条发布之前的司法案例看，还是从《民法典担保制度解释》第68条实施以来的案例看，当事人在让与担保交易中约定清算义务的为少数，绝大多数让与担保形式中并没有约定实现让与担保的方式或者清算义务、清算条款。不过，如前所述，有效的让与担保合同、完成财产权利的公示即令让与担保成立，是否约定清算义务并不影响让与担保的设立。在这类案件中，当事人往往约定了所谓流抵、流质条款，还有个别案件中并没有就清算方式作出任何约定。

（一）流抵、流质条款不影响让与担保成立

我国《物权法》第186条、第211条否定流抵、流质契约的效力，但是流抵、流质契约无效并非指整个担保合同无效，如果该内容的无效不影响流抵、流质契约合同其他内容的效力，担保合同其他部分内容仍是有效的。《民法典》第401条、第428条对《物权法》第186条、第211条作出改变，规定当事人约定流抵、流质契约时，抵押权、质权人“只能依法就抵押财产（质押财产）优先受偿”。虽然《民法典》第401条、第428条未明确规定此时流抵、流质契约的无效，但是变价权和优先受偿权是担保物权价值权属性的基本内容，如承认流抵条款的效力，债务人不履行到期债务时，债权人不经过任何清算程序即可获得抵押财产的所有权，有违抵押权的担保物权本质，应当否认抵押权人可以取得抵押财产所有权的事先约定的效力，故抵押权人、质押权人“只能依法就抵押财产（质押财产）优先受偿”①。这里的“依法”指的是依《民法典》第410条、第436条之规定。

《民法典》第401条、第428条规定抵押权人、质押权人“就抵押财产（质押财产）优先受偿”，强制性地科以抵押权、质押权人清算义务，要求抵押权人、

① 黄薇主编：《中华人民共和国民法典解读·物权编》，中国法制出版社2020年版，第617～618页。

质押权人对抵押财产（质押财产）的价值和所担保的债权数额之间进行清算，多退少补，这就为让与担保的清算制度奠定了基础。可以看到，《民法典担保制度解释》第68条第2款即采此种立场，流抵、流质条款无效，不影响让与担保的成立，担保权的实现可依据担保物权实现的相关规则进行，即通过《民法典》第401条、428条对流抵、流质条款的修改，足以产生让与担保的制度效果，我国司法实务中，不应简单地认定该担保形式无效，尤其不应依据有关流抵或流质之禁止规定认定担保合同无效，即使合同未约定债务不能清偿时具体的清算办法，法院亦可基于《民法典》第401条的规定，认定债权人对相应标的物的优先受偿权。①《民法典担保制度解释》第68条实施后的司法裁判也多遵循了这一规则。

在此种背景下，实践中，对于约定有流抵、流质条款的让与担保合同能否发生物权变动效力的问题，多数观点认为，即使当事人已经就让与担保物进行财产权变更公示，债权人仍不能以流抵、流质条款及变更登记等为由主张对标的物享有权利②。

此时，尚有疑问的是，债权人依据流抵、流质条款主张担保物所有权或请求过户，人民法院应如何处理，是直接根据人民法院认定的法律关系径行判决债权人优先受偿，还是向当事人释明，看债权人是否变更诉讼请求。

笔者认为，当事人主张的法律关系的性质或者民事行为的效力与人民法院根据案件事实作出的认定不一致的，2002年《最高人民法院关于民事诉讼证据的若干规定》第35条明确了法院在变更诉讼请求方面的告知义务，对诉讼请求进行释明是法院释明的重要内容，③ 故依照原规定，人民法院可向债权人释明是否变更诉讼请求。但是，2019年修订的《最高人民法院关于民事诉讼证据的若干规定》第53条取消了人民法院应当告知当事人变更诉讼请求的规定，避免对当事人处分权和审判中立原则造成不当冲击，同时为兼顾当事人诉讼权利保障和法院裁判的正当合法性，规定应当将法律性质和民事行为效力问题列为争议焦点进行审理。④ 因此，依照现规定，人民法院应当将当事人间的法律关系性质作为争议焦点进行审理，《民间借贷解释》第23条也是据此作出了修订，故人民法院不能向债权人释明变更为优先受偿的诉讼请求，只能将当事人间的法律关系性质作为争议焦点进行审理。

此外，还有可能债务人作为原告提起诉讼，要求确认其与债权人之间属于让

---

① 参见刘贵祥：《民法典关于担保的几个重大问题》，载《法律适用》2021年第1期。

② 最高人民法院（2020）最高法民申460号民事裁定书。

③ 参见熊跃敏：《民事诉讼中法院释明的实证分析——以释明范围为中心的考察》，载《中国法学》2010年第5期。

④ 参见最高人民法院民事审判第一庭：《最高人民法院新民事诉讼证据规定理解与适用》，人民法院出版社2020年版，第502页。

与担保法律关系，债权人不享有标的物所有权，并要求债权人返还标的物，此时是否应向债权人释明提起反诉？从一并解决纠纷的角度，法院经审理如认为当事人之间确属于让与担保法律关系，则可向被告释明是否提起反诉，依据合同主张还款责任。①

（二）未约定清算义务的让与担保清算方式之选择

流抵、流质条款无效后让与担保仍然面临后续的实现问题，为保护让与人的利益，让与担保需经清算方可实现。

笔者以为，让与担保权的实现方法，既要把握其担保物权本旨（担保权构造），又要兼顾当事人及第三人的权益，在尽量发挥让与担保的社会作用以彰显其特色的同时，避免让与担保权人取得额外的利益，在尊重当事人的意思和体现让与担保的担保权本质两个因素以及效益与公平两种价值之间互相关照，达致平衡。② 学说上认为，担保物权以担保债务清偿为目的，是变价权、价值权，在担保物权可得实现之时，应对标的物进行变价，并就变价款优先受偿。③ 准此，处分清算似更合于担保物权的变价法理。但让与担保权与其他定限担保物权不同，其实现方法所受限制并不如其他定限担保物权那么严格。让与担保权人在交易中有取得标的物所有权的期待，设定人亦有以标的物代物清偿的心理准备。让与担保的价值之一，即在于避免标的物变价烦繁琐程序，④ 在当事人就归属清算与处分清算未作约定或约定不明时，应以归属清算为原则。

如前所述，《民商事审判会议纪要》第71条与《民法典担保制度解释》第68条仅承认让与担保清算方式中的处分清算，即便是当事人已自行约定，也只允许当事人约定处分清算，故债权人主张享有动产、不动产所有权或者股权的，人民法院不予支持，这与我国法及理论观点上禁止流质契约有关。尽管如此，笔者认为，让与担保的归属清算在目前法律规定下仍有解释的空间，其必要性在于归属清算的特性符合让与担保的本质，承认归属清算更有利于让与担保方式的运用，体现了让与担保的灵活性，相比变价清算而言，归属清算属于实现担保权的私了程序，更简单，不需要当事人再进行诉讼，也不需要启动实现担保物权案件特别程序，在以不动产为标的物的让与担保中更能起到简化交易、节约税费的作用。故应给与归属清算存留的空间，在解释上可以认为，当事人之间的流抵、流质契约事实上已经就担保权可得实现时的折价实现方式达成了协议。例如，债务人甲

---

① 参见最高人民法院民事审判第二庭编：《〈全国法院民商事审判工作会议纪要〉理解与适用》，人民法院出版社2019年版，第407页。

② 参见刘牧晗：《股权让与担保的实行及效力研究——基于裁判和学说的分析与展开》，载《国家检察官学院学报》2022年第2期。

③ 参见高圣平：《担保法论》，法律出版社2009年版，第241页。

④ 参见谢在全：《民法物权论（修订五版）》，中国政法大学出版社2011年版，第1104页。

以其价值100万元的房屋向债权人乙提供抵押，约定不履行到期债务，就将该房屋抵给乙。在甲不履行到期债务时，乙可以主张该房屋归其所有，并将房屋价值高于主债务的部分退还给甲，如甲同意，即意味着双方达成了以折价方式实现抵押权的协议，符合《民法典》有关以折价方式实现抵押权的规定，此为归属型清算。如甲不同意，乙可以请求拍卖、变卖，拍卖、变卖后的价款用以优先清偿债务，此时转为处分型清算。[①] 不过，归属清算的适用受到担保财产的性质的限制。原则上，仅有市场活跃度比较高、存在成熟的二手市场的标的物，才可以采取归属清算的方法，比在股权让与担保方面，如对于上市公司的股权而言，二级市场已经形成竞争充分的市场价格，采取归属清算有利于节约变价成本，对于非上市公司的股权而言，采取处分清算似更合于担保物权的变价法理。[②]

（三）“有权自行处置担保物”的性质认定

实践中，有一些让与担保交易中约定，在债务人不履行债务时，债权人可对担保物自行处置。对此，一种观点认为，此种约定非流抵、流质条款，让与担保完全有效。另一种观点认为，此种约定为流抵、流质条款无效，但不影响协议其他部分的效力。就此，笔者认为，由于《民商事审判会议纪要》第68条第1款、第2款中均仅承认处分清算，因此无论是否将之认定为流抵、流质条款，在实定法之下，都只有参照担保物权实现规则即处分清算这一条路径。不过，此类约定毕竟具有解释空间，鉴于归属清算的优势，此时可解释为当事人具有选择归属清算或处分清算的权利，似更为妥当。

三、附回赎条款的让与担保

实践中，让与担保的表现形式多样，其中包括当事人约定将财产转移至债权人名下，在一定期间后再由债务人或者其指定的第三人以交易本金加上溢价款回购的行使。例如，信托投资公司以募集资金对外发放借款，通过受让房地产开发项目等特定资产的方式进行，期满后由转让方向信托公司回购，回购款为收购价款本金和固定比例的溢价款。此种情形中，虽然并未明确约定为债务提供担保，但从交易模式的构造来看，债权人订立此类合同的目的并非取得财产的所有权，仅系为主债务提供担保，约定的回购期间一般对应主债务的履行期限，回购价款采取本金加上溢价款本质上也是偿还债务本金及相关费用，故符合让与担保的构

---

① 参见最高人民法院民法典贯彻实施工作领导小组主编：《中华人民共和国民法典物权编理解与适用》（下），人民法院出版社2020年版，第1070～1071页。

② 参见高圣平、曹明哲：《股权让与担保效力的解释论——基于裁判的分析与展开》，载《人民司法·应用》2018年第28期。

成要件。①

司法实践中，人民法院也基本认可此类回购合同的让与担保的性质。如在“福建省某动漫有限公司、严某金融借款合同纠纷上诉案”中，《合作协议》约定某信托公司以 9000 万元受让某动漫公司 90% 股权和增加该公司资本公积金 21000 万元的方式，向某动漫公司提供信托资金 3 亿元，同时《合作协议》约定由某动漫公司法定代表人严某溢价回购某信托公司所持有的股权及公积金权益以实现某信托公司的信托利益，法院指出，某信托公司受让某动漫公司 90% 股权的目的是以股权让与担保的形式为其信托资金安全和实现信托利益提供保证，属让与担保，合法有效。② 在“陆某梅、广州市某房地产开发有限公司合同纠纷上诉案”中，法院指出，根据合同条款的约定，该合同属于附条件的股权转让合同，当约定的回购条件不能成立且所附期限届至后，某公司有权处置案涉股权，处置所得归其所有，让与担保合法有效。③ 除此之外，此种类型让与担保模式的认定方面尚需注意三点。

其一，有时除了当事人之间有借款合同外，权利转让合同也可能有对价，当这种对价只是形式上的对价时，应综合认定此时的交易模式为让与担保。如在“北京某房地产开发有限公司、山东某集团有限公司股权转让纠纷上诉案”中，当事人约定股权转让价款为人民币 1 元，法院指出：“协议各方共同为解决上述谈到的偿还信托贷款资金困难，某房地产开发有限公司与甲公司将各自股权以人民币 1 元钱的价格转让给了山东某集团有限公司与乙公司，并办理了股东变更登记手续……《621 协议》体现了合同各方当事人的合意，对转让股权相关的权利义务作出具体的约定后，又针对股权回购期、回购价款以及计算方式等进行了设计安排，回购价格也是协议各方协商的结果，并在其后得到了某公司以及国兴公司的承诺确认。所以，《621 协议》中股权转让行为的实质，是通过让与股权的形式，解决融资需求，并担保了债务的履行，具有了股权让与担保的性质。”④

其二，有时交易模式中具备了财产权的转让与回购，但不一定构成让与担保，这是因让与担保的判断需综合案情具体认定。如在“上海甲投资（集团）有限公司、乙集团有限公司股权转让纠纷上诉案”中，法院指出，“首先，让与担保情形下，担保财产权属转移目的是担保主债务的履行，因而债权人针对受让财产无须支付额外对价，且债务人履行债务后，债权人即应将担保财产无偿返还给债务人或第三人。案涉 2007 年 2 月 6 日《股权转让合同》明确约定甲公司、丙公

---

① 参见最高人民法院民事审判第二庭编：《最高人民法院民法典担保制度司法解释理解与适用》，人民法院出版社 2021 年版，第 567 页。

② 参见最高人民法院（2020）最高法民终 39 号民事判决书。

③ 参见广东省高级人民法院（2019）粤民终 275 号民事判决书。

④ 山东省高级人民法院（2019）鲁民终 2838 号民事判决书。

司将丁公司49%股权转让给乙集团，转让价格为337622331.59元。且根据《备忘录》约定，甲公司在符合约定条件，行使回购丁公司49%股权时，仍然需要支付股权转让价款。故案涉股权转让及回购的约定并不符合让与担保的典型特征。其次，《备忘录》及其附件一《委托管理合同》均约定，丁公司委托甲公司对案涉项目进行管理。甲公司掌控丁公司财务账册、项目实物，委派代表参加丁公司诉讼等事实，仅能证明甲公司实际履行项目管理职责，不足以证明其系丁公司49%股权的实际权利人。再次，乙集团为甲公司垫付现代天地案6.7亿元等款项产生的法律后果仅是甲公司应当返还垫付款项，并不能得出甲公司系丁公司49%股权的实际权利人。最后，《备忘录》附件二《提前支付协议》约定了不动产抵押等担保措施，在双方均认为该担保措施足以保障预付建设资金返还义务履行的情况下，双方没有再以案涉股权设立让与担保的必要”①。

其三，如前所述，当事人未在让与担保交易中约定清算条款，并不会对认定让与担保以及让与担保的实现产生影响，此种观点值得商榷，此时可依法适用《民法典担保制度解释》第68条第2款所规定的处分清算即可。

其四，《民法典担保制度解释》第68条第3款特别提及，“回购对象自始不存在的，人民法院应当依照民法典第一百四十六条第二款的规定，按照其实际构成的法律关系处理”。此时由于回购对象自始不存在，无法发挥物的担保作用，所谓的转让加回购的交易模式只是形式，无法认定为让与担保，这类似于融资租赁交易中只有融资而无融物时的认定规则。绝大多数情形下，此时的实际法律关系都是借贷。至于何种情形为回购对象自始不存在，尚需依据裁判实践具体情形。比如，《民法典担保制度解释》第61条第4款肯认了将来应收账款的质押，但以未来应收账款出质的，也应要求应收账款应当具有确定性，即存在基础关系而确定其在将来一定期限内会实现、债权金额亦可根据基础关系的相关因素得以预见，以保证应收账款质权实现时对应的债权能真实存在。与此相对的，若没有基础关系存在，则出质的债权因可能具有无法实现的风险而影响担保功能的发挥，损害他人的利益。因此，应收账款因不能特定化而不能作为回购对象，此时或可能成为本条适用的对象。

第六十九条　股东以将其股权转移至债权人名下的方式为债务履行提供担保，公司或者公司的债权人以股东未履行或者未全面履行出资义务、抽逃出资等为由，请求作为名义股东的债权人与股东承担连带责任的，人民法院不予支持。

---

① 最高人民法院（2020）最高法民终1149号民事判决书。

【条文主旨】

本条是关于股权让与担保的效力的规定，系结合《民法典》第388条第1款、第208条、第10条对股权让与担保的效力的解释。

【规则变迁】

股权让与担保作为让与担保中的一种。《民商事审判会议纪要》第71条明确规定："债务人或者第三人与债权人订立合同，约定将财产形式上转让至债权人名下，债务人到期清偿债务，债权人将该财产返还给债务人或第三人，债务人到期没有清偿债务，债权人可以对财产拍卖、变卖、折价偿还债权的，人民法院应当认定合同有效。合同如果约定债务人到期没有清偿债务，财产归债权人所有的，人民法院应当认定该部分约定无效，但不影响合同其他部分的效力。""当事人根据上述合同约定，已经完成财产权利变动的公示方式转让至债权人名下，债务人到期没有清偿债务，债权人请求确认财产归其所有的，人民法院不予支持，但债权人请求参照法律关于担保物权的规定对财产拍卖、变卖、折价优先偿还其债权的，人民法院依法予以支持。债务人因到期没有清偿债务，请求对该财产拍卖、变卖、折价偿还所欠债权人合同项下债务的，人民法院亦应依法予以支持。"在解释上，股权让与担保也不是该条文义所能涵盖。由此可见，《民商事审判会议纪要》认可了合同效力与权利实现方式，但就股权让与担保权人应否承担出资违约责任的问题，目前尚无针对性的法律规范作出规定。

《民法典》第388条在此基础上增加规定："担保合同包括抵押合同、质押合同和其他具有担保功能的合同。"其中，所谓"其他具有担保功能的合同"也包括让与担保。从外观上来看，债权人经变更登记受让标的股权后成为公司的股东，从股权转让的角度来看，《公司法解释（三）》第13条第2款规定："公司债权人请求未履行或者未全面履行出资义务的股东在未出资本息范围内对公司债务不能清偿的部分承担补充赔偿责任的，人民法院应予支持。"第18条规定："有限责任公司的股东未履行或者未全面履行出资义务即转让股权，受让人对此知道或者应当知道，公司请求该股东履行出资义务、受让人对此承担连带责任的，人民法院应予支持；公司债权人依照本规定第十三条第二款向该股东提起诉讼，同时请求前述受让人对此承担连带责任的，人民法院应予支持。"即在受让人明知原股东出资违约的情形下，应当对此承担连带责任。从受让人构成名义股东的角度来看，《公司法解释（三）》第26条亦规定："公司债权人以登记于公司登记机关的股东未履行出资义务为由，请求其对公司债务不能清偿的部分在未出资本息范围内承担补充赔偿责任，股东以其仅为名义股东而非实际出资人为由进行抗辩的，人民法院不予支持。”即便认为受让人仅构成名义股东，其亦应承担相应的股东责任。

但从实质上来看，股权让与担保与股权转让存在显著差异，债权人并非以取得股权的意思表示受让债权而仅以其为债权之担保，故其不享有股东权利亦不承担股东责任。《民法典担保制度解释》于本条采纳了这一观点，明确规定作为名义股东的债权人不对原股东的出资违约行为承担责任，旨在强调股权让与担保的担保合同性质，并将其与股权转让制度相区分。

【理解与适用】

一、股权让与担保的合同效力和物权效力

股权让与担保是指债务人或者第三人与债权人订立合同，约定将股权形式上转让至债权人名下，债务人到期清偿债务，债权人将该股权返还给债务人或第三人，债务人到期没有清偿债务，债权人可以对股权进行拍卖、变卖、折价偿还债权的一种非典型担保。《民商事审判会议纪要》第 66 条指出：“当事人订立的具有担保功能的合同，不存在法定无效情形的，应当认定有效。虽然合同约定的权利义务关系不属于物权法规定的典型担保类型，但是其担保功能应予肯定。”这里明确了股权让与担保的合同效力。

《民商事审判会议纪要》第 71 条明确规定：“债务人或者第三人与债权人订立合同，约定将财产形式上转让至债权人名下，债务人到期清偿债务，债权人将该财产返还给债务人或第三人，债务人到期没有清偿债务，债权人可以对财产拍卖、变卖、折价偿还债权的，人民法院应当认定合同有效。合同如果约定债务人到期没有清偿债务，财产归债权人所有的，人民法院应当认定该部分约定无效，但不影响合同其他部分的效力。当事人根据上述合同约定，已经完成财产权利变动的公示方式转让至债权人名下，债务人到期没有清偿债务，债权人请求确认财产归其所有的，人民法院不予支持，但债权人请求参照法律关于担保物权的规定对财产拍卖、变卖、折价优先偿还其债权的，人民法院依法予以支持。债务人因到期没有清偿债务，请求对该财产拍卖、变卖、折价偿还所欠债权人合同项下债务的，人民法院亦应依法予以支持。”这里明确了股权让与担保的物权效力。

在《民商事审判会议纪要》颁布之后，裁判观点趋于统一。股权让与担保的合同效力得到了裁判实践的普遍承认，只要满足公示要件，办理了股权过户手续，股权让与担保的物权效力也得到了承认。《民法典》和《民法典担保制度解释》的态度与此相同。

二、股权让与担保权人的法律地位

股权让与担保在适用让与担保制度的一般规则之外，其特别之处在于，不同于一般财产权利，股权兼具财产权与成员权的双重属性。若将因受让股权而成为名义股东的债权人认定为公司股东，则其可以参与公司经营并参与分红，但同时其也需要承担股东对公司的各种责任。尤其是在原股东出资违约的情形下，对于因受让股权而成为名义股东的债权人是否需要在原股东出资违约的范围内对公司债务承担连带责任的问题，存在一定分歧。

第一种观点认为，应当根据当事人之间真实的意思表示确定各方权利义务，在构成股权让与担保的情形下，因受让股权而成为名义股东的债权人不是真正意义上的股权受让人，其不享有股东权利，亦不应承担出资违约责任。

第二种观点则认为，在对外效力场合，善意第三人可以依据外观主义的法理主张信赖保护。基于《公司法》第 34 条，债权人和担保人对交易关系中的第三人应负信赖保护义务。在第三人基于对债权人为股东的信赖与公司建立债权债务关系场合，依照《公司法》第 49 条等，此交易关系中的善意第三人可以向债权人主张基于其股东身份而对公司承担的各项义务和责任，特别是股东出资义务以及出资违约责任和资本充实责任。

对于这一问题，《民法典担保制度解释》于本条明确采纳了第一种观点，即股权让与担保设立后，公司或者公司的债权人以股东未履行或者未全面履行出资义务、抽逃出资等为由，请求作为名义股东的债权人与股东承担连带责任的，人民法院不予支持。

第七十条　债务人或者第三人为担保债务的履行，设立专门的保证金账户并由债权人实际控制，或者将其资金存入债权人设立的保证金账户，债权人主张就账户内的款项优先受偿的，人民法院应予支持。当事人以保证金账户内的款项浮动为由，主张实际控制该账户的债权人对账户内的款项不享有优先受偿权的，人民法院不予支持。

在银行账户下设立的保证金分户，参照前款规定处理。

当事人约定的保证金并非为担保债务的履行设立，或者不符合前两款规定的情形，债权人主张就保证金优先受偿的，人民法院不予支持，但是不影响当事人依照法律的规定或者按照当事人的约定主张权利。

【条文主旨】

本条是关于保证金账户质权的规定，系结合《民法典》第 388 条第 1 款所作的解释。

【规则变迁】

就保证金账户质押问题，《担保法解释》第85条规定：“债务人或者第三人将其金钱以特户、封金、保证金等形式特定化后，移交债权人占有作为债权的担保，债务人不履行债务时，债权人可以以该金钱优先受偿。”即出于担保债权实现的目的，将保证金账户特定化并转移债权人占有的，债权人可就保证金账户内资金优先受偿。

《民法典》上的典型动产质押贷款的交易结构设计，是否足以涵盖保证金账户质押，存在解释上的疑问。《民法典》第429条规定：“质权自出质人交付质押财产时设立。”一则，保证金账户是否是该条所称动产？二则，如何理解保证金账户的“交付”？尤其是在保证金账户内的资金具有浮动性的情形之下，因《民法典》并未承认浮动质押，更加存在解释上的困难。

《民法典担保制度解释》将保证金账户质押视为一种非典型担保，于本条对保证金账户质权的设立要件和法律效果进行细化，强调保证金账户之特定化及债权人对该账户的实际控制，同时明确了保证金账户资金的特定化不同于固定化，账户内资金的浮动不影响保证金账户质权的有效设立。保证金账户质权的顺位自然就自质权人实际控制该保证金账户之日。

【理解与适用】

一、保证金账户质权的性质

保证金账户质押，是指借款人将金钱交存于其在金融机构开立的专用账户，并承诺以该账户中的款项作为偿还借款的担保，当借款人不履行债务时，金融机构有权在保证金账户中直接扣划保证金用于偿还贷款的担保方式。保证金账户质押的本质是以保证金账户内的款项作为质押物，相较于其他以折价、变价、拍卖为实现手段的担保方式，保证金账户质押中质权的实现不需要经过变现的程序，具有简便易行的优点。

保证金账户质押是实践中出现的新类型担保方式，现行法对其欠缺明确的规定。司法实践中，法院审理保证金账户质押纠纷的规范基础大多是《担保法解释》第85条：“债务人或者第三人将其金钱以特户、封金、保证金等形式特定化后，移交债权人占有作为债权的担保，债务人不履行债务时，债权人可以以该金钱优先受偿。”目前学理上关于保证金账户质押的设立要件，依据对其性质的不同认识，主要有债权质押说与特殊动产质押说两种学说。

债权质押说认为，保证金账户体现着存款人与银行之间的债权债务关系，在性质上属于应收账款，其理论基础在于“金钱的占有即所有”的原则。通说认为，基于金钱为一般等价物的性质以及充当交易媒介的功能，金钱的所有权适用占有即所有原则，即金钱的所有权不得与对金钱的占有相分离。若占有金钱者，不区分是否合法，皆自动取得金钱的所有权；若丧失对金钱的占有，不论是否自愿，皆自动丧失金钱所有权。[①] 当存款人将金钱存入银行账户后，就丧失了金钱的所有权，而只享有银行支付其账户中特定金额的债权，付款人不可能再就其账户中的金钱设定动产质权。[②] 至于保证金账户质押的公示方式，可以在中国人民银行征信中心应收账款质押登记公示系统中登记，同时从交易的便捷性等因素考量，登记应当为质权的对抗要件而非生效要件。[③]

特殊动产质押说者则提出了金钱占有即所有的例外理论。金钱变动虽以占有即所有为原则，但该原则仅适用于金钱的流通领域。在金钱质押的场合，设质金钱经过特定化后退出市场的流通，当事人之间也并无转移金钱所有权的意思，因此，金钱质押是占有即所有原则的例外，[④] 出质人对银行账户中的金钱享有所有权，账户质押的标的是账户中的金钱，而账户只是并无实际价值的载体。[⑤] 同时，《担保法解释》第 85 条中的特户是账户的一种，该条位于动产质押章节下，因此，在现行法语境下，保证金账户质押应当认定为动产质押项下的金钱质押。[⑥]

关于保证金账户质押的设立要件，特殊动产质押说者认为应满足账户资金特定化与移交占有两项要件。就保证金账户资金的特定化，该说要求账户资金的进出只能与担保业务有关，该账户不能作为出质人的对外收款账户及对外付款的结算账户。不过，特定化不是质押账户资金的固定化，随着保证金业务的开展，保证金业务必然是浮动的，只要该浮动能与保证金业务相对应即可。[⑦] 就账户资金的移交占有，该说则认为占有的实质是对物的控制与管理状态，当保证金账户开立在质权人银行处后，质权人即取得对账户的控制，出质人丧失对该资金的自由

---

① 参见梁慧星、陈华彬：《物权法》，法律出版社 2005 年版，第 247 页。

② 参见赵一平：《论账户质押中的法律问题》，载《人民司法》2005 年第 8 期。

③ 参见侯思贤：《论银行账户质押的名称、性质与公示方式的选择》，载《征信》2019 年第 6 期。

④ 参见陈龙吟：《账户质押效力论》，载《北方法学》2017 年第 3 期。

⑤ 参见汪玉宁：《金钱质押设立条件之认定——以〈担保法〉司法解释第 85 条为中心》，载《中南财经政法大学研究生学报》2016 年第 3 期。

⑥ 参见霍楠、夏敏：《保证金账户质押生效则不能成为另案执行标的》，载《人民司法·案例》2014 年第 4 期。

⑦ 参见霍楠、夏敏：《保证金账户质押生效则不能成为另案执行标的》，载《人民司法·案例》2014 年第 4 期。

处分权。因此，质权人取得对保证金账户的控制后，账户就已经移交占有。[①]

受实践影响，特殊动产质押说是目前的多数说，但该说尚存疑问的是：其一，保证金存入银行账户后，便进入银行的整个流转体系，成为银行包括对外发放贷款、支付存款等业务的资金来源，而不是将保证金账户内资金“封存”在账户中。[②] 因此，该说建立的基础——在金钱退出流通领域后，金钱占有即所有原则即不适用的观点——有待商榷。其二，银行账户由谁实际控制和管理，涉及客户的金融隐私和众多金融信息，第三人无法辨别，无合法理由亦无权查阅。换言之，该说提出的控制公示实际上公示性较弱，第三人无法辨别某一债权人是否对某个银行账户进行了“实际控制和管理”。[③] 但也应看到的是，控制实际上是占有（交付）的一种特殊形式，占有本身的公示性就较弱。此外，由银行交易惯例所形成的规则，在各国和地区之间尚存差异。在我国，银行控制账户本身是否已经在交易各方之间形成了其对该账户排他的权利，尚值商榷。

二、保证金账户质权的有效设立

《民法典担保制度解释》于本条第 1 款规定：“债务人或者第三人为担保债务的履行，设立专门的保证金账户并由债权人实际控制，或者将其资金存入债权人设立的保证金账户，债权人主张就账户内的款项优先受偿的，人民法院应予支持。当事人以保证金账户内的款项浮动为由，主张实际控制该账户的债权人对账户内的款项不享有优先受偿权的，人民法院不予支持。”第 2 款规定：“在银行账户下设立的保证金分户，参照前款规定处理。”作为一种新类型担保物权，保证金账户质权同样要达到以下要求：其一，标的财产的特定化。《民法典》第 114 条第 2 款规定：“物权是权利人依法对特定的物享有直接支配和排他的权利，包括所有权、用益物权和担保物权。”因此，保证金账户质权也是质权人依法对“特定的物”享有的担保物权。《民法典》第 115 条规定：“物包括不动产和动产。法律规定权利作为物权客体的，依照其规定。”在解释上，保证金账户并不是“不动产和动产”等有体物，其所体现的是商业银行和账户开立人之间的债权债务关系。在特定情形之下，这种权利亦可为物权的客体。如此，保证金账户需要达到特定化的要求。其二，质权人已对标的财产构成实际控制，以达到解释上占有标的财产的公示要求。《民法典》第 429 条规定：“质权自出质人交付质押财产时设立。”对于保证金账户而言，商业银行实际控制该账户，即达到了在静态上

---

① 参见其木提：《论浮动账户质押的法律效力——“中国农业发展银行安徽省分行诉张大标、安徽长江融资担保集团有限公司保证金质权确认之诉纠纷案”评释》，载《交大法学》2015 年第 4 期。

② 参见方建国、蒋海英：《商业银行保证金账户担保的性质辨析》，载《金陵法律评论》2013 年秋季卷，第 90 页。

③ 参见侯思贤：《论银行账户质押的名称、性质与公示方式的选择》，载《征信》2019 年第 6 期。

占有保证金账户的目的，从而满足了动产质权在解释上的公示要求。

就如何认定保证金账户质押的有效设立，不同法院的处理标准不尽相同。多数观点认为，保证金账户质押系将金钱通过“保证金”形式特定化后进行出质，其性质属动产质押，故其应当具备要式合同、质押财产的特定化、转移占有（或“交付”）三个要件。但对于何谓特定化、何谓转移占有仍存在一定分歧。

（一）保证金的特定化

第一种观点认为，保证金的特定化包括账户的特定化和资金的特定化。具体而言，该账户应专为担保而设立，账户内资金仅可用于担保且应与质押人的其他财产相区分。

第二种观点则不强调外部可识别性，只要求保证金账户实质上独立于质押人财产。其认为，只要当事人之间约定设立专门的保证金账户且质押人将资金实际存入账户并交债权人控制，即可认为完成了保证金的特定化，账户未经特殊标记不影响质权的设立。

（二）特定化不等同于固定化

应当注意的是，保证金质押所要求的特定化仅要求账户及资金区别于质押人的其他财产，而不是要求账户资金固定不变。

（三）债权人对保证金账户的实际控制

如前所述，债权人是否实际控制保证金账户是保证金账户质权有效设立的关键。司法实践中，多数法院认为，债权人实际控制保证金账户包括两个方面：一是未经债权人同意，出质人不得动用保证金账户内的资金；二是在被担保的债权届期未获清偿时，债权人有权直接扣划该保证金账户内的资金。

三、债权人可就保证金账户内的资金优先受偿

保证金账户质权有效设立，则产生担保物权效力。因此，在保证金账户质押符合前述“特定化”及“债权人实际控制”的情形下，债权人自可就保证金账户内资金优先受偿并对抗质押人的其他债权人。

五、附　则

第七十一条　本解释自2021年1月1日起施行。

【条文主旨】

本条是关于本解释的生效时间的规定。

【规则变迁】

《担保法解释》第133条规定："担保法施行以前发生的担保行为，适用担保行为发生时的法律法规和有关司法解释。担保法施行以后因担保行为发生的纠纷案件，在本解释公布施行前已经终审，当事人申请再审或者按审判监督程序决定再审的，不适用本解释。担保法施行以后因担保行为发生的纠纷案件，在本解释公布施行后尚在一审或二审阶段的，适用担保法和本解释。"第134条规定："最高人民法院在担保法施行以前作出的有关担保问题的司法解释，与担保法和本解释相抵触的，不再适用。"

《最高人民法院关于废止部分司法解释及相关规范性文件的决定》（法释〔2020〕16号）已经明令废止了《担保法解释》。自2021年1月1日起，《担保法解释》对于《民法典》实施后发生的担保行为不再适用。至于《民法典》实施前发生的担保行为，如何适用法律，尚须结合《民法典时间效力规定》具体判断。

【理解与适用】

一、担保合同非为持续性合同，《民法典》原则上不具有溯及力

根据《民法典时间效力规定》第1条的规定，其一，《民法典》施行后的法律事实引起的民事纠纷案件，适用《民法典》的规定。其二，《民法典》施行前的法律事实引起的民事纠纷案件，适用当时的法律、司法解释的规定，但是法

律、司法解释另有规定的除外。其三，《民法典》施行前的法律事实持续至《民法典》施行后，该法律事实引起的民事纠纷案件，适用《民法典》的规定，但是法律、司法解释另有规定的除外。

存在解释空间的是，保证合同签订于2021年1月1日之前，但保证人必将仅可能在2021年1月1日之后承担保证责任。如当事人在保证合同中约定，“保证人承担保证责任直至主债务本息还清时为止”。此际，是适用《担保法》及《担保法解释》推定为“保证期间为主债务履行期限届满之日起二年”，还是适用《民法典》及《民法典担保制度解释》推定为“保证期间为主债务履行期限届满之日起六个月”。

笔者认为，对这一问题的解释结论，取决于对于保证合同的定性，如认为保证合同为非持续性合同，则适用《民法典时间效力规定》第1条第2款的规定，适用《担保法》及《担保法解释》，推定为“保证期间为主债务履行期限届满之日起二年”；如认为保证合同为持续性合同，则适用《民法典时间效力规定》第1条第3款的规定，适用《民法典》及《民法典担保制度解释》推定为“保证期间为主债务履行期限届满之日起六个月”。在解释上，保证合同非为持续性合同，虽然保证债务的履行受制于主债务的履行情况，带有或然性，但保证人履行保证债务并不处于持续状态。因此，应适用《民法典时间效力规定》第1条第2款的规定。《民法典时间效力规定》第27条因此规定：“民法典施行前成立的保证合同，当事人对保证期间约定不明确，主债务履行期限届满至民法典施行之日不满二年，当事人主张保证期间为主债务履行期限届满之日起二年的，人民法院依法予以支持；当事人对保证期间没有约定，主债务履行期限届满至民法典施行之日不满六个月，当事人主张保证期间为主债务履行期限届满之日起六个月的，人民法院依法予以支持。”

二、《民法典》在例外的情形下具有溯及力

（一）《民法典》与此前的法律、司法解释规定不一致的情形

根据《民法典时间效力规定》第2条的规定，《民法典》施行前的法律事实引起的民事纠纷案件，当时的法律、司法解释有规定，适用当时的法律、司法解释的规定，但是适用《民法典》的规定更有利于保护民事主体合法权益，更有利于维护社会和经济秩序，更有利于弘扬社会主义核心价值观的除外。典型的示例就是关于流抵、流质的规定。

《物权法》第186条规定：“抵押权人在债务履行期届满前，不得与抵押人约定债务人不履行到期债务时抵押财产归债权人所有。”第211条规定：“质权人在债务履行期届满前，不得与出质人约定债务人不履行到期债务时质押财产归债权人所有。”由此可见，《物权法》上绝对禁止流抵、流质契约。《民法典》对这一

规则进行了修改。其第401条规定："抵押权人在债务履行期限届满前，与抵押人约定债务人不履行到期债务时抵押财产归债权人所有的，只能依法就抵押财产优先受偿。"第426条规定："质权人在债务履行期限届满前，与出质人约定债务人不履行到期债务时质押财产归债权人所有的，只能依法就质押财产优先受偿。"在解释上，既可以采取变价清算的方法就质押财产优先受偿，也可以采取归属清算的方法就质押财产优先受偿。

两者相较，适用《民法典》的规定更有利于保护担保物权人的利益，对于担保人及其他债权人也不发生不利影响。此时，应适用《民法典》的规定。《民法典时间效力规定》第7条因此规定："民法典施行前，当事人在债务履行期限届满前约定债务人不履行到期债务时抵押财产或者质押财产归债权人所有的，适用民法典第四百零一条和第四百二十八条的规定。"

再如，公益法人提供担保的，根据《担保法解释》第53条的规定，以公益设施以外的财产为自身债务设定抵押的有效，为他人设定抵押的无效。但《民法典担保制度解释》第6条第1款第2项却规定，为他人设定抵押的有效。根据《民法典时间效力规定》第8条的规定，新司法解释的规定可以适用于《民法典》施行前设定的担保行为。①

（二）《民法典》有规定但此前的法律、司法解释没有规定的情形

根据《民法典时间效力规定》第3条的规定，《民法典》施行前的法律事实引起的民事纠纷案件，当时的法律、司法解释没有规定而《民法典》有规定的，可以适用《民法典》的规定，但是明显减损当事人合法权益、增加当事人法定义务或者背离当事人合理预期的除外。

以保理合同为例。《民法典》对保理合同作了专章规定，但此前的法律、司法解释对此没有规定。目前对保理合同作出规定的仅为行政规章和其他层级较低的规范性文件。基于此，《民法典时间效力规定》第12条规定："民法典施行前订立的保理合同发生争议的，适用民法典第三编第十六章的规定。"

---

① 参见最高人民法院民事审判第二庭编：《最高人民法院民法典担保制度司法解释理解与适用》，人民法院出版社2021年版，第591页。

后 记

承蒙最高人民法院民事审判第二庭的抬爱，我受邀参加了《民法典担保制度解释》的起草和讨论工作。其间，我不仅主持了由中国人民大学法学院、最高人民法院民事审判第二庭、世行集团国际金融公司、中国人民大学民商事法律科学研究中心、中国人民大学不动产研究中心等于2020年10月10日、11月13日、11月22日先后召开的三整天专门针对司法解释起草的工作研讨会议，而且也积极参与其他高校、科研机构和实务部门召开的多次研讨会，发表自己对于《民法典》担保制度的肤浅看法。可以说，这部司法解释是我参与最为深入的一部。正是这次的深度参与，我才真切地理解到规则设计的不易，不仅是担保法理论研究的不足尚难支撑通说的形成，而且来自各方的不同观点更是增加了协调的成本。《民法典担保制度解释》的政策选择实在太难。但无论怎样，司法解释的出台统一了社会各界对于《民法典》新制度、新规则的模糊认知，增加了担保交易的确定性，其对社会经济生活必将产生深远的影响。

《民法典》担保制度承继《担保法》《物权法》《担保法解释》的既有规则，在体系上作了重新整合。尤其是其中基于现代动产担保交易制度的发展趋势，突破物权法定主义对于金融担保创新的限制，采行形式主义和功能主义相结合的立法方法，既承认各种不同担保交易在形式上的区分，又基于交易在担保功能的同一性，尝试统一设立、公示、优先顺位和违约救济等规则。《民法典》在第388条植入最具革命性的一句话“担保合同包括抵押合同、质押合同和其他具有担保功能的合同”，并部分统一了各种动产担保交易的设立和公示。实践中仍须在其他体系化融合上努力。诸如，既然还原融资租赁交易的融资实质和担保功能，为什么取回租赁物要先解除融资租赁合同？为什么规定那么多的法定解除事由？而相反，同样纳入担保合同予以规整的所有权保留买卖合同，取回标的物却以不解除所有权保留买卖合同为前提。与此类似的是，既然《民法典》上将融资租赁交易和所有权保留买卖交易中的所有权重构为担保物权，为什么其权利实现机制与动产抵押权的实现机制相差那么大？为什么出租人、买受人处分标的物构成无权处分？

《民法典担保制度解释》正视了这些问题，并对《民法典》担保新制度、新规则作出统一的解释。例如，对于未经登记不得对抗善意第三人的范围、权利的实现规则和程序保障、正常经营活动中的买受人规则以及购买价金担保权的超级优先顺位规则等，在动产抵押贷款交易、融资租赁交易和所有权保留买卖交易之间实现了统一；对于分别采取不同立法主义的应收账款保理和质押融资，在优先顺位规则上实现了统一。与此同时，《民法典担保制度解释》在《民商事审判会议纪要》的基础上，积极回应了担保纠纷案件审理过程中已经出现的难点、疑点问题，结合纪要发布后的实施经验和社会各界对《民法典担保制度解释（征求意见稿）》的意见，完善了相关规则，对于统一裁判思路，规范法官自由裁量权，增强担保纠纷审判的公开性、透明度以及可预期性，提高司法公信力具有重要意义。

本书初版出版后，社会各界对《民法典担保制度解释》的研究日益深入，裁判经验也亟待总结。结合这些新的研究成果和裁判案例，我对全书进行了全面修改。其中删去了初版中对裁判案例的原文引用，重写了 1/3 以上的条文。对于司法实践中所反映的难以理解的条文，增加了一些背景性知识的介绍；对《民法典担保制度解释》实施之后新的争议问题，逐一地作了回应。如此一来，增删篇幅已经达到 50% 以上。本书是我承担的中国人民大学科学研究基金（中央高校基本科研业务费专项资金资助）重大项目“民法典担保法的解释与适用”（项目批准号：20XNL003）的阶段性研究成果。感谢各次培训班上的学员们，与你们的互动与交流为本书的内容增色不少。在本书撰写过程中，我的学生范佳慧、陈南成、陈睿凝、陶鑫明、章金、江超男和叶文轩协助我梳理了裁判案例，范佳慧和陈睿凝协助我统稿，在此一并致谢。

《民法典》和《民法典担保制度解释》实施不久，我对其中规则的理解还有待进一步深入，书中失当之处也就在所难免。欢迎各位理论家和实务家的批评与指正！我将在本书再版时予以修正。

高圣平
2023 年 7 月 28 日
于中国人民大学法学院教授工作室